金融学译丛
FINANCE

# 金融学原理（第八版）

Foundations of Finance: The Logic and Practice of Financial Management　(Eighth Edition)

阿瑟·J. 基翁（Arthur J. Keown）

约翰·D. 马丁（John D. Martin）　/著

J. 威廉·佩蒂（J. William Petty）

刚健华 ／译

中国人民大学出版社
·北京·

# 出版说明

作为世界经济的重要组成部分，金融在经济发展中扮演着越来越重要的角色。为了加速中国金融市场与国际金融市场的顺利接轨，帮助中国金融界相关人士更好、更快地了解西方金融学的最新动态，寻求建立并完善中国金融体系的新思路，促进具有中国特色的现代金融体系的建立，中国人民大学出版社精心策划了这套"金融学译丛"，该套译丛旨在把西方，尤其是美国等金融体系相对完善的国家最权威、最具代表性的金融学著作，被实践证明最有效的金融理论和实用操作方法介绍给中国广大读者。

该套丛书主要包括以下三个方面：

（1）理论方法。重在介绍金融学的基础知识和基本理论，帮助读者更好地认识和了解金融业，奠定从事深层次学习、研究等的基础。

（2）实务案例。突出金融理论在实践中的应用，重在通过实务案例以及案例讲解等，帮助广大读者将金融学理论的学习与金融学方法的应用结合起来，更加全面地掌握现代金融知识，学会在实际决策中应用具体理论，培养宏观分析和进行实务操作的能力。

（3）学术前沿。重在反映金融学科的最新发展方向，便于广大金融领域的研究人员在系统掌握金融学基础理论的同时，了解金融学科的学术前沿问题和发展现状，帮助中国金融学界更好地认清世界金融的发展趋势和发展前景。

我们衷心地希望这套译丛的推出能够如我们所愿，为中国的金融体系建设和改革贡献一份力量。

中国人民大学出版社

2004 年 8 月

# 序　言

　　金融学研究的关注点在于做出决策使公司的价值上升。这是通过以成本最优的方式向消费者提供最好的商品和服务完成的。在某种程度上，我们《金融学原理》的作者，正是试图在做相同的事。也就是，我们通过使用步步深入的方法，试图将财务管理以一种可以使他们的学习更为容易和有效的方式展现给学生，带领他们走入每一个新概念或问题。

　　我们对这本书的历史感到十分自豪，因为当它的第一版问世时，它还是一本财务管理方面的精简版书籍。本书通过将章节数量降低到最基本的内容和以简单易懂的语言来展现问题的方式建立新的框架。在新的第八版中，我们仍然致力于其可读性的改进。

## 使用的教学方法

　　本书为学生提供了财务决策流程的一个概念性理解，而不是对工具和金融学技巧的介绍。对学生来说，不去理解金融的逻辑而去关注公式和流程的背诵是十分容易的。因此，学生可能在理解所涵盖的板块之间的联系上感到较为困难。而且，当学生在之后的生活中所遇到的实际问题与书本不一致时，学生们可能不会发现他们对他们所学的东西理解不够充分。为了克服这一困难，开篇的章节展现了五个金融学背后的基本原则，它们是后面章节和话题的联系点。从实质上来看，本书为学生提供了一个紧密结合、互相联系的视角，从这个视角出发，学生今后遇到的问题可以被逐步解决。

　　从宏观的视角开始，我们提供了一个对根植在当前金融学理论和当前世界经济形势下的财务决策的介绍。涉及资本市场和它们对公司金融决策的影响，这一个关注点可能是最为明显的。我们希望达到的结果是对原则的一个介绍性理解，而不是对财务经理所面对的一系列分散问题的把握。本书的目的不仅仅是教授原则性或交易工具，而且要使学生能够抽象出自己学到的和可能没有看出的问题——总结来说，就是教授学生金融。

# 第八版的创新和特点

## 解决问题和分析的多步方法

正如教授核心本科金融课程的老师所知，这里面包含大量的数学理解和技巧。没有掌握这个学科所需的相应数学能力的学生常常到最后是背诵公式，而不是将数学当作工具，把关注点放在商业决策的分析上。我们从书的内容和教学方法上来解决这个问题。

● 首先，数学只是作为帮助我们分析问题的工具，只在有必要的时候出现。我们不只为展示数学而展示数学。

● 其次，金融是一门分析的学科，需要学生能够解决问题。为了促进这一过程，全书给出了许多章节例题。每一个例题都附带一个十分详细的多步骤方法来解决题目，帮助学生培养他们解决问题的能力。

步骤1：制定策略。例如，使用哪一个公式最为合适？如何使用金融计算器或电子表格来处理数据？

步骤2：计算数值。这里我们提供一个完整的分步解决方案。我们首先定性地介绍解决方案，然后给出相应的数学表达。

步骤3：分析结果。我们通过分析解决方案的含义来找出解决方案，这强调解决问题的关键在于分析和决策。此外，在这一步骤中，我们强调决策往往基于不完全信息，这需要对管理决断进行训练。而现实是，这种能力通常在工作中才能学到。

## 财务决策工具

这一特色简略地总结了本章中所应用的主要公式。

## 本章小结

这部分进行了重新改写，使得学生能够更加容易地将每章所学知识、学习目标和小结联系在一起。

## 针对每章的关键术语

章节中引入了新的术语以及其简单定义。

## 练习题

章末的练习题被改进了，并被大幅拓展以使学生能够得到更宽范围的训练。此外，所列问题在本版中根据学习目标来组织排列，使得老师和学生都能够较为容易地组织教学和习题材料。

## 对估值的关注

尽管许多教授和老师将估值作为他们课程的核心，但学生经常在阅读他们的教材时，失去了关注点。我们修改了这一版，加强了对这一部分的关注，并以一些十分有力的方式改进了我们教材的组织形式：
- 我们围绕着为投资估值提供基础的五项金融学原则来进行讨论。
- 我们在新的教材中加入了新的话题，如"什么是价值的属性""公司的价值是如何被影响的"。

## 警世故事

这部分为学生展示了金融学的核心理念是如何应用到现实世界的。每一个警世故事板块背后都是新闻头条中的金融陷阱，展示了五项原则中的一项是如何被忽略或被违反的。

## 现实案例导引

每一章都以一个当前真实世界中公司所面临的，且与本章材料相关的金融决策的故事开始。我们精心准备了这些案例来激发学生对即将开始的一章的兴趣，并且可以被用作激发课堂讨论的课堂工具。

## 内容更新

这一版除了有上述创新外，我们还根据金融思想、评论和最近的经济危机的持续发展进行了逐章更新。部分改动包括：

**第一章　财务管理基础介绍**
- 修改和更新了关于五项原则的讨论。
- 添加了全球金融危机的部分。

**第二章　金融市场和利率**
- 针对最近金融市场的变化进行了修改。
- 简化了内容，使其更生动，与学生的关系更密切。
- 修改了证券市场的部分，以便能够反映最近的金融去监管化带来的技术进步和竞争加剧，以及场内和场外市场区别模糊化的趋势。
- 更新了投资银行部分，使其反映出金融危机对投资银行等企业所带来的影响。
- 简化了利率决定因素的讨论。
- 加入了决定利率的额外问题的讨论。

### 第三章 财务报表和现金流

● 使用一个现实生活中的家得宝（Home Depot）公司而不是一个虚构的公司来阐述财务报表。

● 拓展了资产负债表的讨论范围，将关注点放在可以从资产负债表中得到的信息上。

● 对现金流的展示更为全面和具有金融直觉。

● 作为利润表展示的一部分，对固定成本和可变成本给予了新的解释。

● 自由现金流附录的更新。

### 第四章 评估公司的财务状况

● 继续使用家得宝公司的财务数据来解释我们如何评价公司的财务表现，并与可比公司或是行业惯例相比较。在这一案例中，我们将家得宝公司的财务表现与它的主要竞争对手劳氏（Lowe's）公司相比较。

● 增添了家得宝公司管理层对公司财务表现的评论。

● 修改了评估公司流动性的部分，使其与现实中商业经理对流动性的讨论更为接近。

### 第五章 货币的时间价值

● 修改了内容，使其能够吸引具有不同数学能力的学生。

● 加强了对货币时间价值背后的原理的强调，突出问题的设定和生动理解。

● 强调现金流复杂情形下的额外问题。

### 第六章 风险与收益的含义与度量

● 更新了有关投资者针对不同类型的证券投资在长期获得的收益率信息。

● 更新了投资者投资于个体公司所获得的收益率案例。

### 第七章 债券定价与性质

● 拓展了有效市场的解释。

● 增加了最近经常发生的公司信用评级降低的新案例。

### 第八章 股票定价与性质

● 从《华尔街日报》上援引了对股票期权的更多当前解释。

### 第九章 资本成本

● 简化了排版，减少了学习目标的数量。

● 重新编写了部门的资本成本部分的讨论。

### 第十章 资本预算技巧与应用

● 加入了迪士尼公司修建上海迪士尼乐园决策的新引言故事。

● 简化了回收期和折现回收期的展示。

### 第十一章　资本预算编制中的现金流及其他问题

- 加入了检验丰田（Toyota）公司在引进普锐斯（Prius）汽车时所面临的未来现金流问题的新引言。
- 将 iPad 作为协同效应案例的一个新讨论。
- 修正的加速成本回收法的新附录。

### 第十二章　确定融资结构

- 简化了章节材料的展示，包括学习目标数目的减少。

### 第十三章　股利政策和内部融资

- 简化了章节材料，包括学习目标数目的减少。
- 重新编写了苹果公司重新开始发放现金股利的引言部分。
- 修改了习题集，加入了额外的 13 道习题。

### 第十四章　短期财务计划

- 加入了新的关注销售收入百分比法局限性的练习题。
- 结合销售收入百分比法，加入了对预测财务变量回归方法的新讨论。

### 第十五章　运营资本管理

- 简化了章节材料，包括学习目标数目的减少。

### 第十六章　国际商业金融

- 综合修改和更新了内容，使其反映出汇率与全球金融市场的大体变化。
- 简化和重新组织了关于利率平价、购买力平价、一价定律和国际资本预算编制的讨论。

## 对学生和老师的全面支持包

### 我的金融实验室

这个全面一体化的在线作业系统为学生提供了一个易于上手的练习机会，以及在他们有效地学习金融时所需的指导帮助。"我的金融实验室"（MyFinanceLab）中充分的在线练习和评估被天衣无缝地结合在每一个章节中。

### 教师资源中心

这是有密码保护的网站，可以通过 www.personhighered.com/irc 登录。它包含了所有教师的资源。教师可以通过点击"IRC Help Center"，得到如何登录及操作的指示。

## 试题库

该在线试题库由南俄勒冈大学的柯蒂斯·培根（Curtis Bacon）准备，提供了超过 1 600 道多选题、判断题和简答题，并附带完整详细的答案。在线的考试银行是为 TestGen-EQ 软件的应用设计的。这一计算机化软件包使得教师可以定制化设计、存储和编制试题，允许教师从试题库中编辑、添加和删除问题，分析考试结果，建立管理试卷和学生成绩的数据库。这一软件有很大的灵活性和使用的便利性。它为组织考试和分析考试提供了许多选项，也附带搜索和排序功能。

## 教师的答案手册

教师手册由作者编写，它遵循了教材的结构，并致力于让老师能够更有效地在课堂上使用，以达到教学目标。每一章节都包括章节指引、章节架构（也适合做课堂笔记）、章末复习题的答案和课后问题的答案。

教师手册有电子版。老师可以登录 www. personhighered. com/irc，从教师资源中心下载。

## 课堂展示 PPT

费城大学的菲利普·塞缪尔·罗素（Philip Samuel Russel）为教师提供了一个与教材配套的个人教学大纲。课件包括教材中的许多图表，课件可以被用作笔记，教师也可以简单地对它进行修改，以反映具体的展示需求。

## 对应的网页

www. personhighered. com/keown 网站包括许多与《金融学原理（第八版）》教材相关的资源。

## Excel 应用

Excel 工作表由作者制作，与教材中章末问题相对应。这一学生资源可以在对应的网页和"我的金融实验室"找到。

## 针对教师的智能课程

智能课程超越了传统的教学资源，针对你需要的课本和课堂资料，以较低的成本提供了即时的在线帮助。这不仅节约了金钱，还节省了时间来让你很快搜寻最相关内容的电子教材。不论是用来评估教材，还是制作课堂讲义以帮助学生理解复杂的概念，智能课程都可以使其变得更容易。想知道如何使用它，可以登录智能课程官网：www. coursesmart. com/instructors。

## 针对学生的智能课程

智能课程超越了传统的期望，以较低的成本即时提供了学生需要的课本和课堂资料的在线帮助。学生可以随时随地搜索、标记和记录笔记。想了解其他好处，可以登录智能课程官网：www. coursesmart. com/students。

# 目 录

## 第一部分 财务管理的范围与环境

# 第二部分　财务资产评估

第一部分

# 财务管理的范围与环境

# 第一章

# 财务管理基础介绍

1. 明确公司的目标；
2. 理解金融学的基本原则及其重要性，以及道德与信任的重要性；
3. 描述金融在商业中的角色；
4. 区分商业组织的不同法律形式；
5. 解释导致跨国公司时代到来的原因。

伴随着 Apple II 的诞生，苹果电脑公司（APPLE）开启了 20 世纪 70 年代个人电脑的革命，并在 20 世纪 80 年代用 Machintosh（Mac）电脑重新塑造了个人电脑产业。然而，在 1997 年之前，苹果公司看起来已经快走到尽头。Mac 产品的使用者逐步减少，公司也似乎不知道该走向何处。正是在这个时期，乔布斯复出，重新担任他以前的职位——苹果公司的首席执行官，他也是苹果公司的共同创始人之一。事情因此有了转机，实际上，从那时候开始到 2012 年 4 月，苹果公司的股票价格攀升到超过 160 美元。

苹果公司是如何做到这些的？它是通过回到公司所擅长的领域来实现的，即生产那些在使用的便捷性、复杂性和特性方面做出了最优取舍的产品。苹果公司采用了特殊的技术，并将这些技术应用到电脑以外，它推出了诸如 iPod、iTunes、线条更平滑的 iMac、MacBook Air、iPod Touch 和 iPhone 等新产品，同时也伴随着与之相关的无数应用程序。所有这些产品都做得十分好，iPod 的成功则尤为令人吃惊。从 2001 年 10 月 iPod 推出到 2005 年初，苹果公司销售了超过 600 万台 iPod 设备。之后，在 2004 年，苹果公司推出了在长度和宽度上都与一个商务明信片相近的 iPod Mini，同样取得了巨大的成功，特别是受到女性消费者欢迎。这一新产品成功到了什么地步？截至 2004 年，苹果公司销售的 iPod 数量已经超过了公司的标志性产品 Mac 台式电脑和笔记本电脑。

在 iPod 取得成功之后应该如何跟进呢？应当持续改进产品，并生产和发布消费者所希望的新产品。带着这样的理念，苹果公司在 2011 年 10 月揭开了 iPhone 4s 的神秘面纱，并在上市后的第一周就销售出超过 400 万台。2012 年 4 月，在苹果公司的应用超市下载量突破了 250 亿的同一周，苹果公司推出了全新的 iPad 产品，并在一周之内销售出超过 300 万台。实际上，苹果公司看起来似乎能够源源不断地为我们带来所有人都渴望得到的令人心动的新产品。

苹果公司是如何做出推出当初的 iPod 和现在的 iPad 的决策的呢？这些决策是通过对消费者需求进行分析，并结合合理的财务管理而做出的。财务管理以财富创造的视角来关注决策制定过程，它解决的是经济价值或财富的维持和创造。因此，财务管理解决的是财务决策问题，比如什么时候推出新产品，什么时候投资新的资产，什么时候应该替换现有资产，什么时候需要从银行借入资金，什么时候需要发行股票或债券，什么时候需要延长客户的信用期，以及公司应该保持多大规模的存货和现金水平。这些财务管理的方方面面都是苹果公司推出或持续改进 iPod、Apple TV、iPhone 和 iPad 决策的原因，而最终的结果也对苹果公司产生了巨大的财务影响。

在这一章中，我们通过解释财务决策制定的主要目标来为本书奠定基础，即最大化股东的财富。从这一点出发，我们将介绍把所有知识点串联起来的线索：五项金融学基本原则。最后，我们将讨论商业的法律形式。我们将以什么导致了跨国公司的崛起的简单探讨作为本章结束。

## 公司的目标

一个企业最基本的目标是为公司的所有者（股东）创造价值。这一目标常常表述为"最大化股东财富"。因此，财务经理的目标便是通过做出能够使现有普通股价格最大化的决策来为股东创造财富。这一目标不仅仅使公司的股东直接受益，还给社会带来了一定的福利。因为社会中的稀缺资源通过商业组织创造价值过程中的竞争，被引导到了它们最具价值的用途上。

我们选择了股东财富的最大化作为公司的目标，也就是说，最大化现有股东普通股的市场价值，因为所有的财务决策最终都会影响公司的股票价格。投资者会对差的投资和股利政策作出反应，使得公司股票的总体价值下降；他们也会对好的决策作出反应，推高股票的价格。实际上，在这一目标下，好的决策正是那些可以为股东创造财富的决策。

显然，使用公司股票的变化来评估财务决策在实际操作中存在很多问题。许多因素都能够影响股票价格。识别一个特定的财务决策所带来的影响几乎是不可能的，但很不幸又是必须做到的。为了达到这一目标，我们不需要将股票价格的每一个变化都理解为市场对我们决策的价值的反应。其他因素，例如经济状况的变化等，也会影响股票价格。我们需要注意的是，当其他因素都保持不变时，我们的决策给股价带来的影响。正如公司股东所观察到的，公司股票的市场价格反映了公司的价格，并且包含了现实世界中的各种复杂风险。在沿着这一目标进行讨论的过程中，我们必须记住一个问题：谁是真正的股东？答案：股东是公司的法定所有者。

---

**概念回顾**

1. 公司的目标是什么？
2. 你应该如何将公司的目标应用到现实生活中？

---

# 构建金融学基础的五项原则

对于第一次学习金融学的学生来说，这一学科可能看起来是一系列不相关问题的集合。但事实并不是这样，实际上，我们的决策标准和这些标准背后的逻辑都源于五个看起来十分简单，并不需要金融学知识就能够理解的基本原则。这五个原则引导财务经理为公司的所有者（股东）创造价值。

尽管通过学习金融学来理解这五个原则并非是必不可少的，但了解这五项简单原则，并以此来理解金融学却是必需的。虽然这些原则初次看起来会显得十分简单甚至细碎，但它们为之后的所有知识提供了驱动力，并将这本书中所讲的所有概念和技巧都串联起来。因此，这使得我们能够将注意力集中在财务管理实务背后所蕴含的逻辑上。现在，让我们来介绍这五个基本原则。

## 基本原则 1：现金流是最重要的

你可能记得在你的会计学课堂中，曾讲到一个公司的利润可以与它的现金流存在很大的差别，这一知识我们将在第三章中进行介绍。但是现在，你需要理解，现金流代表了可供支配使用的资金，而非利润。因此，现金流而非利润决定了一项业务的价值。因为这个原因，当我们分析经理人决策的结果时，我们应该重点关注由决策带来的现金流，而不是利润。

在电影产业中，会计利润与现金流之间就存在巨大的差异。很多电影取得了成功，并给公司带来了巨大的现金流，但并没有产生利润。甚至一些最为成功的电影，如《阿甘正传》、《来到美国》、《蝙蝠侠》、《我盛大的希腊婚礼》和电视剧《五号战星》等在考虑了电影制作室的成本之后实现的利润几乎为零。这是因为"好莱坞会计法"考虑了与电影无关的管理成本，并将其计入电影的真实成本中去。事实上，电影《哈利·波特与凤凰社》在全球获得了 10 亿美元的收入，但在会计师眼中它存在 1.67 亿美元的亏损。《哈利·波特与凤凰社》是一部成功的电影吗？无疑是。事实上，它是史上总收入排名第十六的影片。毫无疑问，这部电影带来了现金流，却没有带来利润。

我们还需要注意一个有关现金流的知识点。请回忆你在经济学课程中所学到的，我们应该在做出财务决策时，常常关注边际的，或是**增量现金流**（incremental cash flows）。对公司整体而言的增量现金流是指，在公司接受和拒绝正在考虑的投资决策的情况下，公司将分别产生的现金流之差。要理解这一概念，让我们来考虑电影《加勒比海盗》的增量现金流。不仅迪士尼从电影身上获得了收入，电影还增加了被迪士尼主题公园所吸引而去参与"加勒比海盗"娱乐项目的人数。所以，如果你要评估电影《加勒比海盗》，你需要将它对整个公司的影响考虑在内。

## 基本原则 2：货币具有时间价值

最为基础的金融学原则恐怕就是货币具有时间价值。十分简单，由于我们可以将我们今天拥有的 1 美元进行投资并赚取利息，因而在一年之后，我们将拥有超过 1 美元的资金。因此，今天收到的 1 美元要比一年之后收到的 1 美元更有价值。

举例来说，假设你可以选择在今天接受 1 000 美元，或者在一年之后接受 1 000 美元。如果你决定一年之后接受这笔资金，你就已经放弃了获得货币的一年利息的机会。经济学家会说你付出了机会损失或机会成本。这一成本是如果你将 1 000 美元投资一年后本应该获得的利息。机会成本的概念对金融学和经济学的学习来说十分基础。十分简单，你所做的每一个决策的**机会成本**（opportunity cost）是你在做出决策时所不得不放弃的具有最高价值的项目。所以如果你以零利率借钱给你的弟弟，而你本可以将这部分资金以 8% 的利率借给你的朋友（他也会和你弟弟一样将钱还给你），那么发放这笔贷款给你弟弟的机会成本就是 8%。

在金融研究中，我们关注价值的创造与度量。为了衡量价值，我们使用货币时间价值的概念，将一个项目的未来收益和成本以现金流进行折现。然后，如果收益或现金流入大于成本，项目创造财富，则应该被接受；如果成本或现金流出超过收益或现金流入，项目就造成财富损失，则应该被拒绝。如果不承认货币的时间价值，用项目的未来收益和成本对其评估是不可能有意义的。

## 基本原则 3：风险要求收益补偿

即使新的投资者知道还有无限多个投资选项可供参考，但无一例外的，如果投资者预期不能收到一个与其投资相匹配的收益，他们也不会投资。他们将考虑满足以下两个要求的投资收益：

● 延迟消费的收益。为什么要做出那些至少不能够带来弥补延迟消费的回报的投资呢？投资者是不会这么做的，即使这些项目没有风险。事实上，投资者想要获得至少与无风险投资的收益相同的收益，例如美国政府债券的收益率。

● 承担风险的额外收益。投资者通常不喜欢风险。因此，具有风险的投资的吸引力要相对弱一些，除非他们能够提供获得更高收益的期望。也就是说，人们对一个风险资产未来的表现越不确定，他们对该项投资所要求的收益就越高。所以，如果你试图说服一些投资者将钱投资到你所管理的风险企业中，你将不得不向他们提供更高的预期收益率。

图 1-1 描述了一个基本情况：一个投资者的预期收益率应该等于延迟消费带来的预期收益率加上承担额外风险带来的额外收益率。举例来说，如果你有 5 000 美元可以用来投资，并且在考虑要么用这笔钱来购买 IBM 公司的股票；要么用它来投资一个新的生物技术公司，该公司之前并没有成功的记录。你将希望这个新发起的公司能够提供比投资已较为成熟的公司，如 IBM 更高的预期收益率。

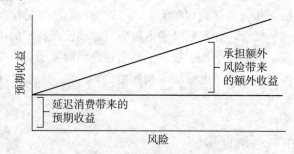

图 1-1　风险—收益权衡

我们注意到，我们不断提到的是预期收益这个概念，而不是实际收益的概念。作为投资者，我们拥有对我们的投资能够带来多少收益的预期。然而，我们不能够确切地知道它将会是多少。举例来说，如果投资者可以预感到未来，那么将没有人会在 2012 年 4 月 2 日购买埃特纳·曾特瑞斯公司（AEterna Zentaris，AEZS，一家癌症晚期药物研发公司）的股票。为什么？因为在这一天，埃特纳·曾特瑞斯公司宣布了该公司治疗结肠癌的药物在最后一个阶段的临床测试中并没有成功提高存活率的消息。结果就是在公告公布之后的几分钟内，公司的股票价格就跌了接近 66%。

风险和收益的关系将会成为我们在整本教材中估计股票、债券以及所提出的新投资项目的价值时的重要概念。我们也将会花费一些时间来确定如何衡量风险。有趣的是，1990 年诺贝尔经济学奖所授予的工作，很大程度上是集中在图 1-1 所阐释的内容以及如何度量风险上。图 1-1 和它所刻画的风险和收益的关系也将会经常在我们学习金融知识的过程中出现。

基本原则 4：市场价格通常是正确的

要理解诸如债券、股票之类的证券在金融市场中是如何定价的，就必须要对有效性市场这一概念有所了解。在一个**有效市场**（efficient market）中，资产的交易价格能够充分、及时地反映所有相关的信息。

证券市场，如股票和债券市场，对于我们学习金融来说尤为重要，因为在这些市场中，公司可以募集资金来支持它们的投资项目。一个证券市场，如纽约证券交易所（NYSE），是否是有效的，取决于在这个市场中，新公布的信息被反映在证券价格中的速度快慢。具体来说，一个有效的股票市场通常有大量的以利益为驱动力的投资个体，他们针对新公布的消息作出极其迅速的反应：买进或卖出股票。

如果你很好奇这些机警的投资者是如何在股票市场中观测到好消息和坏消息的，你可以考虑下列几种情形。当耐克（NIKE）公司的首席执行官威廉·佩雷斯（William Perez）在 2005 年 11 月的某一天登上了一架去往海湾地区的喷气式飞机，交易员们将会卖掉大量的耐克股票。为什么？因为这架飞机的起落装置出现了故障，而他们在电视上看到了关于这一事件的报道。在佩雷斯安全着陆之前，耐克公司的股票就下跌了 1.4%。一旦佩雷斯所乘的飞机着陆了，耐克公司的股票价格将会立即反弹。这一例子解释了在金融市场中，的确存在很多十分机警的投资者，他们甚至在新信息公布之前，凭预期就会作出反应。

另一个关于股票价格反映新信息的速度大小的例子与迪士尼公司有关。从 1995 年《玩具总动员》这部电影开始，迪士尼公司和皮克斯公司就接连不断地推出一部又一部动画巨制，包括《虫虫危机》《玩具总动员 2》《怪物史莱克》《海底总动员》《超人总动员》等。因此在 2006 年，人们对动画电影《汽车总动员》寄予了厚望。然而，这部电影在上映之后的第一个周末只收获了 6 000 万美元的票房，离投资者所预期的票房相差 1 000 万美元。股票市场是如何作出反应的呢？在公映周末之后的星期一，迪士尼的股票开盘便下跌了 2%。显然，令人失望的票房收入的新闻甚至在交易之前就被反映到迪士尼公司股票的开盘价格中。

在这里，主要的学习要点如下：股票市场的价格是一个公司价值有用的风向标。具体来说，公司的经理可以预见公司的股票价格会对投资者关于决策的评价作出迅速的反应。一方面，如果投资者整体认为这一决策是一个可以创造价值的好决策，那么他们就会推高公司股票的价格，以此来反映所增加的公司价值。另一方面，如果投资者认为这一决策对股票价格来说是不好的，那么公司的股票价格也会随之下降。

不幸的是，这一原则在现实世界中并不常常奏效。你只需要看看在2008—2009年导致经济衰退的房地产价格泡沫就可以知道价格和价值并不常常同步变化。不管你喜欢与否，投资个体心理上的偏好影响了决策的制定。因此，我们的决策制定过程并不总是理性的。行为金融考虑了这一类型的行为，综合了我们目前已经了解的金融学决策制定，并添加了带有明显的非理性的人类行为来进行分析。

我们将在整个学习的过程中试图指出人类行为对决策的影响。但是我们要了解到行为金融这一领域是一个正在发展的领域。我们只理解了正在进行的其中的很小一部分。但是，我们可以说，行为上的偏好会对我们的金融决策产生影响。举例来说，人们倾向于表现得过分自信，并且在很多场合下将技巧理解为运气。正如耶鲁大学的一名著名经济学家罗伯特·希勒（Robert Shiller）所说："人们认为他们比别人知道得多。"[1] 这一过分自信被应用于他们的能力、知识以及对未来的理解和预测上。由于他们对资金的估值预测十分自信，他们可能会承担比他们应该承担的更多的风险。这些行为偏好影响到金融领域的每一个方面，从投资分析到分析新项目，再到对未来的预测等。

### 基本原则5：利益冲突导致代理问题

纵观全书，我们将介绍如何做出可以增加公司股票价值的财务决策。然而，经理层并不总是沿着这些决策开展工作。他们常常会做出那些可能导致公司股票价值降低的决策。发生这一种情况的时候，通常是因为经理们自己的利益被最大限度地满足了，但忽略了股东的利益。换句话说，对经理和股东来说，最好的决策中存在一个利益的冲突。举例来说，这可能会是下面这种情况：关闭一个不盈利的工厂是符合公司股东的最佳利益的，但是如果这样做，公司的经理会发现，他们可能会失业或是被调到另一个职位上。这一明显的利益冲突可能会导致工厂在亏损的状态下仍然持续运营。

利益冲突会导致经济学家所说的代理成本或**代理问题**（agency problem）。也就是说，经理人是公司所有者（股东）的代理人。如果代理人不能够按照他们的被代理人的最佳利益行动，这将会导致代理成本。尽管公司的目标是最大化股东价值，在现实世界中，代理问题可能会妨碍这一目标的实现。代理问题来源于公司管理权与所有权的分离。举例来说，一个大的公司可能由一些职业经理人或代理人来经营，这些人可能拥有有限或者没有公司的所有权。由于决策制定者和公司所有者的分离，经理人可能会做出与最大化股东财富这一目标不相符的决策。他们可能更倾向于怠工，或者试图以股东的成本为代价，通过发放工资和奖金等形式来使自己受益。

经理人也可能会避免接受一些与他们自己相关的风险项目——即使这些项目前景十分好，可能会带来巨大的收益，失败的概率也很小。为什么会出现这种情况呢？因为如果项目最终没有成功，这些股东的代理人就可能会失去工作。

与代理问题相关的成本衡量起来十分困难，但我们常常可以从市场中观测到这一问题所带来的影响。如果市场感觉到管理层正在损害股东的财富，那么替换现有管理层会给股票价格带来一个正向的影响。举例来说，当咖啡相关制品的销售商法默兄弟（Farmer Brothers，FARM）公司的首席执行官罗伊·法默（Roy Farmer）去世的消息公布出来的时候，法默兄弟公司的股票价格

---

[1] Robert J. Shiller, *Irrational Exuberance*，Broadway Books，2000，page 142.

上涨了约28%。通常来说，公司执行管理层的去世会引起人们对公司管理层空缺的担忧，并因此导致股票价格下降；但在法默兄弟的这个案例中，投资者认为管理层的变更将会给公司带来一个正向积极的影响。

如果公司的管理层是为公司的所有者（股东）服务的，那么如果管理层没有从股东的最佳利益角度去管理公司，管理层为什么不会被股东开除呢？理论上，股东选举产生公司的董事会，然后公司董事会紧接着推选出管理层。但不幸的是，在现实中，这一系统常常以另一种截然相反的方式运行。管理层挑选出董事会成员的提名人选，然后在这些提名人选中投票选出董事会成员。实际上，股东面对着的只是一些由管理层挑选出的提名者名单。最后的结果是管理层有效地选取了董事会成员，而这些人可能对管理层更为忠诚，而非忠诚于股东。这随后也给公司带来了代理问题出现的可能，因为董事会的成员并没有代表股东行使其监督经理人的权利和义务。

代理问题最根本的原因在于利益冲突。不论什么时候，只要在商业领域中这些利益冲突存在，那么就会存在个人做出符合自己最佳利益，而非组织的最佳利益的举动的可能性。举个例子，2000年，橄榄球运动员艾杰林·詹姆斯（Edgerrin James）回到了印第安纳波利斯小马队效力，并被教练告知要在比赛中故意摔倒。如果这样做，小马队就将不会因为与一个它们已经竞争了很久的赛队比赛来提高比分而被指控。但是，自从詹姆斯的合同中包含了与冲球总码数、触地得分相联系的激励性工资之后，他便按照自己的利益来行事，并且在紧接着的比赛中获得了一个触地得分。

我们将花费很长的时间来讨论如何监督经理人，以及如何使经理人的利益与股东的利益保持一致。举例来说，经理人可以通过评级机构或是审计财务报表的方式被监督，而补偿性奖金可能被用来使经理人与股东的利益保持一致。除此之外，经理人和股东的利益一致性还可以通过建立管理层股票期权、奖金，以及提供与管理层的决策与股东的利益冲突直接相关的额外补贴的方式来解决。换句话说，如果决策对股东来说是好的，必须也对经理人有好处。如果这一条不能够实现，经理人就将根据他们自己的最佳利益来做出决策，而不是最大化股东的财富。

## 当下的全球金融危机

美国从2007年开始，经历了自20世纪30年代大萧条以来最为严重的金融危机。因此，尽管政府出资救助了一些金融机构，仍有不少金融机构在这场危机中倒闭，失业率骤升，股票市场崩盘，而美国也进入了衰退期。尽管这一衰退目前被官方认定已经结束，但经济形势仍然面临着金融危机带来的后续时滞，比如持续高水平的失业率和美国国家债务的大幅增长。许多欧盟成员国也正在经历着严重的政府预算问题，这些国家包括希腊、意大利、爱尔兰、葡萄牙，以及西班牙，这些国家的财政都不能实现收支平衡，并且面临着政府借款违约的前景。

尽管有很多因素导致了这场金融危机，但最为直接的原因被认为是美国房地产市场的崩溃，以及由此而带来的房地产贷款（按揭贷款）的违约。贷款违约的核心关注点通常被放在被称为次级贷款的项目上，这些贷款贷给了那些还款能力十分有限的借款人。当房地产市场在2006年开始摇摇欲坠时，许多利用次级贷款购买房屋的购房者就开始违约。当整个经济在衰退期中开始收缩的时候，人们也失去了他们的工作，并且再也不可能归还他们的按揭贷款，也由此导致了更多的贷款违约。

为了将这一问题复杂化，大多数的房地产按揭贷款被打包进入资产组合中，并再次销售给全世界的投资者。这一打包按揭贷款的过程被称作证券化。简单来说，证券化是增加可以提供给新的住房购买者的资金供给的一个十分有用的工具。下面是一个按揭贷款如何被证券化的过程：住房购买者首先通过按揭贷款借入资金来支持自己的住房购买。贷款者，通常来说是银行，或者是发放这笔贷款的按揭贷款经纪人，随后将这笔按揭贷款销售给另一家公司或是金融机构，而这些公司将这些贷款放在一起，组成了一个包含多笔不同按揭贷款的证券组合。用来购买这一按揭贷款池的资金可通过销售这些证券（按揭贷款支持证券，MBS）来筹集，这些证券被卖给投资者，而这些投资者可以持有这些证券，将其作为一项投资资产，也可以将它们再卖给其他投资者。这一过程使得按揭贷款银行或是其他发放原始按揭贷款的金融机构能够迅速收回发放出去的贷款，并将其再次发放给其他人。因此，证券化给按揭贷款市场提供了流动性，并使得银行有可能贷给住房购买者更多的资金。

其中有什么陷阱呢？只要贷款人能够合理地审查按揭贷款，以确保借款人有意愿并且有能力偿还他们的住房贷款，并确保房地产的价值保持高于贷款数额的水平，所有事情都会运行得十分顺利。但是，如果贷款人将贷款发放给那些没能力偿还贷款的个体，那么随着房地产的价格从2006年开始迅速下降，这些贷款就会出现许多问题。许多按揭贷款（特别是那些贷款额度占房屋价值比例很大的贷款）就出现了大幅度的跳水。也就是说，房屋购买者欠银行的钱将会高于房屋本身的价值。当经济进入衰退期，人们逐渐失业并无法偿还贷款的时候，这一情况尤其明显，而这正是2006年出现的场景。实质上，这是由不良贷款、下降的住房价格，以及紧缩的经济形势共同造成的一个"完美的风暴"。

我们现在到了哪个地步呢？直到笔者著述的时间——2012年，虽然这场衰退从官方认定的角度来说在2009年就已经结束了，但是仍然有不少的证据显示，经济并没有恢复到正常状态。失业的数字仍然高于历史上非衰退期的正常值。此外，这些失业的数字并不能够精确地反映我们所理解的失业状况，因为尽管个人拥有工作，但他们的工作并没有利用好每一个个体的就业才能和价值，例如，大学教授也许在驾驶出租车。最后，在许多欧洲国家，出现金融危机的风险仍然保持在一个较高的水平。尽管出台了一系列的财政限制来缩小希腊、西班牙，以及其他几个欧洲国家的财政收支不平衡，但在2012年，预算上的灾难在欧洲仍然在持续。

## 避免金融危机——回到原则

在过去的十年中所发生的四个具有重要意义的经济学事件，都指向了我们的注意力应关注到金融学五大基本原则的重要性上：科网的互联网泡沫，安然公司（Enron）、世通（World-Com）及伯纳德·麦道夫（Bernie Madoff）的会计欺诈，房地产市场泡沫，以及最近的经济危机。具体来说，公司在危机时刻所遇到的问题通常是由对金融学基本原则的不够重视所导致的，或是由此而变得更为严重的。为了说明这一观点，考虑如下几条：

● 忽略基本原则1：现金流是最重要的（将注意力放在了盈利上而非现金流）。世通、伯纳德·麦道夫及21世纪以来其他一些公司所犯的金融欺诈，都是管理层致力于管理报告利润而损害公司现金流的直接结果。将当下时间段的盈利作为公司股票市场估值中最为重要的决定因素的看重，导致许多企业牺牲未来的现金流来保持当前高增长的盈利假象。

● 忽略基本原则2：货币具有时间价值（只关注短期）。当公司在尝试设计一个将管理层和股东的利益统一起来的管理系统时，许多公司都会将管理层的薪酬与短期的公司表现联系在一起。因此，许多公司的管理层的关注点便从什么是对公司长期发展来说最为重要的，转到了对短期效应最好的决策上来。

● **忽略基本原则 3：风险要求收益补偿（由于低估风险而导致的额外风险承担）。** 管理层依赖过去的经验，经常会低估他们所做的决策所实际承担的风险。对公司所做决策背后潜在风险的低估，导致管理层过多地借入资金。而对借入资金（或是金融杠杆）的过度使用会在经济形势下滑进入到衰退期时，导致许多公司发生金融灾难甚至破产。此外，金融危机在很多时候也会由于许多公司仍然不能够理解它们所承担的风险而被扩大。举例来说，美国国际集团（AIG），这一被政府出资救助的保险巨头公司，参与了一些以 50 年之后的石油价格为基准定价的投资项目中。让我们面对现实吧！没有人知道半个世纪之后的石油价格是多少——参与到这样的投资中就是一个盲目的投资。

● **忽略基本原则 4：市场价格通常是正确的（忽略了金融市场的有效性）。** 有大量的所谓的对冲基金在过去十年中涌现出来，并被使用到以证券价格可以被预测为前提的投资策略中。许多这类公司大举借债以期能够增加它们的回报，但最终都发现证券市场要远比它们想象的更为聪明，并因此在它们的高杠杆证券组合上遭受了巨大的损失。

● **忽略基本原则 5：利益冲突导致代理问题（执行管理层的薪酬失去控制）。** 在美国，执行管理层的薪酬是由以公司表现为基础，股票期权为形式的薪酬体制所主导的。这种形式的薪酬体制的使用，使得在过去的 10 年中遭遇了历史上最长的牛市之一，因此导致了管理层薪酬的一个巨大增长。这些奖励机制背后的动机，最初是希望管理层能够像股东（所有者）一样行动。但不幸的是，这一应用导致了在许多情形下管理层不作为，但仍然可以获得大量报酬，并且给公众带来一种管理层薪酬过高的感觉。我们又一次被提醒，解决这样的代理问题并不容易，但又是必须要做的。

在《金融学原理（第八版）》中，我们认为现在也许比我们记忆中的其他任何时候更需要恪守金融学的基本原则，这是十分重要的。此外，为了再一次强调"回归原则主题"，我们加入了名为"警世故事"的板块来突出强调一些特别的案例，这些案例中都是因为没有遵守这五个基本原则中的一个或多个，而导致了问题的出现。

## 道德与信任的必要元素

尽管不是金融学的五项基本原则之一，道德与信任仍然是商业世界中必要的元素。事实上，如果没有了道德与信任，那么将没有事情可以正常运行。这一规律可以在生活中的每一件事情上得到应用。事实上，我们所做的每一件事都会在一定程度上依赖于其他人。尽管行业中经常通过使用合同来试图规范与商业伙伴的权利和义务，但要撰写一份完美的合同却是不可能的。因此，人与人，以及公司之间的商业来往最后都会依赖交易双方信任对方的程度。

在金融行业中道德的遵守或者缺失都是新闻中反复出现的主题。安然公司、世通、亚瑟·安德林（Arthur Anderson）、伯纳德·麦道夫投资证券的金融丑闻，都揭示了道德缺失在商业世界中是不被原谅的这一事实。不仅仅在行为中表现的遵守道德是正确的，对取得长期的商业成功和个人成功而言，这也是必需的要素。

道德的行为很容易被定义，即"做正确的事"。但什么是正确的事呢？举例来说，百时美施贵宝（Bristol-Myers Squibb，BMY）公司免费向那些无法支付药物费用的患者提供治疗心脏的药物。很明确，公司的管理层认为这是公司社会责任的表现，是一件正确的事情。但这真的是吗？公司应该将钱和产品免费赠送，还是应该将这些慈善行为留给公司的股东去做呢？也许应该让公司的股东来决定，从他们个人的角度出发，他们是否愿意捐献他们的一部分财富。

就像大多数道德问题一样，针对上述的两难问题没有一个明显"一刀切"式的答案。我们承认人们拥有质疑"做正确的事"的含义的权利，每个人都拥有自己个人的一整套价值体系。这些价值观构成了我们认为什么是正确的和什么是错误的基础。而且，每一个社会都采用一系列的规则或法律，来规定它们所认为的哪些事情是"正确的事"。在一定程度上，我们可以将法律看作是反映社会作为一个整体的价值观的一套规则。

你可能会问你自己，"既然我没有违反社会的法律，为什么我还需要考虑道德呢？"对这一问题的答案包含在结果当中。每一个人在行业中，都会在判断上出现失误，这在一个充满不确定性的世界中是可以被预期的。但是道德上的错误却是不同的。即使这些错误不会导致什么人入狱，但它们会葬送个人的职业生涯以及终止未来的机会。为什么？因为不道德的行为会破坏信任，而商业世界不可能离开一定程度的信任还能正常运作。在整本书中，我们将指出一些最终诱惑了经理人的道德陷阱。

---

**概念回顾**

1. 根据基本原则 3，投资者如何决定他们应该将资金投向哪里？
2. 什么是有效市场？
3. 什么是代理问题？为什么会发生这一问题？
4. 为什么道德与信任在商业中十分重要？

---

## 金融在商业中的角色

金融学是一门研究人们以及商业组织如何评估投资项目和筹集资金来支持这些项目的学科。我们对投资的解释十分宽泛。当苹果公司设计出了它们的苹果电视，这明显是做了一项长期的投资。公司不得不投入大量的财力来设计、生产，以及推广这一产品，并希望它最终成为一个客厅的必需品。与之类似，当苹果公司在新雇用一个研究生，并知道在这一员工给公司带来价值之前的 6 个月，公司就必须支付给这一员工工资的时候，苹果公司就正在进行一项投资决策。

因此，在金融学的研究中，有三个需要说明的基本问题：

1. 为什么公司需要进行长期投资？这一领域的金融问题通常被称为**资本预算**（capital budgeting）。

2. 公司应该如何筹集资金来支持这些投资？公司的筹资决策通常被称为**资本结构决策**（capital structure decisions）。

3. 公司如何能够在每天的日常运营中最好地管理它的现金流？这一领域的金融问题通常被称为**运营资本管理**（working capital management）。

我们将在接下来的章节中依次讨论商业金融中的这三个问题——资本预算、资本结构决策，以及运营资本管理。

## 为什么要学习金融

即使你并不打算在金融领域中开展你的职业生涯，金融方面的实践知识仍将会使你在个人以及职业生涯中走得更远。

那些对管理感兴趣的人需要学习诸如战略规划、人事安排、组织行为、人际关系的话题。而所有这些话题都涉及在今天花费金钱以期在未来产生更多的金钱。举例来说，通用汽车公司曾做出一个引进电力汽车的战略决策，并投资 740 000 000 美元来生产雪佛兰—伏特汽车，但最终发现汽车购买者在每台 40 000 美元的价格上就畏缩不前，停止购买了。与之类似，市场部主管需要理解和决定应该如何给产品定价，以及花费在广告上的资金应该是多少。由于激进的市场推广在今天需要花费金钱，但同时又使公司能够在未来收获成果，这也应该被看作是公司需要融资的一项投资。生产和运营管理部门需要了解如何才能最好地管理一个公司的生产，以及如何更好地控制存货和供应链。这些都是涉及风险选择的话题，这些风险选择都与对资金的跨时管理这一金融学的核心相关。虽然金融学首要是对资金的管理，但金融学的一个重要组成部分，则是对信息的解读和管理。事实上，如果你想要在管理信息系统或是会计方面发展你的职业生涯，财务经理将很有可能成为你最重要的客户。对于那些拥有创业激情的学生来说，对金融的了解也是必需的——毕竟，如果你不能管理好自己的财务，你也不会在职业道路上走得很远。

最后，了解金融对于你的个人发展来说是十分重要的。你正在阅读本书的事实，就说明你了解了在自己身上进行投资的重要性。通过获得一个较高的学历，你显然做出了牺牲以期能使自己更容易被雇用，并增加你获得一个可观的和具有挑战性的职业的可能性。你们中的一部分人依靠自己的收入或是你父母的收入来投资于自身的教育，而有一部分人则是从**金融市场**（financial markets），即金融机构以及促进金融交易的程序中借入或筹集资金。

尽管本书最主要的关注点是开发商业中使用的公司金融工具，但我们发展的许多逻辑和工具也可以运用在你个人理财的决策过程中。金融决策在你个人的生活中，以及你所工作的公司里随处可见。在不远的将来，你的职业生涯与个人生活都将在金融的世界中度过。既然你将生活在这样的一个世界中，也是时候来学习金融学的一些基础知识了。

## 财务经理的角色

一个公司可以假设有很多不同的组织架构。图 1-2 是一个典型案例，展示了金融领域是如何与公司匹配的。分管财务的副总裁，也被称为首席财务官（CFO），服从公司的首席执行官（CEO）的管理，并对财务计划、战略计划的监管，以及公司现金流的控制负责。传统来讲，财务师与会计师服从首席财务官的管理。在一个较小的公司里，这两项角色可能由一个人担任，并只设一个办公室管理所有事务。财务师通常处理公司的财务活动，包括资金和信用管理、做出资本支出决策、筹集资金、做出财务计划以及管理公司所收到的所有外币等。会计师则对公司的会计职责的管理负责，包括出具财务报告、成本归结、缴纳税收，以及搜集和监控公司财务健康状况监控中所必要的数据等。在本书中，我们将重点放在与财务师相关的职责上，即投资决策是如何做出的。

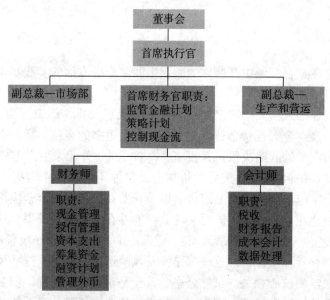

图1-2　金融领域如何适用于公司

## 商业组织的法律形式

　　在前面的章节中，我们主要集中在公司的财务决策上，其原因是：股份公司尽管并不是唯一现行的商业组织的法律形式，但是对于大型或成长型公司来说，股份公司是最明智的选择。在美国，股份公司也是主要的商业组织形式。在本部分，我们将解释为什么如此。

　　尽管商业组织的法律形式繁多，但是总体上可以归为如下三类：个人独资企业、合伙企业和股份公司。为了理解不同形式之间的基本区别，我们需要具体给出每一种形式的定义，并且理解每种形式的优点和缺点。随着公司增长，股份企业的优点开始显现出来。从而大多数大型企业都采用股份公司的组织形式。

### 个人独资企业

　　**个人独资企业**（sole proprietorship）是完全由单个个人拥有的企业。公司所有人拥有对企业资产的所有权，并且通常来说，对于企业产生的债务承担无限责任。这种商业组织形式随着经营活动的开始而创立。一般来说，开创个人独资企业并不需要满足特定的法律条款，尤其是该所有者以自己的名义进行商业经营。如果使用了某个特定经营名称，则需要缴纳一小笔注册费用。个人独资企业因所有者去世，或者所有者的选择而终结。简单来讲，个人独资企业主要是基于实践目的，并没有正式的法律组织结构。

## 合伙企业

合伙企业和个人独资企业的主要区别是合伙企业有多个所有者。**合伙企业**（partnership）是两个或两个以上的个人聚集在一起，以盈利为目的进行商业运作而形成的组织。合伙企业主要有两种类型：(1) 普通合伙企业；(2) 有限合伙企业。

**普通合伙企业** 在**普通合伙企业**（general partnership）中，每个合伙人对合伙企业的负债负有无限责任。因此，任何合伙企业的行为，即使只是看起来与合伙企业的业务有关，对其产生的负债，其余合伙人也负有相应的连带责任。合伙人之间的权利和义务完全由合伙协议决定，该协议可以是口头的，也可以是正式的书面文件。

**有限合伙企业** 在合伙企业中，所有合伙人对于企业的负债具有共同的无限责任，除此之外，一些州还允许**有限合伙企业**（limited partnership）的成立。州立法规允许一个或一个以上的合伙人负有有限责任，其所负的责任以其在合伙企业中的出资额为限。成为有限合伙人需满足若干条件。首先，至少有一名普通合伙人必须对企业负债负有无限责任。其次，有限合伙人的名字不能出现在公司的名称中。最后，有限合伙人不可以参与公司的经营管理。因此，有限合伙制对于仅作为财务投资人的合伙人要求有限责任。

## 股份公司

**股份公司**（corporations）在美国的经济发展中起到了十分重要的作用。早在 1819 年，美国高级法院首席法官约翰·马歇尔（John Marshal）将股份公司的法律定义确定为，"仅在法律视角中存在的，而在现实中为无形的、不可感的虚拟实体"[①]。该法律实体从法律上与其所有人是分离的，因此，股份公司可同样受到法律制裁和惩罚。然而，尽管存在法律上的这种分离，股份公司还是由其所有者构成的，他们向公司下达指令和制定经营决策。公司的所有者选举出董事会，由董事会成员选举个人作为公司具体的经营管理者，包括公司总经理、副总经理、秘书和财务人员。公司的所有权则通过普通股股权证来反映，每张股权证代表了其持有人拥有的股份数量。所有者持有的股份数占发行的所有股份数的比例决定了该股东对公司所有权的比例。由于股份是可转让的，公司的所有权比例可通过股东简单地将股份转让给新股东来实现。股东对于公司的偿债责任仅限于其对公司的出资额，从而防止了债权人剥夺股东的资产，用于公司未偿债券的清偿。有限责任是公司制最重要的优点。毕竟，你愿意投资于美国航空公司吗？如果一旦公司的飞机失事，你就要承担相应的债务责任的话。最后，一家公司的存续期与其投资者的状况无关。投资者的去世或撤回投资并不会对公司的持续性产生影响。当公司的股票被出售或者通过继承进行转移时，公司的经营者仍照常运营公司。

## 商业组织形式和税收：对于个人的双重征税

从历史情况来看，公司制的缺点之一就是对于个人的双重征税。双重征税发生在公司获得盈利后，首先要为所获利润缴纳税费（对盈利的首次征税）；然后将剩余的盈利以股利的形式

---

① *The Trustees of Dartmouth College* v. *Woodard*，4 Wheaton 636（1819）.

分发给公司的股东，而股东又要为获得的这些股利缴纳个人所得税（对盈利的二次征税）。这种对于盈利的双重征税，在个人独资企业和合伙企业中并不存在。毫无疑问，这一直以来是公司制形式的主要缺点。然而，为了刺激经济，对于股利的征税以《2003年税收法案》的通过而被取消。

在2003年税法改变前，你将为你的股利收入支付高达35％的个人所得税。然而，在新的法案下，对于从本国企业和合格外资企业获得的合法股利，目前最高可征收15％的税费。除此之外，如果你个人收入达到了10％或15％的征税区间，你的股利将仅按照5％征收；并且在2008年，这一税率进一步削减为0。除非议会采取进一步的行动，否则这项对于股利收入的税收减免将一直持续到2012年年底，之后个人将重新按照之前的个人所得税率进行股利的所得税缴纳。

## S—公司和有限责任公司（LLCs）

企业家和小企业经营者面临的问题之一，就是他们需要公司制在企业扩张方面为他们带来好处，但是公司制企业带来的对于盈利的双重征税问题令他们难以积累用于扩张的必要财富。幸运的是，政府意识到了这个问题，并提供了两种实际上介于合伙企业和公司制企业之间的商业组织形式，即它们既有合伙企业所带来的税收上的好处（不产生双重征税），又保留了公司制的有限责任的优点（投资者的偿债责任以其出资额为限）。

第一种组织形式是 **S—公司**（S-corporation）。S—公司仍具有有限责任的特点，同时允许企业经营者按照合伙企业的征税方式缴纳税费，即与普通的公司制发放股利需要缴纳所得税不同，分发给企业所有者的利润不再进行二次征税。不幸的是，S—公司带有的一些限制条件使得该种组织形式的吸引力减弱。因此，最近几年S—公司在实际中较少被采用，取而代之的是有限责任公司。

**有限责任公司**（limited liability company，LLC）也是一种介于合伙企业和公司制企业之间的商业组织形式。与S—公司类似，有限责任公司保留了对于其所有者所要求的有限偿债责任，但要像合伙企业一样缴税。一般而言，有限责任公司提供了比S—公司更为灵活的运作条件。例如，在有限责任公司中，股东也可以是公司。然而，由于有限责任公司是在州立宪法下运营的，州立政府和税收部门都有关于成立有限责任公司所应具有的合格资质的规定，并且不同法律下的具体规定有所不同。但是这些不同规定的共同的基本要求是，有限责任公司不能太像公司制，否则将作为公司整体进行单独计税。

## 应该选择哪种商业组织形式

新成立企业的所有者在选择具体采用哪种组织形式时有许多重要事项需要决策。然而每种商业组织形式似乎都有相比于其他形式的一些优点，随着公司规模的扩大和通过资本市场融资需求的增加，公司制的优点开始显现出来。

由于股东拥有有限责任，通过出售普通股股份进行所有权转移变得容易；同时在分割股份时也更具灵活性，这些特点都使得公司制成为吸引新资本进入的理想商业形式。相比之下，个人独资企业和普通合伙企业的无限责任阻碍了新的资本融资。在这两个极端之间，有限合伙制确实为有限合伙人提供了有限责任，这一特点有利于吸引富有的投资者。然而，同时拥有大量合伙人的不现实性，以及有限合伙股份转移的不便利性，使得有限合伙制与公司制相比不具有竞争优势。因此，当建立决策模型时，假设我们面对的是公司制企业，并按照公司所得税的要求缴税。

**概念回顾**

1. 个人独资企业、合伙企业和公司制企业之间的主要区别是什么？
2. 解释为什么大型和成长中的公司倾向于选择公司制。
3. 什么是有限责任公司？

## 金融和跨国公司：新的角色

在不断追求企业盈利的过程中，美国公司不得不看向国外市场。这一战略在苏联解体，并在大部分发展中国家接受自由竞争市场体系后得以快速发展。所有这一切的发生，同时伴随着由个人计算机和互联网带来的信息技术革命。同一时期，也是美国经历了史无前例的行业管制宽松的时期。这些变化带来了新兴国际市场的开放，并且之前美国公司在国内经历的价格战也迫使这些公司在海外寻求投资机会。最终的结果是，许多美国公司，包括通用电气、IBM、迪士尼集团和美国运通公司，重新调整其业务结构以进行国际扩张。

美国公司通过进行国际扩张实现的盈利远超你对一家跨国公司的想象。以可口可乐公司为例，可口可乐公司80%的盈利是通过海外的销售获得，并且其在日本的销售带来的利润要远高于其所有国内市场之和。而可口可乐并非个例，实际上，在2011年，标准普尔500指数的成分股上市公司的接近50%的销售收入是来自海外的。

一方面，美国公司试水海外市场；另一方面，国外公司也在美国取得了突出业绩。你只需看一下美国的汽车行业，其中丰田、本田、尼桑、宝马和其他国外汽车制造商的进入是如何影响这个行业的。此外，国外公司也收购并且现在拥有如下公司：布克兄弟（Brooks Brothers）、美国无线电公司（RCA）、贝氏堡（Billbury）、大西洋和太平洋食品公司（A&P）、20世纪福克斯（20th Century Fox）、哥伦比亚影业公司（Columbia Pictures）和费尔斯通轮胎橡胶公司（Firestone Tire & Rubber）。这样的结果是，即使我们希望，我们也无法将我们所有的注意力都集中在美国本土市场，并且更为重要的是，我们并不想忽视国际市场上的投资机会。

**概念回顾**

1. 是什么带来了跨国公司的时代？
2. 在美国之外寻求机会，对于美国公司来说是被证明可以盈利的吗？

---

### 本章小结

**1. 确定公司的目标**

📖 **小结：** 本章给出了创造股东价值并使其可持续的方法框架，并且这应该成为公司和经理人的经营目标。公司经营目标选择最大化股东财富，是因为这一目标更能解决现实环境中的不确定性和时间问题。因此，最大化股东财富被认为是合适的公司经营目标。

**2. 理解财务的基本原则、重要性，以及道德标准和信任的重要性**

小结：财务决策中的五个基本原则如下：

（1）现金流是最重要的——是收到的增量现金流，而非会计利润在驱动价值增长。

（2）货币具有时间价值——对于收款人来说，今天收到的1美元要比未来收到的1美元更具价值。

（3）风险要求收益补偿——投资的风险越高，投资者要求的必要收益率就会越高，并且，在其他条件相同的情况下，投资的估值就会越低。

（4）市场价格通常是正确的——例如，产品市场价格对于重要新闻信息的反应速度通常要慢于金融市场价格，后者对于新信息的反应要更快速和有效。

（5）利益冲突导致代理问题——大型公司通常由持有公司小部分股权的职业经理人经营。这些职业经理人的个人行为通常受个人利益驱动，从而导致经理人并没有从最大化公司股东利益的角度出发进行决策。当这种情况发生时，公司的股东权益就会受损。

尽管不是上述五个原则之一，道德标准和信任也是商业界的基本必需素质；而且如果没有这两样，商业也就无法运转。

**关键术语**

增量现金流：在公司接受和拒绝正在考虑的投资决策的情况下，公司将分别产生的现金流之差。

机会成本：做出某一决策时所必须放弃的最优可选决策的收益。

有效市场：证券的价格在任一时点都能够充分反映所有公开的、可获取的信息，以及其准确公开价值的市场。

代理问题：由管理层和公司所有权分离而带来的冲突问题。

**3. 描述金融在商业中所扮演的角色**

小结：金融是关于人们和企业如何对投资进行估值，并为其实施融资的研究。金融学主要解决了如下三个基本问题：（1）公司应该进行何种长期投资？金融领域中对于这方面的研究一般被称为资本预算。（2）公司应该采取何种融资方式为该投资筹集资金？公司这类的融资决策通常被称为资本结构决策。（3）公司如何能对日常经营中的现金流进行最优管理？金融领域中对于该方面的研究一般被称为运营资本管理。

**关键术语**

资本预算：有关固定资产投资的决策过程。

资本结构决策：选择融资方式和不同长期资金来源组合的决策过程。

运营资本管理：对公司流动性资产和短期融资的管理。

金融市场：协助各种金融条款中的交易得以顺利进行的金融机构和程序。

**4. 区别不同种类的商业组织的法律形式**

小结：此处介绍了不同种类的商业组织形式。个人独资企业是由单独的个人拥有和经营管理的商业运营实体。创立个人独资企业较为简单，并且创立过程中不需要额外的组织协调成本。个人独资企业拥有者对公司有完全的控制权，但是必须愿意对其经营结果承担全部责任。

合伙企业与个人独资企业类似，是两个或两个以上个人聚集在一起所组织形成的商业企业。有限合伙企业是由州立政府裁定的另一种合伙企业形式，其在所有合伙人都同意的情况下，允许合伙人承担有限责任，但至少有一人承担无限责任。

公司制使得更多的资金从公众投资者流向商业企业。尽管公司制法律实体会产生更多的组织协调成本，并受更多的管制，但是公司制在筹集大量资金方面具有优势。有限责任、无限存续期和转让股份的灵活性，增强了投资的市场流动性；并且在很大程度上吸引了大量的投资者进行投资。法律上，公司的控制权掌握在拥有最多股票份额的股东手中。然而，企业的日常经营是由公司的经理人负责的，职业经理人从理论上代表公司股东对企业进行管理。

✒️ **关键术语**

**个人独资企业**：由单独个人拥有的企业。

**合伙企业**：两个或两个以上的个人以盈利为目的进行商业运作，聚集在一起形成的组织。

**普通合伙企业**：在普通合伙企业中，所有合伙人对合伙企业产生的债务承担无限责任。

**有限合伙企业**：在有限合伙企业中，一个或多个合伙人承担有限责任，以其对该合伙企业的出资额为限。

**股份公司**：法律上与其所有者可分的法律实体。

**S—公司**：由于具有特殊资质，而按照合伙企业进行征税的股份公司。

**有限责任公司（LLC）**：介于合伙制和公司制之间的商业组织形式，在该制度下，公司所有者承担有限责任，但公司按照合伙制企业方式进行运营和缴税。

**5. 阐述是什么引领了跨国公司的新纪元**

📘 **小结**：跨国公司在苏联解体，并在大部分发展中国家接受自由竞争市场体系后得以快速发展。美国公司不得不看向国外市场，在海外寻求新的商业机会。最终的结果是，很多美国主流企业的一半以上的收入都来自其海外市场的销售。外国公司同样也增加了在美国境内的投资。

━━━━━━━━━━ **复习题** ━━━━━━━━━━

**1－1** 在实施最大化股东财富的目标时，会遇到哪些问题？

**1－2** 公司经常会投资于并不会直接给公司带来利润的项目。例如，我们在本章开篇介绍时提到的苹果公司，向斯坦福大学医院捐赠了 5 000 万美元；并向一个非洲的援助组织 RED 捐赠了 5 000 万美元，RED 是一个抗击艾滋病、肺结核和疟疾的公益组织。这些项目与最大化股东财富的经营目标是矛盾的吗？请给出是或不是的理由。

**1－3** 财务决策模型与风险—收益之间的关系是怎样的？所有的财务经理都会对风险—收益权衡持类似的看法吗？

**1－4** 什么是代理问题？代理会对最大化股东价值的经营目标产生什么影响？

**1－5** 定义以下术语：（a）个人独资企业，（b）合伙企业，（c）股份公司。

**1－6** 解释每种商业组织法律形式的基本特征。

**1－7** 使用如下标准，具体说明每种评价标准下的最优的商业组织的法律形式：（a）组织协调要求和成本，（b）所有者的偿债责任，（c）企业的存续期，（d）所有权的转换灵活性，

（e）管理层控制和监管，（f）融资能力，（g）税收。

**1-8** 现实中有许多拥有重要市场地位的大型公司。登录 www. careers-in-business. com，并查看商业求职网站。该网站的内容不仅涵盖了金融，而且包括了市场营销、会计和管理学的知识。找出并简要描述投资银行和财务计划提供的机会。

**1-9** 不论你喜欢与否，道德问题似乎是金融中经常被提起的问题。在如下网址中可以找到历史上最严重的金融丑闻：http://projects. exeter. ac. uk/RDavies/arian/scandals/classic. html。阅读该网站中有关以下事件的文章："信用紧缩""互联网泡沫和投资银行""伯纳德·麦道夫投资证券"。并给出对上述事件的简要评述。

**1-10** 我们知道，如果公司想要达到最大化其股东财富的目标，那么经理人和股东的利益必须一致。使得双方利益一致的最简单的方法，就是通过设立股权和期权奖励来适当地构造执行激励政策，以激励经理人从股东利益最大化出发，进行公司决策和管理。然而，这种对执行的激励政策有脱离控制的情况发生吗？登录网址：www. aflcio. org/corporate-watch/paywatch，并查看高管薪酬观察网网站，其中可以查阅企业最高薪资的情况（在页面右侧点击"前 100 名薪资最高的 CEO"）。如下企业公司经理人的最新薪资激励政策是什么：甲骨文公司（Oracle，ORCL）、家得宝（Home Depot，HD）、迪士尼（Disney，DIS）和埃克森美孚（ExxonMobile，XOM）？（提示：你也许希望查阅高管薪酬观察网中的首席执行官薪酬数据库。）

## 案例分析

在应聘喀里多尼亚生产（Caledonia Products）公司的助理金融分析师面试的最终一轮中，需要测试你对基本金融概念的理解。给出如下备忘录信息，并要求你回答相应的问题。你是否能够得到在喀里多尼亚生产公司的职位，将依赖于回答这些问题的准确性。

收件人：金融分析师职位应聘者

发件人：喀里多尼亚生产公司首席执行官，V. 莫里森（V. Morrison）先生

回复：请回答对金融基本概念和税收条款的理解。

请回答如下问题：

a. 公司经营的合理目标是什么？为什么？

b. 什么是风险—收益权衡？

c. 在对资产进行估值时，为什么我们更关注现金流而非会计利润？

d. 什么是有效市场？有效市场对我们来说意味着什么？

e. 代理问题的起因是什么？我们如何解决这一问题？

f. 道德标准和行为规范在金融中有着怎样的重要作用？

g. 定义以下术语：（a）个人独资企业，（b）合伙企业，（c）股份公司。

# 第 二 章

## 金融市场和利率

1. 描述美国金融市场体系的主要组成和企业融资过程；
2. 理解资金是如何在资本市场筹集的；
3. 了解近期的收益率；
4. 解释利率决定因素的基本内容和利率期限结构的主要理论。

1995 年，当拉里·佩奇（Larry Page）在某一个周末参观斯坦福大学的时候，谢尔盖·布林（Sergey Brin）恰好是负责带他游览学校的学生中的一员，这是他们的第一次见面，这次他们并没有给彼此留下特殊的印象。然而，在不久之后两人就开始了合作，他们甚至在拉里·佩奇的宿舍建立了属于他们自己的计算机机房，这个机房在后来成了谷歌的数据中心。然而，事情并没有如预想的那样顺利，因为在那时候，运营搜索引擎并没有利润可言，所以拉里·佩奇和谢尔盖·布林决定靠他们两人的力量继续做下去。当他们因为成天宅在宿舍而信用卡已经完全透支的时候，他们开始意识到资金成了最大的问题，因为资金已经所剩无几。于是，两人一同起草了一份商业计划书，并开始寻找投资。幸运的是，他们找到了太阳微系统公司（Sun Microsystems）的一位创始人，在两人进行了简短的演示之后，他有事要离开，留下了这样一句话："与其我们在这里讨论所有的相关细节，不如让我直接给你们开张支票吧？"这张支票的抬头便是谷歌股份有限公司，金额为 100 000 美元。

就这样，谷歌股份有限公司成立了，并在接下来的十年里成为一家以"不作恶"为座右铭的创新型企业。他们怀着使世界变得更美好的目标，享用着由前"感恩而死"乐队厨师精心筹备的工作餐和炫目的熔岩灯，在谷歌园区里用赛格威代步车把员工运送到停车场，以方便他们去打曲棍球或者做其他事情。不出所料，当 2004 年谷歌公司需要公开融资的时候，他们采用了荷兰式拍卖的方式。首先，荷兰式拍卖的竞标者递交标书，阐明他们以怎样的价格购买多少股股票；然后，谷歌通过这些标书计算出一个合理的发行价格，这个价格刚好使所有的股票售出，每个报价高于该价格的投资者都将按照发行价格购买其股票。

最终在 2004 年 8 月 19 日，谷歌以每股 85 美元的发行价发行了价值 17.6 亿美元的股票。到底这些购买人的选择正确吗？我们可以看到，在交易首日，谷歌的股价上涨了 18%。截至 2005 年 3 月中旬，谷歌股票的价格已上升到约每股 340 美元！2005 年 9 月，谷歌重回资本市场，并以每股 295 美元的价格出售了 1 418 万股股票。截至 2012 年 8 月，谷歌的每股价格上升到了 641 美元左右。

当你阅读本章时，你将了解到如何在金融市场上筹集资金。无论你是一位专注于会计、财务、市场营销的专业人士，还是战略规划的新晋商务专员，这都将有助于你理解在资本市场中获取投资的基本知识。

以债券、普通股为代表的长期融资工具都是在资本市场中发行的。对于**资本市场**（capital markets）这个术语，这里指的是所有帮助企业获取"长期"资本投资的金融机构，"长期"指的是到期时间在一年以上的证券。毕竟，绝大多数公司都专注于向顾客出售它们的产品和服务，对于如何在资本市场进行融资则相对陌生。前面提到的"金融机构"将在这里列举一些，读者可能听说过的有美国银行（BAC）、高盛集团（GS）、花旗集团（C）、摩根士丹利（MS）、瑞士银行（UBS）和德意志银行（DB）。

本章会重点介绍企业在资本市场中的筹资过程，这会有助于我们理解资本市场是如何运行的。我们将介绍投资者如何确定其投资要求的收益率。此外，我们将研究资本市场上收益率的历史数据，以便于对未来进行预期。无论你是财务经理还是投资者，对金融市场历史的认知将使你意识到，对于普通股投资而言，每年 40% 的收益率是并不多见的。

当你通读本章的时候，要注意在第一章提到的构成企业财务管理基础的几个原则的直接应用。具体来说，需要尤其注意的是：原则 3（风险要求收益补偿）和原则 4（市场价格通常是正确的）。

## 企业融资：经济体中的资金流动

金融市场在资本主义经济中发挥着至关重要的作用。事实上，在 2008 年金融市场出现"钱荒"的时候，美国的经济陷于停滞。当经济健康的时候，资金由储蓄盈余单位，即收入比消费多的单位，向储蓄赤字单位，即对资金有额外需求的单位流动。储蓄赤字单位都有哪些？比如美国联邦政府，它实际花费的资金比税收收入多得多，承担着巨额的赤字；比如葫芦网（Hulu），一个线上视频服务网站，它需要购买新的设备，缺少 5 000 万美元；比如丽贝卡·斯万克（Rebecca Swank），一个纱线和咖啡品牌"细品慢缝"（Sip and Stitch）的独立所有人，想开第二家分店，但需要 10 万美元的资金支持；比如艾米丽（Emily）和迈克尔·迪米克（Michael Dimmick），他们想购买价值 24 万美元的一幢房屋，却只有 5 万美元的存款。在上面提到的每一个例子中，不管是美国政府，还是大公司、小私营业主及家庭，都面临同样的情况——它们都需要花费比收入更多的资金。

这些多花的钱将从哪里来呢？它会由经济体中的储蓄盈余单位，即收入比开销多的单位给出。储蓄盈余单位可能包括个人、公司和政府。比如，约翰（John）和桑迪·兰多夫（Sandy Randolph）一直在为退休准备储蓄，每年他们收入比支出多 10 000 美元，而且约翰工作的公司每年为他的退休计划贡献 5 000 美元；埃克森美孚（XOM）公司每年业务收入达到约 500

亿美元，并且将其中约一半投入到新的石油开采中去——这意味着，剩余的一半收入可以用来投资。类似的是，全球范围内有许多政府的收入也比开销大，比如中国政府、阿拉伯联合酋长国政府、沙特阿拉伯政府。

现在让我们来看看这些储蓄是怎么转移到需要钱的经济单位手中的。实际上，储蓄转移到金融市场的资金需求者手中共有三种途径。这些都列举在图2-1中。

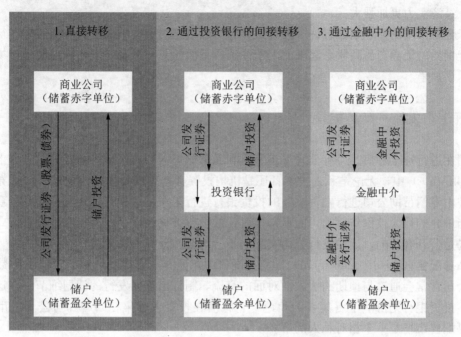

**图2-1　经济体中资金转移的三种途径**

让我们来仔细分析一下这三种资金转移的方式：

**1. 直接转移**　在这种情况下，融资公司直接把证券卖给希望获得高额回报的投资者。新兴公司往往会通过这种方式进行融资，为新兴公司投资的私人投资者多被称为**天使投资人**（angel investor），即企业天使投资人，或者是在早期融资中求助于**风险投资商**（venture capitalist）。比如Koofers.com（社交学习网站），就是这样建立并运营起来的。该网站的创始人是弗吉尼亚理工大学的学生，他们通过建立这样一个互动性网站，为学生们分享课堂笔记、课程成绩、学习指导和往届试题提供了一个平台。这个网站建立以后非常受欢迎，并在2009年收到了两家风险投资商的200万美元的风险投资，当然作为回报，风险投资商也获得了该社交学习网站的部分所有权。

**2. 通过投资银行的间接转移**　投资银行是帮助企业筹集资金、交易证券，并提供并购、收购等方面专业咨询意见的金融机构。在帮助企业筹集资金时，投资银行往往会与其他多家投行合作，这被称作辛迪加。辛迪加会买下公司为融资业务发行的所有证券产品，然后以相对更高的价格将其出售给公共投资者。例如摩根士丹利和高盛集团，就是运营该业务的投行之一。注意在第二种储蓄转移方式下，证券的发行均需经过投资银行，但并不会改变其性质。

**3. 通过金融中介的间接转移**　在这种转移系统中，人寿保险公司、共同基金、养老基金均参与其中。金融中介机构通过发行证券收集来自个人投资者的储蓄，然后将这些资金投入到企业发行的股票和债券上去。

在一个优秀的金融系统中，资金能够高效地从储蓄者手中转移到资金使用者手中，这也是金融系统存在的原因。当然这听起来可能像是理所应当，但并不是世界上任何国家都有着高效的金融系统。尽管美国的金融系统最近出现了一些问题，但它依然可以为借款者和储蓄者提供比其他绝大多数金融系统更多的选择余地，进而能够更有效率地进行资本配置。因此，美国公民都从图 2-1 中所示的三种资金转移机制中受益，在金融市场的协助下，美国的资本构成更加合理，经济实力更加强大。

关于金融市场的类别划分有许多种方式，它可以是纽约市华尔街上的一幢实体建筑，也可以是将全世界的证券交易商联系起来的电子系统。下面让我们来看一下在描述金融市场时常用的五组术语。

## 公开上市发行—私募配售

公司在进行资金募集时，有公开上市发行和私募配售两种方式可供选择。在**公开上市发行**（public offering）中，无论是私人投资者还是机构投资者均有机会购买公司发行的证券。证券发行往往由专门帮助公司进行融资业务的投资银行进行运作，这种在证券发行商和公众投资者之间充当中介的行为被称作承销，而承担该责任的投行被称为承销商。在这种发行方式中，面向的市场是公开客观的，证券发行公司实际上不会与最终证券购买人进行直接接触。

在**私募配售**（private placement）即直接配售中，证券被直接发行和出售给有限数量的投资者。公司常常会通过与预期购买人面对面的交流，制订出证券发行的计划细节。在这种发行方式中，投资银行则扮演了召集者的角色，它将潜在投资者召集在一起。与公开上市发行相比，私募配售市场是一个相对私人的市场。

在私募配售市场活跃的投资者中，风险投资公司就是一个不错的例子。风险投资公司首先从机构投资者和高净值个人投资者手中募集资金，然后汇集到资金池中，用于投资有着潜在高额收益率和高风险的创始期公司和早期成长公司。对于主板市场来说，这些公司会缺乏吸引力，因为它们具有以下特点：（1）规模较小，（2）没有过往营业成绩，（3）成长前景不确定，（4）股票无法简单快速变现。多数风险投资公司会一次性投资 5～7 年，以期到时将公司出售或者公开上市。

因为承担了高额风险，风险投资公司往往在创始企业的董事会中占有一个或多个席位，并积极参与对公司运营活动的监管。这会使你想起**原则 3：风险要求收益补偿**。

## 一级市场—二级市场

**一级市场**（primary market）指的是首次发行证券的市场。比如说，如果谷歌公司发行了一批新股票，那么这次发行将被认为是一次一级市场行为，谷歌会通过发行股票从投资者手中募集资金。一级市场类似于新车市场，就像福特公司唯一收到资金的时候，就是将汽车出售的时候。证券一级市场也一样，公司在一级市场将股票、债券等金融资产引入到金融系统中，这也是它们获得资金的唯一时刻。公司首次上市发行股票被称作**首次公开发行**（inital public offering，IPO），典型的例子就是 2004 年 8 月 19 日，谷歌公司首次向公众发行普通股，并以每股 85 美元的价格募集到 17.6 亿美元。当谷歌在 2005 年 9 月重回一级市场发行股票筹集到 41.8 亿美元时，这被称为**增发新股**（seasoned equity offering，SEO），即已经公开上市的公司向市场发行新的股票，这也被称作二次股票增发。

**二级市场**（secondary market）指的是已公开发行并售出的证券进行交易的市场。我们可以把它看作类似于二手车交易市场。当你购买谷歌公司已经售出的股票的时候，该行为便是在二级市场中完成的。这些股票会在不同的投资者之间流动，它们被交易与否与谷歌公司没有任何关系。实际上，在一级市场的首次公开发行之后，所有的交易均在二级市场中进行，二级市场中的交易均不影响经济体中金融资产的总量。

对一级市场和二级市场的监管职责，是由证券交易委员会（SEC）承担的。比如说，公司要想在一级市场发行证券，必须首先在证券交易委员会完成注册，证券交易委员会有责任确保公司提供给投资者的信息是全面而准确的。证券交易委员会同样需要对二级市场进行监管，它要确保投资者在决策购买和卖出证券的时候得到的信息是足够准确的。

**记住你的原则**

在本章中，我们包含的内容有财务经理所熟悉的在国家资本市场中筹集资金的过程，和这些市场中的利率水平是如何决定的。

毫无疑问，美国拥有世界上高度发达、复杂和富有竞争性的金融市场体系，这使得居民的储蓄和公司的储蓄盈余向储蓄赤字单位的快速转移成为可能。如此高度发达的金融市场的存在，还使得伟大的想法（如个人电脑）得到赞助，从而增加了经济体中的财富总量。举个例子，考虑你所拥有的财富，并与俄罗斯家庭的平均财富水平进行比较。俄罗斯缺少拥有复杂体系的金融市场来支持证券交易。结果就是，那里的实体资本遭到损失。

因此，我们现在回到**原则4：市场价格通常是正确的。**财务经理喜欢美国的资本市场体系，正因为他们相信该体系。这种信任来自于市场的有效性，来自于价格对所有关于证券价值可知信息的准确而又快速的反应。这意味着，预期风险和预期现金流相对于会计方法的改变和特定证券历史价格的变化来说，对市场参与者的影响更大。在证券价格和收益率（如利率）由自由竞争决定的情况下，更多的财务经理（而不是少数）参与到市场中来，帮助实现市场有效性。

## 货币市场—资本市场

货币市场和资本市场的本质区别是在市场中交易证券的到期时间。**货币市场**（money market）指的是短期金融工具进行交易的市场，这里"短期"指到期时间在一年或一年以内的证券。短期证券的发行商往往具有较高的信用评级，美国货币市场中主要的融资工具有短期国库券、多种联邦政府债券、银行承兑汇票、可转让定期存单、商业票据等等。对于股票来说，不管是普通股还是优先股，都不在货币市场中进行交易。需要记住的是，货币市场并不是实际存在的某个地点，你不会在华尔街的某幢建筑里面看到刻有"货币市场"字样的石拱门。更确切地说，货币市场是主要经由电话和电脑运作的市场。

资本市场指的是长期金融工具进行交易的市场，这里"长期"指到期时间在一年以上的证券。从广义上看，长期金融工具包括中长期贷款、金融租赁、公司股票和债券。

## 现货市场—期货市场

现金市场指的是在当前进行交易的市场。实际上，现金市场往往被称作**现货市场**（spot market）。**期货市场**（futures markets）指的是可以选择在未来某个时间购买或出售商品的市场——实际上是签订一份合约，上面约定购买的商品、购买的金额、购买的价格和购买的时间。在现货市场和期货市场购买同一商品的区别在于商品交割的时间和付款的时间。比如说，假设现在是5月，你在12月需要250 000欧元，你可能会现在在现货市场兑换125 000欧元，并在期货市场购买在12月交割的125 000欧元。你会马上得到现货市场购买的125 000欧元，并在7个月之后得到在期货市场购买的另一半欧元。

### 股票交易的区别越来越模糊：场内交易—场外交易

市场往往会被区分为场内市场和场外市场。在过去的十年间，技术取得了较大的进步，加上市场管制的逐渐解除和竞争的加剧，场内市场和场外市场的区别正变得越来越模糊。不变的是，它们仍是资本市场重要的组成部分。**场内交易市场**（organized security exchanges）指的是一些有形的实体交易场所，比如建筑或者建筑的一部分，金融工具会在这些营业场所中进行交易。**场外交易市场**（over-the-counter markets）指的是除场内交易市场以外的全部证券市场。例如，因为货币市场没有固定的交易场所，它也属于场外交易市场的一种。因为这两种市场都对企业的财务主管进行长期资本筹集至关重要，所以对它们进行一些讨论还是必要的。

时至今日，交易技术已经发生了翻天覆地的变化，80%～90%的交易都是电子化完成的，这也使场内交易市场和场外交易市场的区别变得越来越模糊。即使你的股票在纽约证券交易所中挂牌交易，它依然会通过大量的全球交易网络的电脑交易系统进行交易，而不是简单地在交易所内进行报价。实际来看，如今场内交易和场外交易已经没有太多区别。

**场内交易市场**　纽约证券交易所被认为是一所国家级的证券交易所，除此之外，美国还有一些州级的证券交易机构。如果某公司的股票在特定的证券交易所进行交易，我们会说它在该交易所挂牌。同一证券可以在多家交易所挂牌交易，所有的证券交易所则需在证券交易委员会进行注册。在注册的交易所中发行证券的公司必须满足由证券交易委员会和交易所提出的相关报告要求。

纽约证券交易所又被称为"主板"，是最早建立的场内交易市场。毫无疑问，纽约证券交易所的地位至关重要，因为从2012年的数据来看，在该交易所中挂牌交易的证券总价值超过了14万亿美元。时至今日，纽约证券交易所已经成长为一个综合性市场，在其中有私人投资者面对面的洽谈交易，也有自动化的电子交易随时进行。因此，每当市场出现大幅波动，或是市场开放、关闭的节点，或是大额交易出现时，监管者需要对交易执行的合理性进行主观判断。

**场外交易市场**　许多由公众持股的公司，或是不符合场内交易市场挂牌交易的要求，或是简单地只想在纳斯达克市场（电子化股票交易市场，NASDAQ）挂牌交易。实际上，纳斯达克市场是一个为超过5 000只场外交易的股票提供报价，并为买卖双方配对交易的电脑系统。比如，脸书（Facebook）决定在纳斯达克市场而非纽约证券交易所挂牌交易，原因是纳斯达克的上市费用较低，且其在科技类公司上市方面有更好的专业经验。

**场内交易市场的益处**　公司和投资者都因为场内交易市场的存在而获益，具体包括：

**1. 提供了一个连续竞价的市场**　这可能也是场内交易市场最重要的功能。连续竞价市场会为股票提供一系列的连续报价，如果没有场内交易市场存在，交易之间的价格差距可能会被拉大，原因是场内交易中每只股票的交易额相对较大，买单卖单的执行很快，对同一证券的买方报价和卖方报价因此差距变小。于是，股价的波动性也会减小。

**2. 确定证券发行的公平定价** 场内交易允许股价通过竞价的方式来确定。在这里报价并不会脱离交易现实的协商而被确定，否则一次聚会就可能影响最终的报价。报价过程由买方和卖方共同完成，也就是说，最终的证券发行价格会以拍卖的形式确定。此外，在每一个证券交易所确定的证券价格都会被广泛公布。

**3. 帮助企业筹集新的资金** 因为二级市场的持续存在，企业更容易以竞争性的价格发行新的证券。这也意味着在这些交易市场中发行的证券，其相对价值更易观察。

---

**概念回顾**

1. 解释二者的差异：(a) 公开上市发行和私募配售，(b) 一级市场和二级市场，(c) 货币市场和资本市场，(d) 场内交易市场和场外交易市场。

2. 指出证券市场存在的意义。

---

## 向公众销售证券

多数公司不会频繁地筹集长期资本。相对于每天都在进行的运营资本管理，吸引长期投资则是不定期的。因为筹资额会相当巨大，所以这对于财务经理们来说非常重要。因为绝大多数财务经理对于筹集长期资金并不太熟悉，他们需要求助于**投资银行家**（investment banker）。在一级市场中，股票和债券往往在投资银行的帮助下进行承销。**承销**（underwriting）过程包括对证券的购买和再销售，这也使承销商承担了二次销售中的价格风险。公司发行证券获得的资金价格与投资银行提供给公众投资者的证券价格间的差价被称为**承销费用**（underwriting's spread）。

表 2-1 为我们展示了投资银行业的主要金融机构。它列举出了 2011 年收入排名前十位的投资银行。在今天，已经很少有非常大的独立的投资银行，往往是商业银行和投资银行共同存在。你会发现，只有六家投行在 2011 年的收入超过了 10 亿美元。

**表 2-1                                    2011 年承销商排名**

| 排名 | 承销商 | 收入（百万美元） |
|------|--------|------------------|
| 1 | 摩根士丹利 | 9 656.2 |
| 2 | 美洲美林银行 | 8 262.1 |
| 3 | 高盛 | 6 054.6 |
| 4 | J. P. 摩根 | 3 757.4 |
| 5 | 花旗 | 3 192.0 |
| 6 | 巴克莱资本 | 1 191.0 |
| 7 | 瑞士信贷 | 966.5 |
| 8 | 德意志银行证券 | 746.2 |
| 9 | 瑞杰金融集团 | 601.2 |
| 10 | 瑞银投资银行 | 597.4 |

资料来源："Underwriter Rankings for 2011." Copyright © 2011 Renaissance Capital，Greenwhich，CT. Reprinted by permission. www. renaissancecapital. com.

实际上，我们用"投资银行家"这个词既形容投资银行本身，也表示在这些职能部门工作的个人。到底投资银行承担了哪些职能呢？最简单的了解方式就是看一下投资银行的基本职责。

## 投资银行的职能

投资银行有三项基本职能：（1）承销，（2）分销，（3）咨询。

**承销**　承销这个词是从保险领域引入的，它的最初含义是承担风险。投资银行承担了二次销售证券时的价格风险，而其销售证券的价格是部门利润的关键。

具体的承销过程如下所示。主承销商和其辛迪加从需要资金的公司处购买全部证券。这里**辛迪加**（syndicate）指的是被邀请来帮助一起购买和再销售证券的其他投资银行；主承销商指的是受托启动该融资业务的投资银行。在主承销商开出支票购买所有证券之后，辛迪加集团拥有了这些证券的所有权，融资公司则得到了现金，这使得融资客户规避了证券市场潜在的风险。也就是说，即便新发行证券的承销价格低于辛迪加向公司支付的初始价格，损失也会由辛迪加财团承担。当然，辛迪加希望证券的承销价格越高越好，它们的目标就是以尽可能高的每股价格，将承销的证券卖给公共投资者。

**分销**　在辛迪加取得证券的所有权之后，它们必须要将其销售到最终的市场投资者手中，这就是投资银行的分销（销售）职能。投资银行可能在全美都有其分支机构，也可能会与经常购买部分投行新发行证券的经销商进行非正式协商，在每次分销中涉及 300～400 名经销商已经司空见惯。这么来看的话，辛迪加财团可以被认为是证券的总经销商，而下面的经销商组织可以看作是证券的零售商。

**咨询**　投资银行专注于证券的发行和营销。一家优秀的投资银行会对市场的主要发展趋势了如指掌，并能把市场环境和特定时间的证券发行类型及销售价格联系起来。比如说，当前经济环境显示，未来利率水平可能上升，那么投资银行就会建议公司及时地发行债券，来规避未来可能的利率风险。投资银行会帮助分析公司的资本结构，进而提出关于应发行何种融资工具的建议。在很多情况下，公司会邀请其投资银行代表列席董事会会议，这会有助于投资银行观察公司的日常活动，并及时给出咨询建议。

## 投资银行分业经营的终止

从乔治·华盛顿（George Washingten）总统建国开始，一直到 20 世纪 30 年代的大萧条时期，平均每 15 年美国经济就会经历一次周期性的金融恐慌和银行业危机。在 1933 年的经济大萧条和银行业破产浪潮中，全美约 4 004 家银行破产，以至于国会出台了一系列改革措施来终止周期性的金融危机。这次改革的关键法案是《格拉斯-斯蒂格尔法案》，又被称为《1933年银行法》，其中的一项重要内容就是建立了联邦存款保险公司（FDIC），该公司可为成员银行提供每位存款人高达 250 000[①] 美元的存款保险。联邦存款保险公司的成立有助于保障存款者的存款安全，进而防止银行破产。《格拉斯-斯蒂格尔法案》的另一重要组成部分是将商业银

---

①　如果国会不在 2013 年年底采取行动来提高限额，所有存款科目的保险上限将于 2013 年 12 月 31 日降低到 100 000美元，除了个人退休金账户和一些特定退休金账户仍然保持每人最高 250 000 美元的保额标准。

行业务和投资银行业务分离开来，此举的目的是防止银行参与风险较高的证券业务。这项法案的推行，直接催生了像雷曼兄弟、贝尔斯登、J.P.摩根这些独立投行的涌现。

随着1999年《格拉斯-斯蒂格尔法案》的废止，很多商业银行并购了一些大型投资银行。比如大通曼哈顿银行并购了J.P.摩根，成立了摩根大通（JPM）。此举对于投资银行的好处是，能够从银行的存款处获得稳定的资金支持，甚至还可以在关键时候向美联储进行借款；对于商业银行的好处则是，它们终于可以染指高风险高利润的证券业务。随后，从2007年开始出现了金融危机和银行业倒闭风潮，幸存的独立运营的投资银行如摩根士丹利、高盛均很快找到了它们的商业银行合伙人。至今，已经没有独立的投资银行存在了，"投资银行"的职能开始由所谓的"全能银行"承担，也就是说，商业银行也开始提供以前投资银行才能提供的服务。

## 分销方式

公司将新发行的证券分销到投资银行进而到最终投资者手中的方式有许多种，在每种方式下投资银行扮演的角色都是不一样的（有时候甚至被绕开）。在这一部分将会详细描述这些分销方式。鉴于私募配售的重要性，在本章后面的内容中还会专门提及。

**协议购买**　在协议购买承销中，资金筹集公司联系某一家投资银行并写上证券发行事宜。如果一切顺利，双方将会在其辛迪加购买新发行证券的价格上达成一致。比如说，协议可能会要求辛迪加以比公司普通股昨日收盘价低2美元的价格收购新发行股票。协议购买在目前私募配售的证券分销方式中最为流行，且往往被认为是对于投资银行最有利可图的分销方式。

**竞价投标购买**　在决定承销团队的方式中，协议购买和竞价投标购买的过程大相径庭。在竞价投标中，多个承销集团会针对新发行的证券向融资公司投标报价，融资公司并不直接做出选择，而是通过投标筛选进行承销和分销的投行，愿意给出每股最高价格的投资银行会在投标中胜出。

受法律影响，绝大多数竞价投标购买被限制在三种情况之下：（1）铁路，（2）公共事业，（3）州级和市级债券。竞价投标购买的支持者认为，这会把投资银行对公司的影响降到最低，而公司也会为每股新发股票争取到最高的价格，因此，直观来看，竞价投标购买的成本似乎应该比协议购买低一些。然而，关于成本的影响因素是非常复杂的。比如说，竞价投标购买的一个问题就在于融资公司失去了投资银行的专业建议。在竞价投标中，可能有必要接受被排除在竞价投行之外的投资银行的专业建议。

**佣金制**　在佣金制中，证券不再需要承销，投资银行扮演了代理人而非主管的角色。投资银行将根据实际证券销售收入从融资公司处领取相应的佣金，没有被售出的证券随后可以退回公司。这种分销方式在高风险证券发行中较为常见，证券发行公司往往规模较小，通过这种方式进行分销，投资银行则不必承担承销风险；对于发行公司而言，其付出的成本也比协议购买和竞价投标购买时低一些。当然，在该方式下，投资银行只能量力而行地进行代销，销售量得不到保证。

**优先认购**　有时候，公司会认为在其新发行证券市场上有特定的需求者。当新发行证券被定向发售给某一特定投资群体的时候，我们称其为**优先认购**（privileged subscription）。通常会有三大优先认购群体：（1）公司流通股持有人，（2）公司雇员，（3）公司客户。其中，又以对公司流通股持有人的优先配售最为普遍，这种发行方式被称作附权发行。在优先认购中，投资银行可能会扮演销售代理人的角色，也可能与发行公司签订备用协定，规定投资银行对未被优先认购股票的承销职责。

**荷兰式拍卖** 像我们在本章开头说的那样，在**荷兰式拍卖**（Dutch auction）中，投资者根据他们想要认购的股票数量和价格提出报价。在集齐所有标的后，股票的发行价格将被确认为恰好卖出所有股票的最高价格。在谷歌公司第一次引入这种方式之后，像转手网（OTSK）和沙龙（SLNM）等许多公司也采取了该办法。图2-2详细阐述了荷兰式拍卖的运作细节。

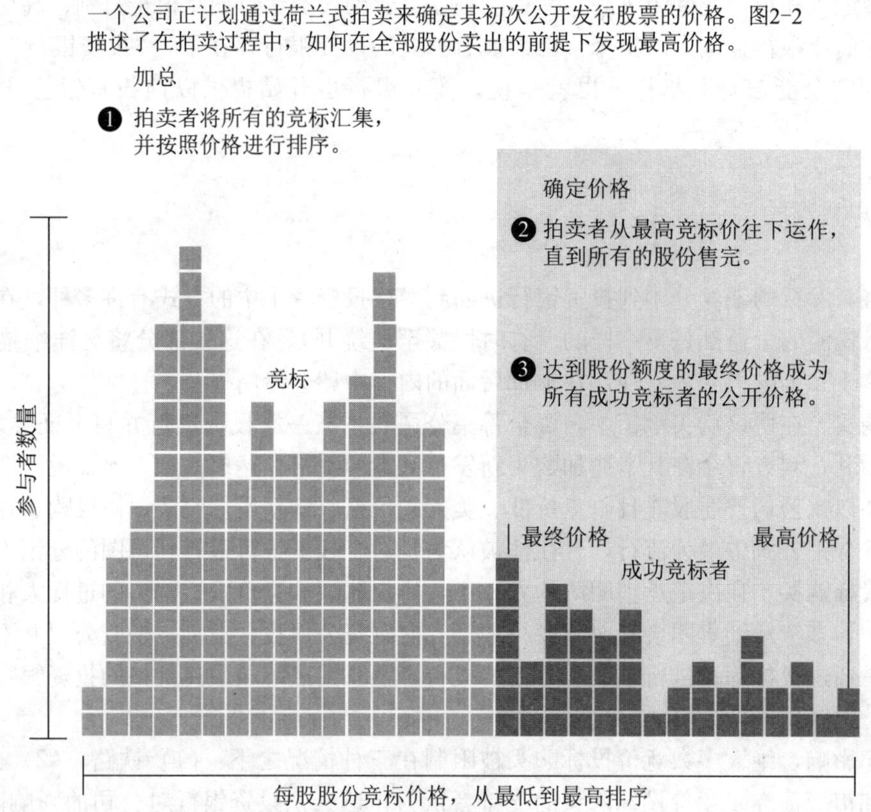

一个公司正计划通过荷兰式拍卖来确定其初次公开发行股票的价格。图2-2描述了在拍卖过程中，如何在全部股份卖出的前提下发现最高价格。

加总

❶ 拍卖者将所有的竞标汇集，并按照价格进行排序。

确定价格

❷ 拍卖者从最高竞标价往下运作，直到所有的股份售完。

❸ 达到股份额度的最终价格成为所有成功竞标者的公开价格。

竞标

参与者数量

最终价格　成功竞标者　最高价格

每股股份竞标价格，从最低到最高排序

图 2-2　荷兰式拍卖

**直销** 在**直销**（direct sale）中，证券发行公司绕开投资银行，直接向公众投资者发行证券产品。然而，即使是老牌巨头公司也很少使用这种方式。直销与其他销售方式最大的区别是抛开了投资银行作为金融中介，像德士古公司（现在的雪佛龙，CVX）、美孚石油公司（现在的埃克森美孚，XOM）、国际收割机公司（现在的纳威司达，NAV）都曾采用这种直销的方式。

## 私募配售

在本章前面部分我们讨论了私募配售市场。这里我们会更详细地介绍私募配售市场在债务融资方面的应用，以及相对于新兴企业，成熟的公司是怎么运用该市场进行融资的。因此，当我们在该部分提及私募配售的时候，相对于股票发行，我们会集中在债券合约的设定上。债权的私募配售在整个私募市场中占了举足轻重的地位。

私募配售是除向市场公开发行和向部分受限投资者优先配售之外的另一种发行方式，它适用于任何一种证券类型。在私募配售中，主要投资者是大型金融机构，按照购买量排序，私募配售的三大投资群体为：(1) 人寿保险公司，(2) 国家退休基金，(3) 私人养老基金。

在进行私募配售时，公司可能需要避开投资银行直接与投资商合作，或者寻求投资银行的服务。当然，如果融资公司不求助于投资银行的话，它们可以省去相关的费用，但是投资银行可以在公司私募配售的过程中给出宝贵的咨询建议。因为投行与大型机构投资者之间大多保持着紧密的联系，所以它们能够甄别潜在的证券投资者，并帮助公司对发行证券的相关条件进行评估。

与公开发行相比，私募配售有利也有弊，财务主管必须仔细权衡得失。相关优点可以列举如下：

**1. 快速融资**　比起公开发行，私募配售往往可以使企业更快地获得融资，主要原因是在私募配售中，企业不需要到证券交易委员会进行注册。

**2. 成本较低**　同样，成本的降低来自于企业不需要去证券交易委员会进行冗长的注册上市申请，此外还省去了投资银行的承销和分销费用。

**3. 财务灵活性大**　在私募配售中，企业会面对面地与少数投资者谈判交流，这意味着证券发行的相关条件可以根据公司的特定需求进行量身定制。比如说，如果投资者同意向公司贷款 5 000 万美元，公司可以选择不一次性接受全部款项。它可能会根据自身需求选择实际借款额，并只对该部分金额支付利息。然而，公司还需要为未使用的金额部分支付 1% 的承诺费。也就是说，如果公司实际只借用了 3 500 万美元，它需为该部分支付利息，并为剩余的 1 500 万美元支付约 1% 的承诺费。对于投资者，承诺费为资本市场的不确定性提供了部分保障，同时也使得公司可以自主选择实际借款金额。此外，通过重新协商，债务的相关条件可以被更改，像到期期限、利率水平等任何限制性条款都可以经过当事人的协商重新确定。

下面列举的是私募配售的缺点：

**1. 利率成本较高**　一般认为私募配售中的利率成本会超过公开发行证券的收益率水平。财务经理需要对相关利率成本和私募配售节省的费用进行比较和权衡，再做出最终的融资决策。有证据表明，相对于 3 000 万美元的大额发行，50 万美元这样的融资额使用私募配售则会更为合算。

**2. 限制性条款较多**　公司的股利政策、运营资本和额外债权融资都可能会受到私募债务配售条款的限制。当然，在公开发行的条款中也可能会出现类似的限制，但是，公司的财务主管需要警惕的是，私募配售中的限制条款有着越来越苛刻的发展趋势。

**3. 未来可能仍需到证券交易委员会进行注册**　如果投资人决定在证券到期之前向公共投资者出售，那么证券的发行必须到证券交易委员会进行注册。某些投资者因此会要求公司承诺未来到证券交易委员会进行注册。

## 发行成本

筹集长期资本的公司会承担两类**发行成本**（flotation costs）：(1) 承销费用，(2) 发行费用。这两项成本中，承销费用占据了大部分。承销商的承销费率可以简单表示为投资银行净收入和总收入的百分比。发行费用则包括：(1) 证券权证的刻板和印刷费用，(2) 法律费用，(3) 会计费用，(4) 托管费用，(5) 其他各种费用。发行费用的两大组成部分是刻板和印刷费用，以及法律费用。

证券交易委员会披露的数据揭示了关于发行成本的两大规律。首先，发行普通股的成本要显著高于发行优先股的成本，因此优先股要求的收益率也相应低于普通股。其次，发行费率（用净收入相对于总收入的百分比表示）随着证券发行规模的扩大而相应减小。

在第一个规律中，反映出证券的发行成本是与其分销风险密切相关的。普通股相对于公司债券而言，分销风险更高；此外，普通股的承销风险也要高于公司债券。因此，发行成本反映了**原则 3：风险要求收益补偿**中提及的风险关系。在第二个规律中，应该注意到证券发行的部分成本是固定的，比如法律费用和会计费用。因此，随着证券发行规模的扩大，成本中固定的部分被均摊到更大的总收入分母中，故平均发行成本随着发行规模的扩大反向变化。

### ■ 警世故事

#### 忽略原则 5：利益冲突导致代理问题

2004 年，美国发现自己处在一个房地产繁荣时期。由于低利率和政府立法旨在让更多的人，包括那些通常没有资格获得住房贷款的人有资格获得住房贷款，新的住房建设率达到了 20 年来的最高水平。住房拥有率也在上升。不久之后，更多的首次购房者将实现美国梦。

对于像迈克尔·弗朗西斯（Michael Francis）这样的投资银行家来说，这是一个好消息，他的业务需要与西海岸的银行合作，后者向他提供抵押贷款，他可以打包成证券，向投资者出售，而这些投资者则每月收取利息。对弗朗西斯而言，抵押贷款是否违约并不重要，毕竟，一旦抵押贷款打包成证券售出，他就赚到了钱。如果抵押贷款出问题，经历损失的不是银行，而是最后一个持有这些贷款的人。

一旦抵押贷款得到一家信用评级机构的批准，弗朗西斯只能向大投资者出售抵押贷款。该机构的评估向投资者表明，这些证券是"安全"的投资。然而，评级机构的收入来自于证券销售者，因而发行的证券越多，评级机构得到的报酬就越多，这就很容易产生一个巨大的诱惑。

迈克尔·弗朗西斯承认，他对这些证券的风险等级持怀疑态度，但经济繁荣，房价继续攀升。当时，抵押贷款似乎是足够安全的投资，可以从信用评级机构获得"安全"评级。此外，弗朗西斯工作的投资银行（他拒绝透露名称）也在赚大钱。

这听起来像是有太多的利益冲突，而事实就是这样。这些投资银行和评级机构的行为（或失败行为），是利益冲突导致代理问题和道德风险行为的典型例子。回首过去，弗朗西斯说，许多金融机构的审核是不透明的，他总结了贷款人未能充分审核借款人资质的方式："我们取消了'石蕊试验'。没有收入，也没有资产。不确认收入，只要有一口气，你就会得到贷款。"

许多参与者都没躲过后来的房地产泡沫破裂，给高风险证券提供了"安全"评级的信用评级机构、没有质疑这些评级的投资银行，以及那些向购房者提供不良贷款的贷款机构，都是关键的参与者。短期利润的吸引力和对自我监管的巨大失败，使得这些机构忽视了客户的长远利益。许多人认为，这些利益冲突和自我治理的失败，导致了 2007 年开始的金融危机和随之而来的经济衰退。

资料来源："House of Cards," directed by David Faber, CNBC Original Production (2009).

### 《萨班斯-奥克斯利法案》：为规范公司行为出台的法案

随着代理成本和道德缺失在证券发行中受到越来越多的关注，2002 年美国国会通过了《萨班斯-奥克斯利法案》（SOX）。2001 年 12 月安然公司的破产事件，是推动这项法案实施的主要原因。在公司破产之前，安然公司的董事会无视道德规范，默许其首席财务官从事高风险的金融投资业务。这虽然让首席财务官本人获利，却将公司暴露在了巨大的风险之下。

《萨班斯-奥克斯利法案》要求能够接触到或者间接影响到公司决策的人员，例如公司的会计、律师、行政官员和董事会成员，为任何失当行为担负法律责任。这项法案简单直接地表明了其意图，即根据证券法的相关规定，通过提高公司披露信息的准确性和可靠性，加强对投资人的保护。同时，法案要求公司高管人员为其财务报告的准确性和全面性承担个人责任。[①]

法案通过制裁会计欺诈和财务失当行为，保护了股东的利益。不幸的是，法案的执行也付出了一定的代价。《萨班斯-奥克斯利法案》受到了包括美联储前主席艾伦·格林斯潘（Alan Greenspan）在内的诸多赞誉。在提升投资者对财务报告信心的同时，它也受到了一些批评，因为法案中规定的报告要求费时费力，这可能会阻止一些公司在美国证券交易市场中挂牌交易。

> **概念回顾**
> 1. 投资银行家与商业银行家的主要区别是什么？
> 2. 投资银行家的三个主要职能是什么？
> 3. 证券发行给最终投资者的五个关键方法是什么？
> 4. 解释金融市场中的私募配售，并阐述其利弊。

## 金融市场中的收益率问题

在本章，我们讨论了公司为新建项目筹集资金的过程，可以预料到，公司需要为投资者提供其选择范围内收益率最高（优于第二选择）的证券产品来吸引投资。

对于投资人来说，其可选的第二选择即**资金的机会成本**（opportunity cost of funds）。机会成本的概念在财务管理中非常重要，之后也会经常提到它。

接下来，我们会了解不同水平的收益率及其变化，并专注于一系列金融工具的收益水平。在第六章中，我们会更全面地解释风险和收益率之间的关系。接下来在第九章中，我们会详细讨论资金总成本的概念，部分资金总成本取决于特定时间点的收益率水平。在这里，我们围绕1981—2011 年的收益率水平展开讨论。

### 收益率的历史数据

历史数据可以说明投资者在金融市场获取收益的诸多问题。关于收益和风险的关系是怎样

---

[①] Sarbanes-Okley Act，Pub. L. 107 - 204，116 Stat. 745，enacted July 29，2002.

的呢？根据**原则3：风险要求收益补偿**，我们可以知道更高的收益意味着更高的风险，事实来看也的确如此。小公司发行的普通股较大公司股票而言，有着更高的风险和更高的年均收益率，其年均收益率为11.9％，而大型公司股票的年均收益率为9.8％。

相关数据在这里较为直观地总结在图2-3中，该图展示了不同证券的年均收益率和年均通货膨胀率。在这段时间内，年均通胀率为3.0％，我们将该数据称为"通胀风险溢价"。只赚取通货膨胀率的投资者并没有获得"实际收益率"。也就是说，实际收益率指的是赚取的收益中，超过平均物价增长水平即通货膨胀率的部分。除了承担着收益率低于通货膨胀率的风险之外，投资者还关心借款人拖欠还款，或到期时无还款能力的风险。因此，相对于长期政府债券，投资者在投资长期公司债券时会要求赚取违约风险溢价，因为公司债券往往被认为风险更大。如图2-3所示，1926—2011年的违约风险溢价为0.4％，即40个基点（长期公司债券的6.1％减去长期政府债券的5.7％）。我们还会发现，相对于长期公司债券，普通股具有更高的风险溢价，因为股票收益水平的不确定性更大。统计结果显示，普通股比长期公司债券的平均收益率高3.7％（普通股的平均收益率9.8％减去长期公司债券的平均收益率6.1％）。

要记住，以上这些收益率的统计是在相当长时间内多种证券收益的平均数据。然而，这些平均值却反映出了关于风险溢价的一些传统观点：风险越高，投资者的期望收益率就越高。在图2-3中清晰地展现了这一关系，在该图中，证券的收益率和收益标准差均被绘出。我们可以注意到，越高的收益背后，往往是越高的离散值。

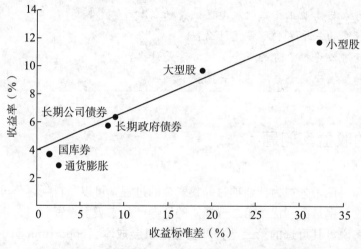

**图2-3　1926—2011年不同证券的收益率与收益标准差**

过往时期的利率水平

1987—2011年的关键固定收益证券的名义利率水平在表2-2和图2-4中予以呈现。消费者层面的通货膨胀率同样也呈现在这两幅图表中。我们可以更清晰地审视几个简单概念：（1）通胀风险溢价，（2）多种金融工具的违约风险溢价，（3）每种金融工具的实际收益率。仔细观察表2-2底部展示的每种证券的平均收益率水平和平均通货膨胀水平，这将有助于我们接下来的讨论。

表 2 - 2

**1987—2011 年的利率水平与通货膨胀率**

| 年份 | 3 个月期<br>国库券（%） | 30 年期<br>国库券（%） | 30 年期 Aaa 级<br>公司债券（%） | 通货<br>膨胀率（%） |
|---|---|---|---|---|
| 1987 | 5.78 | 8.59 | 9.38 | 3.7 |
| 1988 | 6.67 | 8.96 | 9.71 | 4.1 |
| 1989 | 8.11 | 8.45 | 9.26 | 4.8 |
| 1990 | 7.5 | 8.61 | 9.32 | 5.4 |
| 1991 | 5.38 | 8.14 | 8.77 | 4.2 |
| 1992 | 3.43 | 7.67 | 8.14 | 3 |
| 1993 | 3 | 6.59 | 7.22 | 3 |
| 1994 | 4.25 | 7.37 | 7.97 | 2.6 |
| 1995 | 5.49 | 6.88 | 7.59 | 2.8 |
| 1996 | 5.01 | 6.71 | 7.37 | 2.9 |
| 1997 | 5.06 | 6.61 | 7.27 | 2.3 |
| 1998 | 4.78 | 5.58 | 6.53 | 1.6 |
| 1999 | 4.64 | 5.87 | 7.05 | 2.2 |
| 2000 | 5.82 | 5.94 | 7.62 | 3.4 |
| 2001 | 3.4 | 5.49 | 7.08 | 2.8 |
| 2002 | 1.61 | 5.43 | 6.49 | 1.6 |
| 2003 | 1.01 | 4.93 | 5.66 | 2.3 |
| 2004 | 1.37 | 4.86 | 5.63 | 2.7 |
| 2005 | 3.15 | 4.51 | 5.23 | 3.4 |
| 2006 | 4.73 | 4.91 | 5.59 | 3.2 |
| 2007 | 4.36 | 4.84 | 5.56 | 2.9 |
| 2008 | 1.37 | 4.28 | 5.63 | 3.8 |
| 2009 | 0.15 | 4.08 | 5.31 | −0.4 |
| 2010 | 0.14 | 4.25 | 4.94 | 1.6 |
| 2011 | 0.05 | 3.91 | 4.64 | 3.2 |
| 平均值 | 3.85 | 6.14 | 7.00 | 2.92 |

资料来源：Federal Reserve System.

在 1987 年之前，通货膨胀率一直保持在较高的水平，随后 1987—2011 年的通胀率貌似下跌了一点。实际上，在 1979—1981 年间，通胀率的年均值达到了 10% 以上，在 1980 年达到了峰值 13.5%。随着之后通胀率的下跌，利率水平也随之下降，当然这也是符合金融市场逻辑的，因为投资者需要超过通货膨胀率水平的**名义利率** ［nominal（or quoted）rate of interest］，否则实际收益率将为负值。

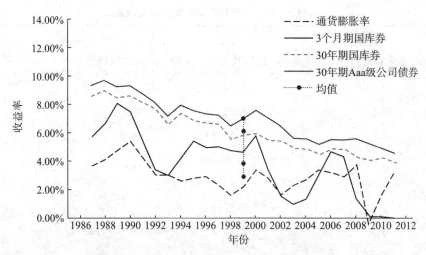

图 2 - 4　1987—2011 年的利率水平与通货膨胀率

资料来源：Federal Reserve System.

表 2-2 显示，在 1987—2011 年间，从平均数据来看，投资者的理性行为占据主导。比如说，美国 3 个月期国库券的收益率水平与**通货膨胀溢价**（inflation premium）2.92％的差额为 0.93％（即 93 个基点，在这里基点指的是万分之一），也就是说，将 3 个月期国库券 3.85％的平均收益率减去 2.92％的同时期通货膨胀率，则得到了 0.93％的风险溢价。在这里，0.93％可以看作是 1987—2011 年间主导的无风险短期实际收益率水平。你会注意到，在 2009—2011 年间，该利率水平变为了负值，这是因为美联储人为地采取措施降低短期利率水平，以刺激美国经济。

同样，在表 2-2 和图 2-4 中，**违约风险溢价**（default-risk premium）也得到了较好的展现。

| 证券 | 平均收益率 |
| --- | --- |
| 30 年期国库券 | 6.14％ |
| 30 年期 Aaa 级公司债券 | 7.00％ |

在这里，金融市场的基本原则再一次得到了体现：30 年期高评级（Aaa）公司债券相对于 30 年期国库券的违约风险溢价为 0.86％（＝7％－6.14％），即 86 个基点。

之前提到的一系列数字还可以用来认证另一个影响利率水平的因素，即**到期风险溢价**（maturity-risk premium）。到期风险溢价可以被定义为，投资者因利率水平变动可能导致长期证券价格波动而要求的额外收益率。即使在有着同样违约概率的债券之间，到期风险溢价也可能会出现。我们可以注意到，30 年期政府债券比 3 个月期国库券多要求 2.29％的年均收益率（两种债券都被认为是无风险的，因为它们均由美国政府发行并提供担保）。这也为 1987—2011 年间投资者对到期风险溢价的要求提供了一个大致的估计值。

当你在学习金融决策中的基础数学，或者在随后的章节中学习固定收益证券的相关知识的时候，你会学习到如何从名义利率中量化获取到期风险溢价。

另一种我们需要认证的，可帮助确定利率水平的风险溢价被称作"流动风险溢价"。**流动风险溢价**（liquidity-risk premium）指的是投资者因为无法及时以合理价格变现而向证券要求的额外收益率。在二级市场流通的一些小银行股票，特别是社区银行股，就是呈现出流动风险的较好例子。再比如，在纽约证券交易所挂牌交易的银行类上市公司的股票（如富国银行），比起佛罗里达奥兰多世纪国家银行的普通股同样具有更好的流动性。流动风险溢价反映在所有金融资产的定价上，从债券到股票均是如此。

**概念回顾**

1. 资金的机会成本是什么？
2. 长期来看，30 年期国库券比 30 年期 Aaa 公司债券的实际收益率更高吗？
3. 区分通货膨胀溢价和违约风险溢价的概念。
4. 区分到期风险溢价和流动风险溢价的概念。

## 对利率决定因素的简要概括

按照**原则 3：风险要求收益补偿**的逻辑，我们可以把证券的利率支付转化为数学公式，即名义利率等于实际无风险利率与承担不同风险所接受风险溢价的和。在这里，**实际无风险利率**（real risk-free interest rate）指的是在零通胀的经济环境下，无风险固定收益证券提供的收益率水平。在实际中，实际无风险利率可以看作无通胀时期的投资者对国库券要求的利率水平。关于名义利率的计算公式如下：

$$
\begin{aligned}
\text{名义利率} = {} & \text{实际无风险利率} \\
& + \text{通货膨胀溢价} \\
& + \text{违约风险溢价} \\
& + \text{到期风险溢价} \\
& + \text{流动风险溢价}
\end{aligned}
\tag{2-1}
$$

其中，名义利率也是报价利率，指对未调整购买力损失的，债务证券所支付的利率。

实际无风险利率指在无风险、零通胀的经济环境中的固定收益证券的利率。在不考虑通货膨胀、违约风险、到期风险和流动风险溢价的情况下，则等同于名义利率。

通货膨胀溢价指对预期通货膨胀的补偿，它等于预期债券或投资工具发生的价格变化。

违约风险溢价指投资者为补偿违约风险需要的额外收益。它等于美国国债与相同期限的公司债券之间利率的差额。

到期风险溢价指投资者对长期证券所要求的额外收益，以补偿因利率变动引起的证券较大的价格波动风险。

流动风险溢价指投资者对不能迅速转化为现金的证券所要求的额外收益。

### 运用风险溢价估算特定的利率水平

通过对式（2-1）中包含的多种风险溢价的应用，财务主管可以得到公司财务规划的有效信息。比如说，如果公司即将在债券市场上发行新的公司债券，财务经理或者分析师会需要估计市场能够接受的利率水平，以确保债券的顺利出售。为了更好地了解关于利率的几个术语——名义、无风险、实际——接下来让我们仔细了解一下它们之间的区别。

### 实际无风险利率和无风险利率

实际无风险利率和无风险利率之间的区别是什么？答案是无风险利率包括通货膨胀的补偿，而实际无风险利率是不考虑通货膨胀的无风险利率。如下所示：

$$无风险利率＝实际无风险利率＋通货膨胀溢价$$

或者又可写为，

$$实际无风险利率＝无风险利率－通货膨胀溢价$$

实际上，当你看到利率前面的名词"实际"时，则意味着这个利率是经过通货膨胀调整后的收益率。也就是说，通货膨胀的影响已经从利率中消除。此外，"无风险"一词表明没有违约风险补偿、到期风险补偿和流动风险补偿。因此，"实际无风险"表明，利率不包括违约风险补偿、到期风险补偿和流动风险补偿，也就是说，它不考虑风险和通货膨胀。

### 实际利率和名义利率

当利率报价被提出时，我们往往指的是名义利率或者说被观察到的利率水平。名义利率指的是你可以得到多少现金作为回报。对比而言，**实际利率**（real rate of interest）则指的是经过通货膨胀水平调整之后，实际购买力的增长比率。实际上，实际利率就是你会增加多少购买能力。要牢记的是，实际利率并不是无风险利率，也就是说，实际利率既包含实际无风险利率，也包含为补偿违约风险、到期风险和流动风险而增加的溢价。名义利率水平可以计算为：

$$名义利率 \approx 实际利率＋通货膨胀溢价 \qquad (2-2)$$

式（2-2）说明了名义利率约等于实际利率和通货膨胀溢价的和，这给我们提供了一种简便快捷的估算实际利率的计算方法。你会发现这个公式除了将不同的风险溢价考虑到实际无风险利率中以计算实际利率之外，它和式（2-1）很像。在式（2-2）中体现的基本关系，包含了对财务决策者来说至关重要的信息，这也是诸多金融经济学家进行了数年诱人而又冗长讨论的重要话题。

像我们在式（2-2）中见到的那样，可以用实际利率加上通货膨胀溢价估算出名义利率，接下来让我们仔细看一下该关系。我们假设今天你有 100 美元，并以 11.3％的名义利率借给某人一年的时间，这意味着一年之后你将得到 111.30 美元。但是，如果在这一年中商品和服务的价格上涨了 5％，那么在一年之后你将需要 105 美元来购买现在 100 美元就可以买到的商品和服务。那么在这一年间，你的购买力水平增长了多少呢？最简便快捷的方法是用名义利率减去通货膨胀率，即 11.3％－5％＝6.3％，但严格来说，这个结果并不是正确的。我们可以把三个利率水平用如下公式表示：

$$1＋名义利率＝(1＋实际利率)×(1＋通货膨胀率) \qquad (2-3)$$

解出名义利率如下，

$$名义利率＝实际利率＋通货膨胀率＋实际利率×通货膨胀率$$

于是我们得到，名义利率等于实际利率加通货膨胀率，再加上实际利率和通货膨胀率的乘积，这种名义利率、实际利率和通货膨胀率之间的特定关系被称作费雪效应。[①] 那么，实际利率和通货膨胀率的乘积代表的又是什么呢？它代表你投资赚取的资金因为通货膨胀而贬值了。所有的结果都表明，名义利率既包含实际利率，又包含通货膨胀溢价。

把名义利率 11.3％ 和通货膨胀率 5％ 代入式（2-3）中，我们可以计算出实际利率水平如下：

$$名义或报价利率＝实际利率＋通货膨胀率＋实际利率×通货膨胀率$$
$$0.113＝实际利率＋0.05＋0.05×实际利率$$
$$0.063＝1.05×实际利率$$
$$\frac{0.063}{1.05}＝实际利率$$

解出实际利率如下，

$$实际利率＝0.06＝6％$$

因此，在最新的价格水平下，尽管你比年初多赚了 11.3 美元，你的实际购买力仅仅增长了 6％。要知道具体原因，让我们首先假设在年初市场上一单位商品或者服务的价格为 1 美元，因此你可以运用你的 100 美元购买 100 单位的商品或服务。在年底，你多拥有了 11.3 美元，但是此时考虑到 5％ 的通货膨胀率，每单位商品或者服务需要花费 1.05 美元，此时你能购买多少单位商品或服务呢？答案是 111.30 美元÷1.05 美元＝106，这代表你的实际购买力增长了 6％。[②]

---

### 你可以做出来吗?

你需要对大卡车公司新发行的 30 年期 Aaa 级债券（也就是说，高质量的公司债券）的名义利率进行一个合理的估计。该公司的首席财务官所要求的最终格式是式（2-1）的形式。

经过一番思考后，你决定将式（2-1）的不同溢价计算如下：

1. 实际无风险利率是 3 个月期国库券的算术平均收益率和通货膨胀率之间的差额。

2. 通货膨胀溢价是预期在债券期限内发生的通货膨胀率。

3. 根据 30 年期 Aaa 级公司债券和 30 年期国库券的平均收益率之间的差异，估算违约风险溢价。

---

[①] 欧文·费雪（Irving Fisher）许多年前已经分析过此关系。对于那些想要更详细地探究费雪理论的人来说，可参见 Peter N. Ireland, "Long-Term Interest Rate and Inflation: A Fisherian Approach," Federal Reserve Bank of Richmond, *Economic Quarterly*, 82 (Winter 1996), pp. 22-26.

[②] 我们将在第五章学习更多关于货币的时间价值的知识。

4. 根据 30 年期国库券和 3 个月期国库券的平均收益率之间的差异，估算到期风险溢价。

接下来你会发现以下几点：目前 3 个月期国库券利率是 4.89%，30 年期国库券利率是 5.38%，30 年期 Aaa 级公司债券利率为 6.24%，通货膨胀率是 3.60%。最后，你估计该公司的债券将会有轻微的流动风险溢价 0.03%，因为它们的债券交易频率不高。

现在输出到式（2-1），这样就可以估计名义利率了，而且每个变量的大小也可以被检验为合理，你可以与首席财务官进行讨论了。

## 你做出来了吗？

现在让我们看看用来预测大卡车公司的新发行债券的名义利率的表格。该表格中预测出的满足市场的名义利率为 6.27%，下面的表格显示了我们是如何取得这个估算值的。

| (1) 3 个月期国库券 (%) | (2) 30 年期国库券 (%) | (3) 30 年期 Aaa 级公司债券 (%) | (4) 通货膨胀率 (%) |
|---|---|---|---|
| 4.89 | 5.38 | 6.24 | 3.60 |

| 上文所示公式 | 公式（2-1） | |
|---|---|---|
| (1) — (4) | 实际无风险利率 | 1.29 |
| | + | + |
| (4) | 通货膨胀率 | 3.60 |
| | + | + |
| (3) — (2) | 违约风险溢价 | 0.86 |
| | + | + |
| (2) — (1) | 到期风险溢价 | 0.49 |
| | + | + |
| 给定 | 流动风险溢价 | 0.03 |
| | = | = |
| | 名义利率 | 6.27 |

由此，我们可以看出：

1. 实际无风险利率是 1.29%，即 3 个月期国库券平均收益率和通货膨胀率之间的差额（第 1 列减去第 4 列）。

2. 3.6% 的通货膨胀溢价即通货膨胀率（第 4 列）。

3. 0.86% 的违约风险溢价是指投资者在 30 年期最低风险（30 年期，Aaa 级）公司债券的平均利率，与 30 年期美国国库券的平均收益率之间的差额（第 3 列减去第 2 列）。

4. 到期风险溢价为 0.49%，是 30 年期美国国库券的投资者所赚取的利率减去 3 个月期国库券的利率（第 2 列减去第 1 列）。

## 通货膨胀和实际收益率：金融分析师的计算方法

尽管在前面环节提到的代数方法是完全正确的，但很少有分析师或者财务主管使用这种方法。他们更喜欢用式（2-2）中提到的关系式，用近似的方法计算特定时间段的实际利率水平，即名义利率减去通货膨胀率约等于实际利率。

### 你可以做出来吗？

**求实际利率**

你的银行刚刚打电话给你，你有机会以 10% 的名义（报价）利率将你的存款投资 1 年。你也看到了通货膨胀率是 6% 的消息。如果投资的话，你的实际利率是多少？

### 你做出来了吗？

**求实际利率**

名义或报价利率＝实际利率＋通货膨胀率＋实际利率×通货膨胀率

0.10＝实际利率＋0.06＋0.06×实际利率

0.04＝1.06×实际利率

解出实际利率如下，

实际利率＝0.037 7＝3.77%

相关概念非常简单，但要对它进行应用却要先做出几个判断。比如说，假设我们想用这个关系式确定实际无风险利率，具体应该选择哪些利率水平和到期时间的证券呢？假设我们选择美国国库券作为名义无风险利率的代表证券，那么接下来我们应该选择 3 个月期还是 30 年期国库券呢？关于这个问题，并没有确切的答案。

因此，我们可以设定有短期实际无风险利率、长期实际无风险利率，还可以在两者之间设定多重利率。当然，我们还可以计算 30 年期 Aaa 级公司债券的实际利率水平，并将该风险利率水平假定为实际无风险利率。实际上，我们的选择取决于分析师想要完成什么目标。

此外，要选出合适的通货膨胀指数同样具有挑战性。在这一方面，我们又会有许多选择余地。我们可以选用消费者价格指数，或者生产者价格指数，或者一些国民收入账户之外的价格指数，例如国民生产链价格指数。在这里还要再次提到的是，价格指数的选用同样没有标准答案，做出选择时需要综合考虑其合理性和连贯性。

这里举一个小例子。假设一位分析师想估算 1987—2011 年间以下类型证券的实际利率：(1) 3 个月期国库券，(2) 30 年期国库券，(3) 30 年期 Aaa 级公司债券，而年度的消费者价格指数在这里被认为是对这段时间内通货膨胀水平的合理度量，那么接下来的工作如表 2-2 所示，表 2-2 中的一些数据在这里也已列出。

| 证券 | 平均名义利率（%） | 平均通货膨胀率（%） | 预计实际利率（%） |
|---|---|---|---|
| 3 个月期国库券 | 3.85 | 2.92 | 0.93 |
| 30 年期国库券 | 6.14 | 2.92 | 3.22 |
| 30 年期 Aaa 级公司债券 | 7.00 | 2.92 | 4.08 |

我们可以注意到，在 1987—2011 年这 25 年间，三种证券的平均收益率都被使用。类似的是，该时间段的通货膨胀均值被当作通货膨胀溢价进行使用。最后一列数据提供了对每种证券实际利率的估计值。

因此，在这 25 年间，3 个月期国库券的实际利率为 0.93%；30 年期国库券的实际利率为 3.22%；30 年期 Aaa 级公司债券的实际利率为 4.08%。这三组估计值通过估计购买力水平的变化，为三种证券提供了投资建议。因为包含着违约风险，所以公司债券的实际利率要比同期政府债券更高。在下一步，我们会详细讨论到期风险溢价——特别是利率和到期期限之间的关系。

## 你可以做出来吗？

**计算名义利率**

如果你想获得 6% 的实际利率，而通货膨胀率是 4%，那么名义利率是多少？

## 你做出来了吗？

**计算名义利率**

名义或报价利率＝实际利率＋通货膨胀率＋实际利率×通货膨胀率
＝0.06＋0.04＋0.06×0.04
＝0.102 4＝10.24%

## 利率期限结构

债券利率和到期期限之间的关系被称作**利率期限结构**（term structure of interest rates）或者**到期收益率**（yield to maturity）曲线。为了保持观察的有效性，这里采用了控制变量的方法，即除到期时间外的一切因素保持不变。因此，利率期限结构反映的是特定证券产品在某一特定时间的收益率水平。

图 2-5 展示了利率期限结构的一个例子。该曲线是向上倾斜的，说明长期到期时间会相应要求更高的收益率。在这个假设的利率期限结构中，5 年期债券的利率水平是 7.5%，20 年期债券的利率为 9%。

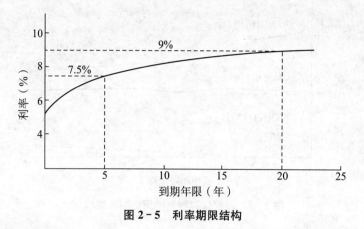

**图 2-5　利率期限结构**

## 观察利率期限结构的历史数据

利率期限结构会随着时间和经济环境的变化而发生改变，现在观察到的特定利率期限结构会与 1 个月之前和 1 个月之后的数据存在差别。一个关于利率期限结构变化的较好例子，是 1990 年 8 月爆发的第一次波斯湾危机，图 2-6 展现了伊拉克入侵科威特 1 天前的利率期限结构和入侵 3 周后的利率期限结构，两条曲线的变化较为明显，尤其是长期利率水平有着较大幅度的上升。投资者因为战争产生了对未来可能发生恶性通货膨胀的预期，并因此提高了他们需要的收益率水平。图 2-5 和图 2-6 中展示的向上倾斜的收益率曲线是最常见的曲线类型，收益率曲线其实还会呈现出许多其他形态。它有时候是向下倾斜的，有时候是先上升后下降的拱形，有时候则是相对平坦的。图 2-7 展示了几种不同的收益率曲线形状。

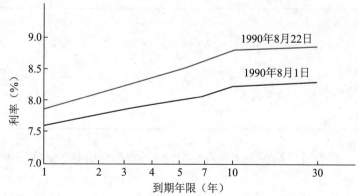

**图 2-6　第一次波斯湾危机爆发时，政府证券利率期限结构的变化**

资料来源：Federal Reserve System.

如图 2-7 所示，在 2012 年 4 月，收益率曲线非常低，短期利率接近于零，长期利率则低至历史性的 3.13%。这是因为政府为了应对银行业破产和经济危机，不得不降低利率水平。此外，经济放缓时利率水平下降，尽管投资者都将资金投入国库券中以规避股票市场的风险。

政府在该时期要保持低利率的原因，是让借款成本降低，以帮助个人购房或重新偿还房地产按揭贷款，帮助企业以更低的利率借款并进行投资活动。

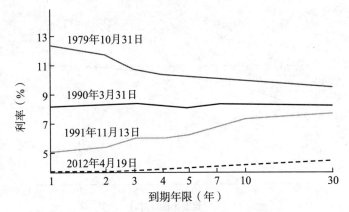

图 2-7  政府证券利率的历史期限结构

资料来源：Federal Reserve System.

### 利率期限结构的形状是由什么造成的？

有大量的理论可以解释利率期限结构在某一时间节点的形状，其中有三种解释比较盛行：（1）无偏预期理论，（2）流动性偏好理论，（3）市场分割理论。[1] 我们来看一下这些理论。

**无偏预期理论**  无偏预期理论（unbiased expectations theory）认为，利率期限结构是由投资者对未来利率水平的预期决定的。[2] 要理解该理论的运作原理，让我们看一下接下来提到的玛丽·马歇尔（Mary Maxell）面临的投资问题。玛丽手中有 10 000 美元，准备进行一次两年期投资（两年后她想用该笔钱买一幢住房），为了不承担损失本金的风险，她决定投资美国政府债券。现在她面临两种选择，第一种是购买两年期政府债券，该种债券的年收益率为 9%，如果这样做，她就会在两年之后获得 11 881 美元，计算过程如下[3]：

| | |
|---|---|
| 本金 | 10 000 美元 |
| 加第一年利息（=0.09×10 000 美元） | 900 美元 |
| 第一年本息和 | 10 900 美元 |
| 加第二年利息（=0.09×10 900 美元） | 981 美元 |
| 第二年本息和 | 11 881 美元 |

另一种选择是，玛丽可以购买一年期收益率为 8% 的政府债券，并在一年之后继续购买该

---

① Richard Roll，*The Behavior of Interest Rates：An Application of the Efficient Market Model to U.S. Treasury Bills*（New York：Basic Books，1970）.

② 欧文·费雪曾在 1896 年思考过这个观点。该理论在以下著作中得以改进：J. R. Hicks in *Value and Capital*（London：Oxford University Press，1946）and F. A. Lutz and V. C. Lutz in *The Theory of Investment in the Firm*（Princeton，NJ：Princeton University Press，1951）.

③ 我们也可以使用以下复利方程来计算玛丽投资的本息和：$10\ 000 \times (1+0.09)^2 = 11\ 881$（美元）。我们将在第五章研究复利的计算。

种债券。玛丽应该做出何种选择呢？这明显取决于一年之后一年期政府债券的收益率水平，这是任何人都无法准确预期的。然而，我们可以计算出两种选择在两年后得到相同收益时的一年后利率水平，计算过程如下：

（单位：美元）

| | |
|---|---:|
| 两年后预期储蓄 | 11 881 |
| 第一年年末储蓄 ［＝10 000 美元×(1＋0.08)］ | 10 800 |
| 第二年预期利息 | 1 081 |

如果玛丽要在第二年收到 1 081 美元，那么她在第二年的投资必须取得大概 10％的收益，计算如下：

$$\frac{第二年取得的利息}{第二年年初的投资}=\frac{1\ 081\ 美元}{10\ 800\ 美元}=10\%$$

因此，在该案例的利率期限结构中，一年期利率为 8％，两年期利率为 9％，这个案例还为我们提供了预期一年后一年期利率水平的相关信息。因此，从某种意义上说，利率期限结构包含了投资者对未来利率的预期，这也揭示了利率期限结构中的无偏预期原理。

尽管我们可以观察到当前不同到期期限的债券收益率与投资者对未来利率预期间的关系，但这些足以说明全部问题吗？有没有其他因素的影响呢？可能会有，所以让我们继续思考玛丽面临的两难困境。

**流动性偏好理论**　在讲述玛丽的案例时，我们提到了如果连续两年的一年期债券利率水平分别为 8％和 10％，而两年期利率水平为 9％，那么这两种选择是没有任何差异的。然而，如果我们考虑对于未来利率水平的不确定风险，这么说就显得太绝对了。如果玛丽是一位风险厌恶者（她不喜欢风险），那她可能不会对第二种选择中第二年 10％的预期收益率感到满意，而是要求更多的收益补偿。实际上，玛丽可能会为她承担未来利率不确定性的风险要求 0.5％的额外收益率，即要求第二年预期收益率为 10.5％。这种用于补偿未来利率可能发生变动风险而要求的风险溢价，其实就是之前介绍过的到期风险溢价，这个概念也揭示了利率期限结构中的流动性偏好理论。[①] 根据**流动性偏好理论**（liquidity preference theory），投资者需要到期风险溢价，以补偿所投资证券未来利率波动的风险。

**市场分割理论**　利率期限结构中的**市场分割理论**（market segmentation theory），是建立在以下理论上的，即法律限制和个人偏好将投资者的投资范围限定在特定期限证券产品基础上。一方面，商业银行偏好短期债券和中期债券，原因是其存款债务的短期特性，所以它们不愿将资金投在长期证券产品上。另一方面，以人寿保险公司为例，它们拥有长期债务资金，故更倾向于到期时间较长的证券产品。较为极端的是，市场分割理论认为特定到期期限的证券收益率完全由供求双方决定，与其他到期期限证券的供求完全无关。该理论的改进版则认为，投资者具有较强的期限偏好，但也会随着收益率的显著改变调整自身的偏好。

---

① 该理论的第一次提出可参考 John R. Hicks, *Value and Capital* （London：Oxford University Press，1946），pp. 141 - 145。在本书中，风险溢价又称为流动性溢价。为了保持本书术语的一致性，我们使用到期风险溢价来描述风险溢价。

<br>

$\qquad\qquad\qquad\qquad$ 本章小结

### 1. 描述美国金融市场体系和公司融资中的关键内容

　　**小结**：本章的描述重点在于公司筹集长期资本的市场环境，这包括美国金融市场结构、参与投资银行业的机构和部门，以及分销证券的不同途径。同时，本章也说明了利率在从分配储蓄到最终投资的过程中所扮演的角色。

　　公司可以通过公开上市发行或者私募配售来筹集资金。公开市场是非个人的，因为证券发行商并不会和金融工具的最终投资商会面。在一项私募配售中，证券则会被直接卖给有限数量的机构投资者。

　　一级市场指的是新发行股票的市场，二级市场指的是已经存在的流通证券进行交易的市场。货币市场和资本市场中都包含一级市场和二级市场。货币市场指的是短期债务工具进行交易的市场，而资本市场指的是长期金融工具进行交易的市场。资本市场中进行的交易可能发生在场内交易市场或者场外交易市场中，而货币市场是单纯的场外交易市场。

　　**关键术语**

　　资本市场：帮助长期金融工具进行交易的所有机构和程序。

　　天使投资人：为初创公司提供创始资金支持的富有的私人投资者。

　　风险投资商：为初创公司提供资金支持的投资公司（或个人投资者）。

　　公开上市发行：一种证券发行方式，在该发行方式下，所有的投资者都有机会购买发行的部分股份。

　　私募配售：一种证券发行方式，在该发行方式下只有一小部分潜在投资者参加配售。

　　一级市场：市场中的证券都是初次上市发行，提供给潜在投资者。

　　首次公开发行：公司第一次公开出售其股份。

　　增发新股：已经公开发行过股票的公司额外销售新发股票。

　　二级市场：已经流通在外的证券进行交易的市场。

　　货币市场：帮助由借款人提供较高利率所建立的短期金融工具进行交易的所有机构和程序。

　　现货市场：现金市场。

　　期货市场：可以在未来某一时间购买或销售商品的市场。

　　场内交易市场：帮助证券交易的正式交易场所。

　　场外交易市场：除去场内交易市场之外的所有证券市场。货币市场即场外交易市场，绝大多数公司证券的交易也是在场外市场进行的。

**2. 理解资本市场中资金的筹集**

🏺 **小结**：投资银行家是在证券销售中扮演中介角色的金融专家。它们履行以下三项基本职能：（1）承销，（2）分销，（3）咨询。证券的公开分销途径主要有：（1）协议购买，（2）竞价投标购买，（3）佣金制，（4）优先认购，（5）直销。直销的方式绕开了投资银行。而协议购买是对投资银行来说利润最丰厚的分销方式，在这种情况下，投资银行也为公司客户提供了最多的投资银行服务。现在已经没有大型的独立投资银行了。

对债券的私募配售为公司债券提供了一种重要的市场营销方式。该市场中主要的投资者有：（1）人寿保险公司，（2）国家退休基金，（3）私人养老基金。私募配售既有优点也有缺点，因此财务经理必须权衡其得失，并决定是进行私募配售还是公开发行。

发行成本包括承销费用和发行费用。普通股的发行成本要高于优先股，而优先股的发行成本高于债券。此外，发行成本占总销售收入的百分比是与发行证券规模负相关的。

✍️ **关键术语**

投资银行家：承销和分销新发行证券，并为公司客户关于筹集资金业务进行咨询的金融专家。

承销：对新发行证券的购买和再销售。投资银行承担了能否以合理（可以获利）的价格进行新发行证券出售的风险。

承销费用：发行证券的公司获得的价格与证券公开发行价格之间的价差。

辛迪加：在购买和销售新发行证券中进行协议合作的投资银行群体。

优先认购：将特定新发行证券销售给特定投资群体的过程。

荷兰式拍卖：投资者根据他们想要认购的股票数量和价格提出报价。在集齐所有标的后，股票的发行价格将被确认为恰好卖出所有股票的最高价格。

直销：证券发行公司绕开投资银行，直接向公众投资者发行证券产品。

发行成本：在公司为了筹集资金而发行特定类型的证券时产生的成本。

**3. 熟识收益率**

🏺 **小结**：从原则3：风险要求收益补偿中，我们可以看出，高收益率的背后往往存在着高风险。小公司发行的普通股存在着较高的风险，但也比大型公司的股票有着更高的平均年收益率。近年来，随着利率水平大幅下跌，3个月期国库券的利率接近0，2011年的30年期国库券收益率也跌破了4%——25年前，其收益率接近9%。

✍️ **关键术语**

资金的机会成本：在给定风险下投资可获得的第二佳收益水平。

名义利率：没有按照购买力进行调整的债券利率水平。

通货膨胀溢价：为了弥补债券或者投资工具存续期内预期会发生的通货膨胀水平而进行的补偿溢价。

违约风险溢价：投资人因为违约风险的存在而额外要求的收益率增加值。其计算方法是将公司债券的利率减去与其到期时间和流动性相同的国库券利率。

到期风险溢价：因为利率变化导致更高的证券价格波动风险，使得投资人对长期证券要求的额外收益率。

流动风险溢价：由于证券无法快速以合理价格变现风险的存在，而使得投资人额外要求的收益率。

**4. 解释利率决定因素的基本内容和利率期限结构的主要理论**

📖 **小结：** 当借款人借出资金时，他们必须考虑在该时间内由通货膨胀导致的购买力损失。因此，名义利率或者说可观察利率中包含了能反映未来借款期间预期通货膨胀率的通货膨胀溢价。

利率期限结构定义了只在到期期限上存在区别的类似证券的收益率与到期期限之间的关系。比如说，如果长期政府债券收益率高于美国短期国库券收益率，那么收益率曲线就是向上倾斜的。但是，如果短期国库券收益率高于长期政府债券收益率，那么收益率曲线就是向下倾斜的。

📖 **关键术语**

**实际无风险利率：** 在零通胀经济环境下，无风险固定收益证券提供的收益率水平。

**实际利率：** 名义利率减去投资期内产生的购买力下降。

**利率期限结构：** 利率水平与到期期限之间的关系，这里将违约风险视为不变的。

**到期收益率：** 债券持有人持有债券到期时可获得的收益率水平。

**无偏预期理论：** 利率期限结构曲线的形状是由投资者对未来利率的预期所决定的。

**流动性偏好理论：** 利率期限结构曲线的形状是由投资者为流动性风险所要求的额外收益率补偿所决定的。

**市场分割理论：** 期限结构曲线的形状意味着，特定到期期限的债券利率仅仅是由市场上投资者对该种到期期限债券的需求和相关供给所决定的。对于到期期限不同的债券来说，该收益率是独立的。

📖 **关键公式**

名义利率＝实际无风险利率＋通货膨胀溢价＋违约风险溢价＋到期风险溢价
　　　　＋流动风险溢价

名义利率≈实际利率＋通货膨胀溢价

1＋名义利率＝(1＋实际利率)×(1＋通货膨胀率)

或者

名义利率＝实际利率＋通货膨胀率＋实际利率×通货膨胀率

复习题

**2-1** 区别货币市场和资本市场。

**2-2** 由于集合交易所的存在，公司和投资者都获得了什么好处？

**2-3** 集合式交易所是如何判断某公司的证券产品能否在交易所中挂牌交易的呢？标准是什么？（不需要回答具体数字，只要回答需进行调查的领域。）

**2-4** 你觉得为什么绝大多数二级市场的债券交易是在场外交易市场发生的？

**2-5** 什么是投资银行家？投资银行家的主要职能有哪些？

**2-6** 协议购买和竞价投标购买之间的主要区别是什么？

**2-7** 为什么投资银行要形成辛迪加集团？

2-8　为什么一些大公司想通过私募配售的方式进行长期资本融资，而不是进行公开上市发行？

2-9　假设你刚从一所商学院毕业，并且任职后直接对公司的财务主管负责。你的公司即将发行一项新的证券产品，且比较关心发行成本是否合适。你会向财务主管叙述关于发行成本的哪些趋势和内容呢？

2-10　列举三种不同的储蓄资金最终转移到需要资金的公司的途径。

2-11　从公司融资成本的角度解释名词：资金的机会成本。

2-12　比较不同类型证券的历史收益率并作出解释。

2-13　解释通货膨胀对收益率的影响。

2-14　解释名词：利率期限结构。

2-15　解释利率期限结构中流行的理论的基本原理。

## 课后问题

2-1　（计算违约风险溢价）假设 10 年期政府债券的利率为 4%，而 10 年期公司债券的利率为 6.8%。如果公司债券的流动风险溢价为 0.4%，那么公司债券的违约风险溢价是多少呢？

2-2　（计算到期风险溢价）假设实际无风险利率为 2%，而未来两年的预期通货膨胀率为 2%。如果两年期国库券利率为 4.5%，那么两年期国库券的到期风险溢价是多少？

2-3　（通货膨胀率和利率）你在考虑是否进行一项投资，你认为该投资明年的预期利率会达到 8%，且认为你能得到的实际收益率会是 6%，那么请问你对明年通货膨胀率的预期是多少？

2-4　（通货膨胀率和利率）如果实际利率水平为 4%，预期通货膨胀率为 7%，那么你认为名义利率会是多少？

2-5　（通货膨胀率和利率）假设预期通货膨胀率为 4%，如果现在的即期实际利率为 6%，那么名义利率应该是多少？

2-6　（实际利率的估算方法）你所在公司的首席财务官要求你对如下问题进行估算和答复：3 个月期国库券和 30 年期政府债券的实际购买力增长是多少？在这里，我们假设即期 3 个月期国库券的利率为 4.34%，30 年期政府债券的利率为 7.33%，而通货膨胀率为每年 2.78%。此外，首席财务官还想要你对 3 个月期国库券的实际利率低于 30 年期政府债券实际利率的现象给出简短的解释。

2-7　（实际利率的估算方法）你在考虑将手中的资金投资于国库券，但是不确定其实际无风险利率是多少。现在，国库券的年度收益率为 4.5%，未来预期通货膨胀率为每年 2.1%，在不考虑实际利率与通货膨胀率乘积的影响下，请问实际无风险利率是多少？

2-8　（实际利率的估算方法）如果实际无风险利率是 4.8%，预期通货膨胀率恒定为 3.1%，那么在不考虑实际利率与通货膨胀率之间乘积影响的情况下，请问预期 1 年期国库券的利率是多少？

2-9　（违约风险溢价）假设 20 年期国库券利率为 5.1%，某 20 年期公司债券的利率为 9.1%，你对该债券同样感兴趣。如果两种债券的到期风险溢价是相等的，而公司债券的流动风险溢价是 0.25%，国库券的流动风险溢价为 0。那么请问，该公司债券的违约风险溢价是多少？

**2-10** （利率的决定因素）如果 10 年期政府债券的利率是 4.9%，通货膨胀溢价是 2.1%，10 年期政府债券的到期风险溢价为 0.3%，在假设没有流动性风险存在的前提下，请问实际无风险利率是多少？

**2-11** （利率的决定因素）假设你最近刚在某家投资银行找到了工作，被委派计算出不同到期国库券产品的合理名义利率水平。你被告知，实际无风险利率可以用 2.5% 来代替，且该利率预期在未来不会发生任何改变。同样，未来每年的预期通货膨胀率恒定为 2.0%。因为这些债券均由美国财政部发行，故认为它们不存在任何违约风险或流动性风险（也就是说，没有流动风险溢价）。此外，这里的到期风险溢价取决于债券的到期期限，到期风险溢价的具体数据如下表所示：

| 到期期限 | 到期风险溢价 |
| --- | --- |
| 0～1 年 | 0.05% |
| 1～2 年 | 0.30% |
| 2～3 年 | 0.60% |
| 3～4 年 | 0.90% |

在给定以上信息的前提下，请问即将在 0～1 年、1～2 年、2～3 年和 3～4 年内到期的政府债券名义利率分别应该是多少？

**2-12** （利率的决定因素）你最近在观察福特公司发行的一些公司债券，并尝试对其合理名义利率进行计算。目前你已经确定，实际无风险利率是 3.0%，且该利率水平预期在未来不会发生任何改变。此外，未来的预期通货膨胀率为 3.0%，且恒定不变。同时，违约风险溢价预期会稳定在 1.5%，流动风险溢价对于福特公司发行的公司债券来说则比较小，仅仅为 0.02%。该公司债券的到期风险溢价取决于债券的到期期限。到期风险溢价的具体数据由下表所示：

| 到期期限 | 到期风险溢价 |
| --- | --- |
| 0～1 年 | 0.07% |
| 1～2 年 | 0.35% |
| 2～3 年 | 0.70% |
| 3～4 年 | 1.00% |

在给定以上信息的前提下，请问即将在 0～1 年、1～2 年、2～3 年和 3～4 年内到期的福特公司发行的公司债券名义利率分别应该是多少？

**2-13** （利率期限结构）在此后两年中，你想将手中持有的 20 000 美元储蓄投资于政府债券。目前，你既可以选择投资于未来两年每年的利率支付为 8% 的债券，或者选择投资到期时间为一年的债券，该债券的利率仅仅为 6%。如果你想选择投资后者的话，那么你将在一年之后对收回的资金进行重新投资。

a. 相对于期限为两年，每年收益率为 8% 的债券，可能是什么原因促使你选择投资于年收益率仅仅为 6% 的一年期债券呢？请为你的回答提供数字支持。在你的回答中，你支持了哪种利率期限结构理论？

b. 假设你对第二年的投资收益率要求为 11%，否则你会选择投资两年期债券。请问你的选择依据的理论基础是什么？

**2 - 14** （收益率曲线）如果目前的政府债券收益率水平如下所示：

| 债券期限 | 收益率水平 |
| --- | --- |
| 6 个月 | 1.0% |
| 1 年 | 1.7% |
| 2 年 | 2.1% |
| 3 年 | 2.4% |
| 4 年 | 2.7% |
| 5 年 | 2.9% |
| 10 年 | 3.5% |
| 15 年 | 3.9% |
| 20 年 | 4.0% |
| 30 年 | 4.1% |

a. 请画出收益率曲线。

b. 请运用无偏预期理论和流动性偏好理论对收益率曲线的形状进行解释。

## 案例分析

在你开始暑期实习的第一天，你被安排协助圣布拉斯珠宝（San Blas Jewels）股份有限公司的首席财务官进行工作。由于不知道你的相关训练程度如何，首席财务官决定测试一下你对利率的理解。于是，她要求你为一项圣布拉斯珠宝股份有限公司新发行的 Aaa 级债券的名义利率水平进行合理地估算。其实，圣布拉斯珠宝股份有限公司首席财务官所要求的形式就是本章正文中的式（2-1）。此外，你还需要参考表 2-2 中提到的数据。

下面是一些对式（2-1）中关键变量进行估算的程序。

a. 现在的 3 个月期国库券利率为 2.96%，30 年期国库券利率为 5.43%，30 年期 Aaa 级公司债券利率为 6.71%。通货膨胀率是 2.33%。

b. 实际无风险利率水平是求得的 3 个月期国库券利率均值与通货膨胀率之差。

c. 违约风险溢价是通过计算 30 年期 Aaa 级公司债券的平均利率与 30 年期国库券的利率之差求得的。

d. 到期风险溢价是通过计算 30 年期国库券平均利率与 3 个月期国库券利率之差求得的。

e. 圣布拉斯珠宝股份有限公司的债券会在纽约证券交易所中进行交易，因此其流动风险溢价会非常小。然而，流动风险溢价会显著大于 0，因为相对于其他的珠宝销售商来说，公司债券的二级市场不确定性更大。这里，权且将其估计为 4 个基点，1 个基点代表 1% 的 1%。

现在将你的计算结果放入式（2-1）中，这样我们就可以估计得到名义利率，同时也可以将每个变量的数值提供给首席财务官，供其进行合理性和讨论性的审查。

# 第 三 章

## 财务报表和现金流

1. 根据利润表计算公司利润；
2. 根据资产负债表判断公司在该时点的财务状况；
3. 衡量公司的现金流；
4. 解释一般公认会计原则（GAAP）和国际财务报告准则（IFRS）的区别；
5. 计算应纳税所得额和应交所得税；
6. 描述财务报表的局限性；
7. 计算公司的自由现金流和融资现金流。

　　假设家得宝公司邀请你去做市场营销专员，在决定是否接受这份工作之前，你会在互联网上搜索关于公司的相关信息。你的叔叔哈利（Harry）告诉你，他曾在一份本地的报刊上看到过这个公司，公司存在一些财务问题。至于具体是什么问题，哈利叔叔却记不太清了，只记得文章提到公司的财务问题与宏观经济形势，特别是家居行业的经济下行密切相关。他建议你去索取一份公司的"10-K"，为了不让自己显得无知，你可能会嘀咕"什么是'10-K'"，嘴上却应着"这个主意不错"。

　　首先，你去了家得宝公司的官方网站进行查询（www.homedepot.com），先后点击"投资者相关信息""财务报告"链接来搜索公司的年度报表和哈利叔叔提到的"10-K"。很快你发现，"10-K"指的是所有的公开上市公司必须在证券交易委员会备案的相关年度报告。在其他公开文件中，还呈现了公司的财务数据，并在"管理层陈述与分析"部分添加了对公司财务状况的注解和分析。然后，当你在阅读截至会计年度 2011 年 1 月 30 日的年度报告时[1]，你

---

　　① 家得宝公司的财报以 52～53 周为一期，截至离 1 月 31 日最近的星期日。2010 年的财报截至 2011 年 1 月 30 日，2009 年的财报截至 2010 年 1 月 31 日。

会读到公司的董事会主席兼首席执行官弗兰克·布雷克（Frank S. Blake）先生致所有股东的公开信，在信里他对公司近期的业绩作出了评论。

最后，当你开始查看公司的财务报表的时候，你会发现有利润表、资产负债表和现金流量表。你并不确定应该怎样阅读这些报表，因此开始努力回忆自己在大学会计课上学到的相关知识。幸运的是，你还保存着当时的会计课本，并开始阅读财务报表章节。

本章和下一章将为你提供在理解包括家得宝公司在内的任何公司财务报表时所需的知识。因为会计在某种程度上可以看作企业的"语言"，因此对于任何经理来说，正确理解财务报表至关重要。我们先看一下在理解公司财务状况时用到的三大基本财务报表：

（1）利润表，又称为损益表。

（2）资产负债表，它为我们提供某一特定时点的公司的财务状况。

（3）现金流量表，它为我们列出公司现金流的来源和去向。

在本章最后的附录中，我们将展示另一种对现金流的衡量标准，它被称为"自由现金流"。

我们的目标并不是把你培养为一名会计，而是为你提供理解公司财务报表的必备知识。了解了这些内容之后，你将能够理解财务状况对公司决策和行为的影响，当然，把"公司"换成"你"也一样。

对于公司的管理层、雇员、投资者等人来说，公司的财务状况至关重要。假设你是公司的一名雇员，公司的财务状况对你重要是因为它可能会决定你的年终奖、工作的稳定性和职业晋升的机会，不管你是在公司的市场营销部门、财务部门还是人力部门工作，事实都会如此。此外，一名可以洞悉公司决策对财务状况的影响的职员相较于其他人来说，是具有竞争优势的。因此，不管你在公司处于什么职位，不管会计是不是你的挚爱，我相信你会有兴趣来了解财务报表的一些基本内容。

接下来，让我们通过了解利润表的格式和内容开始。

## 利润表

**利润表**（income statement），或者说**损益表**（profit and loss statement），记录的是公司在某一给定时间内（如 1 年）创造的利润。用最基本的形式可以把利润表表示为如下公式：

$$收入－成本＝利润 \tag{3-1}$$

利润表的格式展示在图 3-1 中。利润表从销售收入（销售额）开始，在这个基础上我们减去**销售成本**（cost of goods sold），即生产或者获得已销售货物的成本，来得到**毛利润**（gross profit）。接下来，我们再减去**运营成本**（operating expenses）得到**营业利润**（operating income），又称为**息税前利润**（earning before interest and taxes，*EBIT*）。在这里，运营成本包括：

1. 营销成本——向顾客推广公司的产品和服务所消耗的成本。

2. 管理费用——公司的日常开支，如行政人员工资、租金等。

3. 折旧费用——一项非现金成本，它是将公司的厂房、设备等资产按照其合理使用年限及市场公允价值，每年进行价值折旧分配所带来的成本。

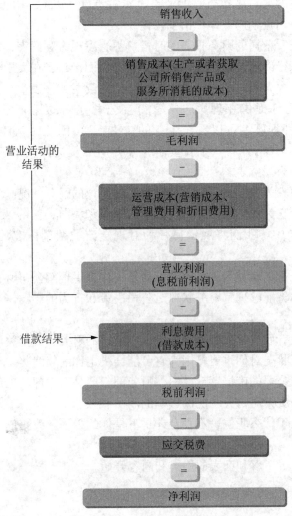

图 3-1  利润表：概览

重新回到图 3-1，我们会注意到一些要点：在图中可以看到营业利润只与管理层的决策和公司业务有关，不受公司负债总额的任何影响。或者说，公司的财务费用，即筹集资金带来的利息成本，对公司的营业利润没有任何影响。具体来说，公司的营业利润受以下活动的影响：

**1. 销售收入（销售额）**  公司产品或服务的销售价格与其销售量的乘积（销售价格×销售量＝销售收入）。

**2. 销售成本**  生产或者获取公司所销售产品或服务所消耗的成本。

**3. 运营成本**  其中又包括：

a. 营销成本（与公司产品和服务的市场推广、销售和配销过程有关的成本）。

b. 公司的日常成本（管理费用和折旧费用）。

接下来，我们会通过减去公司负债所担负的利息费用，得到公司的**税前利润**（earnings before taxes），即**应纳税所得额**（taxable income）。公司的应交税费将根据其利润表中呈现的税前利润和相应税率进行计算。比如说，如果公司的税前利润是 100 000 美元，相应的税率是 28%，那么公司将要承担 28 000 美元（＝0.28×100 000 美元）的纳税额。

利润表中最后一项数据是**净利润**（net profit），又称为**净收入**（net income）、**普通股股东收益**（earnings available to common stockholders）。这部分收益可能被用于公司的再投资，当然如果现金流允许的话，也可以将这部分收益分配给公司的股东。你将来会慢慢理解，利润表上正的净利润并不一定意味着公司拥有正的现金流。

## 家得宝公司的利润表详解

让我们通过观察表 3-1 中呈现的家得宝公司[①]截至 2011 年 1 月 30 日的年度利润表，来应用我们刚才所学的知识。在阅读家得宝公司的财报时，要注意里面的数字都是以百万美元为单位表示的。比如说，家得宝公司利润表的第一行显示 67 997，也就是说公司的销售收入为 679.97 亿美元。

| 表 3-1 | 2011 年 1 月 30 日家得宝公司利润表[②] | |
| --- | --- | --- |
| 销售收入 | 67 997 百万美元 | 100.0% |
| 销售成本 | −44 693 百万美元 | 65.7% |
| 毛利润 | 23 304 百万美元 | 34.3% ← 毛利润率 |
| 运营成本 | | |
| 营销成本和管理费用 | −15 885 百万美元 | 23.4% |
| 折旧费用 | −1 616 百万美元 | 2.4% |
| 总运营成本 | −17 501 百万美元 | 25.7% |
| 营业利润（息税前利润） | 5 803 百万美元 | 8.5% ← 营业利润率 |
| 利息费用 | −530 百万美元 | 0.8% |
| 税前利润（应纳税所得额） | 5 273 百万美元 | 7.8% |
| 应交所得税 | −1 935 百万美元 | 2.8% |
| 净利润（普通股股东收益） | 3 338 百万美元 | 4.9% ← 净利润率 |
| 附加信息 | | |
| 发行在外普通股股数 | 1 623 百万股 | |
| 每股收益（净利润÷股数） | 2.06 美元 | |
| 支付给股东的股利 | 1 569 百万美元 | |
| 每股股利（总股利÷股数） | 0.97 美元 | |

营业利润又称为营业收入，或者息税前利润（EBIT）

债务融资成本

营业和融资获得的收入，也叫净收入或普通股股东收益

接下来让我们开始分析。在表 3-1 的第一行中，我们看到家得宝公司该年度的销售收入为 679.97 亿美元。同时，销售成本显示为 446.93 亿美元，相减可以得到毛利润为 233.04 亿

---

① 上市公司会在网上公布它们的财务报表。如在雅虎金融，你可以获得大多数上市企业的最新财务报表。你还可以在 www.annualreports.com 上找到上市公司的年度报告（包括财务报表），或者你也可以去一个特定公司的网站查看其财务报表。

② 家得宝的利润表和后面的资产负债表已被简化。原始报表可以在 www.homedepot.com 上家得宝的年度报告中找到。同样，右边栏中显示的百分比也会有舍入误差，可能不会十分精确。该数据来自家得宝 2010 年财报。

美元。又因为公司的运营成本为175.01亿美元，所以在减去运营成本之后，我们得到其营业利润（息税前利润）为58.03亿美元。到现在，我们已经得到了除去债务融资成本之外的营业利润。

接下来，我们在之前的营业利润中减去利息费用（因为借款而产生的成本）5.3亿美元，得到公司的税前利润（应纳税所得额）为52.73亿美元，再接下来减去应交所得税19.35亿美元，可以得到公司的净利润（普通股股东收益）为33.38亿美元。

到此为止，我们已经看完了整个利润表。然而，公司的所有者（普通股股东）想要知道平均在每只股票的基础上公司创造了多少利润，即**每股收益**（earnings per share）。在计算每股收益时，我们用净利润除以已发行的普通股数量。因为该年度家得宝公司有16.23亿单位的普通股发行在外（见表3-1），它的每股收益为2.06美元（＝33.38亿美元÷16.23亿）。

投资者还想知道的是，公司为发行在外的每只股票派发多少红利，即**每股股利**（dividends per share）。在表3-1中，我们可以看到家得宝公司在该年度发放了15.69亿美元的股票股利，由此可以计算出公司为每只股票支付了0.97美元（＝15.69亿美元÷16.23亿）的股利。

## 家得宝公司的一般形式利润表

从家得宝公司的利润表中，我们能够得出什么结论呢？为了回答这个问题，我们来看一下用百分比形式表示的利润表中每一项数据占销售收入的比例。利润表的这种修订版本被称作**一般形式利润表**（common-sized income statement），百分比都展示在表3-1的最右边一列中。一般形式利润表使得我们能够用一种相对形式表示公司的收入和成本，以便更好地比较这段时间内公司与其竞争企业的收入状况。在这里，利润占收入的比例被称为**利润率**（profit margins），在表3-1的右面一列中我们可以看到：

1. **毛利润率**（gross profit margin）为34.3%（＝毛利润233.04亿美元÷销售收入679.97亿美元）。

2. **营业利润率**（operating profit margin）为8.5%（＝营业利润58.03亿美元÷销售收入679.97亿美元）。

3. **净利润率**（net profit margin）4.9%（＝净利润33.38亿美元÷销售收入679.97亿美元）。

在实践中，经理人都会密切关注公司的相关利润率。利润率被认为是公司财务状况表现的重要指标，经理人会对利润率指标的波动给予密切的关注。此外，他们还会将公司的利润率与同行业竞争公司的利润率进行比较——这些将会在第四章中提到。目前来看，我们需要记住的是利润和销售收入的关系，即利润率，这对于评估公司的现状是非常重要的。

最后，要知道在家得宝公司的利润表中，并没有提及哪些费用是固定费用，哪些费用是可变费用，但这对于想知道销售收入变化会对利润产生何种影响的经理人来说却是比较重要的。**固定成本**（fixed cost），即不随销售收入的增减而发生变化的成本，例如财产税、租金等，短期内（如一年）不会随销售收入变化而发生变化。**可变成本**（variable costs），即随着销售收入的变化发生相应直接改变的成本，比如生产产品中用到的原材料成本、销售佣金等。此外，还有人定义了**半可变成本**（semivariable costs）的概念，即随着销售收入的变化发生不同比例变化的成本，如雇员的工资，它们会随着公司规模的扩大发生改变，却不随着销售收入的增长发生同比例变化。

关于固定成本和可变成本因销售收入变化对公司利润造成的影响将会在第十二章中进行详述。

| 例题 3.1 | 构建利润表 |
|---|---|

梅尼拉（Menielle）公司是一个电子产品的批发分销商。它出售笔记本电脑、相机和其他电子器件。现使用下面的零碎信息构建利润表和一般形式利润表，并且计算出公司的每股收益和每股股利。

| | | | |
|---|---|---|---|
| 利息费用 | 35 000 美元 | 销售收入 | 400 000 美元 |
| 销售成本 | 150 000 美元 | 普通股股利 | 15 000 美元 |
| 营销成本 | 40 000 美元 | 应交税费 | 40 000 美元 |
| 管理费用 | 30 000 美元 | 折旧费用 | 20 000 美元 |
| 发行在外股数 | 20 000 | | |

**步骤 1：制定策略**

下面的模板提供了利润表的格式：

| | |
|---|---|
| | 销售收入 |
| 减 | 销售成本 |
| 等于 | 毛利润 |
| 减 | 运营成本（营销成本＋管理费用＋折旧费用） |
| 等于 | 营业利润 |
| 减 | 利息费用 |
| 等于 | 税前利润 |
| 减 | 应交税费 |
| 等于 | 净利润 |

**步骤 2：计算数值**

| | | 销售收入百分比 |
|---|---|---|
| 销售收入 | 400 000 美元 | 100％ |
| 销售成本 | －150 000 美元 | 37.5％ |
| 毛利润 | 250 000 美元 | 62.5％ |
| 运营成本 | | |
| 营销成本 | －40 000 美元 | 10.0％ |
| 管理费用 | －30 000 美元 | 7.5％ |
| 折旧费用 | －20 000 美元 | 5.0％ |
| 总运营成本 | －90 000 美元 | 22.5％ |
| 营业利润 | 160 000 美元 | 40.0％ |
| 利息费用 | －35 000 美元 | 8.8％ |

| | | 销售收入百分比 |
|---|---|---|
| 税前利润 | 125 000 美元 | 31.3% |
| 应交税费 | −40 000 美元 | 10.0% |
| 净利润 | 85 000 美元 | 21.3% |
| 每股收益（85 000 美元净利润÷20 000 股） | 4.25 美元 | |
| 每股股利（15 000 美元股利÷20 000 股） | 0.75 美元 | |

### 步骤 3：分析结果

根据梅尼拉公司的利润表可以获得一些重要信息。首先，公司是盈利的，净利润为 85 000 美元，或者每股 4.25 美元。其次，支付 15 000 美元股利给股东，或者每股支付 0.75 美元。并且对于每 100 美元销售收入，梅尼拉公司赚取毛利润 62.5 美元，营业利润 40 美元和净利润 21.3 美元。最后，股利占留存收益的部分，即**股利支付率**（dividend-payout ratio）是 15 000 美元÷85 000 美元＝17.6%，表明公司留存了其大部分利润来发展公司业务。

**概念回顾**

1. 我们可以在公司的利润表中了解到什么？
2. 我们可以从利润表中看出什么基本关系？
3. 毛利润、营业利润和净利润在利润表中和企业哪些不同的活动存在关系？
4. 什么是每股收益和每股股利？
5. 什么是利润率？有哪些不同类型的利润率？

## 资产负债表

我们已经知道，公司的利润表反映的是特定时间内（如一年）公司的运营成果。另一方面，**资产负债表**（balance sheet）则反映了在特定时点上公司财务状况的特定信息，如资产储备、负债、所有者权益（又译为股东权益，简称股权或权益）等等。

资产负债表可用如下公式简单表示：

$$总资产＝总负债（债务）＋所有者权益 \qquad (3-2)$$

总资产代表公司拥有的资源，总负债（债务）和所有者权益表明这些资源是如何融资的。

在资产负债表中，我们习惯性地用购买资产时付出的金额反映公司不同的资产价值。因此，资产负债表不能反映公司资产的现值，也不能反映公司的现值。更确切地说，它反映的是相关资产的历史交易成本。[1]

因此，资产负债表反映的是公司的**会计账面价值**（accounting book value），其价值等于资产负债表中列出的公司总资产价值。

---

① 也有例外情况，即显示所有资产的历史成本。例如，持有的投资将按当前市场价值报告。

图 3-2 为我们呈现了一张资产负债表所必需的基本内容。图 3-2 的左边罗列的是不同的资产类型，右边则是公司用于购买资产的资金来源类型。

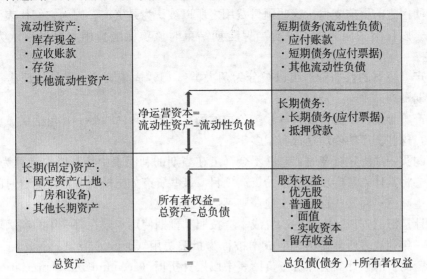

图 3-2　资产负债表：概览

## 资产类型

在资产负债表中，资产按照其流动性进行递减排列，即从流动性最强的资产到流动性最弱的资产排列。**流动性**（liquidity）指的是资产以合理的销售价格快速变现的能力。高流动性的资产能在不发生资产减值的基础上快速变现；而缺乏流动性的资产或不能被轻易售出，或只能在较大的折价基础上进行变现。比如说，政府债券就比不动产具有更高的流动性。

流动性对于公司来说至关重要，因为持有高流动性资产会降低公司遭遇财务困境的概率。然而，流动性资产的收益率往往是低于缺乏流动性的资产的。比如说，持有现金就不会带来任何资金回报。因此，财务经理需要为公司持有的流动性资产确定一个特定的比例，以便于公司在拥有合理流动性的同时不显著损害其盈利能力。

如图 3-2 所示，公司的资产可以分为两大基本部分：（1）流动性资产，（2）长期资产，其中又包括固定资产（土地、厂房、设备等）和其他长期资产。

**流动性资产**　公司的**流动性资产**（current assets），有时候又被称为**总运营资本**（gross working capital），指的是预期能在 12 个月之内变现的资产。流动性资产包括公司持有的库存现金、应收账款、存货等等。

**库存现金**　为了公司业务的正常运营，每个公司都必须持有一定量的**库存现金**（cash），因为公司业务的现金流入和流出是不平衡的。

**应收账款**　公司的**应收账款**（accounts receivable）指的是公司的客户以赊账形式购买产品或服务所拖欠的款项。

**存货**　公司的**存货**（inventories）包括原材料、半成品和准备用于最终销售的成品。

**其他流动性资产**　**其他流动性资产**（other current assets）包括待摊费用等。比如，公司在购买保险时，可能在实际的保险期开始之前就需要缴纳保险费用。再比如，公司的租金可能需要在实际使用之前提前支付。这些预付费用之所以被认为是资产，因为它们代表了公司进行的某种投资。以保险费用为例，只有当保险期结束时该项保险费用才可以被认为是相关的成本。

**长期资产**　公司的长期资产可以被分为两大类：（1）固定资产（土地、厂房、设备等），（2）其他长期资产。

**固定资产（土地、厂房、设备等）**　公司的**固定资产**（fixed assets）包括机械设施、不动产、土地等，这些资产的使用期都有很多年。

当公司购买一项固定资产时，它并不会马上在当期的利润表中将其成本计算为该期费用。相反，公司会将其计入资产负债表中的资产项目。某些资产如机械设备，会随着时间推移或者生产折旧发生减值；而某些资产如土地，则不会发生减值。

对于应计折旧的资产，资产的购置成本会按照其预期使用年限在每一年的利润表中进行成本分配，每一年利润表所分得的相应成本被称为**折旧费用**（depreciation expense）。从购置资产至今，资产的折旧累计额会在资产负债表中以**累计折旧**（accumulated depreciation）的形式表示。

为了详细说明这项内容，我们假设公司以 20 000 美元的价格购置了一辆卡车，其预期使用年限为 4 年。[①] 那么，在利润表中其每年的折旧费用应为 5 000 美元（＝20 000 美元的资产总成本÷4 年）。当公司购买卡车的时候，资产的 20 000 美元初始购置成本将被计入资产负债表中的**总固定资产**（gross fixed assets）项目中去，每年的资产折旧额加总则表现在累计折旧项目中。我们在总固定资产项目中减去每年的折旧额，得到**净固定资产**（net fixed assets）。在这个例子中，每期的利润表和资产负债表如下表所示：

**利润表中折旧费用**　　　　　　　　　　　　　　　　　　　（单位：美元）

| | 截止年份 | | | |
| --- | --- | --- | --- | --- |
| | 1 | 2 | 3 | 4 |
| 折旧费用 | 5 000 | 5 000 | 5 000 | 5 000 |

**资产负债表中累计折旧**　　　　　　　　　　　　　　　　　（单位：美元）

| | 年末 | | | |
| --- | --- | --- | --- | --- |
| | 1 | 2 | 3 | 4 |
| 总固定资产 | 20 000 | 20 000 | 20 000 | 20 000 |
| 累计折旧 | −5 000 | −10 000 | −15 000 | −20 000 |
| 净固定资产 | 15 000 | 10 000 | 5 000 | 0 |

理解总固定资产和净固定资产的区别，以及利润表中折旧费用和资产负债表中累计折旧的关系是本章的重要内容。

---

① 在这个例子中，我们使用直线折旧法。其他方法允许公司在资产的早期阶段加速折旧费用，在后几年减速折旧费用。

**其他长期资产** 其他长期资产是公司的资产中除去流动性资产和固定资产剩余的所有资产。举例来说，其他长期资产包括长期投资和无形资产，无形资产则包括公司的发明专利、版权和商誉。

## 资金融通类型

现在，我们开始关注图 3-2 所示资产负债表的右半部分，即"总负债（债务）＋所有者权益"，指的是公司用于购买资产的筹资形式。**债务**（debt）指的是公司借用的、必须在未来某一时间偿付的资金①，**所有者权益**（equity）指的则是公司的股东对公司进行的投资。

**负债（债务）** 债务资本是由公司的债权人提供的资金。如图 3-2 所示，债务可以分为 (1) 流动性负债（短期债务），(2) 长期负债。

**短期债务（流动性负债）** 公司的**短期债务**（short-term liabilites）又称**流动性负债**（current debt），指的是公司在 12 个月之内必须进行偿还的借用资金。公司流动性负债的来源包括：

◆ **应付账款** 公司的**应付账款**（accounts payable）代表的是公司的供货商在其购买原材料时提供的销售信贷，购货公司的还款期可能是 30 天、60 天或者 90 天等。这种信贷形式又被称为**商业信用**（trade credit）。

◆ **应计费用** **应计费用**（accrued expenses）是公司运营中已经发生但是尚未进行偿付的短期债务。比如说，公司的雇员工资可能会在下周或者下个月进行发放，但是他们仍然要正常完成相关工作，这些拖欠的工资就会被称作应计工资。

◆ **短期票据** **短期票据**（short-term notes）指的是从银行等机构借取的约定 12 个月之内偿还资金的负债类型。

**长期债务** 公司的**长期债务**（long-term debt）包括向银行或其他机构、个人借取的 1 年期以上负债。②

举例来说，公司可能会借款 5 年期的资金用于购买设备，或者会借款 25～30 年不等用于购买不动产，如土地、楼盘。用于购买不动产的借款往往被称作**抵押贷款**（mortgage），如果借款人不能按时还清贷款，债权人则拥有该不动产的优先获取权。

**所有者权益** 所有者权益指的是公司股东（既包括优先股股东又包括普通股股东）对公司进行的投资。

◆ **优先股股东** **优先股股东**（preferred stockholders）往往只获取一份固定数额的股息红利。一旦公司被清算，这部分股东的偿还顺序在公司债权人之后，在普通股股东之前。

◆ **普通股股东** **普通股股东**（common stockholders）指的是其余的公司所有者，他们拥有除去支付所有成本费用之后的剩余利润。一旦公司被清算，无论公司资产剩下多少，普通股股东只能拿到债权人和优先股股东完成偿付之后的剩余资产。公司的普通股权益等于下面两项的加总：

**1. 公司向投资者销售股票获得的资金。**这部分资金可能会在资产负债表中表示为**普通股**

---

① 为了简单起见，本书中我们将交替使用债务和负债两个名词，在实践中并不总是这样。债务经常被用来指需要借款人支付利息的贷款，比如银行贷款；而负债则指的是无利息的负债，比如应付账款（由公司的供应商提供的贷款）。

② 请注意，长期债务在 12 个月内必须偿还的部分都被视为短期债务。例如，如果你借款 5 000 美元，并以每年 1 000 美元的平均本金偿还，那么第 1 年的 1 000 美元将被认为是短期债务，剩下的 4 000 美元将作为长期债务。

（common stock），或者被表示为**面值**（par value）（公司在销售股票时为其每股股票主观确定的账面价值，多为 1 美分或 1 美元）和超过面值部分的**实收资本**（paid-in capital）（又被称作资本公积）。实收资本指的是当公司向投资者发行新股时收到的超过股票面值部分的资金。比如，如果公司以每股 50 美元的价格发行新的普通股，并将其每股面值设定为 1 美元，那么 49 美元（＝50 美元－1 美元）就是实收资本。因此，如果公司发行了 100 万股新股，那么公司的实收资本就会是 4 900 万美元（＝49 美元×1 000 000 股）。最后，如果公司从股东手中回购股票，那么普通股项目将会进行相应的递减，这会被表示为**库存股票**（treasury stock）。

为了说明公司是怎样记录普通股发行的，这里假设公司以每股 100 美元的价格发行了 1 000 股股票，公司的政策规定将每股面值设定为 1 美元（面值完全是人为设定，也可以设定为每股 1 美分），那么每股 99 美元就被认为是实收资本。因此，在资产负债表中普通股权益的增长表示如下：

| | |
|---|---|
| 面值（1 美元×1 000 股） | 1 000 美元 |
| 实收资本（99 美元×1 000 股） | 99 000 美元 |
| 总股本增加 | 100 000 美元 |

**2. 公司的留存收益。留存收益**（retained earnings）指的是除去分配给公司股东的资金之后的公司保留的利润额。或者说，减去对普通股股东分配的股利之后的公司净利润就是留存收益。在某一特定年度的留存收益可以用如下公式简单表示[①]：

$$期初留存收益＋当年净利润－当年股利＝期末留存收益 \qquad (3-3)$$

但要记住，利润和现金不一样，不要把留存收益当作大量现金，并不是这样！

总而言之，普通股权益可以表示如下：

$$普通股权益＝普通股所有者投资＋\overbrace{累计盈利－累计股利}^{\text{留在公司的利润}} \qquad (3-4)$$

### 家得宝公司的资产负债表详解

让我们回到家得宝公司的资产负债表上来。表 3-2 为家得宝公司在 2010 年 1 月 31 日和 2011 年 1 月 30 日的资产负债表。除了第 1 列和第 2 列的资产负债表数据之外，这里还增加了第 3 列数据，用于表示两年相关数据的变化。通过观察这些变化，我们可以了解到通过别的途径了解不到的该年度公司发生的变化。在第 4 列和第 5 列，我们重新用百分比的形式表示了两年的资产负债表，将所有数据均表示为其在总资产中的占比，我们将其称为一般形式资产负债表。这种重述形式使得我们能够跨期比较公司的资产负债表，也能够更简便地将该公司资产负债表与其他公司的资产负债表进行对比。

---

① 有时除了报告的净利润和支付给股东的股息，留存收益还会受到一些不寻常的会计交易的影响。然而，在解释留存收益时，我们忽略了这种可能性。

**表 3-2**　　　　　**家得宝公司 2010 年 1 月 31 日和 2011 年 1 月 30 日资产负债表**

| | 美元价值 | | | 一般形式资产负债表 | |
| --- | --- | --- | --- | --- | --- |
| | （列1）<br>2010 年 1 月 31 日<br>（百万美元） | （列2）<br>2011 年 1 月 30 日<br>（百万美元） | （列3）<br>2010—2011 变化<br>（列 2－列 1）<br>（百万美元） | （列4）<br>2010 年 1 月 31 日<br>（列 1÷总资产） | （列5）<br>2011 年 1 月 30 日<br>（列 2÷总资产） |
| **资产** | | | | | |
| 现金 | 1 421 | 545 | －876 | 3.5% | 1.4% |
| 应收账款 | 964 | 1 085 | 121 | 2.4% | 2.7% |
| 存货 | 10 188 | 10 625 | 437 | 24.9% | 26.5% |
| 其他流动性资产 | 1 327 | 1 224 | －103 | 3.2% | 3.1% |
| 流动性资产 | 13 900 | 13 479 | －421 | 34.0% | 33.6% |
| 总固定资产 | 37 345 | 38 471 | 1 126 | 91.4% | 95.9% |
| 折旧费用 | －11 795 | －13 411 | －1 616 | －28.9% | －33.4% |
| 净固定资产 | 25 550 | 25 060 | －490 | 62.5% | 62.5% |
| 其他资产 | 1 427 | 1 586 | 159 | 3.5% | 4.0% |
| 总资产 | 40 877 | 40 125 | －752 | 100.0% | 100.0% |
| **负债和权益** | | | | | |
| 应付账款 | 9 343 | 9 080 | －263 | 22.9% | 22.6% |
| 短期票据 | 1 020 | 1 042 | 22 | 2.5% | 2.6% |
| 流动性负债 | 10 363 | 10 122 | －241 | 25.4% | 25.2% |
| 长期债务 | 11 121 | 11 114 | －7 | 27.2% | 27.7% |
| 总负债 | 21 484 | 21 236 | －248 | 52.6% | 52.9% |
| **普通股** | | | | | |
| 　面值① | 86 | 86 | 0 | 0.2% | 0.2% |
| 　资本公积 | 6 666 | 7 001 | 335 | 16.3% | 17.4% |
| 　已出售普通股 | 6 752 | 7 087 | 335 | 16.5% | 17.7% |
| 　库存股票（股票回购） | －585 | －3 193 | －2 608 | －1.4% | －8.0% |
| 总普通股 | 6 167 | 3 894 | －2 273 | 15.1% | 9.7% |
| 留存收益 | 13 226 | 14 995 | 1 769 | 32.4% | 37.4% |
| 所有者权益 | 19 393 | 18 889 | －504 | 47.4% | 47.1% |
| 总负债和所有者权益 | 40 877 | 40 125 | －752 | 100.0% | 100.0% |

资料来源：家得宝公司 2010 财政年度和 2011 财政年度 10－K 表。

---

①　普通股账面价值从 2010 年 1 月 31 日的 8 580 万美元增加到 2011 年 1 月 30 日的 8 610 万美元。但资产负债表没有显示其变化，因为当金额以百万美元为单位时，这种微小的金额可以忽略不计。

**家得宝公司资产负债表的变化** 如表 3 - 2 第 3 列所示，我们可以观察到如下内容：

1. 公司的总资产减少了 7.52 亿美元，从 408.77 亿美元减少至 401.25 亿美元。这种资产减少是如何发生的呢？有两大主要原因：流动性资产的减少和净固定资产的减少。

a. 流动性资产的减少。流动性资产的减少中，最显著的就是公司库存现金的减少（8.76 亿美元）。在本章后面部分，我们将会看到该现金减少的具体原因，现在只需要知道这会引起债权人和股东的关注就可以了。现金的减少部分是由应收账款的增加，特别是存货的增加而引起的。

b. 净固定资产的减少。价值 4.9 亿美元的净固定资产减少量来自于两项变化：购进新的固定资产 11.26 亿美元（增加了总固定资产），但是从固定资产中计提了价值 16.16 亿美元的折旧损失。因此我们可以看到，公司净固定资产的变化驱动因素为：（1）公司花了多少资金用于购置新的固定资产，（2）公司为已经存在的固定资产计提了多少折旧额。

2. 接下来，我们来看一下公司债务和权益的变化，其减少额与资产的减少额一样，都是 7.52 亿美元（要记住总资产＝总负债＋所有者权益）。总负债和所有者权益的变化主要是由以下公司行为造成的：

a. 偿还供货商欠款 2.63 亿美元（相应减少了应付账款）。

b. 回购股票价值 26.08 亿美元（相应增加了库存股票），减少了公司从新发股票所得资金 3.35 亿美元。

c. 留存收益 17.69 亿美元（增加了留存收益）。

我们现在在关注资产负债表变化时注意到的这些问题，在本章后面研究家得宝公司现金流量表的时候会再次出现。

**家得宝公司的一般形式资产负债表** 综上，我们通过观察资产负债表中每一个项目占总资产（总负债＋所有者权益）的百分比，得到了关于公司财务状况的更多信息。用这种形式表示的资产负债表则被称作**一般形式资产负债表**（common-sized balance sheet）。如表 3 - 2 所示，表的最后两列（第 4 列和第 5 列）展示了家得宝公司的一般形式资产负债表。

基于这些百分比数据，我们可以观察到：

1. 存货组成了它的绝大多数流动性资产，大约占到公司总资产的四分之一。

2. 公司的总资产包含着约三分之一的流动性资产和约三分之二的固定资产。

3. 家得宝公司的约一半资金来自债务融资，另一半来自权益融资。更准确地说，我们可以通过计算公司负债占总资产的百分比得出其**债务比率**（debt ratio）。以家得宝公司为例，其在 2010 年 1 月 31 日和 2011 年 1 月 30 日的债务比率分别为 52.6％和 52.9％。

| | 财政年度 | |
| --- | --- | --- |
| | 2010 年 1 月 31 日 | 2011 年 1 月 30 日 |
| 债务比率＝$\dfrac{总负债}{总资产}$ | $\dfrac{21\,484\ 百万美元}{40\,877\ 百万美元}=52.6\%$ | $\dfrac{21\,236\ 百万美元}{40\,125\ 百万美元}=52.9\%$ |

对于借款人和投资者来说，债务比率是一项非常重要的指标，因为它显示了公司承担的财务风险——公司通过债务融资的比率越大，所承担的财务风险也相应越大。在第十二章中我们会详细讨论这个问题。

## 运营资本

早先我们注意到，流动性资产这个词又可以被称作总运营资本，这两个财务术语是可以相互替代的。对比来看，**净运营资本**（net working capital）则等于公司的流动性资产减去流动性负债，可以用公式表示如下：

$$净运营资本＝流动性资产－流动性负债 \tag{3-5}$$

因此，净运营资本是将公司的流动性资产（可以在 12 个月之内变现的资产）与公司的流动性负债（预期将在 12 个月之内完成偿付的债务）进行比较的指标。公司拥有的净运营资本规模越大，其偿债能力也相应越强。因此，对于公司的债权人来说，净运营资本的数量是比较重要的，因为它们关注的正是公司偿还债务的能力。对于家得宝公司来说，净运营资本可以计算如下：

（单位：百万美元）

| | 财政年度 | |
| --- | --- | --- |
| | 2010 年 1 月 31 日 | 2011 年 1 月 30 日 |
| 总运营资本 | 13 900 | 13 479 |
| 流动性负债 | －10 363 | －10 122 |
| 净运营资本 | 3 537 | 3 357 |

*总运营资本与流动性资产相同*（指向"总运营资本"行）

大多数公司的净运营资本为正值，因为其流动性资产的数额往往大于流动性负债。当然也有一些例外，比如迪士尼公司的流动性负债与流动性资产的数额大致是相等的，你觉得这是如何发生的呢？其实非常简单，因为迪士尼公司的绝大多数销售收入是在其主题公园内以现金结算的形式完成的，它们会从顾客手中即时拿到销售款，然而，迪士尼的供货商可能需要在交货30 天后甚至更长的时间才能拿到货款。也就是说，迪士尼公司的收款时间即时，而付款时间拖后。

---

**例题 3.2**　　　　　　　　　　　　　**构建资产负债表**

根据梅尼拉公司的相关信息，构建资产负债表和一般形式资产负债表，作为资产的百分比，什么是公司最大化投资和筹资来源？

| | | | |
| --- | --- | --- | --- |
| 总固定资产 | 75 000 美元 | 应收账款 | 50 000 美元 |
| 现金 | 10 000 美元 | 长期银行汇票 | 5 000 美元 |
| 其他资产 | 15 000 美元 | 抵押贷款 | 20 000 美元 |
| 应付账款 | 40 000 美元 | 普通股 | 100 000 美元 |
| 留存收益 | 15 000 美元 | 存货 | 70 000 美元 |
| 累计折旧 | 20 000 美元 | 短期票据 | 20 000 美元 |

**步骤 1：制定策略**

资产负债表可以看成是如下形式：

| 流动性资产 | 流动性负债 |
|---|---|
| ＋长期（固定）资产 | ＋长期债务 |
| | ＋所有者权益 |
| ＝总资产 | ＝总负债＋所有者权益 |

**步骤 2：计算数值**

你的结果应该像如下表格一样：

**资产负债表：**

| 资产 | | 负债和所有者权益 | |
|---|---|---|---|
| 现金 | 10 000 美元 | 应付账款 | 40 000 美元 |
| 应收账款 | 50 000 美元 | 短期票据 | 20 000 美元 |
| 存货 | 70 000 美元 | 总短期债务 | 60 000 美元 |
| 流动性资产 | 130 000 美元 | 长期票据 | 5 000 美元 |
| 总固定资产 | 75 000 美元 | 抵押贷款 | 20 000 美元 |
| 累计折旧 | －20 000 美元 | 总长期债务 | 25 000 美元 |
| 净固定资产 | 55 000 美元 | 总负债 | 85 000 美元 |
| 其他资产 | 15 000 美元 | 普通股 | 100 000 美元 |
| 总资产 | 200 000 美元 | 留存收益 | 15 000 美元 |
| | | 所有者权益 | 115 000 美元 |
| | | 总负债和所有者权益 | 200 000 美元 |

**一般形式资产负债表**

| 资产 | | 负债和所有者权益 | |
|---|---|---|---|
| 现金 | 5.0％ | 应付账款 | 20.0％ |
| 应收账款 | 25.0％ | 短期票据 | 10.0％ |
| 存货 | 35.0％ | 总短期债务 | 30.0％ |
| 流动性资产 | 65.0％ | 长期票据 | 2.5％ |
| 总固定资产 | 37.5％ | 抵押贷款 | 10.0％ |
| 累计折旧 | －10.0％ | 总长期债务 | 12.5％ |
| 净固定资产 | 27.5％ | 总负债 | 42.5％ |
| 其他资产 | 7.5％ | 普通股 | 50.0％ |
| 总资产 | 100％ | 留存收益 | 7.5％ |
| | | 所有者权益 | 57.5％ |
| | | 总负债和所有者权益 | 100.0％ |

**步骤 3：分析结果**

第一，我们可以看到公司投资了 200 000 美元在它的资产上，其中 130 000 美元在流动性资产上（占总资产的 65％），55 000 美元在固定资产（占总资产的 27.5％）上，15 000 美元在其他资产上（占总资产的 7.5％）。第二，公司有 130 000 美元的流动性资产和 60 000 美元的流动性负债，公司净运营资本为 130 000 美元－60 000 美元＝70 000 美元。第三，公司使用了比负债（占总资产的 42.5％）更多的权益（占总资产的 57.5％）来为公司融资。

---

## 资产负债表和利润表的统一

我们已经阐述过，利润表定义在某一个特定的时间范围内，而资产负债表指的是特定时点的公司的各项数据。既然我们已经学习过了利润表和资产负债表，现在让我们从时间维度再次看一下这两种报表的区别。我们找到三张报表，利润表表明从年初到年末的利润变化，而两张资产负债表分别表示的是该年度年初和年末的财务状况，从这两张表中我们可以更好地看到公司的运营状态。比如说，我们可以看到公司在 2013 年年初的时候情况如何（通过分析 2012 年年底的资产负债表），在 2013 年发生了什么变化（通过看 2013 年年度利润表），2013 年年底的成果如何（通过看 2013 年年底的资产负债表）。利润表和资产负债表的区别展示在图 3－3 中。

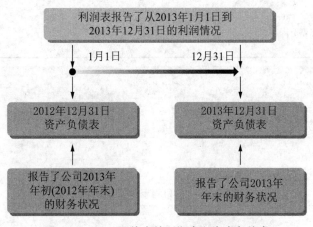

**图 3－3　同一图片中的利润表和资产负债表**

---

> **概念回顾**
>
> 1. 基本的资产负债表公式是什么？其含义是什么？
> 2. 什么是公司的会计账面价值？
> 3. 什么是公司两大主要的融资来源？分别包括哪些资源？
> 4. 什么是总运营资本？什么是净运营资本？
> 5. 什么是债务比率？
> 6. 公司的利润表和资产负债表的时间区别是什么？

## 你可以做出来吗?

### 准备利润表和资产负债表

下面显示的是众源公司——一家能源公司的部分会计科目。完成公司的利润表和资产负债表,并且计算每股收益和每股股利。

（单位：千美元）

| | |
|---|---:|
| 应付账款 | 4 400 |
| 应收账款 | 2 500 |
| 累计折旧 | 4 200 |
| 现金 | 3 300 |
| 销售成本 | 17 000 |
| 普通股 | 13 800 |
| 折旧费用 | 1 500 |
| 股利 | 40 |
| 总固定资产 | 24 500 |
| 应交税费 | 150 |
| 利息费用 | 1 000 |
| 长期债务 | 10 000 |
| 发行在外股票 | 800 |
| 其他资产 | 15 600 |
| 存货 | 1 500 |
| 留存收益 | 8 000 |
| 销售收入 | 30 000 |
| 营销成本和管理费用 | 10 000 |
| 短期票据 | 7 000 |

## 你做出来了吗?

### 准备利润表和资产负债表

我们之前提供了众源公司的数据,让你写出利润表和资产负债表,并且计算出每股收益和每股股利。你的结果应该像下面这样:

**利润表**

| | |
|---|---:|
| 销售收入 | 30 000 千美元 |
| 销售成本 | −17 000 千美元 |
| 毛利润 | 13 000 千美元 |
| 运营成本 | |
|     营销成本和管理费用 | −10 000 千美元 |
|     折旧费用 | −1 500 千美元 |
| 总运营成本 | 11 500 千美元 |
| 营业利润 | 1 500 千美元 |
| 利息费用 | −1 000 千美元 |
| 税前利润 | 500 千美元 |
| 应交税费 | −150 千美元 |
| 净利润 | 350 千美元 |
| 每股收益（350 千美元净利润÷800 千股） | 0.44 美元 |
| 每股股利（40 千美元股利÷800 千股） | 0.05 美元 |

| 资产负债表 | | | （单位：千美元） |
|---|---|---|---|
| 现金 | 3 300 | 应付账款 | 4 400 |
| 应收账款 | 2 500 | 短期票据 | 7 000 |
| 存货 | 1 500 | 总短期债务 | 11 400 |
| 流动性资产 | 7 300 | 长期债务 | 10 000 |
| 总固定资产 | 24 500 | 总负债 | 21 400 |
| 累计折旧 | −4 200 | 普通股 | 13 800 |
| 净固定资产 | 20 300 | 留存收益 | 8 000 |
| 其他资产 | 15 600 | 所有者权益 | 21 800 |
| 总资产 | 43 200 | 总负债和所有者权益 | 43 200 |

资料来源：家得宝公司 2010 财政年度 10 - K 表。

# 衡量现金流量

尽管现金是企业的血液——就像发动机中的燃料一样，一些经理人仍然无法完全理解公司的现金流是如何运作的。糟糕的现金流管理可能会造成企业的破产，小公司尤甚。经理人必须理解，利润和现金流是存在区别的。

## 利润—现金流

你需要知道，公司利润表中所表示出来的利润与其现金流量是不一致的！用简·诺曼（Jan Norman）的话来说，"即便是利润丰厚的公司也可能会破产。这对于新兴企业的所有者来说可能比较难以理解，但是你越快明白当你失去现金就会破产这个道理，你的公司存活的概率就会越高"。许多账面利润丰厚的公司最后破产了，就是因为流入的现金流无法与要流出的现金流相匹配。没有充足的现金流，即便是一点小问题也可能升级为生死攸关的问题！

利润表并不是用来衡量现金流量的，因为它是建立在权责发生制的基础上，而不是建立在收付实现制的基础上。让我们重新强调一遍：**利润表并不是用来衡量现金流量的，因为它是建立在权责发生制的基础上，而不是建立在收付实现制的基础上。**对这句话的理解非常重要。在**权责发生制**（accrual basis accounting）的会计核算中，不管利润是否以现金的形式完成了收付，或者成本是否以现金的形式进行了支付，只要收入或者成本项目发生了，就应该进行记录。在**收付实现制**（cash basis accounting）的会计核算中，只有当相关收入或成本完成了金额的转让支付，才会进行相应的记录。

因为某些原因，基于权责发生制计算的利润会与公司的现金流量表有所不同。具体的原因如下：

1. 在利润表中记录的销售收入既包括完成了现金支付的销售收入也包括赊销。因此，总的销售收入与实际收入的现金额是不一致的。一个公司可能在某年度的销售收入为 1 000 000 美元，但是收到的销售款却没有这么多。如果从年初到年末，公司的应收账款增加了 80 000 美元，那么我们会知道公司在本年度的销售中只收到了 920 000 美元的销售款（＝1 000 000

美元的销售收入－80 000 美元的应收账款增加额）。

2. 某些存货的购进是信用支付的，因此存货购进额并不严格等于公司为购进存货花费的现金。假设一个企业在某年度购进了价值 500 000 美元的存货，但是供货商为其提供了 100 000 美元的信用销售额，则该公司为存货购买实际花费的现金额为 400 000 美元（＝500 000 美元的总存货购进额－100 000 美元供货商提供的信用销售额）。

3. 利润表中展示的折旧费用并不是一项现金支出。折旧费用反映的是公司在长达几年的运营过程中使用某项固定资产而产生的成本，例如可以使用 5 年以上的某设备等。因此，如果某企业的利润为 250 000 美元，其中已经计提了 40 000 美元的折旧费用，那么其现金流应该为 290 000 美元（＝250 000 美元利润＋40 000 美元折旧费用）。

我们还可以举出更多的例子来说明为什么公司的利润与其现金流不一致，但是最重要的是要记住：利润和现金流指的不是同一项内容。实际上，一个公司可能利润丰厚但现金流为负值，甚至濒临破产。因此，对于经理人来说，了解公司的现金流量是非常重要的。同样，现金流量在公司申请贷款时也比较重要，如果公司没有足够的现金流量来担保所申请的贷款，任何一个银行都不会为其提供贷款。即便公司的收入成长性和利润指标都不错，也只有历史现金流量才能够说明公司应收账款的收付能力，以及存货、应付账款的管理能力。因此，你最好能够了解自己公司现金流量的进与出。

### 初探：现金流的决定因素和使用

首先，我们需要理解公司资产负债表的变化影响着现金流。为了确认资产负债表中的某项变化是否会增加或减少现金流，你需要理解下面的关系：

| 现金来源 | 现金使用 |
|---|---|
| 资产减少 | 资产增加 |
| 示例：卖出存货或者收回应收账款可以给公司提供资金。 | 示例：使用现金投资固定资产或者购买更多存货。 |
| 增加负债或者权益 | 减少负债或者权益 |
| 示例：借出资金或者出售股份可以给公司提供资金。 | 示例：使用现金偿还贷款或者回购股票。 |

为了详述上面的关系，我们回到表 3－2 所示的家得宝公司资产负债表。早先我们研究了资产负债表的变化，而这次我们想探寻这些变化是否产生了现金流。在表 3－3 中，我们列出了家得宝公司资产负债表的一些变化和其是否产生或使用了现金，接下来这些信息在下一部分中会用于制作该公司的现金流量表。因此，要记住表 3－3 中表示的资产负债表变化和公司现金流之间的关系。

**表 3－3**　　　　截至 2011 年 1 月 30 日家得宝公司的现金来源和使用　　　　（单位：百万美元）

| | 账户余额 | | | | |
| --- | --- | --- | --- | --- | --- |
| | 2010 年 1 月 31 日 | 2011 年 1 月 30 日 | 变化 | 来源 | 使用 |
| 资产负债表变化 | | | | | |
| 应收账款 | 964 | 1 085 | 121 | | 121 |
| 存货 | 10 188 | 10 625 | 437 | | 437 |

| | 账户余额 | | | | |
| --- | --- | --- | --- | --- | --- |
| | 2010 年 1 月 31 日 | 2011 年 1 月 30 日 | 变化 | 来源 | 使用 |
| 其他流动性资产 | 1 327 | 1 224 | −103 | 103 | |
| 总固定资产 | 37 345 | 38 471 | 1 126 | | 1 126 |
| 其他资产 | 1 427 | 1 586 | 159 | | 159 |
| 应收账款 | 9 343 | 9 080 | −263 | | 263 |
| 短期票据 | 1 020 | 1 042 | 22 | 22 | |
| 长期债务 | 11 121 | 11 114 | −7 | | 7 |
| 已出售普通股 | 6 752 | 7 087 | 335 | 335 | |
| 股票回购 | −585 | −3 193 | −2 608 | | 2 608 |

资料来源：数据来自家得宝公司 2010 年财政年度 10 - K 表。

## 现金流量表

衡量公司的现金流量通常有两种方法。第一种方法是，我们可以使用传统会计的展示方法，即**现金流量表**（statement of cash flows），它通常包含在公司的年度报表中。这种展示现金流量的方法着重于资产负债表的相关数据变化，以辨明其对现金流量的影响是增加还是减少。第二种方法是，我们可以计算出公司的**自由现金流**（free cash flows）和**融资现金流**（financing cash flows），这都是经理人和投资人认为比较重要的指标。在公司支付了所有运营成本和税金，完成所有投资之后，剩余的所有库存现金都可以自由分配给其债权人或者股东。一旦自由现金流为负值，管理层则需要向债权人或者股东筹资。如何理解和计算公司的自由现金流将在本章的附录部分进行介绍。现在我们关注所有公开上市公司必须为其债权人和股东提供的现金流量表。

如图 3-4 所示，有三项重要活动决定着公司现金的流入和流出：

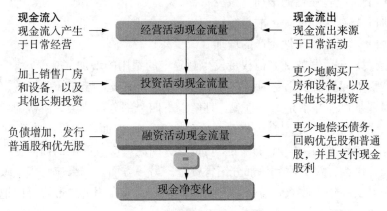

**图 3-4 现金流量表：概览**

1. 日常公司运营中产生的现金流。从赊销购买存货、赊售、为购进的货物付款，到最终收回赊售的款项，了解现金流在公司的日常运营过程中是如何产生的将有益于我们对该部分的理解。

2. 固定资产投资和其他长期投资。当公司购买固定资产（类似于设备、房屋）时，会流出大量现金；当公司销售固定资产时，会流入大量现金。

3. 资金周转。现金流入流出在发生借款、偿付债务、发放股利，以及发行新股、回购股票时均会出现。

如果我们了解了以上这些活动的现金流，就能够将它们融合得到公司的现金流量变化，并制作现金流量表。为了了解这是怎么完成的，我们会再一次回到家得宝公司的利润表（表3-1）和资产负债表（表3-2）上来。

### 金融作业

#### 管理你自己的现金流量

如果你想提高现金流量，那么首先看一下你最近的财务状况，注意以下几点：

- 投资于超额库存的现金可以增长业务。
- 昂贵的办公室场地费用。如果没必要，不要为了优越的地理位置花费更多。
- 客户未付的发票，以及及时收款。
- 不要让供货商延长信用期限，如果你说了的话，他们会在你需要支付你的购买费用前给你额外的15天或者30天。
- 不要过于严密地监控你的现金流量，这样不利于业务的增长。

资料来源：Eduard Marram, "6 Weeks to a Better Bottom Line," *Entrepreneur Magazine*，January 2010. http：//www. entrepreneur. com/magazine/entrepreneur/2010/january/204390. html，accessed June 4. 2012.

**现金流量活动1：日常经营产生的现金流** 这里我们想把公司建立在权责发生制基础上的利润表转化为收付实现制利润表。该转化可以分为五步完成，我们从公司的净利润开始，接下来步骤如下：

1. 将折旧费用加回，因为它并非现金流成本；
2. 减去（加上）应收账款的增加（减少）；
3. 减去（加上）存货的增加（减少）；
4. 减去（加上）其他流动性资产的增加（减少）；
5. 加上（减去）应付账款和其他权责发生制确定的费用的增加（减少）。

很明显，我们加回折旧费用是因为它并不是一项现金开支。至于应收账款、存货、其他流动性资产和应付账款可能并不是那么直观，理解以下四个部分可能会有所帮助：

1. 公司的销售收入要么是现金销售，要么是赊售。一方面，如果应收账款增加，意味着顾客并没有为他们本年度购买的所有产品支付资金。因此，应收账款的任何变化都需要从销售收入中进行抵减，因为并没有收到该部分销售资金。另一方面，如果应收账款减少，那么公司收到的现金多于其实际销售收入，意味着有正的现金流流入。用公式形式可以把公司实际收到的现金流和销售收入的关系表示如下：

$$销售收到的现金流＝销售收入－应收账款的变化 \tag{3-6}$$

2. 存货的增加意味着我们购进了存货，存货的减少则意味着我们售出了存货。
3. 其他流动性资产包括预付成本、预付保险费用和预付租金。如果其他流动性资产增加

（减少），那么就意味着现金的流出（流入）。

4. 我们知道存货的增加意味着现金的流出，同样，如果应付账款（由供货商提供的赊销）增加，那么我们就会知道公司并不需要为其购买的所有货物一次性埋单。因此，用于购进存货的净支付额等于存货的变化量减去应付账款的变化量。当然，如果应付账款减少，则意味着有现金流出发生了。

图 3-5 展示了通过公司的日常经营计算其现金流量的具体过程。

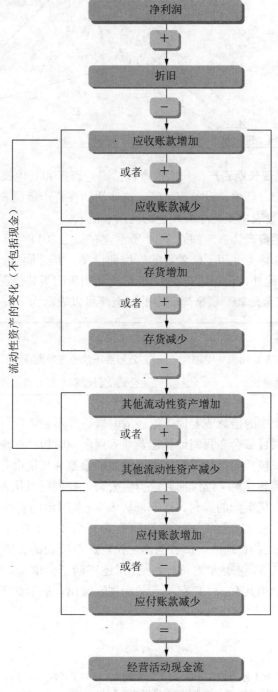

图 3-5　经营活动现金流量

**家得宝公司运营现金流的详解**　在刚才阐述的现金流量表框架的基础上，我们现在可以开始制作家得宝公司的现金流量表了。参照之前公司的利润表和资产负债表，我们可以计算出公司日常运营产生的现金流量如下：

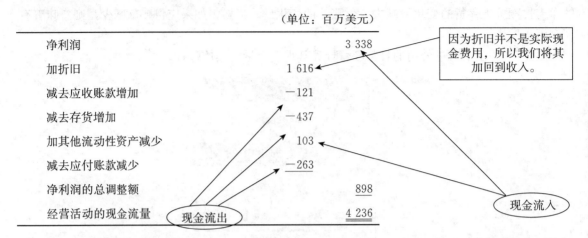

（单位：百万美元）

| | |
|---|---|
| 净利润 | 3 338 |
| 加折旧 | 1 616 |
| 减去应收账款增加 | −121 |
| 减去存货增加 | −437 |
| 加其他流动性资产减少 | 103 |
| 减去应付账款减少 | −263 |
| 净利润的总调整额 | 898 |
| 经营活动的现金流量 | 4 236 |

因为折旧并不是实际现金费用，所以我们将其加回到收入。

现金流出　现金流入

**现金流量活动2：投资长期资产**　长期资产包括固定资产和其他长期资产。比如说，当公司购买（销售）固定资产（厂房、设备等）时，这些活动在资产负债表中表示为总固定资产的增加（减少），在现金流量表中则意味着现金的流出和流入。

**家得宝公司投资长期资产详解**　如表3-2所示，在截至2011年1月30日的会计年度中，家得宝公司花费了11.26亿美元用于购置新的厂房和设备，其总固定资产从373.45亿美元增加到了384.71亿美元。此外，公司还花费1.59亿美元用于购买其他资产。

**现金流量活动3：资金周转**　资金周转中的现金流可以表示为下表：

| 现金流入 | 现金流出 |
|---|---|
| 公司借更多钱（短期债务或者长期债务增加） | 公司偿还债务（短期或者长期债务减少） |
| 所有者投资公司（股东权益增加） | 公司支付股利给所有者或者回购股票（股东权益减少） |

当我们提及财务活动中的借款或者债务偿还的时候，并不包含应付账款或者任何权责发生制下的运营成本。这些项目都会在我们计算运营业务现金流时包括在现金流量活动1中。在现金流量活动3中，我们只包括向银行等机构借取的短期票据和长期借款。

**家得宝公司的资金周转详解**　继续回到家得宝公司，我们可以从表3-1的利润表中看到，它为其股东支付了15.69亿美元的股利。接下来从表3-2所示的资产负债表中，我们看到短期票据增加了2 200万美元（现金来源），长期债务减少了700万美元（使用现金）。同时，公司发行了价值3.35亿美元的普通股，该数据体现在资产负债表的普通股账面价值和实收资本项目中，变化总值即为3.35亿美元。[①] 最后，公司还回购了价值26.08亿美元的普通股，因此家得宝公司在财务活动中共有38.27亿美元的净现金流出，展示如下：

---

　① 普通股账面价值从2010年1月31日的8 580万美元增加到2011年1月30日的8 610万美元。但资产负债表没有显示变化，因为金额以百万美元为单位时，这种微小的金额可以忽略不计。

（单位：百万美元）

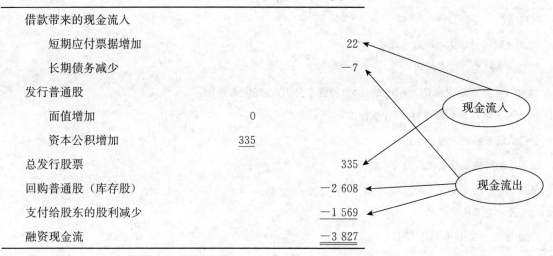

| | |
|---|---|
| 借款带来的现金流入 | |
| 　短期应付票据增加 | 22 |
| 　长期债务减少 | −7 |
| 发行普通股 | |
| 　面值增加 | 0 |
| 　资本公积增加 | 335 |
| 总发行股票 | 335 |
| 回购普通股（库存股） | −2 608 |
| 支付给股东的股利减少 | −1 569 |
| 融资现金流 | −3 827 |

在这里我们可以通过计算完成家得宝公司现金流量表的制作，如表 3-4 所示。从该表中我们可以看到，公司的经营活动产生了 42.36 亿美元的现金流；向厂房、设备和其他资产共投资 12.85 亿美元；在融资活动中付出 38.27 亿美元，现金净减少 8.76 亿美元。该数据可以在表 3-2 所示的资产负债表中得到核实，该表显示家得宝公司的库存现金从 2010 年 1 月 31 日的 14.21 亿美元减少到了 2011 年 1 月 30 日的 5.45 亿美元，减少额正是 8.76 亿美元。在本章前面的部分，我们提到了公司库存现金的大额减少，并对其原因发出了提问，现在我们可以知道：公司在经营活动中产生了正的现金流，却将更多的现金流投入到购买固定资产和向债权人、股东分红派息，以及回购股票中去。

| 表 3-4 | 2011 年 1 月 30 日家得宝公司现金流量表 | （单位：百万美元） |
|---|---|---|
| **经营活动** | | 3 338 |
| a. 净利润 | | |
| b. 调整净利润来计算经营活动现金流量 | 1 616 | |
| 　1. 折旧费用增加（现金来源） | −121 | |
| 　2. 应收账款增加（现金使用） | −437 | |
| 　3. 存货增加（现金使用） | 103 | |
| 　4. 其他流动性资产减少（现金来源） | −263 | |
| 　5. 应付账款减少（现金使用） | | 898 |
| 净利润总调整额 | | 4 236 |
| **经营活动产生的现金流** | | |
| **投资活动** | | |
| c. 总固定资产增加（现金使用） | −1 126 | |
| d. 其他资产增加（现金使用） | −159 | |
| **投资活动产生的现金流** | | −1 285 |

**融资活动**

e. 增加短期应付票据（现金来源） 　　22

f. 长期债务减少（现金使用） 　　−7

g. 增加（发行）新普通股（增加账面价值和资本公积）（现金来源） 　　335

h. 回购普通股（增加库存股）（现金使用） 　　−2 608

i. 支付给股东股利（现金使用） 　　−1 569

**融资活动产生的现金流** 　　−3 827

**总结**

j. 现金及现金等价物变动 　　−876

k. 期初现金（2010 年 1 月 31 日） 　　1 421

l. 期末现金（2011 年 1 月 30 日） 　　545

与家得宝资产负债表中现金余额相等

**说明**

**经营活动**

a. 家得宝公司有 33.38 亿美元净利润。

b. 调整净利润来计算经营活动现金流量。

   1. 折旧。由于家得宝公司的折旧费用是非现金支出，所以当我们计算家得宝公司的现金流量时，将 16.16 亿美元的折旧额费用加回至净利润。

   2. 应收账款减少。家得宝公司应收账款上升了 1.21 亿美元，这属于现金使用。

   3. 存货增加。家得宝公司存货增加了 4.37 亿美元，这属于现金使用。

   4. 其他流动性资产减少。家得宝公司其他流动性资产减少了 1.03 亿美元，这是现金的流入。

   5. 应付账款减少。家得宝公司的应付账款减少了 2.63 亿美元，这是现金流出。

**经营活动现金流量**　增加至 42.36 亿美元净现金流入。

**投资活动**

c. 总固定资产增加。家得宝公司本年度在固定资产上花费了 11.26 亿美元，从而导致了现金流出。

d. 其他资产增加。家得宝公司花费了 1.59 亿美元在其他资产上，从而导致了现金流出。

**投资活动产生的现金流量**　此行列出的投资之和为 12.85 亿美元。

**融资活动**

e. 短期应付票据增加，家得宝公司从银行借入 2 200 万美元，这是现金流入。

f. 长期债务减少。家得宝公司偿还了 700 万美元长期债务，这是现金流出。

g. 发行新普通股。家得宝公司发行 3.35 亿美元普通股。普通股包括其账面价值和资本公积，这是现金流入。

h. 回购普通股。家得宝公司回购了 26.08 亿美元普通股，这是现金流出。

i. 给股东支付股利。家得宝公司支付了 15.69 亿美元股利，这是现金流出。

**经营活动产生的现金流量**　五项融资活动加总为 −38.27 亿美元。

**总结**

j. 现金及现金等价物变化。经营活动、投资活动和融资活动的共同作用导致了 8.76 亿美元现金的净减少，主要是由于股票回购、股利支付和投资于固定资产。

k. 期初现金余额。家得宝公司期初现金为 14.21 亿美元。

l. 期末现金余额。家得宝公司在 2011 年年末是 5.45 亿美元，这是将初始现金余额 14.21 亿美元减去 2011 年 8.76 亿美元现金得出来的。

---

| 例题 3.3 | 衡量现金流量 |
|---|---|

根据下面给出的梅尼拉公司的信息，写出现金流量表。

| | | | |
|---|---|---|---|
| 应收账款增加 | 13 万美元 | 股利 | 5 万美元 |
| 存货增加 | 25 万美元 | 普通股变动 | 0 万美元 |
| 净利润 | 33 万美元 | 总固定资产增加 | 55 万美元 |
| 期初现金 | 15 万美元 | 折旧费用 | 7 万美元 |
| 应付账款增加 | 20 万美元 | | |
| 预提费用增加 | 5 万美元 | | |
| 长期应付票据增加 | 28 万美元 | | |

**步骤 1：制定策略**

现金流量表使用了来自公司资产负债表和利润表的信息来确定一定时期内现金的来源和使用。现金的来源和使用又可以划分为经营活动、投资活动和融资活动。

> 　　　　　经营活动现金流量
> 加/减：投资活动现金流量
> 加/减：融资活动现金流量
> 等于：现金变动
> 加：期初现金余额
> 等于：期末现金余额

**步骤 2：计算数值**

你的结果应该如下表所示：

（单位：万美元）

| | | |
|---|---|---|
| 净利润 | | 33 |
| 调整 | 7 | |
| 　折旧费用 | −13 | |
| 　减去应收账款增加 | −25 | |
| 　减去存货增加 | 20 | |
| 　加上应付账款增加 | 5 | |

| | | |
|---|---|---|
| 总调整额 | | —6 |
| 经营活动现金流量 | | 27 |
| 投资活动 | | |
| 　总固定资产增加 | | —55 |
| 融资活动 | | |
| 　长期应付票据增加 | 28 | |
| 　普通股变动 | 0 | |
| 　普通股股利 | —5 | |
| 　总融资活动 | | 23 |
| 现金变动 | | —5 |
| 期初现金余额 | | 15 |
| 期末现金余额 | | 10 |

**步骤 3：分析结果**

梅尼拉公司的现金从 15 万美元到 10 万美元减少了 5 万美元，这是由于：将 27 万美元经营活动现金流入减去 55 万美元投资活动中的现金流出，再加上融资活动带来的现金流入 23 万美元。现金流量表表明了公司投资于固定资产的现金大致是公司经营现金流量的两倍，这需要公司通过融资方式来填补差额。

◆◆◆◆◆◆◆◆◆◆◆◆◆◆◆◆◆◆◆◆◆◆◆◆◆◆◆◆◆◆◆◆◆◆◆◆◆◆◆◆◆◆◆◆◆◆◆◆◆◆◆◆◆◆◆◆◆◆◆◆

## 计算现金流量的结论性建议

在计算现金流量时，要记住一些小知识点，它们虽然小，但是如果理解不好可能就会出错误。这些小知识点是：

**1.** 不要把现金流量表看作一个整体。如果把现金流量表看作一个整体会显得很唬人。我们应该将现金流量表的三个部分分别独立地看，然后把它们放到一起得到整体的报表。这会使你专注于需要解决的问题，并且不会觉得承受不了。一段时间之后这个过程就会显得更加简单直观，特别是当它和你的收入挂钩的时候！

**2.** 折旧费用和净利润是你唯一需要从利润表中摘取的数据。

**3.** 你需要确定除了以下两点之外，你用到了公司资产负债表中所有的数据变化：

**a.** 忽略累计折旧和净固定资产的变化，因为它们包含了非现金流量的折旧项目。我们只需要使用总固定资产的变化就可以了。

**b.** 忽略留存收益的变化，因为它等于净利润减去股利支付的值，而这两项数据都已经在别处得到体现了。

## 关于家得宝公司财务状况的结论

为了得出关于家得宝公司财务状况的讨论结果，我们考虑一下之前了解的关于该公司的一些主要内容：

◆ 家得宝公司的存货构成了其流动性资产的 79%。家得宝公司的总资产包含约三分之一的流动性资产和约三分之二的固定资产。

◆ 平均每完成 1 美元的销售收入，家得宝公司的毛利润为 34 美分，营业利润为 9 美分，净利润为 5 美分。

◆ 公司的财务资金来源中债务资金略多于所有者权益资金。公司的债务比率为 52.9%。

◆ 公司业务产生的现金流量为 42.36 亿美元。

◆ 公司管理层决策投资 12.85 亿美元用于购买长期资产，向债权人和股东支付利息与股利共计 38.27 亿美元。

◆ 公司在 2010 年的主要投资是增加长期资产，尤其是固定资产投资额达到了 12.85 亿美元。此外，公司的存货价值增长了 4.37 亿美元。

◆ 公司通过发行新股向投资者募得资金 3.35 亿美元。

◆ 流向投资者的主要现金流为向股东发放的股利 15.69 亿美元和用于股票回购的 26.08 亿美元。然而，公司还为借款利息支付了 5.3 亿美元，这一点可以从利润表中看到。因为现金流量表是会计以净利润为基础制作的，因此在计算经营活动现金流量时利息费用已经被减去。但是从纯财务的角度来看，这是一项非常重要的财务活动，应该得到清楚的认识。

## 金融作业

### 家得宝公司的管理层应该说什么?

我们已经学习了家得宝公司的财务报表，并且可以根据家得宝公司的财务报表得出一些结论。现在让我们看一下公司的管理层会得出怎样的结论吧！下面是部分管理层对于公司年报的结论。

**关于利润?**

2010 年我们美国商店的利润率有所增长，这是由于在我们的投资组合方法和新研发的销售工具的杠杆作用下，产品品种得到了更好的管理。相比于 2010 年，我们产品清除库存的水平有所降低，这也导致了毛利润率的增加。另外，我们意识到毛利润率的增加也来源于非美国地区的业务，主要是加拿大地区售出产品结构的变化。

**公司的财务状况?**

在 2011 年 1 月 30 日，我们有 5.45 亿美元现金和现金等价物。我们相信我们现在的现金头寸。进入债务市场和经营活动产生的现金流量应该可以让我们在以后的财务年度完成资本支出、股利支付、股票回购和偿还其他长期债务。

**经营活动产生的现金流量?**

经营活动的现金流量给我们公司提供了重要的流动性。2010 年经营活动产生的净流量大约为 46 亿美元，2009 年大约为 51 亿美元。经营活动产生的净流量减少主要是由于存货水平和收益增长带来的其他净运营资本的抵消。*

**投资活动的现金流量?**

2010 年投资活动净现金流量是 10 亿美元，2009 年则为 7.55 亿美元。变化主要是由于资本支出的增加，以及销售财产和设备收益的降低。

**融资活动产生的现金流量?**

2010 年融资活动产生的现金流量为 45 亿美元，而 2009 年为 35 亿美元，这些增长主要是由于 2010 年比 2009 年多使用了 24 亿美元来回购普通股，同时部分被 2010 年长期借款带来的

9.98亿美元的收益和7.45亿美元的长期债务偿还抵消。

  * 为了学习简化的家得宝公司的财务报表，呈现在我们案例中的所有现金流活动（经营活动现金流、投资活动现金流和融资活动现金流）和实际家得宝10-K表的数值有所不同。

---

## 你可以做出来吗?

### 衡量现金流量

使用以下机电公司的相关信息，制作出现金流量表。

（单位：万美元）

| | | | |
|---|---|---|---|
| 应收账款增加 | 300 | 普通股股利 | 40 |
| 存货增加 | 80 | 普通股增加 | 10 |
| 长期债务增加 | 80 | 总固定资产增加 | 50 |
| 期初现金余额 | 1 785 | 折旧费用 | 1 500 |
| 应付账款增加 | 60 | 净利润 | 485 |
| 其他流动性资产增加 | 150 | | |

---

### 概念回顾

1. 为什么利润表不能衡量现金流量?
2. 现金流量表最重要的三个部分是什么?
3. 每一个部分分别告诉了我们公司的哪些信息?

---

## 你做出来了吗?

### 衡量现金流量

之前我们让你计算一家机电公司的现金流量，你的结果应该如下表所示:

（单位：万美元）

| | |
|---|---|
| 净利润 | 485 |
| 加折旧费用 | 1 500 |
| 减应收账款增加 | −300 |
| 减存货增加 | −80 |
| 减其他流动性资产增加 | −150 |
| 加应付账款增加 | 60 |
| 经营活动现金流量 | 1 515 |
| 投资活动 | |
| 总固定资产增加 | −50 |
| 融资活动 | |
| 长期债务增加 | 80 |
| 普通股增加 | 10 |
| 普通股股利 | −40 |
| 总融资活动 | 50 |
| 现金变动 | 1 515 |
| 期初现金余额 | 1 785 |
| 期末现金余额 | 3 300 |

# 一般公认会计原则和国际财务报告准则

美国遵循的是**一般公认会计原则**（Generally Accepted Accounting Principles，GAAP）。一般公认会计原则，指的是由财务会计标准委员会（FASB）制定的一系列基于规则的会计标准。它设立了一些标准、惯例做法和规定，会计师在制作被审计的财务报表时必须遵守这些规定。一般公认会计原则比较复杂，它关于不同交易类型的公告超过了150条。

除美国之外，绝大多数其他国家遵循的是**国际财务报告准则**（International Financial Reporting Standards，IFRS）。国际财务报告准则是一系列以原则为基础的会计准则，由国际会计标准委员会（IASB）所制定。国际财务报告准则为会计师提供了制作财务报表时广泛通用的准则。相较于一般公认会计原则，国际财务报告准则保留了更多的自由裁量权，只要经理人能够遵循相关准则，他们可以根据自己的判断决定如何呈现相关财务报表。因此，国际财务报告准则在提供了便利的同时，相较于一般公认会计原则，也为会计核算中的不法行为留有了更多的余地。

2008年，即使承受了很大的争议，美国证券交易委员会还是宣布了其将美国公司的财务会计标准由一般公认会计原则转换为国际财务报告准则的相关计划，最早将于2014年完成。这意味着美国的会计标准将会经历巨大的变化。

---

**概念回顾**

1. 一般公认会计原则和国际财务报告准则之间有什么区别？

---

# 所得税和进项资金

所得税是公司承受的最大开支项目之一，因此在做出投资和财务决策时必须对其慎重考虑。但是，对所得税的了解本身就是一类专业，税收会计师终其一生以保持对最新税收法律的了解。因此，我们对公司所得税计算的讨论将会局限在非常基础的层面，剩下的工作就让税收会计师们来完成吧！

我们的目标很简单，就是需要知道一个公司的**应纳税所得额**（taxable income）包括两大基本部分：营业利润和资本利得。营业利润，就像我们之前定义过的那样，本质上是指毛利润减去所有的运营成本，如市场销售费用、行政管理费用等等。我们还应该记住，利息支出应该从应纳税所得额中抵减，而分发给股东的股本红利则不应该抵减。

**资本利得**（capital gains）指的是公司在其日常经营业务之外销售固定资产所获得的收益。比如说，当公司销售某设备或者土地时，所产生的任何收益或者损失（销售价格低于资产的成本）都被认为是资本利得或者资本损失。

## 应纳税所得额的计算

为了说明如何计算公司的应纳税所得额，在这里以简尚公司——一家家居用品生产商为例。这家由凯利·斯蒂特斯创建的公司，年销售收入达到了5 000万美元，制造这些家居用品的总成本是2 300万美元，运营成本为1 000万美元。公司有着1 250万美元的对外债务，利率为 8％，这意味着公司每年的利息费用为 100 万美元（＝1 250 万美元×0.08）。管理层决定为公司的普通股股东发放 100 万美元的股利。除此之外，公司未收到如利息或者分红等其他收入。简尚公司的应纳税所得额为 1 600 万美元，如表 3 - 5 所示。

| 表 3 - 5 | 简尚公司应纳税所得额 | | （单位：美元） |
|---|---|---|---|
| 销售收入 | | | 50 000 000 |
| 销售成本 | | | 23 000 000 |
| 毛利润 | | | 27 000 000 |
| 运营成本 | | | |
| 　管理费用 | 4 000 000 | | |
| 　折旧费用 | 1 500 000 | | |
| 　营销成本 | 4 500 000 | | |
| 总运营成本 | | | 10 000 000 |
| 营业利润（息税前利润） | | | 17 000 000 |
| 其他收入 | | | 0 |
| 利息费用 | | | 1 000 000 |
| 应纳税所得额 | | | 16 000 000 |

在确定了简尚公司的应纳税所得额之后，我们可以确定公司的应交所得税。

## 应交所得税的计算

公司为其收入应纳的税额是基于其相应的税率结构。在 2012 年公司对应的特定税率如表 3 - 6 所示：

| 表 3 - 6 | 公司税率 |
|---|---|
| 15％ | 0～50 000 美元 |
| 25％ | 50 001～75 000 美元 |
| 34％ | 75 001～10 000 000 美元 |
| 35％ | 超过 10 000 000 美元 |
| 额外附加税 | |
| • 100 000～335 000 美元征收 5％ | |
| • 15 000 000～18 333 333 美元征收 3％ | |

表 3 - 6 中展示的税率为**边际税率**（marginal tax rate），即对新增利润适用的税率。比如说，如果利润为 60 000 美元，并且在仔细考虑一项可以创造 10 000 美元额外利润的投资，那么此时所产生额外利润的适用税率是 25％，也就是说，边际税率为 25％。

表 3 - 6 中展示的最高边际税率为向公司利润超过 10 000 000 美元的部分征收 35％的所得税，并对利润中 15 000 000 美元到 18 333 333 美元的部分征收 3％的附加税。这意味着公司利

润在15 000 000 美元到 18 333 333 美元间的边际所得税为 38％（＝35％＋附加税 3％）。此外，在利润 100 000 美元到 335 000 美元之间同样有着 5％的附加税，这意味着公司利润在 100 000 美元到 335 000 美元之间的边际所得税为 39％（＝34％＋附加税 5％）。比如，简尚公司的 16 000 000 美元应纳税所得额应缴纳税款 5 530 000 美元，计算过程如下：

| 收益（美元） | × | 边际税率 | = | 税费（美元） |
|---|---|---|---|---|
| 50 000 | × | 15％ | = | 7 500 |
| 25 000 | × | 25％ | = | 6 250 |
| 9 925 000 | × | 34％ | = | 3 374 500 |
| 6 000 000 | × | 35％ | = | 2 100 000 |
| 总收入 16 000 000 美元 | | | | 5 448 250 |

额外附加税

- 对于 100 000～335 000 美元之间的收入征收 5％的额外附加税 [5％×（335 000 美元－100 000 美元）]　　　11 750

- 对于 15 000 000～18 333 333 美元之间的收入征收 3％的额外附加税 [3％×（16 000 000 美元－15 000 000 美元）]　　　30 000

总应交所得税　　　5 530 000

在已知简尚公司应纳税所得额 1 600 万美元和应交所得税 553 万美元的前提下，可以用应交所得税除以应纳税所得额得到公司的**平均税率**（average tax rate）为 34.56％（＝5 530 000 美元÷16 000 000 美元）。然而，简尚公司的边际税率却是 38％（这是因为 1 600 万美元落在需缴纳 35％税率和 3％附加税的范围内），也就是说，边际新增收入应纳税税率为 38％。但是在应纳税所得额超过 18 333 333 美元之后，边际税率又会降至 35％，因为此时 3％的附加税已经不再适用。

在财务决策中，我们更关注边际税率而不是平均税率。为什么？因为总的来说，边际税率是公司需为其边际利润缴纳的所得税率，我们总会考虑任何财务决策所带来的税收影响。边际税率能够适用于财务决策做出之后的任何利润变化，因此在考虑税收的情况下，在做出财务决策时总是用边际税率进行相关计算。[①]

例题 3.4　　　　　　　　　　　计算一个公司的应交所得税

假设格瑞（Griggs）公司在过去一年的销售收入为 500 万美元，它的销售成本是 300 万美元，并且它的运营成本为 95 万美元。另外，它收到了 18.5 万美元的利息收入，它也支付了 4 万美元的利息费用和 7.5 万美元的普通股股利。计算格瑞（Griggs）公司的应交所得税。

**步骤 1：制定策略**

下面的模板为计算应纳税所得额提供了有用的指导。

---

① 当应纳税所得额在 33.5 万美元到 1 000 万美元之间时，由于征收的 5％附加税适用于 10 万美元至 33.5 万美元之间的应纳税所得额，边际税率和平均税率均为 34％。这项附加税消除了以低于 34％的税率纳税的第一个 7.5 万美元应纳税所得额的优惠。公司的应纳税所得额超过 1 833.333 3 万美元后，平均税率和边际税率均为 35％。因为当收入在 1 500 万美元到 1 833.333 3 万美元之间时，3％的附加税以 34％而不是 35％税率纳税的收益抵消了第一个 1 000 万美元的收入。

销售收入

减： 销售成本

等于： 毛利润

减： 运营成本

等于： 营业利润

减： 利息费用

加： 利息收入

等于： 应纳税所得额

使用表 3-6 来寻找最合适的税率。不要忘记额外附加税。

**步骤 2：计算数值**

| | |
|---|---:|
| 销售收入 | 5 000 000 美元 |
| 销售成本 | −3 000 000 美元 |
| 毛利润 | 2 000 000 美元 |
| 运营成本 | −950 000 美元 |
| 营业利润 | 1 050 000 美元 |
| 其他应纳税收入和费用 | |
| 利息收入 | 185 000 美元 |
| 利息费用 | −40 000 美元      145 000 美元 |
| 应纳税所得额 | 1 195 000 美元 |

税费计算

| | | | |
|---|---|---:|---:|
| 15%× | 50 000 美元= | 7 500 美元 | |
| 25%× | 25 000 美元= | 6 250 美元 | |
| 34%× | 1 120 000 美元= | 380 800 美元 | |
| | 1 195 000 美元 | 394 550 美元 | |
| 对于 100 000~335 000 美元之间的收入征收 5% 额外附加税 | | 11 750 美元 | |
| 应交所得税 | | 406 300 美元 | |

**步骤 3：分析结果**

注意，格瑞（Griggs）公司使用了 75 000 美元支付普通股股利是没有税收抵减的，边际税率和平均税率均为 34%，所以我们得出格瑞公司的应交所得税为 406 300 美元，即 1 195 000 美元的 34%。

◆◆◆◆◆◆◆◆◆◆◆◆◆◆◆◆◆◆◆◆◆◆◆◆◆◆◆◆◆◆◆◆◆◆◆◆◆◆◆◆◆◆◆◆◆◆◆◆◆

> **概念回顾**
>
> 1. 应纳税所得额如何计算？
>
> 2. 如何计算应交所得税？
>
> 3. 为什么我们需要更加关注边际税率而非平均税率？

**你做出来了吗?**

**计算一个公司的应交所得税**

| | | | |
|---|---|---|---|
| 销售收入 | | | 32 000 000 美元 |
| 销售成本 | | | −17 000 000 美元 |
| 毛利润 | | | 15 000 000 美元 |
| 运营成本 | | | −12 000 000 美元 |
| 营业利润 | | | 3 000 000 美元 |
| 其他应纳税收入和费用 | | | |
| 　利息收入 | | 800 000 美元 | |
| 　利息费用 | | −1 000 000 美元 | −200 000 美元 |
| 应纳税所得额 | | | 2 800 000 美元 |
| 税费计算 | | | |
| | 15%× | 50 000 美元= | 7 500 美元 |
| | 25%× | 25 000 美元= | 6 250 美元 |
| | 34%× | 2 725 000 美元= | 926 500 美元 |
| | | 2 800 000 美元 | 940 250 美元 |
| 对于 100 000～335 000 美元之间的收入征收 5% 的额外附加税 | | | 11 750 美元 |
| 应交所得税 | | | 952 000 美元 |

## 会计造假和财务报表的局限性

　　财务报表是按照财务会计标准委员会制定的一般公认会计原则制作的。在阅读会计报表时,要记住会计原则中授予经理人部分自主裁量权。因此,他们可能会利用这个权力,在不违背一般公认会计原则的基础上呈现出尽可能高或者稳定的利润额,这也是投资者所寻求的。也就是说,即使两家公司的财务状况完全相同,它们的财务报表也可能是不同的,这取决于经理人选择在何时以何种方式记录特定的交易。

　　有时候,经理人甚至会违背规则进行会计造假、会计诈骗。目前已经有许多起会计诈骗的案子发生,相关经理人都因他们的不法行为而遭受刑事控诉。破产法庭调查员的相关报告显示,雷曼兄弟公司在 2010 年间曾经三次使用"回购 105"却没有向其投资者进行披露。"回购

105"操作又被称为"会计花招"，它是一份可以将短期借款确认为销售收入的回购协议。通过该"销售"获取的现金随即被用来偿还债务，使得公司看起来正在用现金还债，然而这需要很长的时间才能反映到公司的资产负债表中去。当公司的财务报表公布之后，公司借入现金并回购其初始资产。

**概念回顾**

1. 什么是财务报表的局限性？

这一章节讲述了对财务报表的基本理解，并用家得宝的财务数据作为示例。在下一章节我们将更深入地挖掘什么是财务分析，我们将继续用家得宝作为示例。

## 本章小结

### 1. 按照公司利润表中所反映的数据计算公司的利润

**小结：**

(1) 公司的利润如下所示：

毛利润＝销售收入－销售成本

营业利润（息税前利润）＝毛利润－运营成本

净利润＝营业利润（息税前利润）－利息费用－应交税费

(2) 以下五项活动决定了一家公司的净利润：

a. 公司在销售产品和服务中所得到的收益。

b. 生产或者获取用来销售的产品和服务的成本。

c. 与市场营销、将产品和服务分配给消费者，以及和公司行政相关的运营成本。

d. 公司的财务费用——顾名思义，这里指的是公司向其债权人支付的利息。

e. 税收费用的支付。

**关键术语**

利润表（损益表）：用来衡量公司在特定时间内的运营成果的一种基础会计报表，往往以1年为时间区间。利润表中的末行数字——净利润（净收入），展示了公司所有者（股东）可以进行分配的该段时间内的公司损益。

销售成本：在企业的日常经营中，生产或者获得商品或者服务的成本。

毛利润：销售收入（销售额）减去销售成本。

运营成本：营销成本、管理费用和折旧费用。

营业利润（息税前利润）：销售收入减去销售成本再减去运营成本。

税前利润（应纳税所得额）：营业利润减去利息费用。

净利润（净收入，或普通股股东收益）：公司的普通股股东和优先股股东能够获得的利润。

每股收益：按照股份划分的每股净利润。

每股股利：公司为每只流通股所分发的股利。

一般形式利润表：在该种利润表中，公司的费用支出和利润都以占销售收入百分比的形式来表示。

利润率：反映公司利润相对于其销售收入水平的财务比率。利润率又包括毛利润率（毛利润比销售收入）、营业利润率（营业利润比销售收入）和净利润率（净利润比销售收入）。

毛利润率：毛利润除以销售收入得到的比率，该比率将公司赚取的毛利润以占销售收入百分比的形式来表示。

营业利润率：营业利润除以销售收入，该比率是公司营业效率总的衡量指标。

净利润率：净利润除以销售收入，该比率衡量公司净利润占销售收入的百分比。

固定成本：不因为公司的行为改变而发生改变的成本。

可变成本：随着公司行为的改变而发生变化的成本。

半可变成本：由可变成本和固定成本混合组成的成本。

股利支付率：股利占留存收益的部分。

### 2. 根据资产负债表判断公司在某时间点的财务状况

**小结：** 资产负债表展示了公司在特定时间点的资产、负债和所有者权益。公司的总资产代表公司收到的全部投资，总资产必须等于公司的总负债加所有者权益，因为每单位美元的资产都是由公司的债权人或者股东筹资的。公司的资产包括流动性资产、固定资产和其他资产，公司的负债则包括短期债务和长期债务。公司的所有者权益包括：（1）普通股，可能会以面值加实收资本的形式进行表示；（2）留存收益。资产负债表中所有的数值都是基于历史成本而不是现在的市场价值。

### 关键术语

资产负债表：展示公司在特定时间点的资产、负债和所有者权益的财务报表。该报表是对特定时点公司财务状况的快照。

会计账面价值：资产在公司资产负债表中体现出来的价值。该价值只代表了资产历史折旧成本，而不是现在的市场价值或者资产重置成本。

流动性：资产快速以合理价格进行变现的能力。

流动性资产（总运营资本）：流动性资产主要包括现金、有价证券、应收账款、存货和预付费用。

库存现金（现金）：持有的现金、活期存款和能够快速变现的短期有价证券。

应收账款：用公司信用购买产品或服务的顾客所欠的款项。

存货：原材料、半成品和公司用来进行最终销售的成品。

其他流动性资产：会在未来获得收益的其他短期资产，如预付费用。

固定资产：设备、厂房和土地等资产。

折旧费用：在资产使用期内，用来分配资产折旧费用的非现金性支出，比如厂房和设备。

累计折旧：在资产累计使用期内所有折旧的累加值。

总固定资产：公司固定资产的初始成本。

净固定资产：总固定资产减去累计折旧。

债务：由供货商信用供货或者银行借款等渠道所形成的公司欠债。

所有者权益：股东对公司进行的投资和截至资产负债表的编制日期时公司的留存收益。

流动性负债（短期债务）：在 12 个月内需要进行偿付的债务。

应付账款：公司用信用购买商品时对供货商的欠款。

应计费用：已经发生了但尚未进行现金支付的费用。

短期票据（短期债务）：向以银行为主的金融机构所借的必须在 12 个月之内还清的款项。

长期债务：向银行等金融机构借用的偿还期多于 12 个月的债务。

抵押贷款：在购买不动产时进行的贷款，若债务人无法按时归还贷款，债权人拥有财产的优先处置权。

优先股股东：在公司的收入和资产清算顺序中，优先股股东优于普通股股东，但是在债权人之后。

普通股股东：拥有公司普通股的投资者，普通股股东是公司清算剩余价值的所有者。

普通股：代表了公司所有权的股份。

面值：在股票上市交易之前，公司为每股股票所赋予的任意价值。

实收资本：公司在将股票销售给投资者的过程中收到的超过股票面值的部分。

库存股票：公司发行后又回购至公司的股份。

留存收益：截至资产负债表制表日公司留存在公司内部的利润额。

一般形式资产负债表：公司的资产和债务、所有者权益均以占总资产比例形式所表示的资产负债表。

债务比率：公司的总负债除以总资产。该比率衡量了公司对债务融资的依赖程度。

净运营资本：公司的流动性资产与流动性负债的差额。当运营资本的概念出现的时候，常常指的是净运营资本。

### 关键公式

总资产＝总负债＋所有者权益

期初留存收益＋当年净利润－当年股利＝期末留存收益

普通股权益＝普通股所有者投资＋累计盈利－累计股利

净运营资本＝流动性资产－流动性负债

## 3. 衡量公司的现金流

**小结：** 公司的利润额并不足以帮助我们衡量公司的现金流。为了测算公司的现金流水平，我们既需要观察公司的利润表，又需要关注资产负债表中发生的变化。现金流量表有三大主要组成部分：经营活动现金流、投资活动现金流和融资活动现金流。对这三大现金流量表部分的检查有助于我们理解现金的来源和使用。

### 关键术语

权责发生制：一种会计核算准则，在该准则下，不管是否进行了现金收付，当利润发生时就进行会计记录。同样，即便现金还没有实际支付，在相关成本发生时也要将其费用入账。

收付实现制：一种会计核算准则，在该准则下，只有当现金收付发生时才对相关收入进行会计记录。同样，费用的记录也只在现金支出后发生。

现金流量表：展示资产负债表和利润表的变化是如何影响现金和现金等价物的财务报表，该报表将分析细化到经营、投资和融资活动中。

自由现金流：公司为其运营资本和固定资产分配投资后的可用运营资金。这笔资金可以在公司的债权人和所有人之间进行分配。

融资现金流：从公司投资人手中得到或者分发给公司投资人的现金数额，常常以利息、股利、债务发行、股票发行和回购的形式出现。

销售收到的现金流＝销售收入－应收账款的变化

**4. 解释一般公认会计原则和国际财务报告准则的区别**

📖 **小结：**一般公认会计原则是基于规则制定的，会计师在制作财务报表时必须遵守。国际财务报告准则是基于原则的，且其制定了几条大的准则。相较于一般公认会计原则，国际财务报告准则留有更多的自由裁量权，这使得财务经理能够在制作财务报表时决定如何运用自己的判断，只要他们遵循相关准则即可。

🖋 **关键术语**

一般公认会计原则：基于规则的会计原则、标准和程序。公司按照该原则的要求制作财务报表。这些原则由财务会计标准委员会所设立。

国际财务报告准则：基于原则的一系列国际会计报告标准，这些标准陈述了特定类型的交易和其他项目应该如何在财务报表中进行报告。国际财务报告准则是由国际会计标准委员会所编制的。

**5. 计算应纳税所得额和应交所得税**

📖 **小结：**在绝大多数情况下，公司的应纳税所得额等于公司的营业利润和资本利得之和再减去利息费用。因此，税收特别是边际税率，对于财务经理的决策有着直接的影响。

🖋 **关键术语**

应纳税所得额：在减去可免税的费用之后的公司所有利润额。
资本利得：通过销售非日常运营中的资产而获取的利润。
边际税率：如果再发生1美元利润，该利润所适用的税率。
平均税率：公司为其总的应纳税所得额支付的平均水平上的税率。

**6. 描述财务报表的局限性**

📖 **小结：**会计准则使得财务经理有了自主裁量权。因此，我们在财务报表中所看到的信息并不一定准确反映了公司的财务状况。有些时候，财务经理甚至会违背会计准则，这会导致会计欺诈的发生。

----

## 复习题

3-1　公司的财务报表包括资产负债表、利润表和现金流量表。描述一下每种报表都为我们提供了什么信息。

3-2　毛利润、营业利润和净利润的区别是什么？

3-3　股利和利息费用的区别是什么？

3-4　为什么资产负债表中的优先股股东权益部分只有到新股发行或回购发生时才会发生变化，而普通股股东权益部分不管是否有股票发行或回购每年都会发生改变？

3-5　什么是净运营资本？

3-6　为什么有的公司现金流为正依然会陷入财务危机，而有的公司现金流为负却依然维持着较好的财务状况？

**3-7** 为什么仅仅依靠资产负债表和利润表是不足以对一家公司进行评估的？

**3-8** 一般公认会计原则和国际财务报告准则之间的区别是什么？

**3-9** 为什么公司向其所有人支付的股本红利不能算作免税支出？

**3-10** 财务报表的局限性都有哪些？

**3-11** 通过访问网站 www. dell. com 来获取戴尔公司的年度财务报告。用鼠标滑动到页面的最后，依次点击"关于戴尔""投资者""财务报告""年度报告"。浏览所得到的清单并决定你想看哪一年的财务报告。或者，你也可以选择其他链接（如"财务历史"）来了解戴尔公司的其他财务信息。

**3-12** 访问家得宝公司的主页 www. homedepot. com。滑动到页面的底端，依次点开"投资者关系""财务报告"。在其利润表中搜索本章出现的关键词，如销售收入、毛利润、净利润等。从你感兴趣的财务报告中你都了解到了关于该公司的哪些内容呢？

**3-13** 访问《华尔街日报》的主页 www. wsj. com。搜索"Barnes&Noble"，找到公司的利润公告。从公告中你都了解到了关于公司的哪些内容呢？同样，你还可以通过访问 www. barnesandnoble 来获取这些信息。

---

## 课后问题

**3-1** （计算每股收益）如果 ABC 公司净利润为 280 000 美元，并且支付现金股利为 40 000 美元，发行在外的流通股股数为 80 000 股，则 ABC 公司的每股收益是多少？

**3-2** （编制利润表）根据如下信息编制利润表和一般形式利润表。

（单位：美元）

| | |
|---|---|
| 销售收入 | 525 000 |
| 销售成本 | 200 000 |
| 管理费用 | 62 000 |
| 折旧费用 | 8 000 |
| 利息费用 | 12 000 |
| 所得税 | 97 200 |

**3-3** （编制资产负债表）根据下列信息编制资产负债表，并计算出净运营资本和债务比率。

（单位：美元）

| | |
|---|---|
| 现金 | 50 000 |
| 应收账款 | 42 700 |
| 应付账款 | 23 000 |
| 短期应付票据 | 10 500 |
| 存货 | 40 000 |
| 总固定资产 | 1 280 000 |

| | |
|---|---|
| 其他流动性资产 | 5 000 |
| 长期债务 | 200 000 |
| 普通股 | 490 000 |
| 其他资产 | 15 000 |
| 累计折旧 | 312 000 |
| 留存收益 | ? |

**3-4** （编制资产负债表）根据下列信息编制资产负债表和一般形式资产负债表。

（单位：美元）

| | |
|---|---|
| 现金 | 30 000 |
| 应收账款 | 63 800 |
| 应付账款 | 52 500 |
| 短期应付票据 | 11 000 |
| 存货 | 66 000 |
| 总固定资产 | 1 061 000 |
| 累计折旧 | 86 000 |
| 长期债务 | 210 000 |
| 普通股 | 480 000 |
| 其他资产 | 25 000 |
| 留存收益 | ? |

**3-5** （编制利润表和资产负债表）根据下列信息编制贝尔蒙德（Belmond）公司的资产负债表和利润表。

（单位：美元）

| | |
|---|---|
| 存货 | 6 500 |
| 普通股 | 45 000 |
| 现金 | 16 550 |
| 运营成本 | 1 350 |
| 短期应付票据 | 600 |
| 利息费用 | 900 |
| 折旧费用 | 500 |
| 销售收入 | 12 800 |
| 应收账款 | 9 600 |
| 应付账款 | 4 800 |
| 长期债务 | 55 000 |
| 销售成本 | 5 750 |
| 厂房和设备 | 122 000 |

| | |
|---|---:|
| 累计折旧 | 34 000 |
| 税费 | 1 440 |
| 管理费用 | 850 |
| 留存收益 | ? |

**3-6** （编制利润表和资产负债表）根据下面给出的华纳（Warner）公司的部分项目编制资产负债表和利润表。

a. 什么是公司的净运营资本和债务比率？

b. 完成一般形式利润表和一般形式资产负债表。

c. 解释你的结果。

（单位：美元）

| | |
|---|---:|
| 折旧费用 | 66 000 |
| 现金 | 225 000 |
| 长期债务 | 334 000 |
| 销售收入 | 573 000 |
| 应付账款 | 102 000 |
| 管理费用 | 79 000 |
| 厂房和设备 | 895 000 |
| 应付票据 | 75 000 |
| 应收账款 | 153 000 |
| 利息费用 | 4 750 |
| 运营成本 | 7 900 |
| 普通股 | 289 000 |
| 销售成本 | 297 000 |
| 存货 | 99 300 |
| 所得税 | 50 500 |
| 累计折旧 | 263 000 |
| 预付费用 | 14 500 |
| 应交税费 | 53 000 |
| 留存收益 | 262 900 |

**3-7** （编制利润表和资产负债表）根据下列信息写出公司的利润表和资产负债表，并计算公司的净运营资本和债务比率。

（单位：美元）

| | |
|---|---:|
| 销售收入 | 550 000 |
| 累计折旧 | 190 000 |
| 现金 | ? |
| 销售成本 | 320 000 |

| | |
|---|---|
| 应收账款 | 73 000 |
| 折旧费用 | 38 000 |
| 应付账款 | 65 000 |
| 利息费用 | 26 000 |
| 短期应付票据 | 29 000 |
| 所得税 | 59 850 |
| 存货 | 47 000 |
| 营销成本和管理费用 | 45 000 |
| 总固定资产 | 648 000 |
| 长期债务 | 360 000 |
| 其他资产 | 120 000 |
| 普通股 | 15 000 |
| 留存收益 | 138 500 |

说明：公司有发行在外股份 10 000 股，本年度支付普通股股利 15 000 美元。

**3-8** （编制现金流量表）根据下列信息，编制现金流量表。

（单位：美元）

| | |
|---|---|
| 应收账款增加 | 25 |
| 存货增加 | 30 |
| 营业利润 | 75 |
| 利息费用 | 25 |
| 应付账款增加 | 25 |
| 股利 | 15 |
| 普通股增加 | 20 |
| 净固定资产增加 | 23 |
| 折旧费用 | 12 |
| 所得税 | 17 |
| 期初现金余额 | 20 |

**3-9** （分析现金流量表）根据韦斯特莱克（westlake）公司的现金流量解释下列信息。

（单位：美元）

| | |
|---|---|
| 净利润 | 680 |
| 折旧费用 | 125 |
| 折旧前利润 | 805 |
| 应收账款增加 | −200 |
| 存货增加 | −240 |
| 应付账款增加 | 120 |
| 预提费用增加 | 81 |
| 经营活动现金流量 | 566 |
| 投资活动 | |

| | |
|---|---|
| 固定资产变动 | −1 064 |
| 融资活动 | |
| 长期债务增加 | 640 |
| 普通股股利 | −120 |
| 总融资活动 | 520 |
| 现金变动 | 22 |
| 期初现金余额 | 500 |
| 期末现金余额 | 522 |

**3-10** （编制现金流量表）根据下面给出的信息编制现金流量表。

（单位：美元）

| | |
|---|---|
| 期初现金余额 | 20 |
| 股利 | 25 |
| 普通股增加 | 27 |
| 应收账款增加 | 65 |
| 存货增加 | 5 |
| 营业利润 | 215 |
| 应付账款增加 | 40 |
| 利息费用 | 50 |
| 折旧费用 | 20 |
| 银行债务增加 | 48 |
| 预提费用增加 | 15 |
| 总固定资产增加 | 55 |
| 所得税 | 45 |

**3-11** （分析现金流量表）根据马内斯（Maness）公司的现金流量表解释下列信息。

（单位：美元）

| | |
|---|---|
| 净利润 | 370 |
| 折旧费用 | 60 |
| 折旧前利润 | 430 |
| 应收账款增加 | −300 |
| 存货增加 | −400 |
| 应付账款增加 | 200 |
| 预提费用增加 | 40 |
| 经营活动现金流量 | −30 |
| 投资活动 | |
| 固定资产变动 | −1 500 |
| 融资活动 | |

| | | |
|---|---|---|
| 短期票据增加 | | 100 |
| 回购长期债务 | | −250 |
| 回购普通股 | | −125 |
| 普通股股利 | | −75 |
| 总融资活动 | | −350 |
| 现金变动 | | −1 880 |
| 期初现金余额 | | 3 750 |
| 期末现金余额 | | 1 870 |

**3−12** （编制现金流量表）编制 2012 年 12 月 31 日亚伯拉罕（Abrahams）制造公司的现金流量表。

### 亚伯拉罕制造公司 2011 年 12 月 31 日和 2012 年 12 月 31 日资产负债表　（单位：美元）

| | 2011 | 2012 |
|---|---|---|
| 现金 | 89 000 | 100 000 |
| 应收账款 | 64 000 | 70 000 |
| 存货 | 112 000 | 100 000 |
| 预付费用 | 10 000 | 10 000 |
| 总流动性资产 | 275 000 | 280 000 |
| 厂房和设备总值 | 238 000 | 311 000 |
| 累计折旧 | −40 000 | −66 000 |
| 总资产 | 473 000 | 525 000 |
| 应付账款 | 85 000 | 90 000 |
| 预提负债 | 68 000 | 63 000 |
| 总流动性负债 | 153 000 | 153 000 |
| 抵押贷款 | 70 000 | 0 |
| 优先股 | 0 | 120 000 |
| 普通股 | 205 000 | 205 000 |
| 留存收益 | 45 000 | 47 000 |
| 总负债和所有者权益 | 473 000 | 525 000 |

### 亚伯拉罕制造公司 2012 年 12 月 31 日利润表　（单位：美元）

| | 2012 |
|---|---|
| 销售收入 | 184 000 |
| 销售成本 | 60 000 |
| 毛利润 | 124 000 |
| 营销成本和管理费用 | 44 000 |

| | |
|---|---|
| 折旧费用 | <u>26 000</u> |
| 营业利润 | 54 000 |
| 利息费用 | <u>4 000</u> |
| 税前利润 | 50 000 |
| 税费 | 16 000 |
| 优先股股利 | <u>10 000</u> |
| 可提供给普通股股东的收益 | <u>24 000</u> |

附加信息：

1. 累计折旧是 2012 年的折旧情况。

2. 公司在 2012 年支付了 22 000 美元普通股股利。

**3-13**  （编制现金流量表）根据下列信息编制现金流量表。

（单位：美元）

| | |
|---|---|
| 存货增加 | 7 000 |
| 营业利润 | 219 000 |
| 股利 | 29 000 |
| 应收账款增加 | 43 000 |
| 利息费用 | 45 000 |
| 普通股增加（账面） | 5 000 |
| 折旧费用 | 17 000 |
| 应收账款增加 | 69 000 |
| 长期债务增加 | 53 000 |
| 短期应付票据增加 | 15 000 |
| 总固定资产增加 | 54 000 |
| 实收资本增加 | 20 000 |
| 所得税 | 45 000 |
| 期初现金余额 | 250 000 |

**3-14**  （使用财务报表）使用潘普林（Pamplin）公司的财务报表：

a. 计算公司的净运营资本和债务比率。

b. 完成 2012 年一般形式利润表和资产负债表，并解释你的结果。

**潘普林公司 2011 年 12 月 31 日和 2012 年 12 月 31 日资产负债表**  （单位：美元）

| | 资产 | |
|---|---|---|
| | 2011 | 2012 |
| 现金 | 200 | 150 |
| 应收账款 | 450 | 425 |

续前表

| 资产 | | |
|---|---|---|
| | 2011 | 2012 |
| 存货 | 550 | 625 |
| 流动性资产 | 1 200 | 1 200 |
| 厂房和设备 | 2 200 | 2 600 |
| 减累计折旧 | −1 000 | −1 200 |
| 厂房和设备净值 | 1 200 | 1 400 |
| 总资产 | 2 400 | 2 600 |

| 负债和所有者权益 | | |
|---|---|---|
| | 2011 | 2012 |
| 应收账款 | 200 | 150 |
| 应付票据—流动（9%） | 0 | 150 |
| 流动性负债 | 200 | 300 |
| 债券 | 600 | 600 |
| 所有者权益 | | |
| 普通股 | 900 | 900 |
| 留存收益 | 700 | 800 |
| 总所有者权益 | 1 600 | 1 700 |
| 总负债和所有者权益 | 2 400 | 2 600 |

**潘普林公司 2011 年 12 月 31 日和 2012 年 12 月 31 日利润表**  （单位：美元）

| | 2011 | | 2012 | |
|---|---|---|---|---|
| 销售收入 | | 1 200 | | 1 450 |
| 销售成本 | | 700 | | 850 |
| 毛利润 | | 500 | | 600 |
| 营销成本和管理费用 | 30 | | 40 | |
| 折旧 | 220 | 250 | 200 | 240 |
| 营业利润 | | 250 | | 360 |
| 利息费用 | | 50 | | 64 |
| 税前净利润 | | 200 | | 296 |
| 税（40%） | | 80 | | 118 |
| 净利润 | | 120 | | 178 |

**3-15**　（分析财务报表）基于 2012 年 12 月 31 日 T. P. 贾蒙（T. P. Jarmon）公司的信息，

a. 计算出公司的净运营资本和债务比率是多少。

b. 完成这一时期的现金流量表，解释你的结果。

c. 计算从 2011 年到 2012 年财务报表的变化，你可以从 T. P. 贾蒙公司学到什么？这些数字是如何和现金流量联系起来的？

**T. P. 贾蒙公司在 2011 年 12 月 31 日和 2012 年 12 月 31 日资产负债表** （单位：美元）

| 资产 | | |
|---|---|---|
| | 2011 | 2012 |
| 现金 | 15 000 | 14 000 |
| 有价证券 | 6 000 | 6 200 |
| 应收账款 | 42 000 | 33 000 |
| 存货 | 51 000 | 84 000 |
| 预付租金 | 1 200 | 1 100 |
| 总流动性资产 | 115 200 | 138 300 |
| 厂房和设备净值 | 286 000 | 270 000 |
| 总资产 | 401 200 | 408 300 |

| 负债和所有者权益 | | |
|---|---|---|
| | 2011 | 2012 |
| 应收账款 | 48 000 | 57 000 |
| 预提费用 | 6 000 | 5 000 |
| 应付票据 | 15 000 | 13 000 |
| 总流动性负债 | 69 000 | 75 000 |
| 长期债务 | 160 000 | 150 000 |
| 普通股股东权益 | 172 200 | 183 300 |
| 总负债和所有者权益 | 401 200 | 408 300 |

**T. P. 贾蒙公司 2012 年 12 月 31 日利润表** （单位：美元）

| | | |
|---|---|---|
| 销售收入 | | 600 000 |
| 减销售成本 | | 460 000 |
| 毛利润 | | 140 000 |
| 运营成本和利息费用 | | |
| 管理费用 | 30 000 | |
| 利息 | 10 000 | |
| 折旧 | 30 000 | |
| 总运营成本和利息费用 | | 70 000 |
| 税前利润 | | 70 000 |
| 税费 | | 27 100 |
| 普通股股东可获得净利润 | | 42 900 |
| 现金股利 | | 31 800 |
| 留存收益变化 | | 11 100 |

**3-16** （计算所得税）威廉·B.沃（William B. Waugh）公司是丰田汽车的一家地区经销商，这个公司出售新的和使用过的卡车。在最近几年，公司的销售收入为300万美元。销售成本和运营成本总和是210万美元。本年度的利息费用是40万美元，计算公司的应交所得税。

**3-17** （计算所得税）过去一年L. B. 梅尼拉公司的销售收入为500万美元。公司提供部分配件给油气服务公司。本年度总利润为300万美元。运营成本总计100万美元，从所拥有的证券得到的利息收入为20万美元，公司的利息成本为10万美元，计算公司的税务负债。

**3-18** （计算所得税）桑德若森（Sanderersen）公司出售微型电脑，在过去几年的销售收入为300万美元，销售成本为200万美元。运营成本为40万美元。折旧费用是10万美元。公司支付了15万美元的银行贷款利息，并且支付了2.5万美元的股利给它的普通股股东，计算公司的税务负债。

## 案例分析

2011年7月，时代华纳公司的华纳兄弟影业出品的"哈利·波特系列"最后一部《哈利·波特与死亡圣器（下）》，在海外59个国家的首映周中取得了约3.07亿美元的票房收入，超过了2011年5月迪士尼公司的《加勒比海盗：惊涛怪浪》创造的2.604亿美元的首映周票房最高纪录。时代华纳公司和华特·迪士尼公司多元化的娱乐和运营在许多领域都是主要的竞争对手。根据迪士尼2010年年度报告，迪士尼公司，连同它的子公司，是一家多元化全球娱乐公司，包括五个业务部门：媒体网络、公园和度假村、工作室娱乐、消费产品和互动媒体。时代华纳公司的年度报告指出，时代华纳公司——位于特拉华州，是一家领先的媒体和娱乐公司。该公司将其业务分为以下三个部分：网络、电影娱乐和出版。除了公园和度假村外，时代华纳几乎和迪士尼[①]经营着同样的业务。

以下是两家公司的财务报表。时代华纳的财政年度于12月31日结束，因此，这些报表为2009年和2010年年底。而迪士尼的财政年度截至离9月30日最近的周六，因此，迪士尼公司2009年财政年度截至2009年10月3日，2010年财政年度结束于2010年10月2日。因此，迪士尼的财务状况比时代华纳早了3个月。

a. 从2009年到2010年，时代华纳的利润率如何变化？你认为为什么会发生这些变化？回答关于迪士尼的同样的问题。

b. 比较时代华纳和迪士尼的利润率。它们有什么不同？你如何解释这些差异？

c. 一般形式资产负债表中的哪些差异可能表明其中一家公司做得比另一家好？

d. 在网上搜索这两家公司，以获得更多关于2010年并持续到2011年公司财务差异的信息。

e. 两家公司现在的财务状况如何？

**2009年12月31日和2010年12月31日时代华纳公司年度利润表和一般形式利润表**

| | 2009 | | 2010 | |
|---|---|---|---|---|
| | 美元价值 | 销售收入百分比 | 美元价值 | 销售收入百分比 |
| 销售收入 | 25 388 百万美元 | 100.0% | 26 888 百万美元 | 100.0% |
| 销售成本 | 14 235 百万美元 | 56.1% | 15 023 百万美元 | 55.9% |

---

① 数据来自迪士尼公司2010年财政年度10-K表格。

| | 2009 | | 2010 | |
|---|---|---|---|---|
| | 美元价值 | 销售收入百分比 | 美元价值 | 销售收入百分比 |
| 毛利润 | 11 153 百万美元 | 43.9% | 11 865 百万美元 | 44.1% |
| 营销成本和管理费用 | 6 073 百万美元 | 23.9% | 6 126 百万美元 | 22.8% |
| 折旧和摊销 | 280 百万美元 | 1.1% | 264 百万美元 | 1.0% |
| 其他运营成本 | 330 百万美元 | 1.3% | 47 百万美元 | 0.2% |
| 营业利润 | 4 470 百万美元 | 17.6% | 5 428 百万美元 | 20.2% |
| 利息费用 | 1 166 百万美元 | 4.6% | 1 178 百万美元 | 4.4% |
| 营业外收入（费用） | −67 百万美元 | −0.3% | −331 百万美元 | −1.2% |
| 税前利润 | 3 237 百万美元 | 12.8% | 3 919 百万美元 | 14.6% |
| 所得税 | 1 153 百万美元 | 4.5% | 1 348 百万美元 | 5.0% |
| 净利润 | 2 084 百万美元 | 8.2% | 2 571 百万美元 | 9.6% |
| | | | | |
| 在外发行普通股股数（百万） | 1 184.0 | | 1 128.4 | |
| 每股收益 | 1.76 美元 | | 2.28 美元 | |

资料来源：时代华纳 2010 年年度报告。

### 2009 年 12 月 31 日和 2010 年 12 月 31 日时代华纳公司资产负债表和一般形式资产负债表

| 资产 | 2009 年 12 月 31 日 | | 2010 年 10 月 31 日 | |
|---|---|---|---|---|
| | 美元价值（百万美元） | 总资产占比 | 美元价值（百万美元） | 总资产占比 |
| 现金和短期投资 | 4 733 | 7.2% | 3 663 | 5.5% |
| 应收账款 | 5 875 | 8.9% | 6 413 | 9.6% |
| 存货 | 1 769 | 2.7% | 1 920 | 2.9% |
| 其他流动性资产 | 1 315 | 2.0% | 1 142 | 1.7% |
| 总流动性资产 | 13 692 | 20.7% | 13 138 | 19.7% |
| 总固定资产 | 14 950 | 22.6% | 15 824 | 23.8% |
| 累计折旧和摊销 | −3 732 | −5.6% | −4 169 | −6.3% |
| 净固定资产 | 11 218 | 17.0% | 11 655 | 17.5% |
| 其他资产 | 41 149 | 62.3% | 41 731 | 62.7% |
| 总资产 | 66 059 | 100.0% | 66 524 | 100.0% |
| **负债** | | | | |
| 应收和预提账款 | 7 807 | 11.8% | 7 733 | 11.6% |
| 短期应付票据 | 862 | 1.3% | 26 | 0.0% |
| 其他流动性负债 | 804 | 1.2% | 884 | 1.3% |
| 总流动性负债 | 9 473 | 14.3% | 8 643 | 13.0% |

续前表

| 负债 | 2009 年 12 月 31 日 | | 2010 年 10 月 31 日 | |
|---|---|---|---|---|
| | 美元价值（百万美元） | 总资产占比 | 美元价值（百万美元） | 总资产占比 |
| 长期债务 | 15 346 | 23.2% | 16 523 | 24.8% |
| 递延税款 | 1 607 | 2.4% | 1 950 | 2.9% |
| 其他负债 | 6 236 | 9.4% | 6 463 | 9.7% |
| 总负债 | 32 662 | 49.4% | 33 579 | 50.5% |
| 权益 | | | | |
| 普通权益 | | | | |
| 普通股 | | | | |
| 面值 | 16 | 0.0% | 16 | 0.0% |
| 资本公积 | 158 129 | 239.4% | 157 146 | 236.2% |
| 总售出普通股 | 158 145 | 239.4% | 157 162 | 236.2% |
| 减库存股（总金额） | −27 034 | −40.9% | −29 033 | −43.6% |
| 总普通股 | 131 111 | 198.5% | 128 129 | 192.6% |
| 留存收益 | −97 714 | −147.9% | −95 184 | −143.1% |
| 所有者权益 | 33 397 | 50.6% | 32 945 | 49.5% |
| 总负债和所有者权益 | 66 059 | 100.0% | 66 524 | 100.0% |

资料来源：时代华纳 2010 年年度报告。

### 2009 年 10 月 3 日和 2010 年 10 月 2 日迪士尼年度利润表和一般形式利润表

| | 2009 | | 2010 | |
|---|---|---|---|---|
| | 美元价值 | 销售收入百分比 | 美元价值 | 销售收入百分比 |
| 销售收入 | 36 149 百万美元 | 100.0% | 38 063 百万美元 | 100.0% |
| 销售成本 | 28 821 百万美元 | 79.7% | 29 624 百万美元 | 77.8% |
| 毛利润 | 7 328 百万美元 | 20.3% | 8 439 百万美元 | 22.2% |
| 营销成本和管理费用 | 2 123 百万美元 | 5.9% | 1 983 百万美元 | 5.2% |
| 营业利润 | 5 205 百万美元 | 14.4% | 6 456 百万美元 | 17.0% |
| 利息费用 | 466 百万美元 | 1.3% | 409 百万美元 | 1.1% |
| 营业外收入（费用） | 919 百万美元 | 2.5% | 580 百万美元 | 1.5% |
| 税前利润 | 5 658 百万美元 | 15.7% | 6 627 百万美元 | 17.4% |
| 所得税 | 2 049 百万美元 | 5.7% | 2 314 百万美元 | 6.1% |
| 净利润 | 3 609 百万美元 | 10.0% | 4 313 百万美元 | 11.3% |
| 在外发行普通股股数（百万） | 1 875 百万美元 | | 1 948 百万美元 | |
| 每股收益 | 1.92 美元 | | 2.21 美元 | |

资料来源：华特·迪士尼公司 2010 年年度财务报告。

## 2009 年 10 月 3 日和 2010 年 10 月 2 日迪士尼资产负债表和一般形式资产负债表

| 资产 | 2009 年 10 月 3 日 | | 2010 年 10 月 2 日 | |
|---|---|---|---|---|
| | 美元价值（百万美元） | 总资产占比 | 美元价值（百万美元） | 总资产占比 |
| 现金及等价物 | 3 417 | 5.4% | 2 722 | 3.9% |
| 应收账款 | 4 854 | 7.7% | 5 784 | 8.4% |
| 存货 | 1 271 | 2.0% | 1 442 | 2.1% |
| 其他流动性资产 | 2 347 | 3.7% | 2 277 | 3.3% |
| 总流动性资产 | 11 889 | 18.8% | 12 225 | 17.7% |
| 总固定资产 | 32 475 | 51.5% | 32 875 | 47.5% |
| 累计折旧和摊销 | −17 395 | −27.6% | −18 373 | −26.5% |
| 净固定资产 | 15 080 | 23.9% | 14 502 | 21.0% |
| 其他资产 | 36 148 | 57.3% | 42 479 | 61.4% |
| 总资产 | 63 117 | 100.0% | 69 206 | 100.0% |
| **负债** | | | | |
| 应付和预提账款 | 5 616 | 8.9% | 6 109 | 8.8% |
| 短期应付票据 | 1 206 | 1.9% | 2 350 | 3.4% |
| 其他流动性负债 | 2 112 | 3.3% | 2 541 | 3.7% |
| 总流动性负债 | 8 934 | 14.2% | 11 000 | 15.9% |
| 长期债务 | 11 495 | 18.2% | 10 130 | 14.6% |
| 递延税款 | 1 819 | 2.9% | 2 630 | 3.8% |
| 其他负债 | 5 444 | 8.6% | 6 104 | 8.8% |
| 总负债 | 27 692 | 43.9% | 29 864 | 43.2% |
| **权益** | | | | |
| 普通权益 | | | | |
| 总售出普通股 | 27 038 | 42.8% | 28 736 | 41.5% |
| 减库存股（总金额） | −22 693 | −36.0% | −23 663 | −34.2% |
| 总普通股 | 4 345 | 6.9% | 5 073 | 7.3% |
| 留存收益 | 31 033 | 49.2% | 34 327 | 49.6% |
| 其他权益 | 47 | 0.1% | −58 | −0.1% |
| 所有者权益 | 35 425 | 56.1% | 39 342 | 56.8% |
| 总负债和所有者权益 | 63 117 | 100.0% | 69 206 | 100.0% |

资料来源：迪士尼公司 2010 年年度财务报告。

## 附 录 3A

# 自由现金流

近年来，自由现金流被许多高管视为衡量公司业绩的重要指标。通用电气前首席执行官杰克·韦尔奇（Jack Welch）用这些话解释了自由现金流管理的重要性：

> 现金流是有价值的，因为它不说谎。所有的其他损益数字，如净利润，都有一些操纵空间，这些数字可在会计过程中变化，这些过程充满了假设。但自由现金流告诉你业务的真实情况。

## 什么是自由现金流？

我们可以把一个公司看作是产生现金流的一组资产。一旦公司支付了所有的运营成本并进行了所有的投资，剩下的现金流就可以自由地分配给公司的债权人和股东——这就是自由现金流。一个公司的自由现金流来自于两种活动：

1. 税后现金流是指公司在日常运营中产生并缴纳税款后，在投资于运营资本和长期资产之前的现金流。如果它的规模没有变得更大或更小，你可能把它当作公司的现金流，虽然这并不完全正确。（你应该注意到，当计算自由现金流时，经营活动产生的现金流与本章前面提到的现金流是不一样的。）

2. 资产投资，包括投资于公司的净营运资本和长期资产。对于第一项——净营运资本，理解这一术语与本章前面所述的净运营资本不完全相同。因此，当你学习计算自由现金流时，注意细微的差别。

## 计算自由现金流

简单来说，自由现金流计算如下：

$$自由现金流＝税后营运现金流－净营运资本增加（或加净营运资本减少）$$
$$－长期资产增加（或加长期资产减少） \qquad (3-1A)$$

因此，计算公司的自由现金流的过程包括三个步骤：

1. 通过将收益报表从权责发生制转换为以现金为基础来计算税后现金流。但请注意，当计算自由现金流时，经营活动产生的现金流量与现金流量表中的术语不一样。

2. 计算公司在净营运资本投入中的增加或减少。如前所述，净运营资本现在称为净营运资本，我们稍后会解释。

3. 计算长期资产投资的增加或减少，包括固定资产和其他长期资产（如无形资产）。

**第一步**　确定的税后营运现金流的计算如下：

| 营业利润（息税前利润） |
| --- |
| ＋折旧费用 |
| －所得税[①] |
| ＝税后营运现金流 |

因为折旧费用不是现金支出，因此，我们通过将折旧费用加入到营业利润中来计算税后现金流，再减去所得税获得税后的现金流。

为了说明如何计算一个公司的税后营运现金流，我们回到表 3-1 家得宝的利润表，我们找到以下信息：

（单位：百万美元）

| | |
| --- | --- |
| 营业利润 | 5 803 |
| 折旧费用 | 1 616 |
| 所得税 | 1 935 |

基于上述数据，我们可以算出家得宝的税后营运现金流为 54.84 亿美元，计算如下：

（单位：百万美元）

| | |
| --- | --- |
| 营业利润 | 5 803 |
| 加折旧费用 | 1 616 |
| 减所得税 | －1 935 |
| 等于税后营运现金流 | 5 484 |

**第二步**　计算净营运资本的变化，在这一步骤中，净营运资本的变化等于流动性资产的变化减去无息流动性负债的变化。

无息流动性负债是指任何不要求公司支付利息的短期债务。这通常包括应付账款（信贷公司的供应商提供的）和任何应计运营成本，如应计未付工资。

---

① 我们应该减去实际的税款，这与利润表中所列的所得税费用是不同的。但就让我们简单化处理，假设在家得宝公司二者的费用相同。

观察表 3-2 家得宝 2010 年 1 月 31 日和 2011 年 1 月 30 日的资产负债表，可以得到公司净营运资本的增长或减少如下：

（单位：百万美元）

|  | 2010 年 1 月 31 日 | 2011 年 1 月 30 日 | 变动 |
|---|---|---|---|
| 流动性资产 | 13 900 | 13 479 | −421 |
| 应付账款* | 9 343 | 9 080 | −263 |
| 净营运资本 | 4 557 | 4 399 | −158 |

*应付账款是家得宝的无息流动性负债。

因此，家得宝在流动性资产上的投资减少了 4.21 亿美元，并减少（偿还）了 2.63 亿美元的应付账款。一定要记住，资产减少是现金流入，负债减少是现金流出。因此，从净值上来看，净营运资金减少导致现金流入达到 1.58 亿美元（＝4.21 亿美元因流动性资产减少导致的现金流入－2.63 亿美元因支付贷款导致的现金流出）。

**第三步** 计算长期资产的变化。

最后一步是计算固定资产（非净固定资产）和其他长期资产的变化。再次回到家得宝的资产负债表，我们看到固定资产总值从 373.45 亿美元上升到 384.71 亿美元，增加了 11.26 亿美元，其他长期资产从 14.27 亿美元上升到 15.86 亿美元，增加了 1.59 亿美元。所以家得宝总共投资了 12.85 亿美元在长期资产上，即 11.26 亿美元和 1.59 亿美元之和。

小结：我们现在有三个数来计算家得宝的自由现金流：（1）税后营运现金流，（2）净营运资本变化，（3）长期资产的变化。如下所示，公司的自由现金流为 43.57 亿美元。

（单位：百万美元）

| | | |
|---|---|---|
| 税后营运现金流 | | 5 484 |
| 减净营运资本投入 | | −158 |
| 长期资产投资 | | |
| 固定资产投资 | −1 126 | |
| 其他资产投资 | −159 | |
| 长期资产总投资 | | −1 285 |
| 自由现金流 | | 4 357 |

基于这些计算，我们看到该公司的自由现金流为 43.57 亿美元，由于：

1. 产生了 54.84 亿美元的税后营运现金流；
2. 减少了 1.58 亿美元在净营运资本的投资；
3. 在厂房、设备及其他长期资产上投资了 12.85 亿美元。

# 硬币的另一面：融资现金流

在上一节中，我们看到家得宝的经营所得比满足其增长所需资金更多，所以问题就变成了

"家得宝用这些额外的钱做了什么"。答案是：正的自由现金流将资金分发给公司的投资者。负的自由现金流要求投资者将资金注入企业。我们将在下一节解释，任何来自或支付给投资者的钱都被称为融资现金流。

### 融资现金流量

公司既可以从投资者那里获得资金，也可以将资金分配给投资者，或者两者兼而有之。一般来说，投资者和公司之间的现金流，我们称之为融资现金流，以下列四种方式产生：

1. 向债权人支付利息。
2. 向股东支付股利。
3. 增加或减少有息债务。
4. 向股东发行新股，或从当前投资者手中回购股票。

在这种背景下，当我们谈到投资者时，我们既包括借贷者，也包括股东。然而，我们不包括无息流动性负债提供的融资，如应付账款，它是公司的净营运资本的一部分。

我们现在回到家得宝来说明公司融资现金流的计算过程，这也可以让我们确定家得宝43.57亿美元的自由现金流如何被分配。

为了计算家得宝的融资现金流，我们首先确定向债权人支付的利息费用和向股东支付的股息，这是在公司的利润表（表3-1）中提供的。然后我们参考资产负债表（表3-2），分析计息债务（短期和长期）和普通股的变化。结果如下：

（单位：百万美元）

| | | |
|---|---|---|
| 向债权人支付的利息 | −530 | 现金使用 |
| 普通股股利 | −1 569 | 现金使用 |
| 计息债务的变化： | | |
| 短期债务的增加 | 22 | 现金来源 |
| 长期债务的减少 | −7 | 现金使用 |
| 权益变化： | | |
| 普通股增加（账面价值＋实收资本） | 335 | 现金来源 |
| 普通股回购（库存股） | −2 608 | 现金使用 |
| 融资现金流 | −4 357 | |

因此，公司

● 支付了5.3亿美元利息和15.69亿股利。

● 花费26.08亿美元回购普通股。

● 借入（增加）2 200万美元短期计息债务，归还（减少）700万美元长期计息债务。

● 发行新股获得3.35亿美元。

将以上数字全部加起来，家得宝分配了43.57亿美元给债权人和股东。你应该花一分钟的时间来将这一数字和家得宝现金流量表上的融资活动38.27亿美元作比较。通过比较，你会发现差额为5.3亿美元，这正是支付给贷款人的利息。再次，利息费用包括在经营现金流中，而这里没有给出。

## 总结性结论

家得宝的自由现金流完全等于其融资现金流，这并非巧合，它们永远是相等的。公司的自由现金流如果为正，现金流将被分发给投资者；如果自由现金流为负，则是投资者提供给该公司以弥补自由现金流的短缺。

我们回顾了家得宝的自由现金流和融资现金流之后，知道了公司拥有大量的营运现金流，足以满足其投资和分发给投资者大量现金的需求。

---

### 本章小结

#### 7. 计算自由现金流和融资现金流

**小结：**自由现金流和融资现金流是财务决策中重要的测量标准。只有了解这些现金流，管理者才能真正了解一家公司的经营状况。

**关键公式**

自由现金流＝税后营运现金流－净营运资本增加（或加净营运资本减少）
　　　　　　－长期资产增加（或加长期资产减少）

---

### 课后问题

**3A-1** （计算自由现金流）基于下列信息，计算公司的自由现金流和融资现金流。

（单位：美元）

| | |
|---|---|
| 股利 | 25 |
| 普通股变化 | 27 |
| 存货变化 | 32 |
| 应收账款变化 | 78 |
| 其他流动性资产变化 | 25 |
| 营业利润 | 215 |
| 利息费用 | 50 |
| 折旧费用 | 20 |
| 应付账款增加 | 48 |
| 固定资产增加 | 55 |
| 所得税 | 45 |

**3A-2** （自由现金流分析）用下列信息解释关于贝茨（Bates）公司的自由现金流和融资现金流。

**贝茨公司的自由现金流和融资现金流** （单位：美元）

| | |
|---|---:|
| **自由现金流** | |
| 营业利润 | 954 |
| 折旧费用 | 60 |
| 税收 | −320 |
| 税后营运现金流 | 694 |
| 净营运资本增加 | |
|   流动性资产增加 | −899 |
|   应付账款增加 | 175 |
|   净营运资本增加 | −724 |
| 长期资产变化 | |
|   固定资产减少 | 2 161 |
| 自由现金流 | 2 131 |
| **融资现金流** | |
| 支付债权人的利息 | −364 |
| 长期债务偿还 | −850 |
| 普通股回购 | −1 024 |
| 普通股股利 | −1 341 |
| 融资现金流 | −3 579 |

**3A-3** （计算自由现金流和融资现金流）在问题 3-12 中，你被要求准备亚伯拉罕制造公司的现金流量表。根据问题中给出的信息来计算该公司的自由现金流和融资现金流。

**3A-4** （计算自由现金流和融资现金流）在问题 3-14 中，你被要求准备潘普林公司的现金流量表，潘普林的财务报表如下所示。根据这些信息计算该公司的自由现金流和融资现金流，并加以解释。

**2011 年 12 月 31 日和 2012 年 12 月 31 日潘普林公司资产负债表** （单位：美元）

| 资产 | | |
|---|---:|---:|
| | 2011 | 2012 |
| 现金 | 200 | 150 |
| 应收账款 | 450 | 425 |
| 存货 | 550 | 625 |
| 流动性资产 | 1 200 | 1 200 |
| 厂房和设备 | 2 200 | 2 600 |
|   减累计折旧 | −1 000 | −1 200 |
| 厂房和设备净值 | 1 200 | 1 400 |
| 总资产 | 2 400 | 2 600 |

续前表

|  | 负债和所有者权益 |  |
| --- | --- | --- |
|  | 2011 | 2012 |
| 应付账款 | 200 | 150 |
| 应付票据（9%） | 0 | 150 |
| 流动性负债 | 200 | 300 |
| 债券 | 600 | 600 |
| 所有者权益 |  |  |
| 普通股 | 900 | 900 |
| 留存收益 | 700 | 800 |
| 总所有者权益 | 1 600 | 1 700 |
| 总负债和所有者权益 | 2 400 | 2 600 |

### 2011 年 12 月 31 日和 2012 年 12 月 31 日潘普林公司利润表　　　　（单位：美元）

|  | 2011 |  | 2012 |  |
| --- | --- | --- | --- | --- |
| 销售收入 |  | 1 200 |  | 1 450 |
| 销售成本 |  | 700 |  | 850 |
| 毛利润 |  | 500 |  | 600 |
| 营销成本和管理费用 | 30 |  | 40 |  |
| 折旧费用 | 220 | 250 | 200 | 240 |
| 营业利润 |  | 250 |  | 360 |
| 利息费用 |  | 50 |  | 64 |
| 税前净利润 |  | 200 |  | 296 |
| 税收（40%） |  | 80 |  | 118 |
| 净利润 |  | 120 |  | 178 |

# 第四章

## 评估公司的财务状况

学习目标

1. 解释财务分析的目的和重要性;
2. 通过计算和使用全面的衡量手段来评估公司的表现;
3. 描述财务比率分析的不足。

如第三章中所介绍的那样,在大学毕业后你开始认真考虑是否进入家得宝公司工作。家得宝公司为你提供了一份市场营销的工作机会,你也觉得这份工作是与自己的教育背景和兴趣爱好相匹配的。你的叔叔哈利建议你通过研究公司在证券交易委员会备案的"10 - K"来更多地了解公司的财务状况,你也听取了他的意见,研究了家得宝公司提供的三大财务报表,但是你现在想深度理解报表中所提供的信息。你不确定是否还有其他的方式可通过家得宝公司的财务报表来评估公司的财务优势和劣势,此外,你也想知道怎么将家得宝公司的财务业绩与其主要竞争对手劳氏公司进行对比。

由此可见,本章的内容是对第三章内容的自然延伸。本章内容会帮助你像经理人、雇员、债权人和股东等对公司财务感兴趣的人那样评估公司的财务业绩。值得一提的是,我们会关注一些以比率形式表示的财务指标。作为更好地了解公司财务状况的一种方式,有时候我们把它称作财务分析。在展示这种方式之前,让我们先从理解财务分析的基本动机和意图开始。

## 财务分析的目的

如第一章中所阐述的那样,财务管理的基本目标并不是关注诸如利润额等财务数字,而是为股东创造价值。在完美假设前提下,我们会完全依照公司资产的市场价值而非历史价值来进行决策指导,然而,并不是所有的公司资产都有与其相对应的市场价值,所以会计信息可能

具有非常重要的替代性。

首先，我们要意识到，财务分析远不止对财务报表的分析，它既能用来评估公司的历史状况，又能作为预测和提升未来财务状况的基础。财务分析有助于我们看清一些原本可能模糊的重要关系。财务比率是了解财务状况的标准指标，它能够帮助我们作出比较分析，否则我们很难对不同规模的两家公司或者同一公司在不同时间段的财务报表进行对比。

**财务比率**（financial ratios）为我们提供了对公司财务数据作出有效比较的两种方式：（1）我们可以从时间维度检验财务指标（比如说5年），来比较公司当前和过去的财务状况；（2）我们可以将公司的财务比率与其他公司作比较，在比较过程中，我们可以选择同行业公司比较，或者使用邓白氏公司（Dun & Bradstreet）、风险管理协会（RMA）、标准普尔公司、价值线公司（Value Line）、普伦蒂尔·霍尔出版公司（Prentice Hall）等机构发布的行业标准数据。以邓白氏公司为例，该公司每年都会发布125个行业的14项关键财务指标，而风险管理协会（由银行信贷部官员组成）则会出台超过350个行业的16项关键指标。所有的公司都按照北美工业分类系统（NAICS）划定的标准进行分类，同时为了更有效率地进行比较，公司还会按照其规模进行划分。

---

**记住你的原则**

在第三章中，我们谈到了财务报表，评估公司财务业绩时可参考**原则5：利益冲突导致代理问题**。因此，该公司的普通股股东需要用到监督经理人行为的信息。通过使用财务比率来解释公司的财务报表是一个重要的监控工具。当然，公司的管理者也需要衡量公司业绩，以便在必要时采取纠正措施。

当我们评估一个公司的财务业绩时，也可参考**原则4：市场价格通常是正确的**。只有在特别有利可图的市场，投资回报超过了投资的机会成本，管理者才可以创造股东价值。此外，财务比率可以帮助我们了解经理是否确实做出了特别好的投资或坏的投资。

最后，**原则3：风险要求收益补偿**也在这一章起到了作用。正如我们所看到的，管理者如何选择为企业融资，会影响到公司的风险，继而股东的投资收益率就会受到影响。

---

图4-1为我们展示了由风险管理协会发布的软件出版商财务报告信息。报告展示了根据资产规模和销售收入规模进行分类的信息，而整个报告（并未在此展示）则展示了其他规模分类信息。在报告中，资产负债表数据是按照总资产的百分比形式提供的，也就是我们在第三章中提到的一般形式资产负债表。[①] 类似的是，利润表数据也是通过一般形式利润表的方式，按照数据占销售收入百分比的形式进行呈现。报告的最后部分在展示财务数据时，风险管理协会为每项比率分别给出了75百分位、50百分位和25百分位三个结果。

财务分析并不仅仅是财务经理的工具，它还可以被投资者、借款人、供货商、雇员和顾客有效使用。在公司层面，财务经理可运用财务比率进行以下工作：

◆ 辨别公司财务表现的不足，进而采取有效措施。
◆ 评估员工的表现，进而决定绩效补偿。
◆ 比较公司内不同部门的财务状况。
◆ 在公司和部门级别上进行财务预测，如新产品的市场投放对财务状况的影响。

---

① 在第三章，我们提供了家得宝的一般形式利润表和一般形式资产负债表。

**信息—软件出版商 NAICS 511210**

| 按照总资产占比的流动性数据 | | 按照销售收入占比的流动性数据 | | | 按照总资产占比的流动性数据 | | 按照销售收入占比的流动性数据 | |
|---|---|---|---|---|---|---|---|---|
| 5000万~1亿美元 | 1亿~2.5亿美元 | 1000万~2500万美元 | 2500万美元及以上 | | 5000万~1亿美元 | 1亿~2.5亿美元 | 1000万~2500万美元 | 2500万美元及以上 |
| **资产** | | | | | **比率** | | | |
| 23.3% | 14.6% | 现金及其等价物 24.6% | 23.0% | | 45 8.1% | 47 7.7% | 47 7.8% | 42 8.6% |
| 17.3% | 13.8% | 应收账款 32.3% | 20.0% | | 61 6.0% | 62 5.9% | 销售收入/应收账款 61 6.0% | 58 6.3% |
| 2.7% | 0.6% | 存货 1.3% | 1.9% | | 97 3.8% | 82 4.5% | 83 4.4% | 71 4.7% |
| 8.1% | 5.4% | 其他流动性资产 7.0% | 6.9% | | 3.0% | 6.7% | 4.4% | 5.5% |
| 51.3% | 34.4% | 总流动性资产 65.3% | 51.8% | | 13.2% | 30.2% | 销售收入/运营资本 27.2% | 18.1% |
| 7.6% | 5.0% | 固定资产（净） 9.1% | 7.2% | | −15.6% | −8.2% | −18.2% | −12.7% |
| 34.9% | 51.8% | 无形资产（净） 16.1% | 34.1% | | 7.0% | 2.7% | 14.0% | 6.9% |
| 6.2% | 8.8% | 其他非流动性资产 9.6% | 6.9% | | −31 4.0% | −49 10.9% | 息税前利润/利息 −31 2.7% | −118 1.4% |
| 100.0% | 100.0% | 总和 100.0% | 100.0% | | −0.9% | −1.8% | −4.6% | −1.2% |
| **负债** | | | | | 2.8% | | 18.9% | 3.8% |
| 0.2% | 0.5% | 短期应付票据 3.9% | 1.9% | | −14 1.3% | | 净利润和折旧 −10 2.3% | −34 1.5% |
| 4.4% | 2.0% | 流动性负债 11.9% | 2.9% | | 0.2% | | 0.3% | 0.2% |
| 5.1% | 5.4% | 应付账款 11.9% | 7.8% | | −0.4% | 0.3% | 0.1% | 0.2% |
| 0.4% | 0.5% | 应交所得税 0.9% | 1.0% | | −0.4% | −0.1% | 固定资产/净值 1.0% | −2.6% |
| 29.9% | 23.5% | 其他流动性负债 34.6% | 30.3% | | −0.1% | 0.0% | −0.1% | −0.1% |
| 40.0% | 31.9% | 总流动负债 63.3% | 46.9% | | 2.6% | 4.0% | 1.4% | 1.9% |
| 20.7% | 24.6% | 长期债务 8.3% | 21.7% | | −7.4% | −2.0% | 负债/净值 7.8% | −8.0% |
| 1.1% | 3.4% | 递延税款 0.4% | 2.0% | | −1.8% | −1.4% | −3.3% | −1.7% |
| 14.1% | 15.1% | 其他非流动性负债 12.3% | 12.5% | | 111.4% | 33.1% | 133.4% | 71.0% |
| 24.1% | 25.0% | 净值 15.8% | 19.9% | | −17 23.2% | −25 22.2% | 税前利润/有形资产 −28 21.9% | −68 22.0% |
| 100.0% | 100.0% | 总负债和净值 100.0% | 100.0% | | 0.7% | −8.5% | 4.4% | −6.3% |
| **收入数据** | | | | | 12.4% | 5.5% | 14.8% | 10.3% |
| 100.0% | 100.0% | 净利润 100.0% | 100.0% | | 4.9% | −0.3% | 税前利润/总资产 7.1% | 1.4% |
| 89.3% | 93.1% | 运营成本 95.9% | 92.1% | | −4.1% | −7.5% | −7.2% | −5.2% |
| 10.7% | 6.9% | 营业利润 4.1% | 7.9% | | 34.5% | 37.2% | 53.7% | 42.0% |
| | | 其他 | | | 16.4% | 22.7% | 销售收入/净固定资产 30.4% | 22.5% |
| 6.4% | 6.5% | 费用（净） 2.3% | 5.0% | | 9.3% | 12.5% | 16.7% | 11.6% |
| 4.4% | 0.4% | 税前利润 1.7% | 2.9% | | 1.1% | 1.0% | 2.5% | 1.8% |
| **比率** | | | | | 0.8% | 0.6% | 销售收入/总资产 1.4% | 1.0% |
| 1.8% | 1.5% | 2.1% | 1.8% | | 0.6% | 0.4% | 1.1% | 0.6% |
| 1.2% | 1.1% | 流动 1.1% | 1.2% | | 1.9% | 2.7% | 1.0% | 1.5% |
| 0.9% | 0.8% | 0.8% | 0.8% | | −23 4.3% | −13 3.6% | 折旧和摊销费用/销售收入 −31 2.4% | −70 3.1% |
| 1.5% | 1.2% | 1.9% | 1.4% | | 7.2% | 4.2% | 4.2% | 6.1% |
| 1.0% | 0.9% | −768 0.9% | −1302 1.0% | | 2 548 082 | 6 738 043 | 净利润（千美元） 728 430 | 12 099 435 |
| 0.6% | 0.6% | 速动 0.6% | 0.6% | | 2 604 550 | 9 439 953 | 总资产（千美元） 551 806 | 13 514 540 |

**图 4-1 产业财务报表数据——软件出版商的规范报表**

◆ 理解公司竞争对手的财务状况。

◆ 评估主供应商的财务状况。

在公司层面以外，财务比率还可以用来帮助：

◆ 借款人决定是否向公司提供借款。

◆ 评级机构决定公司的信誉度水平。

◆ 投资人决定是否对公司进行投资。

◆ 主供应商决定是否对公司施信。

结论：财务分析工具能够帮助不同群体实现多样目的。然而，在本章我们将专注于公司如何使用财务比率来评估其财务状况，当然，在公司内，市场营销、人力资源管理、信息系统等部门的职员都可以运用财务比率实现不同的需要。

## 金融作业

### 家得宝和劳氏：历史

相比于劳氏，我们花费了更多的时间研究家得宝的财务报表。我们认为你们会有兴趣稍微了解一下它们的历史。

#### 家得宝历史[①]

家得宝公司是由伯尼·马库斯（Bernie Marcus）、阿瑟·布兰克（Arthur Blank）、罗恩·布里尔（Ron Brill）和帕特·法勒（Pat Farrah）在 1978 年成立的。家得宝公司的定位就是建立比竞争对手更大的家装仓库。最早的两个商店是于 1979 年 6 月 22 日在亚特兰大和格鲁吉亚建立的。这两个商店创造了自己动手的零售业务，拥有 60 000 平方英尺的建筑面积；并且这两个商店是家装行业最早的巨型商店。

创立者希望为顾客提供自己动手装修的必要知识。员工经过培训可以给顾客提供购买工具和选择材料的建议，这样顾客就可以自己动手完成装修。

1982 年，仅在第一家店开张 3 年以后，公司在纳斯达克上市了。1984 年，上市公司转至纽约证券交易所。1989 年，在公司创办 10 年以后，家得宝公司庆祝第 100 家分店开业。

2000 年，随着公司创立者的退休，罗伯特·纳德里（Robert Nardelli）成为公司的总裁和董事会主席。纳德里立志提高毛利润并且降低成本，在他的任期内实现公司净利润双倍增长。但是根据一些传闻，他的底线管理政策损害了公司员工的积极性，导致其客户服务受损。2007年，纳德里辞职并且抱怨他的赔偿金和公司股价过低。弗兰克·布莱克（Frank Blake）接任纳德里成为家得宝公司的总裁。

2012 年，家得宝公司已经拥有了 2 200 家公司，在美国以外也开设了 300 多家商铺，在 2012 年 1 月 9 日，家得宝公司的销售收入为 704 亿美元，其中利润为 39 亿美元，比之前一个年度增长了 18%。

#### 劳氏历史[②]

1921 年，卢修斯·S. 洛（Lucius S. Lowe）在北部加利福尼亚成立了劳氏北部威尔克斯伯纳硬件店。当 1940 年卢修斯去世时，他的女儿鲁思（Ruth）继承了他的产业。她后来将公司出售给了她的兄弟，卡尔·巴肯（Carl Buchan）成了她的合作伙伴。

在巴肯的管理下，公司定位于五金建材。1946 年，在第二次世界大战中，家装行业迅速增长，公司开始承担更多的批发业务。家装行业的迅猛增长使得需求增长，销售收入也相应飞速增长。

1952 年，卡尔·巴肯和吉姆·洛（Jim Lowe）对于公司未来的发展有着不同的看法，巴肯管理公司的五金建材。1960 年，巴肯死于心脏病，享年 44 岁。他的管理层，包括罗伯特·斯特里克兰（Robert Strickland）和莱昂纳德·赫林（Leonard Herring），都是公司的领导层。

---

① 该段历史分别检索于：2012 年 5 月 26 日的 http://corporate.homedepot.com/Ourcompany；2012 年 6 月 1 日的 History/Pages/default.aspx；2012 年 5 月 15 日的 www.thehistoryfcorporate.com；2012 年 5 月 17 日的 companied-by-industry/tradertail/the-home-depot。家得宝公司的 10-K 表检索于 2012 年 4 月 26 日，截止时间是 2012 年 1 月 29 日。

② 关于继承的相关信息检索于 2012 年 5 月 27 日的 http://media.lowes.com/history。劳氏公司的历史检索于 2012 年 5 月 27 日的 http://www.fundinguniverse.com。劳氏公司的 10-K 表检索于 2012 年 5 月 25 日，截止日期为 2012 年 2 月 3 日。

1961 年，公司在纽约证券交易所上市。第二年开设了 21 家店铺，并且宣告年收入是 3 200 万美元。

20 世纪 70 年代后，为了应对家装行业业绩的下滑，劳氏开始向顾客和供货商伸出援手。随着越来越少的人建新房，越来越多的顾客重新装修他们的家，并且是自己动手。到 1983 年，劳氏从消费者那里赚取的收入大于从供货商那里赚取的收入。

与此同时，由于家得宝进入市场后建立了新的大型仓储式商店，从而削弱了劳氏商店的业绩。不过劳氏商店依然保留它现有的商业模式，因为它们认为小城市不能够支持巨型商店；然而，随后劳氏意识到了自己的错误，并且新建了巨型商店，创建了我们今天知道的劳氏。虽然并没有像家得宝那么大，但劳氏是家得宝主要的竞争对手。劳氏在美国有 1 712 家商店，在加拿大和墨西哥有 33 家商店，总共有 1 745 家商店。在 2012 年 2 月会计年度末，劳氏有 502 亿美元销售收入和 19 亿美元净利润。

---

**概念回顾**

1. 什么是财务分析的基本目的？

2. 公司如何运用财务比率？还有什么人会运用财务比率？他们为什么要运用财务比率？

3. 我们在哪里可以找到不同公司或同行的财务比率？

## 对关键性财务关系的估量

教员们通常运用以下两种方式之一来指导学生们学习财务比率。第一种方式是回顾不同类型、不同种类的财务比率；第二种方式是运用财务比率来回答公司运营中出现的重要问题。我们更倾向于采用第二种教学方式，在此选出了如下五个问题来帮助读者计划出运用财务比率的具体过程：

1. 公司的流动性如何？它有能力偿清债务吗？

2. 公司的管理人员为公司资产创造了足够多的营业利润吗？

3. 公司如何筹资？

4. 公司的管理人员是否为股东提供的资金创造了良好的收益？

5. 公司的管理人员是否创造出了股东价值？

下面让我们依次看一下这五个问题。在此过程中，我们将以家得宝公司为例，进行财务比率的使用说明。如第三章所呈现的，家得宝公司截至 2011 年 1 月 30 日的会计年度财务报表在表 4-1 和表 4-2 中再次进行了展示。回忆一下第三章的内容，家得宝公司财务报表中的数据都是以百万美元为单位进行表示的，因此，报表中任何超过 1 000 的数字实际上都指的是超过 10 亿美元的数字。

在计算家得宝公司财务比率的基础上，我们会提供劳氏股份有限公司（之前"金融作业"中提到过的家居用品零售公司）的相同财务比率数据，通过对两者的比较，我们可以从一个新的视角对公司和其主要竞争对手的财务状况进行了解。

**表 4 - 1**　　　　　　　　　　　**2011 年 1 月 30 日家得宝公司的利润表**

| | |
|---|---|
| 销售收入 | 67 997 百万美元 |
| 销售成本 | −44 693 百万美元 |
| 毛利润 | 23 304 百万美元 |
| 运营成本 | |
| 　营销成本和管理费用 | −15 885 百万美元 |
| 　折旧费用 | −1 616 百万美元 |
| 总运营成本 | −17 501 百万美元 |
| 营业利润 | 5 803 百万美元 |
| 利息费用 | −530 百万美元 |
| 税前利润 | 5 273 百万美元 |
| 所得税 | −1 935 百万美元 |
| 净利润（普通股可获得利润） | 3 338 百万美元 |
| 附加信息 | |
| 在外发行普通股股数（百万） | 1 623 |
| 每股收益（净利润÷发行股数） | 2.06 美元 |
| 支付给股东的股利 | 1 569 百万美元 |
| 每股股利（总股利÷发行股数） | 0.97 美元 |

**表 4 - 2**　　　　　　　　**2011 年 1 月 30 日家得宝公司的资产负债表**　　　　（单位：百万美元）

| 资产 | |
|---|---|
| 现金 | 545 |
| 应收账款 | 1 085 |
| 存货 | 10 625 |
| 其他流动性资产 | 1 224 |
| 总流动性资产 | 13 479 |
| 总固定资产 | 38 471 |
| 累计折旧 | −13 411 |
| 净固定资产 | 25 060 |
| 其他资产 | 1 586 |
| 总资产 | 40 125 |
| **负债和权益** | |
| 应付账款 | 9 080 |
| 短期应付票据 | 1 042 |

| | |
|---|---:|
| 总流动性负债 | <u>10 122</u> |
| 长期债务 | 11 114 |
| 总负债 | 21 236 |
| 普通权益 | |
| 　普通股 | |
| 　　账面价值 | <u>86</u> |
| 　　资本公积 | 7 001 |
| 　总售出普通股 | <u>7 087</u> |
| 　库存股 | −3 193 |
| 　总普通股 | <u>3 894</u> |
| 　留存收益 | <u>14 995</u> |
| 　所有者权益 | <u>18 889</u> |
| 总负债和所有者权益 | 40 125 |

我们以前面提到的第一个问题"公司的流动性如何"开始我们的分析，然后按顺序解决剩下的问题。

### 问题 1：公司的流动性如何：它有能力偿清债务吗？

流动性资产指的是能按照当前市场价格迅速变现的资产。由此可见，公司的**流动性**（liquidity）指的是其为实现财务目标而快速筹集资金的能力，直白地来讲，即我们是否能够指望该公司及时偿还其债权人的债务？

我们通过比较公司的流动性资产（即可快速合理变现的资产）与现阶段负债来回答这个问题。在该分析中，我们既对流动性资产相对于流动性负债的数值感兴趣，又对用来偿还现存债务的流动性资产质量感兴趣。

在测算流动性资产相对于流动性负债的规模时，最常用到的偿付性指标是**流动比率**（current ratio）。

$$流动比率 = \frac{流动性资产}{流动性负债} \qquad (4-1)$$

对于家得宝公司来说，

$$流动比率 = \frac{流动性资产}{流动性负债} = \frac{13\ 479\ 百万美元}{10\ 122\ 百万美元} = 1.33$$

劳氏公司的流动比率为 1.40。

基于流动比率的测算中，家得宝公司的流动性不如劳氏公司。家得宝公司的每 1 美元流动性负债都对应着 1.33 美元的流动性资产，而劳氏公司每 1 美元流动性负债对应 1.4 美元的流动性资产。

在使用流动比率时，我们假设公司的应收账款会及时收回变现，而且公司存货会及时售出。因为存货只有被出售以后才能得到其对应的现金，故考虑到公司存货的流动性并不及应收账款，更规范的流动性测量应该排除存货，或只将公司的现金和应收账款放到计算公式的分子项上。这个修改后的比率被称作**酸性测试比率**（acid-test ratio）［或**速动比率**（quick ratio）］。其计算过程如下：

$$酸性测试比率 = \frac{现金 + 应收账款}{流动性负债} \qquad (4-2)$$

对于家得宝公司来说，

$$酸性测试比率 = \frac{现金 + 应收账款}{流动性负债} = \frac{545\ 百万美元 + 1\ 085\ 百万美元}{10\ 122\ 百万美元} = 0.16$$

劳氏公司的酸性测试比率为 0.12。

基于酸性测试比率，家得宝公司的流动性看起来要好于劳氏公司。家得宝公司每 1 美元的流动性负债对应着 0.16 美元的现金和应收账款，而劳氏公司每 1 美元流动性负债则对应 0.12 美元的现金和应收账款。

由上我们能推断出什么呢？从流动比率来看，劳氏公司的流动性更强；但从酸性测试比率来讲，家得宝公司流动性更强。以上两者的本质区别来自于不同公司的存货相对于流动性负债的数额，也就是说，劳氏公司相对更高的流动比率说明其相对于家得宝公司有更多的存货。因此，我们需要更多地了解劳氏公司的存货质量。答案将在稍后揭晓。[①]

现在，我们要从及时变现能力的角度评估公司应收账款和存货的质量。正如劳氏公司那样，一家公司可能有着相对较高的流动比率，但可能有更多无法收回变现的应收票据，或者存储了大量的过时存货，因此，如果我们要全面了解公司的流动性，对这些资产质量的判断是很重要的。

**将应收账款变现**　公司应收账款的变现时间可以用其历史应收账款平均回收时间来表示。我们可以通过计算出公司的**应收账款周转天数**（days in receivables）［或**平均回收期**（average collection period）］来回答该问题[②]：

$$应收账款周转天数 = \frac{应收账款}{日信用销售额} = \frac{应收账款}{年信用销售额 \div 365\ 天} \qquad (4-3)$$

可以注意到，在上述公式中，我们只包含了销售收入中顾客赊账购买的部分，而省略了现金销售收入。众所周知，像家得宝公司这样的企业，现金销售收入占了绝大部分。具体而论，家得宝公司只有 30% 的销售收入为信用销售，因此信用销售收入累计为每月 203.99 亿美元（= 679.97 亿美元总销售收入 × 30% 信用销售比例）。因此，可以得出家得宝公司的应收账款周转天数为 19.41 天，计算过程如下：

---

① 公司的流动比率或者酸性测试比率可能会更高吗？当然。流动性资产总体而言对于利润的贡献较少。例如，用过多的钱投资于存货可能会阻止公司投资于会产生更多利润的资产。换句话说，在流动性和利润之间需要进行权衡。

② 当使用利润表和资产负债表的信息来计算给定的财务比率时，我们应当记得给定时间段的利润表（例如 2010 年），然而资产负债表的数据是时点数据，例如 2011 年 1 月 30 日。如果资产负债表从开始到结束有重要的变化，那么最好使用资产的平均数据。例如，公司的应收账款从年初的 1 000 美元增长到年末的 2 000 美元，这时候使用平均应收账款 1 500 美元比较合适。不过简化来说，我们会使用资产负债表的年末数据。

$$\frac{应收账款}{周转天数} = \frac{应收账款}{年信用销售额 \div 365 \ 天} = \frac{1\ 085\ 百万美元}{20\ 399\ 百万美元 \div 365\ 天} = \frac{1\ 085\ 百万美元}{55.89\ 百万美元}$$
$$= 19.41\ 天$$

同样可计算得出，劳氏应收账款周转天数是 16 天。

因此，平均来看，家得宝公司的应收账款周转天数约为 19.41 天，而劳氏公司为 16 天。家得宝公司在收回应收账款时相对较慢，由此可见其应收账款流动性不及劳氏公司。

通过使用**应收账款周转率**（accounts receivable turnover ratio），测算应收账款在一年中周转的次数，也可以得出上述结论。如果家得宝公司每 19.41 天收回一次应收账款，那么它每年可以收回 18.8 次（=365 天÷19.41 天）。应收账款周转率还可以通过以下方式进行计算：

$$应收账款周转率 = \frac{年信用销售额}{应收账款} \qquad (4-4)$$

对于家得宝公司来说，

$$应收账款周转率 = \frac{年信用销售额}{应收账款} = \frac{20\ 399\ 百万美元}{1\ 085\ 百万美元} = 18.80$$

劳氏公司的应收账款周转率是 22.81。

无论我们使用应收账款周转天数还是应收账款周转率进行计算，结论都会是相同的，即家得宝公司的应收账款回收相对于劳氏公司更慢。或者说，家得宝公司的应收账款质量相对较低。（思考如下内容：如果家得宝公司的应收账款回收期和劳氏公司一样短，则其应收账款较少，且流动比率较低。）

**将存货变现** 我们现在要通过测算存货被销售前存储的时间，来了解家得宝公司的存货质量。这被称作**存货周转天数**（days in inventory），其具体计算过程如下：

$$存货周转天数 = \frac{存货}{日销售成本} = \frac{存货}{年销售成本 \div 365\ 天} \qquad (4-5)$$

对于家得宝公司来说，

$$存货周转天数 = \frac{存货}{年销售成本 \div 365\ 天} = \frac{10\ 625\ 百万美元}{44\ 693\ 百万美元 \div 365\ 天} = \frac{10\ 625\ 百万美元}{122.45\ 百万美元}$$
$$= 86.77\ 天$$

同样可计算得出，劳氏的存货周转天数为 95.80 天。

注意，当我们计算应收账款周转率或应收账款周转天数时，使用了销售收入的数值；而在计算存货周转天数或者存货周转率时，我们使用的是销售成本的数值。我们这样做的原因在于，存货是用生产成本进行测量的。

像应收账款周转率和应收账款周转天数的概念那样，我们还可以用**存货周转率**（inventory turnover）的概念来替代存货周转天数，具体计算过程如下[①]：

$$存货周转率 = \frac{销售成本}{存货} \qquad (4-6)$$

----

① 然而，金融行业提供的一些行业规范是把存货周转率作为分子来计算的。为了与这些行业的比率进行比较，我们将在存货周转率计算中使用销售数据。

对于家得宝公司来说，

$$存货周转率=\frac{44\ 693\ 百万美元}{10\ 625\ 百万美元}=4.21$$

同样可计算得出，劳氏的存货周转率为 3.81。

因此，我们可以看到家得宝公司的存货周转比劳氏公司更快——家得宝公司每年存货周转 4.21 次，而劳氏公司为 3.81 次，这说明家得宝公司的存货流动性优于劳氏公司。

最后，流动比率的对比说明家得宝公司的流动性低于劳氏公司，但是该结果是建立在家得宝公司的应收账款和存货质量均与劳氏公司相似的假设基础上的。然而，如果家得宝公司的应收账款周转率较低，而存货周转率较高，情况就会不一样。另外，从酸性测试比率角度来讲，家得宝公司的流动性优于劳氏公司，但我们知道家得宝公司的应收账款流动性略弱于劳氏公司。由上我们得到了一个复合型的结论，即不能简单地判断家得宝公司流动性的优劣。因此，我们认为家得宝公司的流动性与劳氏公司是比较类似的。

至此，我们已经将流动性判断工具展示完毕，总结如下：

## 财务决策工具

| 工具名称 | 公式 | 含义 |
|---|---|---|
| 流动比率 | $\dfrac{流动性资产}{流动性负债}$ | 衡量一个公司的流动性。比率越高说明公司的流动性越强。 |
| 酸性测试比率 | $\dfrac{现金+应收账款}{流动性负债}$ | 相对于流动比率，其衡量流动性的标准更严格，因为它剔除了存货和其他流动性资产。比率越高说明流动性越好。 |
| 应收账款周转天数 | $\dfrac{应收账款}{年信用销售额\div 365\ 天}$ | 表明公司收回应收账款的速度。更长（短）天数说明更慢（快），应收账款的质量更差（好）。 |
| 应收账款周转率 | $\dfrac{年信用销售额}{应收账款}$ | 表明了公司一年内应收账款的周转次数。与应收账款周转天数提供了相同的信息，只是表达的方式不同。数值越高（低）说明可以更快（慢）地收回。 |
| 存货周转天数 | $\dfrac{存货}{年销售成本\div 365\ 天}$ | 衡量了公司的存货在售出之前的平均持有时间。天数越多（少），存货的质量就越低（高）。 |
| 存货周转率 | $\dfrac{销售成本}{存货}$ | 计算了公司存货在一年内售出和替换的次数。与存货周转天数作用相同，也是作为衡量存货质量的指标。数值越高，存货的质量则越高。 |

**例题 4.1**　　　　　　　　　　　**评估迪士尼的流动性**

下面的信息摘自华特·迪士尼公司 2011 年财务报表：

| | |
|---|---|
| 流动性资产 | 13 757 |
| 现金 | 2 722 |
| 应收账款 | 6 182 |
| 存货 | 2 269 |
| 信用销售额 | 27 262 |
| 现金销售收入 | 13 631 |
| 总销售收入 | 40 893 |
| 销售成本 | 31 221 |
| 总流动性负债 | 12 088 |

资料来源：华特·迪士尼公司 2011 财政年度财务报告。

基于广播和娱乐行业标准来评估迪士尼公司的流动性：

| | |
|---|---|
| 流动比率 | 1.17 |
| 酸性测试比率 | 0.92 |
| 应收账款周转率 | 5.80 |
| 存货周转率 | 18.30 |

**步骤 1：制定策略**

我们根据选出的比率来分析公司的流动性，包括流动比率、酸性测试比率、应收账款周转率（或者应收账款周转天数）、存货周转率（或者存货周转天数）。公式如下：

$$流动比率 = \frac{流动性资产}{流动性负债}$$

$$酸性测试比率 = \frac{现金 + 应收账款}{流动性负债}$$

$$应收账款周转率 = \frac{年信用销售额}{应收账款}$$

$$存货周转率 = \frac{销售成本}{存货}$$

**步骤 2：计算数值**

| | 迪士尼 | 行业 |
|---|---|---|
| 流动比率 | 1.14 | 1.17 |
| 酸性测试比率 | 0.74 | 0.92 |
| 应收账款周转率 | 4.41 | 5.8 |
| 存货周转率 | 13.78 | 18.3 |

**步骤 3：分析结果**

根据这些结果可知，迪士尼公司的流动性不如行业平均流动性强，相对于流动性负债而言，公司的流动性资产比行业平均水平更小，公司的其他竞争对手情况也一样。公司的应收账款的变现能力也弱于其竞争对手，存货周转率也是如此。

问题2: 公司的管理人员为公司资产创造了足够多的营业利润吗?[①]

我们现在从公司盈利能力的视角来观察公司的财务状况。这里提出的问题是:"公司的管理人员为公司资产创造了足够多的营业利润吗?"从公司股东的角度看,这是最为重要的问题,而公司管理层创造股东价值的重要途径就是为其投资的资产创造丰厚的利润。

为了回答这个至关重要的问题,让我们考虑一下公司筹集资金的过程。最简单的筹资形式是公司股东对公司进行投资,此外,公司还可能从其他途径借入资金 (银行等)。当然,投资者进行投资的目的是获取投资利润。图 4-2 运用图表的形式诠释了家得宝公司的筹资过程,我们从中可以看到,股东对公司投资 188.89 亿美元,此外公司还从其他途径共借入资金 212.36 亿美元,由此公司共筹集资金构建了总价值 401.25 亿美元的资产,并由此创造出了 58.03 亿美元的营业利润。

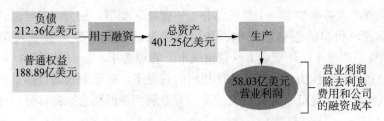

**图 4-2　家得宝公司通过资产管理带来的利润**

可以注意到,我们使用的是营业利润而非净利润的概念,因为营业利润的计算中是将公司资产创造的收益独立于融资渠道之外,而融资途径的影响会在之后两个问题中加以明确地考虑,就目前的问题来看,我们需要将营业利润独立起来。

了解了公司营业利润的重要性之后,我们还要了解营业利润与投入的总资产之间的关系。或者说,我们想了解每单位美元投入使用的资产创造了多少营业利润,也就是我们对公司资产投资的收益率感兴趣。我们可以通过计算**资产收益率** (operating return on assets,*OROA*) 来完成该目标,过程如下:

$$资产收益率 = \frac{营业利润}{总资产} \qquad (4-7)$$

对于家得宝公司来说,

---

① 我们在本章中使用营业利润这个术语,当然使用营业收入这个词也是正确的。我们还可以使用术语缴纳利息和税收前利润——经常缩写为息税前利润。毕竟,营业利润通常是公司的息税前利润。所以你可能会看到这些术语的交替使用。其实它们在很大程度上是一样的。

$$资产收益率 = \frac{营业利润}{总资产} = \frac{5\ 803\ 百万美元}{40\ 125\ 百万美元} = 0.145 = 14.5\%$$

同样可计算得出，劳氏公司的资产收益率为10.6%。

因此，相比于劳氏公司而言，家得宝公司的资产收益率更高一些——家得宝公司每1美元的资产创造了14.5美分营业利润，而劳氏公司每1美元资产仅对应10.6美分。

显而易见的是，家得宝公司在资产收益率方面要优于劳氏公司。但是，问题的答案是由两方面内容决定的：（1）公司对于利润表的管理水平如何，或者说，公司的**运营管理**（operating management）即日常采购及商品、劳务的销售在利润表中的反映；（2）公司管理资产创造销售收入的效率如何，或者说，**资产管理**（asset management）的能力。以上两项可以影响资产收益率的因素可以通过其他两项比率进行观察——营业利润率和总资产周转率。我们可以通过修正后的公式来计算资产收益率，并得到与式（4-7）相同的结果：

$$资产收益率 = 营业利润率 \times 总资产周转率 \tag{4-8a}$$

计算过程如下：

$$资产收益率 = \frac{营业利润}{销售收入} \times \frac{销售收入}{总资产} \tag{4-8b}$$

营业利润率是公司对其日常运营管理成果的体现，而总资产周转率反映的是公司资产管理的效率。接下来，让我们依次考虑运营管理和资产管理的问题。

**运营管理**　资产收益率的第一个组成部分——营业利润率，是公司进行运营管理成果的重要指标，也就是说，利润的创造和成本、费用的控制均由此反映。**营业利润率**（operating profit margin）从生产成本、运营成本（营销成本、管理费用、折旧费用等）相对于公司收益的情况来衡量公司的运营能力。在其他条件相同的情况下，运营管理的目标是要使得公司成本和费用相对于其销售收入更低。因此，我们使用营业利润率的概念来测算公司对利润表的管理能力，即

$$营业利润率 = \frac{营业利润}{销售收入} \tag{4-9}$$

对于家得宝公司来说，

$$营业利润率 = \frac{营业利润}{销售收入} = \frac{5\ 803\ 百万美元}{67\ 997\ 百万美元} = 0.085 = 8.5\%$$

同样可计算得出，劳氏公司的营业利润率为7.3%。

前面的结果清晰地说明了家得宝公司的管理层在管理销售成本和运营成本方面比劳氏公司更为出色。家得宝公司每单位美元销售收入对应的成本更低，这使得其营业利润率相对较高。换句话说，家得宝公司比劳氏公司更好地管理了公司的利润表。因此，家得宝公司较高的资产收益率有一部分要归功于其较高的营业利润率。

现在让我们看一下公司资产收益率的第二驱动因素——公司资产管理的效率。

**资产管理**　式（4-8）的第二组成部分表示**总资产周转率**（total asset turnover）。该比率告诉我们，公司运用其资产创造销售收入的效率究竟如何。更确切地说，假定公司A每1单位美元被投资资产创造了3美元的销售收入，而公司B需要每2单位美元被投资资产才能创造

3 美元销售收入，那么，公司 A 运用其资产创造销售收入的效率更高，其公司资本投入的收益率也更高。该效率能通过总资产周转率体现出来，具体如下：

$$总资产周转率 = \frac{销售收入}{总资产} \tag{4-10}$$

对于家得宝公司来说，

$$总资产周转率 = \frac{销售收入}{总资产} = \frac{67\ 997\ 百万美元}{40\ 125\ 百万美元} = 1.69$$

同样可计算得出，劳氏公司的总资产周转率为 1.45。

现在我们了解到，家得宝公司相比劳氏公司运用资产的效率更高——家得宝公司每 1 单位美元资产创造销售收入 1.69 美元，而相应劳氏公司仅为 1.45 美元。这也是家得宝公司较高的资产收益率存在的第二个原因（第一个原因是较高的营业利润率）。

然而，我们对家得宝公司资产管理的分析并不应该到此为止。我们已经了解到，总体而言，家得宝公司的管理层较高效地运用了公司的资产，但是对于不同类型的资产未必都是如此。我们还想了解的是，公司分别对其主营业务资产、应收账款、存货和固定资产的管理能力。

为了回答这个问题，我们分别为上述每项资产计算其周转率。当然，我们已经计算过公司的应收账款周转率和存货周转率，并可以由此推断，家得宝公司管理层对应收账款的管理效率不及劳氏公司，但是其存货周转速度相对较快。此外，我们还需要计算公司的**固定资产周转率**（fixed asset turnover），过程如下所示：

$$固定资产周转率 = \frac{销售收入}{净固定资产} \tag{4-11}$$

对于家得宝公司来说，

$$固定资产周转率 = \frac{销售收入}{净固定资产} = \frac{67\ 997\ 百万美元}{25\ 060\ 百万美元} = 2.71$$

同样可计算得出，劳氏公司的固定资产周转率为 2.21。

因此，家得宝公司的固定资产投资相对于销售收入的比例比劳氏公司更低。

现在，我们可以观察下面所有的资产效率比率，并对家得宝公司的资产管理进行总结。

| | 家得宝 | 劳氏 |
| --- | --- | --- |
| 总资产周转率 | 1.69 | 1.45 |
| 应收账款周转率 | 18.80 | 22.81 |
| 存货周转率 | 4.21 | 3.81 |
| 固定资产周转率 | 2.71 | 2.21 |

家得宝公司资产管理方面的情况已经比较明晰了。总体而言，由公司总资产周转率来看，家得宝公司的管理层利用公司资产的效率更高。家得宝公司总资产的高效利用来源于公司对存货和固定资产（周转率高于劳氏公司）更好的管理，然而，家得宝公司在应收账款的管理方面做得却没有这么好——其应收账款周转率低于劳氏公司。

图 4-3 为我们提供了关于家得宝公司运营管理和资产管理的评估总结。我们首先计算资

产收益率，以此来测算管理层是否有效地利用资本创造了良好的收益。接下来，我们将资产收益率分为运营管理（营业利润率）和资产管理（总资产周转率）两部分，并用它们来解释家得宝公司资产收益率较高的原因。此外，我们还提供了评估公司盈利能力的一系列财务比率，如下所示：

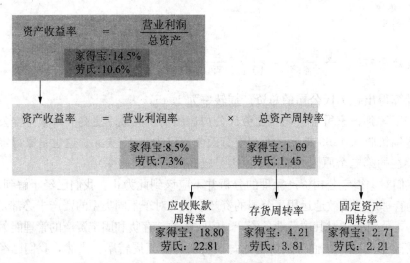

**图 4-3　家得宝公司的资产收益率**

## 财务决策工具

| 工具名称 | 公式 | 含义 |
| --- | --- | --- |
| 资产收益率 | $\dfrac{营业利润}{总资产}$<br>营业利润率×总资产周转率 | 通过公司的资产赚取的收益。更高（低）的收益率表明每投资 1 美元可以获得更多（少）的营业利润。 |
| 营业利润率 | $\dfrac{营业利润}{销售收入}$ | 衡量公司的日常营业效率，如公司的收入是如何产生的？成本和费用是如何控制的？更高（低）的收入意味着公司的日常营业管理更好（更不好）。 |
| 总资产周转率 | $\dfrac{销售收入}{总资产}$ | 衡量公司使用其全部资产的效率，更高的资产周转率意味着公司使用资产的效率更高。 |
| 应收账款周转天数 | $\dfrac{应收账款}{年信用销售额÷365\ 天}$ | 衡量公司收回应收账款的速度。更长（短）的时间意味着回收速度更慢（快）。 |
| 应收账款周转率 | $\dfrac{年信用销售额}{应收账款}$ | 公司应收账款在一年内的收回次数。和应收账款周转天数提供了相同的信息，只是表达方式不同。 |
| 存货周转天数 | $\dfrac{存货}{年销售成本÷365\ 天}$ | 衡量了公司存货在售出之前被持有的平均天数。天数越多（少），说明在存货上的投资越大（小）。 |
| 存货周转率 | $\dfrac{销售成本}{存货}$ | 公司的存货在一年内被售出和替代的次数。和存货周转天数提供了相同的信息。 |
| 固定资产周转率 | $\dfrac{销售收入}{净固定资产}$ | 衡量了公司使用固定资产的效率。更高（低）的周转率意味着公司使用固定资产的效率更高（低）。 |

1. 相对于总资产而言，应该使用公司利润表中的哪项数据来衡量公司的盈利能力？为什么？

2. 公司管理的哪两大方面会对资产收益率产生影响？

3. 哪些因素影响了营业利润率？

4. 低的总资产周转率表明公司的总资产并没有得到有效的管理，如果发生这种情况，你还需要什么附加信息来进一步了解？

---

**例题 4.2**　　　　　　　　　　　**评估迪士尼公司的资产收益率**

根据迪士尼公司的以下财务信息评估公司的资产收益率。

（单位：百万美元）

| | |
|---|---|
| 应收账款 | 6 182 |
| 存货 | 2 269 |
| 销售收入 | 40 893 |
| 信用销售额 | 27 262 |
| 销售成本 | 31 221 |
| 营业利润 | 7 781 |
| 净固定资产 | 19 695 |
| 总资产 | 72 124 |

资料来源：迪士尼公司 2011 年年度财务报告。

行业标准如下：

| | |
|---|---|
| 资产收益率 | 7.25% |
| 营业利润率 | 16.10% |
| 总资产周转率 | 0.45 |
| 应收账款周转率 | 7.10 |
| 存货周转率 | 18.30 |
| 固定资产周转率 | 1.05 |

**步骤 1：制定策略**

资产收益率由两个因素决定：运营管理和资产管理。回顾式（4 - 8a）

资产收益率＝营业利润率×总资产周转率

用营业利润率和总资产周转率的公式进行替代，可得式（4 - 8b）

$$资产收益率＝\frac{营业利润}{销售收入}×\frac{销售收入}{总资产}$$

我们进一步通过资产不同组成部分的效率来分析总资产周转率，包括应收账款周转率、存货周转率和固定资产周转率。

**步骤 2：计算数值**

| | 迪士尼 | 行业 |
|---|---|---|
| 资产收益率 $=\dfrac{7\ 781\ \text{百万美元}}{72\ 124\ \text{百万美元}}$ | 10.79% | 7.25% |
| 营业利润率 $=\dfrac{7\ 781\ \text{百万美元}}{40\ 893\ \text{百万美元}}$ | 19.03% | 16.10% |
| 总资产周转率 $=\dfrac{40\ 893\ \text{百万美元}}{72\ 124\ \text{百万美元}}$ | 0.57 | 0.45 |
| 应收账款周转率 $=\dfrac{27\ 262\ \text{百万美元}}{6\ 182\ \text{百万美元}}$ | 4.41 | 7.10 |
| 存货周转率 $=\dfrac{31\ 221\ \text{百万美元}}{2\ 269\ \text{百万美元}}$ | 13.76 | 18.30 |
| 固定资产周转率 $=\dfrac{40\ 893\ \text{百万美元}}{19\ 695\ \text{百万美元}}$ | 2.08 | 1.05 |

**步骤 3：分析结果**

迪士尼公司资产产生的收益高于行业的平均水平，迪士尼的资产收益率为 10.79%，行业的资产收益率为 7.25%。迪士尼公司资产收益率更高是由于：（1）有效的运营管理，获得高营业利润率（19.03% 相对于 16.10%）；（2）更好地利用资产，总资产周转率较高（0.57 相对于 0.45）。然而总资产周转率较高是由于固定资产周转率较高（2.08 相比于 1.05），这更多地抵消了较低的应收账款周转率（4.41 相对于 7.10）和更加低效的存货管理（13.76 相对于 18.30）。

◆◇◆◇◆◇◆◇◆◇◆◇◆◇◆◇◆◇◆◇◆◇◆◇◆◇◆◇◆◇◆◇◆◇◆◇◆◇◆◇◆◇◆◇◆◇◆◇◆◇◆◇◆◇◆◇◆◇

### 问题 3：公司如何筹资？

现在我们开始思考公司筹资的问题（很快又会回到盈利能力的话题上）。关键问题是，管理层在债务融资和股权融资之间的选择。我们要了解公司有多少比例的资产来自债务融资（包括短期债务和长期债务），剩下的部分自然都来自股权融资。为了回答上面的问题，我们通过如下过程进行**债务比率**（debt ratio）的计算：

$$债务比率 = \frac{总负债}{总资产} \tag{4-12}$$

对于家得宝公司，

$$债务比率 = \frac{总负债}{总资产} = \frac{21\ 236\ \text{百万美元}}{40\ 125\ \text{百万美元}} = 0.53 = 53\%$$

同样可计算得出，劳氏公司的债务比率为 46%。

家得宝公司 53% 的资产来自债务融资（数据来自表 4-2 中家得宝公司资产负债表），对比来看，劳氏公司债务比率为 46%。换句话说，家得宝公司的股权融资比例为 47%，而劳氏公司为 54%。因此，家得宝公司比劳氏公司更多使用债务工具进行融资。我们将在后面的章节中看到，更多的债务融资意味着更高的财务风险。

关于公司筹资决策的第二个目标需要观察利润表。当公司借入资金时，公司至少需要支付所借资金的利息。因此，通过比较可用来偿付利息的营业利润和必须要进行偿付的利息，可以得到很多信息。在这里，我们通过比率计算，得到公司利润是所需支付利息费用的倍数，即**利息保障倍数**（times interest earned）。该倍数常被用来检测公司的债务状况，具体计算形式如下：

$$利息保障倍数 = \frac{营业利润}{利息费用} \tag{4-13}$$

对于家得宝公司，

$$利息保障倍数 = \frac{营业利润}{利息费用} = \frac{5\ 803\ 百万美元}{530\ 百万美元} = 10.9$$

同样可计算得出，劳氏公司的利息保障倍数为 9.0。

家得宝公司的利息费用为 5.3 亿美元，而其营业利润为 58.03 亿美元，这表明，其利息费用占营业利润的比例低于劳氏公司。家得宝公司更高的利息保障倍数应该归因于公司相对较高的营业利润，这在其较高的资产收益率中同样得到了反映。公司的营业利润越高，利息保障倍数就相应越高。家得宝公司更高的债务比率很可能降低其利息保障倍数（相对于劳氏公司），因为公司承担的债务越多，所需支付利息费用则相应越多。然而，家得宝公司较高的收入显然弥补了其大规模债务导致的更高利息费用对利息保障倍数的影响。

在得出关于利息保障倍数的结论前，我们应该理解，利息并不是由收入进行支付，而是由库存现金支付的。此外，除去必须支付的利息，公司还被要求在清算时首先还清负债。因此，利息保障倍数仅仅是公司偿还债务能力的初级考核指标，它并不能全面反映公司的财务风险和偿债能力。

由此可知，融资决策中用到的两大财务比率如下：

### 财务决策工具

| 工具名称 | 公式 | 含义 |
| --- | --- | --- |
| 债务比率 | $\dfrac{总负债}{总资产}$ | 资产来自债务融资的比率。债务比率越高（低），公司的融资风险则越高（低）。 |
| 利息保障倍数 | $\dfrac{营业利润}{利息费用}$ | 公司赚取其利息费用的次数。表明了公司服务于固定支出的能力，更高（低）说明公司更愿意（不愿意）服务于其负债。 |

**例题 4.3**　　　　　　　　　　　　　　评估公司的财务决策

根据下面给定的迪士尼公司的信息，计算公司的债务比率和利息保障倍数。迪士尼的比率和行业平均水平相比怎样，你的结果表明了什么？

| 总负债 | 32 671 百万美元 |
|---|---|
| 总资产 | 72 124 百万美元 |
| 营业利润 | 7 781 百万美元 |
| 利息费用 | 526 百万美元 |
| 行业标准 | |
| 债务比率 | 34.21% |
| 利息保障倍数 | 8.5 |

### 步骤 1：制定策略

公司的融资决策可以从两个问题来评估：（1）用了多少债务来为资产融资？（2）公司是否有能力偿还其利息费用？这两个问题可以使用债务比率和利息保障倍数来衡量。

$$债务比率 = \frac{总负债}{总资产}$$

$$利息保障倍数 = \frac{营业利润}{利息费用}$$

### 步骤 2：计算数值

根据行业情况比较迪士尼的债务比率和利息保障倍数。

| | 迪士尼 | 行业 |
|---|---|---|
| 债务比率 | 45.30% | 34.21% |
| 利息保障倍数 | 14.79 | 8.50 |

### 步骤 3：分析结果

迪士尼公司相对于行业而言使用了更多的债务融资。更高的债务比率表明公司有更多的融资风险。即使如此，迪士尼公司偿还债务并没有困难，它的利息保障倍数是 14.79，相比于行业的 8.50 而言，迪士尼公司更高的利息保障倍数对资产的营业利润贡献更高，从而抵消了公司使用更多债务的影响。

---

**概念回顾**

1. 债务比率提供了什么信息？
2. 为什么在低债务比率的情况下，计算利息保障倍数是十分重要的？
3. 为什么营业利润不能完整地评估公司的债务偿还能力？

---

问题 4：公司的管理人员是否为股东提供的资金创造了良好的收益？

现在我们想知道，公司的所有者（股东）在同竞争公司进行比较时，其股权投资是否得到了诱人的回报。为此，我们使用了**股本回报率**（return on equity，*ROE*）的概念，其计算过程如下：

$$股本回报率 = \frac{净利润}{所有者权益} \qquad (4-14)$$

对于家得宝公司来说，

$$股本回报率 = \frac{净利润}{所有者权益} = \frac{3\,338\ 百万美元}{18\,889\ 百万美元} = 0.177 = 17.7\%$$

同样计算可得，劳氏公司的股本回报率为 11.1%。

在上面的计算中，我们要记住，所有者权益包括资产负债表中所有的普通股权益，像票面价值、实收资本、留存收益都包括在内，如果有库存股则要进行折减。（毕竟，公司的留存收益像普通股股东购买公司股票一样，都可以看作他们对公司的投资。）

家得宝公司和劳氏公司的股本回报率分别为 17.7% 和 11.1%。因此，家得宝公司的所有者为其股权投资得到的收益要多于劳氏公司的所有者。他们是怎么做到这一点的呢？为了回答这个问题，我们需要利用以下这些已经学过的知识：

1. 从分析中我们已经知道，家得宝公司的资产收益率相对较高——家得宝公司为 14.5%，优于劳氏公司的 10.6%。较高（较低）的资产收益率往往会导致较高（较低）的股本回报率。

2. 家得宝公司更多进行债务融资（较少进行股权融资）——家得宝公司债务融资比例为 53%，劳氏公司仅为 46%。我们很快就会看到，当公司资产收益率高于其债务比率时，公司债务融资比例越高，其股本回报率则越高。相反，公司债务融资比例越低，其股本回报率则越低（这里同样需要假定公司资产收益率高于债务比率）。因此，家得宝公司通过使用更多债务融资工具，提高了股本回报率，这是好的一方面；另一方面，公司债务融资比例越大，其承担的财务风险则越高，而这也是由其股东承担的。

为了有助于我们理解前面家得宝公司较高的股本回报率和其可能带来的结果，让我们思考如下案例。

假设有公司 A 和公司 B，两公司规模类似，总资产均为 1 000 美元，资产收益率均为 14%。然而，它们在一方面是有区别的：公司 A 全部使用股权融资，无债务资本；公司 B 60% 的融资来自债务，40% 来自股权。我们还假设，任何债务的利率都是 6%，为了简化计算，假定不存在任何税费。两家公司的利润表如下所示：

（单位：美元）

| | 公司 A | 公司 B | |
|---|---|---|---|
| **资产负债表** | | | |
| 总资产 | 1 000 | 1 000 | |
| 负债（6%利率） | 0 | 600 | |
| 所有者权益 | 1 000 | 400 | |
| 总负债和所有者权益 | 1 000 | 1 000 | |
| **利润表** | | | |
| 营业利润 | 140 | 140 | ← 140 美元 = 0.14 资产收益率 × 1 000 美元总资产 |
| 利息费用 | −0 | −36 | ← 36 美元 = 0.06 利率 × 600 美元负债本金 |
| 净利润 | 140 | 104 | |

通过计算两家公司的股本回报率，我们可以看到公司 B 的股本回报率为 26％，而公司 A 仅为 14％。计算过程如下：

| 公司 A | 公司 B |
|---|---|
| 股本回报率 $=\dfrac{\text{净利润}}{\text{所有者权益}}=\dfrac{140\ \text{美元}}{1\ 000\ \text{美元}}=14\%$ | $\dfrac{104\ \text{美元}}{400\ \text{美元}}=26\%$ |

为什么会存在上面所示的区别？答案很简单。公司 B 的总资产 1 000 美元的股本回报率为 14％，但只需要为其 600 美元的债务承担 6％的利息，公司所有者拿到的是公司资产 14％的收益率与 6％利息费用的差额，因此公司 B 的股本回报率高于公司 A。

以上便是有利财务杠杆的一个例子。当然你可能会问，何谓"有利"？公司股本回报率为 14％，而仅需向银行支付 6％的借款利息，因此股东能得到每美元债务融资 8％的收益，结果导致公司 B 的股本回报率相对于公司 A 更高。公司 B 的股东做了一笔多划算的买卖啊！故如果债务能够提高股本回报率，为什么公司 A 不进行债务融资或者公司 B 不进行更多的债务融资呢？

公司 B 股东较好的收益是建立在公司实际上能赚取 14％资产收益率的假设基础上的。但是，如果经济面临大萧条，公司突然衰退，当公司 A 和 B 都只能赚取 2％的资产收益率时，会发生什么呢？让我们按照新的假设重新进行计算：

（单位：美元）

| | 公司 A | 公司 B |
|---|---|---|
| 营业利润（$OROA=2\%$） | 20 | 20 |
| 减利息费用 | 0 | －36 |
| 净利润 | 20 | －16 |
| 权益收益 | | |
| $\dfrac{\text{净利润}}{\text{所有者权益}}$ | $\dfrac{20}{1\ 000}=2\%$ | $\dfrac{-16}{400}=-4\%$ |

现在看来，财务杠杆的使用对股本回报率带来了消极的影响，在这时，公司 B 的股本回报率要低于公司 A。这个结果的得出是因为公司 B 的利润率低于借款利率 6％，于是，股东必须弥补两者之差。因此，财务杠杆是一把双刃剑：当经济状况好的时候，财务杠杆会起到非常积极的作用；但是当经济环境比较低迷的时候，财务杠杆则会起到非常糟糕的作用。财务杠杆能够提高股东的股本回报率，但是同时它也增加了损失的风险，即为公司所有者（股东）增加了不确定性。在第十二章中，我们会更加详细地对财务杠杆进行阐述。

现在让我们回到家得宝公司的例子上来，图 4-4 为我们提供了关于股本回报率的总结图，这有助于形象化地理解影响着公司股本回报率的两个基本概念：

1. 公司的资产收益率和作为结果的股本回报率之间有着直接的关系。就像我们之前解释的那样，资产收益率越高，股本回报率越高。更确切地说，公司的资产收益率与公司为其债务承担的借款利率之间的差额越大，股本回报率越高。因此，资产收益率相对于借款利率的增加导致了股本回报率的提高。但是，如果资产收益率与借款利率之间的差额减少，股本回报率同样也会减少。

2. 在资产收益率高于公司担负的借款利率的前提下，增加债务融资的比例（增加债务比率）能够增加股本回报率。如果资产收益率降到利率水平之下，那么更多的债务融资会导致股本回报率的降低。

简而言之，股本回报率是由资产收益率与借款利率之差，和由债务比率衡量的借款融资比率所驱动的。

小结一下，股本回报率是我们用来衡量公司所有者权益所取得收益的金融分析工具，其展示如下：

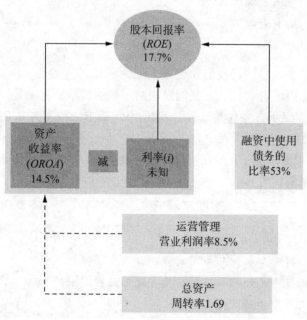

图 4-4　家得宝公司的股本回报率关系图

## 财务决策工具

| 工具名称 | 公式 | 含义 |
| --- | --- | --- |
| 股本回报率 | $\dfrac{净利润}{所有者权益}$ | 股东投资的会计收益，对营业利润和公司融资进行有效管理的结果。 |

### 例题 4.4　　评估迪士尼的股本回报率

迪士尼股东的净利润和所有者权益与行业的股本回报率如下所示，根据以下信息评估公司普通股股东的股本回报率。另外比较公司和行业的股本回报率，考虑迪士尼的资产收益率和它的债务融资举措对公司的股本回报率的影响。

| | |
| --- | --- |
| 净利润 | 4 807 百万美元 |
| 所有者权益 | |
| 　普通股（账面价值） | 27 百万美元 |
| 　资本公积 | 30 269 百万美元 |

| | |
|---|---|
| 留存收益 | 35 745 百万美元 |
| 库存股 | −26 588 百万美元 |
| 行业平均股本回报率 | 8.31% |

**步骤 1：制定策略**

评估股本回报率，回顾式（4 - 14）：

$$股本回报率 = \frac{净利润}{所有者权益}$$

**步骤 2：计算数值**

首先，通过加总单个权益项目我们知道迪士尼的所有者权益是 394.53 亿美元。然后，把净利润 48.07 亿美元除以所有者权益，我们发现迪士尼的股本回报率是 12.2%（=48.07 亿美元净利润÷394.53 亿美元所有者权益），而行业的平均股本回报率为 8.31%。

**步骤 3：分析结果**

迪士尼的高股本回报率是公司有着较高的资产收益率的结果，相比于行业平均水平，迪士尼使用了更多的债务融资。

---

**概念回顾**

1. 公司的股本回报率是如何和公司的资产收益率联系起来的？
2. 公司的股本回报率是如何和公司的债务比率联系起来的？
3. 债务融资的优劣势分别是什么？

## 问题 5：公司的管理人员是否创造出了股东价值？

针对这一点，我们已经用会计数据对公司管理层的业绩进行了评估。现在，我们想从是否创造或者破坏了股东价值的角度来对管理层的表现进行评估。为了回答这个问题，我们可采用两种方法：（1）对市场价值比率进行测算，（2）估算公司为股东创造的价值，在这里广泛用到的技术被称作经济增加值。

**市场价值比率**　在比较公司股价与收益、会计账面价值时，有两项比率是我们经常用到的，它们预示着投资者对管理层过去业绩的评价和对未来的预期。

**市盈率**　市盈率（price/earnings ratio）预示着投资者愿意为每单位收益所投资的金额。回到家得宝公司的例子上来，该公司在 2010 年整个会计年度的净利润为 33.38 亿美元，在外流通普通股为 16.23 亿股（见表 4 - 1）。因此，该公司每股收益为 2.06 美元（=33.38 亿美元净利润÷16.23 亿流通股）。当时家得宝公司的每股市场价值为 36.77 美元，由此计算得出，其市盈率为 17.85，计算过程如下：

$$市盈率 = \frac{每股市场价值}{每股收益} \tag{4-15}$$

对于家得宝来说，

$$市盈率 = \frac{每股市场价值}{每股收益} = \frac{36.77\ 美元}{2.06\ 美元} = 17.85$$

同样可计算得出，劳氏公司的市盈率为 16.90。

家得宝公司的市盈率告诉我们，投资者愿意为家得宝公司创造的每单位美元利润支付每股 17.85 美元的投资，对比来看，他们只愿意为劳氏公司相应支付 16.90 美元。因此，对于相同数额的利润，投资者愿意为家得宝公司支付更多的投资，可原因是什么呢？如果投资者认为公司有着较好的利润增长预期或者更低的风险，那么他们就愿意承担更高的市盈率。因此，在本例中，投资者认为家得宝公司的成长潜力强于劳氏公司，或者家得宝公司比劳氏公司承担着更低的风险。

**市净率** 投资者对公司进行评估的第二项常用指标是**市净率**（price/book ratio），该比率是把公司的每股市场价值与每股账面价值进行对比。每股账面价值来自公司资产负债表中体现的所有者权益。我们已经知道，家得宝公司的普通股每股市场价值为 36.77 美元，为了求得其每股账面价值，我们将公司的账面价值（所有者权益）除以在外流通的股份数量。从家得宝公司的资产负债表中，我们可以看到该公司权益账面价值为 188.89 亿美元，假定家得宝公司有 16.23 亿单位流通股，则每股账面价值为 11.64 美元（＝188.89 亿美元账面价值÷16.23 亿流通股）。有了这些信息，我们可以求得公司市净率，过程如下：

$$市净率 = \frac{每股市场价值}{每股账面价值} \tag{4-16}$$

对于家得宝公司来说，

$$市净率 = \frac{每股市场价值}{每股账面价值} = \frac{36.77\ 美元}{11.64\ 美元} = 3.16$$

同样计算可得，劳氏的市净率为 1.95。

考虑到每股账面价值是一项反映历史成本的会计数字，我们可以简单地将其看作投资者对公司的投资额。因此，大于 1 的市净率数值预示着投资者相信公司的价值比股东的历史投资价值更高。相对而言，低于 1 的市净率数值则意味着投资者认为公司的价值并不及现股东的历史投资价值。明显的是，投资者认为家得宝公司的股票价值要高于最初的投资价值，因为他们愿意为每股账面价值支付 3.16 美元的价格。对比来看，劳氏公司的每股账面价值仅为 1.95 美元。又一次，投资者发出了这样的信号——他们认为，相对于公司承担的风险而言，家得宝公司有着更好的成长预期。

**经济增加值** 就像前面所描述的那样，市净率反映的是股东对公司的权益和其最初投资的资本价值之间关系的判断。如果公司的市场价值高于其会计账面价值（市净率＞1），那么可以说管理层创造了股东价值；但是如果公司的市场价值低于账面价值（市净率＜1），那么可以说管理层破坏了股东价值。

股东价值是怎样被创造或者被破坏的呢？简单地说，当公司所赚取的回报率高于投资人要求的回报率时，股东价值得到了创造。如果我们投资于一家公司，要求的回报率为 12%，而公司创造出了 15% 的回报率，那么公司的管理层为股东创造了股东价值。相反，如果公司的回报率仅为 10%，那么股东价值就被破坏了。这个概念往往在公司决策是否对厂房和设备进行大型投资的时候得以应用，然而，它还没有被普遍地应用到公司日常的运营活动中去。管理层习惯上关注会计结果，如利润增长率、边际利润率和股本回报率。

然而近年来，投资者一直在呼吁管理层应为其提供创造了股东价值的证据。针对该评估已经发展了几种技术手段，其中最受关注的是经济增加值。

| 例题 4.5 | 计算迪士尼的市盈率和市净率 |

思考关于迪士尼的如下问题：

1. 在我们分析时，迪士尼的股价是 33 美元；

2. 公司的净利润为 39.63 亿美元，它的所有者权益在资产负债表中（账面价值）为 375.19 亿美元；

3. 发行在外的股数为 19.15 亿股。

根据以上信息，计算公司的每股收益和每股账面价值，并计算市盈率和市净率。行业的平均市盈率为 11，平均市净率为 1.6，请问公司股东会如何看待迪士尼的表现，以及相对于竞争者来说公司未来的发展前景？

**步骤 1：制定策略**

计算迪士尼的市盈率和市净率，投资者愿意为迪士尼每 1 美元收益付出多少？每 1 美元权益（账面价值）创造了多少价值？公式如下：

$$市盈率 = \frac{每股市场价值}{每股收益}$$

$$市净率 = \frac{每股市场价值}{每股账面价值}$$

**步骤 2：计算数值**

我们计算迪士尼的市盈率和市净率，如下所示：

$$每股收益 = \frac{净利润}{股数} = \frac{3\ 963\ 百万美元}{1\ 915\ 百万股} = 2.07\ 美元$$

$$每股账面价值 = \frac{所有者权益}{股数} = \frac{37\ 519\ 百万美元}{1\ 915\ 百万股} = 19.59\ 美元$$

$$市盈率 = \frac{每股市场价值}{每股收益} = \frac{33\ 美元}{2.07\ 美元} = 15.94$$

$$市净率 = \frac{每股市场价值}{每股账面价值} = \frac{33\ 美元}{19.59\ 美元} = 1.68$$

**步骤 3：分析结果**

迪士尼的市盈率为 15.94，市净率为 1.68，与此同时，行业的平均市盈率为 11，平均市净率为 1.6，所以股东会认为迪士尼具有更高的成长前景和更低的风险。

**经济增加值**（economic value added，*EVA*）是由美国思腾斯特投资咨询公司（Stern Stewart & Co）开发的用来衡量公司财务状况的指标。经济增加值尝试对给定年度的公司经济利润而非会计利润进行测算。经济利润为公司债务利息成本以及权益资本进行成本分配（股东所提供投资资金的机会成本）——即使会计师们在计算公司净利润时只考虑利息费用的因素。

比如说，这里假设某公司总资产为 1 000 美元，40%（400 美元）的资产来自债务融资，60%（600 美元）来自权益融资。如果债务利率为 5%，那么公司利息费用为 20 美元（＝400 美元债务×0.05），这会在公司的利润表中得以体现。然而，利润表中并不会体现出权益融资的成本。为了估算经济利润，我们既要考虑 20 美元的利息费用，也要考虑 600 美元权益融资资本的机会成本。举例来说，如果股东能在承担相近风险的情况下获得15％的投资收益（其机会成本为15％），那么我们应该像核算利息费用一样对该成本进行计算。因此，成本中不光应该减去20美元的利息费用，还应该减去权益成本90美元（＝600美元权益资本×15％）。由此可见，只有公司的营业利润超过110美元（＝20美元利息费用＋90美元权益成本）时，公司才赚取了经济利润。如果用百分数形式进行表示的话，公司必须至少获取11％的资产收益率（＝110美元÷1 000美元）来满足投资者的收益率要求。

我们可以通过如下过程来计算给定年度公司所创造的股东价值——经济增加值：

$$EVA＝（资产收益率－资本成本）×总资产 \tag{4-17}$$

在上式中，资本成本指的是整个公司的资本成本[①]，既包括债务资金又包括股权资金。也就是说，管理层创造的价值是由以下两点决定的：（1）公司相对于投资人要求的收益率所创造的股东资产收益，（2）公司所接受的投资总额（总资产）。

继续考虑我们先前的案例，假定我们的公司资产收益率为16％，那么公司的经济增加值为50美元，计算过程如下：

$$EVA＝（资产收益率－资本成本）×总资产＝（0.16－0.11）×1 000美元＝50美元$$

让我们观察一下，在完成家得宝公司经济增加值的估计之后，我们得到了什么？从先前的计算中我们已经得知，在以2011年1月30日为结尾的会计年度中，家得宝公司的资产收益率为14.5％，也就是说，该公司为每单位美元的资产投资创造了14.5％的收益率，而总资产投资额为401.25亿美元。如果我们假设公司的资本成本（所有投资者要求的投资收益率）为10％，那么我们可以通过如下过程计算家得宝公司的经济增加值：

$$EVA＝（资产收益率－资本成本）×总资产＝（0.145－0.10）×401.25亿美元$$
$$＝18.06亿美元$$

先前的关于经济增加值概念的表述是相对简单的形式。然而，对经济增加值的计算需要我们将公司的财务报表从会计视角（一般公认会计原则）转换为经济账面价值的角度。这个过程远比我们现在接触到的知识要复杂，但是其中计算的基本前提是相同的。

关于判断管理层是否创造了股东价值的比率总结如下：

## 财务决策工具

| 工具名称 | 公式 | 含义 |
|---|---|---|
| 市盈率 | $\dfrac{每股市场价值}{每股收益}$ | 公司每1美元盈利的市场价值。更高（低）的比率表明投资者分配给公司的价值更多（少）。 |
| 市净率 | $\dfrac{每股市场价值}{每股账面价值}$ | 通过权益账面价值衡量的每1美元股东投资的市场价值，比率越高（低），表明投资者认为每投资给公司的1美元具有更多（少）市场价值。 |
| 经济增加值 | $\left(\dfrac{资产}{收益率}-\dfrac{资本}{成本}\right)×总资产$ | 衡量公司的经济利润。相对于会计利润，不仅将利息费用包括进来作为费用，而且将股东要求的投资收益率纳入进来。数字为正表明管理者创造了股东价值，数字为负则说明股东价值被破坏了。 |

[①] 我们将在第九章解释我们是如何计算公司的资本成本的。

| 例题 4.6 | 计算迪士尼公司的经济增加值 |
|---|---|

在这一章之初，我们计算了迪士尼公司的资产收益率（OROA）为 10.79%，如果迪士尼的资本成本（负债和权益成本）是 9%，当公司的总资产大约为 721.24 亿美元时，公司的经济增加值是多少？

**步骤 1：制定策略**

经济增加值包括资本总成本中的权益的机会成本。

**步骤 2：计算数值**

迪士尼的经济增加值计算如下：

$$EVA = （资产收益率 - 资本成本） \times 总资产$$
$$= （0.107\ 9 - 0.09） \times 721.24\ 亿美元 = 12.9\ 亿美元$$

**步骤 3：分析结果**

迪士尼公司通过赚取公司的资产的收益创造了大约 12.9 亿美元股东权益价值，比投资者要求的 9% 的收益率更高。

最后，我们把用来分析家得宝公司财务表现的所有财务比率总结在表 4-3 中。

表 4-3 　　　　　　　　　　　　　家得宝公司财务比率分析

| 财务比率 | 家得宝 | 劳氏 |
|---|---|---|
| **1. 公司的流动性** | | |
| $流动比率 = \dfrac{流动性资产}{流动性负债}$ | $\dfrac{13\ 479\ 百万美元}{10\ 122\ 百万美元} = 1.33$ | 1.40 |
| $酸性测试比率 = \dfrac{现金 + 应收账款}{流动性负债}$ | $\dfrac{545\ 百万美元 + 1\ 085\ 百万美元}{10\ 122\ 百万美元} = 0.16$ | 0.12 |
| $应收账款周转天数 = \dfrac{应收账款}{日信用销售额}$ | $\dfrac{1\ 085\ 百万美元}{20\ 399\ 百万美元 \div 365\ 天} = 19.41\ 天$ | 16 天 |
| $应收账款周转率 = \dfrac{年信用销售额}{应收账款}$ | $\dfrac{20\ 399\ 百万美元}{1\ 085\ 百万美元} = 18.80$ | 22.81 |
| $存货周转天数 = \dfrac{存货}{日销售成本}$ | $\dfrac{10\ 625\ 百万美元}{44\ 693\ 百万美元 \div 365\ 天} = 86.77\ 天$ | 95.8 天 |
| $存货周转率 = \dfrac{销售成本}{存货}$ | $\dfrac{44\ 693\ 百万美元}{10\ 625\ 百万美元} = 4.21$ | 3.81 |
| **2. 营业利润** | | |
| $资产收益率 = \dfrac{营业利润}{总资产}$ | $\dfrac{5\ 803\ 百万美元}{40\ 125\ 百万美元} = 14.5\%$ | 10.6% |
| $营业利润率 = \dfrac{营业利润}{销售收入}$ | $\dfrac{5\ 803\ 百万美元}{67\ 997\ 百万美元} = 8.50\%$ | 7.3% |
| $总资产周转率 = \dfrac{销售收入}{总资产}$ | $\dfrac{67\ 997\ 百万美元}{40\ 125\ 百万美元} = 1.69$ | 1.45 |

| 财务比率 | 家得宝 | 劳氏 |
|---|---|---|
| 应收账款周转率 $= \dfrac{年信用销售额}{应收账款}$ | $\dfrac{20\ 399\ 百万美元}{1\ 085\ 百万美元} = 18.80$ | 22.81 |
| 存货周转率 $= \dfrac{销售成本}{存货}$ | $\dfrac{44\ 693\ 百万美元}{10\ 625\ 百万美元} = 4.21$ | 3.81 |
| 固定资产周转率 $= \dfrac{销售收入}{净固定资产}$ | $\dfrac{67\ 997\ 百万美元}{25\ 060\ 百万美元} = 2.71$ | 2.21 |

**3. 财务决策**

| | | |
|---|---|---|
| 债务比率 $= \dfrac{总负债}{总资产}$ | $\dfrac{21\ 236\ 百万美元}{40\ 125\ 百万美元} = 53\%$ | 46% |
| 利息保障倍数 $= \dfrac{营业利润}{利息费用}$ | $\dfrac{5\ 803\ 百万美元}{530\ 百万美元} = 10.9$ | 9.0 |

**4. 权益收益**

| | | |
|---|---|---|
| 股本回报率 $= \dfrac{净利润}{所有者权益}$ | $\dfrac{3\ 338\ 百万美元}{18\ 889\ 百万美元} = 17.7\%$ | 11.10% |

**5. 创造股东价值**

| | | |
|---|---|---|
| 市盈率 $= \dfrac{每股市场价值}{每股收益}$ | $\dfrac{36.77}{2.06} = 17.85$ | 16.90 |
| 市净率 $= \dfrac{每股市场价值}{每股账面价值}$ | $\dfrac{36.77}{11.64} = 3.16$ | 1.95 |
| 经济增加值 = (资产收益率－资本成本)×总资产 | (0.145－0.10)×401.25 亿美元 = 18.06 亿美元 | 无法计算 |

---

**概念回顾**

1. 公司创造股东价值或者破坏股东价值的影响因素有哪些？
2. 我们可以使用什么方式去衡量公司是否创造了股东价值？
3. 什么决定了市净率大于 1 或者小于 1？
4. 公司的市净率和市盈率传递了什么不同的信息？
5. 利润表中的利润和经济利润的区别是什么？
6. 什么是经济增加值？它告诉了你哪些信息？

---

# 财务比率分析的局限性

在本章的最后，我们讲一下关于使用财务比率的几点警告。我们已经讲过如何运用财务比率来了解公司的财务状况，但是，任何使用这些财务比率的人需要注意使用中的一些限制。下面几条内容包含了在进行财务运算和诠释时你可能遇到的一些陷阱。

1. 当公司涉足多行业多领域时，判断公司所属行业可能会比较困难。在这种情况下，你必须选择自己认可的同行业公司，并且建立自己的分类标准。

2. 相关文献中分类的同类公司或者行业平均值仅仅是估算数据。这些参考数据为使用者提供一般性指南，而不是所有数据的平均值，甚至都不能算作代表性案例值。

3. 行业平均值并不一定是一个必须要求的目标比率标准，行业标准其实并没有什么神奇的地方，行业标准顶多预示着该行业公司的平均财务状况。这并不意味着行业平均值是某财务比率的最佳值。由于各种原因，一家管理水平良好的公司的比率水平可能比均值高，而另一家同样优秀的公司比率水平可能低于行业平均值。

4. 不同公司的会计实务差别很大。一方面，不同的公司为其固定资产选择不同的折旧方法，而这些区别会使得不同公司计算出来的财务比率难以相互比较。

5. 财务比率可能出现过高或者过低的状况。一方面，超过行业标准值的流动比率可能预示着流动性过剩，这会导致公司资产投资的收益相对较低。另一方面，低于行业标准的流动比率可能预示着：（1）公司的流动性不足，未来某时间点可能无法及时清偿债务；（2）公司比同类竞争企业的应收账款和存货管理效率更高。

6. 许多公司在运营过程中会经历季节性变化。结果就是，其资产负债表条目和相应财务比率水平随着每年的时间变化而发生改变。为了应对该问题的发生，应该使用账户结余平均值（通过对一年中几个月或者几个季度的平均值进行计算）的概念，而不是使用年底的结余数字。比如说，我们可能会使用公司一年中每个月月底的存货量均值来计算存货周转率，而不是使用年底的存货数额进行计算。

尽管存在着一定的局限性，财务比率依然是我们对公司财务状况进行评估时的有力工具。然而，我们应该清楚认识到它们潜在的劣势。在很多情况下，财务比率给我们真正的价值是告诉我们需要再向公司提出一些什么问题。

---

**概念回顾**

1. 当把一家公司与同类公司进行比较时，为什么要确定公司所属的行业？

2. 为什么公司会计实务上的差异会限制财务比率的有效性？

3. 把公司与行业标准进行比较时，为什么要小心谨慎？

---

## 本章小结

### 1. 解释财务分析的目的和重要性

**小结**：研究表明财务比率是有用的，比如经理和股东使用它们去衡量和跟踪公司的业绩表现。对公司经济状况有兴趣的公司之外的财务分析师也会使用财务比率。当然，这些公司之外的人也可能是商业银行的贷款办公人员，他们需要考虑公司贷款申请的可信程度和偿还本息的能力。

**关键术语**

财务比率：帮助人们通过相对会计数据来确认公司的强项和弱项。

### 2. 使用综合的方法来衡量公司的业绩

**小结**：财务比率是财务分析的基本工具。由于财务比率标准化了公司的财务信息，所以不同规模的公司也可以进行比较。

财务比率也可以用来回答至少五个问题：（1）公司的流动性如何：它有能力偿清债务吗？（2）公司的管理人员为公司资产创造了足够多的营业利润吗？（3）公司如何筹资？（4）公司的管理人员是否为股东提供的资金创造了良好的收益？（5）公司的管理人员是否创造出了股东价值？

有两个方法可以用来分析公司的财务比率：（1）通过衡量不同时间段的公司的财务比率（例如过去五年）来比较公司现在和过去的表现，（2）比较不同公司的财务比率。例如，我们选择劳氏作为家得宝的财务分析比较对象。

财务比率可以衡量公司的财务表现。然而，当评估公司对资产的使用是否创造了公司价值时，财务比率分析仅基于公司的利润表就不够了，若希望了解市场是如何评价公司经理的表现的，我们可以用公司股票的市场价值除以它的每股收益或每股账面价值。

经济增加值（EVA）是从股东价值创造的角度来衡量公司业绩的一种方法。EVA 等于公司的资产收益率减去投资者资本成本的差值乘以总资产。

### 关键术语

流动性：公司按时支付账单的能力。流动性和将公司的非现金资产变现的难易程度、速度，以及公司的非现金资产相对于短期债务的投资规模相关。

流动比率：公司的流动性资产除以流动性负债。这个比率通过比较流动性资产和流动性负债来表明公司的流动性。

酸性测试比率：公司的现金和应收账款的总和除以公司的流动性负债。这个比率是比流动性比率更严格的衡量标准，因为流动比率的分子包括存货和其他流动性资产（即流动性低的资产）。

应收账款周转天数（平均回收期）：应收账款除以公司日信用销售额（年信用销售额÷365），这个比例表达了公司收回应收账款需要的平均天数。

应收账款周转率：公司的信用销售额除以应收账款。这个比率表明了公司应收账款在一年内的流转次数。

存货周转天数：存货除以销售成本。这个比例衡量了公司的存货在被售出之前持有的平均时间，表明了公司的存货质量。

存货周转率：销售成本除以存货。这个比例衡量了公司的存货被售出和替换的次数（存货的相对流动性）。

资产收益率（OROA）：该比率等于公司的营业利润除以总资产，表明了依靠公司的资产所赚取的收益。

运营管理：从公司产生利润、控制成本和费用的角度衡量了公司在日常运营中的管理效率。

资产管理：利用公司资产产生收入的效率。

营业利润率：公司的营业利润除以销售收入，该比率从整体上对运营效率进行了衡量。

总资产周转率：公司的销售收入除以总资产。这个比率是基于公司的销售收入和总资产的关系，衡量了公司资产管理的有效性。

固定资产周转率：公司的销售收入除以净固定资产。这个比率表明了公司使用固定资产的效率。

债务比率：公司的总负债除以总资产，这个比率衡量了公司通过债务融资的程度。

利息保障倍数：公司的营业利润除以利息费用。衡量了公司使用年营业利润来偿还利息的能力。

　　**股本回报率**：公司的净利润除以所有者权益。这个比率表明了公司的普通股股东投资的会计收益。

　　**市盈率**：市场对公司每 1 美元收益所赋予的市场价值。例如，公司的每股收益为 2 美元，股价为每股 30 美元，那么该公司的市盈率为 15（＝30 美元÷2 美元）。

　　**市净率**：市场对公司在资产负债表中报告的每股账面价值所赋予的价值，表明了市场对于投资者投资的每 1 美元赋予的价值。

　　**经济增加值**：衡量了相对于会计收入而言的公司的经济利润，不仅包含了作为成本的利息费用，而且包含了股东要求的资产收益率。

### 关键公式

$$流动比率＝\frac{流动性资产}{流动性负债}$$

$$酸性测试比率＝\frac{现金＋应收账款}{流动性负债}$$

$$应收账款周转天数＝\frac{应收账款}{日信用销售额}＝\frac{应收账款}{年信用销售额÷365 天}$$

$$应收账款周转率＝\frac{年信用销售额}{应收账款}$$

$$存货周转天数＝\frac{存货}{日销售成本}＝\frac{存货}{年销售成本÷365 天}$$

$$存货周转率＝\frac{销售成本}{存货}$$

$$资产收益率＝\frac{营业利润}{总资产}$$

$$资产收益率＝营业利润率×总资产周转率$$

$$资产收益率＝\frac{营业利润}{销售收入}×\frac{销售收入}{总资产}$$

$$营业利润率＝\frac{营业利润}{销售收入}$$

$$总资产周转率＝\frac{销售收入}{总资产}$$

$$固定资产周转率＝\frac{销售收入}{净固定资产}$$

$$债务比率＝\frac{总负债}{总资产}$$

$$利息保障倍数＝\frac{营业利润}{利息费用}$$

$$股本回报率＝\frac{净利润}{所有者权益}$$

$$市盈率＝\frac{每股市场价值}{每股收益}$$

$$市净率 = \frac{每股市场价值}{每股账面价值}$$

**3. 描述财务分析的局限性**

**小结：** 以下几点是计算和解释财务比率时的局限性：

（1）当公司涉足多行业多领域时，判断公司所属行业可能会比较困难。

（2）相关文献中分类的同类公司或者行业平均值仅仅是估算数据。

（3）行业平均值并不一定是一个必须要求的目标比率标准。

（4）不同公司的会计实务差别很大。

（5）许多公司在运营过程中会经历季节性变化。其结果就是，资产负债表条目和相应财务比率水平随着每年的时间变化而发生改变。

尽管有这些局限性，财务比率还是我们在衡量公司财务状况时的有用工具。

---

## 复习题

**4-1** 描述可使用财务比率解决的"五个问题"。

**4-2** 简要讨论进行财务分析的两个视角。

**4-3** 我们可以在哪里获得行业标准信息？

**4-4** 简要解释使用行业平均比率的局限性。

**4-5** 什么是流动性？可以用什么比率来衡量？

**4-6** 区分公司的资产收益率和营业利润率。

**4-7** 为什么资产收益率可以衡量公司的营业利润率和总资产周转率？

**4-8** 为什么公司的毛利润率、营业利润率和净利润率会有所不同？

**4-9** 市盈率和市净率可以告诉投资者哪些信息？

**4-10** 解释什么决定了公司的股本回报率。

**4-11** 什么是经济增加值？它是怎么使用的？

**4-12** 登录 IBM 的网站 www.ibm.com/investor，先点击"投资者工具"，然后点击"投资之道"，作为指导来阅读财务报表。看它和第三章以及本章学习内容存在哪些不同？

---

## 课后问题

**4-1** （评估流动性）布拉舍（Brasher）公司的流动性资产为 2 145 000 美元，流动性负债为 858 000 美元，公司的经理希望通过银行短期票据融资增加公司的存货，请问公司可以增加多少存货以保证流动比率不低于 2.0？

**4-2** （评估收益性）艾伦（Allen）公司在 2013 年的销售收入为 6 500 万美元，总资产为 4 200万美元，总负债为 2 000 万美元，公司负债的利率为 6%，税率为 30%。营业利润率为 12%，公司的营业利润和净利润是多少？资产收益率和股本回报率呢？假设债务利息必须支付。

**4-3** （评估收益性）去年戴维（Davies）公司的销售收入为 400 000 美元，销售成本为 112 000 美元，公司的运营成本为 130 000 美元，它的留存收益为 58 000 美元，在外发行的普通股为 22 000 美元，公司每股支付股利为 1.60 美元。

    a. 假设公司所得税的税率为 34％，写出公司的利润表。

    b. 计算公司的营业利润率。

    c. 计算利息保障倍数。

    **4-4** （账面价值）格林（Greene）公司的资产负债表表明了股东权益的账面价值（所有者权益）是 750 500 美元。公司的每股收益是 3 美元，市盈率为 12.25。普通股为 50 000 股，公司的市净率是多少？这些表明股东是如何看待格林公司的？

    **4-5** （评估流动性）米切姆·马布尔（Mitchem Marble）公司的目标流动比率为 2.0，但是在过去几个月扩大其销售收入时经历了一些融资困难。现在公司的流动性资产为 250 万美元，流动比率为 2.5。如果米切姆使用短期债务扩大它的应收账款和存货，那么在不低于目标流动比率之前还可以有多少短期融资？

    **4-6** （比率分析）J. P. 罗巴德（J. P. Robard）公司的资产负债表和利润表如下所示：

| 资产负债表 | （单位：千美元） |
|---|---|
| 现金 | 500 |
| 应收账款 | 2 000 |
| 存货 | 1 000 |
| 流动性资产 | 3 500 |
| 净固定资产 | 4 500 |
| 总资产 | 8 000 |
| 应收账款 | 1 100 |
| 应计费用 | 600 |
| 短期应付票据 | 300 |
| 流动性负债 | 2 000 |
| 长期债务 | 2 000 |
| 所有者权益 | 4 000 |
| 总负债和所有者权益 | 8 000 |

| 利润表 | （单位：千美元） |
|---|---|
| 销售收入（信用销售额） | 8 000 |
| 销售成本 | -3 300 |
| 毛利润 | 4 700 |
| 运营成本（包括 50 万美元折旧费用） | -3 000 |
| 营业利润 | 1 700 |
| 利息费用 | -367 |
| 税前利润 | 1 333 |
| 所得税（40％） | -533 |
| 净利润 | 800 |

计算下列比率：

| | |
|---|---|
| 流动比率 | 资产收益率 |
| 利息保障倍数 | 债务比率 |
| 存货周转率 | 应收账款周转天数 |
| 总资产周转率 | 固定资产周转率 |
| 营业利润率 | 股本回报率 |

**4-7** （分析资产收益率）R. M. 史密斯（R. M. Smithers）公司的营业利润率为 10%，去年销售收入为 1 000 万美元，总资产为 500 万美元。

a. 史密斯公司的总资产周转率是多少？

b. 公司的总裁设定了在未来一年总资产周转率为 3.5 的目标，其他指标均不变，公司的销售收入应该上升多少？

c. 史密斯公司去年的资产收益率是多少？假设公司的营业利润率保持不变，资产收益率是多少？

**4-8** （评估权益）布伦玛销售（Brenmar Sales）公司的毛利润率（＝毛利润÷销售收入）为 30%，销售收入为 900 万美元。75% 的销售收入是信用销售，其余部分是现金销售。布伦玛的流动性资产为 150 万美元，它的流动性负债为 30 000 美元，现金和可供交易的债券总额为 100 000 美元。

a. 如果布伦玛的应收账款是 562 500 美元，它的应收账款周转天数是多少？

b. 如果布伦玛减少应收账款的天数到 20 天，那么新的应收账款应该是多少？

c. 存货周转为 9，布伦玛的存货是多少？

**4-9** （比率分析）潘普林财务报表和行业标准如下所示：

a. 计算潘普林公司在 2012 年和 2013 年的财务比率。

b. 公司的流动性如何？

c. 公司资产产生了充足的营业利润了吗？

d. 公司如何融资获得资产？

e. 公司的权益产生了好的回报了吗？

| | 行业标准 |
|---|---|
| 流动比率 | 5.00 |
| 酸性测试（速动）比率 | 3.00 |
| 存货周转率 | 2.20 |
| 应收账款周转天数 | 90.00 |
| 债务比率 | 0.33 |
| 利息保障倍数 | 7.00 |
| 总资产周转率 | 0.75 |
| 固定资产周转率 | 1.00 |
| 营业利润率 | 20% |
| 股本回报率 | 9% |

**潘普林公司 2012 年 12 月 31 日和 2013 年 12 月 31 日的资产负债表**　　（单位：美元）

| 资产 | | 2012 | | 2013 |
|---|---|---|---|---|
| 现金 | | 200 | | 150 |
| 应收账款 | | 450 | | 425 |
| 存货 | | 550 | | 625 |
| 流动性资产 | | 1 200 | | 1 200 |
| 厂房和设备 | 2 200 | | 2 600 | |
| 减累计折旧 | −1 000 | | −1 200 | |
| 厂房和设备净值 | | 1 200 | | 1 400 |
| 总资产 | | 2 400 | | 2 600 |
| **负债和所有者权益** | | | | |
| 应收账款 | | 200 | | 150 |
| 应付票据—流动（9%） | | 0 | | 150 |
| 流动性负债 | | 200 | | 300 |
| 债券（8.33%利率） | | 600 | | 600 |
| 总负债 | | 800 | | 900 |
| 普通股所有者权益 | 300 | | 300 | |
| 资本公积 | 600 | | 600 | |
| 留存收益 | 700 | | 800 | |
| 总所有者权益 | | 1 600 | | 1 700 |
| 总负债和所有者权益 | | 2 400 | | 2 600 |

**潘普林公司 2012 年 12 月 31 日和 2013 年 12 月 31 日的利润表**　　（单位：美元）

| | | 2012 | | 2013 |
|---|---|---|---|---|
| 销售收入 * | | 1 200 | | 1 450 |
| 销售成本 | | 700 | | 850 |
| 毛利润 | | 500 | | 600 |
| 营销成本 | 30 | | 40 | |
| 折旧费用 | 220 | 250 | 200 | 240 |
| 营业利润 | | 250 | | 360 |
| 利息费用 | | 50 | | 64 |
| 税前净利润 | | 200 | | 296 |
| 税（40%） | | 80 | | 118 |
| 净利润 | | 120 | | 178 |

* 15%的销售是现金销售，其余 85%为信用销售。

　　**4－10**　（评估流动性和收益）塞科（Salco）公司去年的年销售收入为 450 万美元，所有的销售收入均为信用销售。公司年末的资产负债表如下所示：

（单位：美元）

| | | | |
|---|---|---|---|
| 流动性资产 | 500 000 | 负债 | 1 000 000 |
| 净固定资产 | 1 500 000 | 所有者权益 | 1 000 000 |
| | 2 000 000 | | 2 000 000 |

公司的利润表如下所示：

（单位：美元）

| | |
|---|---|
| 销售收入 | 4 500 000 |
| 减销售成本 | −3 500 000 |
| 毛利润 | 1 000 000 |
| 减运营成本 | −500 000 |
| 营业利润 | 500 000 |
| 减利息费用 | −100 000 |
| 税前利润 | 400 000 |
| 减税收（50%） | −200 000 |
| 净利润 | 200 000 |

a. 计算塞科的总资产周转率、营业利润率和资产收益率。

b. 塞科计划修复它的厂房，需要对厂房和设备额外投资 100 万美元。当进行新的融资时，公司要保持它现有的债务比率 0.5，并且期望销售收入保持稳定。如果营业利润率将会上升到 13%，那么塞科公司的资产收益率在进行厂房修复之后是多少？

c. 假设（b）中厂房修复和塞科的利息费用每年上升了 50 000 美元，那么普通股东投资获得的收益是多少？比较厂房修复前后的收益率。

**4-11**　（财务分析）T. P. 贾蒙（T. P. Jarmon）公司制造和售出一系列运动服。公司过去一年的销售收入是 600 000 美元，总资产为 400 000 美元。公司是由贾蒙在十年前创立的，并且每年都有盈利。公司的财务分析人员布伦特·威尔利（Brent Vehlim）决定从银行寻求 80 000 美元的信贷。过去公司依靠供货商来为存货需求融资。然而最近几个月偏紧的货币市场导致公司的供货商提供相当大的现金折扣来加速购买产品。威尔利希望今年夏天，也就是公司的峰值销售期间使用信用资产替代大部分的公司应付款项。

公司的两个最近的资产负债表表明银行支持其贷款。公司的资产负债表和利润表如下：

**T. P. 贾蒙公司 2012 年 12 月 31 日和 2013 年 12 月 31 日的资产负债表**　（单位：美元）

| | 2012 | 2013 |
|---|---|---|
| 现金 | 15 000 | 14 000 |
| 有价证券 | 6 000 | 6 200 |
| 应收账款 | 42 000 | 33 000 |
| 存货 | 51 000 | 84 000 |
| 预付租金 | 1 200 | 1 100 |
| 总流动性资产 | 115 200 | 138 300 |
| 厂房和设备净值 | 286 000 | 270 000 |

续前表

|  | 2012 | 2013 |
|---|---|---|
| 总资产 | 401 200 | 408 300 |
| 应付账款 | 48 000 | 57 000 |
| 应付票据 | 15 000 | 13 000 |
| 预提费用 | 6 000 | 5 000 |
| 总流动性负债 | 69 000 | 75 000 |
| 长期债务 | 160 000 | 150 000 |
| 所有者权益 | 172 200 | 183 300 |
| 总负债和所有者权益 | 401 200 | 408 300 |

**T. P. 贾蒙公司 2013 年 12 月 31 日的利润表**　　　　　　　　（单位：美元）

| | | |
|---|---|---|
| 销售收入（信用销售额） | | 600 000 |
| 减销售成本 | | 460 000 |
| 毛利润 | | 140 000 |
| 减营销成本和利息费用 | | |
| 管理费用 | 30 000 | |
| 利息费用 | 10 000 | |
| 折旧 | 30 000 | |
| 总和 | | 70 000 |
| 税前利润 | | 70 000 |
| 减税收 | | 27 100 |
| 普通股股东净利润 | | 42 900 |
| 减现金股利 | | 31 800 |
| 留存收益变动 | | 11 100 |

简·法马（Jan Famam）是密歇根州中部商业银行的信用分析师，负责分析贾蒙公司的贷款事项。

a. 计算 2013 年的财务比率。

| 比率 | 行业 |
|---|---|
| 流动比率 | 1.8 |
| 酸性测试比率 | 0.9 |
| 债务比率 | 0.5 |
| 利息保障倍数 | 10.0 |
| 应收账款周转天数 | 20.0 |
| 存货周转率（基于销售成本） | 7.0 |
| 股本回报率 | 12.0% |
| 资产收益率 | 16.8% |

| 比率 | 行业 |
|------|------|
| 营业利润率 | 14.0% |
| 总资产周转率 | 1.20 |
| 固定资产周转率 | 1.80 |

b. 在所有行业比率中，你认为影响到银行选择是否延长信用额度的最重要的指标是哪个？

c. 准备贾蒙公司 2013 年 12 月 31 日的现金流量表，解释你的结果。

d. 使用财务比率提供的信息和现金流量表决定你是否会支持贷款。

**4-12** （经济增加值）斯蒂格莫勒（Stegemoller）公司的经理想根据公司对股东的价值来估计公司前一年的表现。去年，公司的营业利润是投资额的 12%，而行业水平是 11%。公司投资者有 14% 的机会成本，这也等于总的资本成本。去年公司的总资产是 1 亿美元。计算公司的经济增加值。你将用什么指标去评价公司表现得好或者不好呢？

**4-13** 想要能够用同行业内相似的公司去评价目标公司，并不是一件容易的事。选择一个行业，登录网站 www.naics.com。这个网站让你免费从北美工业分类系统（NAICS）中找到你想要的行业和公司。选择关键字词，比如"运动鞋"和"汽车销售商"，查看它们的行业。

**4-14** （市值比率）布雷默（Bremmer）公司的市盈率是 16.29。

a. 如果布雷默的每股收益是 1.35 美元，那么布雷默的股价是多少？

b. 用问题 a 中的每股收益计算市净率，假设布雷默每股账面价值是 9.58 美元。

**4-15** （财务决策）埃利电气（Ellie's Electronics）有限公司的总资产是 63 000 000 美元，总负债是 42 000 000 美元。营业利润是 21 000 000 美元，利息费用是 6 000 000 美元。

a. 埃利的债务比率是多少？

b. 埃利的利息保障倍数是多少？

c. 根据以上信息，如果公司再增加债务，并且多出 9 000 000 美元的利息费用，你将如何建议公司的管理层呢？

**4-16** （经济增加值）考拉韦混凝土公司（Callaway Concrete）用经济增加值来判断公司的表现。考拉韦混凝土公司总资产为 240 000 000 美元，公司有 37% 的权益和 63% 的债务，债务的成本是 6%。资金的机会成本是 12%，资产收益率为 14%。

a. 考拉韦混凝土公司的经济增加值是多少？

b. 经济增加值用什么衡量？

**4-17** （财务比率分析）苏厄德（Seward）公司 2013 年的财务报表如下所示：

（单位：千美元）

| | |
|------|------|
| 销售收入 | 4 500 |
| 销售成本 | −2 800 |
| 毛利润 | 1 700 |
| 运营成本 | |
| 营销费用和管理费用 | −1 000 |
| 折旧费用 | −200 |
| 总运营成本 | −1 200 |

| | |
|---|---:|
| 营业利润 | 500 |
| 利息费用 | −60 |
| 税前利润 | 440 |
| 所得税 | −125 |
| 净利润 | 315 |
| 现金 | 500 |
| 应收账款 | 600 |
| 存货 | 900 |
| 总流动性资产 | 2 000 |
| 总固定资产 | 2 100 |
| 累计折旧 | −800 |
| 净固定资产 | 1 300 |
| 总资产 | 3 300 |
| 负债和权益 | |
| 应收账款 | 500 |
| 短期应付票据 | 300 |
| 总流动性负债 | 800 |
| 长期债务 | 400 |
| 总负债 | 1 200 |
| 所有者权益 | |
| 普通股（面值和资本公积） | 500 |
| 留存收益 | 1 600 |
| 所有者权益 | 2 100 |
| 总负债和所有者权益 | 3 300 |

苏厄德公司的财务分析人员要求提供以下行业平均值：

| | |
|---|---|
| 流动比率 | 3.0 |
| 酸性测试比率 | 1.50 |
| 应收账款周转天数 | 40.0 |
| 存货周转天数 | 70.2 |
| 资产收益率 | 12.5% |
| 营业利润率 | 8.0% |
| 总资产周转率 | 1.6 |
| 固定资产周转率 | 3.1 |
| 债务比率 | 33% |
| 利息保障倍数 | 6.0 |
| 股本回报率 | 11.0% |

a. 计算苏厄德公司的以上指标。

b. 将苏厄德公司的指标和行业水平进行比较：

（a）公司的流动性如何？

（b）公司管理者使用公司资产产生收益的能力如何？

（c）公司如何通过融资获得资产？

（d）公司的管理者使用权益获得收益的能力如何？

4-18 （计算财务比率）使用资产负债表和利润表的信息计算如下指标：

| 流动比率 | 应收账款周转天数 |
| --- | --- |
| 酸性测试比率 | 资产收益率 |
| 利息保障倍数 | 债务比率 |
| 存货周转率 | 股本回报率 |
| 总资产周转率 | 固定资产周转率 |
| 营业利润率 | |

（单位：美元）

| | |
| --- | --- |
| 现金 | 100 000 |
| 应收账款 | 30 000 |
| 存货 | 50 000 |
| 预付费用 | 10 000 |
| 总流动性资产 | 190 000 |
| 厂房和设备总值 | 401 000 |
| 累计折旧 | −66 000 |
| 总资产 | 525 000 |
| 应付账款 | 90 000 |
| 预提负债 | 63 000 |
| 总流动性负债 | 153 000 |
| 长期债务 | 120 000 |
| 普通股 | 205 000 |
| 留存收益 | 47 000 |
| 总负债和所有者权益 | 525 000 |
| 销售收入 * | 210 000 |
| 销售成本 | −90 000 |
| 毛利润 | 120 000 |
| 营销成本和管理费用 | −29 000 |
| 折旧费用 | −26 000 |
| 营业利润 | 65 000 |
| 利息费用 | −8 000 |
| 税前利润 | 57 000 |
| 所得税 | −16 000 |
| 净利润 | 41 000 |

\* 12％的销售收入为现金形式。

2011 年 12 月大学毕业后，阿莉莎·兰德尔（Alyssa Randall）在田纳西州纳什维尔的一家中型仓库分销商 G&S 公司开始了她的职业生涯。该公司是由杰克·格里格斯（Jack Griggs）和约翰尼·斯蒂茨（Johnny Stites）于 1998 年创立的，当时他们在沃尔玛共同管理公司。尽管兰德尔得到了山姆俱乐部的工作机会，但她对 G&S 的工作更感兴趣，因为分别担任首席执行官和市场部副总的格里格斯和斯蒂茨向她保证，在她准备好了以后，她将很快有机会在业务上发挥领导才能。

除了获得有竞争力的薪水外，兰德尔还将根据公司的财务状况被立即分配奖金。奖金是由每年产生的经济增加值（EVA）决定的。她每年将获得该公司 1% 的 EVA，一半是股票，一半是现金。如果 EVA 都是负的，她将不会得到奖金。同时，该公司的股票在美国证券交易所公开交易。

2012 年是企业财务状况良好的一年，但在 2013 年，该公司销售收入下降了 5.3%，销售收入从 5 700 万美元降到 5 400 万美元。经济低迷也导致了其他财务问题，包括公司股价下跌了 50%，股价从 2012 年年底的每股 36 美元跌至 2013 年的每股 18 美元。

以下是 G&S 的财务信息：

a. 利用你在本章和第三章所学到的知识，对 G&S 的财务进行分析，比较近两年公司的财务状况。除了下面提供的财务信息，该公司首席财务官迈克·斯蒂格莫勒（Mike Stegemoller）估计公司的平均融资成本是 10.5%。

b. 你能从分析中得出什么结论？

c. 兰德尔在 2012 年和 2013 年将会有多少以现金和股票形式的奖金？兰德尔会收到多少股票？

d. 你对管理有什么建议？

**G&S 公司利润表**

|  | 2012 | 2013 |
| --- | --- | --- |
| 销售收入 | 5 700 千美元 | 5 400 千美元 |
| 销售成本 | −3 700 千美元 | −3 600 千美元 |
| 毛利润 | 2 000 千美元 | 1 800 千美元 |
| 运营成本 |  |  |
| 营销成本和管理费用 | −820 千美元 | −780 千美元 |
| 折旧费用 | −340 千美元 | −500 千美元 |
| 总运营成本 | −1 160 千美元 | −1 280 千美元 |
| 营业利润 | 840 千美元 | 520 千美元 |
| 利息 | −200 千美元 | −275 千美元 |
| 税前利润 | 640 千美元 | 245 千美元 |
| 所得税 | −230 千美元 | −65 千美元 |
| 净利润 | 410 千美元 | 180 千美元 |
| 其他信息 |  |  |
| 在外流通普通股股数（千股） | 150 | 150 |
| 股利 | 120 千美元 | 120 千美元 |
| 每股市场价值 | 36 美元 | 18 美元 |

**G&S公司资产负债表**　　　　　　　　　　　　　　　　　（单位：千美元）

| | 2012 | 2013 |
|---|---|---|
| **资产** | | |
| 现金 | 300 | 495 |
| 应收账款 | 700 | 915 |
| 存货 | 600 | 780 |
| 其他流动性资产 | 125 | 160 |
| 总流动性资产 | 1 725 | 2 350 |
| 固定资产 | 4 650 | 4 950 |
| 累计折旧 | −1 700 | −2 200 |
| 净固定资产 | 2 950 | 2 750 |
| 总资产 | 4 675 | 5 100 |
| **负债和权益** | | |
| 应付账款 | 400 | 640 |
| 短期应付票据 | 250 | 300 |
| 总流动性负债 | 650 | 940 |
| 长期债务 | 1 250 | 1 325 |
| 总负债 | 1 900 | 2 265 |
| 所有者权益 | | |
| 普通股 | 1 100 | 1 100 |
| 留存收益 | 1 675 | 1 735 |
| 所有者权益 | 2 775 | 2 835 |
| 总负债和所有者权益 | 4 675 | 5 100 |

第二部分

财务资产评估

# 第 五 章

# 货币的时间价值

1. 阐述复合利率的原理并掌握未来现金流的折现；
2. 理解年金；
3. 计算非整年计息现金流的现值和终值；
4. 计算不规则现金流的现值，理解永续现金流。

在真实经济中，最重要并且应用最广泛的概念就是货币的时间价值。悉尼·霍默（Sidney Homer）在其代表性著作《利率的历史》（*A History of Interest Rates*）中曾说明，如果将 1 000 英镑按照 8％的年利率连续投资 400 年，最终将会得到 23 000 万亿英镑——相当于地球上每个人将得到 500 万英镑。当然，悉尼做此运算的目的并不是计划如何让这个世界变得富有，而是具体量化地指出货币的时间价值的重要影响。

货币的时间价值并不是一个新奇的概念。本杰明·富兰克林（Benjamin Franklin）在借给波士顿和费城政府各 1 000 法郎的时候，可谓熟练应用了货币的时间价值这一原理。作为提供资金的条件，富兰克林要求两个政府以当时的市场利率将这些资金贷给有前途的学生们。当这笔资金以这种方式投资 100 年以后，政府可以运用这些投资的一部分去兴建城市福利设施，并且保留一部分投资作为未来投资。200 年后，富兰克林的波士顿奖金不但建成了富兰克林基金，而且通过提供贷款帮助了无数的医学学生，此外账户中仍有 300 万美元的余额。费城也应用相似的模式获得了可观的回报，仅一部分原始投资就增长到了 200 万美元。请注意，所有的这些回报仅来自初始的 2 000 法郎，其间巨大的价值增长正是货币的时间价值的体现。

除了上面的例子，安德鲁·托拜厄斯（Andrew Tobias）在他《金钱角度》（*Money Angles*）一书中所讲的一个故事同样可以说明货币的时间价值的强大作用。故事中，一名农夫在一场由国王举办的象棋联赛中赢得了冠军，国王问这名农夫他想要什么礼物作为奖赏。农夫提出想要为他的村庄争取一些粮食，粮食的数量要这样计算：在他的棋盘上，第一个方格中放一粒米，第二个方格中放两粒米，第三个方格中放四粒米，第四个方格中放八粒米，……一直按照这种方法放下去，直到将其棋盘放满。国王认为这很容易办到，于是承诺将满足农夫的愿望。然而不幸的是，国王发现当棋盘上所有 64 个方格都被填满的时候，一共用了 1 850 万万亿粒谷粒，这些谷粒以 100% 的复合增长率在棋盘上连续增长了 64 次。毫无疑问，村庄中没有人挨饿。事实上，这些谷粒多到假设每粒谷粒有四分之一英寸长（确切地说，笔者也不知道一粒谷粒的确切长度，但是安德鲁·托拜厄斯认为它是四分之一英寸长），将这些谷粒首尾相接排成一排，其长度将是地球往返太阳距离的 391 320 倍。

充分理解货币的价值随着时间复合增长这一原理，对于每一项经济决策都是十分重要的。理解这一原理将十分有助于你理解如何对股票和债券进行估值，如何评估一个新项目的价值，决定你应为子女的教育进行多少储蓄，以及计算你每月应交付多少住房贷款。

在接下来的六个章节中，我们将重点关注如何衡量公司的价值以及公司计划投资的可行性。贯穿这些章节的核心概念就是货币的时间价值，也就是说，今天的一美元要比一年后的今天得到的一美元更有价值。直觉上这个想法很容易理解。我们都很熟悉利息的概念。利息的概念阐释了经济学人所称的放弃当今的一美元以获取未来收益的机会成本。所谓的机会成本就是货币的时间价值。

为了评估和比较不同的投资计划，我们需要清楚，通过接受这些投资计划，现金将以怎样的方式增长。为了实现这一目的，所有的现金流价值必须是可比较的。换句话说，我们必须将所有的现金流折现或者计算它们在未来某一共同时点的价值。因此，不论是对于理解基本的还是高级的财务管理，理解货币的时间价值这一原理十分重要。

# 复合利率、终值和现值

在我们开始学习货币的时间价值原理之前，我们先利用一些基本的工具来展示现金流的时间模式。尽管这些时间轴初看很简单，但掌握它们对于后面我们处理更复杂的问题将十分有帮助。

## 用时间轴描述现金流模式

作为描述现金流的第一步，我们先画一条时间轴，将现金流发生的时间点进行线性表示。时间轴刻画了现金流发生的时间和大小，包括现金流入和流出，以及现金流适用的利率。现金流时间轴是金融分析人员在分析解决金融问题时进行的重要的第一步。我们会在后文多次应用它们。

下面我们来具体说明如何来构建现金流的时间轴。在下面的例子中，我们假设在 4 年的期限中，现金流发生以年为单位。如下的时间轴向我们展示了从当前时点（0 期）到第 4 年年末期间内现金的流入和流出情况。

此处我们规定，时间期数标明在时间轴的上方，在本例中，每期单位为年，如时间轴左侧所示。这样，第 0 期既是当前时间点，也是第 1 年年初。每期流入或流出的现金流大小在时间轴下方表示。正值代表现金流入，负值代表现金流出。如图中所示，当前时间点，或者说第 0 期，有 100 美元的现金流出，接着在第 1 年和第 2 年年末分别有 30 美元和 20 美元的现金流入，在第 3 年年末产生 10 美元负的现金流（现金流出），最后在第 4 年年末有 50 美元的现金流入。

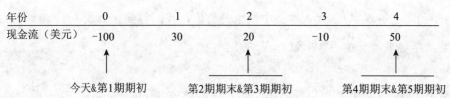

时间轴上的单位长度代表每期时间，通常以年为单位时间长度，也可以用月、天或其他任何长度的时间单位。如果我们假设现金流产生的时间单位为年，那么数字 0 和 1 之间的长度就代表当前时间点和第 1 年年末之间的时间段。因此，第 0 期即指当前时间点，而第 1 期代表第 1 年年末，也即为第 2 年年初（你可以想象它为第 1 年的最后 1 秒和第 2 年的第 1 秒）。这里假设利率为 10％，在时间轴的上方表示。

在本章以及本书后面的章节中，我们将会多次应用货币价值在不同时间点的转换这一原理。为了让每位读者都充分理解这一概念，我们将会花一些时间进行必要的解释。大多数商业决策都是假设在当前投资，并在接下来的几年中产生现金流入作为投资回报。因此，如果要评估一项投资，你需要比较当前需要投入的资金（现金流出）和未来此项投资带来的资金回报，并运用货币的时间价值来调整这些未来的资金回报。时间轴方法可以简化解决货币的时间价值问题，并且不只适用于初学者，很多有经验的金融分析师同样使用这一方法。实际上，你将要解决的问题越复杂，时间轴方法则越有效，它能帮助你准确地指出接下来要做什么。

### 记住你的原则

在本章中，我们将使用工具把**原则 2：货币具有时间价值**包含在我们的计算中。在接下来的章节中，我们使用这个概念，并通过将一个项目的收益和成本进行折现来衡量价值。

我们中大多数人在很早的时候就接触过复合利率这一概念。任何有过储蓄存款或者购买过政府储蓄债券的人应该都收取过复合利息。**复合利率**（compound interest）简称复利，是指第 1 期本金产生的利息会加总在原来的本金上，以此为新的本金计算第 2 期的利息。

举个例子，假设我们在账户中存入 100 美元，按照 6％的年利率，以年为单位进行复合利率计算。那么我们的账户余额将会如何增长呢？第 1 年年末我们会获得 6％的利息，本金为 100 美元，即获得 6 美元的利息，最终我们账户中共有 106 美元，也就是说，

$$
\begin{aligned}
第 1 年年末的价值 &= 现值 \times (1 + 利率) \\
&= 100 \times (1 + 0.06) \\
&= 100 \times 1.06 \\
&= 106(美元)
\end{aligned}
$$

继续向后推算 1 期，我们会发现我们现在以 106 美元的本金，获取 6％的利息，也就是说，我们在第 2 年将得到 6.36 美元的利息。那么为什么我们在第 2 年获得的利息要比第 1 年多呢？这仅仅是因为现在我们计算利息的本金已经增长为初始本金和第 1 年利息之和。实际上，我们赚取的是利息的利息，这就是复合利率的概念。通过观察计算第 2 年赚取利息的数学公式，我们可以看到：

第 2 年年末的价值＝第 1 年年末的价值×(1+r)

其中，r＝年利率（折现率），代入本例中给出的数值，我们得到：

第 2 年年末的价值＝106×(1+0.06)

＝112.36（美元）

回顾整个运算过程，我们可以看到第 1 年年末的**终值**（future value，FV）是 106 美元，也就等于现值乘以 (1+r)，即 100 美元×(1+0.06)。继续计算到第 2 年，我们可以得到：

第 2 年年末的价值＝现值×(1+r)×(1+r)

＝现值×(1+r)$^2$

继续计算到第 3 年，我们可以得到，年初的本金为 112.36 美元，利率为 6%，那么我们将会得到 6.74 美元的利息，最终在我们的账户中得到 119.10 美元的余额。具体的计算过程可以表示为：

第 3 年年末的价值＝现值×(1+r)×(1+r)×(1+r)

＝现值×(1+r)$^3$

至此，我们可以看到一些规律。如果初始本金以年复合利率 r 进行 n 年投资，我们可以通过如下公式表示 n 年末的终值：

终值＝现值×(1+r)$^n$

用 $FV_n$ 代表第 n 年年末的终值，PV 代表现值，我们可以将上述公式重新表示为：

$$FV_n = PV \times (1+r)^n \tag{5-1}$$

我们将 (1+r)$^n$ 称为**终值系数**（future value factor）。这样，当计算 1 美元的终值时，可以直接将它乘以相应的终值系数，即

终值＝现值×终值系数

其中，终值系数＝(1+r)$^n$。

图 5-1 说明了以 100 美元为本金，按照 6% 的复合利率进行连续投资，前 20 年资金总额

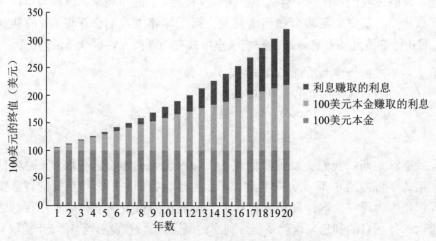

**图 5-1  100 美元以 6% 的复合利率增长 20 年**

的增长情况。注意每年赚取的利息金额是如何每年增长的。我们再次说明，这是因为每年计算利息的本金是初始本金加上之前各期所获得的所有利息之和。这种以往期利息派生利息的计息方法便称为复合利息。如果计息本金仅为初始投资，利息没有进行再投资，那么该种计息方式称为**单利计息**（simple interest）。

当我们观察初始资金按照复合利率进行投资的期数（年）和它终值的关系时，我们发现可以通过增加其复合增长的年数或提高复合利率来增加其终值，如图 5－2 所示。我们同样可以从式（5－1）中得到这个结论，当现值一定时，增加 $r$ 或 $n$，都会增加其终值。

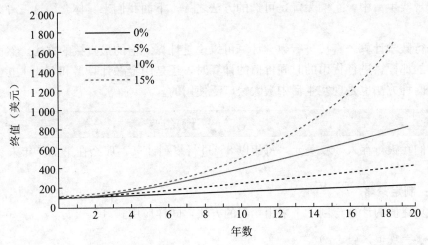

图 5－2　初始投资 100 美元分别以 0，5％，10％，15％复利增长的终值

| 例题 5.1 | 计算终值 |
| --- | --- |

如果我们将 1 000 美元存入账户，并以每年 5％的复合利率获取利息，那么 10 年后我们账户的总余额将会是多少？

**步骤 1：制定策略**

计算存款的终值要考虑账户现值，并每年将其乘以适用的年利率，即

$$终值＝现值×(1＋r)^n$$

其中，$r$＝年利率，$n$＝计息期数（年）。

**步骤 2：计算数值**

将现值、利率和计息期数代入式（5－1），可得到如下数值：

$$FV_{10}＝1\,000×(1＋0.05)^{10}$$
$$＝1\,000×1.628\,89$$
$$＝1\,628.89(美元)$$

**步骤 3：分析结果**

在第 10 年年末，我们将会得到 1 628.89 美元的账户余额。

现金流转换技巧

共有三种方法可以用来解决货币的时间价值问题。第一种方法是直接进行数学计算。第二种方法是借助于金融计算器，并且有多种类型的计算器都可以帮助你实现这一目标。基于多年经验，德州仪器 BA Ⅱ＋（Texas Instruments BA Ⅱ plus，TI BA Ⅱ plus）或者是惠普 10B Ⅱ（Hewlett-Packard 10B Ⅱ，HP 10B Ⅱ）计算器都是很好的选择。最后一种方法是使用 Excel 电子表格，现实生活中，它们无疑是可选的方法之一。下面我们来具体介绍这三种方法的应用情况。

**直接进行数学计算**    直接进行数学计算可以说是计算终值的最直接的方法。然而，就像我们即将看到的那样，进行货币的时间价值的计算时，还是用金融计算器和 Excel 电子表格更为简便，而这两种方法也是现实生活中被大家广泛使用的。

| 例题 5.2 | 计算终值 |
|---|---|

如果我们在银行存入 500 美元，每年以 8％进行复利计息，那么在第 7 年年末其价值将会是多少？

**步骤 1：制定策略**
此处计算终值的计算与例 5.1 采用相同的方法，同样应用式（5-1）：

$$终值＝现值×(1＋r)^n$$

**步骤 2：计算数值**
将相关数值代入式（5-1），我们可计算账户终值如下：

$$FV_7＝500×(1＋0.08)^7＝856.91(美元)$$

**步骤 3：分析结果**
在第 7 年年末，我们账户中将得到 856.91 美元。后文中我们将多次使用式（5-1），而且我们不仅将会计算投资的终值，也会求解现值、利率或者计息期数。

- - - - - - - - - - - - - - - - - - - - - - - - - - - - - - - - - - - - -

**利用金融计算器**    在介绍金融计算器的使用之前，我们先来认识一下金融计算器上计算货币的时间价值时会用到的 5 个按键。尽管不同厂家提供的金融计算器上用来计算货币的时间价值的按键会有些许不同，但其代表符号是基本相同的。下表展示了 TI BA Ⅱ plus 金融计算器上的相关按键。

| 主菜单按键列表 | 描述 |
|---|---|
| 本章我们将会用到的主菜单按键包括： | |
| N | 输入（或计算）总付款期数或计息期数； |
| I/Y | 输入（或计算）每期的利率（或折现率，或增长率）； |
| PV | 输入（或计算）单一（或一系列）现金流的现值； |
| FV | 输入（或计算）终值，即最终获得的现金流量（或为单一现金流，或一系列现金流的复利值）； |
| PMT | 输入（或计算）存入或获取的年金（或等额支付）金额。 |

此处使用的按键适用于 TI BA Ⅱ plus 计算器。其他类型的金融计算器也拥有本质上与此相同功能的按键，它们只是具体符号不同而已。我们需要说明一下，不同金融计算器上按键的具体表示方法与我们使用的数学公式中的表示方法略有不同。例如，我们在数学公式中用小写的 $n$ 表示计息期数，而在 TI BA Ⅱ plus 金融计算器上则用大写的 N 表示。类似的有，I/Y 键表示每期适用的利率，而我们在公式中用 $r$ 表示。一些金融计算器上还有 CPT 键，代表"计算"功能。按下 CPT 键，就会开始计算并得到你想要求解的参数。最后，PMT 键代表每次收到或支付的一笔固定金额。

现在你也许会困惑：为什么我们要在书中和计算器上使用不同的代表符号？原因是不同公司生产的计算器的设计和表示符号并不一致，因此我们需要将其统一表示为一种符号。微软 Excel 程序中相关的表示符号也是不同的。

使用金融计算器时我们需要注意，现金流出（你进行投资而非获取现金流入）输入时要输入负值。也就是说，金融计算器认为现金流出意味着离开你的掌控，因此当你作出一项投资时需要在其前面加上负号。当后期收到投资收益时，计算器会理解为资金的"回流"，因此相应现金流表示为正值。此外，每种计算器在输入变量时彼此间也会有些不同。毫无疑问，熟悉你所用计算器的使用方法是非常重要的。[①]

当你输入所有已知的变量，并将其中为 0 值的变量输入为 0 后，你就可以通过计算器进行数学运算了。如果你使用的是 TI BA Ⅱ Plus 计算器，按 CPT 键，然后按下需要求解的未知变量。如果你使用的是惠普计算器，输入已知变量后，你只需按下你需要求解的最终变量的代表按键。

作为解决问题的初学者，一个好的方法是先写下所有的已知变量。而在问题中未涉及的变量则输入 0 值。再一次强调，注意根据现金流的流入和流出情况相应调整输入变量的符号。

**计算器使用技巧——让你的计算结果更准确**　计算器很容易使用，但是也存在一些经常犯的错误。因此，在你真正开始利用金融计算器解决问题之前，请仔细阅读如下步骤：

1. 设置计算器，使现金流产生的时间单位为年。

一些计算器初始默认现金流按月度发生。将其调整为年度现金流，然后 $n$ 才可以代表计息期数，$r$ 代表每期的折现率。

2. 设置计算器，使计算结果至少保留小数点后四位，或者调整为浮点十进制（九位小数点）。

大多数计算器默认只显示结果的两位小数。因为折现率可能会很小，将小数点位数设置为最少四位。

3. 设置计算器为"end"模式。

在"end"模式下，计算器会假设现金流发生在每期期末。

**当你准备进行计算时，请牢记：**

1. 每次计算中，现金流中至少有一个正值和一个负值。

计算器内置程序中已经假设在待计算的问题中，都会出现现金流入和流出，因此使用时需要正确地输入现金流的符号。如果你正使用 TI BA Ⅱ Plus 计算器，并且平面显示出"错误 5"，这说明你在求解折现率或计息期数时误将现值和终值都输入成了正值——你需要重新输入才能得到正确结果。

2. 对于计算中没有涉及的变量，一定要输入 0 值，而且在开始重新计算前要将之前计算

---

[①] 关于 TI BA Ⅱ Plus 和 HP 10B Ⅱ 计算器的具体使用方法说明可参考网站：www.pearsonhighered.com/keown。

清零。

如果你没有在开始重新计算之前将计算中的数据清零，也没有输入新的变量值，那么计算器不会默认相应变量值为 0。相反，计算器会默认该变量值等于之前计算中使用的数值。切记要将计算器清除记忆（对应计算器上的 CLR 和 TVM 键），或者将计算中未涉及的变量赋予 0 值。

3. 输入折现率时，要输入百分位前的数值而非小数值。

即折现率为 10％时，要输入 10，而非 0.1。

使用较为广泛的金融计算器是 TI BA Ⅱ Plus 和 HP 10B Ⅱ计算器。如果你在使用其中任意一种计算器时遇到问题，请登录网站 www. pearsonhighered. com/keown。

**利用 EXCEL 电子表格**　实际应用中，目前大多数有关货币的时间价值的计算都是借助于计算机中的电子表格软件来实现。尽管电子表格计算软件多种多样，应用最广泛的仍是微软公司的 Excel 软件。与金融计算器类似，Excel 软件中的自带公式使得终值的计算变得非常简便。

**Excel 使用技巧——让你的计算结果更准确**

1. 利用 Excel 提供的公式功能。

所有的 Excel 公式的输入方法都是相同的：首先输入"="号，然后输入公式的名称（如 FV、PV），最终在括号中输入公式变量。下例给出了终值公式的输入方法：

$$=FV(rate，nper，pmt，pv)$$

当你开始在单元格中输入 Excel 公式时，所有的待输入变量都会在电子表格上方显示，因此你将会知道接下来该输入哪些变量。例如，如果显示"＝FV（**rate**，nper，pmt，pv，type）"，其中"**rate**"加粗显示，那么表示折现率是下一个待输入的变量。也就是说，你不必记忆这些公式，因为当你开始输入时它们便会显示出来。

2. 如果使用中遇到问题，点击"帮助"键求助。

在 Excel 表格最上方一栏，你将会看到"帮助"选项。另一种获取帮助的方法是按 F1 键。当你在使用中遇到问题时，可以按"帮助"键求助。点击"帮助"选项，然后在搜索栏中输入"PV"或"FV"，程序会告诉你具体如何计算每个变量。所有其他你想知道的金融计算公式你都可以用这种方法找到。

3. 对折现率进行四舍五入时请小心。

例如，目前的折现率是 6.99％，要求按月度进行复利计算。这说明你需要输入月度利率，即 6.99％÷12。由于是在单元格中计算该值，在进行计算时需要在数值前输入"="。不要将 0.069 9÷12 的结果四舍五入为 0.58，然后将 0.58 作为折现率。相反，要输入"＝6.99％/12"或者小数格式"＝0.069 9/12"，将其结果直接作为折现率。

4. 不要被 Excel 的名称表示方法误导。

Excel 并不使用 $r$ 或 I/Y 表示折现率，而是用"rate"一词。不要被此差异困扰。所有的这些表示方法都是代表同一变量——折现率。Excel 也不用 $n$ 表示计息期数，而是用 nper。同样，也不要对此感到困惑，$N$ 和 nper 两者都代表计息期数。

5. 不要被输入变量中的"type"困扰。

你会发现 Excel 要求我们输入一个我们之前没有提到的新的变量"type"。如果你在一个单元格中输入"＝FV"，"＝FV（**rate**，nper，pmt，pv，type）"就会立即在单元格下方显示出来。不要让这个新变量"type"困扰你。变量"type"是指每期现金流 $PMT$ 是在每期期末发生（type＝0），还是在每期期初发生（type＝1）。但是由于"type"的默认值是 0，所以不用担心"type"的输入值。因此，如果你不为"type"赋值，它就会假设现金流发生在每期期末。我们接下来的讨论将假设每期的现金流发生在期末，如果不是这样，我们会在章节的后面部分介绍另外一种处理方法。这样你可以发现，因为我们假设所有的现金流都发生在每期期末，除非有特殊说明，所以我们可以忽略变量"type"。

我们在本书后面部分将会用到的一些其他更重要的 Excel 公式如下所示（这里我们同样忽略"type"变量，因为我们假设现金流都发生在每期期末）：

| 待求解的变量 | 公式 |
| --- | --- |
| 现值 | ＝PV（rate, nper, pmt, fv） |
| 终值 | ＝FV（rate, nper, pmt, pv） |
| 每期现金流 | ＝PMT（rate, nper, pv, fv） |
| 计息期数 | ＝NPER（rate, pmt, pv, fv） |
| 折现率 | ＝RATE（nper, pmt, pv, fv） |

请注意：第一，与使用金融计算器时相同，现金流出必须要输入为负值。在大多数情况下，每个问题中会有两个现金流，一个是正的现金流，一个是负的现金流。第二，要注意电子表格和计算器间的一个细小但重要的区别：当使用金融计算器时，折现率输入百分位前的数值。例如，6.5％应输入为 6.5。然而，在电子表格中，折现率按其小数形式输入，因此 6.5％ 的折现率应输入为 0.065 或者是 6.5％。

**例题 5.3**　　　　　　　　　　　　　　**计算终值**

如果我们将 1 000 美元存入账户，并以每年 20％ 的复合利率获取利息，那么 10 年后我们账户的总余额将会是多少？

**步骤 1：制定策略**

我们首先利用时间轴来描述要解决的问题：

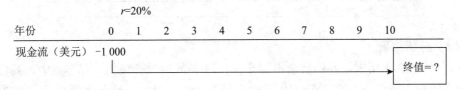

我们账户余额的终值可以利用式（5-1）进行如下计算：

$$终值＝现值×(1＋r)^n$$

**步骤 2：计算数值**

将现值＝1 000 美元，r＝20％，n＝10 代入式（5-1），我们得到：

$$
\begin{aligned}
终值 &＝现值×(1＋r)^n \\
&＝1\,000×(1＋0.20)^{10} \\
&＝1\,000×6.191\,74 \\
&＝6\,191.74(美元)
\end{aligned}
$$

这样，在第 10 年年末，原始投资将变为 6 191.74 美元。在本题中，我们初始投入 1 000 美元，并以 20％复合利率获取利息，10 年后，总账户余额增长为 6 191.74 美元。这与在假设 20％的复合利率下，将每期得到的利息分别进行计息并加总所得到的最终结果是相同的。

**利用金融计算器**

使用金融计算器会将这个过程简化。如果你不知如何使用金融计算器，或者你在使用过程中遇到任何问题，请登录网站 www. pearsonhighered. com/keown，参考其附录 A 中的金融计算器教程。那里将会提供金融计算器的使用说明、货币的时间价值原理以及相应的计算器使用技巧，以确保你能得到正确的结果。

| 输入 | 10 | 20 | −1 000 | 0 | |
|------|-----|------|---------|-----|-----|
| | **N** | **I/N** | **PV** | **PMT** | **FV** |
| 解出 | | | | | 6 192 |

请注意要将现值输入为负值。实际上，计算器认为现金流出意味着离开你的掌控，因此当你作出一项投资时需要在其前面加上负号。在本例中，你将要投资 1 000 美元，因此在其前输入负号，这样结果才会呈现为正值。

**利用电子表格**

你将会发现 Excel 电子表格和金融计算器在许多变量的输入上是相同的。唯一不同的是，折现率在 Excel 中是按小数（如 0.20）或者以百分数形式（20％）输入，而非 20（在金融计算器中你要输入 20）。再次强调，现值应输入为负值，这样结果才能呈现为正值。

| | A | B |
|---|---|---|
| 1 | 折现率（rate）= | 20.00% |
| 2 | 计息期数（nper）= | 10 |
| 3 | 每期现金流（pmt）= | 0 |
| 4 | 现值（pv）= | （1 000美元） |
| 5 | | |
| 6 | 终值（fv）= | 6 192美元 |
| 7 | | |
| 8 | Excel公式=FV（rate，nper，pmt，pv） | |
| 9 | 进入b6：=FV（b1，b2，b3，b4） | |

**步骤 3：分析结果**

这样，在第 10 年年末，我们将会得到 6 191.74 美元的投资终值。在本例中，我们以 20％的复合利率进行 1 000 美元的投资，10 年后增长为 6 192 美元。这与在假设 20％的复合利率下，将每期得到的利息分别进行计息并加总所得到的最终结果是相同的。

## 货币的时间价值问题的另外两种情况

有时，货币的时间价值问题中待求解的不是现值或终值，而是未来的计息期数 $n$，或者是折现率 $r$。例如，要解决下面的问题，就需要求解 $n$。

◆ 我要储蓄多少年才可以买下第二套房子？

类似的以下问题可以通过求解折现率 $r$ 解决。

◆ 我的储蓄要以多高的利率进行投资，才可以满足我刚出生的儿子未来的大学教育需要（$n=18$）？

◆ 我的投资收益率如何？

幸运的是，在金融计算器或者是 Excel 表格的帮助下，你可以轻松地解出上面问题中的 $r$ 或者 $n$。直接进行数学计算也可以得到结果，但是用金融计算器或电子表格会更加容易，因此我们主要介绍这两种方法。

**求解计息期数**　假设你想知道 9 330 美元的初始投资要经过多少年才可以增长为 20 000 美元，已知年复合利率为 10%。接下来我们来看一下如何用金融计算器和 Excel 电子表格来解决这一问题。

**利用金融计算器**

使用金融计算器，你只需将公式中的变量替换为 I/Y、PV 和 FV，这样你就可以解出 N：

| 输入 | | 10 | −9 330 | 0 | 20 000 |
|---|---|---|---|---|---|
| | N | I/Y | PV | PMT | FV |
| 解出 | 8 | | | | |

你会注意到 PV 是按照负值输入的。实际上，金融计算器的程序认为 9 330 美元是一笔现金流出，而 20 000 美元是获得的现金流入。如果你不将其中一个值设定为负，你就不能解出此题。

**利用 Excel 电子表格**

在 Excel 中，求解 $n$ 是非常直接的。你只需使用"＝NPER"公式，输入 rate，pmt，pv 和 fv 的值，就可以解出 $n$。

| | A | B |
|---|---|---|
| 1 | 折现率（rate）= | 10.00% |
| 2 | 每期现金流（pmt）= | 0 |
| 3 | 现值（pv）= | −9 330美元 |
| 4 | 终值（fv）= | 20 000美元 |
| 5 | | |
| 6 | 计息期数（nper）= | 8 |
| 7 | | |
| 8 | Excel公式=nper（rate, pmt, pv, fv） | |
| 9 | 进入b6:=nper（b1, b2, b3, b4） | |

**求解折现率**　假设你刚继承 34 946 美元，并且希望将这笔资金用作 30 年后的养老基金。如果你预计退休后将会需要 800 000 美元，那么这笔 34 946 美元的资金应该以多少折现率进行投资？让我们来看一下如何用金融计算器和 Excel 表格来解决这一问题。

**利用金融计算器**

使用金融计算器，所要做的只是输入 N、PV 和 FV 的值，求解得到 I/Y。

| 输入 | | 30 | −34 946 | 0 | 800 000 |
|---|---|---|---|---|---|
| | N | I/Y | PV | PMT | FV |
| 解出 | | 11 | | | |

**利用 Excel 电子表格**

在 Excel 中解决此问题同样很简单。你只需应用公式"＝RATE"并输入 nper、pmt、pv

和 fv 的值就可以了。

| | A | B |
|---|---|---|
| 1 | 计息期数（nper）= | 30 |
| 2 | 每期现金流（pmt）= | 0 |
| 3 | 现值（pv）= | -34 946美元 |
| 4 | 终值（fv）= | 800 000美元 |
| 5 | | |
| 6 | 折现率（rate）= | 11.00% |
| 7 | | |
| 8 | Excel公式=rate（nper, pmt, pv, fv） | |
| 9 | 进入b6:=rate（b1, b2, b3, b4） | |

### 货币的时间价值原理在其他领域的应用

尽管本章主要集中在计算一定折现率下不同时间点的现金价值，但是货币价值随时间复合增长的原理在任何不断增长的事物上都适用。例如，假设你现在想知道 5 年后无线打印机的市场将会有多大，并假设无线打印机的需求在接下来的 5 年中，预计将会按照每年 25％的速度增长。同样利用计算货币的时间价值的公式，我们可以计算出未来无线打印机市场的大小。如果目前的市场大小是每年 25 000 台无线打印机，那么 25 000 就是现值，计息期数 $n$ 是 5，折现率 $r$ 是 25％，将这些数值代入式（5-1），我们就会得到 $FV$ 如下所示：

$$终值 = 现值 \times (1+r)^n$$
$$= 25\ 000 \times (1+0.20)^5$$
$$= 76\ 293(美元)$$

实质上，你可以将折现率 $r$ 视作复合增长率，那么就可以计算出其增长到一个未来水平所需要的时间。或者你可以求解 $r$，即要在一定时间增长到目标值时需要达到的增长率。

### 现值

目前为止，我们已经计算了不同时间点的货币价值，也就是说，我们可以计算出一定量的初始资金，在一个特定的复合利率下，经过一段时间后将会达到的最终价值。下面我们将要解决相反的问题：未来得到的一笔资金的当前价值是多少？在后面的第十章和第十一章，我们将会应用这个问题的答案来帮助我们决定一项投资的盈利性。在这种情况下，我们将会把未来得到的钱贴现到现在。计算未来一定金额的单期现金流的**现值**（present value，$PV$），简单说，就是未来支付现金流的当期价值。实际上，我们只是在做一个反方向的复利计算。在复利计算中，我们讨论了折现率和初始投资；在计算现值时，我们将会讨论折现率和未来现金流的现值。确定折现率主要在第九章中介绍，适当的折现率可以定义为与待折现的现金流风险相当的投资所得到的收益率。除了以上区别，其他的方法和技巧与之前类似，数学计算也仅仅是反方向的计算。在式（5-1）中，我们试图确定一项初始投资的未来价值。我们现在想确定初始投资或现值。将式（5-1）两边都除以 $(1+r)^n$，可以得到：

$$现值 = 第\ n\ 年年末的终值 \times \left[ \frac{1}{(1+r)^n} \right]$$

或者表示为：

$$PV = FV_n \left[ \frac{1}{(1+r)^n} \right] \qquad (5-2)$$

式（5-2）中括号中的表达式被称为**现值系数**（present value factor）。如果想要计算一定未来金额的现值，你只需将终值乘以适当的现值系数就可以得到其当前价值：

现值 = 终值 × 现值系数

其中，

$$现值系数 = \frac{1}{(1+r)^n}$$

因为确定现值的数学过程就是计算终值的相反过程，我们可以发现变量 $n$、$r$ 和现值之间的关系与我们在计算终值时观察到的相反。未来一定价值货币的现值与获得最终支付所需时间和折现率负相关。图 5-3 展示了这一关系。尽管计算现值的公式 [式（5-2）] 在评估新的投资计划时被经常使用，但是需要强调的是，这个公式实质上与计算终值的公式，即复利公式 [式（5-1）] 是相同的，只是此处我们计算的是现值而非终值。

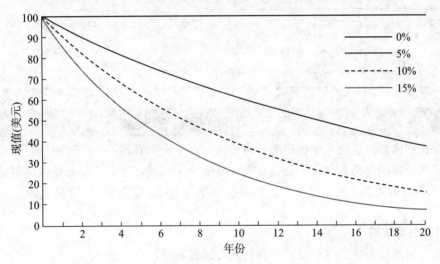

图 5-3　现值 100 美元将在未来收回，并且折现率分别为 0，5%，10% 和 15%

| 例题 5.4 | 计算 10 年后获得现金流的现值 |
| --- | --- |

在折现率是 6% 的情况下，10 年后获得的 500 美元的现值是多少？

**步骤 1：制定策略**

将来获取资金的现值可以用式（5-2）计算得到，如下所示：

$$PV = FV_n \left[ \frac{1}{(1+r)^n} \right]$$

**步骤 2：计算数值**

代入数值 $FV_{10} = 500$ 美元，$n = 10$，$r = 6\%$，我们可以得到：

$$PV = 500 \times \frac{1}{(1+0.06)^{10}}$$
$$= 500 \times 0.558\,4$$
$$= 279.20(\text{美元})$$

**步骤 3：分析结果**

因此，将于 10 年后获得的 500 美元的现值就是 279.20 美元。使用金融计算器的计算过程如下：

| 计算过程 | |
|---|---|
| 数据输入 | 功能按键 |
| 10 | N |
| 6 | I/Y |
| −500 | FV |
| 0 | PMT |
| 功能按键 | 答案 |
| CPT | |
| PV | 279.20 |

---

**例题 5.5**　　　　　　　　　　　　　　　　**计算储蓄债券的现值**

假设你正在佛罗里达州一个偏远的地方度假，有一天你看到一个广告声称，只要你参加一个有关共管式公寓的促销参观活动就会获得 100 美元。然而，这 100 美元是以储蓄债券的形式发放的，10 年以后才会支付 100 美元。如果折现率是 6%，那么 10 年后获得的这 100 美元的现值是多少？

**步骤 1：制定策略**

储蓄债券的现值可由式（5-2）计算得到，过程如下：

$$PV = FV_n \left[ \frac{1}{(1+r)^n} \right]$$

**步骤 2：计算数值**

代入数值 $FV_{10} = 100$ 美元，$n = 10$，$r = 6\%$，我们可以计算出现值：

$$PV = 100 \times \frac{1}{(1+0.06)^{10}}$$
$$= 100 \times 0.558\,4$$
$$= 55.84(\text{美元})$$

**步骤 3：分析结果**

这样，价值 100 美元的储蓄债券的现值只有 55.84 美元。使用金融计算器的计算过程如下：

| 计算过程 | |
|---|---|
| 数据输入 | 功能按键 |
| 10 | N |
| 6 | I/Y |
| —100 | FV |
| 0 | PMT |
| 功能按键 | 答案 |
| CPT | |
| PV | 55.84 |

## 警世故事

### 忽略原则4：市场价格通常是正确的

在第二章的故事中，我们从利益冲突和失败的公司治理的角度，分析了最近的金融危机中住房抵押贷款危机的作用。但是我们还可以从其他很多角度来分析这次危机，角度之一就是有效市场原则。

2007年，一些美国房地产市场显现了住房泡沫。为了更进一步了解导致这场房地产泡沫产生（和破灭）的一些内在原因，我们先回顾一下历史。

早在20世纪90年代中期开始，美国联邦政府就制定了一些放松普通贷款的政策。其中的政策之一，就是政府要求联邦全国住房贷款协会，即通常我们所知的房利美，和联邦住房贷款公司，即房地美，提高向中低收入贷款者的贷款比例。此后在1999年，美国城市与住房部门又颁布规定，要求房利美和房地美发放更多收取较少或不收取首期付款的贷款。结果，正是美国政府的这种放松政策导致了风险贷款数量开始增加。

在2001年恐怖分子袭击世界贸易中心大楼后，美国政府又启动了另一项我们所熟知的以增加市场竞争力为目的的计划。美联储降低短期利率以保证经济不会停滞。在较低的短期利率环境下，低首付的浮动利率贷款更加吸引住房购买者。低利率的结果就是，贷款个人在申请浮动利率贷款时，往往能够得到超过在正常利率水平下他们能够负担的贷款额度。但是在2005年和2006年，为了控制通胀，美联储重新提高短期利率，浮动利率相应变动，导致这些住房抵押贷款的月还款额大幅上升。房屋价格开始下降，并且违约率急剧上升。

这些政策做法导致了供给和需求间正常的相互作用。结果房屋价格虚高，而这些房屋抵押贷款也在打包为证券出售时暗示了这些贷款实际价值的下降。当房屋拥有者纷纷发生贷款违约时，投资者承担了持有垃圾贷款的风险。这些违约贷款反过来增加了银行持有的无法出售的房产数量，这使得市场萎靡，继而使得其他人获得新的贷款更加困难。

我们现在已经清楚这些事件催生了房地产泡沫，进而导致了最近的经济衰退。竞争性市场依据正常的供给和需求的力量运作，当供求双方的力量企图消除超高收益时，竞争性市场可以阻止泡沫的产生，而这些泡沫终将破灭，就如同之前为新的房屋购买者提供超低力量的住房贷款一样。如果说我们能从中吸取一些教训的话，那就是：不要干预有效市场。如果市场力量使得利率上升，那么一定有它的原因。

这样，我们就只得到了一个关于现值和终值关系的公式，即式（5-1）和式（5-2），它们只是同一公式的不同形式而已。为了简化我们的计算，我们以两种表达式对它们进行了介绍：在一种情况中，我们希望确定终值；而在另一情况下，我们希望确定现值。不论在哪一种情况下，目的是相同的：我们希望比较不同投资的价值，并且意识到今天收获的一美元与未来某个时间点收获的一美元的价值是不同的。换句话说，我们必须衡量同一时间点上的价值才有意义。例如，我们考察如下几个投资项目：第一个项目在 1 年后会有 1 000 美元的收入，第二个项目承诺在 5 年后有 1 500 美元的收入，第三个项目承诺在 10 年后有 2 500 美元的收入。现值的概念可以帮助我们将未来的现金流折回到现在，从而使这些项目具有可比性。进一步，正是因为这些现值是可比的（它们都衡量同一时点的现金价值），我们可以通过加减现金流入或流出的现值来确定一项投资的现值。下面来看一个投资案例，其中有两笔现金流，它们发生在不同的时点，现在需要确定这项投资的现值。

| 例题 5.6 | 计算现值 |

假设折现率为 6%，如下投资的现值是多少？该投资分别于 7 年和 10 年后获得 1 000 美元。

**步骤 1：制定策略**

可以利用式（5-2）分别计算投资中两笔现金流的现值，并将两者加总得到该项投资的现值：

$$PV = FV_n \times \left[\frac{1}{(1+r)^n}\right] + FV_n \left[\frac{1}{(1+r)^n}\right]$$

**步骤 2：计算数值**

将相应数值代入式（5-2），我们可以计算如下：

$$PV = 1\,000 \times \frac{1}{(1+0.06)^7} + 1\,000 \times \frac{1}{(1+0.06)^{10}}$$
$$= 665.06 + 558.39$$
$$= 1\,223.45(美元)$$

**步骤 3：分析结果**

这些现值是可比的，因为它们衡量的是同一时间点的现金价值。

利用金融计算器，解决过程分为三步，如下所示。首先，你要计算出第 7 年年末获得的 1 000 美元的现值，然后计算第 10 年年末获得的 1 000 美元的现值，最终将两个现值加总。请记住，一旦你计算出未来每笔现金流的现值，你就可以将它们加总，因为它们衡量的是同一时间点的现金价值。

| 步骤 1 | | 步骤 2 | |
|---|---|---|---|
| 计算过程 | | 计算过程 | |
| 数据输入 | 功能按键 | 数据输入 | 功能按键 |
| 7 | N | 10 | N |
| 6 | I/Y | 6 | I/Y |
| −1 000 | FV | −1 000 | FV |
| 0 | PMT | 0 | PMT |
| 功能按键 | 答案 | 功能按键 | 答案 |
| CPT | | CPT | |
| PV | 665.06 | PV | 558.39 |

**步骤 3**

将计算出的两个现值相加，可得：

665.06 美元
558.39 美元
1 223.45 美元

**你可以做出来吗？**

**计算不同时间点发生的现金流的现值**

如下投资的现金流是多少？假设折现率是 4%，在第 5 年年末得到 500 美元，在第 10 年年末得到 1 000 美元。

**概念回顾**

1. 原则 2 提到"货币具有时间价值"，说明这一原理。

2. 复利与单利有什么不同？

3. 解释公式 $FV_n = PV(1+r)^n$。

4. 为什么一笔资金的现值要小于其终值？

**你做出来了吗？**

**计算不同时间点发生的现金流的现值**

你有多种方法可以解决这一问题：利用数学公式、金融计算器或者 Excel 电子表格，都可以得到问题的答案。

**1. 使用数学公式**

将 $n=5$，$r=4\%$，$FV_5=500$ 美元；$n=10$，$r=4\%$，$FV_{10}=1\,000$ 美元两组数据，分别代入式（5-2），并把得到的数值加总，我们可以得到：

$$现值=500\times\frac{1}{(1+0.04)^5}+1\,000\times\frac{1}{(1+0.04)^{10}}$$

$$=500\times0.822+1\,000\times0.676$$

$$=411+676$$

$$=1\,087(美元)$$

**2. 使用金融计算器**

这同样也涉及三个步骤。首先单独计算每笔现金流的现值，然后将这些现值加总。

| 步骤 1 计算过程 | | 步骤 2 计算过程 | |
|---|---|---|---|
| 数据输入 | 功能按键 | 数据输入 | 功能按键 |
| 5 | N | 10 | N |
| 4 | I/Y | 4 | I/Y |
| −500 | FV | −1 000 | FV |
| 0 | PMT | 0 | PMT |
| 功能按键 | 答案 | 功能按键 | 答案 |
| CPT PV | 410.96 | CPT PV | 675.56 |

**步骤 3**

将计算出的两个现值相加，可得：

410.96 美元

675.56 美元

1 086.52 美元

**3. 使用 Excel 电子表格**

在 Excel 中，可以用"＝PV"公式计算现金流的现值。如果未来现金流按正值输入，那么我们的结果就会显示为负值。

# 年金

**年金**（annuity）是指在某段固定期限内，发生在每期期末的一系列固定现金流量。当我们提到年金时，我们指的是**普通年金**（ordinary annuity），除非特殊说明。普通年金在每期期末发生等额的现金流。因为年金的概念在金融中频繁出现，例如债券的利息支付，所以我们会专门对它进行讨论。尽管用我们之前介绍过的方法也可以计算出年金的终值和现值，但这个过程会非常烦琐，特别是对于大额、计息期数更多的年金来说。因此，我们对单期现金流公式进行调整，从而可以直接计算年金问题。

## 复合年金

**复合年金**（compound annuity）是指在某段固定期限内，每期期末存入或投资相同的金额，并按照复利增长。这样做也许是在为教育进行储蓄、买一辆车或者是一个度假屋。不论是哪种情况，我们都想知道在未来的某个时点，我们的投资会增长到多少。

实际上，我们可以通过式（5-1）找到答案，即进行复利计算的公式。我们可以通过将每笔存款单独进行复利计算再加总得到其终值。例如，如果为了储蓄大学教育费用，我们在接下来的 5 年中每年年末存入 500 美元，利率为 6%，那么我们在第 5 年年末将会得到多少钱呢？利用式（5-1）将每笔存款进行复利计算，我们将会在第 5 年年末获得2 818.50 美元。

$$FV_5 = 500 \times (1+0.6)^4 + 500 \times (1+0.6)^3 + 500 \times (1+0.6)^2 + 500 \times (1+0.6) + 500$$
$$= 500 \times 1.262 + 500 \times 1.191 + 500 \times 1.124 + 500 \times 1.060 + 500$$
$$= 631.00 + 595.50 + 562.00 + 530.00 + 500.00$$
$$= 2\,818.50(美元)$$

通过观察数学计算过程和表 5-1 所展示的货币价值随时间变化的特征，我们可以看到，我们所做的其实就是加总在不同时间段发生的现金流的终值。幸运的是，有一个公式可以帮助我们简化年金终值的计算：

$$年金终值 = PMT \left[ \frac{终值系数-1}{r} \right]$$
$$= PMT \left[ \frac{(1+r)^n - 1}{r} \right] \qquad (5-3)$$

| 表 5-1 | 期限为 5 年，500 美元复利年金，利率为 6% |
|---|---|

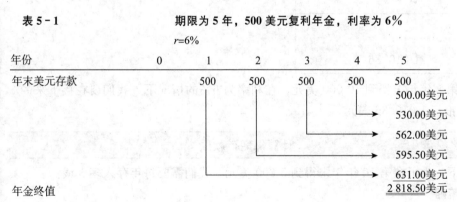

为了简化我们的讨论，我们将式（5-3）中括号的部分设置为**年金终值系数**（annuity future value factor），即 $\frac{(1+r)^n - 1}{r}$。

利用这一新的定义，我们可以将式（5-3）重新写为：

$$FV_n = PMT \left[ \frac{(1+r)^n - 1}{r} \right] = PMT \times 年金终值系数$$

相对于想知道我们每年在账户中存入的相同金额未来会增长为多少，一个更普遍的问题是：为了在将来获得一定金额，我们现在要每年存入多少钱？这是当我们在为大的开支储蓄时经常碰到的问题。

例如，如果我们预计 8 年后我们孩子的大学教育需要 10 000 美元，那么在利率为 6% 的情况下，我们每年要在银行中存入多少钱才能够准备足够的储蓄？在本例中，我们知道式（5-3）中变量 $n$、$r$ 和 $FV_n$ 的值，我们未知的是 $PMT$ 的值。将这些数值代入式（5-3）中，我们得到：

$$10\ 000 = PMT \left[ \frac{(1+0.06)^8 - 1}{0.06} \right]$$

$$10\ 000 = PMT \times 9.897\ 5$$

$$\frac{10\ 000}{9.897\ 5} = PMT$$

$$PMT = 1\ 010.36 (美元)$$

使用金融计算器计算过程如下：

| 计算过程 | |
| --- | --- |
| 数据输入 | 功能按键 |
| 8 | N |
| 6 | I/Y |
| −10 000 | FV |
| 0 | PV |
| 功能按键 | 答案 |
| CPT | |
| PMT | 1 010.36 |

因此，为了在第 8 年年末得到 10 000 美元，在利率为 6% 的情况下，我们要在接下来的 8 年中每年年末存入银行 1 010.36 美元。

---

**例题 5.7**                                          **计算每期存款额**

在 8% 的利率下，为了在第 10 年年末得到 5 000 美元，我们需要每年存入多少钱？

**步骤 1：制定策略**

为了计算每期必须要存入的金额，我们要用到式（5-3）：

$$FV_n = PMT \left[ \frac{(1+r)^n - 1}{r} \right]$$

**步骤 2：计算数值**

将相应数值代入式（5-3），我们可以计算得到：

$$5\,000 = PMT\left[\frac{(1+0.06)^8-1}{0.06}\right]$$

$$5\,000 = PMT \times 14.486\,6$$

$$\frac{5\,000}{14.486\,6} = PMT = 345.15(美元)$$

使用金融计算器计算过程如下：

| 计算过程 | |
|---|---|
| 数据输入 | 功能按键 |
| 10 | N |
| 8 | I/Y |
| -5 000 | FV |
| 0 | PV |
| 功能按键 | 答案 |
| CPT | |
| PMT | 345.15 |

**步骤 3：分析结果**

这样，在 8％的利率下，我们需要在接下来的 10 年中，每年存入 345.15 美元，才能够在第 10 年年末得到 5 000 美元。

普通年金的现值

养老金、保险费，以及所有债券的利息支付都涉及年金的计算。未来比较这三种投资，我们需要知道每种投资的现值。例如，如果我们想知道接下来 5 年中每年年末得到 500 美元的当前价值是多少，假设利率是 6％，我们可以简单地将相应的数值代入式（5-2），可以得到：

$$PV = 500 \times \frac{1}{(1+0.06)^1} + 500 \times \frac{1}{(1+0.06)^2} + 500 \times \frac{1}{(1+0.06)^3}$$

$$+ 500 \times \frac{1}{(1+0.06)^4} + 500 \times \frac{1}{(1+0.06)^5}$$

$$= 500 \times 0.943 + 500 \times 0.890 + 500 \times 0.840 + 500 \times 0.792 + 500 \times 0.747$$

$$= 2\,106(美元)$$

这样，此处年金的现值就是 2 106.00 美元。通过观察上述计算过程和表 5-2 所展示的货币价值随时间变化的特征，可以看到我们所做的仅仅是计算不同时间段产生的现金流的现值，并将其加总。幸运的是，这里也有一个公式可以帮助我们简化年金现值的计算：

$$年金现值 = PMT\left[\frac{1-现值系数}{r}\right]$$

$$= PMT\left[\frac{1-(1+r)^{-n}}{r}\right] \tag{5-4}$$

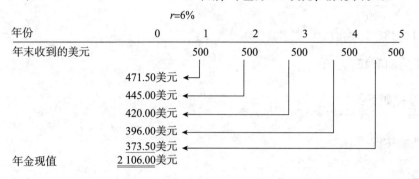

为了简便，我们将式（5-4）中括号的部分设置为**年金现值系数**（annuity present value factor），即 $\dfrac{1-(1+r)^{-n}}{r}$。

---

| 例题 5.8 | 计算年金现值 |
|---|---|

在利率为 5% 的情况下，10 年期，年付 1 000 美元的现值是多少？

**步骤 1：制定策略**

这笔年金的现值可以通过式（5-4）计算得到：

$$PV = PMT\left[\frac{1-(1+r)^{-n}}{r}\right]$$

**步骤 2：计算数值**

将相关数值代入式（5-4），可以计算得到如下现值：

$$PV = 1\,000 \times \frac{1-(1+0.05)^{-10}}{0.05}$$
$$= 1\,000 \times 7.722$$
$$= 7\,722（美元）$$

**步骤 3：分析结果**

因此，这笔年金的现值是 7 722 美元。

使用金融计算器计算过程如下：

| 计算过程 | |
|---|---|
| 数据输入 | 功能按键 |
| 10 | N |
| 5 | I/Y |
| −1 000 | PMT |
| 0 | PV |
| 功能按键 | 答案 |
| CPT | |
| PV | 7 722 |

当我们在计算年付金额时，这个过程从金融角度可以理解为：假设我们拥有一个养老金账户或者要分期还一笔贷款，年复合利率为 $r$，如果我们希望在第 $n$ 年后账户中余额为零，那么在接下来的 $n$ 年中，我们每年需要从账户中提取多少钱？例如，我们账户中有 5 000 美元，并按照 8% 的利率计息，如果我们想在第 5 年年末使账户余额为零，那么我们需要每年从账户中等额提取多少钱？在这个例子中，年金的现值是 5 000 美元，$n=5$，$r=8\%$，$PMT$ 是未知的。将这些数值代入式（5-4），我们将会得到：

$$5\ 000=PMT\left[\frac{1-(1+0.08)^{-5}}{0.08}\right]=PMT\times3.993$$

$$PMT=1\ 252（美元）$$

因此，如果我们每年年底取出 1 252 美元，那么在第 5 年年末我们账户中的余额将为零。使用金融计算器计算过程如下：

| 计算过程 | |
| --- | --- |
| 数据输入 | 功能按键 |
| 5 | N |
| 8 | I/Y |
| −5 000 | PV |
| 0 | FV |
| 功能按键 | 答案 |
| CPT | |
| PMT | 1 252 |

## 预付年金

预付年金（annuity due）其实就是将普通年金中每笔年金的支付提前一期。将这些年金进行复利计算或者折现都很简单。在预付年金中，每笔年金支付都是在每期期初发生的，而不是每期期末。首先，让我们来看一下这会对我们的复利计算产生怎样的影响。

因为预付年金仅仅是将每期的支付从期末转移到了期初，所以我们现在要将现金流多进行一期复利计算。因此，最终年金的复利值为：

$$预付年金终值=普通年金终值\times(1+r)$$

$$FV_n（预付年金）=PMT\left[\frac{(1+r)^n-1}{r}\right](1+r) \tag{5-5}$$

在前面为大学教育储蓄的例子中，我们计算了为期 5 年，利率为 6%，每期 500 美元的普通年金终值为 2 818.50 美元。如果我们假设这是一个 5 年期的预付年金，那么它的终值将由 2 818.50 美元增长到 2 987.66 美元。

$$FV_5=500\times\frac{(1+0.06)^5-1}{0.06}\times(1+0.06)$$

$$=500\times5.637\ 093\times1.06$$

$$=2\ 987.66(美元)$$

使用金融计算器计算过程如下：

| 步骤 1 | |
| --- | --- |
| **计算过程** | |
| 数据输入 | 功能按键 |
| 5 | **N** |
| 6 | **I/Y** |
| 0 | **PV** |
| －500 | **PMT** |
| 功能按键 | 答案 |
| **CPT** | |
| **FV** | 2 818.55 |

| 步骤 2 |
| --- |
| 2 818.55 美元 |
| × 1.06 |
| 2 987.66 美元 |

类似地在计算预付年金的现值时，我们只是提前一期获得每期的现金流。也就是说，我们在每年年初而不是年末得到现金流。因此，由于每笔现金流都是提前一年收到，在折现时就少折现一期。在计算预付年金的现值时，我们只需计算普通年金的现值并将其乘以（$1+r$），相当于减少了一期折现。

预付年金现值＝普通年金现值×（$1+r$）

$$PV(预付年金)=PMT\left[\frac{1-(1+r)^{-n}}{r}\right](1+r) \tag{5-6}$$

在之前教育储蓄的例子中，我们计算了 5 年期，年付 500 美元，折现率为 6％的普通年金的现值。我们现在已经知道，如果这不是普通年金而是预付年金，那么其现值将由 2 106 美元增加到 2 232.55 美元。

$$PV=500\times\frac{1-(1+0.06)^{-5}}{0.06}\times(1+0.06)$$

$$=500\times4.212\ 36\times1.06$$

$$=2\ 232.55(美元)$$

利用金融计算器计算时，首先将其当作普通年金计算其终值和现值。然后将结果乘以（$1+r$），本例中为 1.06，如下所示。

预付年金的计算结果说明其终值和现值都要大于相应的普通年金，因为在两种情况下现金流都提前一年发生。因此，当进行复利计算时，预付年金会多计息一年；而当折现时，预付年金会少折现一年。尽管预付年金经常会在会计中运用，但它在金融中的应用还是相当有限的。因此，在后文中，当我们使用"年金"这一概念时，都默认为普通年金。

| 步骤 1 计算过程 | |
|---|---|
| 数据输入 | 功能按键 |
| 5 | N |
| 6 | I/Y |
| −500 | PMT |
| 0 | FV |
| 功能按键 | 答案 |
| CPT PV | 2 106.18 |

| 步骤 2 |
|---|
| 2 106.18 美元 |
| × 1.06 |
| 2 232.55 美元 |

---

| 例题 5.9 | 乐透彩票的有关计算 |
|---|---|

美国有 43 个州经营乐透彩票，并且这些彩票都很类似：为了赢得累计资金，你需要从 44 个数字中成功选取到中奖的数字，并将它们按照正确顺序排序。如果你的结果很接近，那么你得到的奖品会小很多，我们暂且忽略这一情况。对于累计资金中的每 100 万美元，你会在 20 年中每年获得 50 000 美元，而你中奖的概率是七百一十万分之一。最近一个州的乐透彩票发布的广告如是说：生活中有两种人。一种人每天都在买彩票，而另一种人偶尔才买彩票。例如，他们只会在某个周六在去街角的商店买花生、黄油、蛋糕和低糖苏打水的时候，正巧碰到彩票的累计奖金很高，才会停下来买一张。就像我的朋友内德（Ned），他总说，这周累计奖金不过 200 万美元。不过我要说，尽管我不了解你，我倒是不介意有 200 万美元向我走来……

那么这些奖金的现值是多少？

**步骤 1：制定策略**

这个问题的答案取决于你对货币的时间价值所作出的假设。在本例中，假设你认为与此风险相当的投资的必要收益率是 10%。请记住乐透是预付年金，也就是说，对于 200 万美元的乐透彩票，你会立刻得到 100 000 美元，而在接下来的 19 年中，每年年初会获得 100 000 美元。这样，以 10% 的折现率，这个为期 20 年的预付年金的现值是：

$$PV_{(预付年金)} = PMT\left[\frac{1-(1+r)^{-n}}{r}\right](1+r)$$

**步骤 2：计算数值**

解决这个问题需要两个步骤。在第一步中，你把乐透的累计奖金当作是普通年金，并且计算出它的现值。然后将这个现值乘以 $(1+r)$，在本例中是 1.10。

将对应数值代入式（5-6），我们可以计算现值如下：

$$PV = 100\ 000 \times \frac{1-(1+0.10)^{-20}}{0.10} \times (1+0.10)$$

$$= 100\ 000 \times 8.513\ 56 \times 1.10$$

$$= 936\ 492(美元)$$

使用金融计算器计算过程如下：

| 步骤1 | |
| --- | --- |
| **计算过程** | |
| 数据输入 | 功能按键 |
| 20 | N |
| 10 | I/Y |
| −100 000 | PMT |
| 0 | FV |
| 功能按键 | 答案 |
| CPT | |
| PV | 851 356 |

| 步骤2 |
| --- |
| 851 356 美元 |
| × 1.10 |
| 936 492 美元 |

**步骤3：分析结果**

这样，如果折现率是 10%，价值 200 万美元的乐透奖金的现值不到 100 万美元。更进一步，因为中奖的概率只有七百一十万分之一，"投资" 1 美元乐透彩票的期望值只有 13.19 美分。也就是说，每花 1 美元购买乐透彩票，你会平均得到 13 美分，这并不是一个划算的买卖。这个计算忽略了中小奖的情况，它同样也忽略了要缴纳的税费。在这个例子中，我的朋友内德没有购买彩票是做了一个正确的决定。很显然，乐透彩票的主要作用是娱乐。不幸的是，如果缺乏对货币的时间价值的认识，它看起来确实像是一个好的投资。

---

分期偿还贷款

当已知 $r$、$n$ 和 $PV$ 时，求解每期付款额也就是每期现金流的过程，同样也可以用来确定一段时期内贷款的每期等额还款金额。贷款分期付清，每期还款金额相同的贷款被称为**分期偿还贷款**（amortized loan）。实际上，"分期" 一词来源于拉丁文，意思是 "将要死亡"。当你以间隔相同时间，每期支付相同金额来还清贷款时，这笔贷款就被分期了。虽然每期的总还款金额是相等的，但其中本金和利息部分的金额每期都是不同的。每进行一次还款，本金就会减少。结果，每期还款的利息部分就会减少，而剩下的用来偿还本金的部分会增加。图 5-4 描述了整个分期的过程。

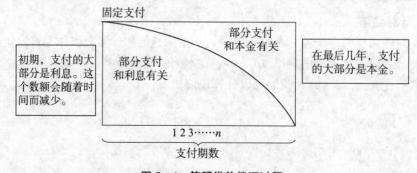

图 5-4 等额贷款偿还过程

例如，假设一家公司想要买一台机器。为此，这家公司进行了 6 000 美元的贷款，贷款在未来 4 年付清，每年年末支付相同金额，支付的利率是 15%，每期支付利息按照剩余未偿还的本金部分计算。为了确定还清这笔贷款每期需要支付的金额，我们使用公式（5 - 4）解出 $PMT$，即每期年金的值。在本例中，已知 $PV$，$r$ 和 $n$。其中，年金的现值 $PV$ 是 6 000 美元；年利率 $r$ 是 15%；计息期数 $n$，即年金持续的时间是 4 年。每年年末发生的年金 $PMT$（资金借出者收取的或公司支付的）是未知的。将相关数值代入式（5 - 4），我们得到：

$$6\ 000 = PMT \times \frac{1-(1+0.15)^{-4}}{0.15}$$

$$6\ 000 = PMT \times 2.854\ 98$$

$$PMT = 2\ 101.59（美元）$$

使用金融计算器计算过程如下：

| 计算过程 | |
| --- | --- |
| 数据输入 | 功能按键 |
| 4 | N |
| 15 | I/Y |
| −6 000 | PV |
| 0 | FV |
| 功能按键 | 答案 |
| CPT | |
| PMT | 2 101.59 |

为了在 4 年中付清贷款的本金和利息，每年还款的金额是 2 101.59 美元。每年还款中本金和利息各自占的金额如表 5 - 3 中摊销计划所示（其中有的是四舍五入）。你会看到，随着未偿还本金的减少，每年还款中利息的部分也相应减少。

表 5 - 3　　　　等额贷款偿还表，贷款总额为 6 000 美元，贷款利率为 15%，在 4 年内偿还

| 年份 | 年金（美元） | 年金的利息部分①（美元） | 年金的本金偿还部分②（美元） | 年金偿还后的贷款余额（美元） |
| --- | --- | --- | --- | --- |
| 0 | 0 | 0 | 0 | 6 000.00 |
| 1 | 2 101.59 | 900.00 | 1 201.59 | 4 798.41 |
| 2 | 2 101.59 | 719.76 | 1 381.83 | 3 416.58 |
| 3 | 2 101.59 | 512.49 | 1 589.10 | 1 827.48 |
| 4 | 2 101.59 | 274.12 | 1 827.48 | |

①　年金的利息部分的计算是将年初贷款余额乘以 15% 的利率。所以对于第 1 年是：6 000 美元×0.15＝900.00 美元，对于第 2 年是：4 798.41 美元×0.15＝719.76 美元，依此类推。

②　年金的本金偿还部分是通过从年金中减去年金的利息部分而得到。

现在让我们利用电子表格来看一下贷款分期的问题，并计算每月的还款金额，然后确定每期还款中有多少是利息部分，多少进行了本金偿还。

你进行了一笔 25 年期，100 000 美元的贷款来购买新房屋。如果贷款利率为 8%，你的每月还款额是多少？在解决这个问题时，首先要将 8% 的年利率除以 12 得到月利率。然后，将计息单位由年转换为月，那么 25 年乘以 12 得到总计 300 个月。如下我们可以看到更加详细的计算过程。

| | A | | B |
|---|---|---|---|
| 1 | 折现率（rate）= | | 0.666 7% |
| 2 | 计息期数（nper）= | | 300 |
| 3 | 现值（pv）= | | 100 000美元 |
| 4 | 终值（fv）= | | 0 |
| 5 | | | |
| 6 | 每期现金流（pmt）= | | −771.82美元 |
| 7 | | | |
| 8 | Excel公式=pmt（rate, nper, pv, fv） | | |
| 9 | 进入b6:=pmt（（8/12）%, b2, b3, b4） | | |

你同样可以使用 Excel 来计算任何一笔贷款每期还款额中应还的利息和本金金额。你可以通过使用如下的 Excel 公式得到结果：

| 计算 | 功能 |
|---|---|
| 支付的利息部分 | =IPMT(rate，per，nper，pv，fv) |
| 支付的本金部分 | =PPMT(rate，per，nper，pv，fv) |

其中 per 指的是付款期数。

在本例中，你可以按如下所示，计算第 48 个月的还款中分别偿还了多少本金和利息。

| | A | | B |
|---|---|---|---|
| 1 | 折现率（rate）= | | 0.666 7% |
| 2 | 付款期数（per）= | | 48 |
| 3 | 总计息期数（nper）= | | 300 |
| 4 | 现值（pv）= | | 100 000美元 |
| 5 | 终值（fv）= | | 0 |
| 6 | | | |
| 7 | 第48期支付的利息部分= | | −628.12美元 |
| 8 | 第48期支付的本金部分= | | −143.69美元 |
| 9 | | | |
| 10 | 第7栏输入的值=IPMT（（8/12）%，b2，b3，b4，b5） | | |
| 11 | 第8栏输入的值=PPMT（（8/12）%，b2，b3，b4，b5） | | |

**概念回顾**

1. 什么是分期偿还贷款？

2. Excel 中的哪些公式可以计算一项贷款还款中偿还的本金和利息金额？

# 使不同的利率可比

为了能够做出正确的项目投资和融资的决策，我们统一不同的利率表达方法，以使它们具有可比性是非常重要的。然而，一些利率是年复合利率，而另外一些是季度或月度的复合利率，将这些计息单位期限不同的利率直接进行比较是不正确的。因此，让这些利率相互可比的唯一方法，就是将它们转化成按照相同单位期限计息的利率。

为了便于理解将这些不同的利率变成可比利率的过程，我们首先有必要来定义名义利率，即报价利率。名义或报价利率，是合同中规定的利率。例如，假设你现在正在考察不同的贷款，其中之一按照 8% 的利率按年进行复利计算，而另一种按照 7.85% 的利率按月度进行复利计算，那么 8% 和 7.85% 就是名义利率。然而，因为一种利率按年进行复利计算，而另一个利率按照季度进行复利计算，因此这两种利率并不可比。实际上，除非两个利率每年的计息期数相同，否则两个利率是不可比的。为了让这些利率可比，我们必须计算与它们相当的，年计息期数相同的利率。我们通过计算**实际年利率**（effective annual rate，*EAR*）来达到这一目的。实际年利率是年利率，它产生的利息相当于对应的名义或报价利率。

我们假设你正在考虑以 12% 的年利率向银行贷款，每月计息。如果你以每月 1% 的利率借1 美元，分 12 个月偿还，那么第 12 个月末你将欠款：

$$1.00 \times (1.01)^{12} = 1.126\,825 \text{（美元）}$$

这相当于你按照 12.682 5% 而不是 12% 的利率在借款。因此，12% 的年利率，按月计息的实际年利率是 12.682 5%。实际年利率向我们说明了与名义利率产生相同利息的按年计息的利率值。换句话说，不论你是按照 12.682 5% 的利率按年计息，还是按照 12% 的利率按月计息，最终都将获得相同的月付款额。

将这个过程一般化，我们可以用下面的公式计算实际年利率：

$$EAR = \left(1 + \frac{\text{报价利率}}{m}\right)^m - 1 \tag{5-7}$$

其中 *EAR* 代表实际年利率，*m* 代表每年的计息期数。因为商业和银行中，复利计息的表达方式各异，知道如何将这些利率转化为可比利率并做出正确的决定是非常重要的。

| 例题 5.10 | 计算信用卡的实际年利率 |
|---|---|

你刚得到了你的第一张信用卡，但是你对于利率存有疑虑：利率看起来很高。报价利率是21.7%，当你仔细分析时，你发现这个利率是每天计息的。那么你的信用卡的 *EAR*，即实际年利率是多少呢？

**步骤 1：制定策略**

我们用式（5-7）来计算实际年利率如下：

$$EAR = \left[1 + \frac{\text{报价利率}}{m}\right]^m - 1$$

**步骤 2：计算数值**

将相应的数值代入式（5-7），我们可以计算实际年利率如下：

$$EAR = \left[1 + \frac{0.217}{365}\right]^{365} - 1$$

$$EAR = 1.242\ 264 - 1 = 0.242\ 264 = 24.226\ 4\%$$

**步骤 3：分析结果**

因此，实际年利率是 24.226 4%。

---

### 计算非整年计息现金流的现值和终值

计算实际年利率的逻辑同样适用于计息期为半年、季度或其他非整年计息现金流的现值和终值的计算。之前我们在计算不同时间点的货币价值时，我们假设现金流按年发生，同时计算复利和折现时也以年为单位。然而，现实中并不如此，债券通常每半年进行付息，而大多数的抵押贷款则是按月还款。

例如，如果我们以 8% 的利率将一笔钱储蓄 5 年，每半年计息，这实际上相当于我们每半年获得 4% 的复利，如此储蓄 6 个月。如果利率是 8%，每季度计息，如此储蓄 5 年，那么我们相当于每 3 个月获得 2% 的复利，如此储蓄 20 期。将这个过程一般化，当计算复利的单位时间不是整年时，我们可以按照如下公式计算投资的终值：

$$FV_n = PV\left[1 + \frac{r}{m}\right]^{m \cdot n} \tag{5-8}$$

其中，

$FV_n$ = 第 $n$ 年年末投资的终值；

$n$ = 复利持续的时间；

$r$ = 年利率（折现率）；

$PV$ = 现值或第一年年初的初始投资额；

$m$ = 每年计息次数。

实际上，所有有关计算货币在不同时间点价值的公式都可以通过简单变形，进行非整年现金流的计算。我们在本章的每个例子中，在介绍的公式的基础上，进行了两处调整——第一处是有关时间期限 $n$，第二处是年利率 $r$。因此，调整包括两个步骤：

◆ $n$ 代表总计息期数，或者将计息期数表示为 $n$（以年为单位）乘以 $m$（每年中的计息期数）。这样，如果按月计息 10 年，原来公式中的 $n$ 就为 $10 \times 12 = 120$，10 年中计息 120 次；如果 10 年中按日计息，那么 $n$ 就为 $10 \times 365 = 3\ 650$。

◆ $r$ 代表每期计息适用的利率，或者是原来的 $r$（年利率）除以 $m$（每年中的计息期数）。这样，如果按照 6% 的年利率每月计复利，那么 $r$ 就为 $6\% \div 12 = 0.5\%$，每月按 0.5% 的利率计息；如果按照 6% 的年利率每日计复利，那么每天的复利就为 $6\% \div 365$。

通过观察表 5-4，我们可以看到年内多次复利计息的价值。因为当计息的单位时间减少时，"利息的利息"则积累得更为频繁，所以在单位计息时间和实际年利率之间有一种负相关关系。单位计息时间越短，实际年利率就会越高。反之，单位计息时间越长，实际年利率则越低。

表 5-4 　　　　　　　　　　　　　　　100 美元在各区间复利　　　　　　　　　　　　（单位：美元）

| $r=$ | 1 年期利率为 $r$ | | | | 10 年期利率为 $r$ | | | |
| --- | --- | --- | --- | --- | --- | --- | --- | --- |
| | 2% | 5% | 10% | 15% | 2% | 5% | 10% | 15% |
| 年度复利 | 102.00 | 105.00 | 110.00 | 115.00 | 121.90 | 162.89 | 259.37 | 404.56 |
| 半年度复利 | 102.01 | 105.06 | 110.25 | 115.56 | 122.02 | 163.86 | 265.33 | 424.79 |
| 季度复利 | 102.02 | 105.09 | 110.38 | 115.87 | 122.08 | 164.36 | 268.51 | 436.04 |
| 月度复利 | 102.02 | 105.12 | 110.47 | 116.08 | 122.10 | 164.70 | 270.70 | 444.02 |
| 每周复利（52） | 102.02 | 105.12 | 110.51 | 116.16 | 122.14 | 164.83 | 271.57 | 447.20 |
| 每日复利（365） | 102.02 | 105.13 | 110.52 | 116.18 | 122.14 | 164.87 | 271.79 | 448.03 |

## 例题 5.11　　　　　　　　　　　　　　　　计算投资的增长

如果我们将 100 美元存入银行，按照 12% 的年利率每季度计复利，那么 5 年后投资将会增长为多少？

**步骤 1：制定策略**

我们可以利用公式（5-8）计算出我们储蓄账户的终值如下：

$$终值＝现值 \times \left(1+\frac{r}{m}\right)^{m \cdot n}$$

**步骤 2：计算数值**

将相应数值代入公式（5-8），我们可以得到如下结果：

$$FV=100 \times \left(1+\frac{0.12}{4}\right)^{4 \times 5}$$
$$=100 \times 1.806\ 1$$
$$=180.61（美元）$$

使用金融计算器计算过程如下：

| 计算过程 | |
| --- | --- |
| 数据输入 | 功能按键 |
| 20 | N |
| 12/4 | I/Y |
| 100 | PV |
| 0 | PMT |
| 功能按键 | 答案 |
| CPT | |
| FV | −180.61 |

**步骤 3：分析结果**

因此，我们在第 5 年年末就会得到 180.61 美元。在本例中，原来公式中的 $n$ 即为 5 年中一共计息的次数（季度），而 $\dfrac{r}{m}$ 代表使用于每个计息期的利率，也就是按照每季度利率为 3%，计息 20 期。

---

## 你可以做出来吗？

**你能够花多少钱买一栋房子？**

**一个按月分期偿还贷款的例子**

你一直在考虑购买房产，但不确定你能够负担多大的房子。你了解到你可以负担每月 1 250 美元的抵押贷款，贷款的期限为 30 年，年利率为 6.5%。那么你可以负担多少额度的贷款？在此例中，你需要解出 $PV$，即当前你可以贷款的数额。

## 你做出来了吗？

**你能够花多少钱买一栋房子？**

**一个按月分期偿还贷款的例子**

你可以用多种方法解决这一问题：直接用数学公式进行计算，使用金融计算器，或者利用电子表格——无论你使用哪种方法，都会得到相同的结果。

**1. 使用数学公式**

同样，你需要将 $n$ 乘以 $m$，将 $r$ 除以 $m$，其中 $m$ 是每年的计息次数。这样我们得到：

$$PV = 1\,250 \times \dfrac{1 - \dfrac{1}{\left(1 + \dfrac{0.065}{12}\right)^{30 \times 12}}}{\dfrac{0.065}{12}}$$

$$PV = 1\,250 \times \dfrac{1 - \dfrac{1}{(1 + 0.005\,416\,67)^{360}}}{0.005\,416\,67}$$

$$PV = 1\,250 \times \dfrac{1 - \dfrac{1}{6.991\,797\,97}}{0.005\,416\,67}$$

$$PV = 1\,250 \times 158.210\,816$$

$$PV = 197\,763.52 \text{ （美元）}$$

**2. 使用金融计算器**

首先，你必须将每个相关的数值转化为以月度为单位。首先将 $n$ 乘以 $m$（30 乘以 12），从而将计息期数转化为月，然后将得到的值输入 $\boxed{N}$。然后你需要将 $r$ 除以 $m$，得到月度利率，将其输入 $\boxed{I/Y}$。最后，确保输入 $\boxed{PMT}$ 的值是每月的还款金额。

## 计算过程

| 数据输入 | 功能按键 |
|---|---|
| 360 | N |
| 6.5/12 | I/Y |
| −1 250 | PMT |
| 0 | FV |

| 功能按键 | 答案 |
|---|---|
| CPT<br>PV | 197 763.52 |

### 3. 使用电子表格

| | A | B |
|---|---|---|
| 1 | 折现率（rate）= | 0.541 7% |
| 2 | 计息期数（nper）= | 360 |
| 3 | 每期现金流（pmt）= | 1 250 |
| 4 | 终值（fv）= | 0 |
| 5 | | |
| 6 | 现值（pv）= | −197 763.52美元 |
| 7 | 第6栏输入的值： | |
| 8 | =PV（（6.5/12）%, b2, b3, b4） | |

---

| 例题 5.12 | 计算投资终值 |
|---|---|

2009 年，平均每个美国家庭拥有 10 000 美元的信用卡贷款，信用卡贷款的平均利率是 13.0%。许多信用卡规定，每月最低还款额为贷款余额的 4%。如果平均每个家庭每月偿还月初欠款的 4%，那就是每月偿还 400 美元，那么需要多久才能付清信用卡欠款？利用金融计算器来解决这一问题。

**步骤 1：制定策略**

解决这一问题最简单的办法，就是使用你的金融计算器，或者使用 Excel 来解出计息期数 N。在 Excel 中，你只需使用"=NPER"公式，输入相应的利率（r）、每期付款金额（pmt）、现值（pv）和终值（fv）的数值即可。如果使用金融计算器，你只要解出 N 即可，然而你需要注意，I/Y 输入的值应该是转化后的月度利率，因为你要求解的是付清信用卡贷款余额所需的月数。

**步骤 2：计算数值**

金融计算器的使用过程如下所示。你会注意到输入的 PMT 值是负值。

**步骤 3：分析结果**

计算结果表明，如果你每月偿还月初欠款余额的 4%，还清所欠信用卡欠款将需要超过 29 个月。当然，如果你一直使用该信用卡，将会需要更长的时间来还清欠款。

**计算过程**

| 数据输入 | 功能按键 |
|---|---|
| 13.0/12 | I/Y |
| 10 000 | PV |
| −400 | PMT |
| 0 | FV |

| 功能按键 | 答案 |
|---|---|
| CPT | |
| N | 29.3 |

**概念回顾**

1. 为什么与按年计息相比，在一年计息多次的情况下，给定全额的终值会更高？
2. 当按季度计算复利时，你如何调整原始的公式来计算终值和现值？

## 不规则现金流和永续年金的现值

尽管一些项目只涉及一笔现金流，或者是年金现金流，但是更多的项目是在多年期间，每年发生不等的现金流。在第十章讨论固定资产投资时，会更加详细地介绍这点。到时我们不仅会比较不同项目产生的现金流的现值，也会通过计算某一项目的流出和流入现金流的现值来计算整个项目的现值。然而，作出比较并不困难，因为任何一笔现金流的现值都是衡量当前的货币价值，通过加上现金流入和减去现金流出，这些现值和其他用当前货币价值衡量的现金流的现值都是可比的。例如，如果我们想计算如下现金流的现值：

| 年份 | 现金流（美元） | 年份 | 现金流（美元） |
|---|---|---|---|
| 1 | 0 | 6 | 500 |
| 2 | 200 | 7 | 500 |
| 3 | −400 | 8 | 500 |
| 4 | 500 | 9 | 500 |
| 5 | 500 | 10 | 500 |

假设折现率是 6%，我们只需要分别计算每笔现金流的现值，再加上正的现金流，减去负的现金流，就可以得到它们总的现值了。然而，如果我们要计算从第 4 年开始，持续到第 10 年的每年 500 美元的年金的现值，问题会变得复杂一些。在计算时，我们首先要将年金折现到第 4 年年初（或第 3 年年末），计算这一时点的现值。然后，我们再将其作为单一现金流（也就是 7 年年金的现值）折回到当前。实际上，我们折现了两次，第一次折回到第 3 年年末，然后再将其折

回到现在。表5-5展示了这一过程，表5-6给出了具体的数学过程。这样，这笔不规则现金流的现值就是2 185.69美元。

**表5-5** **不规则现金流，年金折现率为6%**

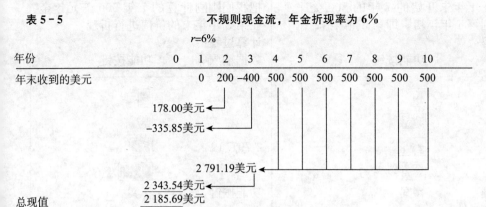

| 年份 | 0 | 1 | 2 | 3 | 4 | 5 | 6 | 7 | 8 | 9 | 10 |

**表5-6** **不规则现金流，年金折现率为6%**

| | |
|---|---|
| 1. 第2年年末收到200美元，折现率为6%的现值＝ | 178.00美元 |
| 2. 第3年年末流出400美元，折现率为6%的现值＝ | −335.85美元 |
| 3.（a）年金为500美元，4～10年折现率为6%，第3年年末的值＝2 791.19美元。 | |
| （b）第3年年末收到2 791.19美元，折现率为6%的现值＝ | 2 343.54美元 |
| 4. 总现值＝ | 2 185.69美元 |

使用金融计算器计算过程如下：

| **步骤1**<br>把第2年年末的200美元折现：<br>计算过程 | |
|---|---|
| 数据输入 | 功能按键 |
| 2 | N |
| 6 | I/Y |
| 200 | FV |
| 0 | PMT |
| 功能按键 | 答案 |
| CPT<br>PV | −178.00 |

| **步骤2**<br>把第3年年末的−400美元折现：<br>计算过程 | |
|---|---|
| 数据输入 | 功能按键 |
| 3 | N |
| 6 | I/Y |
| 0 | PMT |
| −400 | FV |
| 功能按键 | 答案 |
| CPT<br>PV | 335.85 |

**步骤 3**

把从第 4 年年末开始的 7 年的 500 美元折现到第 4 年年初，即第 3 年年末：

**计算过程**

| 数据输入 | 功能按键 |
|---|---|
| 7 | N |
| 6 | I/Y |
| 500 | PMT |
| 0 | FV |

| 功能按键 | 答案 |
|---|---|
| CPT | |
| PV | −2 791.19 |

**步骤 4**

把我们刚刚计算的 7 年 500 美元年金在第 3 年年末的价值进行折现：

**计算过程**

| 数据输入 | 功能按键 |
|---|---|
| 3 | N |
| 6 | I/Y |
| 2 791.19 | FV |
| 0 | PMT |

| 功能按键 | 答案 |
|---|---|
| CPT | |
| PV | −2 343.54 |

**步骤 5**

根据步骤 1、2 和 4，把增加的现金流入的现值，减去现金流出的现值（第 3 年年末的 400 美元）。

$$178.00 \text{ 美元}$$
$$-335.85 \text{ 美元}$$
$$+2\,343.54 \text{ 美元}$$
$$\underline{\phantom{xx}2\,185.69 \text{ 美元}}$$

记住，当一项投资产生的各笔现金流被折现到当前后，就可以通过对它们进行加减来汇总，以得到项目的总现值。

---

**概念回顾**

1. 假设一项投资在第 1 年年末有 100 美元的现金流入，在第 2 年年末有 700 美元的现金流入，你将如何计算这项投资的现值？

---

## 永续年金

**永续年金**（perpetuity）就是一直无限期地持续下去的年金。也就是说，投资后，每一年都会产生相同现金流并一直持续下去。一个永续年金的例子就是无限期派发固定股利的优先股。计算永续年金的现值很容易，我们只需将每年发生的相同的现金流除以对应折现率即可。例如，折现率为 5% 时，每年支付 100 美元的永续年金的现值就是 100 美元÷0.05＝2 000 美元。这样，一笔永续年金的现值可以表示为：

$$PV = \frac{PP}{r} \qquad\qquad (5-9)$$

其中，

$PV$＝永续年金现值；

$PP$＝永续年金每期支付的固定金额；

$r$＝年利率（折现率）。

| 例题 5.13 | 计算投资终值 |
|---|---|

每年支付 500 美元的永续年金，按 8％的折现率计算的现值是多少？

**步骤 1：制定策略**

利用式（5-9），永续年金的现值可以计算为：

$$PV = \frac{PP}{r}$$

**步骤 2：计算数值**

将 $PP$＝500 美元，$r$＝0.08 代入式（5-9），我们可以得到：

$$PV = \frac{500}{0.08} = 6\ 250(美元)$$

**步骤 3：分析结果**

因此，此永续年金的现值是 6 250 美元。

**概念回顾**

1. 什么是永续年金？

2. 当年利率（折现率）$r$ 提高时，永续年金的现值将怎样变化？为什么？

货币的时间价值的相关公式小结如表 5-7 所示。

表 5-7　　　　　　　　　　　　货币的时间价值的相关公式小结

| 计算 | 公式 |
|---|---|
| 单次支付的终值 | $FV_n = PV(1+r)^n$ |
| 单次支付的现值 | $PV = FV_n \left[ \dfrac{1}{(1+r)^n} \right]$ |
| 年金终值 | $FV_n(年金) = PMT \left[ \dfrac{(1+r)^n - 1}{r} \right]$ |
| 年金现值 | $PV(年金) = PMT \left[ \dfrac{1-(1+r)^{-n}}{r} \right]$ |
| 预付年金终值 | $FV_n(预付年金) = FV_n(年金) \times (1+r)$ |
| 预付年金现值 | $PV(预付年金) = PV(年金) \times (1+r)$ |

续前表

| 计算 | 公式 |
|------|------|
| 实际年利率 | $EAR = \left(1 + \dfrac{报价利率}{m}\right)^m - 1$ |
| 单笔计息期非整年现金流的终值 | $FV_n = PV\left(1 + \dfrac{r}{m}\right)^{m \cdot n}$ |
| 永续年金现值 | $PV = \dfrac{PP}{r}$ |

符号含义：$FV_n = n$ 年末投资的终值；

$n = $ 在所有偿还结束之前的年数；

$r = $ 年利率或者折现率；

$PV = $ 总额的现值；

$m = 1$ 年内的复利次数；

$PMT = $ 每年年末等额的年金支付；

$PP = $ 永续年金每期支付的固定金额。

本章小结

### 1. 解释复合利率的原理并计算现值

**小结**：复合利率是指投资第一期所得利率会计入下一期计息的本金，从而在第二期把这个新的本金作为新的计息基础。相关的公式如表 5-7 中所示。

尽管计算不同时间点的货币价值有很多种方法，但结果都是相同的。在实际商业经营中，最好的方法就是利用表格进行计算，Excel 是最受欢迎的工具。如果你会使用金融计算器，那么你也可以轻松地应用该技巧。

实际上，我们计算终值和现值时利用的公式是相同的，只是我们求解的是不同的变量——$FV$ 和 $PV$。唯一的复利计算公式就是表 5-7 中展示的 $FV_n = PV\,(1+r)^n$。

#### 关键术语

复合利率：投资第一期所得利息会计入下一期计息的本金。在第二期中，利息计算的基础为原始本金与第一期获得利息之和。

终值：投资在未来将增长到的数量，即未来的货币价值。

终值系数：计算终值时的一个乘数，等于 $(1+r)^n$ 的值。

单利计息：如果你的计息基础一直都是原始本金，那么就被称为单利计息。

现值：未来将要支付的金额以一定折现率折现到当期的价值。

现值系数：计算现值时的一个乘数，等于 $\dfrac{1}{(1+r)^n}$ 的值。

#### 关键公式

第 $n$ 年年末的终值＝现值$\times(1+r)^n$

现值＝第 $n$ 年年末的终值$\times\dfrac{1}{(1+r)^n}$

## 2. 理解年金

**小结**：年金是指在某段固定期限内，发生在每期期末的一系列固定现金流。实际上，它就是在年金发生期限内每期现金流的现值或终值的加总。预付年金的现值计算公式如表5-7所示。

如果年金的每期现金流发生在每期期末，那么这样的年金就被称为普通年金。如果现金流发生在每期期初，那么这样的年金就称为预付年金。除非特别说明，我们假设的现金流都发生在每期期末。

当折现率 $r$，计息期数 $n$ 和现值 $PV$ 已知时，计算年金的每期支付金额的方法同样适用于计算等额偿付贷款的每期还款额。通过每期偿还相同金额的方式进行还款的贷款称为分期偿还贷款。尽管每期的还款金额固定，但每期还款金额中分别偿还本金和利息的部分是不同的。每进行一次还款，本金就会减少一些。因此，随着贷款被偿还，每期支付金额中偿还利息的部分会减少，而每期支付中用于偿还本金的比例会增加。

### 关键术语

年金：在某段固定期限内，发生在每期期末的一系列固定现金流。

普通年金：每期现金流发生在期末的年金。

复合年金：在某段固定期限内，每期期末存入或投资相同的金额，并按照复利增长。

年金终值系数：计算年金终值时使用的乘数，等于 $\dfrac{(1+r)^n-1}{r}$。

年金现值系数：计算年金现值时使用的乘数，等于 $\dfrac{1-(1+r)^{-n}}{r}$。

预付年金：每期现金流发生在期初的年金。

分期偿还贷款：分期等额偿付的贷款。

### 关键公式

$$年金终值 = PMT\left[\frac{(1+r)^n-1}{r}\right]$$

$$年金现值 = PMT\left[\frac{1-(1+r)^{-n}}{r}\right]$$

$$预付年金终值 = PMT\left[\frac{(1+r)^n-1}{r}\right](1+r)$$

$$预付年金现值 = PMT\left[\frac{1-(1+r)^{-n}}{r}\right](1+r)$$

## 3. 计算非整年计息现金流的终值和现值

**小结**：如果计息的单位时间不是整年，利息的利息会发生得更加频繁，因为计息的时间间隔会变得更短。因此，在计息单位时间和实际年利率之间有一种负相关关系。单笔计息期非整年的现金流的终值和现值的计算公式如表5-7中所示。

### 关键术语

实际年利率（EAR）：当现金流按照非整年的计息期进行计息时，产生的利息相当于对应的名义或报价利率的年利率。

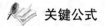 **关键公式**

$$实际年利率（EAR）=\left(1+\frac{报价利率}{m}\right)^{m}-1$$

$$FV_{n}=PV\left[1+\frac{r}{m}\right]^{m\cdot n}$$

**4. 计算不规则现金流的现值，并理解永续年金**

**小结**：尽管一些项目只涉及单笔现金流，一些会涉及年金，但是更多的项目在投资期限内会涉及多笔发生时间间隔不等的现金流。然而，计算这样的现金流的现值并不困难，因为任何一笔单独现金流的现值都是以当前的货币价值衡量的，因此可以在任何现金流的现值基础上，加上现金流入或减去现金流出的现值，计算出总现值，因为所有现金流的现值都以当前的货币价值进行衡量。

永续年金就是永远持续下去的年金。也就是说，自投资期开始，每年都会支付相同的金额并一直持续下去。一个永续年金的例子就是优先股，优先股在无限的期限内每期支付相等的股利。计算永续年金的现值也非常简单。我们只需将每期发生的固定现金流除以相应的折现率即可。

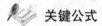 **关键术语**

永续年金：具有无限期限的年金。

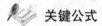 **关键公式**

$$永续年金现值=\frac{永续年金每期支付的固定金额}{折现率}$$

---

### 复习题

**5-1** 什么是货币的时间价值？为什么这个原理非常重要？

**5-2** 折现和复合增长的计算过程是相关的，描述这种关系。

**5-3** 折现率 $r$ 的增长或者持有期限 $n$ 的减少对一笔现金流的终值 $FV_n$ 有什么影响？回答并解释原因。

**5-4** 假设你正在考虑将你的存款存入三家银行中的一家，所有三家银行都支付 $5\%$ 的年利率。A 银行每年计息，B 银行每半年计息，C 银行每天计息。你会选择哪家银行？为什么？

**5-5** 什么是年金？请给出一些年金的例子并比较年金和永续年金。

**5-6** 比较网络上可找到的不同类型的金融计算器。登录网站 www. dinkytown. net、www. bankrate. com/calculators. aspx 和 www. interest. com/calculators。你认为哪种计算器是最好用的？为什么？

---

### 课后问题

**5-1** （复合利率）如下投资的终值是多少？

a. 5 000 美元以 10％的年利率投资 10 年，每年进行复利计算。

b. 8 000 美元以 8％的年利率投资 7 年，每年进行复利计算。

c. 775 美元以 12％的年利率投资 12 年，每年进行复利计算。

d. 21 000 美元以 5％的年利率投资 5 年，每年进行复利计算。

**5-2** （计息期数）实现如下投资需要多少年？

a. 500 美元以 5％的年利率投资，每年进行复利计算，增长至 1 039.50 美元。

b. 35 美元以 9％的年利率投资，每年进行复利计算，增长至 53.87 美元。

c. 100 美元以 20％的年利率投资，每年进行复利计算，增长至 298.60 美元。

d. 53 美元以 2％的年利率投资，每年进行复利计算，增长至 78.76 美元。

**5-3** （复合利率）实现如下投资的年利率是多少？

a. 500 美元投资 12 年，增长至 1 948 美元。

b. 300 美元投资 7 年，增长至 422.10 美元。

c. 50 美元投资 20 年，增长至 280.20 美元。

d. 200 美元投资 5 年，增长至 497.60 美元。

**5-4** （现值）如下现金流的现值是多少？

a. 10 年后获得 800 美元，以 10％的折现率折现。

b. 5 年后获得 300 美元，以 5％的折现率折现。

c. 8 年后获得 1 000 美元，以 3％的折现率折现。

d. 8 年后获得 1 000 美元，以 20％的折现率折现。

**5-5** （复合价值）斯坦福·西蒙斯（Standford Simmons）最近卖掉了他的保时捷汽车，得到 10 000 美元并将其存入银行，每年得到 6％的复合利率。

a. 计算如果分别存入银行 1 年、5 年和 15 年后所得到的存款总额。

b. 如果他将存款转移到每年支付 8％的账户或者另一个每年支付 10％的账户，分别在两个新的利率条件下重新计算终值。

c. 通过上述问题的计算，关于折现率、计息期数和终值，你可以得到什么结论？

**5-6** （终值）莎拉·威格姆（Sarah Wiggum）想要进行一项投资，期望在 35 年后她退休的时候能拿到 200 万美元。她找到了一家共同基金，每年获得 4％的收益。那么莎拉现在需要投资多少？如果莎拉是一名金融专业的学生，并且知道如何能够投资以得到每年 14％的收益，那么她现在需要投资多少钱？

**5-7** （终值）一版新的金融教科书今年的销售量是 15 000 本，我们期望销售量每年增长 20％。那么接下来的三年中，每年预计的销售量是多少？画出销售量增长的趋势图并进行阐述。

**5-8** （终值）亚伯特·普荷斯（Albert Pujols）在 2009 年实现了 47 个本垒打。如果他的本垒打水平以每年 12％的速度增长，那么 5 年后他每年能实现多少个本垒打？

**5-9** （复合利率）如果你当前投资 500 美元，作为回报，10 年后将得到 1 079.50 美元，那么此项投资中你的年复合利率是多少？

**5-10** （复合利率）如果你借给一个朋友 10 000 美元，在第 5 年年末将得到还款 27 027 美元，那么你向你的朋友收取的复合利率应该是多少？

**5-11** （比较现值）你会在今天得到 1 000 美元，或者 12 年后得到 10 000 美元，或者 25 年后得到 25 000 美元。假设你的折现率是 11％，那么你会选择这三项投资中的哪一种？

**5-12** （使用金融计算器计算复合利率）1963 年 9 月，漫画书《X 战警》第一版发行面世。第一版的原始售价是 0.12 美元。50 年后，到了 2013 年 9 月，这个当年价格刚过 10 美分的漫画书的价格已经增加到 33 000 美元。如果你在 1963 年买下这本漫画书，并在 2013 年卖掉，你得到的年复合利率是多少？

**5-13** （使用金融计算器计算复合增长）巴特·辛普森（Bart Simpson）今年 10 岁，他希望在他 16 岁时能够买下一辆崭新的汽车。他喜欢的汽车当前的售价是 15 000 美元，该车的售价预计每年增长 3%。巴特希望在今年存入一笔钱（他可以卖掉他手中完好无损的原版《核男孩》漫画书），该账户可以每年向他支付 7.5% 的利率，这样他可以在 6 年以后买他的爱车。如果这样，当巴特 16 岁时，他希望购买的车的价格将会是多少？为了能够支付这笔钱，巴特必须在现在存入多少钱？

**5-14** （使用计算器计算复合增长）丽莎·辛普森（Lisa Simpson）希望在 45 年后拥有100 万美元存款。为此，她在每年年末向一个递延缴税的账户中存入等额存款，账户每年支付的利率为 8.75%。那么丽莎每年需要存入多少钱？

**5-15** （终值）鲍勃·特维利哥尔（Bob Terwilliger）在他家乡的市长办公室做金融顾问，收取 12 345 美元的咨询费用。鲍勃认为这项咨询顾问的工作是他作为本市市民的义务和责任，因此自己不应该收取任何费用。因此，他将这笔钱以每年 3.98% 的利率存入账户，并把账户的余额捐献给他的家乡，此后 200 年，当当地政府资金短缺时可以使用。那么 200 年后市政府会从鲍勃的账户中得到多少捐款呢？

**5-16** （计算利率）柯克·范·霍滕（Kirk Van Houten）已经结婚 23 年，他希望当他30 周年结婚纪念日的时候，能够为他的妻子买一个昂贵的白金钻石戒指。假设 7 年后戒指的价格是 12 000 美元，柯克目前有 4 510 美元可用来投资。那么为了能够积累足够的钱购买这个戒指，柯克进行投资的年利率至少是多少？

**5-17** （计算计息期数）杰克向吉尔求婚，吉尔答应了他，但是有一个条件：杰克必须为她买一辆价值 330 000 美元的崭新的劳斯莱斯幻影车。杰克目前可用于投资的资金有 45 530 美元。他找到了一个共同基金，如果投资每年获得 4.5% 的收益，那么杰克要想娶到吉尔还需要多长时间？

**5-18** （现值）罗农（Ronen）咨询公司刚刚发现了一个财务漏洞。这个错误已经造成了28 年后总计 398 930 美元的未偿债务。公司的 CEO 托妮·弗兰德（Toni Flander），正在努力计算这项债务的现值，从而能够正确估计该公司的股票价值。如果折现率是 7%，那么这项债务的现值是多少？

**5-19** （终值）塞尔玛（Selma）和帕蒂·布维尔（Patty Bouvier）是一对双胞胎，两人都在斯普林菲尔德（Springfield）DMV 公司工作。塞尔玛和帕蒂决定为 35 年后他们的退休生活储蓄。他们在接下来的 35 年中每年能够得到的投资收益都是 8%。塞尔玛只在 35 年期限的前 10 年，每年年末进行 2 000 美元的投资，一共投入本金 20 000 美元。而帕蒂在初始 10 年并不进行储蓄，而在其后的 25 年中每年年末存入 2 000 美元，一共投入本金 50 000 美元。那么当他们退休时，两人各自的存款是多少？

**5-20** （复合年金）下面每笔现金流的终值是多少？

a. 500 美元每年进行复利计算，计息 10 年，年利率为 5%。

b. 100 美元每年进行复利计算，计息 5 年，年利率为 10%。

c. 35 美元每年进行复利计算，计息 7 年，年利率为 7%。

d. 25 美元每年进行复利计算，计息 3 年，年利率为 2%。

**5-21** （年金现值）以下年金的现值分别是多少？

a. 期限为 10 年的年金，每年支付 2 500 美元，折现率为 7%。

b. 期限为 3 年的年金，每年支付 70 美元，折现率为 3%。

c. 期限为 7 年的年金，每年支付 280 美元，折现率为 6%。

d. 期限为 10 年的年金，每年支付 500 美元，折现率为 10%。

**5-22** （年金的折现率）妮琪·约翰逊（Nicki Johnson）是一名本科二年级机械工程专业的学生，他接到了一名保险推销员的电话，这名保险经纪人误认为妮琪是一名即将退休的女教师。妮琪从保险推销员那里得知了如下几种年金，这些年金可以保证她在退休后每年得到一笔固定的收入。相关年金的信息如下：

| 年金 | 年金首期付款（$t=0$） | 每年收到的数额 | 年限 |
|------|------|------|------|
| A | 50 000 美元 | 8 500 美元 | 12 |
| B | 60 000 美元 | 7 000 美元 | 25 |
| C | 70 000 美元 | 8 000 美元 | 20 |

如果妮琪将资金存入银行储蓄账户，将获得 11% 的利息，那么她应该将这笔资金用于购买以上任何一种年金计划吗？如果可以购买，应该购买哪种？为什么？

**5-23** （分期偿还贷款）比尔·S. 普雷斯顿（Bill S. Preston）先生花了 80 000 美元购买了一栋新房子。他支付了 20 000 美元，并同意在剩余 25 年中分 25 期在每年年末偿还债务，并支付未偿还贷款部分 9% 的利息。计算他每年支付的还款应该是多少？

**5-24** （年金的每期支付额）为了能够支付儿女的教育费用，你希望在 15 年后积攒 15 000 美元。为了达到这个目标，你计划接下来每年年末在银行账户中存入等额的存款。如果银行提供的年复合利率为 6%，每年计息，那么为了达到你的目标，你需要每年存入多少钱？

**5-25** （年金的终值）假设你将于 10 年后退休，并在佛罗里达州的奥维耶多购买一栋房子。你所挑选的房子的当前价格是 100 000 美元，并且预计房屋价格会按照每年 5% 的速度增长。假设你现在的年投资收益率是 10%，那么为了能够在你退休时积攒足够的钱购买房屋，你必须在接下来的 10 年中，每年年末投资多少钱？

**5-26** （复合价值）阿加沃尔（Aggarwal）公司需要积攒 1 000 万美元，以在 10 年内还清价值 1 000 万美元的贷款。为了还清贷款，公司计划在接下来的 10 年中每年在账户中存入一笔固定金额，第一笔储蓄将发生在第一年年末。阿加沃尔公司在此账户行的资金每年将获取 9% 的利息。那么为了能够在 10 年后账户中存有 1 000 万美元，公司需要每年存入多少钱？

**5-27** （分期偿还贷款）12 月 31 日，贝丝·克莱姆科斯基（Beth Klemkosky）以 50 000 美元的价格购买了一艘游艇。他支付了 10 000 美元的首付，并同意在接下来 10 年的每年年末分 10 期偿还贷款，未偿还贷款部分的利率是 10%。那么每年需要偿还的金额是多少？

**5-28** （年金的折现率）假设你借给一个朋友 30 000 美元，你的朋友将分 5 年在每年年末还给你 10 000 美元，第一笔还款将在一年后得到。那么你这笔借款的利率是多少？

**5-29** （分期偿还贷款）一家公司以 12% 的年复合利率从银行借入 25 000 美元用来购买新设备。这笔贷款将在接下来的 5 年内通过每年年末支付相等金额来还清。那么这家公司每年需支付多少还款？

**5-30** （复合年金）你希望从今天起的 5 年后在佛罗里达州购买一些房产。你估计到时购买这些房产将需要 20 000 美元。为了筹到这些资金，你计划每年在账户中存入等额资金，账户每年支付 12% 的利率。如果你今年进行第一笔存款，并且你希望当最后一笔存款完成后你的账户余额达到 20 000 美元，为此你每年存入账户的金额是多少？

**5-31** （分期偿还贷款）12 月 31 日，陈松南（Son-Nan Chen）借入 100 000 美元，并同意分 20 年在每年年末支付相同金额以付清贷款，对未偿还贷款部分收取的利率是 15%。那么每年需要偿还贷款的金额是多少？

**5-32** （分期偿还贷款）为了购买一栋房子，你需要支付 150 000 美元。为此，你申请了 30 年期，利率为 10% 的 150 000 美元的贷款。贷款在每年年末进行一次支付，每次还款包括本金和未偿还贷款 10% 的利息。那么你每年需要偿还贷款的金额是多少？

**5-33** （电子表格问题）如果你在银行中存入 900 美元，每年获得 8% 的复合利率，那么第 7 年年末时你的账户余额将会是多少？利用电子表格进行计算。

**5-34** （电子表格问题）20 年后你希望能够花 250 000 美元购买一栋度假屋，但是你现在只有 30 000 美元。为了能够在 20 年后获得 250 000 美元，你必须按照多少年复合利率进行投资？利用电子表格计算答案。

**5-35** （利用金融计算器和预付年金概念进行复合增长计算）斯普林菲尔德地区的富豪蒙哥马利·伯恩斯（Montgomery Burns）今年已 80 岁高龄，他希望能够在 100 岁时退休，以享受天伦之乐。一旦伯恩斯先生退休，在接下来的 10 年中，每年年初他将会从一个海外特殊账户中取出 10 亿美元，该账户每年支付的利率为 20%。为了完成这个计划，伯恩斯先生将在接下来的 20 年中每年年末在相同账户中存入相等金额的资金，每年获取 20% 的利率。那么当伯恩斯先生 100 岁时账户中需要有多少钱？为了达到这个余额，伯恩斯先生每月必须存入多少钱来为他的退休筹款？

**5-36** （利用金融计算器和预付年金概念进行复合增长计算）假设荷马·辛普森（Homer Simpson）5 年前以 7.5% 的年收益投资了 100 000 美元。如果在此基础之上，他在接下来的 20 年中，每年年初额外投资 1 500 美元，收益率同样是 7.5%，那么从现在算起 20 年后荷马的账户中将会有多少钱？

**5-37** （年金的折现率）你的朋友刚刚给你打了电话并希望从你那里获得一些建议。一个保险推销员刚刚给他们打了电话，并推荐他们花费 21 074.25 美元购买一种年金计划，该计划将在未来 20 年每年支付 3 000 美元，但是他们不清楚投资这 21 074.25 美元将得到的收益率是多少。请计算他们投资此年金计划的收益率。

**5-38** （非整年现金流的复合利率）

a. 假设将 5 000 美元存入银行 5 年，年利率是 6%，计算存款的终值。

b. 如果变更为每半年或每两个月计息一次，其他条件不变，分别重新计算问题 a。

c. 如果年利率是 12%，其他条件不变，重新计算问题 a。

d. 如果存款期限为 12 年，其他条件不变，年利率仍为 6%，重新计算问题 a。

e. 考虑问题 c 和问题 d 中由于名义利率和持有期限的变化对存款终值的影响，当你将问题 c 和问题 d 中的结果与问题 a 和问题 b 中的结果进行比较时，你将会得到什么结论？

**5-39** （非整年计息的复合利率）在考察了你可获得的各种个人贷款利率后，你发现你可以从一家财务公司以 12% 的年利率按月计息获得资金，或者从一家银行以 13% 的年利率按年计息获取贷款。哪种方式更划算？

**5 - 40** （非整年计息的计息期数）如果你以 16％的年利率按半年计息进行投资，要经过多少年你的投资才会增长为原来的 4 倍？

**5 - 41** （电子表格问题）为了买一栋房子，你进行了为期 25 年，本金 300 000 美元的贷款。如果贷款利率是 8％，那么你每月需要偿还多少钱？利用电子表格进行计算。并计算第 48 个月的还款金额中，分别有多少是用来偿还贷款本金和利息的。

**5 - 42** （用计算器进行非整年计息的计算）菲南丝（Finance）教授正在考虑转卖旧车。但他估计他还需要额外借 25 000 美元来购买新车。如果菲南丝教授能够从学校贷款委员会借到利率为 6.2％，偿还期限为 5 年，按月偿还的贷款（总计 60 个月等额还款），他每月需要偿付多少汽车贷款？

**5 - 43** （用计算器进行非整年计息的计算）宝福力（Bowflex）电视台广告声称，你可以通过每月支付 33 美元，支付 36 个月，得到一台售价为 999 美元的健身器材。这相当于一笔利率为多少的贷款？

**5 - 44** （用计算器进行非整年计息的计算）福特汽车公司目前能够为旗下野马汽车提供利率为 4.9％的偿还期为 60 个月的贷款，或者是 1 000 美元的现金折扣。我们假设学生苏西（Suzie）希望购买一辆福特野马敞篷车，售价 25 000 美元，苏西选择了福特公司的现金折扣，而没有进行首期付款。如果苏西选择 1 000 美元的现金折扣，她就可以通过从伟易达集团贷款协会以 6.9％的利率得到为期 60 个月的贷款，以付清剩余车款。（苏西的信用情况没有菲南丝教授好）。在这种情况下，苏西每月的还款金额是多少？她应该选择哪种购买方式？

**5 - 45** （用计算器进行非整年计息的计算）罗尼·伦托（Ronnie Rental）计划在未来 4 年中每季度末投资 1 000 美元，该账户支付 6.4％的利息，按季度计息。账户 4 年后的余额将在未来购买房屋时用作首付款。那么 4 年后他能够支付的首付款金额是多少？

**5 - 46** （用计算器进行非整年计息的计算）丹尼斯·罗德曼（Dennis Rodman）的信用卡上尚有 5 000 美元的欠款余额，每月复合计息，年利率为 12.9％。丹尼斯目前每月最低需偿还欠款余额的 3％，即 150 美元。如果丹尼斯在每月月末按照最低还款额 150 美元还款，那么需要多少个月丹尼斯能将信用卡的欠款还清？

**5 - 47** （用计算器进行非整年计息的计算）我们应该通过"赌赛狗"来准备子女的教育基金吗？让我们来看一个关于一名有两个孩子的大学老师的例子（我们暂且称他为梅教授）。两年之前，梅教授投资了 160 000 美元，希望在 12 年后当他的第一个孩子开始大学学习时有 420 000 美元。然而，目前的账户余额只有 140 000 美元。让我们来计算一下，如果想让梅教授的教育基金计划重新步入正轨还需要做什么。

a. 当两年前梅教授进行初始投资时，为了实现他的基金目标，需要的投资收益率是多少？

b. 结合目前账户中只有 140 000 美元，并且距离他的第一个孩子上大学尚有 10 年这一情况，如果梅教授仍想达成最终得到 420 000 美元的计划，基金的投资收益率需要达到多少？假设这期间不追加投资。

c. 梅教授被过去两年的投资经历所震惊，他认为教育基金过多地投资给了股票。他想要投资一个风险低一些的基金，以保证 10 年后能拿到 420 000 美元，并且他愿意在每月月末对基金进行追加投资。他后来找到了一家基金，该基金承诺会保证 6％的收益，按月计复利。梅教授决定将现有的 140 000 美元转入这个新的基金，并每月进行必要的追加投资。如果想达到最终 420 000 美元的投资目标，梅教授需要每月向该新基金追加多少投资？

d. 现在梅教授认为上个问题中计算出的每月需向该保本基金追加的投资额度过高。他决定将现有的 140 000 美元投资于一项股票投资和债券投资各占一半的基金，并在接下来的 10 年中每月月底追加投资 500 美元，并希望能得到满意的结果。那么，为了能够实现梅教授 420 000 美元的目标，投资的基金需要实现的最低年收益率是多少？

**5－48** （不规则现金流的现值）现给出如下三种投资方式可供选择。三项投资各自的现金流如下：

| 年末 | 投资（美元） | | |
|---|---|---|---|
| | A | B | C |
| 1 | 10 000 | | 10 000 |
| 2 | 10 000 | | |
| 3 | 10 000 | | |
| 4 | 10 000 | | |
| 5 | 10 000 | 10 000 | |
| 6 | | 10 000 | 50 000 |
| 7 | | 10 000 | |
| 8 | | 10 000 | |
| 9 | | 10 000 | |
| 10 | | 10 000 | 10 000 |

假设折现率为 20%，计算每项投资的现值。

**5－49** （现值）库莫（Kumer）公司正在计划发行无息债券，该债券可在购买 7 年后到期时获得 1 000 美元偿还。为了与类似风险的债券相比具有竞争力，最终确定的收益率为 10%，按年计息。那么库莫公司发行的这些债券的售价应该是多少？

**5－50** （年金）以下年金的现值是多少？

a. 每期支付 300 美元的年金，折现率为 8%。

b. 每期支付 1 000 美元的年金，折现率为 12%。

c. 每期支付 100 美元的年金，折现率为 9%。

d. 每期支付 95 美元的年金，折现率为 5%。

**5－51** （复杂现值的计算）为了能够从第 11 年开始，连续 5 年每年（从第 11 年到第 15 年）取出 10 000 美元，并在最后一年（第 15 年）多取出额外的 20 000 美元，今天需要存入多少初始存款？假设折现率为 6%。

**5－52** （复杂现值的计算）你希望在 15 年后获得 50 000 美元。为了达到这个目标，你计划每年在银行中存入相等金额的存款，银行每年支付 7% 的利率。你的第一次存款发生在今年年末。

a. 为了 15 年后达到目标金额，你每年必须存入多少钱？

b. 如果你决定只在当前一次性存入一笔钱，而不在今后每年进行存款，你现在需要一次性存入多少钱？（假设存款利率仍为 7%。）

c. 在第 5 年年末，你将会得到 10 000 美元，并把这笔钱存入之前的存款所在的银行账户。你希望在第 15 年年末得到 50 000 美元，除了这笔额外收入，为了达到目标，你需要每年向账户中存入多少钱？（假设存款利率仍为 7%。）

**5-53**　（综合现值计算）你正在为你 10 年后的退休做打算。目前你拥有 100 000 美元的储蓄和价值 300 000 美元的股票。除此之外，你计划在接下来的 5 年中每年年末在储蓄账户中增加 10 000 美元存款，并在最后 5 年中每年年末增加 20 000 美元的存款，直到退休。

a. 假设储蓄账户每年支付 7% 的复合利率，你的股票投资的年复合收益率为 12%。那么在第 10 年年末你总计拥有多少钱？（忽略相关税费的影响。）

b. 如果你估计在退休后将生活 20 年，当退休时，你将所有的资产都存入银行账户，账户支付 10% 的利息，假设你去世时账户中的余额为 0，那么你从退休后的 20 年中每年可以从银行中取出多少钱？（退休后第一年年末进行第一次取款，总计 20 次。）

**5-54**　（现值）本州的乐透百万大奖通过 19 年 20 次付款，每次支付 50 000 美元完成。第一笔 50 000 美元奖金马上支付，其余的 19 次支付在接下来 19 年中每年年末进行。如果折现率是 10%，那么这些现金流的现值是多少？如果折现率是 20%，那么这些现金流的现值是多少？

**5-55**　（复杂年金的计算）当 35 年前刚从大学毕业时，尼克·里维埃拉（Nick Riviera）博士就在为今后的退休生活做打算。从那时开始，他每季度向他在银行中的退休基金账户存入 300 美元。尼克刚刚完成了他的最后一期支付并准备退休。他的退休基金的收益率为 9%，按季度计息。

a. 到退休时为止，尼克在账户中积累了多少资金？

b. 除了上述所提到的，15 年前，尼克从他挚爱的叔叔那里继承了 20 000 美元的支票。他决定将这笔钱都存入他在银行中的退休基金账户。那么他目前退休基金的余额是多少？

**5-56**　（复杂年金和终值）米尔豪斯（Milhouse）今年 22 岁，即将开始他作为美国国家航空航天局聘请的火箭专家的事业。作为一名火箭研究人员，米尔豪斯明白他应该现在就开始为他的退休生活进行储蓄。他产生这个想法的原因之一是他在《每周新闻》杂志中读到的一篇关于社会保障的文章。他在文章中读到，未来社会中在职缴税的工人与退休收取退休金的人员的比例会急剧下降。实际上，在 1955 年，这一比例是 8.6，即每 8.6 名在职员工缴税供养一名退休员工，现在这一比例已经下降到了 3.3，而当 2040 年米尔豪斯退休时，这一比例将下降到 2。米尔豪斯的退休计划会每年支付 9% 的利率，并且允许他每年进行等额的存款。当退休时，米尔豪斯打算买一艘新船，这将在 43 年后花费他 300 000 美元（他计划在 65 岁时退休）。他同时估计，为了保证退休后的生活质量，他在退休后希望每年能有 80 000 美元的收入。根据家族史，米尔豪斯预计生活到 80 岁（也就是说，他希望在退休后的 15 年中，每年得到 80 000 美元的支付）。当他退休时，米尔豪斯将会一次性付款购买那艘船，并将剩余存款存入账户，支付的利率为 6%。从这个账户中，他每年取出 80 000 美元。如果米尔豪斯在从今天起一年后进行第一次存款，并且当他退休那天进行最后一次存款，那么他退休前每年需要向他的退休基金中存入多少钱？

**5-57**　（复杂现金流的现值）唐·德雷柏（Don Draper）刚刚签署了一份合同，根据合同，在接下来的 6 年中，每年年末他将获得 80 000 美元，并在第 6 年年底额外获得 100 000 美元。如果折现率是 8%，那么合同的现值是多少？

**5-58**　（复杂现金流的计算）罗杰·斯特林（Roger Sterling）决定收购一家广告公司，并将通过向卖方融资的方式筹集收购资金。也就是说，向公司现在的所有者贷款。贷款本金是 2 000 000 美元，支付的年名义利率是 7%。贷款将于 5 年内付清，每月月末还款并在第 5 年年末一次性支付 500 000 美元。即价值 200 万美元的贷款将按月偿还，并在最后一个月月末额外支付 500 000 美元。那么每月需要偿还贷款的金额是多少？

5-59　（用计算器计算终值和现值）2013 年，比尔·盖茨（Bill Gates）的身价为 280 亿美元，在那之前，他将其在微软中 21% 的股份降为 14%，并将套现所得的几十亿美元转入他的慈善基金。让我们来看一下比尔·盖茨在如下这些情况中可以如何运用这笔资金。

a. 用这笔钱买下曼哈顿？1626 年，曼哈顿的土著居民将曼哈顿岛按 24 美元的价格卖给了彼得·米努伊特（Peter Minuit）。现在，387 年后的 2013 年，比尔·盖茨希望从"现在的居民"手中买下这个岛屿。如果"现在的居民"要求在当年支付的 24 美元的基础上，每年获得 6% 的收益，那么比尔·盖茨需要支付多少钱购买曼哈顿岛？他能支付得起吗？

b. （用计算器计算非整年计息问题）如果"现在的居民"要求在当年支付的 24 美元的基础上，每月计息，利率为 6%，那么比尔·盖茨需要支付多少钱购买曼哈顿岛？

c. 比尔·盖茨决定放弃曼哈顿转而计划购买华盛顿州西雅图市，需要在 10 年后支付 600 亿美元。那么为了能够在 10 年后购买西雅图，盖茨先生需要在今天投资多少钱？假设年收益率为 10%。

d. 现在假设比尔·盖茨希望只投资他目前身价的一半，即 140 亿美元，在 10 年后按照 600 亿美元价格购买西雅图。为了能够在 10 年后完成交易，该投资必须实现的年收益率是多少？

e. 比尔·盖茨想离开商业世界中的辛苦和压力，打算退休后从事他的高尔夫活动，也不去购买和经营上述都市。为了给退休计划筹资，比尔·盖茨将他所拥有的 280 亿美元用于稳定投资，赚取每年 7% 的预期收益。此外，盖茨先生希望从今天起的一年后开始，在接下来的 40 年里，每年从退休基金中支取相等金额。那么在此例中，盖茨先生每年可以支取多少钱？

## 案例分析

假设你是一家地方报纸的商业版记者，你接到任务，需要整理一系列阐述货币的时间价值原则的文章并介绍给读者。你的编辑希望你在向读者解释货币的时间价值原则的应用之余，能够通过一些具体的应用案例来解释一些具体的问题。你的编辑向你发来了如下邮件，你将如何回答？

收件人：商业版记者
发件人：佩瑞·怀特（Perry White），《每日新闻》编辑
回复：货币的时间价值原则的重要性与作用系列文章（即将出版）

在即将出版的介绍货币的时间价值原则的系列文章中，我希望你能够涉及一些具体的问题。此外，在你开始系列文章的写作之前，我想要确认我们写作的主旨内容的一致性，因为准确是《每日新闻》一直以来成功的基础。出于这些考虑，在我们开始进一步的工作之前，我希望你能回答我的如下问题：

a. 折现和复合增长之间的关系是什么？

b. 现值系数和年金现值系数的关系是什么？

c.（a）将 5 000 美元按 8% 的年复合利率投资 10 年后，将得到多少钱？

（b）如果将 400 美元按 10% 的年复合利率进行投资，需要经过多少年初始投资将增长

至 1 671 美元？

（c）为了使 1 000 美元的初始投资在 10 年后增长到 4 046 美元，投资的收益率是多少？

d. 如果将 1 000 美元存入银行 5 年，利率为 10％，每半年计复利，那么其终值将为多少？

e. 什么是预付年金？预付年金与普通年金有何不同？

f. 一笔为期 7 年，每年支付 1 000 美元，折现率为 10％的普通年金现值是多少？如果该年金为预付年金，其现值又是多少？

g. 一笔为期 7 年，每年支付 1 000 美元，折现率为 10％的普通年金终值是多少？如果该年金为预付年金，其终值又是多少？

h. 你刚借到 100 000 美元，你同意在未来 25 年内付清，每年年底偿还相同金额（共还款 25 次），并支付未偿还部分 10％的利息。那么每年还款的金额是多少？

i. 一笔每年支付 1 000 美元的永续年金，按照 8％的折现率进行折现，其现值是多少？

j. 有一笔每年支付 1 000 美元，为期 10 年的年金，其第一次支付发生在第 10 年年底（即 10 次金额为 1 000 美元的支付发生在第 10 年年末至第 19 年年末），假设折现率为 10％，该年金现值是多少？

k. 假设折现率是 10％，第一次支付发生在第 10 年年末，每年支付 1 000 美元的年金现值是多少？

# 第六章

# 风险与收益的含义与度量

## 学习目标

1. 定义和度量单个投资的预期收益率；
2. 定义和度量单个投资的风险；
3. 比较资本市场中风险与收益率的历史关系；
4. 解释多元化投资对资产组合的风险与预期收益率的影响；
5. 解释投资者的必要收益率与投资风险的关系。

金融学中最重要的概念之一就是风险与收益，这也将是我们金融学第三个原则的重点和核心——**风险要求收益补偿**。你只需观察从 2007 年至 2012 年这 5 年间股票市场发生的事件，就可以清楚地看到投资蕴藏的巨大风险。为了形象地说明这一点，我们假设你非常不幸地在 2007 年 7 月购买了以标准普尔 500 指数成分股为投资标的的资产组合，并且在 2009 年 2 月将其卖出，那么你将承担投资价值 54％ 的损失。但如果你是在 2009 年 7 月买入股票，并一直持有到 2012 年 3 月，那么你将获得 105％ 的收益。然而，如果你从 2007 年至 2012 年这 5 年期间一直持有该股票组合，你仍会遭受 10％ 的损失。

如果你没有投资于类似标准普尔 500 指数成分股的股票组合，而是选择投资于某一只股票，如摩根大通的股票。如果你足够幸运地在 2010 年 11 月买入，并在 5 个月后即 2011 年 4 月卖出，那么你的投资就会翻一番！然而，如果你在 2011 年 4 月买入，而在 2012 年 6 月卖出，那么你将损失投资的一半。当然，你也可以在 2012 年年初购买苹果公司的股票，那么在 2012 年 6 月你将获得 50％ 的收益。最后，如果你是急切购买了脸书公司 2012 年 5 月发行上市的股票的投资者之一，在买入股票的三周之内，你的投资将损失 30％。

从上面的例子中我们可以清楚地看到，在最近几年，持有股票是对于心理素质的一大挑战，因为在短短一天之内，你既可能赚取 5％ 的投资收益，也可能损失得更多。市场崩溃和 2008—2009 年股票价格的大幅波动，被纳西姆·尼古拉斯·塔勒布（Nassim Nicholas Taleb）称作是黑天鹅事件——发生概率极低，而一旦发生影响力巨大。[1] 结果，这使得我们预测未来

---

[1] 在 *The Black Swan：The Impact of the Highly Improbable*（New York：Random House，2007）一书中，纳西姆·尼古拉斯·塔勒布用黑天鹅事件这一比喻来代表极不可能发生的事件。直到黑天鹅在澳大利亚被发现之前，人们都认为所有的天鹅都是白色的。因此，对于塔勒布来说，黑天鹅事件代表了没有人会认为可能发生的事件。

的自信被极大削弱。更进一步地，我们的生活被打乱，未来的计划被搁浅。我们比原来更加清楚我们正在面临的金融危机，不论是对于个人还是整个经济。

在本章中，我们将会帮助读者理解风险的属性，以及风险与投资的预期收益之间应该具有怎样的关系。我们将会回顾过往几年的历史，希望能从中学习风险与收益具有的长期历史关系。这些问题和概念应该与我们当今社会中的所有人密切相关。

在之前的章节中，我们已经清楚地看到金融决策中风险意识的必要性。在第二章中，我们将折现率或者利率，理解为资金的机会成本，但是我们当时并没有详细探究这些利率或高或低的原因。例如，我们并没有解释为什么在 2012 年 6 月，你可以以 6.8％的收益率购买欧迪办公发行的债券，或者以 8.0％的收益率购买多勒食品公司发行的债券（假设两家公司都能按照承诺向投资者进行支付）。

在本章中，我们会了解到风险是决定这些收益率的基本因素。在本章的开头，我们将会定义预期收益率和风险，并提供一些方法来量化这些有关收益与风险的核心概念。我们还会比较风险与收益率之间的历史关系。然后我们会解释多元化投资如何影响投资的预期收益与风险的关系。我们也会讨论一项投资的风险是如何影响该项投资的必要收益率的。

下面让我们通过理解预期收益率及其衡量来开始本章的学习。

## 预期收益的定义与度量

一项投资带来的预期利益，或者是收益，通常以现金流的方式呈现。现金流，而非会计利润，是财务经理用来度量收益的相关变量。这一原则对于任何风险的资产都适用，不论是债券、优先股、普通股票，还是这些产品的组合（例如可转化债券）。

在开始关于资产的预期收益的讨论之前，我们先来了解如何计算一项投资的**历史或已实现收益率**（historical or realized rate of return），也可以称此为**持有期收益率**（holding-period return）。例如，考虑如下情况中你的现金收益：你在 2012 年 4 月 23 日花费 598.45 美元购买了谷歌公司的一单位份额的股票，并在不到一个月之后，在 2012 年 5 月 17 日以 637.85 美元的价格卖出。假设这一期间公司不支付股利，这笔投资的现金收益是 39.40 美元（＝637.85 美元－598.45 美元）。除了绝对收益，我们还要计算收益率。用比率来衡量一项投资的回报是非常有效的，因为用这种方法，我们可以看到每投资一美元的收益，无论我们的投资总额是多少。

这笔对谷歌公司的投资的收益率可以通过计算收益与本金的比例得到，即把得到的 39.40 美元的投资收益除以投资于股票的本金 598.45 美元，结果为 6.58％（＝39.40 美元÷598.45 美元）。

我们可以用式（6-1）和式（6-2）来表示更一般的收益率的计算：

持有期收益表示为：

持有期收益（$DG$）＝期末价格＋现金分红（股利）－期初价格　　　　　　（6-1）

那么持有期收益率为：

$$持有期收益率（r）=\frac{持有期收益}{期初价格}=\frac{期末价格＋现金分红（股利）－期初价格}{期初价格} \quad (6-2)$$

在谷歌公司的投资中用到的计算持有期收益率的方法告诉了我们，在过去的一段时间中我们得到的实际收益率。然而，现实经济中投资者每天面临的风险与收益的权衡并不是基于这些已经实现的收益率，而是投资者对于投资未来收益的预期。我们可以将一项具有风险的投资最终会实现的收益率想象为一系列可能的收益结果，就像期末结束时全班同学的成绩分布一样。为了描述这些可能的收益结果，我们通常会计算这些不同结果的平均值。我们将投资的可能的一系列结果的平均值称为投资的**预期收益率**（expected rate of return）。

在一个充满不确定性的世界中，想要准确地衡量预期的未来现金流并不是一件容易的事。为了说明这一点，我们假设你正在考虑一项 10 000 美元的投资。持有这些资产在未来所产生的现金流的多少取决于经济状况，每种情况下的估计如表 6-1 所示：

表 6-1　一项投资预期收益率的衡量

| 经济状况 | 各种情况可能发生的概率* | 投资活动的现金流 | 收益率（现金流÷投入资金） |
| --- | --- | --- | --- |
| 经济衰退 | 20% | 1 000 美元 | 10%（1 000 美元÷10 000 美元） |
| 经济缓慢增长 | 30% | 1 200 美元 | 12%（1 200 美元÷10 000 美元） |
| 经济强劲增长 | 50% | 1 400 美元 | 14%（1 400 美元÷10 000 美元） |

\* 三种可能出现的经济状况的概率必须从主观上决定，这要求投资经理们对投资现金流和宏观经济都有充分的了解。

**记住你的原则**

记住，是未来现金流，而不是公开业绩决定投资者的收益率。即原则 1：**现金流是最重要的。**

在任何给定的一年中，投资可能产生三种现金流中的任何一种，具体现金流的情况取决于当时的经济状况。已知这些信息，我们该如何进行现金流估计，以使我们衡量的投资的预期收益率最有意义？一种方法就是计算预期的现金流。预期现金流实际上就是这些可能的现金流的加权平均，每个现金流的权重为现金流对应的经济状况发生的概率，表示如下：

$$预期现金流（\overline{CF}）=第一种情况的现金流（CF_1）\times第一种情况发生的概率（Pb_1）$$
$$+第二种情况的现金流（CF_2）\times第二种情况发生的概率（Pb_2）$$
$$+\cdots+第 n 种情况的现金流（CF_n）\times第 n 种情况发生的概率（Pb_n）$$
$$(6-3)$$

对于此例，

$$预期现金流=0.2\times1\,000+0.3\times1\,200+0.5\times1\,400=1\,260（美元）$$

在计算一笔投资的预期收益的基础上，我们还可以计算这 10 000 美元投资的预期收益率。与预期现金流类似，预期收益率是所有可能的收益情况的加权平均，权重是每种收益情况发生的概率。如表 6-1 最后一行所示，假设经济强劲增长，将会有 1 400 美元的现金流入，也就是 14%的收益率（=1 400 美元÷10 000 美元）。同样，1 200 美元和 1 000 美元的现金流分别代表 12%和 10%的收益率。用这些百分比代替之前现金的绝对值，预期收益率可以表达如下：

预期收益率 $(\bar{r})$＝第一种情况的收益率$(r_1)$×第一种情况发生的概率$(Pb_1)$

＋第二种情况的收益率$(r_2)$×第二种情况发生的概率$(Pb_2)$

＋…＋第 $n$ 种情况的收益率$(r_n)$×第 $n$ 种情况发生的概率$(Pb_n)$

$$(6-4)$$

在我们的例子中，

预期收益率$(\bar{r})=0.2\times10\%+0.3\times12\%+0.5\times14\%=12.6\%$

---

### 你可以做出来吗？

**计算预期现金流和预期收益率**

你正在考虑一项 5 000 美元的投资计划，该投资每年可能产生的现金流情况如下所示。这项投资的预期现金流和预期收益率是多少？

| 概率 | 现金流（美元） |
| --- | --- |
| 0.30 | 350 |
| 0.50 | 625 |
| 0.20 | 900 |

---

到目前为止，我们已经学习了如何用绝对收益值和百分比表示已实现的持有期收益。此外，我们也看到如何估计未来将会实现的绝对收益值和百分比。下表总结了这些金融公式和概念。

### 财务决策工具

| 工具名称 | 公式 | 含义 |
| --- | --- | --- |
| 持有期收益 | 持有期收益$(DG)$＝期末价格＋现金分红（股利）－期初价格 | 衡量一段时间内投资活动的现金收益。 |
| 持有期收益率 | 持有期收益率$(r)=\dfrac{持有期收益}{期初价格}$ $=\dfrac{期末价格＋现金分红（股利）－期初价格}{期初价格}$ | 计算持有证券一段时间的收益率。 |
| 预期现金流 | 预期现金流$(\overline{CF})$＝第一种情况的现金流$(CF_1)$×第一种情况发生的概率$(Pb_1)$＋第二种情况的现金流$(CF_2)$×第二种情况发生的概率$(Pb_2)$＋…＋第 $n$ 种情况的现金流$(CF_n)$×第 $n$ 种情况发生的概率$(Pb_n)$ | 考虑了多种情况下一项投资活动的期望现金流。 |
| 预期收益率 | 预期收益率$(\bar{r})$＝第一种情况的收益率$(r_1)$×第一种情况发生的概率$(Pb_1)$＋第二种情况的收益率$(r_2)$×第二种情况发生的概率$(Pb_2)$＋…＋第 $n$ 种情况的收益率$(r_n)$×第 $n$ 种情况发生的概率$(Pb_n)$ | 考虑了多种情况下一项投资活动的期望收益率。 |

## 你做出来了吗?

### 计算预期现金流和预期收益率

| 可能的概率 | 可能的情况 | | 预期 | |
| --- | --- | --- | --- | --- |
| | 现金流 | 收益率 | 现金流 | 收益率 |
| 0.30 | 350 美元 | 7.0% | 105.00 美元 | 2.1% |
| 0.50 | 625 美元 | 12.5% | 312.50 美元 | 6.3% |
| 0.20 | 900 美元 | 18.0% | 180.00 美元 | 3.6% |
| 预期现金流和预期收益率 | | | 597.50 美元 | 12.0% |

　　每种可能的收益率等于可能发生的现金流除以 5 000 美元的初始投资。预期现金流和预期收益率等于每种可能的现金流和收益率分别乘以对应的发生概率的和。

　　在了解了预期收益率的概念和度量的情况下,让我们考虑投资这枚"硬币"的另一面:风险。

---

**概念回顾**

1. 当我们提到投资一项资产的"好处"时,我们是指什么?
2. 为什么度量未来现金流很困难?
3. 给出预期收益率的定义。

---

## 风险的定义与度量

　　因为我们生活在一个充满不确定性的世界中,我们看待风险的方式几乎在我们生活的方方面面都具有重要意义。希腊诗人和政治家梭伦(Solon)曾在公元前 6 世纪这样描述:

　　　　在每个人从事的任何一件事情中都存在风险,并且在他刚开始做这件事时,没有人会知道结局如何。一个凡事行动谨慎的人,可能仅仅因为一次没看清而陷入难逃的窘境;而另一个人行事大大咧咧,上天却让他事事走运,远离他的愚钝可能给他带来的不幸。[1]

　　对于我们这些冒险行为的结果,梭伦也许会更多地归因于宙斯。然而,梭伦对风险的洞察提醒我们,世界上有些事情是不变的,其中包括尽我们所能认识和补偿我们所面临的风险。实际上,关于风险的重要性以及理解风险在我们生活中的意义,彼得·伯恩斯坦(Peter Bernstein)早就做过如下评述:

　　　　是什么让我们所谓的现代社会不同于我们之前几千年的历史?答案不仅仅是科学、技术、资本和民主的发展。

　　　　很早之前的历史中就诞生了许多出色的科学家、数学家、发明家、技术研究者以及政治哲学家……人们描绘出星系的位置,建造了亚历山大大图书馆,欧式几何广泛传播……

---

[1] *Iambi et Elegi Graeci ante Alexandrum Cantati*, vol. 2. Edited by M. L. West, translated by Arthur W. H. Adkins. (Oxford: Clarendon Press, 1972).

煤炭、石油、钢铁和铜被开采或铸造，为 21 世纪的人类服务……

定义现代文明和过去的变革性观点就是人们对于风险的理解和掌控……直到人类意识到这条界线，未来还只是过去的镜像，或者是预言家们含糊不清的论断。[1]

在关于风险的学习中，我们想要考虑以下问题：

1. 什么是风险？

2. 已知一项投资，我们如何知道它蕴藏多大的风险？也就是说，我们如何度量风险？

3. 如果我们通过持有多种资产来实现多元化投资，就像我们大多数人做的那样，这种分散化的投资会降低我们整个投资组合的风险吗？

我们并不想听起来老生常谈，但是风险对于不同的人来说含义是不同的，这取决于所处的环境以及他们对于冒险持有的看法。对于学生来说，风险意味着在某次考试中不及格，或者没有达到理想分数的可能。对于煤矿工人或者油田钻井工人来说，风险意味着矿井或油田爆炸的可能。对于退休职员来说，风险意味着可能没有能力依靠一笔稳定的收入过舒适的生活。对于企业家来说，风险是一项新的商业计划失败的可能。

识别了这些不同种类的风险后，现在让我们将注意力集中到投资蕴藏的风险上。在这种语境下，**风险**（risk）是指未来现金流的可能的变化。未来可能发生的事件变化的范围越大，风险就越大。[2] 只要我们稍微思考一下，就会得到这个相对直觉化的结论。

为了帮助我们掌握风险的基本含义，考虑下面两个可能的投资：

1. 第一项投资是美国国债，在 10 年后到期，年收益率为 2％ 的政府债券。如果我们买入并持有债券 10 年，我们几乎可以肯定我们能够得到每年 2％ 不多也不少的收益。不论投资目的如何，损失的风险是不存在的。

2. 第二项投资是买入一家本地印刷公司的股票。通过观察公司股票的历史收益情况，我们作出了如下关于投资的收益率的估计：

| 发生的概率 | 投资的收益率 |
| --- | --- |
| 10％ | −10％ |
| 20％ | 5％ |
| 40％ | 15％ |
| 20％ | 25％ |
| 10％ | 30％ |

投资于该印刷公司的股票，当经营情况良好时，我们可以获得高达 30％ 的收益率；而当经营情况下滑时，会出现 10％ 的损失。然而，在未来几年，无论是经营状况良好还是下滑，我们预期平均会得到 14％ 的收益率。[3]

---

① Against the Gods：The Remarkable Story of Risk by Peter Bernstein，published by John Wiley & Sons, Inc.，New York：1996.

② 当我们提到可能发生的事件时，我们要谨记正是那些我们没办法预测的，几乎不可能发生的事件会对投资的结果产生最大的影响。因此，我们根据可获得的最充分的信息来评估投资机会，但是仍有可能发生我们没有预测到的黑天鹅事件。

③ 我们假设第一年实现的特定的结果或收益不影响以后各年的收益。用更专业的方式来说，就是假设任何一年的收益率的分布与之前年度的投资结果是独立的。

$$预期收益率 = 0.10 \times (-10\%) + 0.20 \times 5\% + 0.40 \times 15\% + 0.20 \times 25\% + 0.10 \times 30\%$$
$$= 14\%$$

比较投资于政府债券和印刷公司的股票，我们可以看到，政府债券提供了 2% 的预期收益率，而印刷公司提供高出很多的 14% 的预期收益率。然而，我们对于印刷公司的投资明显更具有风险性，也就是说，最终的投资结果具有更大的不确定性。换句话说，可能结果的可变化的范围或者分布更广，也就意味着更大的投资风险。[①] 图 6-1 用离散概率分布图形象地展示了两种投资的不同。

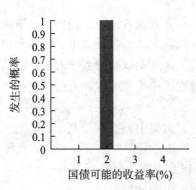 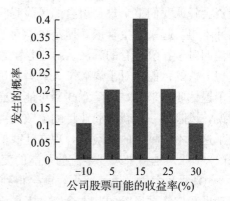

**图 6-1 两种投资收益率的概率密度**

尽管投资于印刷公司得到的收益比投资于政府债券具有更多的不确定性已经显而易见，但当两项投资的差异不很明显时，对于风险的量化度量还是非常有必要的。我们可以通过计算可能的投资收益率的方差及其平方根，即**标准差**（standard deviation）来度量投资风险。在有 $n$ 种可能的情况的例子中，我们计算方差如下：

$$收益率的方差(\sigma^2) = [第一种情况的收益率(r_1) - 预期收益率(\bar{r})]^2 \times 第一种情况发生的概率(Pb_1)$$
$$+ [第二种情况的收益率(r_2) - 预期收益率(\bar{r})]^2 \times 第二种情况发生的概率(Pb_2)$$
$$+ \cdots + [第 n 种情况的收益率(r_n) - 预期收益率(\bar{r})]^2 \times 第 n 种情况发生的概率(Pb_n)$$

$$(6-5)$$

对于投资于印刷公司的普通股来说，我们可通过以下五步来计算收益率的标准差：

**第一步** 计算投资的预期收益率，即上文计算得到的 14%。

**第二步** 将每种可能的收益率减去 14% 的预期收益率，并将得到的收益离差进行平方。

**第三步** 将第二步中计算得到的收益离差的平方乘以对应情况发生的概率。

**第四步** 将第三步中的计算结果加总。所得之和就是所有收益率概率分布的方差。注意方差实际上就是每种可能的收益率与预期收益率之差的平方值的均值。

**第五步** 计算第四步中计算的方差的平方根，从而得到收益率概率分布的标准差。

表 6-2 展示了以上步骤的实际应用过程，计算得到的股票投资的标准差估计值为

---

① 我们为什么可以将高于预期收益率的投资收益也看作是风险？我们应该关注收益高于预期收益率的情况吗？一些人也许会说"没必要"，他们认为只有低于事前规定的可接受的最低收益率的情况才可以看作是风险。然而，只要收益率的分布是对称的，不论实际收益率可能低于还是高于预期收益率，风险都是存在的。

11.14%。作为对比，政府债券投资是无风险的，标准差为0%。投资的风险越高，其标准差越大。

表6-2　　　　　　　　　　　衡量投资上市公司的方差和标准差

| 世界经济状况 | 收益率 | 机会或概率 | 第一步 | 第二步 | 第三步 |
|---|---|---|---|---|---|
| A | B | C | D=B×C | E=$(B-\bar{r})^2$ | F=E×C |
| 1 | −10% | 0.10 | −1% | 576% | 57.6% |
| 2 | 5% | 0.20 | 1% | 81% | 16.2% |
| 3 | 15% | 0.40 | 6% | 1% | 0.4% |
| 4 | 25% | 0.20 | 5% | 121% | 24.2% |
| 5 | 30% | 0.10 | 3% | 256% | 25.6% |

第一步：预期收益率（$\bar{r}$）＝————————————→14%

第四步：方差（$\sigma^2$）＝————————————————————→124%

第五步：标准差（$\sigma$）＝————————————————————→11.14%

---

## 你可以做出来吗？

### 计算标准差

在前面"你做出来了吗？"一栏中，我们计算了597.50美元的预期现金流，以及5 000美元投资的预期收益率为12%。现在让我们来计算收益率的标准差。各种可能收益率发生的概率如下：

| 概率 | 收益率 |
|---|---|
| 0.30 | 7.0% |
| 0.50 | 12.5% |
| 0.20 | 18.0% |

---

或者，我们可以利用式（6-5）来计算投资收益率的标准差，如下所示：

$$\sigma = [(-10\%-14\%)^2 \times 0.10 + (5\%-14\%)^2 \times 0.20 + (15\%-14\%)^2 \times 0.40 + (25\%-14\%)^2 \times 0.20 + (30\%-14\%)^2 \times 0.10]^{1/2}$$

$$=\sqrt{124\%}$$

$$=11.14\%$$

尽管收益率的标准差为我们提供了一种量化资产风险的方式，那么我们应该如何理解这一结果呢？结果的含义是什么？11.14%的收益率标准差对于投资于印刷公司的股票是否合适？首先，我们应该记住，统计学家曾告诉我们，一个事件有三分之二的概率落在预期值的上下一个标准差的范围内（假设分布为正态分布，也就是说是一个钟形）。这样，假设投资于印刷公司股票的预期收益率是14%，收益率的标准差是11.14%，那么我们可以合理地预测投资的实际收益率在2.86%和25.14%（14%±11.14%）之间的概率是三分之二。换句话说，这项投资收益的不确定性还是比较大的。

关于标准差的含义还有一种解释方法，那就是将印刷公司股票的投资与其他投资相比较。很显然，一种证券的收益与风险的吸引力并不能由它自身单独决定。只有通过分析其他投资选择，我们才可以对某一项投资的风险作出结论。例如，如果还有一项投资机会，假设是投资于一家拥有当地广播站的公司，该项投资的预期收益率与投资于印刷公司的股票相同，均为14％，但是收益率的标准差为7％，那么我们会认为投资于印刷公司股票的11.14％的标准差有些过高。用现代资产投资组合理论的专业术语来说，对广播站的投资要"优于"对印刷公司股票的投资。用更通俗的话来说，投资于广播站与投资于印刷公司具有相同的预期收益率，但是前者的风险更低。

### 金融作业

#### 对于风险的另一种理解

此处展示的第一个汉字的意思是"危险"；第二个汉字的意思是"机会"。中国人将风险定义为危险与机会的结合。根据中国人的说法，风险越大，意味着我们有更大的机会做好，同时失败的可能性也更大。

# 危机

如果我们比较投资一家印刷公司与投资一项快速换油经销权，后者的预期收益率为24％，但是预期的标准差为13％，情况又将是怎样的呢？现在我们应该做什么？显然，快速换油经销权有更高的预期收益率，但是它同样也有较大的标准差。在这个例子中，我们看到在选择一项最佳的投资时，真正的挑战来自一项投资在拥有更高收益率的同时也将蕴藏更高的风险。这时最终的选择取决于我们对待风险的态度，而这里并没有唯一的正确答案。你也许会选择印刷公司，然而我可能会选择投资快速换油经销权，但是我们谁都没有错。我们只是表达了我们对于风险与收益的不同态度和偏好而已。

总结起来，一项投资的风险性对于投资者来说至关重要，其中标准差是衡量投资风险的常用指标。具体的决策工具如下所示：

| 财务决策工具 | | |
|---|---|---|
| 工具名称 | 公式 | 含义 |
| 收益率的方差 | 收益率的方差($\sigma^2$)＝[第一种情况的收益率($r_1$)－预期收益率($\bar{r}$)]$^2$×第一种情况发生的概率($Pb_1$)<br>＋[第二种情况的收益率($r_2$)－预期收益率($\bar{r}$)]$^2$×第二种情况发生的概率($Pb_2$)<br>＋…＋[第 $n$ 种情况的收益率($r_n$)－预期收益率($\bar{r}$)]$^2$×第 $n$ 种情况发生的概率($Pb_n$) | 收益率的方差可以用来描述风险，以及衡量现金流和收益率的波动情况。 |

| 例题 6.1 | 计算预期收益率和标准差 |
|---|---|

你正在衡量两项投资，$X$ 和 $Y$。可能的收益率的分布如下所示：

| 概率 | 可能的收益率 | |
|---|---|---|
| | 投资 $X$ | 投资 $Y$ |
| 0.05 | −10% | 0% |
| 0.25 | 5% | 5% |
| 0.40 | 20% | 16% |
| 0.25 | 30% | 24% |
| 0.05 | 40% | 32% |

计算每项投资的预期收益率和标准差。如果决策权在你手中，你会对这两项投资中的一个有偏好吗？

**步骤1：制定策略**

为了计算每项投资的预期收益率，我们利用式（6-4），在本例中有五种可能的情况：

$$\text{预期收益率}(\bar{r}) = \text{第一种情况的收益率}(r_1) \times \text{第一种情况发生的概率}(Pb_1)$$
$$+ \text{第二种情况的收益率}(r_2) \times \text{第二种情况发生的概率}(Pb_2)$$
$$+ \cdots + \text{第五种情况的收益率}(r_5) \times \text{第五种情况发生的概率}(Pb_5)$$

为了计算每项投资的风险性，我们用收益率的标准差衡量。根据式（6-5），我们有五种可能的结果：

$$\text{收益率的方差}(\sigma^2) = \left[\begin{array}{c}\text{第一种情况的}\\\text{收益率}(r_1)\end{array} - \begin{array}{c}\text{预期}\\\text{收益率}(\bar{r})\end{array}\right]^2 \times \begin{array}{c}\text{第一种情况}\\\text{发生的概率}(Pb_1)\end{array}$$
$$+ \left[\begin{array}{c}\text{第二种情况的}\\\text{收益率}(r_2)\end{array} - \begin{array}{c}\text{预期}\\\text{收益率}(\bar{r})\end{array}\right]^2 \times \begin{array}{c}\text{第二种情况}\\\text{发生的概率}(Pb_2)\end{array}$$
$$+ \cdots + \left[\begin{array}{c}\text{第五种情况的}\\\text{收益率}(r_5)\end{array} - \begin{array}{c}\text{预期}\\\text{收益率}(\bar{r})\end{array}\right]^2 \times \begin{array}{c}\text{第五种情况}\\\text{发生的概率}(Pb_5)\end{array}$$

$$\text{标准差}(\sigma) = \sqrt{\sigma^2}$$

**步骤2：计算数值**

对于投资 $X$ 来说：

$$\text{预期收益率}(\bar{r}) = 0.05 \times (-10\%) + 0.25 \times 5\% + 0.40 \times 20\% + 0.25 \times 30\%$$
$$+ 0.05 \times 40\%$$
$$= 18.25\%$$

$$\text{收益率的方差}(\sigma^2) = 0.05 \times (-10\% - 18.25\%)^2 + 0.25 \times (5\% - 18.25\%)^2$$
$$+ 0.4 \times (20\% - 18.25\%)^2 + 0.25 \times (30\% - 18.25\%)^2$$
$$+ 0.05 \times (40\% - 18.25\%)^2$$
$$= 143.19\%$$

$$\text{收益率的标准差}(\sigma) = \sqrt{\sigma^2} = \sqrt{143.19\%} = 11.97\%$$

对于投资 $Y$ 来说：

$$\text{预期收益率}(\bar{r}) = 0.05 \times 0\% + 0.25 \times 5\% + 0.40 \times 16\% + 0.25 \times 24\% + 0.05 \times 32\%$$
$$= 15.25\%$$

$$收益率的方差(\sigma^2) = 0.05 \times (0\% - 15.25\%)^2 + 0.25 \times (5\% - 15.25\%)^2$$
$$+ 0.40 \times (16\% - 15.25\%)^2 + 0.25 \times (24\% - 15.25\%)^2$$
$$+ 0.05 \times (32\% - 15.25\%)^2$$
$$= 71.29\%$$

$$收益率的标准差(\sigma) = \sqrt{\sigma^2} = \sqrt{71.29\%} = 8.44\%$$

**步骤3：分析结果**

结果如下所示：

| 投资 | 预期收益率 | 标准差 |
|------|-----------|--------|
| 投资 $X$ | 18.25% | 11.97% |
| 投资 $Y$ | 15.25% | 8.44% |

在这个例子中，如果你想要获得更高的收益，就要承担更大的风险（世界上并没有摇钱树）。因此，最终的选择取决于投资者对于风险与收益的偏好，并没有唯一的正确答案。

## 你做出来了吗？

### 计算标准差

| 收益离差（可能收益率−12%的预期收益率） | 收益离差的平方 | 概率 | 概率×收益离差的平方 |
|------|------|------|------|
| −5.0% | 25.00% | 0.30 | 7.500% |
| 0.5% | 0.25% | 0.50 | 0.125% |
| 6.0% | 36.00% | 0.20 | 7.200% |
| 概率×收益离差的平方之和（方差） | | | 14.825% |
| 标准差 | | | 3.85% |

### 概念回顾

1. 如何定义风险？
2. 标准差是如何帮助我们衡量投资风险的？
3. 风险大就意味着不是一个好的投资吗？

# 收益率：投资者的经验之谈

目前为止，我们引用的都是关于风险与收益率的假想的例子。现在，我们将要看看在实际的投资活动中，投资者投资不同种类证券所获得的实际收益。例如，波士顿国际广播联盟发布了自1926年到2011年的如下种类投资的长期历史年收益率：

1. 大公司的普通股；
2. 小公司的普通股；

3. 长期公司债券；

4. 长期美国政府债券；

5. 中期美国政府债券；

6. 美国国库券（短期政府债券）。

在比较这些收益率之前，我们应该思考可能的结果是怎样的。首先，我们直觉上会预期美国国库券（短期政府债券）是上述六种投资组合中风险最低的。因为国库券的到期期限较短，与中期和长期政府债券相比，它的价格波动较小（风险更低）。其次，因为公司债券违约的可能性更高，而这种风险对于政府债券来说几乎是不存在的，因此长期政府债券比长期公司债券的风险要低。最后，大公司的普通股比公司债券的风险要高，而小公司股票的风险要高于大公司的股票。

在如上分析的基础上，我们可以合理地预期到持有这些不同证券的投资者的不同收益率。如果市场对投资者承担的风险给予补偿，那么平均年收益率会随着风险的增大而提高。

图6-2比较了1926—2011年5种不同投资组合的年收益率与通胀率。比较收益率的维度包括：（1）名义平均年收益率；（2）名义平均年收益率的标准差，衡量了这些收益率的波动性或者风险；（3）实际平均年收益率，即名义平均年收益率减去通胀率；（4）风险溢价，即存在风险的情况下，得到的收益率高于无风险利率（国库券收益率）的部分。通过观察图6-2的前两列即名义平均年收益率及其标准差，我们可以发现，到2011年为止过去86年间存在的风险—收益关系。每组数据都表明，在风险与收益之间存在一个正相关关系，其中国库券的风险最小，而小公司股票的风险最大。

| 证券 | 名义平均年收益率 | 名义平均年收益率的标准差 | 实际平均年收益率[a] | 风险溢价[b] |
|---|---|---|---|---|
| 大公司的普通股 | 11.8% | 20.3% | 8.7% | 8.0% |
| 小公司的普通股 | 16.5% | 32.5% | 13.4% | 12.7% |
| 长期公司债券 | 6.4% | 8.4% | 3.3% | 2.6% |
| 中期美国政府债券 | 5.5% | 5.7% | 3.0% | 2.3% |
| 美国国库券 | 3.8% | 3.1% | 0.7% | 0.0% |
| 通胀率 | 3.1% | 4.2% | | |

图6-2 历史收益率

a. 实际平均年收益率＝名义平均年收益率－通胀率（3.1%）；

b. 风险溢价＝名义平均年收益率－无风险利率（国库券收益率3.8%）。

资料来源：波士顿国际广播联盟1926—2011年年报。

图6-2中的收益率信息清楚地说明了在长期，只有股票投资可以对冲通胀，提供了较高的风险溢价。然而，同样明显的是，普通股的投资者也承担了很大的风险，如大公司股票的标准差是20.3%，而小公司股票的标准差是32.5%。实际上，在1926—2011年间，86年中有22年大公司的普通股股东的收益率为负，相比之下，在86年中只有1年国库券的收益率为负。

## 风险与多元化投资

当我们的投资组合包括不止一种资产时，我们就要更深入地分析相关的风险，尤其是风险的特性。让我们来分析一下，当我们通过持有多种证券进行多元化投资时，投资风险将受到何种影响？

假设你刚刚于 2011 年 11 月从大学毕业。你不仅找到了梦寐以求的工作，并且年末你还留有一些结余——虽然不足以让你像你的一些大学朋友一样飞到欧洲度假，但也是一笔不小的盈余。更别说，你还怀疑他们是刷信用卡去的呢。因此毕业后你就用你的私房钱买入了哈雷·戴维森公司（Harley-Davidson）的股票。几个月后，你又买入了星巴克公司的股票（作为哈雷·戴维森生产的摩托的拥有者，你自高中时期就很热衷于骑行，并且你感谢星巴克帮助你熬过艰难的学习时光）。但是进行了这些投资之后，你一直专注于你的事业，而几乎没有关心过你的投资。你在 2012 年 6 月迎来了工作以来的第一个长假。在度过了一个慵懒的周六上午之后，你决定上网看看在过去几个月中你的投资表现如何。你当初以每股 37 美元的价格买入了哈雷·戴维森的股票，而这只股票现在已经上涨到将近 50 美元。"还不赖，"你心里这样想。但坏消息是，星巴克的股票已经下跌到 54 美元一股，而你当时买入的价格是 62 美元。

很显然，我们描述的关于哈雷·戴维森和星巴克公司股票的表现对于这两家公司来说并没有什么特别的，并且正如我们预期的那样，投资者会对此作出反应。也就是说，股票价格的波动受到新信息的影响。尽管我们可能曾希望我们当时没有持有星巴克的股票，但是我们大多数人更愿意避免这些不确定性，也就是说，我们是风险规避者。相反，我们希望在不降低预期收益的情况下，减小我们投资组合的风险。好消息是：这可以通过多元化投资组合来实现！

### 多元化投资可以分散风险

如果我们通过投资不同种类的证券，以使我们的投资多元化，而不是仅仅投资于单一股票，那么我们投资组合的整体收益的波动性就会降低。风险降低的前提是：我们投资组合中不同股票的收益率不随着时间同步变化。也就是说，它们不是完全序列相关的。图 6-3 形象地说明了当我们向投资组合中添加新的投资股票时，组合整体收益的波动性将如何变化。随着我们投资组合中股票数量的增加，组合整体的风险会降低，这是因为一些股票收益的波动性只是该股票所特有的。单一股票所特有的波动性会被其他股票的波动性所抵消。然而，我们不应期待我们会消除投资组合的所有风险。实际上，想要消除组合收益的所有风险是相当困难的，因为不同股票的价格波动之间多少会有相关性。因此，我们可以将投资组合的整体风险（整体波动性）分为两类：(1) **公司特有的风险**（company-unique risk），或称之为**非系统性风险**（unsystematic risk）；(2) **市场风险**（market risk），或称之为**系统性风险**（systematic risk）。公司特有的风险也可以被称为**可分散风险**（diversifiable risk），即该风险可以通过投资多元化得以消除。市场风险是**不可分散风险**（nondiversifiable risk），它不能通过随机的多元化投资而被消除。图 6-3 形象地描述了这两种风险。组合整体的风险随着组合中股票数量的增加而降低，直到组合中的股票数量增加到大约 20 只时，随着股票数量的增加，组合整体风险的降低就变得不是很明显。

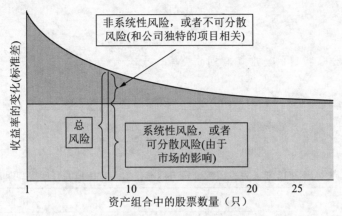

图 6-3 和同种规模资产相比收益率的变化

这部分剩余的风险大概占组合整体风险的 40%，就是组合的系统性风险，或者说是市场风险。这时，我们的投资组合与市场中所有的证券高度相关，影响我们投资组合的事件将不是那么独特，比如整体经济的走势变化、重要的政治事件和一些社会变化。这类影响因素还包括经济中利率的变化、影响所有公司的税法的变化，或者公众对于公司行为对环境影响的更高的关注。因此，我们对于风险的衡量应该考虑一只股票或一个投资组合对于市场组合（如纽约证券交易所指数或标准普尔 500 指数）变化的反应如何。[1]

## 度量市场风险

为了帮助我们阐述系统性风险的概念，我们来观察一下家得宝公司的股票和标准普尔 500 指数收益率之间的关系。

表 6-3 和图 6-4 展示了截至 2012 年 6 月，12 个月以来家得宝股票和标准普尔 500 指数的月度收益率。这些持有期收益率，或称为月度持有期收益率的计算如下[2]：

$$月度持有期收益率 = \frac{月末的价格 - 月初的价格}{月初的价格}$$

$$= \frac{月末的价格}{月初的价格} - 1 \tag{6-6}$$

---

① 纽约证券交易所指数是反映纽约证券交易所所有股票表现的指数。同样，标准普尔 500 指数是衡量标准普尔指定的美国 500 家最大公司的股票组合表现的指数。

② 为了简单起见，我们忽略了投资者从股票中获得的作为总收益的一部分股利。换句话说，让 $D_t$ 等于投资者在 $t$ 月内收到的股利，可以更准确地测算出持有期限的回报：

$$r_1 = \frac{P_t + D_t}{P_{t-1}} - 1 \tag{6-7}$$

例如，2012 年 1 月份家得宝股票和标准普尔 500 指数的月度持有期收益率计算如下：

$$家得宝股票的月度持有期收益率 = \frac{2012 \text{ 年 } 1 \text{ 月末的股票价格}}{2011 \text{ 年 } 12 \text{ 月末的股票价格}} - 1$$

$$= \frac{44.39 \text{ 美元}}{42.04 \text{ 美元}} - 1$$

$$= 0.055\ 9$$

$$= 5.59\%$$

$$标准普尔 500 \text{ 指数的月度持有期收益率} = \frac{2012 \text{ 年 } 1 \text{ 月末的指数价格}}{2011 \text{ 年 } 12 \text{ 月末的指数价格}} - 1$$

$$= \frac{1\ 312.41 \text{ 美元}}{1\ 257.60 \text{ 美元}} - 1$$

$$= 0.043\ 6$$

$$= 4.36\%$$

表 6-3　　2011 年 7 月到 2012 年 6 月家得宝公司与标准普尔 500 指数的月度持有期收益率对比

| 日期 | 家得宝股票 | | 标准普尔 500 指数 | |
| --- | --- | --- | --- | --- |
| | 价格（美元） | 月度持有期收益率 | 价格（美元） | 月度持有期收益率 |
| 2011 年 | | | | |
| 6 月 | 36.22 | | 1 320.64 | |
| 7 月 | 34.93 | −3.56% | 1 292.28 | −2.15% |
| 8 月 | 33.38 | −4.44% | 1 218.89 | −5.68% |
| 9 月 | 32.87 | −1.53% | 1 131.42 | −7.18% |
| 10 月 | 35.80 | 8.91% | 1 253.30 | 10.77% |
| 11 月 | 39.22 | 9.55% | 1 246.96 | −0.51% |
| 12 月 | 42.04 | 7.19% | 1 257.60 | 0.85% |
| 2012 年 | | | | |
| 1 月 | 44.39 | 5.59% | 1 312.41 | 4.36% |
| 2 月 | 47.57 | 7.16% | 1 365.68 | 4.06% |
| 3 月 | 50.31 | 5.76% | 1 408.47 | 3.13% |
| 4 月 | 51.79 | 2.94% | 1 397.91 | −0.75% |
| 5 月 | 49.34 | −4.73% | 1 310.33 | −6.27% |
| 6 月 | 52.83 | 7.07% | 1 355.69 | 3.46% |
| 平均持有期收益率 | | 3.33% | | 0.34% |
| 标准差 | | 5.40% | | 5.23% |

资料来源：雅虎财经。

在表 6-3 的下方，我们也计算了家得宝股票和标准普尔 500 指数在过去 12 个月间的平均月度持有期收益率，以及它们的标准差。

因为我们使用的是历史收益率数据，我们假设每个观察值有相同的发生概率。这样，通过加总每月的收益率，然后将它们除以收益月数，我们就可以得到平均月度持有期收益率，如下所示：

$$\text{平均月度持有期收益率} = \frac{\text{第 1 个月收益率} + \text{第 2 个月收益率} + \cdots + \text{最后 1 个月收益率}}{\text{月数}} \tag{6-8}$$

标准差计算如下：

$$\text{标准差} = \sqrt{\frac{\left(\text{第1个月收益率} - \text{平均收益率}\right)^2 + \left(\text{第2个月收益率} - \text{平均收益率}\right)^2 + \cdots + \left(\text{最后1个月收益率} - \text{平均收益率}\right)^2}{\text{月数} - 1}} \tag{6-9}$$

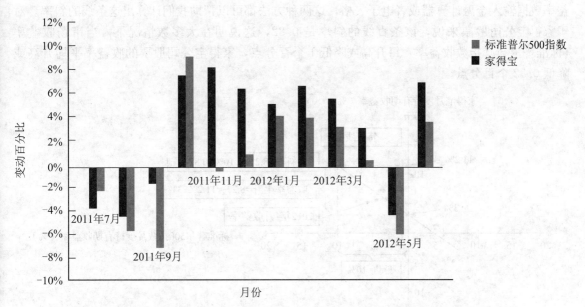

**图 6 - 4　月度持有期收益率：2011 年 7 月到 2012 年 6 月家得宝与标准普尔 500 指数对比**

资料来源：雅虎财经。

在观察表 6 - 3 和图 6 - 4 时，我们注意到截至 2012 年 6 月，家得宝股票在过去 12 个月中的持有期收益率表现出如下事实：

1. 家得宝比整体市场（由标准普尔 500 指数代表）实现了更高的平均月度持有期收益率。在过去的 12 个月中，家得宝的股票平均月度持有期收益率为 3.33％，而相比之下，标准普尔 500 指数的平均月度持有期收益率只有 0.34％。

2. 尽管家得宝比整体市场（标准普尔 500 指数）实现了更高的平均月度持有期收益率，起码截至 2012 年 6 月这 12 个月中，家得宝股票收益率的波动（标准差）只是比市场高出一点点——家得宝股票收益的标准差为 5.40％，而标准普尔 500 指数收益的标准差为 5.23％。

3. 尽管不是十分精确，我们也应该注意到当标准普尔 500 指数上升时，家得宝股票的价格也会上升，反之亦如此。在过去的 12 个月中，有 10 个月的表现与此吻合。也就是说，在家得宝公司股票和标准普尔 500 指数之间有一定的正相关关系。

关于上述第三点提到的家得宝公司股票和标准普尔 500 指数之间有一定的相关关系这一点，我们可以通过在同一张图中将家得宝公司股票和标准普尔 500 指数的收益率表示出来，进一步进行比较说明。画出的收益率如图 6-5 所示。在该图中，我们在纵轴上标出家得宝公司股票的收益率，在横轴上标出标准普尔 500 指数的收益率。图中标出的 12 个点，每个点都代表一个特定月份对应的家得宝公司股票和标准普尔 500 指数的收益率。例如，2012 年 1 月，家得宝公司股票和标准普尔 500 指数的收益率分别为 5.59% 和 4.36%，对应的坐标点如图所示。

除了在象限中标出点的位置，我们还可以画出一条"最佳拟合线"，我们称之为**特征线**（characteristic line）。特征线的斜率度量了一只股票的收益率和标准普尔 500 指数收益率之间的平均关系。或者说，特征线的斜率代表了对于标准普尔 500 指数的一单位变化，该股票价格的平均变化。通过拟合一条穿过这些点中间位置的一条线，我们可以从视觉上估计这条线的斜率。然后我们将沿着这条线的纵轴上的增加值与横轴上的增加值相比较。或者，我们可以将收益率数据输入金融计算器或者电子表格，这两种方法都可以帮助我们计算出这条线的斜率。对于家得宝公司股票来说，该条直线的斜率是 0.82，这说明在大多数情况下，当市场收益率（标准普尔 500 指数收益率）每升高或降低 1 个百分点，家得宝公司股票的收益率平均升高或降低 0.82 个百分点。

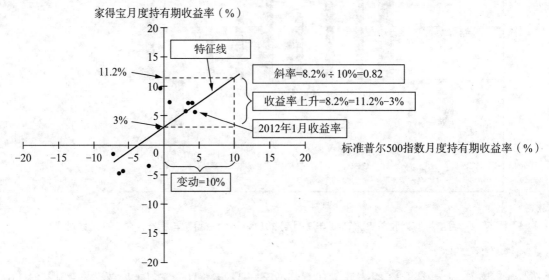

**图 6-5　2011 年 7 月到 2012 年 6 月家得宝月度持有期收益率和标准普尔 500 指数月度持有期收益率**

说明：计算 $\beta$ 值：直线的斜率可通过拟合家得宝和市场指数的月度持有期收益率直线而得出。$\beta$ 系数就是家得宝月度持有期收益率的变化与市场指数的变化之比。比如，当标准普尔 500 指数是 10% 时（横轴），家得宝月度持有期收益率在纵轴上从 3% 开始变化到 11.2%，变化了 8.2%。因此，$\beta$ 就是 0.82=8.2%÷10%。

金融计算器已经建立了计算 $\beta$ 的程序。但是因为每一个金融计算器的计算过程都不一样，我们就不在这里列举了。

Excel 的斜率功能可以用来计算斜率，如"＝slope（家得宝月度持有期收益率，标准普尔 500 指数月度持有期收益率）"。举个例子，如"＝slope（c5：c16，e5：e16）＝0.82"。

资料来源：雅虎财经。

我们也可以将该特征线的 0.82 的斜率理解为平均来说，家得宝公司股票收益率的波动性是整个市场收益率（标准普尔 500 指数收益率）波动性的 0.82 倍。这个斜率在投资者的术语中被称为**贝塔**（$\beta$），它度量了某只股票收益率与市场收益率的平均关系。每当你在阅读某位金融分析师撰写的关于股票风险的文章时，你都可以看到这个术语。

再次观察图6-5，我们可以看到这些点（收益率组合）都散落分布在特征线的周围，大多数收益率组合并没有正好落在特征线上。也就是说，两者之间的关系平均来看是0.82，但是单只股票收益率和标准普尔500指数收益率的关系只能部分地解释家得宝公司股票的收益率变化。还有一些家得宝公司特有的影响因素同样造成了公司股价的波动（之前我们将其称为公司特有的风险）。然而，如果我们决定多元化我们的投资组合，并假设我们持有β值均为0.82的20只股票，我们几乎可以将相对于特征线的偏离都消除掉。也就是说，我们将会消除收益率中几乎所有的波动，只剩下由整体市场波动引起的部分，即如图6-5中直线斜率所表示的。如果我们在图中标出这个由20只股票构成的投资组合的收益率与标准普尔500指数代表的收益率组合，我们得到的新的坐标图将会很好地拟合斜率为0.82的直线，这说明投资组合的β值也是0.82。新的坐标图如图6-6所示。换句话说，通过多元化投资，我们可以有效地消除相对于特征线的偏离，只剩下由整体市场波动所带来的单个公司股票收益率的波动。

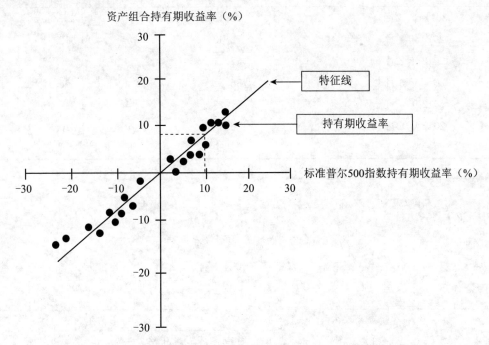

**图6-6　一个假设的投资组合和标准普尔500指数的持有期收益率**

资料来源：雅虎财经。

所以，β系数——特征线的斜率是对公司市场风险或系统性风险的度量，该风险是我们在多元化投资组合后仍留存在公司中的风险。对于持有充分多元化的投资组合的投资者来说，这个风险，也仅仅这个风险，是他们所关心的。

尽管我们说过β是对于一只股票系统性风险的度量，但是我们应该如何理解一个特定的β呢？例如，何时认为一个β值是低的，何时又认为一个β值是高的？在大多数情况下，β值为0的股票没有系统性风险，β值为1的股票具有同市场中"典型"股票相同的系统性或市场风险，而β值大于1的股票比"典型"股票具有更高的市场风险。然而，对于大多数股票来说，它们的β值在0.60到1.60之间。

估计 $\beta$ 值

下面我们给出丰田股票和标准普尔 500 指数从 2011 年 12 月到 2012 年 6 月的价格。基于这些信息，对丰田股票和标准普尔 500 指数分别计算：（1）月度持有期收益率，（2）平均月度持有期收益率，（3）月度持有期收益率的标准差。下一步是把丰田的月度持有期收益率标在纵轴，把标准普尔 500 指数的收益率标在横轴。画一条直线，像图 6-5 那样估计股票平均收益率和标准普尔 500 指数之间的关系。该直线的斜率是多少？它告诉了你什么？

（这样做，会比在 Excel 里用"slope"函数简单一点。）

| 时间 | 丰田股票（美元） | 标准普尔 500 指数（美元） |
|---|---|---|
| 2011 年 12 月 | 66.13 | 1 257.60 |
| 2012 年 1 月 | 73.48 | 1 312.41 |
| 2012 年 2 月 | 82.71 | 1 365.68 |
| 2012 年 3 月 | 86.82 | 1 408.47 |
| 2012 年 4 月 | 81.78 | 1 397.91 |
| 2012 年 5 月 | 76.89 | 1 310.33 |
| 2012 年 6 月 | 76.30 | 1 355.69 |

你做出来了吗？

估计 $\beta$ 值

丰田公司股票和标准普尔 500 指数的月度持有期收益率、平均月度持有期收益率与标准差数据如下表所示：

| | 丰田股票 | | 标准普尔 500 指数 | |
|---|---|---|---|---|
| | 价格（美元） | 收益率 | 价格（美元） | 收益率 |
| 2011 年 12 月 | 66.13 | | 1 257.60 | |
| 2012 年 1 月 | 73.48 | 11.11% | 1 312.41 | 4.36% |
| 2012 年 2 月 | 82.71 | 12.56% | 1 365.68 | 4.06% |
| 2012 年 3 月 | 86.82 | 4.97% | 1 408.47 | 3.13% |
| 2012 年 4 月 | 81.78 | −5.81% | 1 397.91 | −0.75% |
| 2012 年 5 月 | 76.89 | −5.98% | 1 310.33 | −6.27% |
| 2012 年 6 月 | 76.30 | −0.77% | 1 355.69 | 3.46% |
| 平均月度持有期收益率 | | 2.68% | | 1.33% |
| 标准差 | | 8.16% | | 4.16% |
| 斜率 | | 1.54 | | |

将上述数据在坐标轴中标出可得到下图：

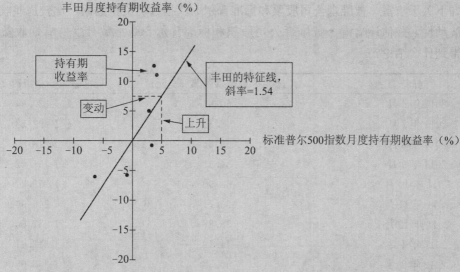

资料来源：雅虎财经。

丰田公司股票和标准普尔 500 指数的收益率之间的平均相关系数可以用上图中特征线的斜率进行估计。利用电子表格，我们计算得到特征线的斜率为 1.54，即横轴每增加 5%，纵坐标就向上移动 7.5%。因此，丰田公司股票的波动率要大于市场整体收益的波动率。当市场整体收益率提高（或降低）1 个百分点时，丰田公司股票的收益率就提高（或降低）1.5%。（然而，鉴于观察的市场中的股票数量有限，当我们想要在此处得到十分确切的结论时要慎重。）

我们应该意识到计算 $\beta$ 值并不是一门严谨的科学。对于一家公司 $\beta$ 值的最终估计主要取决于估计者所使用的方法。例如，你是选择 24 个月的数据进行计算，还是像大多数专业投资公司那样采用 60 个月的数据进行计算？不同方式的结果会有很大不同。让我们计算一下家得宝公司股票的 $\beta$ 值。我们之前说家得宝公司股票的 $\beta$ 值为 0.82，但是一家知名的投资咨询机构价值线（Value Line）估计家得宝公司股票的 $\beta$ 值为 0.95。价值线对若干公司 $\beta$ 值的估计如下：

| 公司名称 | $\beta$ 值 |
| --- | --- |
| 亚马逊 | 1.05 |
| 苹果 | 1.05 |
| 可口可乐 | 0.60 |
| 易趣 | 1.10 |
| 埃克森美孚 | 0.80 |
| 通用电气 | 1.20 |
| IBM 公司 | 0.85 |
| 劳氏 | 0.95 |
| 默克 | 0.80 |
| 耐克 | 0.85 |
| 百事 | 0.60 |
| 沃尔玛 | 0.60 |

已知如下关于哈雷·戴维森公司股票和标准普尔 500 指数的价格数据，比较这些收益率以及它们的波动性，并估计哈雷·戴维森公司股票和标准普尔 500 指数月度持有期收益率的关系。你会得到什么结论？

| 时间 | 哈雷·戴维森股票（美元） | 标准普尔 500 指数（美元） |
|---|---|---|
| 2011 年 6 月 | 40.97 | 1 320.64 |
| 2011 年 7 月 | 43.39 | 1 292.28 |
| 2011 年 8 月 | 38.66 | 1 218.89 |
| 2011 年 9 月 | 34.33 | 1 131.42 |
| 2011 年 10 月 | 38.90 | 1 253.30 |
| 2011 年 11 月 | 36.77 | 1 246.96 |
| 2011 年 12 月 | 38.87 | 1 257.60 |
| 2012 年 1 月 | 44.19 | 1 312.41 |
| 2012 年 2 月 | 46.58 | 1 365.68 |
| 2012 年 3 月 | 49.08 | 1 408.47 |
| 2012 年 4 月 | 52.33 | 1 397.91 |
| 2012 年 5 月 | 48.18 | 1 310.33 |
| 2012 年 6 月 | 46.18 | 1 355.69 |

**步骤 1：制定策略**

解决上述问题需要如下公式：

月度持有期收益率：

$$月度持有期收益率 = \frac{月末的价格 - 月初的价格}{月初的价格}$$

$$= \frac{月末的价格}{月初的价格} - 1$$

平均月度持有期收益率：

$$平均月度持有期收益率 = \frac{第 1 个月收益率 + 第 2 个月收益率 + \cdots + 最后 1 个月收益率}{月数}$$

标准差：

$$标准差 = \sqrt{\frac{\left(\begin{array}{c}第 1 个月\\收益率\end{array} - \begin{array}{c}平均\\收益率\end{array}\right)^2 + \left(\begin{array}{c}第 2 个月\\收益率\end{array} - \begin{array}{c}平均\\收益率\end{array}\right)^2 + \cdots + \left(\begin{array}{c}最后 1 个月\\收益率\end{array} - \begin{array}{c}平均\\收益率\end{array}\right)^2}{月数 - 1}}$$

要确定哈雷·戴维森公司股票和标准普尔 500 指数收益率的历史关系，需要我们目测出能够最佳拟合这些数据的直线，或者利用金融计算器或电子表格进行计算。

**步骤 2：计算数值**

已知价格数据，我们可以计算出月度持有期收益率、平均月度持有期收益率、标准差，以及特征线的斜率（利用电子表格）如下：

| 月份 | 哈雷·戴维森股票 | | 标准普尔 500 指数 | |
| --- | --- | --- | --- | --- |
| | 价格（美元） | 收益率 | 价格（美元） | 收益率 |
| 2011 年 6 月 | 40.97 | | 1 320.64 | |
| 2011 年 7 月 | 43.39 | 5.9% | 1 292.28 | −2.1% |
| 2011 年 8 月 | 38.66 | −10.9% | 1 218.89 | −5.7% |
| 2011 年 9 月 | 34.33 | −11.2% | 1 131.42 | −7.2% |
| 2011 年 10 月 | 38.90 | 13.3% | 1 253.30 | 10.8% |
| 2011 年 11 月 | 36.77 | −5.5% | 1 246.96 | −0.5% |
| 2011 年 12 月 | 38.87 | 5.7% | 1 257.60 | 0.9% |
| 2012 年 1 月 | 44.19 | 13.7% | 1 312.41 | 4.4% |
| 2012 年 2 月 | 46.58 | 5.4% | 1 365.68 | 4.1% |
| 2012 年 3 月 | 49.08 | 5.4% | 1 408.47 | 3.1% |
| 2012 年 4 月 | 52.33 | 6.6% | 1 397.91 | −0.7% |
| 2012 年 5 月 | 48.18 | −7.9% | 1 310.33 | −6.3% |
| 2012 年 6 月 | 46.18 | −4.2% | 1 355.69 | 3.5% |
| 平均月度持有期收益率 | | 1.36% | | 0.34% |
| 标准差 | | 8.87% | | 5.23% |
| 直线斜率 | | | | 1.34 |

哈雷·戴维森公司股票和标准普尔 500 指数月度持有期收益率的关系如下图所示：

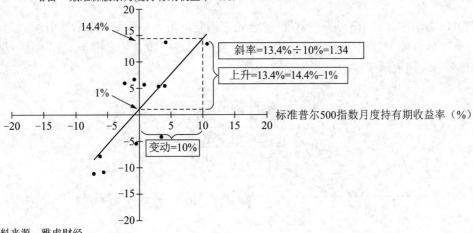

资料来源：雅虎财经。

**步骤 3：分析结果**

我们可以看到哈雷·戴维森公司股票的收益率要明显高于标准普尔 500 指数的收益率（请记住这些只是月度持有期收益率），但是哈雷·戴维森公司股票收益率的波动性明显要比标准普尔 500 指数高。当我们将哈雷·戴维森公司股票的收益率与市场收益率（标准普尔 500 指数）进行回归时，我们可以看到平均相关系数是 1.34，即对于系统性风险的度量。也就是说，市场收益率每升高或降低 1 个百分点，哈雷·戴维森公司股票的收益率平均同向变动 1.34 个百分点。

到目前为止，我们已经讨论了如何计算单只股票的 $\beta$ 值。下面我们将要考虑如何度量一个股票投资组合的 $\beta$ 值。

### 计算资产组合的 $\beta$ 值

如果我们仍像之前假设的那样，想要进行多元化投资，但是我们并没有买入同家得宝公司具有相同 $\beta$ 值（0.82）的股票，而是买入了 8 只 $\beta$ 值为 1.0 和 12 只 $\beta$ 值为 1.5 的股票，那么结果会发生怎样的变化？我们投资组合的 $\beta$ 值将会是多少？就像我们即将计算出来的那样，**资产组合的 $\beta$ 值**（portfolio beta）就是构成组合的单个资产 $\beta$ 值的加权平均值，其权重为资产组合中每种证券所占的比例。因此，由 $n$ 种股票组成的资产组合的 $\beta$ 值计算如下：

$$资产组合的 \beta 值 = 资产 1 在资产组合中的百分比 \times 资产 1 的 \beta 值（\beta_1）$$
$$+ 资产 2 在资产组合中的百分比 \times 资产 2 的 \beta 值（\beta_2）$$
$$+ \cdots + 资产 n 在资产组合中的百分比 \times 资产 n 的 \beta 值（\beta_n）$$

$$(6-10)$$

因此，假设我们在新的由 20 只股票组成的资产组合中，等量地买入每只股票，那么我们可以轻松地计算出资产组合的 $\beta$ 值为 1.3，计算过程如下：

$$资产组合的 \beta 值 = \frac{8}{20} \times 1.0 + \frac{12}{20} \times 1.50 = 1.3$$

这样，无论何时整体市场上升或下降 1 个百分点，我们新的资产组合的收益率平均会同向变动 1.3 个百分点。这就是说，新的资产组合相对于整个市场来说具有更高的系统性风险，或者说市场风险。

我们可以得出这样的结论，一个资产组合的 $\beta$ 值是由组合中每个股票的 $\beta$ 值所决定的。如果我们持有由低 $\beta$ 值股票构成的资产组合，那么我们的资产组合也会具有低的 $\beta$ 值；反之亦然。图 6-7 形象地展示了这些不同的情况。

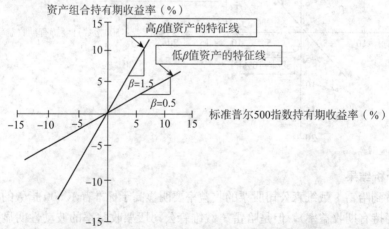

**图 6-7 高 $\beta$ 值和低 $\beta$ 值资产与标准普尔 500 指数的持有期收益率**

在我们结束关于风险和多元化投资的讨论之前，我们想要和大家分享一个分析结果，该分析向我们展示了投资多元化的作用，我们不仅可以通过投资不同的股票进行投资多元化，也可以通过持有不同种类的证券达到这一目的。

## 风险及其所体现的投资多元化

到目前为止，我们已经描述了一般意义下多元化投资对组合风险与收益的影响。并且，当我们在前文中提到多元化投资时，我们是指通过在资产组合中持有更多种类的股票来实现投资的多元化。现在让我们简要地看一下，当我们进行如下改变时，资产组合的风险与收益将产生怎样的变化：（1）通过投资股票和债券两种类别的资产进行多元化投资；（2）延长我们资产组合的持有时间。

可以注意到，当我们之前提到多元化投资时，我们特指通过持有更多种类的股票来实现，因此整个资产组合仍全部由股票构成。现在我们来观察通过持有股票与债券构成的资产组合来实现的多元化投资。像这样通过投资不同种类的资产来进行的多元化投资被称为**资产配置**（asset allocation）。这与在某一资产类别范围内进行多元化投资不同，该单一资产类别可能为股票、债券、房地产或大宗商品等等。从经验上得知，我们可以通过分散投资来获取更好的风险收益组合，并且与通过精挑细选不同种类的股票组成单一资产类别的资产组合相比，资产配置可以得到更高的收益。

图 6-8 展示了 1926—2011 年期间，由股票和债券组成的若干资产组合的滚动收益的波动范围，这些资产组合按照持有期的不同分为持有期 12 个月、60 个月和 120 个月。对于持有期为 12 个月的资产组合，我们假设在每年的年初买入资产组合并在当年年底卖出，而且在1926—2011 年间重复该投资过程。而对于持有期为 60 个月的资产组合，我们假设在每年年初买入，并持有该组合 60 个月。换句话说，我们在 1926 年年初买入并在 1930 年年底卖出，此后在 1927 年至 1931 年，我们重复这一投资过程，直到完成 2011 年为止所有持有期为 60 个月的投资。最后，对于持有期为 120 个月的投资，我们在每年年初进行投资，每项投资持有 120个月。

正如我们在图 6-8 中所观察到的，当我们将资产组合的构成由全部为股票调整为股票与债券的组合，并进一步全部调整为债券时，整个组合收益的波动性下降了（即对风险的衡量），但是我们的平均收益率也降低了。换句话说，如果我们想要提高我们的预期收益率，就必须承担更高的风险。也就是说，在风险与收益之间是存在一个清晰的关系的，这也就提醒我们要牢记原则 **3：风险要求收益补偿**。

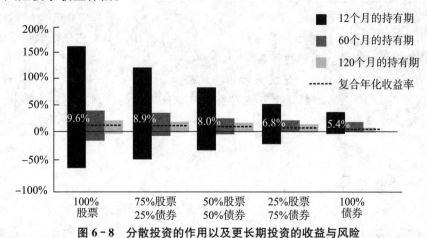

**图 6-8　分散投资的作用以及更长期投资的收益与风险**

资料来源：波士顿国际广播联盟 1926—2011 年年报。

同样，我们持有资产组合的时间对降低投资风险也有很大的影响。当持有期由 12 个月增加到 60 个月，再增加到 120 个月，我们可以看到收益率的波动范围明显缩小，这一趋势在我们的持有期由 12 个月增加为 60 个月时尤为明显。还值得一提的是，我们应该注意到，在 1926—2011 年间，如果一个投资者持有全部由股票构成的投资组合 10 年，也就是持有风险最高的资产组合，那么他也从不会出现亏损。换句话说，市场会回报那些更有耐心的投资者。

在接下来的部分，我们会完成对于风险与收益的讨论。我们将风险——市场风险或系统性风险与投资者要求的必要收益率相联系。毕竟，尽管风险本身是一个关键因素，但它对于投资者要求的必要收益率的作用还是非常重要的。

我们现在可以总结一下使用于度量单项投资和资产组合市场风险的金融决策工具。总结如下表所示：

### 财务决策工具

| 工具名称 | 公式 | 含义 |
| --- | --- | --- |
| 月度持有期收益率 | $$月度持有期收益率 = \frac{月末的价格 - 月初的价格}{月初的价格}$$ $$= \frac{月末的价格}{月初的价格} - 1$$ | 计算持有一项资产一个月的收益率。 |
| 平均月度持有期收益率 | $$平均月度持有期收益率 = \frac{第 1 个月收益率 + 第 2 个月收益率 + \cdots + 最后 1 个月收益率}{月数}$$ | 衡量月度持有期收益率的平均值。 |
| 月度持有期收益率的标准差 | $$标准差 = \sqrt{\frac{\left(\begin{array}{c}第1个月\\收益率\end{array} - \begin{array}{c}平均\\收益率\end{array}\right)^2 + \left(\begin{array}{c}第2个月\\收益率\end{array} - \begin{array}{c}平均\\收益率\end{array}\right)^2 + \cdots + \left(\begin{array}{c}最后1个\\月收益率\end{array} - \begin{array}{c}平均\\收益率\end{array}\right)^2}{月数 - 1}}$$ | 衡量月度持有期收益率的波动。 |
| 资产组合的 $\beta$ 值 | 资产组合的 $\beta$ = 资产 1 在资产组合中的百分比 × 资产 1 的 $\beta$ 值（$\beta_1$）<br>　+ 资产 2 在资产组合中的百分比 × 资产 2 的 $\beta$ 值（$\beta_2$）<br>　+ $\cdots$ + 资产 $n$ 在资产组合中的百分比 × 资产 $n$ 的 $\beta$ 值（$\beta_n$） | 找到资产组合的 $\beta$ 值。 |

**概念回顾**

1. 举出几个有关系统性风险与非系统性风险的具体例子。想要充分分散掉非系统性风险，我们必须至少持有多少不同的证券？

2. 我们用什么方法来度量一家公司的市场风险？

3. 在回顾图 6-5 之后，解释坐标点与公司特征线之间的区别。想要除去相对于特征线的偏离，必须要采取怎样的措施？

## 投资者的必要收益率

在这一部分，我们将会考察投资者的必要收益率这一概念，尤其是当它与一项资产的风险相关的时候。然后我们会看到必要收益率是如何进行度量的。

## 必要收益率的概念

一个投资者要求的**必要收益率**（required rate of return）可以定义为，为了吸引一个投资者购买或持有一项资产所必须具有的最低的收益率。这个定义考虑了投资者在下一项最佳投资中进行投资的资金的机会成本。这个放弃的收益率就是进行这项投资的机会成本，因此也就是投资者要求的必要收益率。换句话说，只有我们投资时预计该投资实现的收益率足够高，才能让我们放弃原有的可能投资。只有未来预期现金流相对于投资成本足够高，其收益率等于或高于必要收益率时，我们才会进行该项投资。

为了帮助我们更好地理解投资者的必要收益率的特点，我们可以将其分成两个基本的部分：无风险收益率加上风险溢价。具体可表示为如下公式：

$$必要收益率＝无风险收益率＋风险溢价 \qquad (6-11)$$

**无风险收益率**（risk-free rate of return）就是没有风险的投资的必要收益率或折现率。一般来说，我们用美国国库券的收益率来度量无风险收益率。**风险溢价**（risk premium）就是我们由于承担了风险而要求得到的额外收益。当风险水平提高时，我们就会要求更高的预期收益。即使我们可能得到，或者可能得不到这部分超额收益，我们也有足够的理由预期我们会得到。否则，为什么我们会使自己面临损失部分或全部资金的风险？

为了更好地说明这一点，假设你正在考虑买入一只股票，你预计这只股票在接下来的一年中将会实现10%的收益。如果预期的无风险收益率，如90天国库券的收益率是2%，那么你由于承担额外风险而要求的风险溢价就是8%（＝10%－2%）。

## 度量必要收益率

我们已经知道：（1）系统性风险是唯一相关的风险因素——其余的风险可以通过多元化投资而消除；（2）必要收益率等于无风险收益率加上风险溢价。我们现在将考察如何估计投资者的必要收益率。

金融学者一度很难找出一个能够计算投资者必要收益率的实际方法，然而，金融职业者们经常应用一个被称作**资本资产定价模型**（capital asset pricing model，CAPM）的模型。资本资产定价模型是一个公式，它将一只股票的预期收益率表示为无风险收益率加上对应该股票系统性风险的风险溢价。尽管这一方法免不了受到批评，但CAPM模型的确提供了一个直觉上的方法，在已知该项资产的系统性风险的情况下，可考虑该投资者要求的收益率。

公式（6-11）提供了一个计算投资者必要收益率的自然的出发点，并且为以后使用CAPM打下了基础。重新排列这一公式，我们可以得到风险溢价：

$$风险溢价＝必要收益率（r）－无风险收益率（r_f） \qquad (6-12)$$

这个公式清楚地说明了一个证券的风险溢价等于投资者的必要收益率减去市场中的无风险收益率。例如，如果必要收益率是12%，无风险收益率为3%，那么风险溢价就是9%。同样，如果市场组合的必要收益率是10%，无风险收益率是3%，那么市场整体的风险溢价就是7%。这7%的风险溢价可以适用于任何系统性风险（不可分散风险）等于整体市场风险的证券，或者说该证券的$\beta$值为1。

在上述相同的市场中，一个 $\beta$ 值为 2 的证券应该提供 14% 的风险溢价，即两倍于市场整体的 7% 的风险溢价。这样，一般来看，给定一个证券，它的必要收益率应该由如下公式决定：

$$证券的必要收益率 (r) = 无风险收益率 (r_f) + 证券的 \beta 值$$
$$\times [市场组合的必要收益率 (r_m) - 无风险收益率 (r_f)]$$

$$(6-13)$$

公式（6-13）就是 CAPM 模型。这个公式描述了市场中存在的风险与收益的权衡关系，其中风险用 $\beta$ 代表。图 6-9 用**证券市场线**（security market line）表示该 CAPM 模型。证券市场线就是 CPAM 模型的图形表示。[①] 证券市场线表示在给定一只股票的系统性风险时，市场上股票所要求的必要收益率。

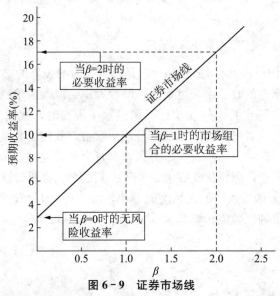

**图 6-9　证券市场线**

如以下计算所示，当证券的 $\beta$ 分别等于 0、1 和 2 时，对应的必要收益率分别如下所示：

如果 $\beta=0$：必要收益率 $=3\%+0\times(10\%-3\%)=3\%$；

如果 $\beta=1$：必要收益率 $=3\%+1\times(10\%-3\%)=10\%$；

如果 $\beta=2$：必要收益率 $=3\%+2\times(10\%-3\%)=17\%$。

其中无风险收益率为 3%，市场组合的必要收益率是 10%。

***

**记住你的原则**

总结起来就是，**原则 3** 是需要灵活运用的。它告诉我们，**风险要求收益补偿**，即市场上有一个风险和收益的对应关系。

***

① 在使用证券市场线时有两个关键假设。第一，我们假设市场中每种证券的买入与卖出都是十分高效的。市场有效意味着一种资产的价格对于市场上新信息的反应十分迅速，因此暗含着资产价格反映了全部的可得信息。因此，一个证券的当前价格可以被认为代表了对它未来价格的最佳估计。第二，该模型假设完美市场是存在的。在完美市场中，信息对于所有投资者来说都是可以立即获得的，并且成本相同。此外，假设证券是无限可分的，并且买入或卖出一只证券时所含的交易成本足够低，以至于可以忽略不计。进一步，假设投资者只进行单期价值最大化的投资，并对于可得信息的含义和重要性有相同的理解和预期。在完美市场中，所有的投资者都是价格接受者，这其实就是说，单个投资者的行为不能影响证券价格。这些假设显然在现实中很难实现。然而，从乐观的角度来说，一个好的理论的标志是其预测的准确性，而不是提出该理论所基于的简化假设的有效性。

本章中用了很大篇幅来解释和计算一项投资的预期收益率和需要承担的相应风险。然而，我们还差一步——提供决定是否应进行投资的金融工具或标准。只是知道投资者对于某一特定项目所要求的必要收益率，我们就可以回答这一问题。用以解决这一问题的公式就是前文中所提到的，现在我们将它们总结如下：

## 财务决策工具

| 工具名称 | 公式 | 含义 |
|---|---|---|
| 必要收益率 | 必要收益率＝无风险收益率＋风险溢价 | 衡量投资的必要收益率，等于无风险收益率加上要求的风险溢价。 |
| 风险溢价 | 风险溢价＝必要收益率（$r$）－无风险收益率（$r_f$） | 暗含了对于假定的风险，投资者所要求的溢价。 |
| 证券的必要收益率 | 证券的必要收益率（$r$）＝无风险收益率（$r_f$）＋证券的$\beta$值 ×［市场组合的必要收益率（$r_m$） －无风险收益率（$r_f$）］ | 用 CAPM 模型计算投资的必要收益率，这里假设投资者所要求的溢价仅考虑市场风险。 |

## 金融作业

### $\beta$ 值真的有用吗？

在 1988 年年初，苹果公司有很大的麻烦。因此它的股票价格波动很大，比其他的电脑公司，比如 IBM，波动要大得多。但是如果运用 CAPM 模型，苹果公司股东的必要收益率仅为8％，而 IBM 股东的必要收益率为 12％。有意思的是，苹果公司在春天摆脱困境之后，它的股价的波动率降低了，然而依据 CAPM 模型，它的股东开始要求 11％的必要收益率——比原来股东的必要收益率上升了 3％。直觉这时并不能告诉我们发生了什么。

因此，我们怎么理解呢？当苹果公司陷入困境，并且它的股价剧烈波动时，它的$\beta$值仅为0.47，这意味着苹果公司的股价波动率仅为市场组合的一半。事实上，$\beta$值在这里并没有意义。事实是，在困难时期，苹果公司的股价和市场的关系减弱了。所以当 IBM 公司的股价随着市场上下波动时，苹果公司股价受到有关消息的波动，而不会随着市场一起波动。股票的$\beta$值给了人们一种虚假的印象——苹果公司的股票比市场组合的波动更小。

这告诉我们，对于个别公司来说，$\beta$值有时候会误导人。$\beta$值运用在一个资产组合（很多公司股票）中时，更有说服力。如果一个公司想在 1998 年收购苹果公司，并且运用$\beta$值来计算最低收益率，那么它将高估苹果公司的价值。

所以，那意味着 CAPM 模型没有意义吗？当然不是，当一个公司特有的风险对股价不起主导作用，或者人们可以分散公司的特有风险时，CAPM 依然有意义。只是它们需要构建一个仅反映市场风险的资产组合。比如，一个专门收购具有很大风险的股票的私募基金，可能有很多类似于苹果公司这样的股票，每种股票都有自己的问题。对于这样的投资来说，$\beta$值很有用。因此，这个故事的意义在于普及常识，并且告诉我们什么时候使用$\beta$值。

---

## 本章小结

在第二章中，我们将折现率理解为利率，或者是资金的机会成本。当时，我们考虑了许多影响利率的重要因素，包括时间价值、预期通胀、到期风险溢价（流动性）和未来收益的波动。在本章中，我们又加深了对收益率的学习，并且进一步考察了风险与收益率之间的关系。

### 1. 定义和计算单项投资的预期收益率

**小结:** 当我们说到一项投资的"收益率"，我们要么是指历史收益率，即在过去已经实现了的投资收益；要么是指预期收益率，即对我们的投资在未来可能实现的收益的估计。在一个充满不确定性的世界中，我们并不能进行确切地估计，只能说是我们"预期"的结果。因此，一项投资的预期收益率就可以表示为所有可能的收益率的加权平均，权重为每种结果可能发生的概率。

**关键术语**

持有期收益率（历史或已实现收益率）：投资实现的收益，等于获得的绝对收益除以投资本金。

预期收益率：所有可能结果的算数平均值，其中每种结果的加权权重等于该结果发生的可能性。

持有期收益（$DG$）＝期末价格＋现金分红（股利）－期初价格

持有期收益率（$r$）＝ $\dfrac{\text{持有期收益}}{\text{期初价格}}$ ＝ $\dfrac{\text{期末价格＋现金分红（股利）－期初价格}}{\text{期初价格}}$

预期现金流（$\overline{CF}$）＝第一种情况的现金流（$CF_1$）×第一种情况发生的概率（$Pb_1$）

　　　　　　　　＋第二种情况的现金流（$CF_2$）×第二种情况发生的概率（$Pb_2$）

　　　　　　　　＋…＋第 $n$ 种情况的现金流（$CF_n$）×第 $n$ 种情况发生的概率（$Pb_n$）

预期收益率（$\overline{r}$）＝第一种情况的收益率（$r_1$）×第一种情况发生的概率（$Pb_1$）

　　　　　　　　＋第二种情况的收益率（$r_2$）×第二种情况发生的概率（$Pb_2$）

　　　　　　　　＋…＋第 $n$ 种情况的收益率（$r_n$）×第 $n$ 种情况发生的概率（$Pb_n$）

**2. 定义和计算单项投资的风险**

　**小结：** 单项投资承担的风险就是现金流或收益的波动性，可以通过计算标准差来衡量。

**关键术语**

风险：未来现金流的潜在波动。

标准差：对于概率分布的一个统计度量。将每种结果与它预期值的差进行平方，以每种情况出现的概率为权重，加总所有可能的结果，最后计算该和的平方根。

**关键公式**

$$\begin{aligned}
\text{收益率的方差}(\sigma^2) =& \left[\begin{matrix}\text{第一种情况的} \\ \text{收益率}(r_1)\end{matrix} - \begin{matrix}\text{预期} \\ \text{收益率}(\overline{r})\end{matrix}\right]^2 \times \begin{matrix}\text{第一种情况} \\ \text{发生的概率}(Pb_1)\end{matrix} \\
&+ \left[\begin{matrix}\text{第二种情况的} \\ \text{收益率}(r_2)\end{matrix} - \begin{matrix}\text{预期} \\ \text{收益率}(\overline{r})\end{matrix}\right]^2 \times \begin{matrix}\text{第二种情况} \\ \text{发生的概率}(Pb_2)\end{matrix} \\
&+\cdots+ \left[\begin{matrix}\text{第 } n \text{ 种情况的} \\ \text{收益率}(r_n)\end{matrix} - \begin{matrix}\text{预期} \\ \text{收益率}(\overline{r})\end{matrix}\right]^2 \times \begin{matrix}\text{第 } n \text{ 种情况} \\ \text{发生的概率}(Pb_n)\end{matrix}
\end{aligned}$$

**3. 比较资本市场中风险和收益率的历史关系**

　**小结：** 波士顿国际广播联盟向我们提供了自 1926—2011 年不同种类证券投资实现的年收益率。并且它们在此基础上总结了如下五种不同资产构成的投资组合的年收益率：

（1）大公司的普通股；

（2）小公司的普通股；

（3）长期公司债券；

（4）中期美国政府债券；

（5）美国国库券。

通过比较 1926—2011 年间上述投资组合各自的年收益，我们可以发现风险与收益之间存在正相关关系，其中国库券风险最低，而小公司的普通股风险最高。从数据分析中，我们能够看到投资多元化有利于改善风险—收益关系。此外，数据结果清楚地表明：在长期中只有投资于普通股才能够抵抗通胀风险，并且如果投资者对获取投资收益足够耐心（有较长的持有期），投资于普通股的风险则可以被有效地降低。

**4. 解释多元化投资如何影响风险以及资产组合的预期收益率**

🔆 **小结**：我们已经对可分散风险与不可分散风险作出了重要的区分。在可能进行多元化投资的情况下，只有相关风险才是其中某一证券的不可分散风险。我们也可以将这两种风险分别称为非系统性风险与系统性风险。

✏️ **关键术语**

系统性风险（市场风险或不可分散风险）：（1）不能通过多元化投资进行分散的风险。系统性风险来源于能够影响所有股票的因素，也被称为市场风险或不可分散风险。（2）对一个进行充分分散投资的投资者来说，某一新增项目的风险。这种风险度量的方法考虑了当组合中新增这一投资项目时，该项目的一些风险会被分散掉。除此之外，投资者持有的原有组合的风险也会由于在组合中增加了新的投资项目而被消除。

非系统性风险（公司特有的风险或可分散风险）：可以通过多元化投资分散的投资风险。非系统性风险来源于影响某一公司的特定的风险因素，也被称为公司特有风险或不可分散风险。

特征线：能够最佳拟合公司投资收益与市场收益相关关系的直线。特征线的斜率，通常被称为贝塔，代表了市场收益发生单位变动时，该公司投资收益的平均变动。

贝塔：投资收益与市场收益之间的相关关系，用来衡量投资的不可分散风险。

资产组合的 $\beta$ 值：资产组合收益和市场收益之间的相关关系。用来衡量投资组合的不可分散风险。

资产配置：选择并确定适合于某一特定投资组合的资产类别，并决定该投资组合内每种资产的投资比例。

🔍 **关键公式**

$$月度持有期收益率 = \frac{月末的价格 - 月初的价格}{月初的价格}$$

$$= \frac{月末的价格}{月初的价格} - 1$$

$$\begin{matrix} 平均月度 \\ 持有期收益率 \end{matrix} = \frac{第1个月收益率 + 第2个月收益率 + \cdots + 最后1个月收益率}{月数}$$

$$标准差 = \sqrt{\frac{\left(\begin{matrix}第1个月\\收益率\end{matrix} - \begin{matrix}平均\\收益率\end{matrix}\right)^2 + \left(\begin{matrix}第2个月\\收益率\end{matrix} - \begin{matrix}平均\\收益率\end{matrix}\right)^2 + \cdots + \left(\begin{matrix}最后1个\\月收益率\end{matrix} - \begin{matrix}平均\\收益率\end{matrix}\right)^2}{月数 - 1}}$$

$$\begin{aligned} 资产组合的 \beta 值 = {}& 资产1在资产组合中的百分比 \times 资产1的 \beta 值 (\beta_1) \\ & + 资产2在资产组合中的百分比 \times 资产2的 \beta 值 (\beta_2) \\ & + \cdots + 资产 n 在资产组合中的百分比 \times 资产 n 的 \beta 值 (\beta_n) \end{aligned}$$

**5. 解释投资者投资的必要收益率和投资风险之间的关系**

🔆 **小结**：资本资产定价模型提供了理解风险—收益关系的直观的框架。CAPM模型表明投资者通过衡量证券中蕴藏的系统性风险来决定其要求的必要收益率。这个可接受的最低的收益率等于无风险收益率加上由于承担额外风险而获得的风险溢价。

## 关键术语

**必要收益率**：吸引投资者购买或持有某一证券所必需的最低收益率。

**无风险收益率**：无风险投资的收益率。通常将美国短期国库券利率作为无风险收益率。

**风险溢价**：由于承担风险而获得的额外的预期收益。

**资本资产定价模型（CAPM）**：资本资产定价模型的公式表明一项投资的必要（预期）收益率（在本章中为股票）是以下三项的函数：（1）无风险收益率，（2）投资的系统性风险，（3）包含所有风险资产的市场组合的预期风险溢价。

**证券市场线**：反映在给定证券的系统性风险时，投资者的最低可接受收益率的收益曲线。

## 关键公式

必要收益率＝无风险收益率＋风险溢价

风险溢价＝必要收益率（$r$）－无风险收益率（$r_f$）

$$\begin{matrix}\text{证券的} \\ \text{必要收益率}（r）\end{matrix}＝\text{无风险收益率}（r_f）＋\text{证券的}\,\beta\,\text{值}\times\big[\text{市场组合的必要收益率}（r_m）－\text{无风险收益率}（r_f）\big]$$

---

复习题

**6-1** a. 如何理解投资者要求的必要收益率？

　　　b. 我们如何衡量资产的风险？

　　　c. 应该如何理解本章提出的风险度量方法？

**6-2** 解释以下词语含义：（a）非系统性风险（公司特有的风险或可分散风险），（b）系统性风险（市场风险或不可分散风险）。

**6-3** 什么是 $\beta$？如何利用 $\beta$ 计算投资者的必要收益率？

**6-4** 什么是证券市场线？它的含义是什么？

**6-5** 如何度量一个投资组合的 $\beta$？

**6-6** 如果我们将一只股票的收益率和标准普尔 500 指数的收益率在坐标图中标示出来，而据此标出的坐标点并没有显示出明显的规律，那么我们将如何描述这只股票的特征？如果股票收益率与标准普尔 500 指数的收益率变动趋势十分相近，那么我们又能得出怎样的结论？

**6-7** 在过去的 80 年中，我们有机会观察到不同种类证券的收益率和这些收益率的波动情况。总结观察到的结果。

**6-8** 进行多元化投资会对你的整体收益产生怎样的影响？

---

课后问题

**6-1** （预期收益率和风险）环球公司正在计划投资一种证券，该证券有多种可能的收益率。已知可能收益率的概率分布如下，该投资的预期收益率是多少？并计算这些收益率的标准差。从结果中你可以得到什么结论？

| 概率 | 收益率 |
|---|---|
| 0.10 | −10% |
| 0.20 | 5% |
| 0.30 | 10% |
| 0.40 | 25% |

**6-2** （平均预期收益率和风险）已知持有期收益率如下表所示，计算开福公司（Kaifu）和市场整体的平均收益率和标准差。

| 月份 | 开福公司（%） | 市场（%） |
|---|---|---|
| 1 | 4 | 2 |
| 2 | 6 | 3 |
| 3 | 0 | 1 |
| 4 | 2 | −1 |

**6-3** （预期收益率和风险）凯特（Cater）公司正在评估一只证券。计算该投资的预期收益率和标准差。

| 概率 | 收益率 |
|---|---|
| 0.15 | 6% |
| 0.30 | 9% |
| 0.40 | 10% |
| 0.15 | 15% |

**6-4** （预期收益率和风险）萨默维尔（Summerville）公司正在考虑投资一只或两只股票。已知如下信息，基于各自风险（用标准差衡量）和收益的比较，哪种投资更好？

| 普通股 A | | 普通股 B | |
|---|---|---|---|
| 概率 | 收益率 | 概率 | 收益率 |
| 0.30 | 11% | 0.20 | −5% |
| 0.40 | 15% | 0.30 | 6% |
| 0.30 | 19% | 0.30 | 14% |
| | | 0.20 | 22% |

**6-5** （标准差）已知米克（Mik）公司股票的可能的收益率和发生的概率如下，计算其标准差。

| 概率 | 收益率 |
|---|---|
| 0.40 | 7% |
| 0.25 | 4% |
| 0.15 | 18% |
| 0.20 | 10% |

**6-6** （预期收益率）访问网站：http://finance.yahoo.com，点击"Investing"链接，然后选择"Education"，进入其"Financial Glossary"一栏。找到该栏下预期收益率和预估价值这两个概念。从这两个定义中你学到了什么？

**6-7** 访问网站：www.investopedia.com/university/beginner，找到名为"Investing 101: Introduction"的文章。阅读这篇文章并解释它是如何阐述风险态度的。

**6-8** 访问网站：www.moneychimp.com，点击链接"Volatility"。根据自身情况作出适合你的假设，完成退休计划的计算。然后打开蒙特卡罗模拟计算工具。假设你计划在工作期间投资于大公司的普通股，而退休后投资于长期公司债券。利用图6-2中名义平均年收益率和其标准差的数据进行计算，你可以得到什么结论？

**6-9** （持有期收益率）利用如下价格数据，计算从第2期至第4期的持有期收益率。

| 阶段 | 股票价格（美元） |
| --- | --- |
| 1 | 10 |
| 2 | 13 |
| 3 | 11 |
| 4 | 15 |

**6-10** （持有期收益率）

a. 利用如下价格数据，分别计算贾斯曼（Jazman）和所罗门（Solomon）股票从第2期到第4期的持有期收益率。

| 阶段 | 贾斯曼（美元） | 所罗门（美元） |
| --- | --- | --- |
| 1 | 9 | 27 |
| 2 | 11 | 28 |
| 3 | 10 | 32 |
| 4 | 13 | 29 |

b. 你如何理解持有期收益率这一概念？

**6-11** （度量风险和收益率）

a. 已知持有期收益率如下，计算泽米（Zemin）公司和市场整体的平均收益率和标准差。

| 月份 | 泽米公司（%） | 市场（%） |
| --- | --- | --- |
| 1 | 6 | 4 |
| 2 | 3 | 2 |
| 3 | -1 | 1 |
| 4 | -3 | -2 |
| 5 | 5 | 2 |
| 6 | 0 | 2 |

b. 如果泽米公司股票的 $\beta$ 是1.54，无风险收益率是4%，那么持有泽米公司股票的投资者要求的必要收益率是多少？（注意：由于泽米公司股票的收益为月度数据，你需要将其转化为年度收益以使它们与无风险收益可比。出于简化的目的，你可以在平均月度收益率基础上乘

以 12，将月度数据转化为年度数据。

c. 与你认为的合理的收益水平相比，泽米公司股票的历史平均收益率如何？已知公司的系统性风险。

**6-12**　（持有期绝对收益与收益率）假设你于 2012 年 5 月 1 日购买了迪士尼公司 16 股股票，每股价格 24.22 美元。在 2012 年 9 月 1 日，你以每股 25.68 美元的价格卖出了其中的 12 股股票。假设持有期间没有股利发放，计算你卖出的这些股票持有期的绝对收益和持有期收益率。

**6-13**　（资产配置）访问网站 http://cgi.money.cnn.com/tools，然后找到"Investing"专栏，点击"Fix Your Asset Allocation"链接。回答问题，并点击"Calculate"链接。尝试不同的选项，并观察计算工具是怎样建议你进行不同的资产配置策略的。

**6-14**　（预期收益率、标准差和资本资产定价模型）下表是标准普尔 500 指数和耐克公司股票的月末价格数据。

a. 利用如下数据，计算每月的持有期收益率。

|  | 耐克股票（美元） | 标准普尔 500 指数（美元） |
| --- | --- | --- |
| **2011 年** | | |
| 6 月 | 89.98 | 1 320.64 |
| 7 月 | 90.15 | 1 292.28 |
| 8 月 | 86.65 | 1 218.89 |
| 9 月 | 85.51 | 1 131.42 |
| 10 月 | 96.35 | 1 253.30 |
| 11 月 | 96.18 | 1 246.96 |
| 12 月 | 96.37 | 1 257.60 |
| **2012 年** | | |
| 1 月 | 103.99 | 1 312.41 |
| 2 月 | 107.92 | 1 365.68 |
| 3 月 | 108.44 | 1 408.47 |
| 4 月 | 111.87 | 1 397.91 |
| 5 月 | 108.18 | 1 310.33 |
| 6 月 | 98.45 | 1 355.69 |

b. 分别计算标准普尔 500 指数和耐克公司股票的平均月度收益率和标准差。

c. 在坐标图中画出耐克公司股票和标准普尔 500 指数收益率的关系图。（在纵轴上表示耐克公司股票的收益率，在横轴上表示标准普尔 500 指数的收益率，如图 6-5 所表示的那样。）

d. 根据你得到的图形，描述耐克公司股票收益率和标准普尔 500 指数收益率关系的特点。

**6-15**　（资产配置模型）利用 CAPM 模型，估计下面列出的三种股票的必要收益率，已知无风险收益率为 5%，市场的预期收益率是 12%。

| 股票 | $\beta$ 值 |
| --- | --- |
| A | 0.75 |
| B | 0.90 |
| C | 1.40 |

**6-16**　（预期收益率、标准差和资本资产定价模型）下表给出了默克（Merck）公司股

票和标准普尔 500 指数的价格数据。

| | 默克股票（美元） | 标准普尔 500 指数（美元） |
|---|---|---|
| **2011 年** | | |
| 6 月 | 32.27 | 1 320.64 |
| 7 月 | 32.75 | 1 292.28 |
| 8 月 | 30.87 | 1 218.89 |
| 9 月 | 29.49 | 1 131.42 |
| 10 月 | 31.83 | 1 253.30 |
| 11 月 | 29.59 | 1 246.96 |
| 12 月 | 30.33 | 1 257.60 |
| **2012 年** | | |
| 1 月 | 31.60 | 1 312.41 |
| 2 月 | 35.74 | 1 365.68 |
| 3 月 | 36.90 | 1 408.47 |
| 4 月 | 41.02 | 1 397.91 |
| 5 月 | 39.19 | 1 310.33 |
| 6 月 | 42.50 | 1 355.69 |

a. 计算默克公司股票和标准普尔 500 指数的月度持有期收益率。

b. 默克公司股票和标准普尔 500 指数各自的平均月度持有期收益率和标准差是多少？

c. 在坐标图中画出默克公司股票和标准普尔 500 指数收益率的关系。

d. 利用电子表格计算特征线的斜率。

e. 解释上述计算结果。

**6 - 17** （证券市场线）

a. 计算如下投资组合的预期收益率和 $\beta$ 值。

| 股票 | 在资产组合中所占百分比（%） | $\beta$ 值 | 预期收益率（%） |
|---|---|---|---|
| 1 | 40 | 1.00 | 12 |
| 2 | 25 | 0.75 | 11 |
| 3 | 35 | 1.30 | 15 |

b. 已知上述信息，画出证券市场线并指出上述每种股票和投资组合在图中的位置。假设无风险收益率是 2%，市场组合的预期收益率是 8%。你将如何理解这些结果？

**6 - 18** （利用 CAPM 模型计算必要收益率）

a. 计算 $\beta$ 值为 1.2 的英特尔公司股票的必要收益率。无风险利率为 2%，市场组合（由纽约证券交易所股票构成）的预期收益率为 11%。

b. 为什么你计算得出的收益率是 "公平" 的？

**6 - 19** （估计 $\beta$）根据下面所示的阿拉姆（Aram）公司股票和标准普尔 500 指数的持有期收益率图，估计该公司的 $\beta$ 值。

阿拉姆公司的持有期收益率

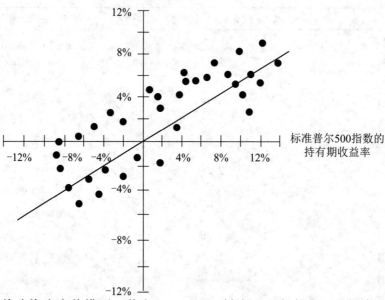

标准普尔500指数的持有期收益率

**6-20** （资本资产定价模型）莱文（Levine）制造厂正在考虑几种投资方案。当前国库券的利率是 2.75%，市场的预期收益率是 12%。利用 CAPM 模型，计算每种投资的必要收益率。

| 证券 | $\beta$ 值 |
| --- | --- |
| A | 1.50 |
| B | 0.90 |
| C | 0.70 |
| D | 1.15 |

**6-21** （资本资产定价模型）丸红鞋袜公司（MFI）的 $\beta$ 值是 0.86。如果市场的预期收益率是 11.5%，无风险收益率是 3%，那么 MFI 公司股票的必要收益率是多少？（使用 CAPM 模型。）

**6-22** （资本资产定价模型）整个市场的预期收益率是 12.8%，市场组合的风险溢价是 9.3%。塔斯科（Tasaco）、LBM 和埃克斯（Exxos）公司的 $\beta$ 值分别为 0.864、0.693 和 0.575。这三种股票各自的必要收益率是多少？

**6-23** （投资组合的 $\beta$ 值和证券市场线）你持有包含如下股票的资产组合：

| 股票 | 在资产组合中的百分比（%） | $\beta$ 值 | 预期收益率（%） |
| --- | --- | --- | --- |
| 1 | 20 | 1.00 | 12 |
| 2 | 30 | 0.85 | 8 |
| 3 | 15 | 1.20 | 12 |
| 4 | 25 | 0.60 | 7 |
| 5 | 10 | 1.60 | 16 |

已知无风险收益率是 3%，市场组合的预期收益率是 11%。

a. 计算你持有的资产组合的预期收益率。（提示：资产组合的预期收益率等于构成组合的每种股票的预期收益率的加权平均，权重等于投资于每种股票的百分比。）

b. 计算投资组合的 $\beta$ 值。

c. 已知上述信息不变，画出证券市场线并在图中标出你持有的资产组合中的股票的风险—收益组合。

d. 根据你在问题 c 中画出的结果，你认为哪些股票表现较好，哪些股票不值得投资？

e. 为什么你应该对问题 d 中得出的结论保持谨慎的态度？

**6-24** （资产组合的 $\beta$ 值）假设你持有如下资产组合：

| | 股票所占权重 | $\beta$ 值 |
|---|---|---|
| 苹果 | 38% | 1.50 |
| 绿山咖啡 | 15% | 1.44 |
| 迪士尼 | 27% | 1.15 |
| 泛欧实时全额自动清算系统 | 20% | 1.20 |

该资产组合的 $\beta$ 值是多少？

## 案例分析

注意：建议你在计算机上使用电子表格来解决如下问题。

a. 使用下表中标准普尔 500 指数、沃尔玛和泛欧实时全额自动清算系统公司股票价格数据，计算从 2010 年 7 月至 2012 年 6 月这 24 个月间各自的持有期收益率。

（单位：美元）

| | 标准普尔 500 指数 | 沃尔玛 | 泛欧实时全额自动清算系统 |
|---|---|---|---|
| 2010 年 6 月 | 1 030.71 | 48.07 | 49.17 |
| 2010 年 7 月 | 1 101.60 | 51.19 | 51.32 |
| 2010 年 8 月 | 1 049.33 | 50.14 | 51.16 |
| 2010 年 9 月 | 1 141.20 | 53.52 | 53.44 |
| 2010 年 10 月 | 1 183.26 | 54.17 | 51.94 |
| 2010 年 11 月 | 1 180.55 | 54.09 | 56.94 |
| 2010 年 12 月 | 1 257.64 | 53.93 | 60.13 |
| 2011 年 1 月 | 1 286.12 | 56.07 | 54.83 |
| 2011 年 2 月 | 1 327.22 | 51.98 | 52.55 |
| 2011 年 3 月 | 1 325.83 | 52.05 | 50.01 |
| 2011 年 4 月 | 1 363.61 | 54.98 | 49.10 |
| 2011 年 5 月 | 1 345.20 | 55.22 | 49.53 |
| 2011 年 6 月 | 1 320.64 | 53.14 | 46.91 |
| 2011 年 7 月 | 1 292.28 | 52.71 | 51.49 |
| 2011 年 8 月 | 1 218.89 | 53.19 | 51.67 |

| | 标准普尔 500 指数 | 沃尔玛 | 泛欧实时全额自动清算系统 |
|---|---|---|---|
| 2011 年 9 月 | 1 131.42 | 51.90 | 49.04 |
| 2011 年 10 月 | 1 253.30 | 56.72 | 54.75 |
| 2011 年 11 月 | 1 246.96 | 58.90 | 52.70 |
| 2011 年 12 月 | 1 257.60 | 59.76 | 51.22 |
| 2012 年 1 月 | 1 312.41 | 61.36 | 50.81 |
| 2012 年 2 月 | 1 365.68 | 59.08 | 56.69 |
| 2012 年 3 月 | 1 408.47 | 61.20 | 58.27 |
| 2012 年 4 月 | 1 397.91 | 58.91 | 57.94 |
| 2012 年 5 月 | 1 310.33 | 65.82 | 57.91 |
| 2012 年 6 月 | 1 355.69 | 67.70 | 57.40 |

b. 计算标准普尔 500 指数、沃尔玛和泛欧实时全额自动清算系统公司股票的平均月度持有期收益率及标准差。

c. 在坐标图中画出：(1) 沃尔玛公司和标准普尔 500 指数的持有期收益率，并进行比较；(2) 泛欧实时全额自动清算系统公司股票和标准普尔 500 指数的持有期收益率，并进行比较。(画图时参照图 6-5 的样式。)

d. 根据你在问题 c 中得到的图形，描述沃尔玛公司和标准普尔 500 指数收益率关系的特点。并对泛欧实时全额自动清算系统公司进行相同的比较。

e. 假设你决定将你一半的资金投资于沃尔玛的股票，并将剩下的资金投资于泛欧实时全额自动清算系统公司的股票。计算你持有的由这两种股票构成的资产组合的月度持有期收益率。(提示：资产组合的月度持有期收益率是两种股票月度持有期收益率的平均。)

f. 像在问题 c 中那样，画出由这两种股票构成的资产组合的收益率和标准普尔 500 指数收益率，并进行比较。这次得到的图形与你之前得到的每种股票的图形有什么不同？解释这种差异的原因。

g. 下表展示了与上述相同时期内，持有长期政府债券所实现的年度收益率。计算其平均月度持有期收益率和这些收益率的标准差。(提示：你需要将这里的收益率除以 12，从而将年度收益率转换为月度收益率。)

| | 年度收益率 |
|---|---|
| 2010 年 6 月 | 4.03% |
| 2010 年 7 月 | 3.71% |
| 2010 年 8 月 | 3.82% |
| 2010 年 9 月 | 3.35% |
| 2010 年 10 月 | 3.40% |
| 2010 年 11 月 | 3.66% |
| 2010 年 12 月 | 3.95% |
| 2011 年 1 月 | 4.18% |

| | 年度收益率 |
|---|---|
| 2011 年 2 月 | 4.37% |
| 2011 年 3 月 | 4.24% |
| 2011 年 4 月 | 4.27% |
| 2011 年 5 月 | 4.14% |
| 2011 年 6 月 | 3.83% |
| 2011 年 7 月 | 4.12% |
| 2011 年 8 月 | 3.72% |
| 2011 年 9 月 | 3.10% |
| 2011 年 10 月 | 2.51% |
| 2011 年 11 月 | 2.73% |
| 2011 年 12 月 | 2.82% |
| 2012 年 1 月 | 2.67% |
| 2012 年 2 月 | 2.65% |
| 2012 年 3 月 | 2.80% |
| 2012 年 4 月 | 3.00% |
| 2012 年 5 月 | 2.76% |
| 2012 年 6 月 | 2.13% |

h. 现在假设你决定分别对沃尔玛公司股票、泛欧实时全额自动清算系统公司股票和长期政府债券进行等额投资，计算由这三种资产构成的新的资产组合的月度持有期收益率。其平均收益率和标准差是多少？

i. 比较上述每种资产以及我们设计的两种资产组合的平均收益率和标准差。通过比较，你可以得到什么结论？

j. 通过与标准普尔 500 指数进行比较，我们得到沃尔玛公司和泛欧实时全额自动清算系统公司股票的 $\beta$ 值分别为 0.45 和 0.60。比较这些 $\beta$ 值与上面计算的标准差，两者的含义有什么不同？

k. 假设目前国库券的利率是 3%，市场的预期收益率是 10%。已知沃尔玛公司和泛欧实时全额自动清算系统公司的 $\beta$ 值如问题 j 中所给出的数值，估计这两家公司股票的必要收益率。

# 第 七 章

# 债券定价与性质

学习目标

1. 区别不同种类的债券；
2. 解释债券所具有的优势特点；
3. 定义几种不同研究目的下债券的含义；
4. 解释影响债券价值的因素；
5. 描述资产估值的基本方法；
6. 估计债券的价值；
7. 计算债券的预期收益率及当期收益率；
8. 解释债券估值中的三个重要关系。

2011 年 8 月 16 日，报纸头条刊登出"美国电话电报公司（AT&T）发行价值 50 亿美元的债券以帮助偿还已到期的债券"。债券是公司为满足不同种类的融资需求而发行的一种长期债务，融资目的包括偿还即将到期的债务，如上文中 AT&T 公司所做的那样——发行了 50 亿美元的新债券。一些种类的债券 5 年后到期，一些种类的债券 10 年后到期，而其他一些债券 30 年后才到期。而就在三个月前，AT&T 公司刚刚发行了价值 30 亿美元的债券。在随后的 2012 年 6 月，该公司决定额外发行价值 20 亿美元的债券。尽管几乎没有公司会像 AT&T 公司一样连续发行数十亿美元的债券，但是这种债务融资方式是许多上市公司重要的融资渠道。在 2011 年和 2012 年市场利率处于历史低位时，公司通过发行债券融资的动力更为强烈。例如，在 2011 年和 2012 年间，发行债券只需支付大约 3% 的利息。

当 AT&T 公司当初打算发行债券时，需要做出一些决定，比如发行债券的种类——并不是所有债券都是相同的——以及向投资者发行的债券的到期期限。此外，还有拟发行债券的估值问题。

对于希望达到公司价值最大化这一目标的职业经理人来说，理解如何为金融证券估值是非常必要的。如果他们想要使得公司投资者的价值最大化，他们必须清楚是什么决定了资产的价值。而且，他们需要理解市场中的债券和股票是如何被估值的；否则，他们的决策并不能实现公司投资者的价值最大化。

在本章中，我们首先会定义不同种类的债券。接下来会介绍大多数债券的特点和性质。然后我们会引入资产估值的概念和基本步骤，并将这些原理应用到债券的估值当中。

那么，我们现在就从接触不同种类的债券来开始本章的学习。

## 债券的种类

**债券**（bond）是一种债务或者长期的承兑票据。债券由借款者发行，借款者承诺每年支付债券持有人预定的一定金额的利息，并在债券到期时偿还债券的面值金额。然而，债券种类多样。在这里我们仅列举几种债券。常见的债券种类有：信用债、次级债、抵押债券、欧洲债券和可转换债券。

在接下来的各部分中我们会分别简要介绍这些债券。

### 信用债

**信用债**（debenture）是指任何无担保的长期债务。因为这些债券没有担保，债券发行企业的盈利能力对于债券持有人来说就变得异常重要。与担保债券相比，信用债被认为具有更高的风险，因此，信用债必须为投资者提供高于担保债券的收益率。通常发行信用债的公司会尝试为信用债的持有者提供更多的保护，例如它们通常会承诺不再发行额外的增加公司资产负担的长期担保债务。对于信用债的发行方来说，信用债的主要优势就是可以不需将任何资产用作发行担保。这使得公司可以在发行债务的同时仍保有未来借款融资的能力。

### 次级债

许多公司拥有不止一种发行在外的信用债。在这种情况下，需要设定一个特定的债务偿还顺序。其中，一些信用债在公司破产时处于次级地位。只有当受担保的债务和非次级债被偿还后，**次级债**（subordinated debenture）才可以被偿还。

### 抵押债券

**抵押债券**（mortgage bond）是以实物资产留置权作为担保的债券。一般来说，用来担保的实物资产的价值要高于发行的抵押债券的价值。这为抵押债券持有者提供了一种安全边际，以应对作为担保的资产的市场价值发生下跌。当债券发行人丧失抵押品赎回权时，受托人，即代表债券持有人并代其行使权力的一方，有权出售担保资产并将出售所得支付给债券持有人。债券受托人，一般为银行机构或者是信托公司，负责监督债券持有人和债券发行公司的关系，保护债券持有人并确保合同条款得到执行。如果出售资产所得不能偿还所有的债务，那么对于未偿还的部分债务来说，抵押债券持有人就成为普通债权人，类似于信用债持有人。

### 欧洲债券

**欧洲债券**（Eurobond）与其他种类的证券并没有特别大的不同。欧洲债券也是证券，在此处我们指债券，该债券的票面金额货币的主要使用国与发行所在国不同。例如，一家美国公司在欧洲或亚洲发行债券，但是偿还给债券所有人的利息和本金按美元支付，这种债券就被称为欧洲债券。因此，即使债券并不是在欧洲发行的，只要债券的发行国家与债券票面金额货币的主要使用国家不同，该债券就可以称为欧洲债券。

对于借款人来说，欧洲债券的吸引力在于，除了可以获得更加优惠的利率，还可以避开一些监管［欧洲债券并不在证券交易委员会（SEC）登记］，并且相对于 SEC 来说，发行欧洲债券要求较少的严格披露，发行速度也更快。有趣的是，欧洲债券不仅不在 SEC 登记，它们也不面向美国公众和居民发行。

### 可转换债券

**可转换债券**（convertible bond）是可以按照一定价格转换为公司股票的一种代表债券的有价证券。例如，假设你拥有面值为 1 000 美元的可转换债券，每年支付 6％的利息，即 60 美元。债券在 5 年后到期，到时公司必须向债券持有人支付 1 000 美元的票面价值。然而，在当初债券发行时，公司赋予债券持有人一项权利，债券持有人可以选择收回 1 000 美元本金或者将其按照每股 50 美元的价格转换为公司股票。换句话说，债券持有人将会得到 20 股股票（＝1 000 美元票面价值÷50 美元转换价格）。如果你是债券持有人，你会怎样做呢？如果到时股票的价格高于 50 美元，那么你就会希望放弃 1 000 美元的本金而将其转换为公司股票。因此，投资者有权决定是接受债券发行时承诺的 1 000 美元本金还是将债券转换为公司的股票。

我们来看英格索兰（Ingersoll Rand）公司的例子，该公司是一家多种设备制造商。在 2009 年，该公司发行了价值 3 亿美元的可转换债券，利率为 5％。该可转换债券可以在任一时间按照每股 17.94 美元的价格转换为英格索兰公司的普通股股票。由于每张债券的面值为 1 000 美元，债券持有人可以将每张债券转换成 55.74 股股票（＝1 000 美元÷17.94 美元）。这项选择权利允许投资者或者接收 1 000 美元本金的偿还；或者将债券转换为股票，如果股票的总价值超过了 1 000 美元。因此，通过持有可转换债券，投资者有机会分享公司经营业绩的增长。例如，在该债券发行 3 个月后，公司股票价格为 27 美元。如果你是一名投资者，你可以将持有的债券转换成 55.74 股股票，股票的总价值将为 1 500 美元。这对于 3 个月期限来说是一笔不错的投资回报。

现在你已经理解了公司可以发行的各种不同的债券，下面让我们来介绍债券的性质和相关术语。

---

**概念回顾**

1. 信用债、次级债和抵押债券在风险上有什么不同？投资者将会如何应对这些不同的风险？

2. 欧洲债券与在亚洲发行的票面金额为美元的债券有什么不同？

3. 为什么可转换债券要比不带转换权利的债券具有更高的价值？

# 债券相关术语与性质

在对债券进行估值之前，我们首先需要理解与债券相关的术语。在了解这些术语概念后，我们会更好地理解债券的估值问题。

当一家公司或者是非营利机构需要融资时，融资的途径之一就是发行债券。如同前文所述，这种融资工具其实就是一种长期的承兑票据。该票据由借款人发行，借款者承诺每年支付债券持有人预定的一定金额的利息。其他一些你可能听说过的有关债券的重要术语和性质列举如下：对资产和收入的索取权、票面价值、票面利息、到期期限、赎回条款、债券合同和债券评级。

下面让我们来解释这些概念。

## 对资产和收入的索取权

当企业面临破产时，债务的偿还，包括债券，通常都是先于普通股和优先股。通常来讲，如果债券的利息没有得到偿还，那么债券受托人就可将该公司视为无力偿还债务并强制其破产。因此，债券持有人对于收入的要求权在大多数情况下要高于普通股股东对收入的要求权，因为普通股股东的股利收入是由公司管理层决定的。然而，在对于资产的索取权上，不同种类的债务之间也存在一定的偿还顺序。

## 票面价值

债券的**票面价值**（par value）就是债券的面额，即当债券到期时偿还给债券持有人的金额。一般来说，公司债券的票面价值多为 1 000 美元，也会有一些例外的情况。此外，当金融从业者或金融媒体在引用债券价格时，通常以债券面值的百分比表示。例如，一张摩根士丹利公司债券的最新卖价是 103.83 美元。这并不是说你可以以 103.83 美元购买这一债券，其含义是此债券以其 1 000 美元面值的 103.83％的价格作为卖价。因此，这张债券的实际市场价格是 1 038.30 美元。当债券于 2017 年到期时，债券持有人将获得 1 000 美元。

## 票面利息

债券的**票面利率**（coupon interest rate）是债券每年支付的利息占票面价值的百分比。因此，无论一张票面价值为 1 000 美元，票面利率为 5％的债券发生什么，它每年都需要支付 50 美元（＝0.05×1 000 美元）的利息直到债券到期。对于上文的摩根士丹利公司的债券，如果其票面利率为 5.95％，那么拥有债券的投资者每年将会得到 1 000 美元票面价值的 5.95％，即 59.50 美元（＝0.059 5×1 000 美元）的利息。投资者每年通过利息得到固定的收入，因此这些债券被称为**固定利率债券**（fixed-rate bond）。

少数情况下，公司会发行票面利率为 0 或很低的债券，这些债券被称为**零息债券**（zero coupon bond）。这些债券并不支付利息，公司以低于 1 000 美元面值的价格发行债券。因此，随着时间的推移和债券的到期，投资者的大部分收益（对于零息债券来说是全部收益）来自随着时间的推移债券到期时债券价格的上升。例如，安进（Amgen）——一家生物技术公司，以 0.125％ 的票面利率发行了面值为 39.5 亿美元的债券。因此，投资者几乎无法获得利息。但是这些每张面值为 1 000 美元的债券以 500 美元的价格面向投资者发行。以 500 美元的价格购买这些债券的投资者可以一直持有这些债券，直到债券到期时获取 1 000 美元的面值。

### 到期期限

债券的**到期期限**（maturity）是指债券发行人偿还债券持有人债券的面值、终值，或偿还债券的时间。

### 赎回条款

如果一家公司发行了债券，随后市场利率下降，那么公司也许会想要提前偿还债券，并以新的更低的市场利率发行新债券。为了能够这样做，债券必须是**可赎回债券**（callable or redeemable bond）；否则，公司不能强迫债券持有人接受提前偿还。然而，发行人通常要支付债券持有人一定溢价，例如一年的利息。此外，通常还会设定一个**赎回保护期**（call protection period），在此特定期限内，公司不能赎回债券。

### 债券合同

**债券合同**（indenture）就是发行债券的公司和代表债券持有人的受托人之间签订的法律协议。债券合同提供了借款协议的细节规定，包括对于债券的描述、债券持有人的权利、发行公司的权利和受托人的责任。这份文件会长达 100 页甚至更长的篇幅，其中的主要篇幅用来规定债券持有人的保护条款。

通常来说，债券合同中的限制性条款是为了保护债券持有人的财务地位，以使其不受其他在外发行的证券的损害。普通条款包括：（1）禁止出售公司的应收账款；（2）限制普通股股利的发放；（3）限制公司固定资产的购买和出售；（4）限制公司进行额外的债券借款。对应收账款进行专门规定，是因为出售应收账款会通过牺牲公司未来的流动性来改善公司短期的流动性。普通股股利是在公司的流动性下降到一定水平以下时禁止发行，或者对公司发放的最高股利进行限制，比如说最高可发放盈利的 50％～60％ 的股利。对固定资产的限制，要求当固定资产被出售或用作新贷款的抵押品时，需要提前得到允许。对公司额外借款的限制通常包括限制额外长期借款的种类和金额。所有的这些限制有一个共同点：它们都试图限制以牺牲债券价值来改善其他证券的行为，并保护债券以防止其被任何管理层的行为削弱价值。

### 债券评级

约翰·穆迪（John Moody）于 1909 年首先对债券进行评级。从那以后，三家评级机构——穆迪、标准普尔和惠誉投资者服务公司（Fitch Investor Services）都提供债券评级服务。这些评级包括对于这些债券未来潜在风险的判断。尽管这些判断与主观预期有关，然而一些历史因素似乎在评级决策中起到了很重要的影响。债券评级主要受到以下因素的影响：（1）相对于债券融资来说，公司融资更依赖于权益融资；（2）盈利的经营活动；（3）过往盈利的低波动性；（4）大的公司规模；（5）是否发行次级债。相应地，债券获得的评级会影响投资者要求的债券利率。债券的评级等级越低，投资者要求的债券的利率则越高（表7-1描述了这些评级等级）。因此，债券评级对于财务经理来说是非常重要的。它们提供了债券违约风险的预测，并反过来影响筹资所要求的利率。

| 表 7-1 | 标准普尔公司债券评级 |
| --- | --- |
| AAA | 偿还债务能力极强，为标准普尔给予的最高评级。 |
| AA | 偿还债务能力很强，与最高评级差别很小。 |
| A | 偿还债务能力较强，但相对于较高评级的债务人，其偿债能力较易受外在环境及经济状况变动的不利因素的影响。 |
| BBB | 目前有足够偿债能力，但若在恶劣的经济条件或外在环境下，其偿债能力可能较脆弱。 |
| BB<br>B<br>CCC<br>CC | 获得 BB 级、B 级、CCC 级或 CC 级的债务人一般被认为具有投机成分。其中 BB 级的投机程度最低，CC 级的投机程度最高。这类债务也可能有一定的投资保障，但重大的不明朗因素或恶劣情况可能会削弱这些保障作用。 |
| C | 获得 C 等级的债务表示没有可付的利息。 |
| D | 当债务到期而发债人未能按期偿还债务时，即使宽限期未满，标准普尔亦会给予 D 评级，除非标准普尔相信债款可于宽限期内还清。 |

加号（＋）或减号（－）：加号（＋）或减号（－），表示评级在各主要评级分类中的相对强度。从 AA 到 BB 的等级可根据加号（＋）或减号（－）来区分信用等级。

资料来源：www. standardandpoors.com，2005 年 12 月。

在评级表的最下方我们看到了**"垃圾债券"**（junk bond）这一等级。垃圾债券是在穆迪或标准普尔评级下评级等级等于或低于 BB 级的高风险债券。债券的评级越低，债券的违约风险则越高。标准普尔评级体系中的最低等级为 CC，而穆迪评级系统中的最低等级为 Ca。最初，垃圾债券一词是用来描述拥有良好的财务表现，但目前遭受严重的财务危机，并承受较低信用评级的公司。垃圾债券也被称为**高收益债券**（high-yield bond），因为垃圾债券通常要向投资者支付较高的利息。通常来说，垃圾债券比 AAA 级的长期债务的利率要高出 3～5 个百分点。

20 世纪 70 年代之前，投资者需要支付信用评级公司费用来获得关于公司信用水平的公正评价。但是从 20 世纪 70 年代开始，改为由发行债券的公司来为这些评级机构提供的服务进行付费。这项安排经常引起关于评级公司利益冲突的担忧，因为被评价的公司同时也是它们的客户。这项指责在 2007 年开始的金融危机中尤其强烈，这些评级机构给予一些债券很高的评级，而这些债券在借款人无力偿还贷款时破产违约。

我们现在已经做好准备来讨论债券的估值问题了。首先，我们会澄清我们所说的"价值"的含义。其次，我们需要理解估值的基本概念和评估一项资产的过程。再次，我们可以将这些概念运用到具体的债券估值中去，随后在第八章中，我们会对股票进行估值。

**记住你的原则**

一些人认为垃圾债券和其他债券有本质的不同，其实并没有。垃圾债券是一些具有高风险的债券，因此要求更高的收益率。可参考**原则 3：风险要求收益补偿**。

## 金融作业

### 杰西潘尼（J. C. Penny）公司的信用评级被下调为"垃圾"级

　　在 2012 年 3 月，杰西潘尼公司报告称，公司在该年的第一季度中净损失 1.63 亿美元，损失主要是由于产品的新定价策略。该策略取消了杰西潘尼公司长期以来的频繁促销活动，代之以低于前一年售价 40％ 的新每日售卖价格。杰西潘尼公司的顾客习惯了大额的促销活动，因此抵抗这一新定价策略，结果收入减少了 20％。

　　因此，标准普尔于 2012 年 5 月宣布其将杰西潘尼的评级由 BB＋级下调至 BB 级，这意味着将其下调至垃圾债券级别。另外一家评级机构惠誉，同样将杰西潘尼公司的信用评级下调至垃圾级。

　　这两家评级机构将这次评级下调归因于公司在该年第一季度差强人意的经营表现。此外，标准普尔将信用观察（CreditWatch）中所有杰西潘尼公司的债券更改为"具有负面风险"。信用观察表示在标准普尔重新评估公司的业务和财务战略后，该公司评级可能遭到继续下调。

　　随后在 2012 年 6 月，迈克·弗朗西斯（Mike Francis），公司的新任总裁，泛欧实时全额自动清算系统公司的前任执行官意外辞职，正是弗朗西斯负责公司的新定价策略。

　　在一个月后，标准普尔进一步将杰西潘尼公司的评级由 BB 级下调至 B＋级，这意味着评级公司认为杰西潘尼公司不仅难以偿还利息，并且当债券到期时将难以偿还本金。更大的担忧来自管理层可能并无能力扭转业务形势。

　　同时，杰西潘尼公司的股票在短短 5 个月内下跌了一半。此时也许只有时间可以告诉我们杰西潘尼公司未来的业务将被如何拯救了。

　　资料来源：Lance Murray, "J. C. Penney's Credit Rating Cut Again by S&P," *Dallas Business Journal*, http://cxa. gtm. idmanagedsolutions. com/finra/BondCenter/BondDetail. aspx?ID＝NTk0OTE4QU02, accessed June 26, 2012；"S&P Cuts J. C. Penney Rating to 'BB'," Reuters, http: //www. reuters. com/article/2012/05/17/idUSWNA755420120517, accessed June 26, 2012; and Melodie Warner, "S&P Cuts J. C. Penney Rating to Junk," Market Watch, *Wall Street Journal*, http: //www. marketwatch. com/story/sp-cuts-jc-penney-rating-to-junk-2012－03－07, assessed June 26, 2012, and http: //www. kansascity. com/2012/07/11/3701158/sp-cuts-jc-penney-credit-rating. html#storylink＝cpy, accessed August 15, 2012.

# 定义价值

　　"价值"一词经常在不同的语境中被引用，其含义取决于它所应用的环境。**账面价值**（book value）是一项资产在该公司的资产负债表上记录的价值。账面价值代表了一项资产的历史成本而非其当前市场价值。例如，公司普通股的账面价值是投资者最初为股票付出的金额，因此也就是当初股票发行时公司获得的金额。

**变现价值**（liquidation value）是当一项资产被单独而非作为某一业务组成部分被出售时，可以实现的价值。例如，如果公司的业务被停止，业务的相关资产被分割出售，那么资产的卖价就体现了该资产的变现价值。

一项资产的**市场价值**（market value）是市场中可以观察到的该资产的价值，又称为市场价格。该价值由市场中的供给与需求双方的力量相互作用共同决定，其中买方和卖方为该资产协商出一个共同的可接受价格。例如，2012年6月20日，哈雷·戴维森的普通股股价为50美元。这个价格是由众多的卖方和买方在纽约证券交易所竞价决定的。理论上，所有资产都有一个市场价格。然而，许多资产并没有现成的可观察到的市场价格，这是因为相关的交易很少发生。例如，自由资本银行（Liberty Capital Bank），一家得克萨斯州达拉斯市新成立的银行，其普通股的市场价格会比哈雷·戴维森公司的普通股价格更难获取。

一项资产的**内在价值**或**经济价值**（intrinsic, or economic, value），也被称为**公允价值**（fair value），是该资产预期未来产生现金流的现值。该价值是在给定该资产未来现金流的金额、产生时点和风险的情况下，投资者愿意为资产支付的价格。一旦投资者估计出某证券的内在价值，就会将该价值与当时可得的市场价值进行比较。如果内在价值高于市场价值，那么该证券在该投资者眼中就被低估。如果市场价值高于投资者估计的内在价值，那么该证券就被高估。

我们急需说明的一点是，如果证券市场是有效的，那么证券的市场价值应该等于其内在价值。只要证券的内在价值偏离其当前的市场价值，投资者之间对于寻求盈利机会的竞争就会迅速地使市场价值回归到内在价值。因此，我们可以将**有效市场**（efficient market）定义为任何时刻所有证券的价格都充分反映所有可得公开信息的市场。这也就使得证券的市场价格与其内在价值相等。如果市场是有效的，投资者则很难通过预测价格在市场中获取超额收益。

我们应该相信市场是有效的还是无效的呢？对于一个无效的市场来说，其中应该存在一个可以允许投资者进行无风险套利的交易机制。但是如此一来，在这个市场中就必须有交易者愿意卖给你被低估的股票，并从你那里买入被高估的股票。相反，如果你认为一只股票被低估而买入它，那么愿意卖给你股票的投资者一定认为该股票被高估。进一步，如果存在一个可以使你进行无风险套利的交易机制，那么其他投资者也会采取相同的机制，直到市场中获取超额收益的机会消失。

市场可能是无效的，因为投资者有非理性的行为。由于这个原因，金融经济学家一直有兴趣研究投资者是否在投资中表现出非理性。竞争性市场假设投资者在决策中理性行事。因此，**行为金融学**（behavioral finance）的研究范围就是投资者做出投资决策时的非理性行为。例如，它们认为一些投资者在做出投资决策时，对自己的观点过度自信而忽视了其他可得的，但并不能支持其观点的信息。

关于市场有效性，这些证据又可以说明什么呢？在过去的几十年中，有成千上万个关于市场有效性的研究。其中一些研究发现市场有时是无效的；然而，随着时间的推移，这些市场偏离会被寻求这些投资机会的专业投资者所消除。因此，我们可以认为市场并不是完全有效的，但是这些非有效性导致的收益也仅仅能够覆盖执行套利机会所需的成本。毫无疑问，关于市场有效性的讨论仍会在未来继续。

---

**记住你的原则**

投资者很难发现价值被低估这一事实与**原则4：市场价格通常是正确的**有关。在有效市场中，价格反映了有关证券的所有可得的公开信息，因此证券的价格是公允的。

## 什么决定了价值?

在此处的讨论中,我们认为一项资产的价值就是它的内在价值,或者是其预期未来现金流的现值,即将所有的现金流按照投资者要求的必要收益率进行折现。这一原则对于所有资产的估值都是正确的,并且这一原则对于金融学中的任何估值都适用。因此,价值受到如下三个因素的影响:

1. 资产预期未来现金流的金额和发生的时点。

2. 未来现金流的风险。

3. 投资者进行投资所需要的必要收益率。

其中前两个因素有关于该资产自身的特点。第三个因素必要收益率,是吸引投资者买入或持有证券所必需的最低收益率。该收益率由相似投资的可得收益率决定,或者是我们在第二章中所称的资金的机会成本。该收益率必须足够高,以能够补偿投资者所承担的可预见的未来现金流的风险。(必要收益率在第六章中有详细的阐述。)

图7-1描述了估值中涉及的基本概念。如图所示,确定一项资产的价值需要如下步骤:

1. 评估资产的特点,包括预期现金流的金额和发生的时点,以及这些现金流的风险。

2. 确定投资者要求的必要收益率,其中包括投资者对于承担的风险的态度偏好,以及投资者对于资产风险的评估。

3. 将预期现金流折现到当前,折现率为投资者要求的必要收益率。

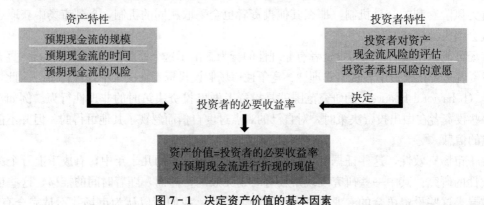

**图7-1 决定资产价值的基本因素**

因此,内在价值是未来将要获得的现金流、现金流风险和投资者必要收益率的函数。

# 估值：基本方法

估值的过程可以描述如下：估值就是以投资者要求的必要收益率作为折现率，计算资产带来的预期未来现金流的现值的过程。投资者的必要收益率 $r$，由无风险收益率水平和投资者认为的作为必要补偿的风险溢价决定。因此，基本的资产估值模型可以用如下数学公式表示：

$$资产价值 = \frac{第1年的现金流}{(1+必要收益率)^1} + \frac{第2年的现金流}{(1+必要收益率)^2} + \cdots + \frac{第n年的现金流}{(1+必要收益率)^n} \quad (7-1a)$$

或者用符号表示为：

$$V = \frac{C_1}{(1+r)^1} + \frac{C_2}{(1+r)^2} + \cdots + \frac{C_n}{(1+r)^n} \quad (7-1b)$$

其中，$V$＝资产的内在价值，简称为资产价值或现值，该资产从第1年至第 $n$ 年间每年预计产生现金流 $C_t$；

$C_t$＝第 $t$ 期取得的现金流；

$r$＝投资者的必要收益率。

式（7-1）在估值过程中有如下三个步骤：

**步骤1** 估计式（7-1）中的 $C_t$，即证券预期带来的每期现金流的金额和发生时点。

**步骤2** 确定投资者的必要收益率 $r$。

**步骤3** 计算资产价值 $V$，即以投资者的必要收益率为折现率计算的未来现金流的现值。

式（7-1）计算了未来现金流的现值，是估值过程的基础。这也是第七章中最重要的公式，因为本章余下的部分和第八章的内容实际上只是这个公式的改写。如果我们理解了式（7-1），那么我们将要进行的估值工作以及其他的许多问题都可以被更清晰地了解。

在理解了以上估值方法的基础上，让我们来看看我们是如何进行债券的估值的。

## 你可以做出来吗？

### 计算资产价值

你购买了一项资产，该资产在未来4年中每年将带来5 000美元的现金流。如果你的必要收益率为6％，那么对于你来说，这项资产的内在价值是多少？

该资产在未来 4 年中每年产生 5 000 美元的现金流,已知必要收益率为 6%,那么资产的价值为 17 325.53 美元。利用 TI BA Ⅱ Plus 金融计算器,计算结果如下所示:

| 计算过程 | |
| --- | --- |
| 数据输入 | 功能按键 |
| 6 | I/Y |
| 4 | N |
| −5 000 | +/− PMT |
| 0 | FV |
| 功能按键 | 答案 |
| CPT | |
| PV | 17 325.53 |

如果投资者拥有一项资产,那么如果他现在以 17 325.53 美元购买该资产,该投资实现的收益率就恰巧是其要求的必要收益率。

## 债券估值

债券的价值是其未来支付的利息和到期偿还的面值的现值之和。

债券的估值过程如图 7-2 所述,需要知道如下三个重要因素:(1)投资者未来将会获得的现金流的金额和时点;(2)债券的到期期限;(3)投资者要求的必要收益率。现金流的金额就是每期将要获得的利息和债券到期时所偿还的面值。已知这些因素,我们就可以计算债券的价值,或现值。

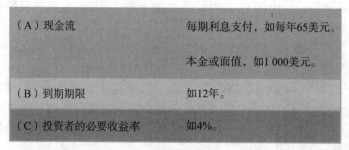

| (A)现金流 | 每期利息支付,如每年65美元。 |
| | 本金或面值,如1 000美元。 |
| (B)到期期限 | 如12年。 |
| (C)投资者的必要收益率 | 如4%。 |

**图 7-2 债券估值需要的数据**

为了更清楚地展示债券估值的过程,让我们来看先锋自然资源(Pioneer Natural Resources)公司发行的债券的例子。该债券将于 2016 年到期,年票面利率为 5.875%。[1] 在

---

[1] 先锋自然资源公司每半年向债券持有人支付一次利息,即每年的 6 月 15 日和 12 月 15 日。然而,目前我们假设利息按年支付。半年付息的情形我们将在后文讨论。

2012 年，债券还有 4 年到期时，债券持有人要求 4.16％的收益率。我们可以通过以下三步估值法来计算债券的价值。

**步骤 1** 估计未来现金流的金额和发生时点。债券持有人将获得两种形式的现金流：

a. 按年支付的利息，每年利息金额等于票面利率乘以债券面值。在本例中，债券的票面利率为 5.875％，因此，每年支付的利息金额为 58.75 美元（＝0.587 5×1 000 美元）。假设 2012 年的利息已经支付，在债券到期前，债券持有人在未来 4 年中每年将得到如此金额的现金流（2013 年至 2016 年共计 4 年）。

b. 将于 2016 年获得 1 000 美元的面值。

作为总结，债券持有人未来将会获得的现金流如下表所示：

（单位：美元）

| 2013 | 2014 | 2015 | 2016 |
|------|------|------|------|
| 58.75 | 58.75 | 58.75 | 58.75 |
| | | | 1 000.00 |
| | | | 1 058.75 |

**步骤 2** 通过评估债券未来现金流的风险来计算投资者的必要收益率。本例中已知债券持有人的必要收益率为 4.16％。然而，通过回忆第六章的内容，我们可以知道，投资者的必要收益率等于无风险证券的收益率加上由于承担额外风险而得到的风险溢价。

在本例中，先锋自然资源公司债券被标准普尔评级为 BBB 级，这意味着此证券并不是高收益债券（垃圾债券），但也不是 AAA 级投资类债券。因此，标准普尔认为该公司有能力偿还利息和本金，只要环境不恶化。

**步骤 3** 计算债券的内在价值，即未来预期支付的利息和偿还面值的现值之和，折现率为投资者的必要收益率。

通常来说，债券的现值可以计算如下：

$$
债券价值 = V_b = \frac{第 1 年的利息}{(1+必要收益率)^1} + \frac{第 2 年的利息}{(1+必要收益率)^2}
$$
$$
+ \frac{第 3 年的利息}{(1+必要收益率)^3} + \cdots + \frac{第 n 年的利息}{(1+必要收益率)^n}
$$
$$
+ \frac{债券到期价值}{(1+必要收益率)^n} \tag{7-2a}
$$

用 $I_t$ 表示第 $t$ 年的利息支付，$M$ 表示债券的到期价值（或面值），$r_b$ 等于债券持有人的必要收益率，我们可以将第 $n$ 年到期的债券价值表示如下：

$$
V_b = \frac{I_1}{(1+r_b)^1} + \frac{I_2}{(1+r_b)^2} + \frac{I_3}{(1+r_b)^3} + \cdots + \frac{I_n}{(1+r_b)^n} + \frac{M}{(1+r_b)^n} \tag{7-2b}
$$

注意式（7-2b）只是式（7-1）的另一种写法。在式（7-2b）中，现金流由每期支付的利息和债券到期时支付的面值构成。在任意一个公式中，资产价值都是未来现金流的现值。

确定先锋自然资源公司债券价值的过程可以表示为：

$$
V_b = \frac{58.75 \ 美元}{(1+0.041 \ 6)^1} + \frac{58.75 \ 美元}{(1+0.041 \ 6)^2} + \frac{58.75 \ 美元}{(1+0.041 \ 6)^3} + \frac{58.75 \ 美元}{(1+0.041 \ 6)^4} + \frac{1 \ 000 \ 美元}{(1+0.041 \ 6)^4}
$$

确定先锋自然资源公司债券价值的过程也可以表示如下：

（单位：美元）

| 年份 | 0 | 2013 | 2014 | 2015 | 2016 |
|---|---|---|---|---|---|
| 年末收到的美元 | | 58.75 | 58.75 | 58.75 | 58.75 |
| | | | | | +1 000.00 |
| | | | | | 1 058.75 |
| 现值 | 1 062.02 ◄ | | | | |

利用 TI BA Ⅱ Plus 金融计算器，我们可以计算出债券的价值为 1 062.02 美元，具体计算过程如下所示。[①] 因此，如果投资者认为，4.16％对于先锋自然资源公司债券的风险水平来说是合适的收益水平，那么提供 1 062.02 美元的价格就可以满足它们的要求。

| 计算过程 | |
|---|---|
| 数据输入 | 功能按键 |
| 4 | N |
| 4.16 | I/Y |
| 58.75 | +/- PMT |
| 1 000 | +/- FV |
| 功能按键 | 答案 |
| CPT | |
| PV | 1 062.02 |

我们也可以使用电子表格来计算先锋自然资源公司债券的价值。利用 Excel 进行计算的过程如下所示：

| | A | B | C | D |
|---|---|---|---|---|
| 1 | 必要收益率 | Rate | 4.16% | |
| 2 | 剩余期限 | Nper | 4 | |
| 3 | 每年利息支付 | Pmt | -58.75 | |
| 4 | 终值 | FV | -1 000 | |
| 5 | 现值 | PV | 1 062.02 | |
| 6 | | | | |
| 7 | | 公式： | | |
| 8 | | =PV(Rate,Nper,Pmt,FV)=PV(C1,C2,C3,C4) | | |
| 9 | | | | |
| 10 | | | | |
| 11 | | | | |

---

**例题 7.1**      **债券估值**

科罗维纸业（Verso Paper）公司，一家铜版纸制造商，在外发行了票面利率为 8.75％的债券，并将于 7 年内到期。而购买债券的投资者要求的收益率竟高达 25.34％！计算目前投资者持有的债券价值。收取 25％的收益率无疑是非常好的，这个收益率已经远超政府债券的收益率。那么为什么许多投资者并没有投资这些债券，即使它们的收益率很高？

---

① 如在第五章中所述，我们使用的是 TI BA Ⅱ Plus 金融计算器。你可以回顾第五章中借助金融计算器计算货币的时间价值部分，或者参考 www.pearsonhighered.com/keown 网址中的附录 A，以获得对于 TI BA Ⅱ Plus 金融计算器更详尽的了解。

**步骤1：制定策略**

计算债券价值的公式如下：

$$债券价值 = V_b = \frac{第1年的利息}{(1+必要收益率)^1} + \frac{第2年的利息}{(1+必要收益率)^2}$$

$$+ \frac{第3年的利息}{(1+必要收益率)^3} + \cdots + \frac{第n年的利息}{(1+必要收益率)^n}$$

$$+ \frac{债券到期价值}{(1+必要收益率)^n}$$

**步骤2：计算数值**

科罗维纸业公司的债券价值可以利用金融计算器或电子表格计算。但是首先，我们必须确定每年的利息支付金额，即 87.50 美元（＝0.087 5 票面利率×1 000 美元面值）。如下所示，债券价值是 480.02 美元。

使用金融计算器，计算结果如下所示：

| 计算过程 | |
|---|---|
| 数据输入 | 功能按键 |
| 7 | N |
| 25.34 | I/Y |
| 87.50 | +/− PMT |
| 1 000 | +/− FV |
| 功能按键 | 答案 |
| CPT | |
| PV | 480.02 |

下面是利用电子表格计算的过程：

| | A | B | C | D |
|---|---|---|---|---|
| 1 | 必要收益率 | Rate | 25.34% | |
| 2 | 剩余期限 | Nper | 7 | |
| 3 | 每年利息支付 | Pmt | −87.50 | |
| 4 | 终值（面值） | FV | −1 000 | |
| 5 | | | | |
| 6 | 解出现值（债券价值） | PV | 480.02美元 | |
| 7 | | | | |
| 8 | | 公式： | | |
| 9 | | =PV(Rate,Nper,Pmt,FV)=PV(C1,C2,C3,C4) | | |
| 10 | | | | |

**步骤3：分析结果**

对于面值为 1 000 美元的债券，投资者只有在以低于面值的 480.02 美元的价格购买时，才会获得高达 25.34% 的收益率。并且，对于这样以低于面值很多的价格出售，从而提供较高收益率的债券来说，投资者预期会有较高违约的可能。换句话说，25.34% 并不是真正的预期收益率，而是在科罗维纸业公司到期不违约，能够支付利息和本金的情况下可以实现的收益率。投资者有可能获得如此高额的收益率，但同时也面临着显而易见的公司违约的风险。因此只有准备好接受高风险的投资者才会对购买此类债券感兴趣。

◆◆◆◆◆◆◆◆◆◆◆◆◆◆◆◆◆◆◆◆◆◆◆◆◆◆◆◆◆◆◆◆◆◆◆◆◆◆◆◆◆◆◆◆◆◆◆◆

目前为止，我已经说明了通过预期现金流来确定资产价值的基本公式，同样的公式也可用来给债券估值。这两个公式就是用来评估资产的金融方法，具体展示如下：

### 财务决策工具

| 工具名称 | 公式 | 含义 |
|---|---|---|
| 资产价值 | $资产价值=\dfrac{第1年的现金流}{(1+必要收益率)^1}+\dfrac{第2年的现金流}{(1+必要收益率)^2}$ $+\cdots+\dfrac{第n年的现金流}{(1+必要收益率)^n}$ | 资产价值，无论是证券还是对工厂或设备的投资，等于该投资可带来的未来预期现金流的现值。 |
| 债券价值 | $债券价值=V_b=\dfrac{第1年的利息}{(1+必要收益率)^1}+\dfrac{第2年的利息}{(1+必要收益率)^2}$ $+\dfrac{第3年的利息}{(1+必要收益率)^3}+\cdots+\dfrac{第n年的利息}{(1+必要收益率)^n}$ $+\dfrac{债券到期价值}{(1+必要收益率)^n}$ $V_b=\dfrac{I_1}{(1+r_b)^1}+\dfrac{I_2}{(1+r_b)^2}+\dfrac{I_3}{(1+r_b)^3}+\cdots+\dfrac{I_n}{(1+r_b)^n}+\dfrac{M}{(1+r_b)^n}$ | 债券价值就是债券未来支付的利息和到期偿还面值的现值之和。 |

**概念回顾**

1. 决定投资者必要收益率的两个因素是什么？
2. 必要收益率如何影响债券的价值？

### 你可以做出来吗？

**计算债券的价值**

乐丰轩（La Fiesta）餐厅发行了票面利率为 6% 的债券。债券利息按年支付，并将于 12 年后到期。如果你的必要收益率是 8%，那么对于你来说，该债券的价值是多少？

在之前先锋自然资源公司的例子中，利息支付是假设按年度进行的。然而，公司一般每半年向债券持有人支付一次利息。例如，先锋自然资源公司每年向每张债券支付总额为 58.75 美元的利息，但该利息是分为每半年共两次进行支付的（每年的 6 月 15 日和 12 月 15 日各支付 29.375 美元）。

将式（7-2b）调整为半年支付利息的公式需要几个步骤。[①] 首先，考虑计息期限而不是年，如 n 年到期、每半年进行利息支付的债券，其计息期限就是 $2n$ 年。换句话说，4 年期的债券（$n=4$）每半年付息，实际是进行了 8 次支付。其次，由于计息期数变成了两倍，从而

---

① 计算每半年付息债券的价值的逻辑与第五章中讨论过的非整年计息的复合利率计算相似。

投资者每期收到的利息支付金额和债券持有人的必要收益率都是对应的年度数据的一半。$I_t$ 变成了 $I_t/2$，$r_b$ 变成了 $r_b/2$，因此，对于每半年计息的情况，式（7-2b）就变为：

$$V_b = \frac{I_1/2}{\left(1+\frac{r_b}{2}\right)^1} + \frac{I_2/2}{\left(1+\frac{r_b}{2}\right)^2} + \frac{I_3/2}{\left(1+\frac{r_b}{2}\right)^3} + \cdots + \frac{I_{2n}/2}{\left(1+\frac{r_b}{2}\right)^{2n}} + \frac{M}{\left(1+\frac{r_b}{2}\right)^{2n}} \quad (7-3)$$

我们现在可以计算先锋自然资源公司债券的价值，注意其利息是每半年支付的。我们只要将计息期数由 4 年变成 8 个半年，必要收益率由 4.16% 的年利率变成每半年期 2.08% 的利率，并将每年的利息支付金额除以 2 得到 29.375 美元，那么债券价值现在变为 1 062.60 美元。尽管最终计算得到的价值的差别不是很大，但是当利息每半年进行支付时，这样计算更加准确。

计算过程可由金融计算器或电子表格实现，如下所示。

| 计算过程 | |
|---|---|
| 数据输入 | 功能按键 |
| $2n \rightarrow 2 \times 4 \rightarrow 8$ | N |
| $4.16 \div 2 \rightarrow 2.08$ | I/Y |
| 29.375 | +/− PMT |
| 1 000 | +/− FV |
| 功能按键 | 答案 |
| CPT | |
| PV | 1 062.60 |

| | A | B | C | D |
|---|---|---|---|---|
| 1 | 必要收益率 | Rate | 2.08% | |
| 2 | 剩余期限 | Nper | 8 | |
| 3 | 每年利息支付 | Pmt | −29.375 | |
| 4 | 终值 | FV | −1 000 | |
| 5 | 现值 | PV | 1 062.60 | |
| 6 | | | | |
| 7 | | 公式： | | |
| 8 | | =PV(Rate,Nper,Pmt,FV)=PV(C1,C2,C3,C4) | | |
| 9 | | | | |
| 10 | | | | |
| 11 | | | | |

总结来说，我们之前对债券估值时假设按年度向投资者支付利息。然而，鉴于债券多按照每半年进行付息，我们需要将公式进行轻微调整如下：

### 财务决策工具

| 工具名称 | 公式 | 含义 |
|---|---|---|
| 债券价值<br>（每半年付息） | $V_b = \dfrac{I_1/2}{\left(1+\frac{r_b}{2}\right)^1} + \dfrac{I_2/2}{\left(1+\frac{r_b}{2}\right)^2} + \dfrac{I_3/2}{\left(1+\frac{r_b}{2}\right)^3}$ $+ \cdots + \dfrac{I_{2n}/2}{\left(1+\frac{r_b}{2}\right)^{2n}} + \dfrac{M}{\left(1+\frac{r_b}{2}\right)^{2n}}$ | 债券价值就是债券未来支付的利息和到期偿还面值的现值之和。 |

**计算债券的价值**

乐丰轩公司的债券票面利率为 6%，每年支付 60 美元的利息（＝0.06 票面利率×1 000 美元面值）。因此，你将在接下来的 12 年中每年得到 60 美元的利息和第 12 年收到的 1 000 美元面值。假设必要收益率是 8%，那么债券价值为 849.28 美元。

| 计算过程 | |
| --- | --- |
| 数据输入 | 功能按键 |
| 8 | I/Y |
| 12 | N |
| 60 | +/− PMT |
| 1 000 | +/− FV |
| 功能按键 | 答案 |
| CPT PV | 849.28 |

如果投资者拥有的债券每年支付 60 美元利息，12 年到期，并且他现在以 849.28 美元的价格买入债券，那么他实现的收益率就是他的必要收益率 8%。

---

**概念回顾**

1. 每半年进行付息如何影响资产估值公式?

---

现在我们知道了如何对债券进行估值，我们接下来将要考察投资者投资债券所获得的收益率，或者称为债券收益率。

# 债券收益率

有两种方法来计算债券持有人通过持有债券获得的收益率：到期收益率与当期收益率。

## 到期收益率

理论上，每个债券持有人根据持有的债券不同会有不同的必要收益率。然而，财务经理只关心公司债券价格暗含的预期收益率，或者称之为到期收益率。

想要衡量债券持有人的**预期收益率**（expected rate of return）$\bar{r}_b$，我们需要找到使得债券未来现金流的现值等于其当前市场价格的折现率。[①] 该折现率也是投资者持有债券到期将会实现的收益率，即**到期收益率**（yield to maturity）。因此，当我们讨论债券时，预期收益率和到

---

① 当我们提到计算预期收益率时，我们的描述并不准确。预期收益率是事前的，是基于"预期的、不可见的未来现金流"，因此只能称之为"估计的"。

期收益率两个词是经常可以互相代替的。

想要解出债券的预期收益率，我们可以应用如下公式：

$$市场价格 = P_0 = \frac{第1年的利息}{(1+预期收益率)^1} + \frac{第2年的利息}{(1+预期收益率)^2}$$

$$+ \frac{第3年的利息}{(1+预期收益率)^3} + \cdots + \frac{第n年的利息}{(1+预期收益率)^n}$$

$$+ \frac{债券到期价值}{(1+预期收益率)^n} \tag{7-4}$$

为了阐述这一概念，我们来看布里斯特（Brister）公司债券的例子，该债券面值为 1 100 美元。债券的票面利率为 6%，在 10 年后到期（请记住，票面利率决定了利息支付金额，即票面利率×面值）。

要确定当前市场价格中暗含的预期收益率，我们需要找出这样一个折现率，在该折现率下预期现金流的现值等于 1 100 美元，即该债券当前的市场价格 $P_0$。

布里斯特公司债券持有人的预期收益率是 4.72%，该结果可由 TI BA Ⅱ Plus 金融计算器或者电子表格得到，过程如下所示：

| 计算过程 | |
|---|---|
| 数据输入 | 功能按键 |
| 10 | N |
| 1 100 | +/− PV |
| 60 | PMT |
| 1 000 | FV |
| 功能按键 | 答案 |
| CPT | |
| I/Y | 4.72 |

| | A | B | C | D |
|---|---|---|---|---|
| 1 | 剩余期限 | Nper | 10 | |
| 2 | 每年利息支付 | Pmt | 60 | |
| 3 | 现值 | PV | −1 100 | |
| 4 | 终值 | FV | 1 000 | |
| 5 | 必要收益率 | Rate | 4.72% | |
| 6 | | | | |
| 7 | 公式： | | | |
| 8 | =RATE(Nper,Pmt,PV,FV)=RATE(C1,C2,C3,C4) | | | |
| 9 | | | | |
| 10 | | | | |

**例题 7.2**　　　　　　　　　　**计算到期收益率（预期收益率）**

在例题 7.1 中，你被要求计算科罗维纸业公司发行的债券价值，其票面利率为 8.75%，即每年的利息支付为 87.50 美元，7 年后到期。购买债券的投资者要求的必要收益率是 25.34%。依据这些信息，我们可以计算出债券价值为 480.02 美元。如果你在 2012 年 6 月 28 日登录网站 www.finance.yahoo.com，你可以发现该债券的价格确实是 480 美元。但是如果投资者改变了他们的必要收益率，而使债券的售价变为 700 美元，情况又如何呢？在该条件下，如果你以更高的价格购买该债券，那么预期收益率或者到期收益率是多少？并对结果进行解释。

**步骤 1：制定策略**

当市场价格为 700 美元时，计算科罗维纸业公司债券到期收益率的公式为：

$$市场价格 = P_0 = \frac{第1年的利息}{(1+预期收益率)^1} + \frac{第2年的利息}{(1+预期收益率)^2}$$

$$+ \frac{第3年的利息}{(1+预期收益率)^3} + \cdots + \frac{第n年的利息}{(1+预期收益率)^n}$$

$$+ \frac{债券到期价值}{(1+预期收益率)^n}$$

从此公式中我们可以解出预期收益率。

**步骤 2：计算数值**

科罗维纸业公司债券的预期收益率（到期收益率）可以通过金融计算器或电子表格进行计算。

使用 TI BA Ⅱ Plus 金融计算器，可以解出预期收益率为 16.23%，过程如下所示：

**计算过程**

| 数据输入 | 功能按键 |
|---|---|
| 7 | N |
| 700 | +/− PV |
| 87.50 | PMT |
| 1 000 | FV |

| 功能按键 | 答案 |
|---|---|
| CPT | |
| I/Y | 16.23 |

使用电子表格的计算过程如下所示：

| | A | B | C | D |
|---|---|---|---|---|
| 1 | 剩余期限 | Nper | 7 | |
| 2 | 每年利息支付 | Pmt | 87.50 | |
| 3 | 现值 | PV | −700 | |
| 4 | 终值 | FV | 1 000 | |
| 5 | 必要收益率 | Rate | 16.23% | |
| 6 | | | | |
| 7 | | 公式： | | |
| 8 | | =RATE(Nper,Pmt,PV,FV)=RATE(C1,C2,C3,C4) | | |
| 9 | | | | |
| 10 | | | | |
| 11 | | | | |

**步骤 3：分析结果**

如果你愿意为科罗维纸业公司债券支付 700 美元这一较高的价格，那就意味着对于你的投资，你准备接受一个较低的到期收益率（预期收益率）。换句话说，你愿意承担投资的风险并获得较低的预期收益率。因此，当收益率降低时，证券的价格通常会升高。

---

## 当期收益率

债券的**当期收益率**（current yield）是指债券每年的利息支付与债券当期市场价格之比。例如，如果现在有一债券其票面利率为 4%，票面价值为 1 000 美元，市场价格是 920 美元，那么该债券的当期收益率为 4.35%。

$$当期收益率 = \frac{年利息支付}{债券当期价格} \tag{7-5}$$

在上例中，

$$当期收益率 = \frac{0.04 \times 1\ 000\ 美元}{920\ 美元} = \frac{40\ 美元}{920\ 美元} = 0.043\ 5 = 4.35\%$$

我们应该清楚，当期收益率尽管经常在公众媒体中被引用，但它对于持有债券的预期收益率的描述是不完善的。当期收益率衡量了在给定的一年中持有债券的现金收入，但是它并没有考虑债券如果持有到期将会发生的资本利得或损失。这样看来，当期收益率并不能准确衡量债券持有者的预期收益率。

我们现在有几种可以确定债券持有者获得预期收益率的方法：（1）如果债券被持有到期，债券持有人到期获得债券面值；（2）仅考虑可获得的相对于债券当期市场价格的利息收入。这两种计算方法如下所示：

---

### 财务决策工具

| 工具名称 | 公式 | 含义 |
|---|---|---|
| 预期收益率（到期收益率） | $市场价格 = P_0 = \dfrac{第1年的利息}{(1+预期收益率)^1} + \dfrac{第2年的利息}{(1+预期收益率)^2}$ $+ \dfrac{第3年的利息}{(1+预期收益率)^3} + \cdots + \dfrac{第n年的利息}{(1+预期收益率)^n}$ $+ \dfrac{债券到期价值}{(1+预期收益率)^n}$ | 给定当前市场价格，如果持有到期，一只债券的预期收益率。 |
| 当期收益率 | $当期收益率 = \dfrac{年利息支付}{债券当期价格}$ | 当期收益率等于年利息支付除以当前市场价格。 |

---

**概念回顾**

1. 当计算到期收益率时，关于债券的持有期限有什么假设？

2. 当期收益率告诉了我们什么？

3. 到期收益率与当期收益率有什么不同？

# 债券估值：三个重要的关系

我们目前已经学习了，在已知：（1）利息支付金额 $I_t$，（2）到期价值 $M$，（3）距离到期的时间 $n$，（4）投资者要求的必要收益率的条件下，如何确定债券的价值。我们也知道如何计算预期收益率 $r_b$，在已知：（1）当前市场价值 $P_0$，（2）利息支付金额 $I_t$，（3）到期价值 $M$，（4）距离到期的时间 $n$ 的条件下，预期收益率就是债券的当前利率。我们已经知道了基本的原理。但是我们将通过学习几个重要的关系来进一步理解债券的估值。

◆ **关系 1** 债券价值与投资者目前的必要收益率成反比。换句话说，当利率升高（降低）时，债券的价值降低（升高）。

为了说明这一点，假设给定债券投资者的必要收益率是 5%。债券的面值是 1 000 美元，每年支付的利息为 50 美元，即债券的票面利率为 5%（=50 美元÷1 000 美元）。假设 5 年后到期，那么债券的价值就是 1 000 美元，计算过程如下：

$$V_b = \frac{I_1}{(1+r_b)^1} + \cdots + \frac{I_n}{(1+r_b)^n} + \frac{M}{(1+r_b)^n}$$

---

### 你可以做出来吗？

**计算到期收益率和当期收益率**

阿尔贡（Argon）公司发行的债券价格为 1 100 美元。债券的面值为 1 000 美元，票面利率为 5%，每年支付利息，8 年后到期。如果投资者以 1 100 美元的市场价格买入该债券，其到期收益率是多少？当期收益率是多少？

---

在我们的例子中，

$$V_b = \frac{50\,美元}{(1+0.05)^1} + \frac{50\,美元}{(1+0.05)^2} + \frac{50\,美元}{(1+0.05)^3} + \frac{50\,美元}{(1+0.05)^4} + \frac{50\,美元}{(1+0.05)^5} + \frac{1\,000\,美元}{(1+0.05)^5}$$

利用金融计算器，我们可以解出债券的价值是 1 000 美元。

| 计算过程 | |
|---|---|
| 数据输入 | 功能按键 |
| 5 | I/Y |
| 5 | N |
| 50 | +/− PMT |
| 1 000 | +/− FV |
| 功能按键 | 答案 |
| CPT | |
| PV | 1 000 |

然而，如果投资者的必要收益率从 5% 提高到 8%，债券的价值将会降低到 880.22 美元，计算过程如下：

| 计算过程 | |
| --- | --- |
| 数据输入 | 功能按键 |
| 8 | I/Y |
| 5 | N |
| 50 | +/- PMT |
| 1 000 | +/- FV |
| 功能按键 | 答案 |
| CPT | |
| PV | 880.22 |

另一方面，如果投资者的必要收益率降低到 2%，债券的价值将会升高到 1 141.40 美元。

| 计算过程 | |
| --- | --- |
| 数据输入 | 功能按键 |
| 2 | I/Y |
| 5 | N |
| 50 | +/- PMT |
| 1 000 | +/- FV |
| 功能按键 | 答案 |
| CPT | |
| PV | 1 141.40 |

投资者的必要收益率和债券价值之间的反向关系如图 7-3 所示。可以清楚地看到，当投资者要求更高的收益率时，债券的价值就会降低。较高的收益率只能通过为债券支付更低的价格来实现。反过来，在较低收益率的要求下，债券的价值也较高。

## 你做出来了吗？

### 计算到期收益率和当期收益率

阿尔贡公司的债券在债券持续期间每年支付 50 美元的利息（＝0.05 票面利率×1 000 美元面值），8 年后到期。当债券到期时投资者获得 1 000 美元。已知市场价格是 1 100 美元，那么到期收益率为 3.54%。

**计算过程**

| 数据输入 | 功能按键 |
|---|---|
| 8 | N |
| 1 100 | PV |
| 50 | +/− PMT |
| 1 000 | +/− FV |

| 功能按键 | 答案 |
|---|---|
| CPT | |
| I/Y | 3.54 |

$$当期收益率 = \frac{年利息支付额}{债券当期价格}$$

$$= \frac{50 \ 美元}{1 \ 100 \ 美元} = 0.045 \ 5 = 4.55\%$$

如果某一债券每年支付 50 美元利息，8 年后到期，第 8 年的票面价值是 1 000 美元，投资者为该债券支付的价格是 1 100 美元，那么该投资的收益率正好为 3.54%。

债券价格的变化代表了债券投资者投资收益的不确定性。如果当前的利率（必要收益率）改变，那么债券的价格也会波动。利率的升高使得债券持有人面临账面损失。由于未来利率和相关的债券价格不能被准确预测，债券投资者面临着债券价格随利率变化而波动的风险。该风险也被称为**利率风险**（interest rate risk）。

◆ **关系 2** 如果投资者的必要收益率高于票面利率，那么债券的市场价格就低于其面值；但是如果投资者的必要收益率低于票面利率，那么债券的市场价格就高于其面值。

利用之前的例子，我们可以观察到：

● 当投资者要求的必要收益率等于 5% 的票面利率时，债券的市场价格为 1 000 美元，等于其面值，或到期价值。换句话说，如果

必要收益率（5%）＝票面利率（5%），那么市场价格（1 000 美元）＝面值（1 000 美元）

● 当必要收益率为 8%，高于 5% 的票面利率时，债券的市场价格为 880.22 美元，低于其面值。也就是说，如果

必要收益率（8%）＞票面利率（5%），那么市场价格（880.22 美元）＜面值（1 000 美元）

在这种情况下，债券以低于面值的价格出售，因此被称为**折价债券**（discount bond）。

● 当必要收益率仅为 2%，或者低于 5% 的票面利率时，市场价格为 1 141.40 美元，高于债券的面值。在这种情况下，如果

必要收益率（2%）＜票面利率（5%），那么市场价格（1 141.40 美元）＞面值（1 000 美元）

在这种情况下，债券以高于面值的价格出售，因此被称为**溢价债券**（premium bond）。

◆ **关系3** 长期债券比短期债券具有更高的利率风险。

如前文提到过的，当前利率（必要收益率）的变化会引起债券市场价值的反向变化。然而，相对于短期债券，利率变化对于长期债券价值的影响更大。

在图7-3中，我们可以观察到利率变化对于一个5年期，票面利率为5%的债券的价值的影响。如果债券不是5年到期，而是10年到期，情况又将怎样？债券市场价值的变化会是相同的吗？当然不是。10年期债券的市场价值的变化更显著。例如，如果当前利率由2%升高到5%，继而升高到8%，情况会是怎样？在本例中，10年期的债券要比5年期的债券价值下降得更显著。5年期和10年期的债券价值如下表所示：

| | 在5%票面利率下的债券价值 | |
| --- | --- | --- |
| 必要收益率 | 5年 | 10年 |
| 2% | 1 141.40 美元 | 1 269.48 美元 |
| 5% | 1 000.00 美元 | 1 000.00 美元 |
| 8% | 880.22 美元 | 798.70 美元 |

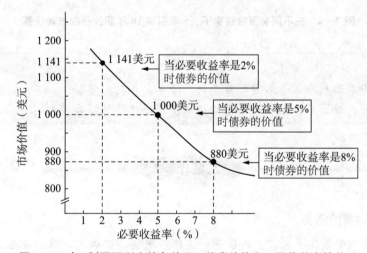

**图7-3　在5%票面利率的条件下，债券价值和必要收益率的关系**

长期债券价值比短期债券价值受利率影响的波动更大，其原因很简单。假设投资者买入10年期的债券，利率为5%。一方面，如果当前相似风险的债券的利率提高到了8%，那么该投资者将在剩余的10年中被锁定在较低的收益率下。另一方面，如果当时购买的是较为短期的债券，例如一个2年后到期的债券，投资者只需在接下来的2年中接受较低的收益而不用被锁定10年。在第2年年末，投资者会收到到期价值1 000美元，同时可以在剩余的8年中投资于提供更高的8%的利率的债券。因此，利率风险至少在一定程度上由投资者的持有时间决定。

利用这些价值和必要收益率，我们可以画出不同利率下两种债券价值的变化。比较结果如图7-4所示。该图清楚地展示了长期债券（如10年）市场价值比短期债券（如5年）市场价值对于利率的变化更敏感。然而，长期债券的持有者感到欣慰的是，长期利率的波动要低于短期利率的波动。

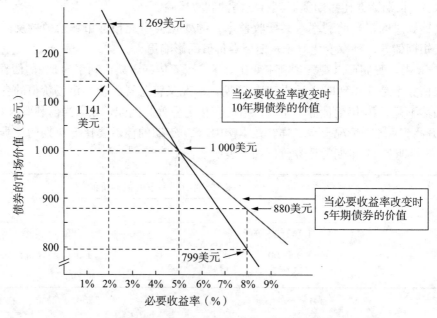

图 7-4　在不同必要收益率下，5 年期和 10 年期债券的市场价值

## 本章小结

### 1. 区分不同种类的债券

**小结：** 市场中存在不同种类的债券，包括信用债、次级债、抵押债券、欧洲债券、可转换债券。

### 关键术语

债券：一种债务或者长期的承兑票据。债券由借款者发行，借款者承诺每年支付债券持有人预定的一定金额的利息。

信用债：指任何无担保的长期债务。

次级债：一种信用债，当公司破产时，偿还顺序次于其他信用债。

抵押债券：以实物资产留置权作为担保的债券。

欧洲债券：欧洲债券与其他种类的证券并没有特别大的不同。欧洲债券也是证券，在此处我们指债券，该债券的票面金额货币的主要使用国与发行所在国不同。例如，一家美国公司在欧洲或亚洲发行债券，但是偿还给债券所有人的利息和本金按美元支付，这种债券就可以被称为欧洲债券。

可转换债券：可以按照一定价格转换为公司股票的一种代表债券的有价证券。

**2. 解释债券的主要特点**

📘 **小结**：用于描述债券的一些常用术语包括：对资产和收入的索取权、票面价值、票面利息、到期期限、赎回条款、债券合同、债券评级。

✒️ **关键术语**

票面价值：即债券的面额，是债务上标明的到期时公司将要偿还的金额。

票面利率：即依据债券条款每年要支付的面值的利息百分比。

固定利率债券：固定利率债券每年向投资者支付固定金额的利息。

零息债券：零息债券是以 1 000 美元面值的一定折扣发行的、期间发放很少利息或不发放利息的债券。

到期期限：债券发行人偿还债券持有人债券的面值、终值，或偿还债券的时间。

可赎回债券：可赎回债券是发行公司可以行使的一种权利。发行人可以在债券到期前赎回（偿还）债券。赎回多在利率下降并低于公司支付的债券利率时行使。

赎回保护期：一段特定的时期，在此期间公司不可以提前赎回债券。

债券合同：发行债券的公司和代表债券持有人的受托人之间签订的法律协议，提供关于借款协议的具体条款。

垃圾债券：垃圾债券是评级为 BB 级或以下的债券。

高收益债券：见垃圾债券。

**3. 定义不同研究目的下"价值"的含义**

📘 **小结**：根据语境的不同，"价值"一词有不同的含义。但是对于我们来说，价值就是一项投资未来预期收到的现金流的现值，折现率为投资者的必要收益率。

✒️ **关键术语**

账面价值：（1）公司资产负债表中记录的资产价值。它代表了该资产的历史成本，而非当前市场价值或重置价值。（2）公司的资产净值（初始价值减去累计折旧）与总负债之差。

变现价值：资产被出售时可实现的价值。

市场价值：市场上可观察到的价值。

内在价值或经济价值：内在价值或经济价值是资产预期未来现金流的折现值。这个价值是在给定未来现金流的金额、发生时点和风险的情况下，投资者认同的该资产的公允价值。

公允价值：资产预期未来现金流的现值。

有效市场：有效市场是这样一个市场，其中所有证券的价格都已经反映了所有可得的公开信息。

行为金融学：行为金融学研究投资者在进行投资决策时是否表现出理性行为。

**4. 解释决定债券价值的因素**

📘 **小结**：决定资产价值的基本因素：（1）未来现金流发生的时点和金额，（2）现金流的风险，（3）投资者对于风险的态度。

**5. 描述资产估值的基本步骤**

📘 **小结**：资产估值的过程可描述如下：以投资者的必要收益率为折现率，计算资产预期现金流的现值。投资者的必要收益率，等于无风险收益率加上风险溢价，以补偿投资者承担的风险。

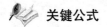 关键公式

$$\text{资产价值} = \frac{\text{第 1 年的现金流}}{(1+\text{必要收益率})^1} + \frac{\text{第 2 年的现金流}}{(1+\text{必要收益率})^2} + \cdots + \frac{\text{第 } n \text{ 年的现金流}}{(1+\text{必要收益率})^n}$$

$$V = \frac{C_1}{(1+r)^1} + \frac{C_2}{(1+r)^2} + \cdots + \frac{C_n}{(1+r)^n}$$

## 6. 估计债券价值

小结：债券价值是未来利息收入与到期得到的债券面值的现值之和。

关键公式

$$\text{债券价值} = V_b = \frac{\text{第 1 年的利息}}{(1+\text{必要收益率})^1} + \frac{\text{第 2 年的利息}}{(1+\text{必要收益率})^2}$$
$$+ \frac{\text{第 3 年的利息}}{(1+\text{必要收益率})^3} + \cdots + \frac{\text{第 } n \text{ 年的利息}}{(1+\text{必要收益率})^n}$$
$$+ \frac{\text{债券到期价值}}{(1+\text{必要收益率})^n}$$

$$V_b = \frac{I_1}{(1+r_b)^1} + \frac{I_2}{(1+r_b)^2} + \frac{I_3}{(1+r_b)^3} + \cdots + \frac{I_n}{(1+r_b)^n} + \frac{M}{(1+r_b)^n}$$

$$V_b = \frac{I_1/2}{\left(1+\dfrac{r_b}{2}\right)^1} + \frac{I_2/2}{\left(1+\dfrac{r_b}{2}\right)^2} + \frac{I_3/2}{\left(1+\dfrac{r_b}{2}\right)^3} + \cdots + \frac{I_{2n}/2}{\left(1+\dfrac{r_b}{2}\right)^{2n}} + \frac{M}{\left(1+\dfrac{r_b}{2}\right)^{2n}}$$

## 7. 计算债券的预期收益率和当期收益率

小结：为了计算债券持有人的预期收益率，我们需要计算使得未来现金流（利息收入和到期价值）的现值等于债券当前市场价值的折现率。债券的预期收益率也就是投资者持有债券到期获得的收益率，或者称之为到期收益率。当期收益率也等于每年的利息收入除以债券当期市场价格，但当期收益率不能准确衡量债券持有人的预期收益率。

关键术语

预期收益率：（1）预期收益率是使得未来现金流（利息收入和到期价值）的现值等于债券当前市场价值的折现率。（2）预期收益率是投资者支付证券的当前市场价值所期望获得的投资收益率。

到期收益率：到期收益率是债券持有人持有债券到期所获得的收益率（到期收益率等于预期收益率）。

当期收益率：年利息支付额与债券当期价格之比。

关键公式

$$\text{市场价格} = P_0 = \frac{\text{第 1 年的利息}}{(1+\text{预期收益率})^1} + \frac{\text{第 2 年的利息}}{(1+\text{预期收益率})^2}$$
$$+ \frac{\text{第 3 年的利息}}{(1+\text{预期收益率})^3} + \cdots + \frac{\text{第 } n \text{ 年的利息}}{(1+\text{预期收益率})^n}$$
$$+ \frac{\text{债券到期价值}}{(1+\text{预期收益率})^n}$$

$$当期收益率 = \frac{年利息支付}{债券当期价格}$$

**8. 解释债券估值中存在的三种重要关系**

📘 **小结**：债券估值中存在一定的重要关系，如下所示：

（1）利率（必要收益率）下降会使得债券价值上升；相反，利率上升会引起债券价值下降。由利率变化引起的债券价值的变化称为利率风险。

（2）如果必要收益率（当前利率）：

a. 等于债券的票面利率，那么债券将以面值或到期价值出售。

b. 大于债券的票面利率，那么债券将以低于面值的价格折价出售。

c. 小于债券的票面价值，那么债券将以高于面值的价格溢价出售。

（3）长期债券持有人比短期债券持有人面临着更大的利率风险。

✒️ **关键术语**

利率风险：由利率变化导致的债券价值的波动。

折价债券：以低于面值出售的债券。

溢价债券：以高于面值出售的债券。

### 复习题

**7-1** 区别信用债和抵押债券。

**7-2** 定义：(a) 欧洲债券，(b) 零息债券，(c) 垃圾债券。

**7-3** 描述债券持有人对公司资产和收入的索取权。

**7-4** a. 债券的面值与其市场价值为什么不同？

b. 解释债券的票面利率、当期收益率和必要收益率之间的区别。

**7-5** 什么因素决定了债券的评级？为什么债券评级对于公司经理人来说很重要？

**7-6** 账面价值、变现价值、市场价值和内在价值之间的基本区别是什么？

**7-7** 资产的内在价值的基本定义是什么？

**7-8** 解释决定资产的内在价值或经济价值的三个因素。

**7-9** 解释必要收益率和证券价值之间的关系。

**7-10** 定义债券持有人的预期收益率。

### 课后问题

**7-1** （债券估值）特里科（Trico）债券的年票面利率为 8%，面值为 1 000 美元，将于 20 年后到期。如果你的必要收益率是 7%，你愿意为债券支付的价格是多少？如果你为债券支付更高的价格，情形会如何？如果你支付比 1 000 美元低的价格呢？

**7-2** （债券估值）南方公司（Sunn Co's）的债券将于 7 年后到期，票面利率为 4%，面值为 1 000 美元。然而，该债券每半年支付一次利息。如果你的必要收益率是 5%，那么债券价值是多少？如果每年支付一次利息，你的答案会有什么变化？

**7-3** （债券估值）你拥有一个为期 20 年，面值为 1 000 美元，每年支付 7%利息的债券。债券的市场价格是 875 美元，你的必要收益率是 10%。

a. 计算债券的预期收益率。

b. 已知必要收益率，对你来说债券价值是多少？

c. 你应该卖掉这些债券还是继续持有它？

**7-4** （债券估值）一只债券将于 14 年后到期，面值为 1 000 美元，计算该债券价值。已知年票面利率为 5%，投资者的必要收益率是 7%。

**7-5** （债券估值）你在年初买入了一只面值为 1 000 美元，票面利率为 6%，10 年后到期的债券。当你购买债券时，债券的预期收益率是 8%。目前债券的价格是 1 060 美元。

a. 你会为该债券支付多少钱？

b. 如果你在年底卖出债券，你的一年期投资收益率是多少？

**7-6** （债券估值）雪莉（Shelly）公司债券的票面利率为 6%。利息每半年支付一次，债券将于 8 年后到期。债券的面值是 1 000 美元。如果你的必要收益率是 4%，那么债券价值是多少？如果利息是按年支付，债券价值又会是多少？

**7-7** （债券内在因素关系）克劳福德（Crawford）公司在外发行两种债券，两种债券的年利息都是 55 美元，分别为 A 系列与 B 系列。A 系列 12 年后到期，而 B 系列 1 年后到期。

a. 当市场利率分别为 4%、7%和 10%时，两种债券的价值分别是多少？假设 B 系列债券只剩下一次利息支付。

b. 当利率波动时，为什么期限更长（12 年）的债券比期限短（1 年）的债券波动更大？

**7-8** （债券估值）埃克森美孚（Exxon Mobile）公司 20 年期的债券需每年支付 6%的利率，债券面值为 1 000 美元。如果债券的售价是 945 美元，债券的预期收益率是多少？

**7-9** （债券估值）美国钢铁公司（National Steel）发行的 15 年期、面值为 1 000 美元的债券每年支付 5.5%的利率。债券的市场价格是 1 085 美元，你的必要收益率是 7%。

a. 计算债券的预期收益率。

b. 已知你的必要收益率，计算该债券对于你的价值是多少。

c. 你应该购买这个债券吗？

**7-10** （债券估值）你拥有面值为 1 000 美元的债券，每年支付 70 美元利息，债券 15 年后到期，你的必要收益率是 7%。

a. 计算债券价值。

b. 如果你的必要收益率：(1) 升高到 9%，(2) 降低到 5%，那么债券价值将如何变化？

c. 解释你在问题 b 中得出的答案，以及其与利率风险、溢价债券和折价债券的联系。

d. 假设债券将于 10 年后到期，而不是 20 年。重新计算问题 b。

e. 解释问题 d 中得出的答案，并说明其与利率风险、溢价债券和折价债券的联系。

**7-11** （债券估值）新时代公共设备公司发行了面值为 1 000 美元，每年支付 30 美元利息的债券，债券 20 年后到期，你的必要收益率是 4%。

a. 计算债券价值。

b. 如果你的必要收益率：(1) 提高到 7%，(2) 降低到 2%，债券价值将如何变化？

c. 解释你在问题 b 中得出的答案，以及其与利率风险、溢价债券和折价债券的联系。

d. 假设债券在 10 年后到期，而非 20 年。重新计算问题 b。

e. 解释问题 d 中得出的答案，并说明其与利率风险、溢价债券和折价债券的联系。

**7-12** （债券估值——零息债券）标志（Logos）公司正在计划发行零息债券，但是到期可以获得 1 000 美元，购买 7 年后到期。为了能够与其他风险相当的债券相比在价格上有足够吸引力，债券收益率定为 6%，按年计复利。标志公司应该以多少价格出售这些债券？

**7-13** （债券估值）你正在考虑三种面值为 1 000 美元的债券（到期时可获得 1 000 美元），并且想知道当利率（或者是市场折现率）变化时债券的市场价格将如何变化。这三种债券如下所示：

债券 A：3 年后到期，年票面利率为 6%，每半年支付利息。

债券 B：7 年后到期，年票面利率为 6%，每半年支付利息。

债券 C：20 年后到期，年票面利率为 6%，每半年支付利息。

当市场折现率发生如下变化时，上述债券的价值是多少？

a. 市场利率为 6%，每半年计复利。

b. 市场利率为 3%，每半年计复利。

c. 市场利率为 9%，每半年计复利。

d. 从上述结果中你可以观察到什么结论？

**7-14** （债券估值）美国银行发行票面利率为 6.5%，5 年后到期的债券。如果投资者的必要收益率是 4.3%，那么他愿意为该债券支付的价格是多少？如果他愿意支付更高或更低的价格，会发生什么？

**7-15** （债券估值）施乐（Xerox）发行的债券每年支付 67.5 美元的利息，并将于 5 年后到期。你正在考虑购买这些债券，你决定你需要获得 5% 的投资收益。那么在分别假设每年和每半年支付利息的情况下，对于你来说，债券的价值分别是多少？

**7-16** （债券持有人的预期收益率）夏普公司的债券目前的市场价格是 1 045 美元。该债券在 15 年后到期，票面利率为 7%，利息按年支付，面值为 1 000 美元。如果以当前价格买入债券，那么预期收益率是多少？

**7-17** （债券持有人的预期收益率）10 年期债券的市场价值是 900 美元（面值为 1 000 美元），需支付 6% 的利率（每半年支付 6%）。债券的预期收益率是多少？

**7-18** （债券持有人的预期收益率）你拥有面值为 1 000 美元，5 年后到期的债券。债券每年支付 5% 的票面利率。债券的当期价格是 1 100 美元。该债券的预期收益率是多少？

**7-19** （预期收益率和当期收益率）时代华纳债券的当前售价是 1 371 美元。该债券票面利率为 9.15%，将于 21 年后到期。那么这些债券的到期收益率是多少？当期收益率呢？

**7-20** （预期收益率和当期收益率）花旗银行发行了票面利率为 5.5% 的债券。债券将于 5 年后到期。债券的当期价格是 1 076 美元。如果你购买这些债券，你的预期收益率（到期收益率）是多少？当期收益率是多少？

**7-21** （预期收益率）真利时（Zenith）公司债券将于 12 年后到期，每年支付 7% 的利率。如果你以 1 150 美元的价格购买了这些债券，你的预期收益率是多少？

**7-22** （到期收益率）假设玛格丽特（Margaret）公司 5 年期债券的市场价值是 900 美元，债券的面值为 1 000 美元。债券的年票面利率为 6%，每半年支付一次利息。那么该债券的到期收益率是多少？

**7-23** （当期收益率）假设你持有债券，每半年支付 35 美元的利息，债券面值为 1 000 美元，目前的市场价值是 780 美元。债券的当期收益率是多少？

7-24　（到期收益率）凯特公司发行的 8 年期债券的市场价值为 700 美元，面值为 1 000 美元。如果债券的年利率是 6%，但是每半年支付一次利息，那么该债券的到期收益率是多少？

7-25　（预期收益率）假设你拥有的债券的市场价值是 820 美元，将于 7 年后到期。债券的面值是 1 000 美元。每半年支付 30 美元。那么你对于该债券的预期收益率是多少？

7-26　（到期收益率）你持有一只 10 年期的债券，每年支付 6% 的利率。债券的面值是 1 000 美元，市场价值是 900 美元。该债券的到期收益率是多少？

7-27　（预期收益率）你以 1 100 美元的价格买入债券。债券的票面利率是 8%，每半年支付一次利息。债券 7 年后到期，面值为 1 000 美元。你的预期收益率是多少？

## 案例分析

下表中包含了微软、通用资本和摩根士丹利公司在 2012 年年底发行的面值为 1 000 美元的债券数据。假设你正在考虑将于 2013 年 1 月购买这些债券。回答如下问题：

a. 假设按年支付利息，你对三家公司发行债券的必要收益率为：微软 6%；通用资本 8%；摩根士丹利 10%，分别计算三种债券的价值。具体信息如下表所示：

|  | 微软 | 通用资本 | 摩根士丹利 |
| --- | --- | --- | --- |
| 票面利率 | 5.25% | 4.25% | 4.75% |
| 到期期限（年） | 30 | 10 | 5 |

b. 在 2008 年年末三种债券的价格如下：

微软：　　　　　1 100 美元

通用资本：　　　1 030 美元

摩根士丹利：　　1 015 美元

每种债券的预期收益率是多少？

c. 下述情况中债券价值将如何变化：（1）必要收益率提高 2%，（2）必要收益率降低 2%？

d. 从问题 b 的答案，以及其与利率风险、溢价债券和折价债券的联系中，你可以得到什么结论？

e. 你应该购买这些债券吗？说明理由。

# 第 八 章

# 股票定价与性质

**学习目标**

1. 了解优先股的基本性质和特征；

2. 优先股估值；

3. 了解普通股的基本性质和特征；

4. 普通股估值；

5. 计算股票的预期收益率。

在娱乐行业，奈飞（Netflix）公司曾经是一个广为流传的成功故事。直到 2011 年，奈飞公司改变了其向订阅用户收费的方式。在那之前，你可以将视频导入你的电视或电脑上，或者通过电子邮件订购电视节目，所有这些只需支付约 10 美元。然而公司的管理层改变了订购套餐，你需要分别购买两个套餐，分别为其支付 8 美元。这样，如果你想继续获得你之前得到的服务，其成本就变成 16 美元——你的成本提高了 60％。这次提高价格在公司的脸书主页上引发多达 80 000 条评论。继推出这项引发争议的提价后，奈飞公司不仅失去了其订阅用户，而且遭受了股票市值的下跌。

更糟的是，拥有索尼动画和迪士尼动画电影版权的付费频道斯塔尔兹（Starz）宣布，其将停止与奈飞公司续约，禁止奈飞获取相关电影的播放权。一些分析师认为，奈飞公司与斯塔尔兹的合作价值约为 3 亿美元。

奈飞的 CEO 发表公开信回应，信中说，"我们并不希望看到我们的用户对我们的服务不满，但是我们认为我们提供了良好的服务，并且我们正在努力进一步提高我们的节目质量，丰富我们的节目内容。"

奈飞公司不仅用户大幅下降，其股东也遭受了巨大的股价损失。在一天之内，奈飞公司的股价下跌了 17％。到 2011 年年底，公司股份已经从近 300 美元跌到了 70 美元出头，直到 2012 年，其股价仍徘徊在 80 美元左右。拉扎德（Lazard）资本市场分析师巴顿·克罗基特（Barton

Crockett）称，这一新闻对于奈飞公司来说是"一场罕见、重大并令人吃惊的战略错误"。

奈飞公司的所有者遭受了多大的损失呢？奈飞公司股票的总价值下跌了约120亿美元，如今只剩下40多亿美元！由于用户的流失，公司股票价值遭受了如此大规模的下跌，以至于其管理层为此头疼不已。毕竟，为股东创造价值，而不是损失，是管理的基本目标。在本章中，我们将会详细讨论如何对股票进行估值，这对于经理人来说至关重要。

在第七章中，我们建立了估值的相关基本概念，其中经济价值被定义为由资产带来的预期现金流的现值。然后我们应用这一概念对债券进行估值。

在本章中，我们继续学习估值问题，但是我们在此处对股票进行估值，包括优先股和普通股股票。就像我们在前文中所提到的那样，财务经理的目标应该是最大化公司普通股的价值。因此，我们需要清楚什么决定了股票价值。并且，只有我们理解了股票估值，我们才能够计算公司的资本成本。资本成本这一概念对于进行有效资本投资决策也十分重要，对此我们将在第九章进行详细讨论。

# 优先股

**优先股**（preferred stock）经常被认为是混合证券，因为优先股兼具普通股和债券的性质。一方面，优先股在一些方面与普通股相似：（1）优先股没有固定的到期期限；（2）如果公司没能发放股利，那么当公司破产时不用补交股利；（3）股利不可在税前抵扣。另一方面，优先股在支付固定股利方面与债券相似。

优先股股利通常为固定金额，或者为股票面值的一定百分比。例如，佐治亚太平洋（Georgia Pacific）公司发行的优先股每年支付53美元的股利，而AT&T每年支付优先股发行面值的6.375%。AT&T公司优先股的面值是25美元，因此，每股每年支付6.375%×25美元，即1.59美元的股利。

接下来，首先我们会讨论大多数优先股的一些特点。然后，我们会简单了解优先股退出的方法。最后，我们会学习如何对优先股进行估值。

## 优先股的基本性质和特征

尽管每次优先股的发行都有自身的特点，但是一些性质是几乎所有优先股都具备的。其中一些常见的性质包括：

◆ 具有多种等级系列；
◆ 对公司资产和收入的索取权；
◆ 累积股利；
◆ 保护条款；
◆ 可转换性；
◆ 退出条款。

这些性质的具体含义如下：

**多种等级系列**　如果发行公司有要求，那么公司可以发行不止一种系列的优先股，每个系列可以有不同的特征。实际中，对于发行优先股的公司来说，发行多种等级系列的优先股很常见。不同等级系列优先股的特征表现为，例如，一些优先股可转换为普通股，而另一些不能，或者它们在公司破产时有不同的保护条款。例如，施乐公司发行了 B 系列和 C 系列的优先股。

**对公司资产和收入的索取权**　当公司破产时，优先股对于公司资产的要求权先于普通股。优先股的偿还顺序在债券之后，普通股之前。在对收入的索取权上，优先股也先于普通股。这就是说，公司要在支付普通股股利之前，先支付优先股的股利。因此，在风险承担上，优先股比普通股的风险低，因为优先股对公司资产和收入的索取在普通股之前。然而，优先股又比长期债务的风险高，因为优先股对公司资产和收入的索取权排在债务之后，相比于债券也是如此。

**累积股利**　大多数优先股都具有**可累积性**（cumulative feature），可累积性要求在向普通股支付任何股利之前，先支付其前期累积的、未支付的优先股股利。这一规定的目的是为优先股持有人提供一定保护。

**保护条款**　除了可累积性，保护条款在优先股中也很常见。这些**保护条款**（protective provisions）一般规定在未支付优先股股利的情况下，赋予优先股投票权，或者当优先股股利支付未达到目标或公司处于财务困境时，对普通股股利的支付进行限制。例如，考虑田纳西煤气（Tenneco）公司和雷诺（Reynold）金属公司的股票。田纳西煤气公司优先股的保护条款规定，只要满 6 个季度未支付优先股股利，优先股持有人则具有投票权。到那时，优先股持有人具有选举大多数董事会董事的权利。雷诺金属公司优先股的保护条款规定，当任何时候优先股股利未得到支付时，都不可以支付普通股的股利。两种保护条款都为优先股持有人提供了除可累积性之外的保护，并且进一步降低了优先股持有人的风险。由于这些保护条款的存在，优先股要求的收益率要低于普通股。也就是说，他们可以接受较低的股利支付。

**可转换性**　目前发行的大多数优先股都是**可转换优先股**（convertible preferred stock）。也就是说，在优先股持有人允许的条件下，优先股可以按照事前规定的比例转换成为一定数量的普通股。实际上，在目前市场上发行的优先股中，大约三分之一是可转换的。可转换性无疑是对投资者有利的，因此会降低优先股发行方的融资成本。

**退出条款**　尽管优先股并没有与之相关的固定的到期期限，发行方公司通常会提供一些使其退出的方法，通常是采取赎回条款和偿债基金的方式。**赎回条款**（call provision）允许发行公司在给定期限内，以规定好的价格从投资者手中购回其发行的优先股。实际操作中，证券交易委员会不鼓励公司在没有赎回条款的条件下发行优先股。例如，房屋投资管理公司（Aimco），一家主要从事购买和管理公寓资产的房地产投资信托基金发表新闻公告如下：

> **丹佛，2012 年 1 月 26 日《商业在线》：**房屋投资管理公司宣布其将赎回所有发行在外的可累积优先股……将于 2012 年 7 月 2 日，以每股 25 美元加上每股共计 0.064 6 美元累积未支付股利的价格回购股票。每股 25.064 6 美元的回购金额仅以现金支付。在赎回后，公司将不再有发行在外的优先股，并且优先股的持有人将仅有权收取回购价格，而不再持有优先股股份。

优先股的可赎回特征通常要求购买者初始支付优先股面值或发行价格约 10% 的溢价。这样，随着时间的推移，赎回条款的溢价就会降低。通过设定高于初始发行价的初始赎回价格，并且随着时间的推移，这一溢价会降低，公司可以保护投资者免于遭受不带有任何溢价的提前赎回。赎回条款也允许发行公司以提前商定的价格规划其优先股如何退出。

**赎回基金条款**（sinking-fund provision）要求公司定期留存一部分资金用于优先股的赎回。这部分资金随后被用来在公开市场购买优先股或者赎回股票，采用哪种方式取决于哪种方式成本更低。例如，施乐公司发行了两种优先股，其中一种有为期 7 年的赎回基金条款，另一种有 17 年的赎回基金条款。

> **记住你的原则**
>
> 对优先股估值要应用第一章中提出的三个原则：
>
> **原则 1：现金流是最重要的；**
>
> **原则 2：货币具有时间价值；**
>
> **原则 3：风险要求收益补偿。**
>
> 确定资产的经济价值经常需要应用这三个原则。离开这三个原则，我们就失去了评价价值的基础。应用这三个原则，我们可以知道是现金的金额和发生时点，而非利润决定了价值。此外，我们必须因承担风险而受到补偿；否则，我们不会进行投资。

## 优先股估值

如同前文提到的那样，优先股的持有者通常每期按照投资获得固定金额的股利。此外，大多数优先股是永续年金（永不到期）。在这种情况下，给定一定水平的永续现金流，可以通过一个例子来解释如何确定优先股的价值（现值）。

考虑太平洋电气（Pacific & Gas Electric）公司的优先股发行。与第七章中对债券的估值类似，我们采用三个步骤的估值方法。

**第一步** 估计优先股预期将要支付的未来现金流的发生金额和时点。太平洋电气公司每年支付 1.25 美元的股利。该优先股无确定的到期期限，也就是说它们是年金。

**第二步** 评估优先股未来股利的风险性，并决定投资者的必要收益率。对于该优先股，假设投资者的必要收益率为 5%。[1]

**第三步** 计算太平洋电气公司优先股的经济价值或内在价值，它等于当折现率为投资者的必要收益率时，预期未来股利的现值。从而每一优先股的估值模型 $V_{ps}$ 可被定义如下：

$$
优先股价值 = \frac{第 1 年的股利}{(1+必要收益率)^1} + \frac{第 2 年的股利}{(1+必要收益率)^2} + \cdots + \frac{第无限期的股利}{(1+必要收益率)^\infty}
$$

$$
= \frac{D_1}{(1+r_{ps})^1} + \frac{D_2}{(1+r_{ps})^2} + \cdots + \frac{D_\infty}{(1+r_{ps})^\infty} \tag{8-1}
$$

注意，式（8-1）是第七章中式（7-1）的一个轻微变形。式（7-1）说明了资产价值等于投资者预期获得的未来现金流的现值。

---

[1] 在第六章中，我们学习过如何估计投资者的必要收益率。

因为优先股每期的股利是相等的，式（8-1）可以被简化如下[①]：

$$优先股价值 = \frac{每年支付股利}{必要收益率} = \frac{D}{r_{ps}} \qquad (8-2)$$

式（8-2）表示在每年现金流相同时，无限期现金流的现值。

我们现在可以确定太平洋电气公司优先股的价值如下：

$$V_{ps} = \frac{D}{r_{ps}} = \frac{1.25\,美元}{0.05} = 25\,美元$$

总结起来，优先股价值就是其所有未来股利的现值。但是由于大多数优先股并没有到期期限——股利持续到无限期，我们则可以如式（8-2）表示的那样快速确定其价值。

## 金融作业

### 阅读《华尔街日报》中的一条股票报价

如果你想要查找一只股票的数据，你可以在印刷版的《华尔街日报》中找到股票代码、该只股票前一天的收盘价，以及昨天收盘价相对于前一天的股价变动百分比。然而，《华尔街日报》中的股票列表仅包括前 1 000 家最大的公司。如果你希望得到所有公开交易的股票信息，你需要登录《华尔街日报》网络版（http://online.wsj.com），选择"Markets"栏，然后选择相应股票。你可以通过一系列标准来筛选你需要的股票信息。例如，如果你希望查找所有在纽约证券交易所交易的股票信息，你需要点击"markets"，然后点击"market data"，再点击"U. S. stocks"。随后，你就可以看到一张列有不同交易所的列表。选择"NYSE Stocks"链接，你就可以看到所有在纽约证券交易所挂牌交易的股票信息。在这里你可以找到有关一只股票的更加详细的信息，包括：

- 该只股票的交易代码。
- 该只股票的当日开盘价、最高价、最低价和收盘价，以及过去 52 周的最高价和最低价。
- 该只股票前一天的收盘价以及当天相对于前一天的股价变动百分比。
- 该只股票与一年前相比的股价变动百分比。
- 该只股票的每股股利、股利收益率（每股股利÷股价），以及市盈率（每股市场价值÷

---

[①] 为了证明这一结果，我们从式（8-1）入手：

$$V_{ps} = \frac{D_1}{(1+r_{ps})^1} + \frac{D_2}{(1+r_{ps})^2} + \cdots + \frac{D_n}{(1+r_{ps})^n}$$

如果我们将公式两边同时乘以 $(1+r_{ps})$，我们可以得到：

$$V_{ps}(1+r_{ps}) = D_1 + \frac{D_2}{(1+r_{ps})^1} + \cdots + \frac{D_n}{(1+r_{ps})^{n-1}} \qquad (8-1i)$$

用式（8-1i）减去式（8-1）得到：

$$V_{ps}(1+r_{ps}-1) = D_1 - \frac{D_n}{(1+r_{ps})^n} \qquad (8-1ii)$$

当 n 趋近于∞时，$D_n/(1+r_{ps})^n$ 趋近于 0，结果可以得到：

$$V_{ps}\, r_{ps} = D_1, \quad V_{ps} = \frac{D_1}{r_{ps}} \qquad (8-1iii)$$

因为 $D_1 = D_2 = \cdots = D_n$，我们不需要用下标表示年份，因此，

$$V_{ps} = \frac{D}{r_{ps}} \qquad (8-2)$$

每股收益）。

为了更清楚地解释，通用公司在 2012 年 7 月 5 日的股价信息展示如下：

| 2012 年 7 月 5 日价格 | | | | | |
|---|---|---|---|---|---|
| 例子 | 开盘价 | 最高价 | 最低价 | 收盘价 | 净变化 | 净变化率 |
| 通用公司 | 20.34 美元 | 20.48 美元 | 20.29 美元 | 20.33 美元 | −0.1 美元 | −0.049% |

| 股票交易量 | 52 周最高价 | 52 周最低价 | 每股股利 | 股利收益率 | 市盈率 | 到期收益率变化 |
|---|---|---|---|---|---|---|
| 28 622 062 | 21.00 美元 | 14.02 美元 | 0.68 美元 | 3.34% | 16.51 | 13.51% |

| 例题 8.1 | 确定优先股的价值 |
|---|---|

德意志银行（Deutsche Bank）发行了几种优先股。其中一种优先股以 25 美元的面值出售后，股利为优先股面值的 7.35%。该优先股每年支付 1.84 美元的股利。公司有权以高于面值 10% 的价格赎回该优先股。

1. 如果投资者当前的必要收益率是 6%，那么为了吸引投资者购买该优先股，优先股的定价应该是多少？

2. 如果投资者的必要收益率只有 4%，你的答案将会如何变化？如果投资者的必要收益率提高到 9% 呢？

3. 你如何看待该股票被赎回？

**步骤 1：制定策略**

对优先股进行估值的基本框架如式（8-1）所示，具体表示如下：

$$优先股价值 = \frac{第 1 年的股利}{(1 + 必要收益率)^1} + \frac{第 2 年的股利}{(1 + 必要收益率)^2} + \cdots + \frac{第无限期的股利}{(1 + 必要收益率)^\infty}$$

$$= \frac{D_1}{(1 + r_{ps})^1} + \frac{D_2}{(1 + r_{ps})^2} + \cdots + \frac{D_\infty}{(1 + r_{ps})^\infty}$$

尽管式（8-1）表达了优先股的价值等于其所有永续股利的现值这一基本概念，但该公式并不能帮我们解决问题。式（8-2）将式（8-1）简化，使之可以计算，只要每年支付的股利是相等的，并且该优先股是永续的。

$$优先股价值 = \frac{每年支付股利}{必要报酬率} = \frac{D}{r_{ps}}$$

**步骤 2：计算数值**

在不同的必要收益率下，德意志银行优先股的价值如下表所示：

| 必要收益率 | 过程 | 答案 |
|---|---|---|
| 6% | $\frac{1.84 美元}{0.06}$ | =30.67 美元 |
| 4% | $\frac{1.84 美元}{0.04}$ | =46.00 美元 |
| 9% | $\frac{1.84 美元}{0.09}$ | =20.44 美元 |

**步骤 3：分析结果**

当德意志银行的优先股以 25 美元的票面价值出售时，投资者的必要收益率等于其票面利率 7.35%。然而，在优先股价值与收益率之间存在负向关系。当投资者的必要收益率升高（降低）时，证券价值降低（升高）。

你应该希望股票不被赎回。公司只有在对公司有利，而不是对投资者有利时才进行股票赎回。例如，如果随着时间的推移，公司可以以更低的股利发行优先股，公司将愿意进行股票赎回，但同时你也许很难找到具有相同收益的风险相当的股票。因此，如果股票是可赎回的，投资者应该要求更高的必要收益率。

---

## 财务决策工具

| 工具名称 | 公式 | 含义 |
|---|---|---|
| 优先股估值 | $$\text{优先股价值} = \frac{\text{第 1 年的股利}}{(1+\text{必要收益率})^1}$$ $$+ \frac{\text{第 2 年的股利}}{(1+\text{必要收益率})^2}$$ $$+ \cdots + \frac{\text{第无限期的股利}}{(1+\text{必要收益率})^\infty}$$ $$= \frac{D_1}{(1+r_{ps})^1} + \frac{D_2}{(1+r_{ps})^2} + \cdots + \frac{D_\infty}{(1+r_{ps})^\infty}$$ | 优先股的价值等于其未来所有永续股利的现值。 |
| 相等股利的优先股估值 | $$\text{优先股价值} = \frac{\text{每年支付股利}}{\text{必要收益率}} = \frac{D}{r_{ps}}$$ | 所有股利相等的永续现金流的优先股估值。 |

---

**概念回顾**

1. 优先股与债券相比有哪些特点？

2. 用来保护优先股持有者利益的条款有哪些？

3. 估值模型公式（8-1）中包含哪些与优先股相关的现金流？为什么估值模型在公式（8-2）中得到了简化？

---

### 你可以做出来吗？

**对优先股进行估值**

如果优先股的面值为 100 美元，每年支付其面值 4% 的股利，你的必要收益率是 7%，那么对你来说，该优先股的价值是多少？

# 普通股

普通股(common stock)是对公司所有权的凭证(图 8-1 展示了一张股票凭证的例子)。从法律效力来看,债券持有者和优先股持有者可以被看作是债权人,然而普通股持有者才是公司真正的所有人。普通股并没有到期期限,其存续期限就是公司的存续期限。普通股在其股利支付上也没有上限。每期(通常为每季度)的股利支付政策必须由公司的董事会宣布。当公司破产时,公司的普通股持有人,作为公司的所有者,只有在公司的债权人,包括债券持有人和优先股持有人

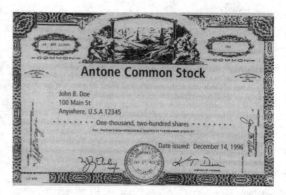

**图 8-1 股票样品**

得到偿付后,才可以得到支付。下面我们将具体介绍普通股的一些特征。然后我们会集中讨论普通股的估值方法。

## 普通股的性质和特征

我们现在来讨论普通股对公司资产和收入的索取权、有限责任特征以及持有者的投票权和优先配股权。

**对收入的索取权** 作为公司的所有者,普通股持有人拥有对在债券持有人和优先股持有者得到偿付后的剩余收入的索取权。该收入可以以股利的形式直接向股东支付,或者作为公司的留存收益用于以后业务上的再投资。尽管股东可以明显地以股利的形式直接从收入的分配中获益,但是收入的再投资同样惠及股东的利益。将收入作为公司留存收益会增加公司的价值、盈利能力和未来股利,并且最终增加股票的价值。从结果上来看,剩余收入可以以股利的形式直接分配给股东,或者通过普通股资本利得(价值增值)的方式间接分配给股东。

对于普通股持有人来说,拥有对剩余收入的索取权既有好处也有坏处。好处是潜在的收益是无限的。一旦具有更高要求权的证券,如债券和优先股得到支付后,剩余的收入就会以股利或者资本利得的方式流向普通股持有者。坏处是如果债券和优先股对收入的索取已经将收入耗

尽，普通股股东将一无所获。在收入降低的年份，普通股股东将第一个承担损失。

**对资产的索取权**　如同普通股对剩余收入有索取权一样，当公司破产清算时，普通股对剩余资产同样有索取权。然而不幸的是，当确实发生破产时，普通股对于公司资产的索取权通常得不到满足，因为债券和优先股持有人对于公司资产有第一和第二索取权。对于剩余资产的索取权增加了普通股的风险。因此，尽管普通股在历史上表现出高收益，从 20 世纪 20 年代算起平均每年有 10％ 的收益率，但是普通股同样存在较高的风险。

**有限责任**　尽管普通股持有人是公司的实际拥有者，但破产时他们对于公司的责任以其出资额为限。这样的好处是可以使得在无限责任情况下不愿出资的投资者愿意向公司投资。**有限责任**（limited liability）的性质有助于公司筹资。

**投票权**　普通股股东有权选举董事会成员，一般来说也是唯一具有投票权的公司证券持有者。普通股股东不仅有权利选举董事会成员，同时有权决定是否通过公司章程的变更。常见的章程变更涉及发行新股的权利，或者是否接受一项收购提议。董事会成员选举或公司章程变更的决策需在公司年度会议上进行。尽管股东可以亲自进行投票，但大多数投票是请他人代理的。**代理投票**（proxy）制度赋予代表方临时的律师权利，代表股权登记人在公司年度股东大会上投票。公司管理层通常会向股东争取代理票，并且，如果股东对公司的表现满意，一般会赋予其权利。然而，当公司面临财务困境或者当管理层权力被威胁时，**代理投票权之争**（proxy fight）——敌对双方对于投票权的争夺——就会发生。

尽管每股普通股股票有相同的投票权，但是每家公司的投票程序不尽相同。两种广泛使用的投票程序是多数投票和累计投票。在**多数投票制**（majority voting）程序下，每股股票赋予股东一份投票权，并且董事会成员的职位是分别进行投票选举的。因为董事会的每位成员都是由简单多数投票决定的，大多数股份有权选举整个董事会。

在**累计投票制**（cumulative voting）下，每股股票赋予股东的投票数量等于将要选举出的董事会成员数量。股东可以将他或她所拥有的投票权集中投给某一候选人，或者将其投票权分散投给不同的候选人。累计投票制的好处是它赋予了小股东选举董事的权利。

理论上，通常是由股东通过代理投票制度选举出整个公司的董事会，然后由选举出的董事会选择管理层。现实中，通常由管理层向股东提供董事候选人名单，股东再从给出的提名名单中进行投票选举。最终的结果实际上是由管理层选举出董事会，从而与普通股股东相比，董事会更支持管理层利益。这一决策过程暗藏了委托代理问题的潜在可能，在代理问题中，管理层和公司普通股股东的利益出现分歧，而董事会并没有尽到代表广大股东监督管理层的职责。

**优先配股权**　**优先配股权**（preemptive right）赋予普通股股东保持当前所占公司股权比例的权利。当有新股发行时，普通股股东有第一否决权。如果一名股东拥有公司 25％ 的股份，那么他或她有权认购新增发股票 25％ 的股份。向股东发行的，赋予其在 2～10 周的期限内以事先规定的价格认购规定数量新股的权利的凭证被称为**期权**（right）。可以选择执行这些期权（通常以管理层规定的低于普通股当前市场价格的一定价格执行），或者等这些期权失效，或者将其在公开市场中出售。


# 普通股估值

与债券和优先股类似，普通股的价值等于所有未来现金流——在此处为股东预期收取的股利——的现值。然而，与优先股的股利不同的是，普通股并不向投资者提供事先规定的、固定数量的股利。对于普通股来说，股利取决于公司的盈利性，以及公司对于发放股利或将其作为留存收益用于公司再投资的决策。因此，股利现金流一般随着公司盈利的增长而增长，而未来股利的增长是普通股区别于优先股的首要特点。

**普通股估值中的增长因子**　在普通股估值中，"增长"一词的含义是什么呢？一家公司可以通过多种方式实现增长。公司可以通过借贷投资于新项目扩大自己的规模。当然，公司也可以通过发行新股进行扩张。经理人也可以通过收购另一家公司，并与现有公司合并，从而增加公司的资产。尽管我们可以较为准确地说公司实现了增长，但是原始股东可能参与也可能没有参与这个增长过程。增长通过增加新资本而实现。公司的规模实现了明显的增长，但是除非原始股东增加其在公司的投资金额，否则他们在扩张后的公司中所占股份的比例会降低。

增长的另一种含义是**内部增长**（internal growth）。内部增长要求经理人保留一部分或所有当期盈利用于公司的再投资，再投资会增加公司的未来盈利，进而提高公司普通股的价值。上述过程是公司当前普通股股东价值潜在增长的本质，同时也是我们在进行公司普通股估值时唯一相关的增长来源。[①]

为了进一步说明内部增长的特性，我们假设百事公司股权收益率是16％。一方面，如果百事公司决定将所获利润全部以股利形式分配给其股东，公司将不能实现内部增长。公司可以通过举债或发行新股实现规模扩张，但是内部增长只有通过收益的留存和再投资实现。另一方面，如果百事公司保留所有利润，股东对公司增加的投资额就是留存的利润金额，即16％。[②]然而，如果百事公司仅保留当期利润的50％用于再投资，普通股股东的价值将只增长股本回报率16％的一半，即8％。我们可以用如下公式表示这一关系：

$$g = ROE \times pr \tag{8-3}$$

其中，$g$＝增长率，即未来收益的增长率，以及普通股股东对公司投资额的增长率；

　　　　$ROE$＝股本回报率（净利润÷普通股账面价值）；

　　　　$pr$＝公司留存的当期收益比例，称为**留存收益率**（profit-retention rate）。[③]

因此，如果百事公司只保留当期收益的25％用于再投资，那么我们可以预期普通股股东对公司的投资额或股票价格未来增长4％，即

$$g = 16\% \times 0.25 = 4\%$$

总结起来，普通股股东通常以股价的增长作为其收益来源。如果公司准备留存一部分收益用于再投资，那么未来的利润和股利将会增长。该增长将表现为未来几期内股票市场价格的升高。因此，两种收益形式（股利和股票增值）都必须在普通股估值中得到反映。

**股利估值模型**　当将价值定义为未来股利的现值时，普通股的价值取决于我们对优先股估值时所使用的基本公式［式（8-1）］，其中，我们目前使用的必要收益率为普通股股东要求的

---

①　此处我们并不是争辩现有普通股股东不能从外部融资中获益，然而，在资本市场有效条件下，该获益只是名义上的。

②　股本回报率是普通股股东对于公司投资的会计收益率。可计算如下：

$$股本回报率 = \frac{净利润}{普通股 + 留存收益}$$

③　留存收益率也等于（1－利润中用于股利支付的比例）。利润中用于股利支付的比例也常被称为**股利支付率**（dividend-payout ratio）。

收益率 $r_{cs}$，即

$$V_{cs} = \frac{D_1}{(1+r_{cs})^1} + \frac{D_2}{(1+r_{cs})^2} + \cdots + \frac{D_n}{(1+r_{cs})^n} + \cdots + \frac{D_\infty}{(1+r_{cs})^\infty} \qquad (8-4)$$

如果你翻回到第七章，并将式（7-1）和式（8-4）进行比较，你会注意到式（8-4）只是式（7-1）的变形。回顾我们在证券估值时用到的基本公式（7-1），该公式说明资产的价值就是投资者未来取得的现金流的现值。式（8-4）只是将式（7-1）应用于具体的普通股估值。

式（8-4）表明，我们第 1 年年底的股利向前折现 1 年；第 2 年的股利向前折现 2 年；第 $n$ 年的股利向前折现 $n$ 年；而未来无限期的股利向前折现无限期。其中必要收益率是 $r_{cs}$。在使用式（8-4）时，注意股票的价值是该年年初的价值，如 2013 年 1 月 1 日。最近一期股利的支付发生在前一天，即 2012 年 12 月 31 日。因此，如果我们在 2013 年 1 月 1 日买入股票，首次股利支付发生在 12 个月之后，即 2013 年 12 月 31 日，用 $D_1$ 表示。

幸运的是，如果股利以每年相同的增长率 $g$ 增长，式（8-4）可以被简化为一个更易于掌握的形式。在恒定增长率条件下，普通股的估值公式可以表示如下[①]：

$$普通股价值 = \frac{第\ 1\ 年的股利}{必要收益率 - 增长率}$$

$$V_{cs} = \frac{D_1}{r_{cs} - g} \qquad (8-5)$$

换句话说，股利每年以恒定增长率增长的每股普通股的内在价值（现值）可以运用式（8-5）进行计算。尽管对于上述公式的理解在直觉上不是那么明显，只要记住用上述公式可以计算以恒定增长率 $g$ 无限增长的股利现金流的现值，其中假设 $r_{cs}$ 大于 $g$。

为了更加清楚地说明普通股的估值过程，考虑这样一只股票，该股票在去年年底支付了 2 美元的股利，并计划从今年开始每年支付现金股利，假设股利是永续的。每年的股利以 4% 的增长率增长。根据对该普通股风险的评估，投资者的必要收益率是 14%。利用这一信息，我们可以计算普通股的价值如下：

1. 因为 2 美元的股利是去年支付的，我们必须从下一次股利支付开始计算，即 $D_1$，则

①  当普通股股利每年以固定比率增长时，我们可以以上一年度末支付的股息来表示股息 $D_0$。例如，第一年的预期股利为 $D_0(1+g)$。类似地，第 $t$ 年年末的股利为 $D_0(1+g)^t$。用这个办法，式（8-4）的普通股的价值公式能写成如下形式：

$$V_{cs} = \frac{D_0\ (1+g)^1}{(1+r_{cs})^1} + \frac{D_0\ (1+g)^2}{(1+r_{cs})^2} + \cdots + \frac{D_0\ (1+g)^n}{(1+r_{cs})^n} + \cdots + \frac{D_0\ (1+g)^\infty}{(1+r_{cs})^\infty} \qquad (8-4i)$$

如果式（8-4i）两边同时乘以 $(1+r_{cs})/(1+g)$，那么式（8-5）可以转化为：

$$\frac{V_{cs}\ (1+r_{cs})}{1+g} - V_{cs} = D_0 - \frac{D_0\ (1+g)^\infty}{(1+r_{cs})^\infty} \qquad (8-4ii)$$

如果 $r_{cs} > g$，$[D_0(1+g)/(1+r_{cs})^\infty]$ 趋近于 0，那么，

$$\frac{V_{cs}\ (1+r_{cs})}{1+g} - V_{cs} = D_0$$

$$V_{cs}\left(\frac{1+r_{cs}}{1+g}\right) - V_{cs}\left(\frac{1+g}{1+g}\right) = D_0$$

$$V_{cs}\left[\frac{(1+r_{cs}) - (1+g)}{1+g}\right] = D_0 \qquad (8-4iii)$$

$$V_{cs}(r_{cs} - g) = D_0(1+g)$$

$$V_{cs} = \frac{D_1}{r_{cs} - g}$$

$$D_1 = D_0(1+g)$$
$$= 2 \times (1+0.04)$$
$$= 2.08(美元)$$

2. 利用式（8-5）可得：

$$V_{cs} = \frac{D_1}{r_{cs}-g}$$
$$= \frac{2.08}{0.14-0.04}$$
$$= 20.80(美元)$$

我们已经讨论过普通股的现值等于未来所有股利的现值，这是金融学中毋庸置疑的基本前提。然而，实际中，财务经理人以及许多证券分析师经常讨论股票价值和公司盈利的关系，而不是股票价值与股利的关系。我们还是提醒读者在用公司盈利进行股票估值时需要十分小心。尽管这一做法很普遍，大量可得数据表明，投资者在衡量股票价值时，看重的是公司产生的现金流，而不是盈利。一个公司的价值本质上是由公司产生的现金流的现值决定的。

---

### 你可以做出来吗？

**计算强生（Johnson & Johnson）公司的增长率**

2012 年，强生公司的股本回报率是 19.32%，具体计算过程如下所示。公司的每股收益是 4.63 美元，并且每股支付了 1.87 美元的股利。如果这些关系在未来保持不变，那么公司的增长率是多少？

$$股本回报率（ROE）= \frac{净利润}{普通股+留存收益}$$
$$= \frac{12\,849\,美元}{66\,499\,美元}$$
$$= 0.193\,2$$
$$= 19.32\%$$

---

**例题 8.2** 　　　　　　　　　　　　**计算普通股价值**

在 2012 年中，星巴克咖啡的普通股股价波动区间为 30 美元至 60 美元。其最近一期的每股收益是 1.73 美元，并且预计公司支付 0.68 美元的股利。公司的股本回报率（净利润÷所有者权益）达到 25%。你正在计划投资购买 100 股该公司股票，但是你希望获得 17% 的投资收益率。已知上述信息，你估计星巴克的增长率是多少？想要实现你的必要收益率，公司股价必须达到多少？

**步骤 1：制定策略**

要计算星巴克公司股票的价值，你需要估计其增长率。我们前文讨论过，可以通过公司股本回报率与每期收益中公司留存下来用作公司再投资的比例的乘积来估计。式（8-3）计算如下：

$$g = ROE \times pr$$

然后我们可以解出股票的价值，利用式（8-5）计算如下：

$$普通股价值 = \frac{第\ 1\ 年的股利}{必要收益率 - 增长率}$$

$$V_{cs} = \frac{D_1}{r_{cs} - g}$$

**步骤 2：计算数值**

星巴克将其利润的 39%（＝每股股利 0.68 美元÷每股收益 1.73 美元）作为股利支付给其股东。因此，其留存比例为 61%（＝100%－39%）。

已知公司的股本回报率是 25%，我们预计公司未来的增长率为 15.25%。

$$增长率 = 股本回报率 \times 留存收益率 = 25\% \times 61\% = 15.25\%$$

然后解出可以满足 17% 的必要收益率要求的普通股价值如下：

$$
\begin{aligned}
普通股价值 &= \frac{第\ 1\ 年的股利}{必要收益率 - 增长率} \\
&= \frac{0.68\ 美元}{0.17 - 0.152\ 5} \\
&= 38.86\ 美元
\end{aligned}
$$

**步骤 3：分析结果**

当我们设计这道题目时，星巴克的股价为 50 美元，所以你不会愿意支付 50 美元的市场价格；或者，你支付当前 50 美元的价格，如果我们的假设是合理的，你则无法实现你的必要收益率。此外，星巴克公司在 2012 年正面临增长困境，实际上公司正在缩减店面数量。

---

## 你做出来了吗?

### 计算强生公司的增长率

要计算强生公司的增长率，我们必须知道：（1）公司的股本回报率；（2）公司的利润有多少比例进行留存用于再投资，即用于公司业务增长的部分。

通过计算，可得到公司的股本回报率是 19.32%。然后我们计算了留存的利润比例如下：

$$
\begin{aligned}
留存收益率 &= \frac{1 - 每股股利}{每股收益} \\
&= 1 - \frac{1.87\ 美元}{4.63\ 美元} \\
&= 1 - 0.404 \\
&= 0.596 = 59.6\%
\end{aligned}
$$

因此，强生公司支付其利润的 40.4% 作为股利，也就是说，公司保留利润的 59.6% 用作再投资。

这样公司增长率的计算过程如下所示：

增长率＝股本回报率×留存收益率
$$= 19.32\% \times 59.6\%$$
$$= 11.5\%$$

公司的增长能力对公司未来发展来说至关重要，但是这只有在公司有吸引人的投资机会时才可实现。除此之外，还必须要有可使投资增长的融资途径，包括增加借款、发行股票，或者不将利润支付给股东（不进行股利支付）。最后的方法就是内部增长。强生公司有能力通过实现 19.32% 的股本回报率以及保留公司利润的 59.6% 来实现其 12% 的内部增长。

## 你可以做出来吗？

### 计算普通股价值

亚伯拉罕（Abraham）公司去年支付了每股 1.32 美元的股利。在可预见的未来，公司预期的增长率是 6%。如果投资者对于与亚伯拉罕风险相当的公司的必要收益率是 10%，那么亚伯拉罕公司的股票价值是多少？

我们现在可以利用财务决策工具对普通股进行估值，假设股利按照一定的增长率永续增长，具体展示如下：

### 财务决策工具

| 工具名称 | 公式 | 含义 |
|---|---|---|
| 股利增长率 | 增长率＝股本回报率×留存收益率 | 进行股票估值时，可用此公式估计公司的增长率。 |
| 普通股价值 | $V_{cs} = \dfrac{D_1}{(1+r_{cs})^1} + \dfrac{D_2}{(1+r_{cs})^2} + \cdots + \dfrac{D_n}{(1+r_{cs})^n} + \cdots + \dfrac{D_\infty}{(1+r_{cs})^\infty}$ | 普通股价值等于未来无限期所有股利的现值。 |
| 股利恒定增长下的普通股价值 | 普通股价值＝$\dfrac{第1年的股利}{必要收益率-增长率}$ $$V_{cs} = \dfrac{D_1}{r_{cs}-g}$$ | 假设股利以某一增长率永续增长时的普通股价值。 |

### 概念回顾

1. 与优先股和债券相比，普通股的哪些特征说明了普通股股东对公司的所有权？
2. 股东通过哪两种途径从公司的所有权中受益？
3. 与投入新资本相比，内部增长如何影响原始股东的权益？
4. 描述普通股的估值过程。

## 你做出来了吗?

### 计算普通股价值

亚伯拉罕公司的股票价值估计为 35 美元，计算过程如下所示：

$$普通股价值 = \frac{第 1 年的股利}{必要收益率 - 增长率}$$

$$= \frac{1.32 \times (1+0.06)}{0.10 - 0.04} = \frac{1.40}{0.04} = 35（美元）$$

因此，与优先股很类似，普通股的价值也是未来所有股利的现值。然而，与优先股不同，普通股股利预期随着公司盈利的增长而增长。因此普通股的股利是随着时间的推移不断增长的。而且只要应用基本的数学知识（要保持耐心），我们就可以发现，股票的价格等于第一年年末预期收到的股利除以投资者的必要收益率与假定的恒定增长率之差。当我们这样做时，我们就可以得到未来股利的现值，也就是股票的价值。

# 股东的预期收益率

我们在第七章中提到过，债券的预期收益率，或者称之为到期收益率，是债券持有人通过支付该证券的市场价格，预计将会取得的投资收益率。此收益率对财务经理人很重要，因为该收益率可以让经理人了解投资者的预期。同样的道理也适用于需要知道公司股东的预期收益率的财务经理，这也是该部分我们将要讨论的问题。

## 优先股股东的预期收益率

为了计算优先股股东的预期收益率，我们使用优先股的价值计算公式。在前文中，式 (8-2) 具体说明了优先股价值 $V_{ps}$ 可通过如下方式计算：

$$优先股价值（V_{ps}）= \frac{每年支付股利}{必要收益率} = \frac{D}{r_{ps}}$$

从式（8-2）我们可以解出 $r_{ps}$ 的值：

$$\text{必要收益率 }(r_{ps}) = \frac{\text{每年支付股利}}{\text{优先股价值}} = \frac{D}{V_{ps}} \tag{8-6}$$

这样，优先股股东的必要收益率就等于该优先股每年支付的股利除以该股票的内在价值。我们也可以利用这个公式来解出优先股的预期收益率 $\overline{r}_{ps}$，具体如下所示[①]：

$$\text{预期收益率 }(\overline{r}_{ps}) = \frac{\text{每年支付股利}}{\text{优先股市场价格}} = \frac{D}{P_{ps}} \tag{8-7}$$

要注意我们仅仅将原公式中的股票内在价值 $V_{ps}$，替换为了股票的当前市场价格 $P_{ps}$。因此，预期收益率 $\overline{r}_{ps}$ 等于该优先股每年支付的股利除以优先股市场价格，即当前的卖价 $P_{ps}$。这样，**预期收益率**（expected rate of return）$\overline{r}_{ps}$，就是以当前价格购买股票，投资者预计从该投资中获得的收益率。

例如，如果优先股的当前市场价格是 50 美元，并且每年支付 3.64 美元的股利，那么当前市场价格中隐含的预期收益率是：

$$\overline{r}_{ps} = \frac{D}{P_{ps}} = \frac{3.64\text{ 美元}}{50\text{ 美元}} = 7.28\%$$

因此，投资者的预期收益率是 7.28%（投资者给每年支付 3.64 美元股利的优先股的价格是 50 美元）。

下面给出了我们计算优先股股东的必要收益率和优先股的预期收益率的决策工具：

### 财务决策工具

| 工具名称 | 公式 | 含义 |
| --- | --- | --- |
| 优先股股东的必要收益率 | $r_{ps} = \dfrac{\text{每年支付股利}}{\text{优先股价值}} = \dfrac{D}{V_{ps}}$ | 给定投资者为股票支付的价格，计算优先股股东的必要收益率。 |
| 优先股的预期收益率 | $\overline{r}_{ps} = \dfrac{\text{每年支付股利}}{\text{优先股市场价格}} = \dfrac{D}{P_{ps}}$ | 给定股票的当前市场价格，计算优先股的预期收益率。 |

---

| 例题 8.3 | 计算优先股的预期收益率 |
| --- | --- |

在例题 8.1 中，我们计算了德意志银行的优先股价值，其中股票的面值是 25 美元，票面利率是 7.35%，即每年支付 1.84 美元的股利。在前面的例子中，我们计算了给定不同的必要收益率下股票的价值。当时，股票的市场价格是 26 美元。如果你以当前的市场价格购买这只股票，你的预期收益率是多少？

**步骤 1：制定策略**

为了计算优先股的预期收益率，我们只需利用式（8-7）来进行计算：

---

[①] 我们将使用 $r$ 表示证券的预期收益率，而 $r$ 是投资者的必要收益率。

$$\bar{r}_{ps} = \frac{每年支付股利}{优先股市场价格} = \frac{D}{P_{ps}}$$

**步骤 2：计算数值**

$$预期收益率 = \frac{1.84 \text{ 美元}}{26 \text{ 美元}} = 0.070\ 8 = 7.08\%$$

**步骤 3：分析结果**

持有德意志银行股票的投资者预期将要得到比票面利率 7.35% 更低的收益率。得到这样的结果是由于投资者愿意支付比股票面值更高的价格。

◆◆◆◆◆◆◆◆◆◆◆◆◆◆◆◆◆◆◆◆◆◆◆◆◆◆◆◆◆◆◆◆◆◆◆◆◆◆◆◆◆◆◆◆◆◆◆◆◆◆◆

## 普通股股东的预期收益率

普通股的估值公式在式（8-4）中已经说明，表示如下：

$$普通股价值 = \frac{第1年的股利}{(1+必要收益率)^1} + \frac{第2年的股利}{(1+必要收益率)^2} + \cdots + \frac{第无限期的股利}{(1+必要收益率)^\infty}$$

$$V_{cs} = \frac{D_1}{(1+r_{cs})^1} + \frac{D_2}{(1+r_{cs})^2} + \cdots + \frac{D_\infty}{(1+r_{cs})^\infty}$$

因为计算无限期的折现值比较困难，我们做出一个关键假设，即每期股利 $D_t$ 以每年恒定的增长率 $g$ 增长。如果这个假设成立，那么式（8-4）就等价于如下公式：

$$普通股价值 = \frac{第1年的股利}{必要收益率 - 增长率}$$

$$V_{cs} = \frac{D_1}{r_{cs} - g}$$

因此，$V_{cs}$ 代表了必要收益率为 $r_{cs}$ 的投资者愿意为这样的证券支付的价格：预期第 1 年支付的股利是 $D_1$，并且该股利在未来几年中按照增长率 $g$ 增长。从式（8-5）中解出 $r_{cs}$，我们可以计算出普通股股东的必要收益率如下所示[①]：

$$r_{cs} = \frac{D_1}{V_{cs}} + g \tag{8-8}$$

股利收益率    增长率

根据这一公式，预期收益率等于股利收益率加上一个增长率。尽管在我们的假设中，增长率 $g$ 是公司支付的股利的增长率，但是也可以预期股票价值以相同的速度增长。也正是由于

---

① 有时第 1 年年末的预期股利没有给出，我们可能仅仅知道最近的股利，即 $D_0$。如果这样，式（8-5）需要重置如下：

$$V_{cs} = \frac{D_1}{r_{cs} - g} = \frac{D_0 (1+g)}{r_{cs} - g}$$

这个原因，$g$ 代表了股票价值每年增长的百分比。换句话说，投资者的必要收益率由他们获得的股利和资本利得进行补偿，表现在股价上就是股价的预期增长百分比。

与我们之前进行的优先股的估值类似，我们可以将式（8-8）改写为计算普通股的预期收益率 $\bar{r}_{cs}$ 的公式。将式（8-8）中股票的内在价值 $V_{cs}$ 替换为股票的当前市场价格 $P_{cs}$，我们可以将股票的预期收益率表示如下：

$$\bar{r}_{cs} = \frac{\text{第 1 年的股利}}{\text{市场价格}} + \text{增长率} = \frac{D_1}{P_{cs}} + g \qquad (8-9)$$

为了说明这一点，我们假设皮尔逊（Pearson）公司今年将支付 2 美元的股利。管理层预计公司将以每年 6% 的速度增长。你有兴趣购买 100 股该公司的股票，该股票的当前价格是 45 美元。你的必要收益率是 12%。那么你应该购买这只股票吗？

$$\bar{r}_{cs} = \frac{2 \text{ 美元}}{45 \text{ 美元}} + 0.06 = 4.44\% + 6\% = 10.44\%$$

结论是你将不会购买这只股票，因为该股票的预期收益率低于你的必要收益率。

从历史数据来看，大多数股票的收益来自价格增值，或者是资本利得，只有小部分收益来自股利支付，除了 2008—2009 年的情况以外都是这样。例如，标准普尔 500 指数从 1926 年算起平均每年的收益率是 10%。但是股利收益率（股利支付÷股票价值）只占收益的 2%～3%。其余 7%～8% 的收益率都来自价格增值。

---

**记住你的原则**

我们刚刚学习到，平均来看，预期收益率等于投资者的必要收益率。这一均衡条件的实现是由于投资者只会为某一资产支付恰好能满足其必要收益率的价格。因此，依据证券的当前市场价格计算其预期收益率是基于我们在第一章中给出的如下两条原则：

原则 2：货币具有时间价值；

原则 3：风险要求收益补偿。

---

**例题 8.4 　　　　　　　　　　　　　求解普通股股票的预期收益率**

在例题 8.2 中，已知你的必要收益率是 17%，我们给星巴克公司估计的股票价格是 38.86 美元。这一答案是基于 15.25% 的预期增长率。

同样，预计股票将支付 0.68 美元的股利。股票现在的价格是 50 美元。如果投资者以当前 50 美元的市场价格购买该股票，那么投资者的预期收益率是多少？

**步骤 1：制定策略**

估计普通股股票的预期收益率可使用如下公式：

$$\bar{r}_{cs} = \frac{\text{第 1 年的股利}}{\text{市场价格}} + \text{增长率} = \frac{D_1}{P_{cs}} + g$$

**步骤 2：计算数值**

星巴克公司股票的预期收益率是 16.61%，计算过程如下所示：

$$\text{预期收益率} = \frac{\text{第 1 年的股利}}{\text{市场价格}} + \text{增长率}$$

$$= \frac{0.68 \text{ 美元}}{50 \text{ 美元}} + 0.152\ 5$$

$$= 0.013\ 6 + 0.152\ 5 = 0.166\ 1 = 16.61\%$$

**步骤 3：分析结果**

在当前 50 美元的市场价格所隐含的预期收益率中，只有一小部分是来自投资者未来收取的股利支付。为了实现这一收益，投资者实际上是依赖于所投资的公司在未来能够实现每年 15% 的增长，而这一目标对于许多公司来说绝非易事。

---

## 你可以做出来吗?

**计算预期收益率**

计算一下两只股票的预期收益率。

优先股：该股票的当前价格为 80 美元，面值为 100 美元，每年支付面值 5% 的股利。

普通股：该股票去年支付了 4 美元的股利，并且预计支付的股利以每年 5% 的速度增长。股票的价格是 75 美元。

---

## 你做出来了吗?

**计算预期收益率**

优先股：

$$\text{预期收益率} = \frac{\text{每年支付股利}}{\text{优先股市场价格}} = \frac{5 \text{ 美元}}{80 \text{ 美元}} = 0.062\ 5 = 6.25\%$$

普通股股票：

$$\text{预期收益率} = \frac{\text{第 1 年的股利}}{\text{市场价格}} + \text{增长率}$$

$$= \frac{4 \text{ 美元} \times (1 + 0.05)}{75 \text{ 美元}} + 5\% = \frac{4.20 \text{ 美元}}{75 \text{ 美元}} + 5\%$$

$$= 5.6\% + 5\% = 10.6\%$$

目前为止，我们没有考虑股票的价值是多少。相反，我们想知道如果我们以当前的市场价格购买该普通股，我们可以预期得到的收益率是多少。因此给定股票价格，我们可以依据当前市场价格求得相应的预期收益率。我们可以问我们自己，若给定将要承担的风险，该预期收益率是否是可接受的。

最后，我们应该理解对于边际投资者来说，给定的市场价格所蕴含的预期收益率就等于其必要收益率。对于这些投资者来说，预期收益率恰好等于他们的必要收益率，因此，他们愿意为该证券支付其当前市场价格。这些投资者的必要收益率对于财务经理来说具有特殊的重要性，因为该收益率代表了公司进行融资所支付的成本。

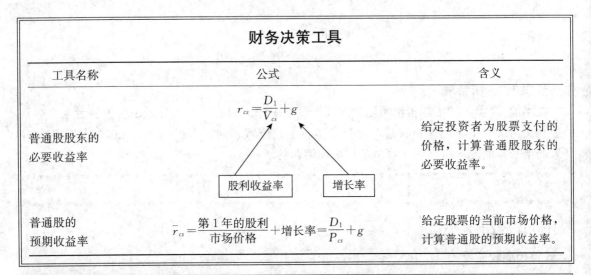

## 财务决策工具

| 工具名称 | 公式 | 含义 |
|---|---|---|
| 普通股股东的必要收益率 | $r_{cs}=\dfrac{D_1}{V_{cs}}+g$ <br> 股利收益率 增长率 | 给定投资者为股票支付的价格，计算普通股股东的必要收益率。 |
| 普通股的预期收益率 | $\bar{r}_{cs}=\dfrac{\text{第 1 年的股利}}{\text{市场价格}}+\text{增长率}=\dfrac{D_1}{P_{cs}}+g$ | 给定股票的当前市场价格，计算普通股的预期收益率。 |

### 概念回顾

1. 在计算普通股股东的必要收益率的过程中，为什么要在股利收益率的基础上加上增长率？

2. 解释股东的必要收益率和预期收益率之间的区别。

3. 一个有效市场是如何影响必要收益率和预期收益率的？

## 本章小结

估值是财务管理中非常重要的环节。对于估值的理解，包括对于估值的基本概念和估值过程的理解，估值体现了为股东创造价值的财务目标。

**1. 了解优先股的基本性质和特征**

**小结**：优先股没有固定的到期期限，并且每期的股利支付金额是固定的。优先股具有的一些其他常见的特征如下：

● 优先股具有不同的等级划分。

● 优先股相对于普通股对于公司的资产和收入有优先索取权。

● 优先股的任何股利，如果没有按约定支付，必须在支付任何普通股股利前得到优先支付。也就是说，优先股股利是可累积的。

● 保护条款被包括在与股东签订的协议中，以降低投资者的风险。

● 一些优先股可转换为普通股。

● 此外，一些条款被用来终止优先股的发行流通，例如公司有权召回其发行的优先股或者使用赎回基金条款。

**关键术语**

优先股：优先股是兼具普通股和债券性质的混合证券。优先股在没有固定的到期期限，以及股利在税前不可抵扣等方面与普通股类似；而在支付固定股利方面与债券相似。

可累积性：可积累性要求在支付普通股股利之前，先支付过往累积的所有未支付的优先股股利。

保护条款：保护条款保护了投资者的利益。保护条款一般规定当未支付优先股股利时，赋予优先股投票权；或者当优先股股利支付未达到目标或公司处于财务困境时，对普通股股利的支付进行限制。

可转换优先股：可转换优先股是指在投资者要求下，可按照事前规定比例转换为一定数量普通股的优先股。

赎回条款：赎回条款允许发行公司在给定期限内，以规定好的价格从投资者手中购回其发行的优先股。

赎回基金条款：赎回基金条款是一项保护性条款，要求公司定期留存一部分资金用于优先股的赎回。这部分资金随后被用来在公开市场购买优先股或者赎回股票，采用哪种方式取决于哪种方式的成本更低。

## 2. 优先股估值

**小结**：资产价值是以投资者的必要收益率为折现率的未来现金流的现值。尽管任何证券的估值都涉及相同的基本原理，但是在每种具体情况下的应用均有所不同。例如，我们在第七章中学习过，给债券估值需要计算未来利息收入的现值，加上债券到期时偿还给投资者的债券面值的现值。对于那些每年产生固定现金流并且没有确定到期期限的证券，例如优先股，它们的现值等于每年支付的股利金额除以投资者的必要收益率。

### 关键公式

$$优先股价值 = \frac{第1年的股利}{(1+必要收益率)^1} + \frac{第2年的股利}{(1+必要收益率)^2} + \cdots + \frac{第无限期的股利}{(1+必要收益率)^\infty}$$

$$= \frac{D_1}{(1+r_{ps})^1} + \frac{D_2}{(1+r_{ps})^2} + \cdots + \frac{D_\infty}{(1+r_{ps})^\infty}$$

$$优先股价值 = \frac{每年支付股利}{必要收益率} = \frac{D}{r_{ps}}$$

## 3. 了解普通股的基本性质和特征

**小结**：普通股涉及公司的所有权问题。实质上，债券持有人和优先股股东都可以被看作是债权人，然而普通股股东是公司的所有人。普通股没有到期期限，其存续期限就是公司的存续期限。普通股在其股利支付上也没有上限。每期（通常为每季度）的股利支付政策必须由公司的董事会宣布。当公司破产时，公司的普通股持有人作为公司的所有者，只有在公司的债权人，包括债券持有人和优先股持有人得到偿付后，才可以得到支付。但是，普通股股东的偿债责任以其出资额为限。

普通股股东有权选举董事会成员，一般来说也是唯一具有投票权的公司证券持有者。普通股股东不仅有权利选举董事会成员，同时有权决定是否通过公司章程的变更。尽管每股普通股股票有相同的投票权，但是每家公司的投票程序不尽相同。优先配股权赋予普通股股东保持当前所占公司股权比例的权利。

### 关键术语

普通股：普通股是对公司所有权的凭证。

有限责任：有限责任提供了一种保护条款，使得投资者对超过其投资额的部分不再负偿债责任。

代理投票：代理投票制度赋予代表方临时的律师权利，代表股权登记人在公司年度股东大会上投票。

代理投票权之争：代理投票权之争是指发生在对立利益集团之间的代理投票权竞争，目的是在股东大会上取得决策控制权。

多数投票制：在多数投票制下，每股股票赋予股东一份投票权，并且董事会成员的职位是分别进行投票选举的。因此，拥有多数股份的股东有权选出整个董事会。

累计投票制：在累计投票制下，每股股票赋予股东的投票数量等于将要选举出的董事会成员数量。股东可以将他或她所拥有的投票权集中投给某一候选人，或者将其投票权分散投给不同的候选人。

优先配股权：优先配股权赋予普通股股东保持当前所占公司股权比例的权利。

期权：期权是向股东发行的，赋予其在 2～10 周的期限内以事先规定的价格认购规定数量新股的权利的凭证。

### 4. 普通股估值

🛡 **小结**：与债券和优先股类似，普通股的价值等于未来现金流的现值。

当使用股利增长模型对股票进行估值时，增长率只和内部增长有关——由公司利润的留存部分以及将留存收益用于对公司再投资所实现的增长，而不是通过发行新股或收购其他公司来实现增长。

公司实现自身增长并不代表公司为其股东创造了价值。只有公司利润以高于投资者的必要收益率进行再投资时，才会带来股东价值的增加。

📝 **关键术语**

内部增长：通过将公司利润再投资而不是作为股利分发给股东而实现的公司增长率。该增长率是留存收益额和留存收益率的函数。

留存收益率：留存收益率是公司留存的当期利润的比率。

股利支付率：股利支付率是支付的股利占当期利润的百分比。

📝 **关键公式**

增长率＝股本回报率×留存收益率

$$普通股价值（V_{cs}）=\frac{D_1}{(1+r_{cs})^1}+\frac{D_2}{(1+r_{cs})^2}+\cdots+\frac{D_n}{(1+r_{cs})^n}+\cdots+\frac{D_\infty}{(1+r_{cs})^\infty}$$

$$普通股价值=\frac{第1年的股利}{必要收益率-增长率}$$

$$V_{cs}=\frac{D_1}{r_{cs}-g}$$

### 5. 计算股票的预期收益率

🛡 **小结**：某一证券的预期收益率是愿意为该证券支付当前市场价格（但是不能支付更多）的投资者的必要收益率。预期收益率对于财务经理人来说非常重要，因为该预期收益率等于公司投资者的必要收益率。

📝 **关键术语**

预期收益率：预期收益率是以当前市场价格购买股票，投资者预计从该投资中获得的收益率。

✒ **关键公式**

$$必要收益率（r_{ps}）=\frac{每年支付股利}{优先股价值}=\frac{D}{V_{ps}}$$

$$预期收益率（\bar{r}_{ps}）=\frac{每年支付股利}{优先股市场价格}=\frac{D}{P_{ps}}$$

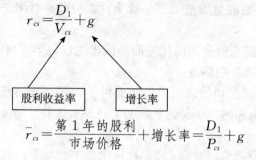

$$r_{cs}=\frac{D_1}{V_{cs}}+g$$

股利收益率    增长率

$$\bar{r}_{cs}=\frac{第1年的股利}{市场价格}+增长率=\frac{D_1}{P_{cs}}+g$$

---

**复习题**

**8-1** 为什么优先股被认为是一种混合证券？人们经常说优先股集合了普通股和债券的所有缺点。这句话是什么意思？

**8-2** 如果累积的未支付的优先股股利要在普通股股利之前发放，那么它们应该算作公司的负债并记录在资产负债表的右侧吗？

**8-3** 为什么优先股股东希望持有的股票具有股利可累积特征和保护条款？

**8-4** 为什么优先股通常是可转换的？为什么是可赎回的？

**8-5** 比较优先股估值与普通股估值。

**8-6** 定义投资者的预期收益率。

**8-7** 说明投资者的预期收益率是如何计算的。

**8-8** 普通股股东的投资中有两种收益来源。它们分别是什么？

---

**课后问题**

**8-1** （优先股估值）如果股票的面值为 100 美元，每期股利支付为面值的 16%，那么该优先股的价值是多少？该风险水平的股票的折现率是 12%。

**8-2** （优先股估值）阿姆勒（Armlo）公司的优先股需支付 2.75 美元的股利。如果你的必要收益率是 9%，那么该股票的价值是多少？

**8-3** （优先股估值）面值为 100 美元，按面值的 14% 支付股利的优先股的价值是多少？该股票风险水平的折现率是 12%。

**8-4** （优先股估值）先锋（Pioneer）公司优先股的当前市场价格是 33 美元，该股票每年支付 3.6 美元的股利。

a. 该股票的预期收益率是多少？

b. 如果投资者的必要收益率是 10%，那么对于该投资者来说，该股票的价值是多少？

c. 该投资者应该购买这只股票吗？

**8-5** （优先股估值）计算每年支付 6 美元股利的优先股的价值，你的必要收益率是 12%。

**8-6** （优先股估值）你正在考虑投资以下两只优先股中的一只，TCF 资本公司或者 TAYC 资本信托公司。TCF 资本公司的优先股每年支付 2.69 美元的股利，而 TAYC 资本信托公司每年支付 2.44 美元的股利。如果你的必要收益率是 12%，那么这两只股票对你来说的价值分别是多少？

**8-7** （优先股估值）你正在考虑投资双鹰石油公司的优先股。该优先股每年支付 2.31 美元的股利。你的必要收益率是 12%。请对该优先股估值。

**8-8** （普通股估值）克罗斯比（Crosby）公司的普通股去年支付了 1.32 美元的股利，并且预计今后以每年 7% 的速度永续增长。如果你的必要收益率是 11%，那么该股票的价值是多少？

**8-9** （衡量增长率）菲萨佑（Fisayo）公司希望实现 7% 的稳定增长率。如果公司的股本回报率可以达到 12%，那么菲萨佑公司必须保留每期利润多大的比例用于再投资？

**8-10** （普通股估值）多尔顿（Dalton）有限公司的股本回报率是 11.5%，并且每年保留其利润的 55% 用于再投资。该股票刚刚支付了 3.25 美元的股利，并且股票当期市场价格是 40 美元。

a. 多尔顿有限公司的增长率是多少？

b. 多尔顿有限公司的预期收益率是多少？

c. 如果你的必要收益率是 13%，那么你应当投资该公司吗？

**8-11** （普通股估值）贝茨（Bates）有限公司每年支付 1 美元股利，并且股票的当前价格是 32.5 美元。如果投资者对于投资购买贝茨公司股票要求的收益率是 12%，那么贝茨有限公司为达到投资者要求所必须实现的增长率是多少？

**8-12** （普通股估值）你有意以 50 美元每股的价格购买马瑞戈（Marigo）公司的普通股股票，持有 1 年，并在其支付 6 美元的股利后将股票卖出。为了达到你 15% 的必要收益率，该股票价格在你持有期间需要增长多少？

**8-13** （普通股估值）引领者电机（Header Motor）有限公司去年支付了 3.5 美元的股利。如果公司以每年 5% 的恒定增长率增长，投资者的必要收益率是 20%，那么该普通股的价值是多少？

**8-14** （衡量增长率）已知公司的股权收益率是 18%，并且管理层计划每年留存当期利润的 40% 用于再投资，那么该公司的增长率是多少？

**8-15** （普通股估值）霍尼韦（Honeywag）普通股预计明年会支付 1.85 美元的股利，并且预计到年底时该股票的市场价格将达到 42.5 美元。如果投资者的必要收益率是 11%，那么该股票的当前价值是多少？

**8-16** （普通股估值）国家汽车停车场（NCP）公司普通股去年支付了 1.32 美元的股利。预计普通股股利在未来无限期内将以每年 8% 的速度增长。

a. 如果 NCP 股票的当前市场价格是 23.5 美元，那么该股票的预期收益率是多少？

b. 如果你的必要收益率是 10.5%，那么对于你来说该股票的价值是多少？

c. 你应该投资这只股票吗？

**8-17**　（衡量增长率）佩珀代因（Pepperdine）有限公司的股本回报率是 16%，并且管理层计划每年留存当期利润的 60% 用于再投资。该公司的增长率是多少？

**8-18**　（普通股估值）A&F（Abercrombie & Fitch）公司的普通股每年支付 0.7 美元的股利。该股票的当前价格是 34.14 美元。如果投资者对投资购买 A&F 公司股票所要求的收益率是 10%，那么 A&F 公司必须为投资者实现多高的增长率？

**8-19**　（普通股估值）施伦贝格尔（Schlumberger）公司股票的当前价格是 64.91 美元，并且去年支付了 1.1 美元的股利。预计未来股利按 4% 的增长率无限期增长。那么该股票的预期收益率是多少？

**8-20**　（优先股股东预期收益率）你持有多尔顿资源（Dalton Resources）公司 250 股优先股股票。该优先股的当前价格是 38.5 美元，每股每年支付 3.25 美元股利。

　a. 你的预期收益率是多少？

　b. 如果你的必要收益率是 8%，已知当前价格，你应该卖出股票还是买入更多该股票？

**8-21**　（优先股股东预期收益率）你计划购买 100 股优先股股票，并且必须在 A 股票和 B 股票中进行选择。A 股票每年支付 4.5 美元股利，当前价格是 35 美元。B 股票每年支付 4.25 美元股利，当前价格是 36 美元。如果你的必要收益率是 12%，那么你应该选择购买哪只股票？

**8-22**　（优先股股东预期收益率）孤波（Soliton）公司优先股的价格是 42.16 美元，每年支付 1.95 美元股利。如果你以当前市场价格买入该股票，那么你的预期收益率是多少？

**8-23**　（优先股股东预期收益率）你持有萨姆纳资源（Somner Resource）公司 200 股优先股股票，该股票的当前价格是 40 美元，每年支付 3.4 美元的股利。

　a. 你的预期收益率是多少？

　b. 如果你的必要收益率是 8%，已知当前市场价格，你应该卖出还是买入更多该股票？

**8-24**　（优先股股东预期收益率）你正在计划购买 100 股优先股股票，并且必须在克里斯汀（Kristen）公司和提图斯（Titus）公司之间选择。你的必要收益率是 9%。如果克里斯汀公司股票每年支付 2 美元股利，其当前市场价格是 23 美元。提图斯公司股票每年支付 3.25 美元股利，其市场价格是 31 美元。你将会选择购买哪只股票？

**8-25**　（优先股股东预期收益率）你持有詹姆斯（James）公司 150 股优先股股票，当前市场价格是每股 22 美元。詹姆斯公司每年支付 1.55 美元股利。那么你的预期收益率是多少？如果你的必要收益率是 9%，你应该购买更多该股票吗？

**8-26**　（优先股股东预期收益率）你正在考虑购买 150 股优先股。你的必要收益率是 11%。如果股票的当前价格是 40 美元，并且每年支付 5.25 美元股利，你应该购买该股票吗？

**8-27**　（优先股股东预期收益率）你正在考虑以每股 36.72 美元的价格购买戴维斯（Davis）公司的股票。假设该股票每年支付股利 2.33 美元。那么你的预期收益率是多少？如果你的必要收益率是 8%，你应该购买这只股票吗？

**8-28**　（普通股股东预期收益率）布莱克本 & 史密斯（Blackburn & Smith）公司的普通股当前售价是每股 23 美元。公司管理层预计公司利润以 10.5% 的恒定增长率增长，并在每年年底支付 2.5 美元股利。

　a. 你的预期收益率是多少？

　b. 如果你的必要收益率是 17%，那么你应该购买该只股票吗？

**8-29**　（普通股股东预期收益率）制造（Made—It）公司普通股的当前价格是每股 22.5

美元。公司管理层预计公司利润以 10％的恒定速度增长，并在每年年底支付 2 美元股利。

　　a. 如果你以 22.5 美元购买这只股票，你的预期收益率是多少？

　　b. 如果你的必要收益率是 17％，那么你应该购买这只股票吗？

　　**8-30**　（普通股股东预期收益率）扎尔迪（Zaldi）公司普通股的当前价格是每股 32.84 美元。该股票刚支付了每股 2.94 美元的股利，并预计实现 9.5％的恒定增长率。如果你以市场价格购买了这只股票，你的预期收益率是多少？

　　**8-31**　（普通股股东预期收益率）霍巴特（Hobart）公司普通股的市场价格是每股 43 美元。第一年年末的价格预计是 48 美元，第二年的股利预计为 2.84 美元。该股票的预期收益率是多少？

　　**8-32**　（普通股股东预期收益率）假设你购买了 125 股普通股股票，每股每年年底支付 3 美元股利，如果你以 30 美元的价格购买该股票，你的预期收益率是多少？假设股票预计可实现每年 7％的恒定增长。

　　**8-33**　（普通股股东预期收益率）戴西（Daisy）公司管理层预计公司的普通股股票可实现每年 12％的增长。该公司股票当前市场价格是每股 42.65 美元，并在每年年底支付 1.45 美元的股利。如果你以该股票的当前市场价格 42.65 美元购买该股票，你的预期收益率是多少？

## 案例分析

　　你终于拥有 10 000 美元的储蓄，并准备将这些资金用于你的首次投资。你有如下三种投资该资金的方式：

　　● 美国银行的债券，面值为 1 000 美元，按照面值的 6.35％支付利息，当前市场价格为 1 020 美元，将于 5 年后到期。

　　● 绍斯韦斯特银行（Southwest Bancorp）的优先股，每年支付 2.63 美元股利，当前市场价格是 26.25 美元。

　　● 艾默生电气（Emerson Electric）公司普通股，当前市场价格是 52 美元，面值为 5 美元。该股票刚支付了每股 1.6 美元的股利，并且在过去的 5 年中公司的每股收益从 2.23 美元增长到 3.3 美元。公司预计在可预见的未来将以相同的增长率增长。

　　你对于投资的必要收益率是：债券为 5％，优先股为 8％，普通股为 12％。利用这些信息，回答如下问题：

　　a. 依据你的必要收益率，计算每项投资的价值。

　　b. 你会选择哪项投资？为什么？

　　c. 假设艾默生电气公司的经营者预测公司盈利以高于历史增长率 1％的速度增长。这将会如何影响你关于问题 a 和问题 b 的答案？

　　d. 当你的必要收益率是多少时，你对这三种投资选择的偏好是无差异的？

# 第 九 章

# 资本成本

1. 理解公司成本的潜在含义；
2. 计算单个资本的成本；
3. 计算公司的加权平均资本成本；
4. 估计资本的分部门成本。

2011 年第三季度，埃克森美孚公司获得了 94 亿美元的盈利。这一数字是该公司在 2008 年同一季度盈利的两倍！但是埃克森美孚公司给它的股东创造了价值了吗？回答这一问题的关键不仅仅依赖于公司的盈利水平，还在于：（1）为了获得这些盈利，公司作出了多少投资，（2）在公司投资者的心目中，公司的投资风险水平有多高。也就是说，我们需要知道两件事情：该公司基于它所投资的资本所获得的收益率是多少？市场对于该项投资的资本所要求的必要收益率是多少？

公司的资本成本为我们提供了一个对投资者所希望在公司身上获得的收益率的估计。对公司资本成本的估计在理论上是非常直观的，但是它在实际操作过程中却十分令人生厌。理论上，估计公司的资本成本需要知道下列信息：（1）确定公司资本的所有来源以及这些来源的相对重要性（也就是每个资金来源占公司投资资本的比例大小）；（2）估计市场对公司所使用的每一个资金来源所要求的必要收益率；（3）计算出所有资金来源的平均必要收益率。其中，每一个资金来源的必要收益率按照该来源对投资该公司的总资本比例进行加权。

资本成本不仅仅在估计公司的总体表现时十分重要，它同时也用于评估公司所作出的个别投资决策。举例来说，当埃克森美孚公司正在考虑在尼日利亚发展一个新的石油生产基地的时候，公司就需要估计实施这一投资所需要的收益是多少。与之类似，当公司考虑在东南亚修建一个化工工厂的时候，公司的分析师也需要找到一个标准的收益率，用来与投资项目的预期收益率做比较。资本成本恰好提供了这一标准。

2011年，埃克森美孚公司股票的账面价值获得了十分惊人的26.93%的收益率，公司总资产市场价值的收益率也达到了10%。考虑到该公司不得不获取低于10%的利润来满足所有的投资者（包括股权投资者和债权投资者），公司在日益恶化的金融危机的阴影下，仍然为它的投资者创造了很多的价值。在这一章中，我们将学习如何计算企业的资本成本。我们将把公司所借入的资金与公司股东投资在公司上的资金组合的成本当作公司的加权平均资本成本，或者简单地说，就是公司的资本成本。

我们已经在第六章学习了风险与投资者必要收益率之间的联系，在第七章和第八章中，我们又进一步学习了债券持有者和股东作为投资者的必要收益率如何计算。现在，我们已经准备好去学习，如何计算公司整体的必要收益率。正如个人借钱给公司（债券所有人），或者那些投资股票的投资者都有他们自己的必要收益率一样，我们可以将公司看作一个整体，考虑一个综合的必要收益率。这一公司的必要收益率是对所有投资者所要求的必要收益率的一个综合。我们将这种通过对单个收益率的加权平均计算出来的收益率称为公司的**加权平均资本成本**（weighted average cost of capital），或者简单地称为公司的资本成本。就像经营业务中的成本一样，公司如果想要为它的拥有者创造价值，也必须至少获得与该成本相同的收益。

在这一章中，我们将讨论公司资本成本的基本决定因素、公司资本成本的计算以及背后所应用的原理，其中包括估计债务、优先股和普通股成本背后的逻辑。本书的第十二章将会讨论公司的融资结构给资本成本带来的影响。

## 资本成本：主要定义与概念

### 机会成本、必要收益率与资本成本

公司的资本成本有时可以理解为公司资本的**机会成本**（opportunity cost）。机会成本的概念来自于经济学的研究，它被定义为做出某种决策之后，放弃其他次优机会的成本。举例来说，在星巴克做兼职工作的机会成本是你所失去的可以在学校中担任其他工作而得到的工资。与之相似，当一个企业决定把从投资者那里筹集来的资金进行投资时，它实质上就是决定了不将这部分资金立即归还给投资者。因此，将资金进行投资的机会成本就是公司将资金保留而不退还给投资者所发生的成本，即公司的资本成本。

投资者所要求的必要收益率与资本成本是一回事吗？答案是并不完全一样。接下来，我们将在这一章中用符号 $k$ 表示公司的筹资成本，而在第七章和第八章中，我们用 $r$ 表示投资者的必要收益率。两个符号在投资者的必要收益率与公司的资本成本之间达到了一个统一。

**1. 税收。**当一个企业通过借入资金来购买一项资产时，借款产生的利息支出在联邦所得税的计算中是可以被扣除的。考虑一家企业，它以9%的利率借入资金，然后以34%的边际税率纳税，在纳税之前，它可以从收入当中扣除这部分利息支出。那么对于这家企业来说，每支付1单位的利息，它就可以节省0.34美元的税收。因此，对公司来说，借入资金的实际成本就只有5.94% [=0.09−0.34×0.09]。

**2. 发行成本。**我们将公司在发行一种特定类型的证券来筹集资金时所发生的成本称为发行成本。正如你在第二章中所学到的，这些成本有时被称作交易成本。举例来说，如果一个公司以每股 25 美元的价格出售新股票，每股的交易成本为 5 美元，那么，这一新的普通股的资本成本也随之增加了。假设投资者对这一 25 美元的股票所要求的必要收益率为 15%，那么，公司每年必须获得 0.15×25 美元＝3.75 美元的利润来满足投资者所要求的收益。然而，公司只有 20 美元可以用来投资，所以公司的资本成本 $k$ 要按照在这 20 美元的基础上获得 3.75 美元的收益来计算，也就是：

$$20k = 25 \times 0.15 = 3.75$$

$$k = \frac{3.75}{20.00} = 0.187\ 5 = 18.75\%$$

当我们讨论公司各项资本来源的成本时，我们将会更深入地探讨这些因素。

---

### 你可以做出来吗？

**确定发行成本是如何影响资本成本的**

麦当劳公司在 2006 年 1 月以每股 22.00 美元的价格向一家快速成长的墨西哥快餐店出售了一部分股权。如果投资者对这些股票要求的必要收益率为 18%，麦当劳在交易过程中所产生的交易成本为每股 2.00 美元，麦当劳公司在调整了交易成本的影响之后的资本成本是多少？

---

### 你做出来了吗？

**确定发行成本是如何影响资本成本的**

如果一个股票的必要收益率是 18%，该股票以每股 22.00 美元的价格出售，所带来的交易成本为每股 2.00 美元，那么该墨西哥快餐店的股权资本成本可以通过计算对投资者的必要收益率的补偿来获得，方法如下：

$$股权资本成本 = \frac{投资者的必要收益率}{1 - 发行成本所占股价百分比} = \frac{18\%}{1 - \dfrac{2.00\ 美元}{22.00\ 美元}} = 19.80\%$$

此外，尽管股票以每股 22.00 美元的价格出售给了公众，这些股票在二级市场交易之后的收盘价格仍翻了一番，涨到了 44.00 美元。

---

## 公司的财务政策与资本成本

公司的**财务政策**（financial policy）是公司在债务融资和权益融资上的政策，即涉及公司计划使用哪些资金来源和公司所需要的特定的资本结构（比例）的公司政策。公司所使用的这一特定债务与权益的混合结构可以影响到公司的资本成本。然而，在这一章中，我们假设公司保持一个固定的财务政策，该政策具体反映在一个固定的债务—权益比例上。确定债务与权益融资的目标比例是第十二章的内容。

## 确定单个资本的成本

为了吸引新的投资者，公司创造出了许多种类的融资工具或证券。在这一章中，我们将主要关注三种基本类型的融资工具：债务、优先股和普通股。在计算通过这三种证券进行融资所产生的相关融资成本的过程中，我们需要在调整了交易成本或者是发行成本之后，再来估计投资者的必要收益率。此外，因为我们需要将税后现金流进行折现，我们还需要针对公司的所得税效应调整我们的资本成本。总而言之，一个特定来源的资本成本等于调整了发行成本与公司所得税效应之后的投资者必要收益率。

### 债务成本（cost of debt）

在学习了第七章之后，我们知道，一个债券的价值可以用债券未来所支付的本金和利息的现值来刻画。举例来说，如果一个按年度付息的债券还有 3 年到期，它的价值可以按如下方式来表示：

$$债券价值 = \frac{第一年支付的利息}{[1+债券持有者的必要收益率\ (r_d)]^1}$$
$$+ \frac{第二年支付的利息}{[1+债券持有者的必要收益率\ (r_d)]^2}$$
$$+ \frac{第三年支付的利息}{[1+债券持有者的必要收益率\ (r_d)]^3}$$
$$+ \frac{本金}{[1+债券持有者的必要收益率\ (r_d)]^3} \tag{9-1}$$

在第七章中，我们使用上述债券定价公式来估计债券持有人的必要收益率。这个必要收益率通常被称为债券的到期收益率。

由于公司在出售债券的时候必须支付一定的**发行成本**（flotation costs），公司所获得的每一个债券的净收益就小于债券的价值。因此，债务成本 $k_d$ 要高于债券持有者的必要收益率，该成本可以用式（9-2）表示：

$$债券单位净收益 = \frac{第一年支付的利息}{[1+债务成本\ (k_d)]^1} + \frac{第二年支付的利息}{[1+债务成本\ (k_d)]^2}$$
$$+ \frac{第三年支付的利息}{[1+债务成本\ (k_d)]^3} + \frac{本金}{[1+债务成本\ (k_d)]^3} \tag{9-2}$$

注意，对于发行成本的调整只需要公司简单地将债券的价值替换为公司在支付过这些发行成本之后所得到的债券单位净收益。这一调整的结果就是利用式（9-2）求出的折现率，这也是公司在调整公司所得税效应之前的债务融资成本，即债务成本 $k_d$。我们要做的最后一项调整是将利息的节税效应考虑进来。因此，债务的税后成本就等于债务成本 $k_d$ 乘以 1 与公司税率的差。

**计算债务融资的成本**

通用汽车配件（General Auto Parts）公司最近发行了一个账面价值为 20 000 000 美元，期限为 2 年的债券。该债券的票面利率为 5.5%（假设利息按年支付）。通用汽车配件公司接下来的现金流情况如下所示：

（单位：百万美元）

|  | 今日 | 第一年 | 第二年 |
| --- | --- | --- | --- |
| 本金 | 18.00 | 0 | −20.00 |
| 利息 |  | −0.99 | −0.99 |
| 合计 | 18.00 | −0.99 | −20.99 |

通用汽车配件公司该项债务融资的成本是多少？

## 你做出来了吗？

**计算债务融资的成本**

通用汽车配件公司通过发行债券获得了 18 000 000 美元的资金（在支付了发行成本之后），债券持有者要求公司在接下来的 2 年里每年年末支付债券的本金和利息。该债券总的现金流（包括现金流入量和现金流出量）如下：

（单位：百万美元）

|  | 今日 | 第一年 | 第二年 |
| --- | --- | --- | --- |
| 本金 | 18.00 | 0 | −20.00 |
| 利息 |  | −0.99 | −0.99 |
| 合计 | 18.00 | −0.99 | −20.99 |

我们可以通过求解下列债券定价公式的 $k_d$ 来估计来自债券发行的债务成本。

$$债券单位净收益 = \frac{第一年支付的利息}{[1+债务成本\,(k_d)]^1} + \frac{第二年支付的利息}{[1+债务成本\,(k_d)]^2}$$
$$+ \frac{第二年支付的本金}{[1+债务成本\,(k_d)]^2}$$

$$18\,000\,000\,美元 = \frac{990\,000\,美元}{(1+k_d)^1} + \frac{990\,000\,美元}{(1+k_d)^2} + \frac{20\,000\,000\,美元}{(1+k_d)^2}$$

$$k_d = 10.77\%$$

| 例题 9.1 | 计算债务融资的税后成本 |
|---|---|

天气网络（Synopticom）公司计划发行一只债券，并且希望能够估计出这一债务融资的税后成本。在与公司的投资银行沟通之后，公司的首席财务官确定了一个期限为 20 年，面值为 1 000 美元，票面利率为 8％的债券。这一债券在向投资者出售时可以获得 908.32 美元的净收益（票面利率 8％×1 000 美元＝80 美元按年支付）。如果天气网络公司的税率为 34％，那么公司该项债务融资的税后成本是多少？

**步骤 1：制定策略**

债务融资的税后成本可以将债券持有者的必要收益率作为折现率来估计，正如我们在第七章中所学的，这一折现率可以用来计算债券的价值，即利用式（9-2）：

$$债券单位净收益 = \frac{第一年支付的利息}{[1 + 债务成本（k_d）]^1} + \frac{第二年支付的利息}{[1 + 债务成本（k_d）]^2}$$
$$+ \cdots + \frac{第 n 年支付的利息}{[1 + 债务成本（k_d）]^n}$$
$$+ \frac{第 n 年支付的本金}{[1 + 债务成本（k_d）]^n}$$

注意到我们考虑了第 n 年的利息支出，但出于节省空间的考虑没有写出第 3 年至第 n−1 年的利息支出。将我们所知道的天气网络债券的信息代入式（9-2），我们就可以解出债务成本 $k_d$。最后，我们可以通过将 $k_d$ 乘以 1 与税率的差，计算出债务融资的税后成本：

$$债务的税后成本 = 债务成本（k_d）×（1 - 税率）$$

**步骤 2：计算数值**

将天气网络债券的数据代入式（9-2）中，我们可以得到下列结果：

$$908.32\ 美元 = \frac{0.08 \times 1\ 000\ 美元}{(1 + k_d)^1} + \frac{0.08 \times 1\ 000\ 美元}{(1 + k_d)^2} + \cdots + \frac{0.08 \times 1\ 000\ 美元}{(1 + k_d)^{20}}$$
$$+ \frac{1\ 000\ 美元}{(1 + k_d)^{20}}$$

我们可以利用计算器求解 $k_d$，得出 $k_d = 9\%$。该项债务的税后成本可以按如下方式计算得出：

$$债务的税后成本 = 债务成本（k_d）×（1 - 税率）$$
$$= 0.09 \times (1 - 0.34) = 0.059\ 4 = 5.94\%$$

**步骤 3：分析结果**

这一结果看起来是说，天气网络公司的债券持有者在以 908.32 美元的现有市场价格购买公司的债券时，要求 9％的收益率。然而，由于天气网络公司可以从它的所得税中扣除需要支付的债券利息，公司所支付的每一美元的利息都可以为公司节约 0.34 美元的税收。因此，债券持有者所要求的 9％的必要收益率实际上只花费了公司 5.94％的资本成本。

如果天气网络公司将要发行新的债券，那么它将会产生发行新债券的成本（即发行成本）。如果公司估计其必须支付每单位 58.32 美元的发行成本，上述债券的单位净收益为 850 美元，那么我们可以将 850 美元作为债券价格代入上述公式，计算出的必要收益率（扣除发行成本之后）为 9.73%，计算过程如下所示，而相应新债务的税后成本为 6.422%。

| 计算过程 | |
|---|---|
| 数据输入 | 功能按键 |
| 20 | N |
| −850 | PV |
| 80 | PMT |
| 1 000 | FV |
| 功能按键 | 答案 |
| CPT | |
| I/Y | 9.73 |

## 优先股成本

你可能从第八章中学习到优先股的每股价格，即**优先股成本**（cost of preferred equity），等于持续的优先股股利现金流的现值，也就是：

$$优先股的每股价格 = \frac{优先股股利}{优先股股东的必要收益率\ (r_{ps})} \tag{9-3}$$

如果我们可以观察到优先股的每股价格，且知道优先股的股利，我们就可以按照如下方式计算出优先股股东的必要收益率：

$$优先股股东的必要收益率\ (r_{ps}) = \frac{优先股股利}{优先股的每股价格} \tag{9-4}$$

我们又一次强调，由于在新的优先股出售时常常会产生发行成本，投资者的必要收益率实际上要低于公司优先股成本。为了计算优先股成本，我们必须对必要收益率进行调整，使其能够反映其中的发行成本。我们将式（9-4）中优先股的每股价格替换为销售新的优先股所获得的每股净收益，由此而获得的公式可以用来计算公司的优先股成本：

$$优先股成本\ (k_{ps}) = \frac{优先股股利}{优先股的每股净收益} \tag{9-5}$$

注意，每股净收益等于优先股的每股价格减去发行新的优先股所需要的每股发行成本。

还存在公司所得税的节税效应吗？在优先股的情形中，由于优先股股利与利息支出不同，它是不能在税前扣除的，因而这里没有必要根据税收作出调整。

| 例题 9.2 | 计算优先股的融资成本 |
| --- | --- |

　　圣·安东尼奥·爱迪生（San Antonio Edison）公司有还未完成发行的一只优先股，每股每年发放的股利为 4.25 美元。在 2011 年 8 月 24 日，这只股票的价格为每股 58.50 美元。如果该公司希望在今天发行一个与上述未完成发行的股票相同特征的新股票，公司会产生每股 1.375 美元的发行成本。根据这一优先股最近的收盘价格，请你估计公司优先股的融资成本是多少。

**步骤 1：制定策略**

　　就像我们从债券的估值公式中估计债务融资的成本一样，该项优先股融资的成本也可以从优先股最基础的估值公式中计算得出。要求解出优先股的融资成本，我们可以利用式（9-5）进行计算：

$$优先股成本（k_{ps}）=\frac{优先股股利}{优先股的每股净收益}$$

　　注意，优先股的每股净收益等于优先股的每股销售价格与发行新股票所产生的每股发行成本的差额。

**步骤 2：计算数值**

　　将数据代入式（9-5），我们可以计算出新发行的优先股的成本如下：

$$优先股成本（k_{ps}）=\frac{4.25\ 美元}{58.50\ 美元-1.375\ 美元}=0.074\ 4=7.44\%$$

**步骤 3：分析结果**

　　如果圣·安东尼奥·爱迪生公司准备在今天发行优先股，股票的销售价格将是每股 58.50

美元（假设该只优先股的股利发放与未到期的股票相同）。然而，为了销售这些股票，公司将不得不向投资银行支付一定的费用来推广这次发行。而这会带来每股 1.375 美元的成本。因此在考虑了出售这一优先股的成本之后，公司为了筹集优先股资金所产生的成本为 7.44%。

## 普通股成本

普通股在两个方面有它的特殊之处。第一，**普通股成本**（cost of common equity）要比债务成本或是优先股成本更难估计，因为普通股股东的必要收益率是不可以观察到的。举例来说，普通股股东没有一个明确的股利支付金额，或是票面利率。这是由于普通股的股东是公司剩余价值的所有者，这意味着他们的收益等于公司在支付了公司债权所有者合约上规定的利息、本金，并支付了优先股股东所承诺的股利之后剩下的公司盈利。第二，普通股的资本可以从公司的留存收益或者公司盈余的再投资中获得，或者通过发行新股来获得。由于公司在保留盈余时不会产生任何发行成本，而在出售新的股票时会产生发行成本，因而与这两种资金来源相关的资本成本是不相同的。

我们将讨论估计普通股股东必要收益率的两种方法，而这是我们估计公司普通股成本的基础。这两种方法分别以股利增长模型和资本资产定价模型为基础，这两个模型在第八章我们讨论股票估值的时候就已经提到过。

### 股利增长模型

我们回忆一下第八章的内容，公司普通股的价值等于所有未来股利的现值之和。当股利预期以一个固定的增长率 $g$ 永远增长下去，而 $g$ 小于投资者的必要收益率 $k_{cs}$，那么普通股的每股价值 $P_{cs}$ 可以被写为：

$$P_{cs} = \frac{D_1}{k_{cs} - g} \qquad (9-6)$$

其中，$D_1$ 是公司的普通股股东预期在未来第 1 年收到的股利。而预期的股利就等于现期的股利 $D_0$ 乘以 1 与股利的年度增长率之和，即 $D_1 = D_0(1+g)$。投资者的必要收益率就可以通过求解式（9-6）中的 $k_{cs}$ 得出：

$$k_{cs} = \frac{D_1}{P_{cs}} + g \qquad (9-7)$$

注意，$k_{cs}$ 是投资者对公司股票所要求的必要收益率。它同时也是我们估计的普通股成本，其中新普通股是通过保留一部分公司的现阶段收益而获得的。普通股融资有两个来源：留存收益或是新股票的发行。当公司保留部分盈余时，不会产生任何发行成本，因此在这一种情况下，投资者的必要收益率与公司新普通股成本是相同的。

如果公司通过发行新股票来筹集权益资本，那么它将产生发行成本。我们又一次需要对投资者的必要收益率进行发行成本的调整，即通过将每股净收益 $NP_{cs}$ 代替式（9-7）中的股票价格 $P_{cs}$，来估计新普通股成本 $k_{ncs}$。

$$k_{ncs} = \frac{D_1}{NP_{cs}} + g \tag{9-8}$$

塔尔博特（Talbot）公司的普通股股东在去年获得了每股 2 美元的股利，他们预期股利将在下一年增长 10%，因而他们希望能够在明年获得每股 2.20 美元的股利。此外，分析师认为公司的股利将会在可预见的将来以 10% 的增长率持续增长。如果塔尔博特公司准备发行一个新的普通股，公司将会因为销售新股票而产生每股 7.50 美元的发行成本。在公司普通股最近的收盘价格基础上，你认为公司的普通股成本是多少？新发行的普通股成本是多少？

**步骤 1：制定策略**

普通股的融资成本可以根据普通股的基本定价公式计算得出，就像我们通过债券的定价公式估计债券融资的成本一样。要求解普通股成本，我们可以利用式（9-7）进行计算：

$$\text{普通股成本}(k_{cs}) = \frac{\text{第一年的普通股股利}}{\text{普通股每股价格}} + \text{股利增长率}$$

如果塔尔博特公司准备发行新的普通股，那么公司将会产生每股 7.50 美元的发行成本，因此新发行的普通股可以利用式（9-8）计算得出：

$$\text{新普通股成本}(k_{ncs}) = \frac{\text{第一年的普通股股利}}{\text{普通股的每股净收益}} + \text{股利增长率}$$

注意，普通股的每股净收益等于普通股的销售价格与发行新股票而产生的每股发行成本的差值。

**步骤 2：计算数值**

将数值代入式（9-7），我们可以计算出普通股成本如下：

$$\text{普通股成本}(k_{cs}) = \frac{2.20\ \text{美元}}{50.00\ \text{美元}} + 0.10$$
$$= 0.144 = 14.4\%$$

新发行的普通股成本可以通过将公司的股票价格替换成新发行普通股的每股净收益来计算，也就是：

$$\text{新普通股成本}(k_{ncs}) = \frac{2.20\ \text{美元}}{50.00\ \text{美元} - 7.50\ \text{美元}} + 0.10$$
$$= 0.1518 = 15.18\%$$

**步骤 3：分析结果**

普通股成本或是塔尔博特公司权益资本成本等于 14.4%，然而，如果公司进行一次新的股票发行，那么将会产生 7.50 美元的发行成本，使得新发行的普通股成本为 15.18%。

运用股利增长模型

作为计算公司普通股成本的基础，股利增长模型的主要优势在于模型的简便性。为了估计投资者的必要收益率，分析者只需要观察现有的股利水平和股票价格，并估计出股利的未来增长率即可。而这一估值模型的主要缺点与模型本身的合理性有关。也就是说，股利增长模型是以股利预期会按照固定的增长率 $g$ 永续增长的假设为基础的。为了避开这一假设，分析者常常利用更为复杂的模型，比如，股利预期在 5 年内以一定的增长率增长。然后从第 6 年起以一个较低的利率增长。这里，我们暂时不考虑更为复杂的模型。

即使稳定的增长率的假设是可以接受的，我们也必须估计出一个合理的增长率。我们可以通过历史股利水平来估计增长率，或者参考公开信息来源中对股利增长率的预测。投资咨询服务机构，例如价值线（Value Line）提供它们自己的分析师对盈利增长率（通常延续到 5 年）的估计结果，而机构经济人估计系统（I/B/E/S）收集和发布超过 1 000 个分析师所作出的对很多股票的每股收益的预测。这些预测对我们都十分有帮助，但也需要分析师在利用这些数据之前进行仔细的判断，因为这些预测针对的都是公司的盈利而不是股利水平，并且这些预测值只延续到未来的 5 年，而不是股利增长模型中要求的永续期间。当然，这些估计值也可以为你初步的股利增长率预测提供一个十分有用的指导。

## 你可以做出来吗？

### 利用股利增长模型计算新发行的普通股的融资成本

2012 年 3 月，梅斯（Mayze）公司在一次公开发行中发行了新的普通股。这一股票以每股 100 美元的价格出售。梅斯公司在 2011 年发放的股利是每股 8 美元，分析师预计公司的盈利和股利将会在可预见的将来以每年 6% 的增长率增长。公司普通股投资者的必要收益率是多少？（留存收益的成本是多少？）

尽管股票的销售价格为每股 100 美元，梅斯公司在发行中获得的净收益仅为每股 95 美元。二者之间的差额代表了公司支付给投资银行的发行成本。

利用股利增长模型，你估计出的梅斯公司新发行的普通股成本是多少？

## 你做出来了吗？

### 利用股利增长模型计算新发行的普通股的融资成本

利用股利增长模型估计新普通股成本如下所示：

$$新普通股成本\ (k_{ncs}) = \frac{第一年的普通股股利\ (D_1)}{普通股的每股净收益\ (NP_{cs})} + 股利增长率\ (g)$$

$$= \frac{8.00\ 美元 \times 1.06}{95.00\ 美元} + 0.06 = 14.92\%$$

## 资本资产定价模型

从第六章中，我们了解到资本资产定价模型（CAPM）为确定投资者在公司的普通股投资上所要求的必要收益率提供了一个基础。该模型取决于三个方面：

1. 无风险利率 $r_f$；
2. 普通股收益相对于整个市场的系统性风险，或者是股票的 $\beta$ 系数；

3. 市场风险溢价，它等于作为市场的整体预期收益率，即市场组合证券的预期收益率减去无风险利率。以符号表示为 $r_m - r_f$。

运用 CAPM 模型，投资者的必要收益率可以写成如下形式：

$$k_{cs} = r_f + \beta(r_m - r_f) \tag{9-9}$$

利用资本资产定价模型计算普通股成本

塔尔博特公司的 $\beta$ 系数估计值为 1.40。此外，现在的无风险利率水平是 3.75%，而一个所有普通股的多样化证券组合的预期收益率是 12%。利用资本资产定价模型估计塔尔博特的普通股成本。

**步骤 1：制定策略**

在例题 9.3 中，我们利用股利增长模型估计了普通股成本。在这个例子中，我们将利用资本资产定价模型估计这一普通股成本。普通股成本可以利用式（9-9）计算得出：

$$普通股成本(k_{cs}) = r_f + \beta(r_m - r_f)$$

**步骤 2：计算数值**

将数值代入式（9-9）中，我们可以计算出普通股成本如下：

$$
\begin{aligned}
普通股成本(k_{cs}) &= r_f + \beta(r_m - r_f) \\
&= 0.037\,5 + 1.4 \times (0.12 - 0.037\,5) \\
&= 0.153 = 15.3\%
\end{aligned}
$$

**步骤 3：分析结果**

我们利用 CAPM 模型估计出的塔尔博特公司的普通股成本为 15.3%。由于我们在运用 CAPM 模型的时候没有考虑交易成本，因此这一估计是针对公司的内部普通权益或者留存收益的。

## 你可以做出来吗?

**利用资本资产定价模型计算普通股的融资成本**

梅斯公司以每股 100 美元的价格在 2012 年 3 月发行了新的股票。然而，在该股票发行之前，公司的首席财务官（CFO）让公司的一个财务分析师利用 CAPM 模型估计了普通股的融资成本。该分析师在雅虎财经上查找了相关数据，估计出公司的 $\beta$ 系数为 0.90。她也参考了网上的资源，得出美国 10 年期国库券的当期收益率为 5.5%。要利用 CAPM 模型来计算普通股成本，她需要做的最后工作就是估计市场风险溢价水平，即所有证券组合的预期收益率与 10 年期美国国债利率的差额。在经过一定的研究之后，该分析师确定市场的风险溢价应该基于市场证券组合 12% 的预期收益率和 5.5% 的国债利率。

利用资本资产定价模型，你估计出的梅斯公司的普通股成本是多少？

## 运用资本资产定价模型遇到的问题

当计算公司与普通股相关的成本时,资本资产定价模型的方法有两个主要的优点。第一,这个模型易于人们理解和运用。除了一些小公司或是私人持有的公司的 $\beta$ 系数比较难获得以外,模型的变量基本可以从公开的资源中获得。第二,由于模型并不依赖于股利或是任何关于股利增长率的假设,它可以被用在那些不经常发放股利或是预期不会有一个持续的股利增长率的公司身上。

当然,运用 CAPM 模型需要我们取得三个模型变量,即 $r_f$、$\beta$ 和 ($r_m - r_f$) 的估计值。让我们来逐一考察这三个变量。第一,分析师可以根据范围很广的美国政府证券估计无风险利率 $r_f$。其中,到期年限从 30 天到 20 年的财政部证券都是可以作为依据的。但不幸的是,CAPM 模型并没有为如何选择合适的无风险利率给出指导。事实上,CAPM 模型本身假设只存在一个无风险利率,且它只有一个期限(该期限并没有指定是多长。)因此,我们只能依靠自己的判断来确定我们应该选择多长期限的证券利率来代表无风险利率。在涉及长期资本支出决策的资本成本应用中,选择一个与该投资期限相近的证券无风险利率被认为是合理的。所以,如果我们要估计一项将会在接下来的 20 年里产生收益的投资决策的资本成本,利用一个期限与之相同的具有可比性的美国国库券的到期收益率作为无风险利率是较为合理的。

第二,对 $\beta$ 系数的估计可以从很多投资咨询服务中获得,其中包括美林、价值线,以及其他机构。与之相对,我们还可以收集股票市场中该公司的历史收益数据和一个普遍的市场指数(如标准普尔 500 指数)收益数据,并通过估计这两个收益之间关系的斜率来估计该公司股票的 $\beta$ 系数。方法如第六章中所提到的。但是,由于 $\beta$ 系数的估计对于很大一部分公开交易的公司来说,都是可以取得的,分析师通常都依赖于公开资料来源中所提供的 $\beta$ 值。

第三,对市场风险溢价的估计可以通过观察股票收益率的历史情况和该收益高于无风险利率所获得的溢价情况来完成。在第六章中,我们提供了一个无风险证券和普通股票的历史收益情况汇总,如表 6-2。我们可以看出,在过去的 70 年里,平均来看,普通股股票比长期政府债券获得了高出 5.5% 的溢价。因此,在利用 CAPM 模型估计投资者对股权的必要收益率时,我们将通过对市场风险溢价 ($r_m - r_f$) 的估计来达到目的。

## IPO：一个企业应该上市吗？

当一个私人拥有的公司决定将它的部分股票发放给普通公众时，它将经历一个被称作是首次公开发行（IPO）的过程。让公司的股票在公开的股权交易市场上进行交易有很多好处，包括下面几点：

● **筹集新的资本。** 当一个公司将它的股票在公开市场上进行出售，它可以获得用来投资在本公司上的新资本。

● **公司的所有者获得他们所持股份的流动性。** 公开交易的股票更容易被买卖，因此，股票所有者可以更为容易地将他们手上所持有的股票卖掉。

● **公司可以获得未来进入公开资本市场的权利。** 一旦公司在公开市场上筹集过资本，之后它再次回到资本市场中筹集资金就更为容易。

● **作为一个公开上市的公司可以给公司的业务带来好处。** 公开上市的公司比私人公司更为大众所了解。这可以使公司的销售更为容易，或者更容易吸引供货商来为公司提供商品和服务。

然而，作为一个公开上市交易的公司，并不是所有的方面都是令人感到愉快的。它也会存在如下的一系列潜在的缺点：

● **对披露的要求将花费大量精力。** 美国证券交易委员会要求公开上市交易的公司定期提交阶段性报告。这不但会花费大量的时间和精力，而且一些公司的股东认为他们必须对公司的竞争者隐藏部分可能带来潜在破坏性质的信息。

● **私有股权的投资者现在必须与新的公开投资者分享公司的新财富。** 一旦公司变成了公开上市的企业，新的股东将和公司的创立者一样对公司未来得到的财富（或损失）分享相同的比例。

● **私有股权的投资者将会丧失掉一部分对公司的控制权。** 外来的投资者将获得一份与其所持有的股票比例对等的公司的投票权。

● **IPO 成本高昂。** 一般来说，一个公司将会花费其在 IPO 中所筹集的资金的 15％～25％作为与 IPO 直接相关的费用。如果我们考虑这一过程所花费的管理时间以及与 IPO 过程相关的对经营业务的破坏，这一成本还将增加。

● **公司所有者的退出通常受到限制。** 公司的创立者也许想要通过 IPO 出售他们所持有的股票，但是这通常在公司首次公开上市之后的一段时间内是不被允许的。因此，这一方法对公司的创立者来说，通常不是一个好的兑现资金的机制。

● **所有参与其中的人都面临法律责任。** IPO 的参与者对其他 IPO 参与者的行为负有连带责任。这意味着如果市场的估值低于 IPO 所提供的报价，这些参与者可能会因为 IPO 招股说明书上所出现的任何遗漏而被起诉。

仔细衡量这些优点和缺点带来的后果，可以为公司的所有者（或经理人）提供一个回答他们是否应该使公司变成一个公开上市的企业这一问题的基础。

资料来源：welch. som. yale. edu.

除了市场风险溢价的历史平均水平以外，我们还可以用专业经济学家关于未来市场风险溢价的意见调查作为参考。[1] 举例来说，在一个由耶鲁大学经济学家伊沃·韦尔奇（Ivo Welch）在 1998 年所作的研究中，所有调查参与者对期限为 30 年的市场风险溢价所作出的估计的中位数是 7％。当 2000 年重复这一调查时，与之相对的市场风险溢价降低到了 5％。这一结果说明了两件事情：第一，市场风险溢价并不是固定不变的，它会随着时间和商业周期的变化而发生变化。第二，在利用资本资产定价模型估计资本成本时，运用 5％～7％ 的市场风险溢价水平看起来是合理的。

> **概念回顾**
> 1. 给出债务成本、优先股成本、普通股成本的定义。
> 2. 估计普通股融资的成本要比估计债务和优先股融资的成本更为复杂。请解释原因。
> 3. 什么是股利增长模型？它是如何被用来估计普通股融资的成本的？
> 4. 简要介绍资本资产定价模型，并说明它是如何被用来估计普通股融资的成本的。
> 5. 在利用 CAPM 模型估计普通股成本时，我们经常会碰到什么实际的问题？

## 加权平均资本成本

既然我们已经分别计算了公司可能采用的每一个融资来源的资本成本，我们现在要汇总这些资本成本，将它们变成一个唯一的加权平均资本成本。为了估计加权平均资本成本，我们需要知道公司所使用的每一个资本来源的资本成本和公司的资本结构。我们用**资本结构**（capital structure）来表述公司所使用的每一个融资来源的资本比例。尽管一个公司的资本结构十分复杂，我们只需要将重点放在三个基本的资本来源上：债券、优先股和普通股。

换句话说，我们利用如下的公式来计算一个只使用了债务和普通股的公司的加权平均资本成本。

$$
\begin{pmatrix} 加权平均 \\ 资本成本 \end{pmatrix} = \begin{pmatrix} 债务的 \\ 税后成本 \end{pmatrix} \times \begin{pmatrix} 债务融 \\ 资比例 \end{pmatrix} + \begin{pmatrix} 普通股 \\ 成本 \end{pmatrix} \times \begin{pmatrix} 普通股 \\ 融资比例 \end{pmatrix} \tag{9-10}
$$

举例来说，如果一个公司以 6％ 的税后利率借入资金，并支付给股东 10％ 的收益率，并以各 50％ 的比例通过债券和股票进行融资，那么它的加权平均资本成本是 8％，计算过程如下：

$$加权平均资本成本 = 0.06 \times 0.5 + 0.10 \times 0.5 = 0.08 = 8\%$$

在实际应用中，加权平均资本成本的计算要比这个例子更为复杂。公司通常会发行多个具有不同必要收益率的债券，它们除了使用普通股进行融资以外还会使用优先股。作为回报，当公司在筹集普通股的权益资本时，这些资本有时是公司留存收益再投资的结果；在另一些情况下，它们是通过发行新股票而筹集的。当然，在留存收益转作股本的情况下，公司不会产生与销售新普通股相关的发行成本。这意味着从留存收益中筹集资本的成本要比通过发行新股票筹

---

[1] Ivo Welch，"Views of Finance Economists on the Equity Premium and on Professional Controversies," *Journal of Business* 73-74（October 2000），pp. 501-537，and Ivo Welch，"The Equity Premium Consensus Forecast Revisited," Cowles Foundation Discussion Paper No. 1325（September 2001）.

集资本的成本更低。在接下来的例子中，我们将详细描述上述每一种复杂情况。

## 资本结构的权重

我们计算资本成本的原因在于它使我们能够评估公司的一个或多个投资机会。我们注意到资本成本应该反映正在评估的项目的风险状况，因此，当一个公司在不同的领域，或者在具有不同风险特征的业务单元中进行投资时，公司应该分别计算多个资本成本。所以，想要使计算出来的资本成本变得有意义，该资本成本必须能够直接反映待分析的特定项目的风险水平。也就是说，在理论上，资本成本应该反映资金筹集的特定渠道（所使用的资本结构）和该项目的系统性风险特征。因此，计算资本结构权重的正确方法是利用公司所使用的不同资本来源的实际资金金额进行计算。[①]

在现实应用中，公司所采用的融资结构可能在不同的年份有所不同。由于这个原因，许多公司发现在计算公司的加权平均资本成本时选择一个目标资本结构较为方便。举例来说，一个公司可能采用的目标资本结构是40%的债务融资和60%的普通股融资，并以此来计算公司的加权平均资本成本。尽管在某一特定年份，公司是通过外借资金来满足它的大部分融资需求，但当该公司在下一年通过再投资留存收益或发行新股票来筹集大部分资本时，这一目标融资比例仍可以使用。

## 计算加权平均资本成本

加权平均资本成本 $k_{wacc}$，是公司所产生的所有资本成本的一个加权平均值。表9-1阐述了用来估计一个在目标资本结构中拥有债券、优先股和普通股的公司的加权平均资本成本 $k_{wacc}$ 的流程。在两个板块中，分别介绍了两种可能存在的情形。第一，在板块A中，公司可以通过利用留存收益来满足公司目标资本结构中对普通股的资本要求。第二，在板块B中，公司必须通过发行新股票来筹集目标资本结构所要求的普通股资本。举例来说，如果公司设定了75%的普通股融资要求，且拥有750 000美元的净利润，那么它在不得不出售新股票之前，可以筹集到750 000美元÷0.75＝1 000 000美元的新资本。对于小于或等于1 000 000美元的资本支出来说，公司的加权平均资本成本可以利用由留存收益转化而来的资本成本进行计算（如表9-1的板块A所示）。而对于大于1 000 000美元的新资本来说，资本成本将会升高，以此来反映发行新的普通股带来的更高成本的影响（如表9-1的板块B所示）。

**表 9-1**                       **计算加权平均资本成本**

板块 A：通过留存收益满足普通股资本要求

| 资本结构 | | | |
|---|---|---|---|
| 资本来源 | 权重 | ×资本成本 | =结果 |
| 债券 | $w_d$ | $k_d$ $(1-T_c)$ | $w_d \times k_d$ $(1-T_c)$ |

---

① 当我们想要计算公司整体的资本成本时，通常有一些简便方法。在这种情况下，所使用的合理的权重应该是根据公司使用的不同资本来源的市场价值来进行计算。市场价值而不是账面价值正确地反映了公司所使用的融资来源在某一特定时间点上的价值。然而，当一个公司是私人持有的时候，获取该公司证券的市场价值是不太可能的，因而账面价值通常被采用。

| 资本来源 | 权重 | ×资本成本 | =结果 |
|---|---|---|---|
| 优先股 | $w_{ps}$ | $k_{ps}$ | $w_{ps} \times k_{ps}$ |
| 所有者权益 | | | |
| 留存收益 | $\underline{w_{cs}}$ | $k_{cs}$ | $\underline{w_{cs} \times k_{cs}}$ |
| 总计= | 100% | 总计= | $k_{wacc}$ |

板块 B：通过发行新股票满足普通股资本要求

资本结构

| 资本来源 | 权重 | ×资本成本 | =结果 |
|---|---|---|---|
| 债券 | $w_d$ | $k_d(1-T_c)$ | $w_d \times k_d(1-T_c)$ |
| 优先股 | $w_{ps}$ | $k_{ps}$ | $w_{ps} \times k_{ps}$ |
| 所有者权益 | | | |
| 新普通股 | $\underline{w_{ncs}}$ | $k_{ncs}$ | $\underline{w_{ncs} \times k_{ncs}}$ |
| 总计= | 100% | 总计= | $k_{wacc}$ |

---

**例题 9.5**　　　　　　　　　计算公司的加权平均资本成本

　　阿什（Ash）公司的资本结构和估计的资本成本可以在表 9-2 中找到。如果我们合理地考虑了所有的融资来源和正确的资金金额，那么资本结构的权重之和就应该必须等于 100%。举例来说，阿什公司以普通股的形式投资共计 3 000 000 美元来支持一个 5 000 000 美元的投资项目。因为阿什公司拥有的留存收益等于该项新普通股融资所需的 3 000 000 美元，故新普通股融资可以全部靠留存收益进行筹集。

　　**步骤 1：制定策略**

　　我们按照表 9-1 板块 A 中所示的步骤，并运用表 9-2 中列出的信息计算加权平均资本成本。注意，阿什公司的资本成本随着需要考虑的融资规模的变化而变化。举例来说，对于不超过 5 000 000 美元的新资本来说，公司可以用留存收益来支持所需要的普通股，以达到普通股资本在总资本中占 60% 的要求。然而，当新资本需求超过 5 000 000 美元时，阿什公司则会发行新的普通股，为了销售出更多的普通股会产生一定的交易成本，而这会带来比留存收益更高的融资成本。

表 9-2　　　　　　　　　　阿什公司的资本结构和资本成本

| 资本来源 | 筹集的资金量（美元） | 占比 | 税后资本成本 |
|---|---|---|---|
| 债券 | 1 750 000 | 35% | 7% |
| 优先股 | 250 000 | 5% | 13% |
| 留存收益 | 3 000 000 | 60% | 16% |
| 总计 | 5 000 000 | 100% | |

　　用来计算加权平均资本成本 $k_{wacc}$ 的公式已经在表 9-1 中总结出来，但我们可以将公式按照如下方式写出来：

$$k_{wacc} = w_d \times k_d \times (1-T_c) + w_{ps} \times k_{ps} + w_{cs} \times k_{cs}$$

　　注意，$k_{wacc}$ 仅仅是债务融资的税后成本、优先股成本和普通股成本的加权平均值，其中各项成本的权重是该项融资来源在公司资本结构中的重要程度。要计算总融资规模大于 5 000 000美元的资本成本，我们只需要把留存收益融资的成本替换为新的普通股成本 $k_{ncs}$。

**步骤 2：计算数值**

表 9-3 的板块 A 计算了阿什公司在低于 5 000 000 美元的新资本规模情况下的加权平均资本成本，数值为 12.7%。如果公司需要筹集大于 5 000 000 美元的资金，那么公司将会发行新的普通股，而该权益资本的成本为 18%（由内部自发产生的普通股或是留存收益的资本成本为 16%）。最后的结果便是公司筹集的大于 5 000 000 美元的加权平均资本成本上升到 13.9%。

表 9-3 　　　　　　　　　　　　　　　阿什公司的加权平均资本成本

板块 A：低于 5 000 000 美元新资本规模的资本成本

| 资本结构 | | | |
|---|---|---|---|
| 资本来源 | 权重 | 资本成本 | 结果 |
| 债券 | 35% | 7% | 2.45% |
| 优先股 | 5% | 13% | 0.65% |
| 留存收益 | 60% | 16% | 9.60% |
| 总计 | 100% | $k_{wacc} =$ | 12.70% |

板块 B：超过 5 000 000 美元的资本成本

| 资本结构 | | | |
|---|---|---|---|
| 资本来源 | 权重 | 资本成本 | 结果 |
| 债券 | 35% | 7% | 2.45% |
| 优先股 | 5% | 13% | 0.65% |
| 新普通股 | 60% | 18% | 10.80% |
| 总计 | 100% | $k_{wacc} =$ | 13.90% |

**步骤 3：分析结果**

公司的加权平均资本成本是对公司所使用的所有资本来源组合成本的一个估计。对于阿什公司来说，筹集低于 5 000 000 美元的加权平均资本成本是 12.7%；而要筹集高于 5 000 000 美元的资本，则需要公司发行新的普通股，并因此而产生发行成本。故而整体的加权平均资本成本将会上升到 13.9%。

◆━━━◆◆◆━━━◆◆◆━━━◆◆◆━━━◆◆◆━━━◆◆◆━━━◆◆◆━━━◆

### 警世故事

### 忘记原则 3：风险要求收益补偿

当公司融资所依赖的资本市场停止运作的时候，公司的资本成本会发生什么变化呢？投资银行高盛以一种很艰难的方式得到了这一问题的答案。2008 年，由于潜在的贷款人对未来的经济形势感到十分不安，高盛公司在通常情况下借入资金的信贷市场停止了正常运营。这一市场的关闭带来的影响是，高盛公司不再拥有能够进行低廉的短期债务融资的渠道。而这意味着公司将面临巨大的财务困境风险。公司可能倒闭的高风险导致股东要求一个更高的收益率，因此使得高盛的普通股融资资本成本大幅上升。

最后，面临危机的高盛公司向美国政府不良资产处置计划（TARP）申请了 100 亿美元的贷款，并从著名投资人沃伦·巴菲特手中获得了 50 亿美元的股权投资。这一系列举措带来的联合效果稳定了公司的财务状况，显著降低了公司的资本成本。高盛和摩根士丹利也是从金融危机中仅存下来的两家大型投资银行企业。

那么高盛公司可以从这个经历中得到什么教训呢？债务融资，特别是短期债务融资也许能够在短期内带来较高的收益，但是这一财务杠杆的应用也伴随着股东风险的显著提高，这也将转化为公司普通股融资更高的资本成本。

---

**概念回顾**

1. 公司的资本结构和它的目标资本结构比例是公司加权平均资本成本的重要决定因素，请解释为什么。

2. 用简略的语言解释公司加权平均资本成本的计算方法。我们在计算中进行平均的究竟是什么？其中的权重代表的是什么？

# 计算部门的资本成本

## 估计部门的资本成本

由于每个业务部门的风险都是不同的，并且有别于公司整体的风险，因此拥有多个业务部门的企业通常会针对每个部门使用不同的资本成本，以此来准确衡量各部门的风险水平。这里的观点是，各业务部门都根据其独特的风险水平决定投资项目，因此，每个业务部门的加权平均资本成本对于该部门来说都是特别的。通常情况下，业务部门根据地理区域（例如，拉丁美洲部门）或是产业（例如，大型石油公司的开采和生产、管道运输和精炼部门）来进行划分。

使用**部门的加权平均资本成本**（divisional WACC）的好处在于以下几点：

◆ 它提供了能够反映各部门所评估项目的系统性风险差异的不同折现率。

◆ 它使每个职能部门都能产生一个资本成本的估计值（类似于每个项目拥有不同折现率），因此节约了估计资本成本时的时间和精力。

◆ 在整个业务部门内使用一个统一的折现率限制了管理范围和说服成本，因为经理们可以不用为了降低每一个项目的资本成本而到处游说沟通。

## 利用单一经营的公司来估计业务部门的加权平均资本成本

一个可以用来解决公司的每一个业务单元资本成本差异的方法是确定一个被我们称作是单一经营的可比公司，它只经营与该某业务单元相同的领域。举例来说，瓦莱罗能源（Valero

Energy，VLO）公司是一家总部在得克萨斯州圣东安尼奥的世界 500 强交通燃料制造商和交易商。公司拥有 14 家炼油厂，而且是美国最大零售业运营商之一，拥有超过 5 800 家零售商店。公司的运营集中在石油化工产业的下游领域，涉及将原油精炼为汽油和其他交通工具燃料的业务以及将这些产品销售给公众的零售行业。

要估计这些不同类型的活动的每一个资本成本。我们可以利用那些还没有进行产业一体化，只在瓦莱罗的一个商业领域中运营的可比企业的加权平均资本成本来进行计算。举例来说，要估计原油精炼业务单元的加权平均资本成本，瓦莱罗公司可能会使用只在原油精炼产业（SIC 工业 2911）经营的公司的加权平均资本成本来估计。[①] 而要估计瓦莱罗公司零售部门的加权平均资本成本，我们可以使用零售（便利店）行业（SIC 5411）精英公司的加权平均资本成本。

**部门的加权平均资本成本举例**　表 9-4 包含了对原油精炼行业和零售（便利店）行业的部门的加权平均资本成本的假设性估计。

**表 9-4** 部门的加权平均资本成本计算

**板块 A. 债务的税后成本**

|  | 债务的税前成本 | × | （1－税率） | = | 债务的税后成本 |
|---|---|---|---|---|---|
| 原油精炼行业 | 9.00% | × | 0.62 | = | 0.055 8 |
| 零售（便利店）行业 | 7.50% | × | 0.62 | = | 0.046 5 |

**板块 B. 普通股的税后成本**

|  | 无风险利率 | + | β | × | 市场风险溢价 | = | 普通股的税后成本 |
|---|---|---|---|---|---|---|---|
| 原油精炼行业 | 0.02 | + | 1.1 | × | 0.07 | = | 0.097 |
| 零售（便利店）行业 | 0.02 | + | 0.8 | × | 0.07 | = | 0.076 |

**板块 C. 目标债务比率**

|  | 目标债务比率 |
|---|---|
| 原油精炼行业 | 10% |
| 零售（便利店）行业 | 50% |

**板块 D. 原油精炼行业的部门的加权平均资本成本**

|  | 资本结构权重 | × | 税后资本成本 | = | 结果 |
|---|---|---|---|---|---|
| 债务 | 0.10 | × | 0.055 8 | = | 0.005 6 |
| 普通股 | 0.90 | × | 0.097 0 | = | 0.087 3 |
|  |  |  | 加权平均资本成本 | = | 0.092 9 或 9.29% |

**板块 E. 零售（便利店）行业的部门的加权平均资本成本**

|  | 资本结构权重 | × | 税后资本成本 | = | 结果 |
|---|---|---|---|---|---|
| 债务 | 0.50 | × | 0.046 5 | = | 0.023 3 |
| 普通股 | 0.50 | × | 0.076 0 | = | 0.035 8 |
|  |  |  | 加权平均资本成本 | = | 0.061 3 或 6.13% |

---

① SIC 是一个被广泛应用于确定产业分类的四位数的标准产业分类编码。

板块 A 包含了原油精炼与零售行业的债务融资税后成本，其中我们假设公司的边际所得税率为 38％。我们注意到它们的借款成本是有微小区别的，这反映了这两个行业借入资金的规模（如板块 C 所示）和贷款人所认为的风险水平。板块 B 包括了基于资本资产定价模型计算的普通股资本税后成本。其中，这两个行业资本成本的唯一差别在于二者的 $\beta$ 系数不同。最后，在板块 D 和板块 E 中，我们估计了两个行业领域的加权平均资本成本。原油精炼行业的加权平均资本成本估计为 9.29％，而零售行业的加权平均资本成本为 6.13％。如果该公司打算使用这两个加权平均资本成本估计值的一个综合值来评估新项目，那么加权平均资本成本将在一定程度上介于两个值之间。这将意味着，公司可能会采纳过多的原油精炼项目和过少的零售业投资。

**部门的加权平均资本成本——估计过程中的问题和限制** 尽管部门的加权平均资本成本相比于一个单独的公司整体范围的加权平均资本成本来说通常是一个十分有意义的进步，我们使用以产业为基础的可比性公司来获得部门的加权平均资本成本的方式却存在很多潜在的局限性：

◆ 在给定产业中所选出的企业样本可能会包含一些与目标公司或该部门并不十分匹配的企业。举例来说，瓦莱罗公司的分析师可能会选择风险水平更接近于该公司精炼部门的 2～3 家企业，而不是使用 SIC 2911 原油精炼产业上列举的所有公司。公司的管理层可以从这些行业的许多公司中选择出拥有相似风险特征的可比性公司来解决这一问题。

◆ 待分析的业务部门的资本结构可能与在行业信息中的企业样本并不相似。可比性公司的资本成本被用来替换业务部门的资本成本，但该业务部门可能会使用比可比性公司更高或是更低的财务杠杆。举例来说，埃克森美孚公司只通过债务融资的手段筹集 4％的总资本，而瓦莱罗能源公司在 2011 年年末通过债务融资筹集了 35％的总资本。[①]

◆ 从给定产业中挑选出的用来作为部门风险水平替代的公司可能并不能很好地反映项目风险。公司，从定义上来看，会涉及很多项活动，而确定一组只经营与给定项目具有真实可比性的经营活动的企业是十分困难的。即使在业务部门内部，不同的项目也会存在不同的风险水平。这意味着即使我们能够将可比性企业的风险与部门风险匹配得十分好，部门内部项目与项目之间的风险水平也存在一定的差异。举例来说，一些项目可能会涉及现有生产能力的扩展，而另一些项目则会涉及新产品的开发。这两种投资都有可能在一个给定的业务部门内出现，但是它们的风险特征却不相同。

◆ 针对某一特定职能部门的可比性公司可能很难找到。大多数公开上市交易的公司都同时经营多条业务线，但是每一个公司只被划分到一个单一的产业分类中。在瓦莱罗的案例中，我们可以发现它有两个营运部门（原油精炼和零售），而且它们分别代表了两个产业。

之前的讨论说明，尽管用来确定项目折现率的部门的加权平均资本成本相比于使用公司整体范围的加权平均资本成本可能有一定的进步，但这一方法仍然远没有达到完美。尽管如此，如果公司存在多个投资机会，这些投资机会的风险由于其所代表的产业风险特征的不同而有所差异，那么，使用部门的加权平均资本成本则比使用公司整体的加权平均资本成本要有更明显的优势。它提供了一个可以考虑到不同折现率的方法，同时还避免了经理人在选择每个项目具

---

① 这一估计是基于 2011 年年末的财务报表，使用的是 2012 年 3 月 30 日的有息短期债务和长期债务的账面价值和公司股票的市场价值。

体的折现率而花费过多时间时所带来的影响成本。表 9 - 5 总结了使用单一公司的加权平均资本成本和部门的加权平均资本成本来评估投资机会的情形。

表 9 - 5    选择正确的加权平均资本成本——折现率和项目风险

有充分的理由使用单一的、全公司的加权平均资本成本来评估公司的投资，即使公司承担的项目风险之间存在差异。在那些使用各种折现率以适应存在风险差异公司的投资评估中，最常见的做法是进行部门的加权平均资本成本评估。在我们既要评估特别项目成本的资本成本，又要评估公司的加权平均资本成本的单一成本时，这是一种最小化问题的折中方案。

| 方法 | 描述 | 优势 | 劣势 | 何时使用 |
| --- | --- | --- | --- | --- |
| 公司的加权平均资本成本 | 将公司作为一个实体评估加权平均资本成本。作为所有项目的折现率。 | 对大多数企业高管是相同的概念；最小化评估成本，因为公司只需要计算一个资本成本；减少影响成本事件的问题。 | 不根据项目风险的差异调整折现率；在调整资本结构的项目债务差异时灵活度不足。 | 当公司作为一个整体时，项目风险相似；使用多个折现率会造成很大的影响成本的问题。 |
| 部门的加权平均资本成本 | 评估公司内各部门或各项目的加权平均资本成本。每一个部门使用单独的折现率。 | 对于不同项目采用不同等级的风险来调整折现率；降低各部门经理之间竞争的影响成本，降低部门的资本成本。 | 不考虑项目中划分的风险差异；不考虑各部门之间项目债务能力的差异；在不同部门之间选择折现率时存在潜在影响成本；很难找到项目由单一部门来代理的公司。 | 每个部门的个别项目有类似的风险和债务能力；折现率的决定在部门内产生显著的影响成本，而不是在各部门之间。 |

## 金融作业

### 皮尔斯伯里（Pillsbury）公司使用 EVA 方法来灌输草地教育项目

任何一个以激励为基础的项目成功的主要决定因素，都是所雇用员工的认同感。如果员工将新的绩效考核标准和奖励系统仅仅看作是另一个报告的要求，那么该项目将不会对员工的行为产生大的影响，也因此不会给公司的经营表现带来大的作用。此外，如果一个公司的员工不能够理解该项评价系统，那么它将更有可能不被员工所信任，甚至会对公司的经营业绩带来负面的影响。

因此，你应该如何向你的员工逐步灌输你所实行的考核标准和奖励体系，以使得它确实能够带来你所想要的结果呢？皮尔斯伯里公司采用了一个特殊的方法来解决这一问题。它使用了一个模拟训练，其中运用经济增加值（EVA）原理所带来的价值可以通过模拟一个假设例子的运行来获得。员工运用该项模拟系统，模拟了公司从工厂的收入到税后经营净利润，再到加权平均资本成本的价值创造过程。一个皮尔斯伯里经理人注意到，员工意识到"哦，这个体系真的能够影响到我的工作环境""你可以从人们的眼中看到闪耀着的光芒"。

布里格斯（Briggs）和斯特拉顿（Stratton）公司采用了一个类似的培训项目来向它们的员工灌输经济增加值（EVA）的基础原理。这一商业模拟案例比皮尔斯伯里工厂的更为基础。布里格斯和斯特拉顿公司使用一个便利店的运营过程来教会员工控制消耗、充分使用资产和管理利润率的重要性。创造经济增加值这一术语的思腾思特（Stern Stewart）公司也发明了一个培训工具，即经济增加值训练导师。经济增加值训练导师利用只读光盘技术阐述了四个基本问题：

● 为什么创造股东财富是公司和投资者的重要目标？

- 衡量财富和商业成功最好的方法是什么？
- 哪种商业战略创造了财富，而哪些战略又失败了？
- 你要怎样做才能创造财富，从而提高你所在公司的股票价格？

这里简要介绍的教育项目，正是基于大多数公司看到了公司需要提高公司员工的财务理解能力，并以此来最大化利用其人力和资本资源的一个案例。

资料来源：George Donnelly, "Grassroots EVA", CFO. com (May 1, 2000), www.cfo. com and The EVA Training Tutor (Stern Stewart and Company).

## 你可以做出来吗？

### 计算加权平均资本成本

2009 年秋天，格雷（Grey）制造公司正在考虑扩张它的主要制造经营项目。公司拥有适应它现有生产能力两倍的土地，该项目需要花费 200 000 000 美元。格雷公司的管理层决定简单地仿照公司的现有资本结构来筹集项目所需资金，资本结构如下所示：

| 资金来源 | 募集资金量（美元） | 占比 | 税后资本成本* |
|---|---|---|---|
| 债务 | 80 000 000 | 40% | 5.20% |
| 普通股 | 120 000 000 | 60% | 14.50% |
| 总计 | 200 000 000 | 100% | |

你所估计的格雷公司的加权平均资本成本是多少？

\* 你可以假设上述这些税后资本成本都已经合理地调整了筹集资金过程中所产生的交易成本的影响。

## 你做出来了吗？

### 计算加权平均资本成本

格雷制造公司的加权平均资本成本可以利用下表计算得出：

| 资金来源 | 占总资本的比重 | 税后资本成本 | 结果 |
|---|---|---|---|
| 债务 | 40% | 5.20% | 2.080 0% |
| 普通股 | 60% | 14.50% | 8.700 0% |
| | | 加权平均资本成本＝ | 10.780 0% |

因此，我们估计出的格雷公司的加权平均资本成本是 10.78%。

计算一个公司的加权平均资本成本需要利用一系列的财务决策工具。分析师必须估计债务融资的税后成本、优先股成本、普通股成本以及加权平均资本成本。

## 财务决策工具

| 工具名称 | 公式 | 含义 |
|---|---|---|
| 债务融资的税后成本 | 第 1 步：债务融资的税后成本可以按如下方式计算：<br><br>$$\text{债券单位净收益}(NP_d) = \frac{\text{第一年支付的利息}}{(1+k_d)^1} + \frac{\text{第二年支付的利息}}{(1+k_d)^2} + \cdots$$<br><br>$$+ \frac{\text{第 n 年支付的利息}}{(1+k_d)^n} + \frac{\text{本金}}{(1+k_d)^n}$$<br><br>第 2 步：债务的税后成本可以计算如下：<br><br>$$k_d(1-T_c)$$<br><br>其中，$T_c$ 是公司的税率。 | 公司考虑了利息支出后借入资金的成本。 |
| 优先股成本 | 未来现金流的现值与初始支出的比率：<br><br>$$k_{ps} = \frac{\text{优先股股利}}{\text{优先股的每股净收益}(NP_{ps})}$$ | 通过发行新的优先股筹集资金的成本。 |
| 普通股成本（股利增长模型） | 通过留存收益和公司再投资收益筹集的普通股成本：<br><br>$$k_{cs} = \frac{\text{第一年的普通股股利}}{\text{普通股每股价格}(P_{cs})} + \text{股利增长率}(g)$$<br><br>通过发行新的普通股筹集的外部权益资本成本：<br><br>$$k_{ncs} = \frac{\text{第一年的普通股股利}}{\text{普通股的每股净收益}(NP_{cs})} + \text{股利增长率}(g)$$ | 筹集普通权益资金的成本。 |
| 普通股成本（资本资产定价模型） | $$k_{cs} = \text{无风险利率}(r_f) + \text{股票的}\beta\text{系数}$$<br>$$\times[\text{预期的市场收益率}(r_m) - \text{无风险利率}(r_f)]$$ | 筹集普通权益资金的成本。 |
| 加权平均资本成本 | 加权平均资本成本 = 债务的税后成本 × 债务融资比例<br>+ 普通股成本 × 普通股融资比例 | · 投资到公司的资金的机会成本。<br>· 能够获得高于加权平均资本成本的收益率的项目可以创造股东财富。 |

### 使用公司的资本成本来评估新的资本投资项目

如果一个企业通常使用一个统一的资本成本来评估所有项目，这些项目分属于不同的业务部门（或是子公司），各部门的风险水平也各不相同，那么如果此时公司转而使用部门的资本成本，那么公司将有可能会遭到来自高风险部门的抵制。考虑一个虚拟的全球能源公司的案例，它的部门资本成本如图 9-1 所示。该公司是一个涉及烃类相关业务的一体化石油公司，该类业务包括开采和发展、管道运输和精炼。每一个业务都有其独特的风险水平。在图 9-1 中，我们可以看到全球能源公司总体范围内的资本成本是 11%，它反映了公司从管道运输部门最低的 8% 到开采和发展部门最高的 18% 的资本成本的一个加权平均值。

对一个多部门的公司使用公司整体范围的资本成本，会导致对高风险项目的系统性过度投资和对低风险项目的投资不足。

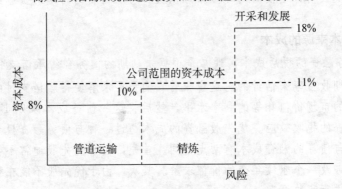

图 9-1　全球能源公司的部门资本成本

目前，全球能源公司使用 11% 的资本成本来评估公司内部这三个业务部门的所有投资方案。这意味着即使资本市场暗示这一风险水平的项目必须获得 18% 的收益率，那些只能获得 11% 收益率的开采和发展部门项目也会被公司所接受。因此，全球能源公司在高风险项目上进行了过多的投资。与之类似，当公司使用一个公司整体范围的资本成本时，公司也将在其他两个风险相对较低的业务部门上投资不足。

现在我们考虑使用部门投资资本的前景，以及使用这种方法给这三个部门所带来的影响。具体来说，由于这种改变减少了流入开采和发展部门的新的投资资本水平，开采和发展部门的经理人将有可能把这一行为看作是对他们不利的政策。与之相反，剩下两个部门的经理将把这种改变看作是一个利好消息，因为在公司范围的资本成本系统下，他们将会拒绝一些可以带来高于以市场为基础的资本成本（对管道运输来说是 8%，对精炼部门来说是 10%），但低于公司 11% 资本成本收益的项目。

**概念回顾**

1. 当公司含有多个业务部门，且每个部门的风险水平和资本成本都不同时，采用公司整体范围的资本成本会带来什么后果？

2. 如果一个企业决定从使用公司整体范围的资本成本转为使用部门的资本成本，那么公司将有可能会遇到什么问题？

## 本章小结

### 1. 理解公司的加权平均资本成本背后的概念

**小结**：一个公司的加权平均资本成本等于公司所使用的包括债务、优先股和普通股在内的每一种资本来源的机会成本的加权平均值。要想合理地估计所有这些资本来源的成本，单个成本要以当前市场情况而不是历史成本为基础来估计。

**关键术语**

加权平均资本成本：对公司所使用的各项资金来源成本的平均。

机会成本：以放弃其他次优机会的角度来衡量做出某种决策的成本。

财务政策：涉及公司计划使用的资金来源以及公司所需要的特定的资本结构（比例）的公司政策。

## 2. 估计单个资本来源的成本

**小结**：债务融资的税后成本，通常是根据未到期的债务合约承诺支付的本金和利息支出所计算而得的到期收益率来估计的。这意味着我们需要求解使得承诺支付的利息与本金支出的现值与目前债券的市场价值相等的利率水平，然后将这一债务成本乘以 1 与公司税率之差，以此来调整债务融资的税收效应。优先股融资的成本通过一种与债务融资极为相似的方式进行估计。这种方式又与债券的融资成本有两点不同。首先，由于优先股通常不会到期，用来定价优先股现值的公式涉及一个永续年金的价值求解。其次，由于优先股不能在税前扣除，因此不需要对优先股成本进行税收调整。

由于普通股股东对他们的投资没有一个经合约明确过的收益率要求，估计普通股成本在某种程度上要比估计债券或者优先股的成本更为困难。与之相对，普通股股东获得的是公司的剩余收益，或者是其他所有者被支付之后所剩下的公司收益。

估计普通股融资成本有两种广泛使用的方法。第一种以股利增长模型为基础，即求解使得股票未来股利的现值与公司股票现在的市场价格相等的折现率。第二种方法使用资本资产定价模型。

### 关键术语

债务成本：一项投资为了满足债权人所要求的必要收益率而必须获得的收益率。

发行成本：公司发行证券筹集资金时所产生的成本。

优先股成本：为了满足优先股股东所要求的必要收益率而必须获得的收益率。

普通股成本：为了满足普通股股东所要求的必要收益率而必须在普通股投资的资本上获得的收益率。

### 关键公式

债务成本可以按如下方式进行计算：

$$债券单位净收益 = \frac{第一年支付的利息}{[1 + 债务成本(k_d)]^1} + \frac{第二年支付的利息}{[1 + 债务成本(k_d)]^2}$$
$$+ \frac{第三年支付的利息}{[1 + 债务成本(k_d)]^3} + \frac{本金}{[1 + 债务成本(k_d)]^3}$$

这一公式适用于 3 年期的债券。更长期限的债券将包括更多的利息支出。求解的结果是公司债务融资税前成本的估计值。为了调整税收效应，我们将这一债务成本乘以 1 与公司税率的差。

优先股成本可以通过求解下式中的 $k_{ps}$ 获得：

$$优先股的每股净收益 = \frac{优先股股利}{优先股成本(k_{ps})}$$

股利增长模型下的普通股成本可以利用下列公式进行计算：

$$普通股成本(k_{cs}) = \frac{第一年的普通股股利}{普通股每股价格} + 股利增长率$$

资本资产定价模型下的普通股成本可以按照如下方式进行计算：

普通股成本（$k_{cs}$）＝无风险利率＋股票的$\beta$系数×（预期的市场收益率－无风险利率）

### 3. 计算公司的加权平均资本成本

📖 **小结**：公司的加权平均资本成本定义如下：

$$加权平均资本成本＝债务成本（k_d）×（1－税率）×债务融资比例（w_d）$$
$$＋普通股成本（k_{cs}）×普通股融资比例（w_{cs}）$$

其中，$k_d$和$k_{cs}$分别是公司的债务成本和普通股成本。注意，因发行成本的影响，必须对这些资本来源的成本进行调整。$w_d$和$w_{cs}$是债务和普通股在公司的总融资规模中分别占据的比例（即权重）。用来计算加权平均资本成本的权重在理论上应该反映每一种资本来源的市场价值占公司所有资本来源的总市场价值的比例（也就是公司的市场价值）。在一些情况下，市场价值很难被观测到，分析师们便使用账面价值来代替。

🖋 **关键术语**

资本结构：公司所使用的长期资金来源的组合，通常也被称作公司的资本化结构。需要重点关注其中每一种融资类型占总资本的比例。

### 4. 估计资本的分部门成本

📖 **小结**：财务理论对用来折现投资项目现金流的折现率的定义十分明确。合适的折现率应该反映资本的边际成本，并能够反映待评估项目的风险水平。

然而，一个允许经理人针对不同的投资机会采用不同折现率的投资评估政策可能很难实施。首先，确定每一个项目的折现率可能会花费大量的时间，并且十分困难，而且所得的结果不一定能够弥补所付出的努力。其次，当公司允许每一个项目的资本成本都有所不同时，过分热心的经理人可能会花费大量的公司资源游说其他人，降低折现率，并以此来确保他们所钟爱的项目能够获得通过。

为了降低这些估计和游说成本，大多数企业要么使用一个统一的公司资本成本，要么针对公司的每一个业务部门使用一个单独的资本成本。部门的加权平均资本成本通常采用公开上市的单一经营企业的信息来确定。

🖋 **关键术语**

部门的加权平均资本成本：一个特定业务单元或部门的资本成本。

---

复习题

---

**9-1** 给出术语资本成本的定义。

**9-2** 在2009年，埃克森美孚公司以41 000 000 000美元的价格收购了XTO能源公司。这一并购项目给埃克森美孚公司带来了在美国陆地范围内进入岩石与非传统天然气资源发展领域的机会。这一并购项目加入到了埃克森美孚公司现有的上游业务（开采和发展）当中。除了这一业务领域之外，埃克森美孚公司同时还涉及与将原油精炼为各种消费或工业产品有关的化工业务和下游产业的运营。你认为公司在做出新的资本投资决策时，应该如何确定资本成本？

**9-3** 为什么公司要计算它们的加权平均资本成本？

**9-4** 在计算资本成本的过程中，我们应该考虑哪些资本来源？

**9-5** 一个公司的税率是如何影响它的资本成本的？与新证券发行有关的发行成本对公司的加权平均资本成本有什么影响？

**9-6** a. 区分内部普通股和新的普通股的不同。

b. 为什么内部普通股存在一定的资本成本？

c. 描述两种用来计算普通股融资成本的方法。

**9-7** 在实际计算不同资本来源相对成本的应用中，我们预期可能会遇到什么问题？

## 课后问题

**9-1** （术语）将下列术语与它们的定义匹配起来。

| 术语 | 定义 |
| --- | --- |
| 机会成本 | 公司筹集用来投资的新资金时资本的目标比例。 |
| 财务政策 | 公司资本必要收益率的加权平均（考虑发行成本和税之后）。 |
| 资本成本 | 做出某种决策之后，放弃其他次优机会的成本。 |
| 交易成本 | 当公司发行一种特定种类的债券时产生的成本。 |

**9-2** （单个或组成部分的成本）计算下列成本：

a. 一个债券的面值为 1 000 美元，票面利率为 11%。发行该新债券的发行成本为债券市场价值 1 125 美元的 5%。债券的到期期限为 10 年。公司的平均税率为 30%，边际税率为 34%。

b. 一个新发行的普通股股票去年支付的股利为 1.80 美元。该股票的票面价值为 15 美元，每股净收益每年的增长率为 7%。这一增长率预期将在未来一直持续下去。公司保持一个稳定的 30% 的股利支付率。该股票的价格现在为 27.50 美元，但是预期有一个 5% 的发行成本。

c. 内部普通权益。此时普通股的现有市场价格为 43 美元，在下一年预期支付的股利为 3.50 美元，在这之后，预期的股利增长率为 7%。公司的税率为 34%。

d. 一个优先股的面值为 150 美元，其支付的股利为每股面值的 9%。如果发行新的优先股，发行成本将为股票现在价格 175 美元的 12%。

e. 一个正在出售的债券剔除掉发行成本后的税前收益率为 12%，公司的边际税率为 34%。换句话说，12% 的利率是使得债券净收益与未来现金流（利息和本金）现值相等的折现率。

**9-3** （普通股成本）索尔特（Salte）公司在以 27 美元的市场价格发行一只新的普通股。该股票去年支付的股利为 1.45 美元，且股利预期将以每年 6% 的增长率永远增长下去。发行成本将是股票市场价格的 6%。那么索尔特公司普通股成本是多少？

**9-4** （债务成本）贝尔顿（Belton）公司发行了一只票面价值为 1 000 美元，票面利率为每年 7%，到期期限为 15 年的债券。投资者准备为这只债券支付 958 美元的价格。债券的发行成本为债券市场价值的 11%。公司隶属于 18% 的税率等级，那么这只债券的税后成本是多少？

**9-5** （优先股成本）朱利安工业（Julian Industries）公司优先股的销售价格为 36 美元，

股利支付水平为每股 3.00 美元。除去发行成本后该证券的每股净价为 32.50 美元，那么该优先股成本是多少？

**9-6** （债务成本）泽弗（Zephyr）公司正在考虑一项新的投资。该项投资 33% 的资本需要来自负债。公司可以以 945 美元的销售价格发行票面价值为 1 000 美元的新债券。该债券的票面利率为 12%，债券的到期期限为 15 年。如果公司的边际税率为 34%，那么泽弗公司这一债券的税后成本是多少？

**9-7** （优先股成本）你的公司正在计划发行优先股。该优先股现在的销售价格为 115 美元，但是如果公司发行新的股票，公司将只能收到 98 美元。股票的票面价值为 100 美元，股利支付的比率为 14%。你公司的这一优先股成本是多少？

**9-8** （内部普通股的成本）帕萨思（Pathos）公司的普通股目前的交易价格为 23.80 美元。该股票去年支付的股利为 0.70 美元。股票的发行成本将等于股票市场价格的 10%。每股股利和每股收益率预期都将会有一个 15% 的年度增长率。那么帕萨思公司内部普通股的成本是多少？

**9-9** （普通股成本）贝措尔德（Betsold）公司的普通股销售价格为每股 58 美元。如果发行新股的发行成本预期为 8%。公司每年拿出盈余的 50% 作为股利支付给股东，并在最近发放了 4.00 美元的股利。5 年前股票的每股收益为 5 美元。公司的收益预期将在未来持续稳定地增长，增长率与在过去 5 年的收益增长率相同。公司的边际税率为 34%。计算：

a. 公司内部普通股的成本；

b. 外部普通股的成本。

**9-10** （股利增长率和普通股成本）克利尔维尤生产公司（Clearview Production）是一家公开上市交易的公司，它的普通股最近的交易价格为每股 50.00 美元。公司在下一年预期每股支付 5.00 美元的年度现金股利。公司的投资者所要求的年度收益率为 15%。

a. 如果公司预期会提供一个持续稳定的股利增长率，那么这一增长率应该是多少？

b. 如果无风险利率为 3%，市场风险溢价水平为 6%，那么公司的 $\beta$ 系数必须达到多少才能保证公司股票有一个 15% 的预期收益率？

**9-11** （单个或组成部分的成本）计算下列融资来源的成本：

a. 一个票面价值为 1 000 美元，市场价格为 970 美元，票面利率为 10% 的债券。新债券的发行成本大约为 5%。该债券的到期期限为 10 年，公司的边际税率为 34%。

b. 一个优先股的销售价格为 100 美元，股利支付水平为每股 8 美元。优先股的发行成本为每股 9 美元。公司的边际税率为 30%。

c. 公司的留存收益共计 4 800 000 美元。普通股的价格为每股 75 美元，去年支付的股利为每股 9.80 美元。股利在未来预期不会增长。

d. 要发行新的普通股。股票最近发放的股利为 2.80 美元。公司股票每股支付的股利将在无限的未来以 8% 的增长率持续增长。股票的市场价格目前为 54 美元。但是，如果要发行新股，发行成本预期为每股 6 美元。

**9-12** （债务成本）实惠文具（Sincere Stationery）公司需要筹集 500 000 美元来改进它的制造工厂。公司已经发行了一只票面价值为 1 000 美元，票面利率为 14%，期限为 10 年的债券。投资者要求的收益率为 9%。

a. 计算债券的市场价值。

b. 如果发行成本为债券市场价值的 10.5%，那么债券的净价为多少？

c. 公司要发行多少债券才能够筹集到所需要的资金？

d. 如果公司的平均税率为25%，边际税率为34%，那么公司债务的税后成本是多少？

**9-13** （债务成本）

a. 根据下列信息重新计算问题9-12：假设债券的票面利率为8%，改变债券票面利率给公司债务的税后成本带来了什么影响？

b. 为什么会有票面利率的变化？

**9-14** （资本结构权重）香菜种子（Caraway Seeds）公司债务融资的税后成本是6%，普通股成本是10%。公司根据上述信息估计出的加权平均资本成本为9.2%。公司资本结构的权重是多少？（即从负债和普通股中获得的融资规模所占比例。）

**9-15** （加权平均资本成本）克劳福德（Crawford）公司是位于堪萨斯州阿诺德市的一家上市公司。公司在35年的时间里从一家工具染料商店逐渐发展成为一家农用拖拉机行业所使用的金属装配设备主要供应商。在2009年年末，公司的资产负债表如下：

（单位：美元）

| | | | |
|---|---|---|---|
| 现金 | 540 000 | | |
| 应收账款 | 4 580 000 | | |
| 存货 | 7 400 000 | 长期债务 | 12 590 000 |
| 房产、厂房和设备净值 | 18 955 000 | 普通股 | 18 885 000 |
| 总资本 | 31 475 000 | 总负债和所有者权益 | 31 475 000 |

目前，公司的普通股的销售价格与它的账面价值相等。公司的债券也以平价发行。克劳福德公司的经理人估计市场对公司的普通股要求的必要收益率为15%，公司债券的到期收益率为8%。公司所面临的税率为34%。

a. 克劳福德公司的加权平均资本成本是多少？

b. 如果克劳福德公司的股票价格上涨到其每股账面价值的1.5倍，并使得公司普通股成本降低到13%，那么公司的加权平均资本成本将会是多少？（假设债务成本和税率保持不变。）

**9-16** （加权平均资本成本）卡里翁（Carion）公司的资本结构如下表所示。公司在未来计划保持它的债务结构。如果公司债务的税后成本为5.5%，优先股成本为13.5%，普通股成本是18%，那么公司的加权平均资本成本是多少？

（单位：千美元）

| 资本结构 | |
|---|---|
| 债券 | 1 083 |
| 优先股 | 268 |
| 普通股 | 3 681 |
| | 5 032 |

**9-17** （加权平均资本成本）ABBC公司运行着一条覆盖美国西南部的非常成功的酸奶咖啡连锁店。公司需要筹集资金来支持它在美国西北部的业务扩张。公司在2009年年末的资产负债表如下所示：

| | | | |
|---|---|---|---|
| 现金 | 2 010 000 | | |
| 应收账款 | 4 580 000 | | |
| 存货 | 1 540 000 | 长期债务 | 8 141 000 |
| 房产、厂房和设备净值 | 32 575 000 | 普通股 | 32 564 000 |
| 总资本 | 40 705 000 | 总负债和所有者权益 | 40 705 000 |

目前，公司的普通股以每股账面价值的 2.5 倍出售。公司的投资者要求一个 18% 的收益率。公司股票的到期收益率为 8%，公司面临的税率为 35%。2011 年年末，ABBC 公司的普通股股票的销售价格仍是每股账面价值的 2.5 倍，公司债券的交易价格接近于它的票面价值。

a. ABBC 公司的资本结构是什么样的？

b. ABBC 公司的加权平均资本成本是多少？

c. 如果 ABBC 公司的股票价格上涨至每股账面价值的 3.5 倍，普通股成本降到了 15%，那么公司的加权平均资本成本将是多少？（假设债务成本和税率保持不变。）

**9-18** （确定公司的资本预算）纽科姆自动售货机（Newcomb Vending）公司为田纳西州的几个大型瓶装企业管理着非酒精饮料的分配机器。当一台机器出现故障时，公司就需要派出一个维修技术工人。如果他不能在现场维修，那么他将为企业提供一台替换的机器，以使发生故障的机器可以被带回公司在田纳西州默夫里斯伯勒市的修理工厂进行维修。贝特西·纽科姆（Betsy Newcomb）最近从附近的一所大学完成了她的工商管理学学士学业，正在试图将她所学的东西融入她的家族企业管理中去。而且，贝特西最近查看了公司的资本结构，并估计公司的加权平均资本成本大约为 12%。她希望能够通过对比她估计出的每个项目的收益率（即项目的内部收益率）和公司的资本成本来帮助她的父亲确定他应该花费哪些主要的资本支出。而且公司正在考虑下面几个项目（按照它们的内部收益率从高到低排序）：

| 项目 | 投入资本（美元） | 内部收益率 |
|---|---|---|
| A | 450 000 | 18% |
| B | 1 200 000 | 16% |
| C | 800 000 | 13% |
| D | 600 000 | 10% |
| E | 1 450 000 | 8% |

如果这五个等待纽科姆公司评估的项目都拥有相近的风险水平，且这一风险水平与公司整体的风险相近，那么贝特西应该建议公司接受哪些项目呢？假设公司可以以 12% 的资本成本筹集到用于投资项目所需要的所有资本。

**9-19** （部门资本成本）LPT 公司是一个总部设在得克萨斯州达拉斯市的一体化石油公司。公司拥有三个业务单元：石油的开采与生产（通常简写为 E&P）、管道运输和精炼部门。历史上，LPT 公司并没有花费太多的时间来思考每一个业务单元资本的机会成本，而是对所有的新项目采用 14% 的公司整体范围的加权平均资本成本。最近，公司在业务上发生的巨大变化向 LPT 的管理层提供了充足的理由明确显示原来使用的方法并不合适。举例来说，投资者对石油的开采与生产部门所要求的必要收益率要比管道运输项目的必要收益率更高。尽管

LPT 的管理者也同意，至少在原则上，不同的业务部门应该面临着能够反映它们各自风险特征的不同的资本机会成本，但是从实际应用的角度考虑。它们并不认为将原有方法转变为使用部门资本成本是一个好的建议。

a. 皮特·詹宁斯（Pete Jennings）是开采与生产业务单元的首席财务官，他担心使用部门资本成本系统将会限制他在接受具有潜力的开采投资项目时的能力。他辩称，公司确实应该考虑寻找那些能够为公司投资的资本带来最高可能的收益率的投资机会。皮特·詹宁斯认为，将公司的稀缺型资本运用于最有发展潜力的项目，将会给公司的股东价值带来最大程度的增长。你同意皮特的看法吗？请解释原因。

b. 管道运输部门的经理唐娜·塞尔玛（Donna Selma）在很长一段时间中都在争论，使用14%的公司整体范围的加权平均资本成本来衡量该部门严重制约了她增加股东价值的机会。你同意唐娜的看法吗？请解释原因。

**9-20** （部门资本成本与投资决策）2011年5月，纽卡斯尔（Newcastle）制造公司的资本投资评审委员会接收到了两份大型的投资提案。其中的一个方案是由公司的国内制造部门提出的，而另一个方案是公司的物流部门提出的。两个方案都承诺会带来接近12%的内部收益率。过去，纽卡斯尔采用公司整体范围的加权平均资本成本来评估新的投资机会。

然而，经理们很早就意识到制造部门要比物流部门风险更高。事实上，制造业务单元的可比性公司的β系数为1.6，而物流配送企业通常的β系数只有1.1。考虑到两个投资方案的规模，纽卡斯尔公司的管理层认为公司只能接受一个项目，所以他们希望能够确定公司所接受的是更具潜力的项目。考虑到应使这两个部门的资本成本的估计值与准确值尽可能接近，公司的首席财务官让你对这两个部门的资本成本进行估计。你要完成这一任务所需要的信息都包含在这里：

◆ 债务融资的税前成本为8%，公司的税率为35%。你可以假设这一债务成本是调整了公司可能产生的发行成本之后的结果。

◆ 美国长期政府债券的无风险利率目前为4.8%。市场风险溢价在过去的几年间平均为7.3%。

◆ 两个部门都保持40%的目标债务比率。

◆ 公司拥有充足的内部资金，因而公司不会发行新股来筹集权益资本。

a. 估计制造部门和物流配送部门各自的部门资本成本。

b. 讨论公司应该接受这两个项目中的哪一个？（假设由于劳动力和其他非财务限制的原因，公司不能同时接受两个项目。）

**9-21** （部门资本成本和投资决策）贝尔顿（Belton）石油天然气公司是一个总部设在休斯敦的独立的石油和天然气公司。过去，贝尔顿公司的经理们使用单一的13%的公司整体范围加权平均资本成本来评估新的投资项目。但是，公司很长一段时间以来已经意识到，公司的开采和生产部门要比管道运输部门的风险高很多。事实上，贝尔顿公司开采和生产部门的可比性公司拥有1.7的β系数，而运输企业通常拥有的β系数只有0.8。考虑到使这两个部门的资本成本的估计值与准确值应尽可能地接近，公司的首席财务官让你来准备对这两个部门的资本成本进行估计。你要完成这一任务所需要的信息都包含在这里：

◆ 债务融资的税前成本为7%，公司的税率为35%。然而，如果开采和生产部门只针对它的项目进行借款，债务成本将有可能为9%。而管道运输部门可以以5.5%的成本借入资金。你可以假设这些债务成本都是调整了公司可能产生的发行成本之后的结果。

◆ 美国长期政府债券的无风险利率目前为4.8%。市场风险溢价在过去的几年间平均为 7.3%。

◆ 开采和生产部门保持的债务比率为 10%，而管道运输部门采用 40% 的借入资金。

◆ 公司拥有充足的内部资金，因而公司不会发行新股来筹集权益资本。

a. 估计制造部门和物流配送部门各自的部门资本成本。

b. 根据之前你估计的资本成本，请问使用公司整体范围的资本成本来评估新的投资方案将会给公司带来什么影响？

## 案例分析

**9-1** 尼伦（Nealon）能源公司在美国本土涉及的业务有天然气和石油的收购、开采、发展和生产。公司在过去的 5 年中发展迅猛，并且研发出了开采岩石层中大量囤积的石油和天然气的垂直钻井技术。公司在海恩斯维尔页岩（位于路易斯安那州的东北部）的经营十分重要，以至于公司需要在路易斯安那州伯锡尔市附近修建一个天然气的收集和加工中心。该项目预计的成本为 70 000 000 美元。

为了给这一新工厂筹集资金，尼伦公司拥有 20 000 000 美元的净利润，并将其用作该扩张项目所需的资本。公司还计划发行债券来筹集剩下的 50 000 000 美元。采用这么多的债务融资来支持这一项目的决策来源于公司的首席执行官老道格拉斯·尼伦（Douglas Nealon Sr.），他认为债务融资要比公司之前使用的普通股融资更便宜。公司的首席财务官小道格拉斯·尼伦（公司创立者的儿子）并不反对这一全部使用负债的决策，但是在思考针对这一扩张项目应该使用多大的资本成本时，毫无疑问，融资成本等于负债必须支付的新的利息。当然，公司的首席财务官也知道，如果公司希望保持公司资本结构中负债和权益的平衡，而不是变成一个依赖于债务的基金，那么即使公司现在通过债务来筹集这一项目的资金，最终也将在未来使用普通股融资这一手段。

下面的资产负债表反映了尼伦公司以前使用的资本来源组合。尽管各项资本来源所占的百分比随着时间的变化而发生变化，公司仍然试图将公司的资本结构保持在这样的百分比水平下：

| 融资来源 | 目标资本结构权重 |
| --- | --- |
| 债券 | 40% |
| 普通股 | 60% |

公司最近有一个未到期的债券发行。债券的票面价值为每单位 1 000 美元，所包含的票面利率为 8%。到期期限为 16 年。债券的市场价格为 1 035 美元。尼伦公司的普通股目前的市场价格为每股 35 美元。公司去年所支付的股利为每股 2.50 美元，且这一股利预期将在未来以 6% 的年度增长率增长。

a. 在现在的市场条件下，尼伦公司债券的到期收益率是多少？

b. 在考虑了税收效应（你可以在你的估计过程中使用 34% 的边际税率）和每股 30 美元的发行成本之后，根据现在的市场价格所估计出的尼伦公司新的债务融资成本是多少？

c. 投资者对尼伦公司普通股所要求的必要收益率是多少？如果尼伦公司准备发行新的普通股，它将产生每股 2.00 美元的发行成本。你估计公司从该项普通股发行中筹集的新普通股成本是多少？

d. 使用反映实际资本结构的权重计算尼伦公司该项投资的加权平均资本成本。（留存收益20 000 000 美元，负债 50 000 000 美元。）

e. 假设尼伦公司保持它的目标资本结构。公司降低它的债券发行使得负债仅占70 000 000美元新资本的 40%，即 28 000 000 美元，并使用 20 000 000 美元的留存收益。公司还通过发行新的股票筹集到 22 000 000 美元。计算尼伦公司的加权平均资本成本。

f. 如果你是公司的首席财务官，你会选择上述问题 d 还是问题 e 中计算得出的加权平均资本成本来评估这一新项目？并阐述原因。

**9-2** 埃克森美孚公司是全球 6 家主要石油企业之一。公司拥有 4 个主要的业务部门（上游、下游、化工和全球服务）以及它在过去数年中并购的一些子公司。埃克森美孚公司最近的一项收购业务是 XTO 能源公司。该公司于 2009 年以 41 000 000 000 美元的价格被埃克森美孚公司收购。XTO 公司的收购案给埃克森美孚公司带来了一个在国内非常规天然气资源发展方面十分重要的立足点，其中包括目前正在蓬勃发展的页岩天然气领域。

假设你刚被雇用为一名分析师，为埃克森美孚公司的首席财务官工作。你的第一个任务是调查在公司所有业务单元范围内投资决策使用的合适的资本成本。

a. 你会建议埃克森美孚公司使用一个公司范围内统一的资本成本来分析所有业务部门的资本支出吗？为什么？

b. 如果你打算评估公司部门的加权平均资本成本，你将怎样为埃克森美孚公司估计这些资本成本？从你将如何估计各项资本来源所使用的权重，以及如何估计单个部门每一个资本来源成本的角度来讨论你将如何回答这一问题。

第三部分

长期资产投资

# 第 十 章

## 资本预算技巧与应用

1. 讨论在竞争市场中寻找盈利项目可能遇到的困难以及寻找盈利项目的重要性;

2. 运用回收期法、净现值法、盈利指数法和内部收益率法判断一个新项目是被接受还是被拒绝;

3. 解释在资本预算存在限制的情况下,资本预算的决策程序会如何发生改变;

4. 讨论在互斥项目的决策中存在的问题。

让我们回到 1995 年,当华特·迪士尼公司花费 1 750 万美元在加利福尼亚州的阿纳海姆市开设了它的第一个迪士尼主题公园时,迪士尼公司便改变了娱乐方式的原有面貌。从那以后,迪士尼公司相继在佛罗里达州的奥兰多、日本的东京以及法国的巴黎建造了主题公园。2005 年 9 月,香港迪士尼乐园对外开放。这个投资规模达 35 亿美元的项目被寄予厚望,迪士尼公司希望能以此来打通还未被开发的中国市场,而项目的不少资金也由香港政府出资。毕竟对于迪士尼公司来说,这样一个市场大到很难让人错过。

然而,很不幸的是,尽管香港迪士尼乐园的开幕盛况空前,但它却没能够盈利。而这其中一个没有预料到的原因,便是香港迪士尼乐园遭遇到了竞争对手亚洲主题公园的毁灭性的打击。它们利用香港迪士尼乐园的提前宣传来设计游乐设施,并抢在香港迪士尼乐园开业之前投入使用。

对迪士尼来说,保持其主题公园和游乐场所的健康运行十分重要,因为该部门的业务收入超过了公司整体收入的四分之一。显然,迪士尼公司在中国有很多机会。对于拥有共计 12.6 亿人,超过全世界人口五分之一的中国来说,香港迪士尼乐园被认为是给迪士尼公司提供了一个在有很大盈利潜力的中国市场的立足点。虽然香港迪士尼乐园没有达到迪士尼公司的预期,但公司仍然不肯放弃中国市场。它们选择了有将近 3.3 亿人居住,或是在 3 小时之内能够驾车或乘坐地铁赶到该城市的上海作为下一个主题公园的地址。目前,上海迪士尼乐园的建造工程已经开始，并预定将在 2015 年年底对外开放。公司吸取了香港迪士尼乐园的教训，上海的新主题公园将会更大，并且更方便中国家庭游览。然而，在挖掘公园的特色，并以此来尽力避免遭遇类似香港迪士尼乐园的竞争性打击方面，公司仍旧处于弱势。

至少可以这样说，在迪士尼公司和它的中国合伙人共计 80 亿美元的投资下，这项决策的结果将会对迪士尼公司的未来产生至关重要的影响。而这个决策是否是一个好的投资也只有时间能够证明。在本章中，我们将提出以下问题：迪士尼公司是如何做出进入中国市场、建造香港迪士尼乐园的决策的？迪士尼公司在香港投资产生亏损的情况下，又是如何做出在上海修建迪士尼乐园的决策的？问题的答案是，公司运用了我们在这一章将要讲到的决策标准进行决策。

这一章其实是讲述投资固定资产的决策流程（即如何判断一个提议的项目是应该被接受还是被拒绝）两个章节中的第一章，我们称这一过程为资本预算。在这一章中，我们将看到用于评估新项目的方法。在决定是否接受一个新项目时，我们关注自由现金流。自由现金流代表一个资本预算方案实际所产生的收益。我们将假设我们知道一个项目能够带来多少自由现金流，并以此决定这个项目是否被接受。在接下来的章节中，我们将检验什么是自由现金流，以及我们应该如何衡量自由现金流。我们也会看到风险是如何在这一过程中被体现的。

## 寻找盈利项目

毫无疑问，评估盈利项目或固定资产投资——这一过程被称为**资本预算**（capital budgeting）——要比寻找到它们容易得多。在竞争市场中，产生关于盈利项目的主意是极其困难的。竞争对新盈利项目的反应是迅速的，一旦新的盈利项目被公布，竞争者通常会大量涌入，降低了产品价格和利润。因为这个原因，企业必须拥有一个基于这些新想法而产生资本预算项目的系统性战略。如果没有这一系列的新项目和新想法，企业将不能在长时间内成长甚至是存续。相反，企业将被迫依靠只有有限期限的现有项目所获得的利润为生。那么，这些关于新产品、改进现有产品或是增加现有产品的盈利能力的想法是从哪里来的呢？答案是从公司内部，即公司的每一个部门。

通常一个企业都会有自己的研发部门，以此来搜寻改进现有产品的方法以及研发新产品。这些想法通常来自研发部门或是来自决策层、销售人员、专家或是公司中的任何一个员工甚至是客户的建议。例如，20 世纪 90 年代以前，福特汽车公司的产品改进意见通常是出自公司的研发部门。但不幸的是，这一策略并不足以使福特公司缓解在日本竞争对手面前继续丢失市场份额的局面。为了削减成本，改进产品质量，福特公司改变了以往对研发部门的严重依赖，转而向公司所有级别的员工加大投入，以期在他们身上寻求新想法。那些能提供降低成本建议的员工将被发放奖金。能从实际动手的经验中看出生产过程的流水线员工将被派遣去寻找新的项目。这种办法的效果十分明显，使得福特公司成功避免了克莱斯勒公司和通用汽车公司所遭遇的破产问题。虽然不是所有的项目都被证明是有利可图的，但仍然有很多来自公司内部的新想法后来被证明是好的。

哈吉斯（Huggies）一次性尿不湿的生产商金佰利-克拉克（Kimberly-Clark）用实例说明了将现有产品运用于一个新市场的另一种方法。该公司在原有尿不湿的生产线基础上，将尿不湿变得更为防水，改进为一次性泳裤，然后将这些产品命名为"小游泳者"（Little Swimmer），并开始向市场推广。萨拉李裤袜公司（Sara Lee Hosiery）通过吸引更多的消费者和激发更多消费需求的方法拓展了市场。例如，萨拉李裤袜公司引入超薄功能性连裤袜、针对肥胖女性体型的"就是我的型"丝袜，以及针对非裔美国女性的丝滑模糊性连裤袜。

上述这些大型投资通常能够在长时间内决定公司的未来，但是它们也常常并不按计划那样运行。就拿汉堡王（Burger King）对于其新式薯条的开发为例。它最初看起来像一个十分伟大的创造。汉堡王将未煮熟的薯条用一层淀粉裹住，使其更为香脆，温度保持的时间更长。公司在新薯条的研发上投入了超过 7 000 万美元，甚至为此放弃了约 1 500 万美元的"免费星期五"订单。但不幸的是，新产品并没有被消费者所接受，汉堡王只能独自吞下这部分损失。考虑到我们正在谈论的上述投资规模，你可以看出为什么这一决策是那么的重要。

---

**概念回顾**

1. 为什么找到一个极其具有盈利可能的项目十分困难？
2. 为什么寻找新的盈利项目十分重要？

---

## 警世故事

### 忽略原则 3：风险要求收益补偿

### 忽略原则 4：市场价格通常是正确的

在投资的世界里，在你得到一些收益的同时，你也会失去一些东西。一个常见的误解是，高风险的投资通常会提供很高的收益。但实际上，高收益是没有保障的。这也是为什么那些以排他性和拥有两位数收益率的基金在每年持续支付高收益的情况下，通常会给投资者暂停投资的机会。

2008 年 12 月，一个基金的投资者向《时代》杂志透露：我所知道的便是我妻子的整个家族都购买了这个基金几十年，并依靠 15%～22% 左右的收益率所带来的收入使得生活变得很好。这个基金十分保密并且很难加入。这一点从现在来看，确实是个吸引易受骗的人的好方法。

这个基金就是我们现在所说的庞氏骗局，它最初是由伯纳德·麦道夫（Bernard Madoff）精心策划的。庞氏骗局的机制是用新进投资者所提供的资金来向原有投资者支付利息收入，而非其经营的投资收益。庞氏骗局最终一定会崩塌，这是因为所需支付的资金超过了来自投资者的初始投资。麦道夫的骗局被看作是华尔街历史上最大的骗局。公诉人估计这个骗局的规模大约在 500 亿到 548 亿美元之间。

在有效市场中，公司一般很难同时在好年景和坏年景都维持较高的收益率。麦道夫的竞争者之一，哈利·马可波罗（Harry Markpolos）很早就怀疑麦道夫的收益太高，以至于难以令人相信，他在十年中连续向美国证券交易委员会写信，希望能说服它们调查麦道夫。根据马可波罗的观察，我们在有效市场中得到的一件启示便是，如果一项投资所承诺的收益看起来好到令人难以置信，那么它也确实是难以令人信服的。

资料来源：Robert Chew, "How I Got Screwed by Bernie Madoff", *Time*, December 15, 2008, http://www.time.com/time/business/article/0, 8599, 1866398, 00.html.

## 资本预算选择标准

就像我们所阐述的，当我们在决定是否接受一个新项目时，我们需要关注现金流的情况，因为现金流代表了接受一个资本预算提议所带来的收益。在这一章中，我们假设某个新项目带来的现金流是一定的，在此基础上，我们再来决定是否接受这个项目。

我们考虑四个用来决定投资提议是否被接受的常用检验标准。第一个检验标准是最简单的，因为它在计算过程中并没有考虑货币的时间价值；而其他的三个检验标准都将其纳入了考虑范围。我们暂时将是否把风险纳入资本预算决策考虑范围的问题忽略。这一话题将在第十一章进一步阐述。此外，我们还假设合理的折现率、必要收益率和资本成本都是给定的。

### 回收期法

**回收期**（payback period）是指投资所获得的净收益偿还初始投资所需要的年限。因此，回收期等于初始投资被完全偿还上一年的年数，加上上一年初始投资中未被偿还的金额除以初始投资被完全偿还当年的自由现金流的和。

$$回收期 = \frac{初始投资被完全偿}{还上一年的年数} + \frac{上一年初始投资中未被偿还的金额}{初始投资被完全偿还当年的自由现金流} \tag{10-1}$$

运用回收期判断项目是被接受还是被拒绝的方法中，如果计算出来的项目回收期低于所要求的基准回收期，那么项目将被接受。回收期越短，投资者收回初始投资的速度也越快，因而，回收期短的项目要比回收期长的项目更好。这个评价方法度量项目偿还初始投资的快慢程度，因此在回收期的计算过程中需要使用自由现金流来度量得到收益的真实时点，而不是使用会计利润。但不幸的是，这种方法忽略了货币的时间价值，并没有将自由现金流折现到现在的时点。相反，接受与拒绝项目的评价标准重点关注项目的回收期是否小于公司所希望的最大回收期。例如，如果公司所希望的最大回收期是3年，而一个投资建议需要初始资本支出10 000美元，并产生下列现金流，那么该项目的回收期是多少？公司该接受这一项目吗？

| 年 | 自由现金流（美元） |
|---|---|
| 1 | 2 000 |
| 2 | 4 000 |
| 3 | 3 000 |
| 4 | 3 000 |
| 5 | 9 000 |

在这一个案例中，企业将在3年后偿还初始投资10 000美元中的9 000美元，而剩下的1 000美元还有待偿还。第4年，项目将带来3 000美元的收益。假定这部分收益在全年中平均流入企业，那么企业将花费三分之一年限（=1 000美元÷3 000美元）来偿还剩下的1 000

美元。因此，这个项目的回收期为 $3\frac{1}{2}$ 年，超过了理想的回收期。运用回收期法，企业将拒绝该项目，而不会考虑到第 5 年 9 000 美元的现金流。

虽然回收期法经常被运用于公司的决策中，但它也确实有一些比较明显的缺点。下面我们将举例来说明这些缺点。考虑 A、B 两个项目，它们都需要 10 000 美元的初始支出，其每年产生的现金流如表 10-1 所示。两个项目回收期都是 2 年，因此，从回收期法的角度看，两个项目都应该被采纳。但是，如果让我们进行选择，我们基于两个原因将一定会选择项目 A 而不是项目 B。第一，即使忽略回收期之后的现金流情况，在回收期内项目 A 的现金流返还的速度更快（第一年项目 A 偿还 6 000 美元，而项目 B 仅偿还 5 000 美元）。所以，由于货币存在时间价值，在回收期内的现金流不应该被赋予相同的权重。第二，回收期之后的所有现金流都被忽略了。而这也违反了一项很难被否定的基本原则——相比于更少的收益，投资者更希望得到更多收益。当然，对理想的最大回收期的选择是十分主观的。企业很难找到好的理由来说明为什么企业应该接受回收期小于或等于 3 年而不是小于或等于 4 年的项目。

| 表 10-1 | 回收期举例 | |
|---|---|---|
| | 项目（美元） | |
| | A | B |
| 初始投资 | −10 000 | −10 000 |
| 每年自由现金流 | | |
| 第 1 年 | 6 000 | 5 000 |
| 第 2 年 | 4 000 | 5 000 |
| 第 3 年 | 3 000 | 0 |
| 第 4 年 | 2 000 | 0 |
| 第 5 年 | 1 000 | 0 |

尽管这些缺陷使得回收期法作为投资评估工具的价值受到限制，回收期法仍然有一定的好处。第一，回收期法采用现金流而不是会计利润进行计算，因此尽管它并没有对现金流作出货币时间价值方面的调整，回收期法仍旧注重了项目收益和成本发生的真实时点。第二，回收期法十分直观，便于人们观察和快速掌握，计算也较为简单。第三，回收期法对具有资本约束的企业，也就是那些急需资金或是筹集额外资金较为困难的企业十分有意义。这些企业在短期内需要现金流以使得它们能够维持商业上的经营和更好地利用未来投资。第四，虽然回收期法存在很多问题，它仍然可以作为粗略的检验方法被用来剔除那些回收期之后没有重大现金流流入的项目。这种方法强调早期的回报，这些回报通常来说是比较确定的。而这也为公司提供了流动性方面的需求。但是，尽管回收期法的优点十分明显，它的缺点也严重限制了它作为衡量资本预算项目的评价方法的价值。

**折现回收期**　为了解决回收期法忽略货币时间价值的问题，一些企业运用折现回收期的方法。**折现回收期**（discounted payback period）与传统的回收期方法类似，但它运用了经过折现后的现金流，而非实际现金流来计算回收期。折现回收期被定义为经折现后的项目收益偿还初始投资所需要的年限。该公式可以写为：

$$\text{折现回收期}=\text{折现后的自由现金流完全偿还}\atop\text{初始资本支出的上一年年数}+\frac{\text{未偿还金额}}{\text{初始投资被完全偿还}\atop\text{当年的折现自由现金流}} \tag{10-2}$$

这时，项目接受或拒绝的评价标准变为了该项目的折现回收期是否小于或等于企业的最大理想折现回收期。假设表 10-1 中项目 A 和项目 B 的必要收益率为 17%，利用该假设，两个项目折现后的现金流如表 10-2 所示。对于项目 A，3 年之后，只有 74 美元的初始资本支出未被偿还，而第 4 年项目带来的折现后自由现金流为 1 068 美元。因此，如果这 1 068 美元在这一年中均匀地流入企业，则还需要 7÷100 年（或 74 美元÷1 068 美元）就可完全偿还剩下的 74 美元。项目 A 的折现回收期为 3.07 年，计算如下：

$$\text{折现回收期 A}=3.0+\frac{74\text{ 美元}}{1\ 068\text{ 美元}}=3.07\text{ 年}$$

表 10-2　　　　　　　　　　　　　一个必要收益率为 17% 的折现回收期例子

项目 A

| 年 | 未折现现金流（美元） | 按 17% 折现后的现金流（美元） | 累计折现现金流（美元） |
|---|---|---|---|
| 0 | −10 000 | −10 000 | −10 000 |
| 1 | 6 000 | 5 130 | −4 870 |
| 2 | 4 000 | 2 924 | −1 946 |
| 3 | 3 000 | 1 872 | −74 |
| 4 | 2 000 | 1 068 | 994 |
| 5 | 1 000 | 456 | 1 450 |

项目 B

| 年 | 未折现现金流（美元） | 按 17% 折现后的现金流（美元） | 累计折现现金流（美元） |
|---|---|---|---|
| 0 | −10 000 | −10 000 | −10 000 |
| 1 | 5 000 | 4 275 | −5 725 |
| 2 | 5 000 | 3 655 | −2 070 |
| 3 | 0 | 0 | −2 070 |
| 4 | 0 | 0 | −2 070 |
| 5 | 0 | 0 | −2 070 |

如果项目 A 的折现回收期小于公司的最大理想折现回收期，那么项目 A 就会被接受。而项目 B 的现金流折现后永远也不可能偿还项目的初始资本支出，因此项目 B 不存在折现回收期，项目 B 会被拒绝。折现回收期法的最大问题也来自于公司最大理想折现回收期的设定。这一设定是主观的，而它却决定了项目是被接受还是被否决。此外，折现回收期之后项目产生的现金流也没有被纳入分析范围中。因此，虽然折现回收期法在计算中考虑了货币的时间价值，相比于传统的回收期方法有所改进，其对最大理想折现回收期的选择的主观性仍旧大大限制了它的应用。并且，我们之后会马上看到，净现值的评价方法在理论上要优于回收期法，且净现值在计算上也并不复杂。这两个回收期方法的原则可以总结如下：

| 工具名称 | 公式 | 含义 |
|---|---|---|
| 回收期 | 自由现金流能够弥补初始支出所需要的年限：<br><br>回收期＝初始投资被完全偿还上一年的年数<br><br>$+\dfrac{上一年初始投资中未被偿还的金额}{初始投资被完全偿还当年的自由现金流}$ | • 偿还初始投资所需要的时间。<br>• 回收期越短越好。<br>• 如果回收期小于可以接受的最大回收期，那么项目可以被接受。 |
| 折现回收期 | 折现的现金流能够弥补初始支出所需要的年限：<br><br>折现回收期＝折现后的自由现金流完全偿还初始资本支出的上一年年数<br><br>$+\dfrac{未偿还金额}{初始投资被完全偿还当年的折现自由现金流}$ | • 从折现的自由现金流中偿还初始投资需要的时间。<br>• 折现回收期越短越好。<br>• 如果折现回收期小于可以接受的最大折现回收期，那么项目可以被接受。 |

## 净现值法

一个投资建议的**净现值**（net present value，*NPV*）等于未来所有年度的自由现金流现值减去初始资本支出。净现值可以被阐述为：

$$NPV ＝ 未来所有年度的自由现金流现值 － 初始资本支出$$

$$＝\frac{FCF_1}{(1+k)^1}+\frac{FCF_2}{(1+k)^2}+\cdots+\frac{FCF_n}{(1+k)^n}-IO \tag{10-3}$$

其中，$FCF_t$＝第 $t$ 期的年度自由现金流（可以取正值或负值）[①]；

$k$＝公司的必要收益率或资本成本；

$IO$＝初始资本支出；

$n$＝项目的预期年限。

如果任意一个未来自由现金流（$FCF_t$）是现金流出而非现金流入，例如在第 2 年有另一个较大的投资导致了第 2 年的自由现金流 $FCF_2$ 是负数，那么在计算该项目的净现值时，$FCF_2$ 将变为负数。实际上，净现值（*NPV*）可以被看作是项目收益的现值减去项目成本的现值：

$$NPV＝PV_{benefits}-PV_{costs}$$

**记住你的原则**

　　剩下的三个资本预算评价方法在计算时都包含了原则 2：货币具有时间价值。如果我们想要做出理性的商业决策，我们就必须意识到货币是具有时间价值的。在学习接下来的三个资本预算评价方法时，你必须注意这一原则是隐藏在这三个评价方法背后的驱动力。

---

① 必要收益率或资本成本是获取项目所需资金所必须支付的收益率，或保持公司现有的每股市场价格所必需的收益率。这两个术语在第九章中进行过详细定义。

一个项目的 $NPV$ 从今日的货币价值的角度衡量了投资建议的净值。因为所有的现金流都被折现到现在，因此年度现金流的现值与初始资本支出的差额体现了货币的时间价值。年度现金流的现值与初始资本支出的差额决定了一项投资提议的净值。不论何时，只要项目的净现值大于或等于 0，我们就将接受该项目；只要项目的净现值小于 0，我们就将拒绝该项目。如果该项目的净现值是 0，那么该项目的回报率等于必要收益率，该项目应该被采纳。这一评价标准可以被表示成如下形式：

$$NPV \geqslant 0.0: 接受$$
$$NPV < 0.0: 拒绝$$

但是，我们也应该注意到净现值计算的价值主要取决于现金流预测的准确性。

下面的例子将具体说明净现值方法是如何运用于资本预算的评价标准中的。

| 例题 10.1 | 计算净现值 |
| --- | --- |

雪地摩托（Ski-Doo）正在考虑引进一个新的机械装置，这一装置将减少和 Z 机器（Mach Z）相关的制造成本，该项目带来的具体现金流如表 10-3 所示。如果公司的必要收益率为 12％，那么该项目的净现值为多少？雪地摩托公司是否应该接受这一项目？

**步骤 1：制定策略**

一个投资建议的净现值（$NPV$）等于其每年的自由现金流现值之和减去投资的初始资本支出。结合公司的自由现金流信息，该项目的净现值计算如下：

**表 10-3**                 雪地摩托公司对新机械装置的投资及其现金流

| | 自由现金流（美元） |
| --- | --- |
| 初始资本支出 | −40 000 |
| 第 1 年 | 15 000 |
| 第 2 年 | 14 000 |
| 第 3 年 | 13 000 |
| 第 4 年 | 12 000 |
| 第 5 年 | 11 000 |

$$NPV = 未来所有年度的自由现金流现值 - 初始资本支出$$
$$= \frac{FCF_1}{(1+k)^1} + \frac{FCF_2}{(1+k)^2} + \cdots + \frac{FCF_n}{(1+k)^n} - IO$$

其中，$FCF_t$＝第 $t$ 期的年度自由现金流（可以取正值或负值）；

    $k$＝公司的必要收益率或资本成本；

    $IO$＝初始资本支出；

    $n$＝项目的预期年限。

**步骤 2：计算数值**

如果企业的必要收益率为 12％，那么如表 10-4 的计算所示，自由现金流的现值为47 675 美元。减去初始资本支出 40 000 美元，可得项目的净现值为 7 675 美元。利用金融计算器计算的过程如下所示：

| | 现金流（美元） | × | 折现因子 | = | 现值（美元） |
|---|---|---|---|---|---|
| | | | 现值 | | |
| 第1年 | 15 000 | × | $\dfrac{1}{(1+0.12)^1}$ | = | 13 393 |
| 第2年 | 14 000 | × | $\dfrac{1}{(1+0.12)^2}$ | = | 11 161 |
| 第3年 | 13 000 | × | $\dfrac{1}{(1+0.12)^3}$ | = | 9 253 |
| 第4年 | 12 000 | × | $\dfrac{1}{(1+0.12)^4}$ | = | 7 626 |
| 第5年 | 11 000 | × | $\dfrac{1}{(1+0.12)^5}$ | = | 6 242 |
| 现金流现值 | | | | | 47 675 |
| 初始资本支出 | | | | | −40 000 |
| 净现值 | | | | | 7 675 |

**计算过程（TI BA Ⅱ PLUS）：**

| 数据和按键输入 | 显示 |
|---|---|
| CF ；−40 000；ENTER | CFo = −40 000. |
| ↓ ；15 000；ENTER | C01 = 15 000. |
| ↓ ；1；ENTER | F01 = 1.00 |
| ↓ ；14 000；ENTER | C02 = 14 000. |
| ↓ ；1；ENTER | F02 = 1.00 |
| ↓ ；13 000；ENTER | C03 = 13 000. |
| ↓ ；1；ENTER | F03 = 1.00 |
| ↓ ；12 000；ENTER | C04 = 12 000. |
| ↓ ；1；ENTER | F04 = 1.00 |
| ↓ ；11 000；ENTER | C05 = 11 000 |
| ↓ ；1；ENTER | F05 = 1.00 |
| NPV | I = 0.00 |
| 12；ENTER | I = 1 200 |
| ↓ ；CPT | NPV = 7 675. |

**步骤3：分析结果**

项目的净现值告诉我们，如果项目被接受，该项目能给企业带来多少价值。如果项目的净现值为正数，则该项目为公司创造了价值；如果项目的净现值为负数，则该项目破坏了公司的原有价值。在这个案例中，由于净现值大于零，因此该项目创造了价值，应该被公司所接受。

我们认为净现值评价方法是资本预算评价方法中相比于其他方法更好的一种。具体原因如下：第一，它采用了自由现金流而不是会计利润作为计算基础，因而它对项目带来的收益发生的真实时点十分敏感。第二，净现值法考虑到货币的时间价值，使得项目的收益和成本可以以一个合乎逻辑的方式进行比较。第三，由于项目只有在净现值为正的情况下才能够被接受，运用该方法而被接受的项目也一定会增加公司的价值。这与股东财富最大化的目标保持一致。

净现值方法的缺点来自其对细节信息的需求以及对接受项目所蕴含的自由现金流增长的长期预测。尽管有这样的缺点，净现值法仍旧是在理论含义上最为正确的评价方法。下面的例子将为您提供净现值方法的另一个应用举例。

| 例题 10.2 | 计算净现值 |

一家公司正考虑购进一个新的电脑系统，用来帮助其管理信用账单和存货。该系统需要初始花费 30 000 美元。该项目带来的自由现金流如下所示：

|  | 现金流（美元） |
| --- | --- |
| 初始资本支出 | −30 000 |
| 第 1 年 | 15 000 |
| 第 2 年 | 15 000 |
| 第 3 年 | 15 000 |

公司要求的必要收益率为 10%，计算该系统的净现值。并回答该公司是否应该接受这一项目。

**步骤 1：制定策略**

要计算该系统的净现值，则 3 年里每年 15 000 美元的现金流年金需要以 10% 的折现率折现到现在的时点。15 000 美元的年金现值可以通过金融计算器计算得到（如下图所示），或者使用式（5-4）的关系得出：

**计算过程**
**步骤一**
计算现金流

| 数据输入 | 功能按键 |
| --- | --- |
| 3 | N |
| 10 | I/Y |
| −15 500 | PMT |
| 0 | FV |

| 功能按键 | 答案 |
| --- | --- |
| CPT | |
| PV | 37 303 |

**步骤二**
减去现金流现值的初始资本支出
  37 303 美元
 −30 000 美元
  7 303 美元

$$PV = PMT \left[ \frac{1 - \frac{1}{(1+k)^n}}{k} \right]$$

**步骤 2：计算数值**

利用上述数学关系，我们可以求得

$$PV = 15\,000 \times \frac{1 - \dfrac{1}{(1+0.10)^3}}{0.10} = 15\,000 \times 2.486\,9 = 37\,303 \ （美元）$$

**步骤 3：分析结果**

在现金流被折现到现在的时点后，现金流与初始资本支出就都是用现在的货币价值进行衡量，因而我们可以将二者拿来比较。从未来现金流的现值（37 303 美元）中减去初始资本支出（30 000 美元），我们可以得出新系统的净现值为 7 303 美元。由于该项目的净现值为正数，因此该项目应该被接受。

---

## 运用电子数据表来计算净现值

尽管我们可以用金融计算器或是手算来计算净现值，通常情况下我们还是利用电子数据表来帮助我们进行计算。就像在金融计算器上按键计算一样，电子数据表也能简化净现值的计算。而这里的小错误是和其他电子数据表一样，在 Excel 里，净现值计算中的计算公式"＝NPV"只列出了未来现金流的现值，而忽略了初始资本支出。这听起来很奇怪吧？但确实是这样的。这本质上是对最初设计的电子数据表中错误的一个继承。而这也意味着正确的净现值应该等于 Excel 中计算的净现值减去初始资本支出的差额：

实际净现值＝Excel 计算的净现值－初始资本支出

这可以用电子数据表中的公式表示：

＝$NPV$（折现率，现金流入 1，现金流入 2，…，现金流入 29）－初始资本支出

回到表 10-3 中雪地摩托的例子中，只要我们记住要减去初始资本支出来得到正确的数值，我们便可以运用电子数据表来计算新机械装置投资的净现值。

| | A | B | C | D | E |
|---|---|---|---|---|---|
| 2 | 电子表格与$NPV$——以雪地摩托为例 | | | | |
| 3 | | | | | |
| 4 | 根据表10-3的例子，假设12%的折现率和下面的税后现金流， | | | | |
| 5 | 那么净现值可以计算如下： | | | | |
| 6 | | | | | |
| 7 | | | | | |
| 8 | | | 折现率（$k$）= | 12% | |
| 9 | | | | | |
| 10 | | | 年份 | 现金流 | |
| 11 | | | 初始资本支出 | -40 000美元 | |
| 12 | | | 1 | 15 000美元 | |
| 13 | | | 2 | 14 000美元 | |
| 14 | | | 3 | 13 000美元 | |
| 15 | | | 4 | 12 000美元 | |
| 16 | | | 5 | 11 000美元 | 在c18格里输入： |
| 17 | | | | | =NPV(D8,D12:D16)-40 000 |
| 18 | | $NPV$= | 7 674.63美元 | | |
| 19 | | | | | |
| 20 | Excel公式:=NPV（折现率,现金流1,现金流2,…,现金流入29） | | | | |
| 21 | | | | | |
| 22 | 在Excel的$NPV$计算中，我们必须减去 | | | | |
| 23 | 初始资本支出来计算真实$NPV$。 | | | | |
| 24 | | | | | |
| 25 | | | | | |
| 26 | | | | | |
| 27 | | | | | |

**计算项目的净现值**

一个项目的初始成本为 7 000 美元,该项目一期能带来 10 年,每年价值 1 000 美元的自由现金流,且公司的必要收益率为 5%。计算该项目的净现值。

**你做出来了吗?**

**确定项目的净现值**

你要确定一个项目的净现值,最初的支出是 7 000 美元,而在第 1 年到第 10 年能得到 10 万美元的自由现金流,且需得到 5% 的收益率。

净现值=未来所有年度的自由现金流现值−初始资本支出

**1. 运用数学公式**

**步骤 1** 确定未来现金流的现值。在式(5−4)中代入数值可得:

$$PV = 1\ 000 \times \frac{1 - \dfrac{1}{(1+0.05)^{10}}}{0.05}$$

$$= 1\ 000 \times \frac{1 - \dfrac{1}{1.628\ 894\ 63}}{0.05}$$

$$= 1\ 000 \times \frac{1 - 0.613\ 913\ 25}{0.05}$$

$$= 1\ 000 \times 7.721\ 734\ 93 = 7\ 721.73\ (美元)$$

**步骤 2** 从自由现金流的现值中减去初始资本支出。

$$\begin{array}{r} 7\ 721.73\ 美元 \\ -7\ 000.00\ 美元 \\ \hline 721.73\ 美元 \end{array}$$

**2. 使用金融计算器**

**步骤 1** 确定未来现金流的现值。

| 数据输入 | 功能按键 |
|---|---|
| 10 | N |
| 5 | I/Y |
| −1 000 | PMT |
| 0 | FV |
| 功能按键 | 答案 |
| CPT | |
| PV | 7 721.73 |

**步骤2** 从自由现金流的现值中减去初始资本支出。

    7 721.73 美元

  −7 000.00 美元

      721.73 美元

或者，你可以使用金融计算器上的 CF 按钮（TI BA Ⅱ Plus）。

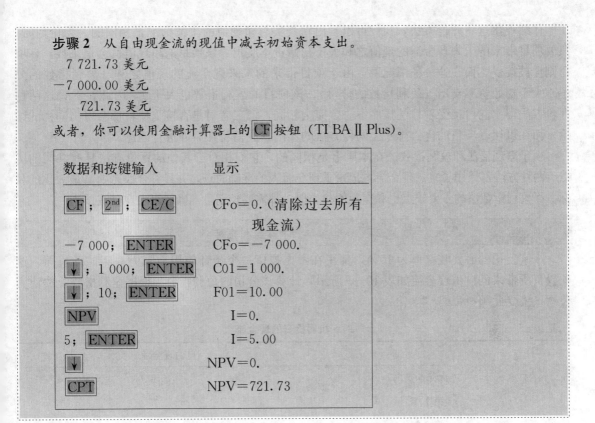

| 数据和按键输入 | 显示 |
| --- | --- |
| CF；2nd；CE/C | CFo=0.（清除过去所有现金流） |
| −7 000；ENTER | CFo=−7 000. |
| ↓；1 000；ENTER | C01=1 000. |
| ↓；10；ENTER | F01=10.00 |
| NPV | I=0. |
| 5；ENTER | I=5.00 |
| ↓ | NPV=0. |
| CPT | NPV=721.73 |

## 盈利指数（收入—成本比）

**盈利指数**（profitability index，$PI$）或称为**收入—成本比**，是项目带来的未来所有年度自由现金流的现值与初始资本支出的比值。尽管净现值投资评价方法给出了对一个项目绝对价值的货币度量，盈利指数则提供了一个关于投资提议盈利性的相对度量——项目未来净收益的现值与初始成本的比值。盈利指数可以表示成下列公式：

$$PI = \frac{未来所有年度自由现金流的现值}{初始资本支出}$$

$$= \frac{\dfrac{FCF_1}{(1+k)^1} + \dfrac{FCF_2}{(1+k)^2} + \cdots + \dfrac{FCF_n}{(1+k)^n}}{IO} \tag{10-4}$$

其中，$FCF_t$=第 $t$ 期的年度自由现金流（可以取正值或负值）；

$k$=公司的必要收益率或资本成本；

$IO$=初始资本支出；

$n$=项目的预期年限。

项目被接受的评价标准为盈利指数大于或等于 1.00，而拒绝该项目的条件是项目的盈利指数小于 1.00。

    $PI \geqslant 1.0$：接受

    $PI < 1.0$：拒绝

仔细观察这一评价方法，我们可以看出它其实与净现值的决策标准是相同的。无论何时，只要项目带来的未来现金流的现值之和大于初始资本支出，该项目的净现值就会是正数，该项目则会被接受。而在这一种情况下，由于项目带来的未来现金流的现值之和（盈利指数的分子）大于初始资本支出（盈利指数的分母），该项目的盈利指数也大于1。因此，尽管这两种评价方法得出的可接受项目的排序不一定完全相同，但二者对是否接受项目都会得出同样的结论。而在可接受项目的优劣排序上两种方法的不同，我们将在后面进行阐述。

由于净现值法和盈利指数法在本质上是相同的，它们相对于其他的评价方法具有共同的优点。两种方法都采用了自由现金流，记录了现金流入的准确时点，并且符合股东财富最大化的目标。而盈利指数法的主要缺点也和净现值法类似，都需要长期且准确的自由现金流预测。

| 例题 10.3 | 计算盈利指数 |
|---|---|

一家公司的必要收益率为 10%，其正在考虑投资一个预计使用期限为 6 年的新机器。这项投资所带来的自由现金流如表 10-5 所示，计算该公司的盈利指数。根据盈利指数，你认为公司该接受此项投资吗？

表 10-5                  对新机器投资的现金流

| | 自由现金流（美元） |
|---|---|
| 初始资本支出 | −50 000 |
| 第 1 年 | 15 000 |
| 第 2 年 | 8 000 |
| 第 3 年 | 10 000 |
| 第 4 年 | 12 000 |
| 第 5 年 | 14 000 |
| 第 6 年 | 16 000 |

**步骤 1：制定策略**

盈利指数可通过式（10-2）计算得出：

$$PI = \frac{\text{未来所有年度自由现金流的现值}}{\text{初始资本支出}}$$

$$= \frac{\dfrac{FCF_1}{(1+k)^1} + \dfrac{FCF_2}{(1+k)^2} + \cdots + \dfrac{FCF_n}{(1+k)^n}}{IO}$$

其中，$FCF_t$＝第 $t$ 期的年度自由现金流（可以取正值或负值）；

$k$＝公司的必要收益率或资本成本；

$IO$＝初始资本支出；

$n$＝项目的预期年限。

**步骤 2：计算数值**

将项目带来的未来净自由现金流折现到现在的时点，得到现值为 53 682 美元。用这一数值除以项目的初始资本支出 50 000 美元，得到盈利指数为 1.073 6，过程如表 10-6 所示。

**步骤3：分析结果**

这一结果告诉我们，该项目所带来的未来收益的现值是初始资本支出水平的1.073 6倍。由于盈利指数大于1.0，因此该项目应该被接受。并且由于该项目的盈利指数大于1.0，我们也可以知道项目的净现值为正数——因为项目未来收益的现值大于初始资本支出。这两个评价方法在这项投资项目上都给出了一致的结论。

表10-6 计算对新机器投资的盈利指数

| | 现金流（美元） | × | 折现因子 | = | 现值（美元） |
|---|---|---|---|---|---|
| 第1年 | 15 000 | × | $\frac{1}{(1+0.1)^1}$ | = | 13 636 |
| 第2年 | 8 000 | × | $\frac{1}{(1+0.1)^2}$ | = | 6 612 |
| 第3年 | 10 000 | × | $\frac{1}{(1+0.1)^3}$ | = | 7 513 |
| 第4年 | 12 000 | × | $\frac{1}{(1+0.1)^4}$ | = | 8 196 |
| 第5年 | 14 000 | × | $\frac{1}{(1+0.1)^5}$ | = | 8 693 |
| 第6年 | 16 000 | × | $\frac{1}{(1+0.1)^6}$ | = | 9 032 |

$$PI = \frac{\frac{FCF_1}{(1+k)^1} + \frac{FCF_2}{(1+k)^2} + \cdots + \frac{FCF_n}{(1+k)^n}}{IO}$$

$$= \frac{13\ 636\ 美元 + 6\ 612\ 美元 + 7\ 513\ 美元 + 8\ 196\ 美元 + 8\ 693\ 美元 + 9\ 032\ 美元}{50\ 000\ 美元}$$

$$= \frac{53\ 682\ 美元}{50\ 000\ 美元} = 1.073\ 6$$

## 内部收益率法

**内部收益率**（internal rate of return，*IRR*）试图回答项目能获得多高的收益率这一问题。从计算的角度来定义，内部收益率是能够使项目未来的自由现金流现值与项目初始资本支出相等的折现率。从数学的角度来看，内部收益率的定义可用如下公式表示：

*IRR* = 使项目未来自由现金流的现值与初始资本支出相等的收益率

$$IO = \frac{FCF_1}{(1+IRR)^1} + \frac{FCF_2}{(1+IRR)^2} + \cdots + \frac{FCF_n}{(1+IRR)^n} \tag{10-5}$$

其中，$FCF_t$＝第$t$期的年度自由现金流（可以取正值或负值）；

$IO$＝初始资本支出；

$n$＝项目的预期年限；

$IRR$＝项目的内部收益率。

内部收益率（IRR）是项目获得的收益率。从计算的角度来定义，内部收益率是能够使项目未来的自由现金流现值与项目初始资本支出相等的折现率。

实际上，内部收益率与第七章中讲述的债券的到期收益率的概念相似。换句话说，一个项目的内部收益率就是该项目能够获得的收益率。

项目被接受的条件是，项目的内部收益率大于或等于公司的必要收益率。而当项目的内部收益率低于公司的必要收益率时，我们则拒绝该项目。这一评价标准可以表示为：

IRR≥公司的必要收益率或资本成本：接受
IRR＜公司的必要收益率或资本成本：拒绝

如果项目的内部收益率等于该公司的必要收益率，则该项目应该被采纳，因为该公司在该项目上能够获得投资者所要求的收益率。相反，接受一个收益率低于投资者必要收益率的项目则会降低公司的股票价值。

如果项目的净现值为正，则该项目的内部收益率一定大于必要收益率 $k$。因此，所有将现金流折现的评价方法都是一致的，并会得出相同的接受或是拒绝的决策结果。与净现值法类似，内部收益率法的一个缺陷是，它假设一个特定的再投资收益率。净现值法假设项目存续期间的现金流都将再投资到该项目上，并能够获得和必要收益率相等的回报。举例来说，如果有一个采矿的项目预期有 10 年的存续期，并且能够在第 2 年年末带来 100 000 美元的现金流入，净现值法假设这部分 100 000 美元的资金将在第 3 年至第 10 年中以必要收益率为回报率重新投资到项目上。然而，内部收益率法的应用暗示项目存续期间的现金流都将以内部收益率为回报率再投资到该项目上。所以，如果我们观察的采矿项目的内部收益率为 40%，那么采用内部收益率方法就意味着，在第 2 年年末获得的 100 000 美元的现金流将在余下的 7 年中以 40%的收益率被投资到项目上。实际上，净现值法含蓄地假设了这个项目运行期间的现金流将以必要收益率同样大小的回报率再投资到项目上，而内部收益率法则暗示这些现金流再投资到项目上的回报率为内部收益率。净现值法所暗含的假设更为合理，即项目带来的现金流可以以必要收益率为回报率再投资到项目上，因为这些现金流或者以股利的形式被返还给要求项目达到必要收益率的股东手上，或者再投资到新的投资项目上。如果这些现金流投资到了新的项目上，那么它们将会减少公司对外部融资的需求，而这些融资所要求的回报率也和必要收益率相等。因此，这些资金的机会成本为必要收益率。

最后想要说明的是，净现值法作出的关于再投资收益率的假设是最好的，因此，它比内部收益率法更优。为什么需要考虑当两种评价方法得出的拒绝或接受结论相同时，我们应该采用哪种方法呢？答案就像我们看到的，尽管它们会得出相同的接受（或拒绝）结论，但它们对接受项目的盈利性排序是不同的。

**运用金融计算器计算内部收益率**　利用现在的金融计算器求解内部收益率仅仅是几个按钮的事情。在第五章中，当我们求解货币时间价值问题中的利率 $i$ 时，我们其实就是在求解内部收益率。举例来说，在第五章中以年度来计算复利的情况下，100 美元在 10 年后变为 179.10 美元，当我们求解这一问题中的利率时，我们实际上就在计算该问题的内部收益率。因此，在运用金融计算器计算内部收益率时，我们只需要输入初始资本支出、未来的现金流和所经历的时间长度，然后按下功能键"I/Y"或是"IRR"。在一些金融计算器上，你必须在按下功能键进行计算前按下计算按钮"CPT"。

**运用电子数据表计算内部收益率**　运用电子数据表计算内部收益率十分简单。一旦将现金流输入到电子数据表中，你只需要在电子数据表的单元格内输入 Excel 的 *IRR* 函数，然后让电子数据表自动为你计算出结果即可。当然，至少要有一项现金流必须为正数，且至少要有一项现金流必须为负数。*IRR* 函数必须按照以下形式输入到电子数据表的单元格中：**＝IRR（数值）**，其中"数值"指的是包含所有现金流以及初始资本支出的一连串单元格。

| | A | B | C | D | E |
|---|---|---|---|---|---|
| 1 | | | | | |
| 2 | | 电子表格与*IRR* | | | |
| 3 | | | | | |
| 4 | 三个投资项目的现金流如下所示： | | | | |
| 5 | | | | | |
| 6 | | | | | |
| 7 | 年份 | 项目A | 项目B | 项目C | |
| 8 | 初始资本支出 | −10 000美元 | −10 000美元 | −10 000美元 | |
| 9 | 1 | 3 362美元 | 0美元 | 1 000美元 | |
| 10 | 2 | 3 362美元 | 0美元 | 3 000美元 | |
| 11 | 3 | 3 362美元 | 0美元 | 6 000美元 | |
| 12 | 4 | 3 362美元 | 13 605美元 | 7 000美元 | |
| 13 | | | | | |
| 14 | IRR= | 13.001% | 8.000% | 19.040% | |
| 15 | | | | | |
| 16 | Excel公式:=IRR（数值） | | | | |
| 17 | | | | | |
| 18 | | | | | |
| 19 | 数值= | 现金流存储的表格范围。必须至少有一个正的 | | | |
| 20 | | 和负的现金流。 | | | |
| 21 | | | | | |

在B14格里输入:=IRR(B8:B12)
在C14格里输入:=IRR(C8:C12)
在D14格里输入:=IRR(D8:D12)

**运用金融计算器计算不规则现金流情况下的内部收益率**　当项目各期的现金流并不相同时，运用金融计算器计算内部收益率也是十分简单的。我们只需要键入初始资本支出、各期现金流以及它们的流入时点，然后按下"IRR"键。让我们来具体看看应该怎样使用金融计算器来解决不规则现金流情况下的内部收益率求解问题。不同的计算器工作起来可能会存在一定的差异，所以你只需要熟练掌握如何在你的计算器上输入数据即可。但就像笔者所说，它们的工作原理在本质上都是相同的。首先，你将录入所有现金流，然后求解项目的内部收益率。如果你使用 TI BA II Plus 计算器，你将从按下"CF"键开始。然后，"CFo"代表初始资本支出，你需要输入负值；"C01"是第 1 期的自由现金流，"F01"是第 1 期的现金流接连重复出现的次数。因此，如果第 1、2、3 年的自由现金流都是 1 000 美元，那么 F01＝3。"C02"则为第 2期的自由现金流，而"F02"是该现金流接连重复出现的次数。你会发现你将在计算器上第一行带有向下箭头的按钮（↓）的不同现金流间进行切换。一旦你将初始资本支出和各期自由现金流输入完毕后，你就可以按下"IRR"键和计算键"CPT"来计算项目的内部收益率了。让我们来看一个简单的例子，考虑下面的投资建议：

| | |
|---|---|
| 初始资本支出 | −5 000 美元 |
| 第 1 年现金流 | 2 000 美元 |
| 第 2 年现金流 | 2 000 美元 |
| 第 3 年现金流 | 3 000 美元 |

```
计算过程（TI BA Ⅱ PLUS）：
数据和按键输入                    显示

 CF ；－5 000； ENTER      CFo＝－5 000.00

 ↓ 2 000； ENTER          C01＝2 000.00

 ↓ 2； ENTER              F01＝2.00

 ↓ 3 000； ENTER          C02＝3 000.00

 ↓ 1； ENTER              F02＝1.00

 IRR ； CPT               IRR＝17.50％
```

---

**例题 10.4**　　　　　　　　　　　　　　　　　　　计算内部收益率

考虑下面的投资建议：

初始资本支出　　　　　　　　　－10 010 美元
第 1 年现金流　　　　　　　　　　1 000 美元
第 2 年现金流　　　　　　　　　　3 000 美元
第 3 年现金流　　　　　　　　　　6 000 美元
第 4 年现金流　　　　　　　　　　7 000 美元

如果项目的必要收益率为 15％，我们应该接受该项目吗？

**步骤 1：制定策略**

由于各期的现金流是不相同的，你可以使用 Excel 或是金融计算器进行计算。这里我们使用 TI BA Ⅱ Plus 金融计算器。

**步骤 2：计算数值**

利用金融计算器计算内部收益率如下所示。

```
计算过程（TI BA Ⅱ PLUS）：
数据和按键输入                    显示

 CF ；－10 010； ENTER     CFo＝－10 010.00

 ↓ 1 000； ENTER          C01＝1 000.00

 ↓ 1； ENTER              F01＝1.00

 ↓ 3 000； ENTER          C02＝3 000.00

 ↓ 1； ENTER              F02＝1.00

 ↓ 6 000； ENTER          C03＝6 000.00

 ↓ 1； ENTER              F03＝1.00

 ↓ 7 000； ENTER          C04＝7 000.00

 ↓ 1； ENTER              F04＝1.00

 IRR ； CPT               IRR＝19.00％
```

**步骤 3：分析结果**

在这个例子当中，该项目的内部收益率为 19%，高于 15% 的必要收益率。这意味着该项目将会给公司增加价值，该项目应该被接受。而且，我们也知道，既然该项目的内部收益率大于必要收益率，那么该项目的净现值一定为正数。

---

## 你可以做出来吗？

**计算项目的内部收益率**

一个新项目的初始资本支出为 5 019 美元，该项目一期能带来 10 年，每年价值 1 000 美元的自由现金流。计算该项目的内部收益率。

---

## 你做出来了吗？

**计算项目的内部收益率**

你需要确定一个项目的内部收益率，初始资本支出是 5 019 美元，而在第 1 年到第 10 年能得到 10 万美元的自由现金流。

**1. 使用金融计算器。** 在计算器中解出 $i$。

| 数据输入 | 功能按键 |
|---|---|
| 10 | N |
| −5 019 | PV |
| 1 000 | PMT |
| 0 | FV |
| 功能按键 | 答案 |
| CPT | |
| I/Y | 15 |

或者，你可以使用计算器上的 CF 按钮（TI BA Ⅱ Plus）。

| 数据和按键输入 | 显示 |
|---|---|
| CF；−5 019；ENTER | CFo＝−5 019. |
| ↓；1 000；ENTER | C01＝1 000. |
| ↓；10；ENTER | F01＝10.00 |
| IRR；CPT | IRR＝15 |

**2. 使用 Excel。** 内部收益率能够用 Excel 中的 "＝IRR" 函数计算。

### 观察净现值与内部收益率的联系——净现值曲线

理解内部收益率和净现值关系最简便的方法，可能是通过**净现值曲线**（net present value profile）来观察它们的联系。净现值曲线是刻画一个项目的净现值如何随折现率的变化而变化的曲线。为了作出项目的净现值曲线，你只需要确定折现率为 0 的情况下的项目净现值，然后缓慢地逐渐增加折现率的大小，直到一条具有代表性的曲线被刻画出来。项目的内部收益率是如何在净现值曲线中体现出来的呢？内部收益率正是曲线上使净现值为零的折现率。

让我们来看一个例子。一个项目需要花费 105 517 美元的税后资本支出，项目预期运行 4 年，每年预期会给企业带来 30 000 美元的自由现金流。计算该项目在不同折现率下的净现值，可得到以下结果：

| 折现率 | 项目的 NPV（美元） |
| --- | --- |
| 0% | 44 483 |
| 5% | 24 367 |
| 10% | 8 207 |
| 13% | 0 |
| 15% | −4 952 |
| 20% | −15 798 |
| 25% | −24 839 |

将这些值在图中表示出来，我们就可以得到净现值曲线，如图 10-1 所示。

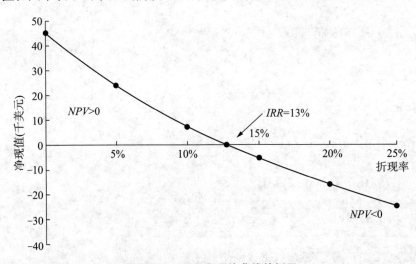

**图 10-1 项目净现值曲线的例子**

项目的内部收益率位于图中的哪点呢？内部收益率是使项目现金流流入的现值与现金流流出的现值相等的折现率，因此，内部收益率是图中净现值为零的那一点。在这个例子中，项目的内部收益率为 13%。这就是我们计算一系列不规则现金流情况下项目内部收益率的方法——我们用不同的折现率来计算项目的净现值，而能够使项目的净现值为零的折现率则为项目的内部收益率。

从净现值曲线中，我们可以十分清晰地看到项目的净现值是以怎样的形式与折现率呈现反向变化的关系的。随着折现率的提高，净现值的值便降低。通过分析一个项目的净现值曲线，你也可以知道项目对你所选择的折现率的敏感程度有多大。项目的净现值对折现率越敏感，你在计算中选择折现率的正确性也越重要。

## 复杂情况下的内部收益率——多重内部收益率

尽管任意一个项目都只含有一个净现值和一个盈利指数，在一些特定情况下，一个项目却可能会包含不止一个内部收益率。出现这种情况的原因可以追溯到内部收益率的计算过程中。式（10-3）说明了内部收益率是使项目未来净现金流现值之和与项目初始资本支出相等的折现率：

$$IO = \frac{FCF_1}{(1+IRR)^1} + \frac{FCF_2}{(1+IRR)^2} + \cdots + \frac{FCF_n}{(1+IRR)^n}$$

然而，由于式（10-3）是一个 $n$ 级多项式，它含有 $n$ 个解。现在，如果初始资本支出（$IO$）是公式中唯一的负向现金流，其他的所有年度自由现金流（$FCF$）都是正值，那么方程的这 $n$ 个解中除了一个解以外，其他的解都是负数或是虚数，不会对内部收益率的求解造成影响。但是当现金流的方向出现多次反复的时候，问题就会出现。实际上，当现金流的方向多次变化时，公式就有可能出现多个解的情况。正常或被称为传统的情况是负向的初始资本支出和正向的年度自由现金流（－，＋，＋，＋，…，＋）。在这种情况下现金流的方向只有一次变化，因此只会求出一个正的内部收益率。但是，一个具有多次方向变化的现金流的"非传统"模式则会导致求出不止一个内部收益率。

| | 自由现金流（美元） |
| --- | --- |
| 初始资本支出 | －1 600 |
| 第1年现金流 | ＋10 000 |
| 第2年现金流 | －10 000 |

在上表这种模式的现金流下，现金流的方向出现了两次改变：一次从－1 600美元变为＋10 000美元，另一次从＋10 000美元变为－10 000美元，因此，可能会出现两个内部收益率满足项目的自由现金流现值等于项目的初始资本支出。而事实上，求解方程中也确实得到了两个内部收益率：25％和400％。从图中来看，我们求解的是使得项目净现值等于零的折现率。如图10-2所示，项目净现值等于零的情况发生了两次。

那么哪一个解是正确的呢？答案是两个解都是无效的。虽然两个解都符合内部收益率的定义，但是两个解都不能提供内部收益率真正有意义的经济学解释。总而言之，当现金流出现多次符号改变时，项目拥有多个内部收益率的可能性就会存在，对内部收益率的一般解释就失去了原有的意义。在这种情况下，我们就应该采用净现值评价方法作为替代。

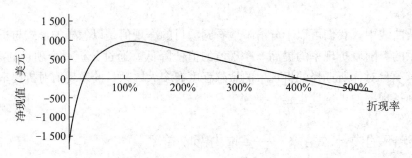

图 10 - 2 多重内部收益率

## 修正的内部收益率（*MIRR*）[1]

出现多重内部收益率以及对再投资收益率的假设，使得净现值方法作为资本预算评价方法要优于内部收益率法。但是，由于内部收益率易于理解并解读，内部收益率法仍被许多编制资本预算的运用者所使用。最近，一个新的评价方法——**修正的内部收益率**（modified internal rate of return，*MIRR*）法作为内部收益率方法的替代得到了大家的认可，因为它避免了出现多重内部收益率的可能性，并且允许决策者直接自行选择合适的再投资收益率。因此，修正的内部收益率法为决策者提供了一个改进了的再投资利率假设和更有经济学含义的内部收益率。

这真的是一个问题吗？答案是肯定的。内部收益率法的一个问题是，它同时为公司和股东提供了一个不实际的收益率预期。举例来说，麦肯锡咨询公司检验了一家在 5 年内接受了 23 个主要项目的公司，这些项目的内部收益率平均在 77％左右。[2] 但是，当麦肯锡将这些项目的再投资收益率调整为公司的必要收益率时，项目的收益率就降到了 16％。同时，项目的优劣排序也发生了变化，原来排在第一的项目降到了第 10 位。而且，内部收益率分别为 800％、150％和 130％的排名最高的三个项目的收益率都因此降到了 15％、23％和 22％。它们的收益率和排名都分别下调了。

修正的内部收益率法的驱动力是，假设项目存续期间带来的所有自由现金流都以必要收益率为再投资利率，直到项目结束。因此，要计算修正的内部收益率，我们将进行下列步骤：

**步骤一**　确定项目自由现金流流出的现值。我们将所有流出的自由现金流以必要收益率折现到现在时点。如果项目的初始资本支出是唯一的自由现金流流出，那么初始资本支出即为自由现金流流出的现值。

**步骤二**　确定项目自由现金流流入的现值。确定所有的年度自由现金流流入并以项目必要收益率为复利计息求出它们在项目结束时的终值。我们称该值为项目的最终价值（*TV*）。

**步骤三**　计算修正的内部收益率。修正的内部收益率是使项目的净现金流出量的现值等于

---

①　这一小节相对复杂，教学中可以跳过，并不影响教材的连续性。

②　John C. Kellecher and Justin J. MacCormack, "Internal Rate of Return：A Cautionary Tale," *McKinsey Quarterly*, September 24, 2004, pp. 1 - 4.

项目的最终价值折现到现在时点的折现率。[1]

从数学的角度来看，修正的内部收益率被定义为下述公式中 $MIRR$ 的值：

$$PV_{现金流出量} = \frac{TV_{现金流入量}}{(1+MIRR)^n} \qquad\qquad (10-6)$$

其中，$PV_{现金流出量}$＝项目净现金流出量的现值；

$TV_{现金流入量}$＝项目净现金流入量的终值，通过将所有年度净现金流入量以必要收益率为利率计算得到的在项目结束时的终值；

$n$＝项目的预期使用年限；

$MIRR$＝项目的修正的内部收益率。

而决策的评判标准是，如果项目的修正的内部收益率大于或等于项目的必要收益率，那么项目应该被接受。虽然我们现在已经介绍了多个不同的资本预算评价方法，但很有趣的是，净现值法、盈利指数法、内部收益率法和修正的内部收益率法都常常会针对独立项目给出相同的拒绝或接受建议。这些财务决策标准总结如下：

## 财务决策工具

| 工具名称 | 公式 | 含义 |
|---|---|---|
| 净现值（NPV） | 未来的所有年度自由现金流的现值减去初始资本支出：<br>$= \frac{FCF_1}{(1+k)^1} + \frac{FCF_2}{(1+k)^2} + \cdots + \frac{FCF_n}{(1+k)^n} - IO$ | • 如果项目被接受，项目将创造的价值。<br>• 如果净现值为正数，那么项目将为公司创造价值，项目应该被接受。 |
| 盈利指数（PI） | 未来自由现金流现值与初始资本支出的比率：<br>$= \dfrac{\frac{FCF_1}{(1+k)^1} + \frac{FCF_2}{(1+k)^2} + \cdots + \frac{FCF_n}{(1+k)^n}}{IO}$ | • 未来收益的现值与初始资本成本的比率。<br>• 如果盈利指数大于1.0，那么净现值必定为正数，即项目创造了价值，应该被接受。 |
| 内部收益率（IRR） | 使项目的未来自由现金流现值与项目的初始资本支出相等的折现率：<br>$IO = \frac{FCF_1}{(1+IRR)^1} + \frac{FCF_2}{(1+IRR)^2} + \cdots + \frac{FCF_n}{(1+IRR)^n}$<br>其中，$IRR$ 是项目的内部收益率。 | • 项目所能获得的收益率。<br>• 如果项目能够获得高于必要收益率的回报率，那么项目的净现值一定为正数，项目创造了价值，应该被接受。 |
| 修正的内部收益率（MIRR） | 使项目未来的自由现金流现值与现金流入量最终价值折现到现在时点的价值相等的折现率：<br>$PV_{现金流出量} = \frac{TV_{现金流入量}}{(1+MIRR)^n}$ | • 当项目的内部收益率是基于现金流以必要收益率进行再投资的假设计算时，所求出的项目的内部收益率。 |

---

[1] 你可能注意到我们区分了项目的年度现金流入量和现金流出量，将现金流入量以复利计息得到项目结束时它们的终值，而将现金流出量折现到现在时点作为成本的现值。虽然修正的内部收益率还有其他的定义，但书中给出的定义是被最广泛接受的一种。

让我们看看下面这个例子。一个项目预期运行 3 年，其必要收益率为 10%，假设项目的现金流情况如下表所示：

| | 自由现金流（美元） |
| --- | --- |
| 初始资本支出 | −6 000 |
| 第 1 年现金流 | 2 000 |
| 第 2 年现金流 | 3 000 |
| 第 3 年现金流 | 4 000 |

计算该项目的修正的内部收益率。

**步骤 1：制定策略**

修正的内部收益率的计算过程可以被看作以下三步：

**第一步** 确定项目的净现金流出量的现值。

**第二步** 确定项目的净现金流入量的最终价值。

**第三步** 确定使净现金流入量的最终价值的现值与净现金流出量的现值相等的折现率。

在数学计算上，修正的内部收益率可以被定义为下列公式的 *MIRR* 数值：

$$PV_{现金流出量} = \frac{TV_{现金流入量}}{(1+MIRR)^n}$$

其中，$PV_{现金流出量}$＝项目净现金流出量的现值；

$TV_{现金流入量}$＝项目净现金流入量的终值，通过将所有年度净现金流入量以必要收益率为利率计算得到的在项目结束时的终值；

$n$＝项目的预期使用年限；

$MIRR$＝项目的修正的内部收益率。

**步骤 2：计算数值**

流程如下所示：

**第一步** 确定项目净现金流出量的现值。在这个例子中，唯一的现金流出是 6 000 美元的初始资本支出，它已经是现在时点的价值，因此，它便是项目净现金流出量的现值。

**第二步** 确定项目净现金流入量的最终价值。为了求出结果，我们只需要将项目的必要收益率作为回报率来计算项目 3 年的净现金流入量在项目结束时的最终价值。在这个案例中，最终价值为 9 720 美元。

**第三步** 确定使项目最终价值的现值与项目净现金流出量现值相等的折现率。因此，该项目的修正的内部收益率为 17.446%。

计算过程如图 10-3 所示：

$$6\ 000\ 美元 = \frac{TV_{现金流入量}}{(1+MIRR)^n}$$

$$6\ 000\ 美元 = \frac{2\ 000\ 美元 \times (1+0.10)^2 + 3\ 000\ 美元 \times (1+0.10)^1 + 4\ 000\ 美元 \times (1+0.10)^0}{(1+MIRR)^3}$$

$$6\ 000\ 美元 = \frac{2\ 420\ 美元 + 3\ 300\ 美元 + 4\ 000\ 美元}{(1+MIRR)^3}$$

$$6\ 000\ 美元 = \frac{9\ 720\ 美元}{(1+MIRR)^3}$$

$$MIRR = 17.446\%$$

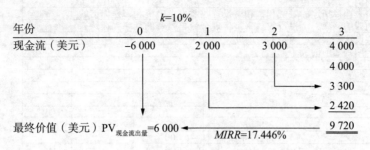

图 10-3　计算修正的内部收益率

**步骤 3：分析结果**

因此，这个项目的修正的内部收益率（17.446%）小于该项目 20.614% 的内部收益率。在这一案例中，只有内部收益率高于修正的内部收益率才是合理的，因为内部收益率暗含了即期的现金流入量再投资时会按照内部收益率而不是必要收益率得到回报的假设。

在决策标准上，如果项目的修正的内部收益率大于或等于项目的必要收益率，则该项目应该被接受。如果项目的修正的内部收益率小于必要收益率，则项目应该被拒绝：

$MIRR \geqslant$ 必要收益率：接受

$MIRR <$ 必要收益率：拒绝

由于内部收益率法在现实世界中的广泛运用，以及它在再投资收益率方面的假设缺陷，修正的内部收益率作为一个替代的决策制定工具变得越来越受分析者的欢迎。

## 使用电子数据表来计算修正的内部收益率

就像其他的金融计算可以使用电子数据表一样，运用电子数据表计算修正的内部收益率也同样十分简单。它的计算与使用电子数据表进行传统的内部收益率的计算的唯一差别在于，你还拥有一个同时设定融资利率或再投资收益率的选项。融资利率指的是你在投资一个项目需要借入资金时向资金提供者支付的利率，而再投资收益率是你将项目带来的现金流再投资时所获得的收益率。一般来说，我们假设这两个利率的值相等。因此，我们输入 $k$，即合理的折现率的值，作为这两个利率的数值。一旦现金流被输入到电子数据表中，所有你需要做的就只是在电子数据表的单元格中输入 Excel 中的 $MIRR$ 函数，然后让电子数据表自动为你计算出结果。当然，就像内部收益率的计算一样，至少有一个现金流的方向必须为正，也至少有一个现金流的方向必须为负。在电子数据表的单元格中输入的修正的内部收益率函数是"＝MIRR（数值，融资利率，再投资收益率）"，其中"数值"指的是储存有现金流的一系列单元格范围，而融资利率和再投资收益率都将输入 $k$。

| | A | B | C | D | E |
|---|---|---|---|---|---|
| 1 | | | | | |
| 2 | **使用电子表格计算*MIRR*** | | | | |
| 3 | | | | | |
| 4 | 根据之前的例子，我们也能使用电子表格计算*MIRR*，而且，我们也可以 | | | | |
| 5 | 用电子表格来选择指定的融资利率和再投资收益率。融资利率是你借的 | | | | |
| 6 | 用来投资的钱的利率，再投资收益率是将现金流再投资的利率，在计算 | | | | |
| 7 | 中，我们假设这些值是可确定的。因此，我们用一个合适的折现率*k*来代 | | | | |
| 8 | 表两个值，回到之前的例子： | | | | |
| 9 | | | | | |
| 10 | | | | | |
| 11 | | | | | |
| 12 | | | | | |
| 13 | | | | | |
| 14 | | 年份 | 现金流 | | |
| 15 | | 初始资本支出 | –6 000美元 | | |
| 16 | | 1 | 2 000美元 | | |
| 17 | | 2 | 3 000美元 | | |
| 18 | | 3 | 4 000美元 | | |
| 19 | | | | | |
| 20 | | MIRR= | 17.446% | | |
| 21 | | | | | |
| 22 | Excel公式:=MIRR（数值，融资利率，再投资收益率） | | | | |
| 23 | | | | | |
| 24 | 其中: | | | | |
| 25 | | 数据= | 现金流存储的表格范围，必须至少有一个正的和负的 | | |
| 26 | | | 现金流。 | | |
| 27 | | | | | |
| 28 | | 融资利率= | 借入的用来投资的资金的利率，假定为*k*。 | | |
| 29 | | | | | |
| 30 | | 再投资收益率= | 将现金流再投资的利率，假定为*k*。 | | |
| 31 | | | | | |

> 在C20格里输入:
> =MIRR(C15:C18,10%,10%)

---

**概念回顾**

1. 解释一个项目的内部收益率的经济学含义。

2. 净现值曲线能告诉我们什么？如何作出净现值曲线？

3. 内部收益率与修正的内部收益率的区别是什么？

4. 为什么净现值法和盈利指数法对同一个项目通常能得出相同的接受或拒绝评判？

---

## 资本限额配给

我们在这一章节中讲述的资本预算评价方法的运用，暗示了资本预算是由可以接受的投资建议的可利用性决定的。然而，一个企业可能会为资本预算的资金规模设置上限，这种情况被称为**资本限额配给**（capital rationing）。就像我们看到的一样，对资本限额配给的考察不仅能使我们更好地处理现实世界中的复杂情况，而且能够让我们看到净现值法作为编制资本预算评价方法优于内部收益率法的原因。处理资本限额配给的问题通常比较令人不适，因为在资本存在限额的情况下，即使是净现值为正的项目也有可能被拒绝。这种情况违反了公司最大化股东财富的目标。然而，在现实生活中，资本限额配给确实存在，而公司的经理也必须面临这个问题。通常，当公司设置了资本限制时，它们都会意识到企业没有那个能力同时实行一定数量或是更多的新项目或大项目。

运用内部收益率法作为公司的决策标准，企业会接受所有内部收益率大于公司必要收益率的项目。这一评价方法如图 10-4 所示，会使得项目 A 至项目 E 都被接受。然而，当资本限额配给存在时，公司所能使用的总投资规模被预算约束所限制。在图 10-4 中，$X$ 美元的预算约束排除了在盈利性上十分吸引人的项目 E。而这种情况显然违背了最初的决策标准。并且，按照内部收益率最高的原则选择项目常常由于一些项目不能被分割而使情况变得复杂。例如，只运行项目 D 的一半规模显然是不合逻辑的。

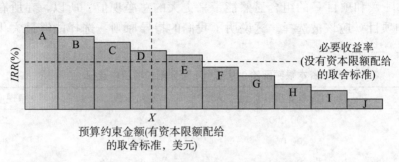

**图 10-4　根据内部收益率排序的项目**

## 资本限额配给的基本原理

通常来说，企业施加资本限额配给的约束一般有三个原因。第一，经理可能会认为市场的状况暂时并不好。在 20 世纪 90 年代末的经济低迷时期，这个原因被频繁地提出。在那个时候，股票价格低迷，使得项目的融资成本变高。第二，公司可能没有合格的经理人来管理这些项目。当项目涉及较多的技术要求时，这种情况经常发生。第三，公司可能存在一些无形的考虑。举例来说，经理人可能惧怕负债，因而拒绝支付任何形式任何成本的利息。又比如企业希望通过限制普通股的发行来满足稳定股利的正常发放。

那么资本限额配给对公司会产生哪些影响呢？简单来说，资本限额配给带来的影响是负面的。而这个负面影响的程度有多大，取决于资本限额的限制程度有多大。如果资本限额配给十分轻微且是短期的，企业的股票价格则不会有很大程度的损害。在这种情况下，资本限额配给可以得到谅解，尽管我们必须指出，任意形式的拒绝净现值为正的项目的资本限额配给行为都是有损公司股东利益最大化目标的。如果企业的资本限额配给行为是由于公司决定限制大量的新项目实施，或是决定采用内部融资的方式来运行项目，那么这一政策最后将对公司的股票价格产生十分大的负面影响。举例来说，如果企业因为一个武断的限制资本预算的决策而不能够对其产品和制造流程进行更新升级，那么公司竞争优势的丧失将会最终导致企业股价变低。

### 资本限额配给与项目选择

如果公司决定对它的投资项目设定一个资本约束，那么选择一系列项目的最好标准就是在资本约束的情况下选择净现值最高的项目。而这本质上就是要选择能够最大程度增加股东财富的项目。这个指导标准可能会排除那些单纯以盈利指数法或内部收益率法来看排名较高的项目。如果图 10-4 中所示的项目可以被分割，那么最后被选择的项目则算是部分被接受。尽管部分接受某个项目也是有可能的，但就像我们之前说明的，在一些情况下，大部分资本投资的不可分割性排除了这种可能性。举例来说，购买批发商店的一半或是购买一半的卡车是不可能的。

考虑一个设置了 100 万美元资本约束的公司，目前它可以选择投资于五个无法分割的项目，如表 10-7 所示。如果排名最高的项目被接受，那么项目 A 和项目 B 就将首先被采纳。在这一点上，公司将没有足够的资金来继续运营项目 C，因此项目 D 和项目 E 将被采纳。但是，项目 A 和项目 C 的组合显然能带来更大的总净现值。所以，在所有可能的项目中，项目 A 和项目 C 应该被选择。这说明了我们的指导原则：选择能够最大化公司净现值的项目组合。

**表 10-7** 资本限额配给：从五个不可分割的项目中选择

| 项目 | 初始资本支出（美元） | 盈利指数 | 净现值（美元） |
| --- | --- | --- | --- |
| A | 200 000 | 2.4 | 280 000 |
| B | 200 000 | 2.3 | 260 000 |
| C | 800 000 | 1.7 | 560 000 |
| D | 300 000 | 1.3 | 90 000 |
| E | 300 000 | 1.2 | 60 000 |

**概念回顾**

1. 什么是资本限额配给？
2. 资本限额配给是如何与公司最大化股东财富的目标发生冲突的？
3. 什么是互斥项目？互斥项目有时是如何使得编制资本预算的过程变得更复杂的？

## 互斥项目的排序

过去，在假设没有资本限额配给的情况下，我们建议公司要采纳所有项目净现值为正，盈利指数大于 1.0 或者是内部收益率大于项目必要收益率的项目。然而，按照这样的标准接受项目并不一定是可行的。在一些情况下，当两个项目在相同的折现现金流评价方法下都被认为是可以接受的时候，我们可能必须在二者之间选择其中一个项目，因为这两个项目是互斥的。**互斥项目**（mutually exclusive projects）是指两个项目都服务于一个目标的项目。例如，一个考虑安装一套电脑系统的企业可能同时评估 3～4 个系统，而这几个系统都会给企业带来正的净现值。但是，接受一个系统的实施将会自动意味着拒绝其他系统。在处理互斥项目的问题时，我们常常运用折现现金流的选择标准对项目进行排序，并在此基础上选择排名最高的项目。然而，排名不同引发的冲突问题有时也会发生。就像我们将要看到的，净现值方法将是最好的决策制定工具，因为它能够保证选择的项目会在最大程度上增加公司股东的财富。

在处理互斥项目问题的时候，我们通常会问到如下几种类型的排序问题：投资规模不相同问题、投资时间不一致问题以及项目寿命不同的问题。每一个问题都有可能导致在不同的现金流折现、资本预算评价方法下排名不同的冲突问题。正如上文提到的，当一种现金流折现的评价方法给出了接受的判断时，所有的评价标准都将给出接受的判断，但是它们对所有的项目并不一定都能给出相同的排序。在大多数情况下，这种不一致的现象并不重要，但是，对于互斥项目来说，排名的顺序则尤为重要。

## 投资规模不相同问题

投资规模不相同问题发生在互斥项目的投资额不同的情况下。这个问题可以用一个简单的例子来说明。

| 例题 10.6 | 投资规模不相同问题 |
|---|---|

假设有一家公司正在考虑两个互斥项目：A 和 B，两个项目的必要收益率都为 10%。项目 A 需要 200 美元的初始资本支出，并在第一年年末给公司带来 300 美元的现金流流入；而项目 B 的初始资本支出是 1 500 美元，第一年年末得到的现金流流入为 1 900 美元。两个项目的净现值、盈利指数以及内部收益率在表 10 - 8 中给出：

表 10 - 8 投资规模不相同情况下的排序问题

**项目 A**

| | $k=10\%$ | |
|---|---|---|
| 年份 | 0 | 1 |
| 现金流 | −200 美元 | 300 美元 |

$NPV=72.73$ 美元
$PI=1.36$
$IRR=50\%$

**项目 B**

| | $k=10\%$ | |
|---|---|---|
| 年份 | 0 | 1 |
| 现金流 | −1 500 美元 | 1 900 美元 |

$NPV=227.28$ 美元
$PI=1.15$
$IRR=27\%$

在这一案例中，如果运用净现值法，那么项目 B 将被接受。而如果运用盈利指数法或是内部收益率法，项目 A 则会被选择。现在的问题是：这两个项目中哪一个更好？

**步骤 1：制定策略**

这个问题的答案取决于公司是否存在资本限额配给。

**步骤 2：计算数值**

在不存在资本限额配给的情况下，项目 B 更好。因为它拥有更大的净现值，因此最大程度地增加了公司股东的财富。如果公司存在资本约束，那么问题便成为，相比于选择项目 A（成本为 200 美元，而项目 B 的成本为 1 500 美元），项目 B 比项目 A 多出的 1 300 美元的初始资本支出是否能够被公司筹集。如果公司在项目 A 上获取的收益加上多出的 1 300 美元投资在其他项目上的收益高于项目 B 能够获取的收益，那么项目 A 以及边际项目应该被接受。本质上，我们仍然在试图选择能够最大化公司净现值的项目组合。因此，如果边际项目带来的净现值大于 154.55 美元（＝227.28 美元－72.73 美元），那么选择项目 A 和净现值为 72.73 美元的项目将会提供高于项目 B 给公司带来的 227.28 美元的净现值。

**步骤 3：分析结果**

做个总结，无论何时，在不存在资本限额配给的情况下，当投资规模不相同问题导致互斥项目间的排序存在冲突时，拥有最大净现值的项目应该被选择。而当资本限额配给存在时，项目应该选择拥有最大净现值的项目组合。

## 投资时间不一致问题

投资时间不一致问题和由它所导致的项目排序冲突问题，主要是源于净现值评价方法和内部收益率法在再投资收益率上的不同假设。净现值法假设项目存续期间的所有现金流可以以项目必要收益率作为利率再投资到项目上，而内部收益率法暗含的假设是，项目存续期间的现金流的再投资收益率为内部收益率。解决这一问题的一个可能的办法是使用之前介绍的修正的内部收益率法。你可以回忆一下，这个方法使得你能够分清项目存续期间现金流的再投资收益率是多少。对于这个问题，我们将再次用一个例子进行说明。

| 例题 10.7 | 投资时间不一致问题 |
| --- | --- |

假设一家公司的必要收益率或资本成本为 10%，且不存在资本限额配给。现有两个互斥项目如表 10-9 所示。怎样解决投资时间不一致问题？

**表 10-9** 投资时间不一致情况下的排序问题

**项目 A**

| 年份 | $k=10\%$ | | | |
| --- | --- | --- | --- | --- |
| | 0 | 1 | 2 | 3 |
| 现金流 | －1 000 美元 | 100 美元 | 200 美元 | 2 000 美元 |

$NPV=758.83$ 美元

$PI=1.759$

$IRR=35\%$

**项目 B**

| 年份 | $k=10\%$ | | | |
| --- | --- | --- | --- | --- |
| | 0 | 1 | 2 | 3 |
| 现金流 | －1 000 美元 | 650 美元 | 650 美元 | 650 美元 |

$NPV=616.45$ 美元

$PI=1.616$

$IRR=43\%$

**步骤 1：制定策略**

应该选用哪一个评价方法，取决于我们希望在项目计算中使用怎样的再投资收益率假设。

净现值法和盈利指数法都暗示项目 A 是两个项目中更好的那一个，但是内部收益率法则认为项目 B 更好。项目 B 接收到的现金流要比项目 A 给公司带来的现金流更早，而且关于这些现金流以怎样的回报率投资到项目上的不同假设也导致了两个项目排序上的差别。

**步骤 2：计算数值**

净现值法假设项目存续期间的现金流都可以以必要收益率或是资本成本为回报率进行再投资，而内部收益率法则暗含了以项目存续期间现金流的内部收益率为再投资收益率的假设。

**步骤 3：分析结果**

在这个例子中，净现值法应该被采用。这是因为它使用了公司价值最大化这一目标的假设。这无疑是最为保守的假设，因为必要收益率是现金流再投资所可能得到的最低回报率。而且，正如我们已经提到的，净现值法最大化了公司的价值和股东的财富。

## 项目寿命不同的问题

需要我们考虑的最后一个排名问题，是比较两个具有不相同的项目寿命的互斥项目是否合理。由于未来的那些盈利性投资建议被我们排除在考虑范围之外，因而两个拥有不同寿命的项目之间是否具有可比性的问题就产生了。例如，假设你在希尔顿黑德（Hilton Head）小岛面向大海的最好地段上拥有一家较老的酒店，你在考虑对酒店进行重新翻修，使它能够延长 5 年的使用寿命。你的另一个选择是将它拆除，在此地建造一个使用寿命为 10 年的新酒店。两种方案的任意一种都能够让你赚取到利润，因为海边的房产毕竟是每个人都希望居住的地方。但是，你肯定不能同时接受这两个方案。

比较这两个项目的净现值是否公平呢？答案是不公平。为什么？因为如果你接受了一个 10 年的项目，你就不只是拒绝了一个 5 年的项目，你还放弃了在第 5 年到第 10 年中用该地段做其他事情的盈利机会。实际上，如果拥有更短的使用寿命的项目被你采纳，那么到该项目结束时，你又可以重新翻修该酒店，或是拆除原酒店重新建造一个新酒店来获取额外的收益。而接受一个寿命更长的项目则会排除这一可能的盈利机会。而这种情况并没有纳入之前的分析范围中。因此，关键的问题产生了：今天的投资决策在分析时包含了未来所有可能的盈利性投资方案了吗？如果没有，那么这些项目就不具有可比性。

| 例题 10.8 | 项目寿命不同的问题 |
| --- | --- |

假设有一家公司必须要更换一个较老的机器，公司的必要收益率为 10%。公司目前在考虑两个可替换的机器，一个机器的使用寿命为 3 年，另一个机器的使用寿命为 6 年。与这两个项目相关的现金流信息在图 10-5 中给出。

运用现金流折现的评价方法，我们发现净现值法和盈利指数法都认为项目 B 是更好的项目，而内部收益率法更倾向于选择项目 A。这个排名上的不一致主要是源于两个相互比较项目的不同使用寿命。在这个案例中，由于两个项目无法比较，因而决策起来也十分困难。那么要怎么解决这样的项目寿命不同的问题呢？

| 项目 A | | | | |
|---|---|---|---|---|
| | $k=10\%$ | | | |
| 年份 | 0 | 1 | 2 | 3 |
| 现金流 | −1 000 美元 | 500 美元 | 500 美元 | 500 美元 |

$NPV=243.43$ 美元

$PI=1.243$

$IRR=23.4\%$

| 项目 B | | | | | | |
|---|---|---|---|---|---|---|
| | $k=10\%$ | | | | | |
| 年份 | 0 | 1 | 2 | 3 | 4 | 5 | 6 |
| 现金流 | −1 000 美元 | 300 美元 | 300 美元 | 300 美元 | 300 美元 | 300 美元 | 300 美元 |

$NPV=306.58$ 美元

$PI=1.307$

$IRR=19.9\%$

**图 10 - 5   项目寿命不同的排序问题**

**步骤 1：制定策略**

解决这一种情况的方法有很多。第一种方法是，假设拥有更短寿命的投资项目带来的现金流可以以必要收益率再投资，直到拥有更长寿命的项目结束。尽管这个方法是最简单的，因为你只需要计算项目的净现值，但它实际上忽略了最紧急的问题——公司有可能投资另一个具有正净现值的项目。因此，更为合适的解决方案是预测未来的再投资机会，也就是说，对未来可能的投资机会作出一定的假设。但不幸的是，第一种方法太过简单以至于没有什么使用价值，而第二种方法又由于要求过多的未来现金流预测而显得过于复杂。最后一个解决这一问题的方法是，假设公司在未来的再投资机会与现在的投资机会类似。两种最常见的方法是创造一个重置价值链，使得两个项目的使用寿命相同，或者是计算项目的等额年金。

运用重置价值链，本例就需要创造项目 A 的两个项目的链条循环。也就是说，我们假设项目 A 能够在第 3 年年末被一个类似的投资所重置。因此，项目 A 可以被看作是两个项目 A 交替循环出现，如图 10 - 6 所示。第一个项目在第 0 年年末或是第 1 年年初开始运营，初始资本支出为 1 000 美元。第二个项目则是在第 4 年年初或是第 3 年年末开始运营，初始资本支出也为 1 000 美元，并在第 4 年至第 6 年每年给公司带来 500 美元的现金流入。因此，在第 3 年，公司将会有一个由第一个项目带来的 500 美元的现金流入，和一个由重置项目带来的 1 000 美元的现金流流出，导致第 3 年的净现金流为 −500 美元。因此，这个重置价值链的净现值为 426.32 美元，这个数值便可以和项目 B 的净现值进行比较了。

| | $k=10\%$ | | | | | |
|---|---|---|---|---|---|---|
| 年份 | 0 | 1 | 2 | 3 | 4 | 5 | 6 |
| 现金流 | −1 000 美元 | 500 美元 | 500 美元 | −500 美元 | 500 美元 | 500 美元 | 500 美元 |

$NPV=426.32$ 美元

**图 10 - 6   重置价值链分析**

所以，由于项目A重置价值链的净现值要大于项目B的净现值，项目A应该被接受。而关于重置价值链的一个问题是，两个项目的使用寿命可能会使得重置后二者的寿命相等十分困难。举例来说，如果两个项目的使用寿命分别是7年和13年，由于二者的最小公倍数为7×13＝91，为了使两个项目的使用寿命相等，我们就需要构造91年的重置价值链。而在这个案例中，确定项目的**等额年金**（equivalent annual annuity, *EAA*）则更为容易。一个项目的等额年金是一个净现值与项目净现值相同的年金现金流。

未来计算等额现金流，我们只需要计算项目的净现值，然后确定多大年金（即金融计算器上的PMT）的净现值与之相等。这一过程包括如下几个步骤：

**第一步** 计算项目的净现值；

**第二步** 计算等额年金。

**步骤2：计算数值**

**第一步** 计算项目的净现值。如图10-5所示，我们能够求出项目A的净现值为243.43美元，而项目B的净现值为306.58美元。

**第二步** 计算等额年金。利用项目的净现值作为年金的现值PV，项目的年限作为年金的年限N，项目的必要收益率作为I/Y，并在终值FV项上输入零，然后解出年金额PMT，我们就可以求出等额年金。这一过程使得年金的现金流能够产生和该项目一样的净现值。对于项目A，利用金融计算器的计算过程如下：

| 计算过程 | |
| --- | --- |
| 数据输入 | 功能按键 |
| 3 | N |
| 10 | I/Y |
| −243.43 | PV |
| 0 | FV |
| 功能按键 | 答案 |
| CPT | |
| PMT | 97.89 |

对于项目B，利用金融计算器的计算过程如下：

| 计算过程 | |
| --- | --- |
| 数据输入 | 功能按键 |
| 6 | N |
| 10 | I/Y |
| −306.58 | PV |
| 0 | FV |
| 功能按键 | 答案 |
| CPT | |
| PMT | 70.39 |

**步骤3：分析结果**

我们应该如何解释等额年金呢？对于一个拥有 $n$ 年寿命的项目来说，这种方法告诉我们，一个每年支付多少的 $n$ 年年金能够带来和项目相同的净现值。因此，对于项目 A 来说，这意味着一个折现率为 10%，每年支付 97.89 美元的期限为 3 年的年金的现值与项目 A 所带来的净现值相同，即 243.43 美元。我们现在可以直接比较两个项目的等额年金，并依此来决定哪个项目更好。我们之所以能这么做是因为，我们现在找到了一个能够带来与项目净现值相同的现值的年金水平。因此，由于它们都是年金，所以现在可以进行比较了。

◆◆◆◆◆◆◆◆◆◆◆◆◆◆◆◆◆◆◆◆◆◆◆◆◆◆◆◆◆◆◆◆◆◆◆◆◆

### 财务决策工具

| 工具名称 | 公式 | 含义 |
|---|---|---|
| 等额年金（$EAA$）法 | 能够带来与项目净现值相同净现值的年度现金流方法。 | · 它通过确定能够带来与项目相同的净现值的年金水平，使得具有不同投资寿命的互斥项目具有可比性。<br>· 具有不同寿命的项目等额年金可以相互比较，因为它们代表的是年度发放的年金。 |

### 概念回顾

1. 项目排序存在哪三种典型的问题？

┈┈┈┈┈┈┈┈┈┈┈┈┈┈┈┈┈┈┈┈┈┈┈┈┈┈┈┈┈┈┈┈┈┈┈┈┈┈┈

## 财务管理中的道德规范

### 不道德行为导致的负面财务影响

正如我们在第一章中所讨论的，道德规范和信任是商业世界中最基本而必需的元素。那么在知道真相必定会被暴露出来这一不可避免的结果的情况下，为什么还有那么多充满智慧并且具有资深经验的人仍旧会忽略这个问题呢？因为即使真相最初只在公司的限定范围内被人周知，但它最后也会暴露出来。一旦等到真相需要被揭示的时候，事态就会超出即使是最好的经理人的掌控。让我们来看看下面的案例：

道康宁（Dow Corning）其实并不应该得到关于硅树脂移植物产品多达数十亿美元的清算或是破产的下场，因为科学界并不支持这一产品所被认定的破坏性。然而，这些移植物产品遗留在记录文件上的带有瑕疵的信息却带来了一些真相。公司本可以揭露该产品可能带来的泄露问题，调查其中所蕴含的风险，然后给予医生和病患一定提醒，但公司并没有做出该决定。根据这起移植物案件的国会听证证词，尽管存在一定的风险，许多妇女仍然会选择使用这些产品。但相反的是，这些妇女最终由于没有收到公司的警告提醒而选择起诉。

比奇·纳特（Beech-Nut）公司的危机在于，它在其生产的婴儿食品中使用了一种化学混合物来代替苹果汁。而该公司的执行管理层显然忽略了那些试图告诉他们公司正在生产残次品的专业化学家。

尽管有员工发现其将债务互换报告为销售收入和营业额的会计系统差错，并对公司给予了提醒，但基德·皮博迪（Kidder-Peabody）公司仍旧倒下了。

2004 年，一份研究报告显示，万络（Vioxx）会导致严重心血管疾病发生风险的增加，如中风或心脏病等。在此之后，默克（Merck）将该公司在全球最为畅销的止痛剂之一别除出了市场。生产万络并不是默克的问题，问题在于根据《新英格兰医学杂志》（*New England Journal of Medicine*）的社论报道，默克被指控隐藏了部分数据和信息。而这些信息能够影响2000 年在《新英格兰医学杂志》上发表的一篇研究的结果。现在，默克需要面对数以千计的诉讼以及持续针对其所生产的药物不利的指控。实际上，在一个案子的审判中，陪审团最终决定给予一个在服用该公司生产的药之后诱发心脏病的联邦调查局退休探员51 000 000 美元的赔偿。

尽管部分轮胎正在海外市场被召回的事实被一个现在众所周知的备忘录所披露，福特和费尔斯通（Ford and Firestone）仍然不认为有义务向美国交通部门报告这一问题。而福特和费尔斯通公司应该意识到召回命令是否需要被报道并不是问题所在，关键在于这一事件是由谁报道出来的。

上述这些案例在一些方面有相似之处。第一，关键时刻到来的时候，公司往往没有采取任何措施。第二，公司的员工提出的问题都被管理层忽略了，又或者在一些情况下，员工甚至被开除。第三，就像福特和费尔斯通的案例一样，这些事件中公司方面总是有律师在旁边出谋划策。

这些案例告诉我们，在面对真相时，永远不要太依赖于律师。律师是法律方面的专家，但并不擅长控制破坏影响力。公司不应该由他们来做出商业方面的决策，而应该让管理者做决策。更为重要的是，关键时刻更需要经理人拥有一个极强的道德标准来要求公司做一些比法律要求更严格的事情。

现实生活中有没有商业机构在关键时刻做出正确选择的案例呢？一个例子便是 2006 年，在受到大肠杆菌感染的菠菜导致了 3 起死亡案例的情况发生不久。福克茜（Foxy）品牌的生菜企业发现其生产生菜的农场的灌溉系统在微生物检验中被检测为阳性，公司即刻召回了旗下的所有生菜。尽管生菜最后并没有发现携带任何细菌，但公司采取了所有可能保护公众的措施，也因此得到了更多忠实的客户。

资料来源：Kevin Kingsbury，"Corporate News：Merck Settles Claims Over Vioxx Ads"，*Wall Street Journal*，May 21，2008，p. 83；"Manager's Journal：Ford-Firestone Lesson：Heed the Moment of Truth"，*Wall Street Journal*，September 11，2000，p. A44；"Foxy's Lettuce recalled after E. coli scare"，*USA Today*，October 9，2006，p. A10；and Joe Queenan，"Juice Men-Ethics and the Beech-Nut Sentences"，*Barron's*，June 20，1988，p. 14.

---

## 本章小结

### 1. 讨论在竞争市场中寻找盈利项目可能遇到的困难以及寻找盈利项目的重要性

**小结：** 编制资本预算的过程涉及关于固定资产投资的决策制定。当一个盈利项目被采纳之前，盈利项目需要首先被识别出来或是被发现。但不幸的是，生产新产品、改进现有产品、使得现有产品更具盈利性等想法都是极其困难的，通常来说，新的盈利项目的想法通常来自公司内部。

### 关键术语

**资本预算：** 制定关于固定资产投资即一个项目是否被采纳的决策过程。

**2. 运用回收期法、净现值法、盈利指数法和内部收益率法判断一个新项目是被接受还是被拒绝**

**小结：** 我们考察了四个常用的决定资本预算方案是否被接受的评价方法。第一种评价方法回收期法，并没有在计算中将货币的时间价值纳入分析范围中。而净现值法、盈利指数法和内部收益率法都考虑了货币的时间价值。这些方法总结如表 10-10 所示。

**表 10-10** 资本预算方法总结

1A. 回收期＝投资所得的自由现金流偿还初始资本支出所需要的年限

如果回收期≤可接受的最大回收期，则接受；

如果回收期＞可接受的最大回收期，则拒绝。

| 优点 | 缺点 |
|------|------|
| · 使用自由现金流； | · 忽略了货币的时间价值； |
| · 易于计算和理解； | · 忽略了回收期之后产生的现金流； |
| · 对受到资本限制的公司有利； | · 可接受的最大回收期的选择较武断。 |
| · 可以作为粗略筛选项目的工具。 | |

1B. 折现回收期＝经折现后的投资所得净收益偿还初始资本支出所需要的年限

如果折现回收期≤可接受的最大折现回收期，则接受；

如果折现回收期＞可接受的最大折现回收期，则拒绝。

| 优点 | 缺点 |
|------|------|
| · 使用自由现金流； | · 忽略了回收期之后产生的现金流； |
| · 易于计算和理解； | · 可接受的最大折现回收期的选择较武断。 |
| · 考虑了货币的时间价值。 | |

2. 净现值＝投资带来的未来自由现金流的现值减去项目初始资本支出的值

NPV＝所有未来年度自由现金流的现值－初始资本支出

如果 NPV≥0，则接受；

如果 NPV＜0，则拒绝。

| 优点 | 缺点 |
|------|------|
| · 使用自由现金流； | · 需要对项目现金流细节的长期预测。 |
| · 考虑了货币的时间价值； | |
| · 与公司最大化股东财富的目标保持一致。 | |

3. 盈利指数＝项目投资带来的未来自由现金流的现值与初始资本支出的比值

如果 PI≥1，则接受；

如果 PI＜1，则拒绝。

| 优点 | 缺点 |
|------|------|
| · 使用自由现金流； | · 需要对项目现金流细节的长期预测。 |
| · 考虑了货币的时间价值； | |
| · 与公司最大化股东财富的目标保持一致。 | |

4A. 内部收益率＝能够使项目未来的自由现金流现值与项目初始资本支出相等的折现率

$IRR$＝使项目未来的自由现金流现值与项目初始资本支出相等的收益率

如果 $IRR \geqslant$ 必要收益率，则接受；

如果 $IRR <$ 必要收益率，则拒绝。

| 优点 | 缺点 |
|---|---|
| ·使用自由现金流；<br><br>·考虑了货币的时间价值；<br><br>·通常与公司最大化股东财富的目标保持一致。 | ·需要对项目现金流细节的长期预测；<br><br>·存在出现多重 $IRR$ 的可能性；<br><br>·假设整个项目存续期间的现金流可以<br>以内部收益率为基础进行再投资。 |

4B. 修正的内部收益率＝使项目的未来净现金流入量的最终价值的现值与项目净现金流出量的现值相等的折现率

如果 $MIRR \geqslant$ 必要收益率，则接受；

如果 $MIRR <$ 必要收益率，则拒绝。

| 优点 | 缺点 |
|---|---|
| ·使用自由现金流；<br><br>·考虑了货币的时间价值；<br><br>·与公司最大化股东财富的目标保持一致；<br><br>·允许我们直接设定再投资收益率。 | ·需要对项目现金流细节的长期预测。 |

### 关键术语

回收期：投资所得净收益偿还初始投资所需要的年限。

折现回收期：经折现后的投资所得净收益偿还初始资本支出所需要的年限。

净现值：投资带来的每年的净现金流的现值减去项目初始资本支出的值。

盈利指数（$PI$）或收入—成本比：项目投资带来的未来自由现金流的现值与初始资本支出的比值。

内部收益率：项目获得的收益率。从计算的角度来定义，内部收益率是能够使项目未来的自由现金流现值与项目初始资本支出相等的折现率。

净现值曲线：净现值曲线是刻画一个项目的净现值如何随折现率的变化而变化的曲线。

修正的内部收益率：使项目的未来净现金流入量的最终价值的现值与项目净现金流出量的现值相等的折现率。

### 关键公式

$$回收期 = \frac{\text{初始投资被完全}}{\text{偿还上一年的年数}} + \frac{\text{上一年初始投资中未被偿还的金额}}{\text{初始投资被完全偿还当年的自由现金流}}$$

$$折现回收期 = \frac{\text{折现后的自由现金流完全偿还}}{\text{初始资本支出的上一年年数}} + \frac{\text{未偿还金额}}{\text{初始投资被完全偿还当年的折现自由现金流}}$$

$$净现值（NPV）= \frac{FCF_1}{(1+k)^1} + \frac{FCF_2}{(1+k)^2} + \cdots + \frac{FCF_n}{(1+k)^n} - IO$$

$$\text{盈利指数（PI）或收入—成本比} = \frac{\dfrac{FCF_1}{(1+k)^1} + \dfrac{FCF_2}{(1+k)^2} + \cdots + \dfrac{FCF_n}{(1+k)^n}}{IO}$$

$$\text{内部收益率（IRR）：} IO = \frac{FCF_1}{(1+IRR)^1} + \frac{FCF_2}{(1+IRR)^2} + \cdots + \frac{FCF_n}{(1+IRR)^n}$$

$$\text{修正的内部收益率（MIRR）：} PV_{\text{现金流出量}} = \frac{TV_{\text{现金流入量}}}{(1+MIRR)^n}$$

**3. 解释在资本预算存在限制的情况下资本预算的决策程序会如何发生改变**

📖 **小结**：在编制资本预算的过程中，有几种较为复杂的情况。我们考察了资本限额配给的情况，以及由此而限定资本预算投资规模所带来的问题。尽管资本限额配给通常情况下不会最大化股东的财富，但它在现实生活中确实存在。在这种情况下，我们需要在满足预算约束的条件下，仍旧保持最大化股东财富的目标。

✏️ **关键术语**

资本限额配给：对公司资本预算的规模进行限制。

**4. 讨论互斥项目决策中存在的问题**

📖 **小结**：对互斥项目的评估存在很多问题。当不同的投资项目都服务于公司的同一个目的时，它们即为互斥项目。通常情况下，为了应对互斥项目的决策，我们利用现金流折现的评价方法来对项目进行排序，并在此基础上选择排名最高的项目。但由于项目投资规模不相同、投资时间不一致以及项目寿命不同等问题，使得不同的评价方法会给出不同的项目排序。而拥有不同寿命的项目的不可比较性问题也不简单是不同的使用寿命所带来的结果，还有一个原因在于，如果按照之前的分析方法，那么未来可能的盈利项目就将因为没有被纳入分析范围而被拒绝。重置价值链法和等额年金法则可以解决这个问题。

永续年金指的是一直持续发放的年金，也就是说，自项目运行开始，之后的每一年公司都会得到相同的资金回报。永续年金的一个例子便是优先股，优先股正是每年都会发放相同的股利，并一直持续到永远。确定永续年金的现值十分简单，我们只需要用每年的固定现金流除以折现率即可。

✏️ **关键术语**

互斥项目：服务于相同目标的项目。因此接受其中一个项目就意味着拒绝其他项目。
等额年金（EAA）：能够带来与项目净现值相等现值的年金。

<hr>

复习题

**10-1** 为什么编制资本预算是一个十分重要的环节？为什么编制资本预算中出现的错误会给公司带来很高昂的代价？

**10-2** 运用回收期法作为资本预算的评价方法有哪些缺点？它的优点又是什么？为什么回收期法常常被人们使用？

**10-3** 在一些国家，外国投资被政府征收这一情况十分普遍。如果你正考虑一项在这些国家之一的投资，你认为运用回收期法作为评价标准相比于其他方法来说是否更为合理？并说明理由。

10-4 简要对比净现值法、盈利指数法和内部收益率法,说说它们的共同点和不同点。它们各自的优点和缺点又是什么?

10-5 什么是互斥项目?为什么互斥项目的存在会导致在运用现金流折现类的评价方法时出现问题?

10-6 公司设置资本限额配给的原因通常有哪些?资本限额配给是一种理性的行为吗?

10-7 公司的经理应该如何比较两个投资规模不相同的互斥项目?如果考虑资本限额配给这个因素,所采用的比较方法需要改变吗?

10-8 什么因素导致了投资时间不一致的排序冲突问题?作为资本预算决策评价标准,净现值和内部收益率关于再投资收益率的假设分别是什么?

10-9 在什么情况下,两个拥有不同项目寿命的互斥项目不能够相互比较?公司经理又应该如何应对这一问题?

---

## 课后问题

10-1 (计算内部收益率)确定下列项目的内部收益率:

a. 初始资本支出为 10 000 美元,项目在 8 年后带来一个 17 182 美元的净现金流;

b. 初始资本支出为 10 000 美元,项目在 10 年后带来一个 48 077 美元的净现金流;

c. 初始资本支出为 10 000 美元,项目在 20 年后带来一个 114 943 美元的净现金流;

d. 初始资本支出为 10 000 美元,项目在 3 年后带来一个 13 680 美元的净现金流。

10-2 (计算内部收益率)确定下列项目的内部收益率:

a. 初始资本支出为 10 000 美元,项目在接下来的 10 年里每年带来 1 993 美元的净现金流;

b. 初始资本支出为 10 000 美元,项目在接下来的 20 年里每年带来 2 054 美元的净现金流;

c. 初始资本支出为 10 000 美元,项目在接下来的 12 年里每年带来 1 193 美元的净现金流;

d. 初始资本支出为 10 000 美元,项目在接下来的 5 年里每年带来 2 843 美元的净现金流。

10-3 (计算内部收益率)确定下列项目的内部收益率:

a. 项目的初始资本支出为 10 000 美元,项目第 1 年年末的净现金流入为 2 000 美元,第二年的净现金流入为 5 000 美元,第三年年末的净现金流入为 8 000 美元;

b. 项目的初始资本支出为 10 000 美元,项目第 1 年年末的净现金流入为 8 000 美元,第二年的净现金流入为 5 000 美元,第三年年末的净现金流入为 2 000 美元;

c. 项目的初始资本支出为 10 000 美元,项目在第 1 年至第 5 年期间,每年的净现金流入为 2 000 美元,第 6 年年末的净现金流入为 5 000 美元。

10-4 (计算净现值、盈利指数和内部收益率)白糖(Fijisawa)公司正考虑一个大型扩张项目,并估计这一扩张项目带来的现金流如下。项目的初始资本支出为 1 950 000 美元,项目将在接下来的 6 年里每年产生 450 000 美元的净现金流入。项目的必要收益率为 9%。

a. 计算净现值；

b. 计算盈利指数；

c. 计算内部收益率；

d. 该项目应该被接受吗？

**10-5** （计算回收期、净现值、盈利指数及内部收益率）你正在考虑一个初始资本支出为 80 000 美元的投资项目，该项目预期能够在接下来的 6 年内每年年末带来 20 000 美元的自由现金流。这一项目的必要收益率为 10%。

a. 该项目的回收期是多少？

b. 该项目的净现值是多少？

c. 该项目的盈利指数是多少？

d. 该项目的内部收益率为多少？

**10-6** （计算净现值、盈利指数和内部收益率）假设你正在考虑两个独立的项目，项目 A 和项目 B。项目 A 的初始资本支出为 50 000 美元，而项目 B 的初始资本支出为 70 000 美元。两个项目的必要收益率都是 12%。每个项目预期所产生的年度现金流如下：

| | 项目 A（美元） | 项目 B（美元） |
| --- | --- | --- |
| 初始资本支出 | −50 000 | −70 000 |
| 第 1 年现金流入 | 12 000 | 13 000 |
| 第 2 年现金流入 | 12 000 | 13 000 |
| 第 3 年现金流入 | 12 000 | 13 000 |
| 第 4 年现金流入 | 12 000 | 13 000 |
| 第 5 年现金流入 | 12 000 | 13 000 |
| 第 6 年现金流入 | 12 000 | 13 000 |

分别计算两个项目的净现值、盈利指数以及内部收益率，并回答这两个项目是否应该被接受。

**10-7** （计算回收期）假设你正在考虑 3 个独立的投资项目，项目 A、项目 B 和项目 C。根据下表给出的项目现金流信息，分别计算 3 个项目的回收期。

| | 项目 A（美元） | 项目 B（美元） | 项目 C（美元） |
| --- | --- | --- | --- |
| 初始资本支出 | −1 000 | −10 000 | −5 000 |
| 第 1 年现金流入 | 600 | 5 000 | 1 000 |
| 第 2 年现金流入 | 300 | 3 000 | 1 000 |
| 第 3 年现金流入 | 200 | 3 000 | 2 000 |
| 第 4 年现金流入 | 100 | 3 000 | 2 000 |
| 第 5 年现金流入 | 500 | 3 000 | 2 000 |

如果你要求项目的回收期要小于 3 年才能被接受，那么哪些项目应该被接受？

**10-8** （不同必要收益率下的净现值）古班尼奇运动装（Gubanich Sportswear）公司正在考虑建造一个生产铝制棒球拍的新工厂。这一项目需要 5 000 000 美元的初始资本支出，并且会在接下来的 8 年内每年给公司产生 1 000 000 美元的自由现金流。根据下面给出的必要收益率计算项目的净现值：

    a. 必要收益率为 9%；

    b. 必要收益率为 11%；

    c. 必要收益率为 13%；

    d. 必要收益率为 15%。

**10-9**   （计算内部收益率）根据下表给出的自由现金流，确定 3 个独立项目：项目 A、项目 B 和项目 C 的内部收益率。

| | 项目 A（美元） | 项目 B（美元） | 项目 C（美元） |
|---|---|---|---|
| 初始资本支出 | −50 000 | −100 000 | −450 000 |
| 现金流入： | | | |
| 第 1 年 | 10 000 | 125 000 | 200 000 |
| 第 2 年 | 15 000 | 25 000 | 200 000 |
| 第 3 年 | 20 000 | 25 000 | 200 000 |
| 第 4 年 | 25 000 | 25 000 | — |
| 第 5 年 | 30 000 | 25 000 | — |

**10-10**   （不同必要收益率下的净现值）饮料搅拌棒的生产商大史蒂夫（Big Steve）公司正考虑是否购进一个新的塑料冲压机器。这项投资需要 100 000 美元的初始资本支出，并会在接下来的 10 年里给公司产生每年 18 000 美元的自由现金流。

    a. 如果必要收益率为 10%，那么项目的净现值是多少？

    b. 如果必要收益率为 15%，那么项目的净现值是多少？

    c. 在问题 a 和 b 的情况下，该项目是否会被接受？

    d. 该项目的内部收益率是多少？

**10-11**   （不同必要收益率下的净现值）穆彼（Mooby）公司正在考虑建造一个新的主题公园。然而，在估计了项目未来的现金流之后，而没有评估整个项目之前，经济形势回转，市场利率也随着经济形势的高涨而升高。市场利率的升高反映在了穆彼公司用来评估新项目所使用的必要收益率上面。因此，修建这一新的主题公园的必要收益率从原来的 9.5% 增加到了现在的 11.00%。如果该项目的初始资本支出预期为 250 000 000 美元，项目预计能够在第 1 年到第 5 年每年带来 50 000 000 美元的自由现金流回报，在第 6 年和第 7 年每年带来 75 000 000 美元的自由现金流回报，那么使用最新的必要收益率计算得到的项目净现值是多少？由于利率升高的原因，项目的净现值改变了多少？

**10-12**   （不规则现金流下的内部收益率）蒂芬·巴克（Tiffin Barker）公司正考虑引进一个能够辨别伪造的美元钞票的新型验钞机。这一项目的必要收益率为 12%。如果该项目预计能够产生如下的现金流，那么该项目的内部收益率是多少？

| | |
|---|---|
| 初始资本支出 | −927 917 美元 |
| 第 1 年自由现金流 | 200 000 美元 |
| 第 2 年自由现金流 | 300 000 美元 |
| 第 3 年自由现金流 | 300 000 美元 |
| 第 4 年自由现金流 | 200 000 美元 |

第 5 年自由现金流                 200 000 美元

第 6 年自由现金流                 160 000 美元

**10-13** （计算净现值）假设合理的必要收益率为 10%，根据以下的现金流情况计算净现值。

| 年份 | 现金流（美元） |
| --- | --- |
| 0 | −60 000 |
| 1 | 20 000 |
| 2 | 20 000 |
| 3 | 10 000 |
| 4 | 10 000 |
| 5 | 30 000 |
| 6 | 30 000 |

这个项目是否应该被接受？

**10-14** （计算净现值）假设合理的必要收益率为 10%，根据以下的现金流情况计算净现值。

| 年份 | 现金流（美元） |
| --- | --- |
| 0 | −70 000 |
| 1 | 30 000 |
| 2 | 30 000 |
| 3 | 30 000 |
| 4 | −30 000 |
| 5 | 30 000 |
| 6 | 30 000 |

这个项目是否应该被接受？

**10-15** （计算修正的内部收益率）假设合理的必要收益率为 10%（利用该值作为再投资收益率），根据以下的现金流情况计算项目的修正的内部收益率。

| 年份 | 现金流（美元） |
| --- | --- |
| 0 | −50 000 |
| 1 | 25 000 |
| 2 | 25 000 |
| 3 | 25 000 |
| 4 | −25 000 |
| 5 | 25 000 |
| 6 | 25 000 |

这个项目是否应该被接受？

**10－16**　（计算盈利指数）假设合理的必要收益率为 10％，根据以下的现金流情况计算项目的盈利指数。

| 年份 | 现金流（美元） |
|---|---|
| 0 | −55 000 |
| 1 | 10 000 |
| 2 | 10 000 |
| 3 | 10 000 |
| 4 | 10 000 |
| 5 | 10 000 |
| 6 | 10 000 |

这个项目是否应该被接受？在不计算净现值的情况下，你认为该项目的净现值是正数还是负数？并说明理由。

**10－17**　（折现回收期）吉奥（Gio）餐厅正考虑一个拥有如下现金流的项目：

| 年份 | 项目现金流（百万美元） |
|---|---|
| 0 | −150 |
| 1 | 90 |
| 2 | 70 |
| 3 | 90 |
| 4 | 100 |

如果该项目的合理折现率为 12％，那么该项目的折现回收期是多少？

**10－18**　（折现回收期）假设你正在考虑一个拥有如下现金流的项目：

| 年份 | 项目现金流（美元） |
|---|---|
| 0 | −50 000 |
| 1 | 20 000 |
| 2 | 20 000 |
| 3 | 20 000 |
| 4 | 20 000 |

如果该项目的合理折现率为 10％，那么该项目的折现回收期是多少？

**10－19**　（折现回收期）假设合理的折现率为 11％，那么一个需要 100 000 美元的初始资本支出和如下现金流的项目的折现回收期是多少？

第 1 年现金流＝30 000 美元

第 2 年现金流＝35 000 美元

第 3 年现金流＝25 000 美元

第 4 年现金流＝25 000 美元

第 5 年现金流＝30 000 美元

第 6 年现金流＝20 000 美元

**10-20** （内部收益率）杰拉化妆品 （Jella Cosmetics） 公司正考虑一个成本为 800 000 美元的项目。该项目预期将持续 10 年，并且预计每年能够带来 175 000 美元的现金流。如果该项目合理的折现率为 12%，那么该项目的内部收益率是多少？

**10-21** （内部收益率）你的投资咨询师向你推荐了一项投资。如果你在接下来的 20 年里每年年末支付 200 美元的资金，该项投资将在 20 年后给你带来 10 000 美元的现金流。求出该项投资的内部收益率。

**10-22** （内部收益率、回收期以及计算缺失的现金流）模式出版 （Mode Publishing） 公司正在考虑购买一个新的印刷设备。该项投资需要一个较大的初始资本支出，并在接下来的 4 年里带来一系列的正现金流。该项目预计产生的现金流如下表所示：

| 年份 | 项目现金流 （百万美元） |
| --- | --- |
| 0（初始资本支出） | ？ |
| 1 | 800 |
| 2 | 400 |
| 3 | 300 |
| 4 | 500 |

假设你知道该项目的正常回收期为 2.5 年，那么该项目的内部收益率为多少？

**10-23** （折现回收期）辛哈德·威格 （Sheinhardt Wig） 公司正在考虑一项拥有如下现金流的项目：

| 年份 | 项目现金流 （美元） |
| --- | --- |
| 0 | −100 000 |
| 1 | 20 000 |
| 2 | 60 000 |
| 3 | 70 000 |
| 4 | 50 000 |
| 5 | 40 000 |

如果合理的折现率为 10%，那么该项目的折现回收期是多少？

**10-24** （不规则现金流下的内部收益率）微波炉规划 （Microwave Oven Programming） 公司正在考虑建造一个新的工厂。这个工厂的建造需要的初始资本支出为 7 000 000 美元，并预计在第 1 年年末产生 3 000 000 美元的现金流，在第 2 年年末产生 4 000 000 美元的现金流，在第 3 年至第 5 年每年年末产生 2 000 000 美元的现金流，那么这一新工厂的内部收益率是多少？

**10-25** （修正的内部收益率）敦德·米夫林纸张 （Dunder Mifflin Paper） 公司正考虑购买一个新的冲压机器，该机器需要花费 400 000 美元的成本。这一新机器将在第 1 年至第 5 年每年年末产生 150 000 美元的现金流，而在第 7 年年末，该项目会有一个 200 000 美元的现金流出。该公司的加权平均资本成本为 12%（将其作为再投资收益率），那么该项投资的修正的内部收益率是多少？

**10 - 26**  （计算修正的内部收益率）阿蒂的搏斗物品（Artie's Wrestling Stuff）公司正考虑修建一个新工厂。这个工厂需要一个 8 000 000 美元的初始资本支出，并且在接下来的 8 年每年产生 2 000 000 美元的现金流流入，根据下面的信息计算项目修正的内部收益率。

a. 项目的必要收益率为 10％；

b. 项目的必要收益率为 12％；

c. 项目的必要收益率为 14％。

**10 - 27**  （资本限额配给）俄克拉何马州的斯蒂尔沃特（Stillwater）牛仔帽公司正在考虑 7 个资本投资方案。可以使用的总资金被限制在最大 12 000 000 美元的范围内。这些项目相互独立，且拥有如下的成本和盈利指数：

| 项目 | 成本（美元） | 盈利指数 |
| --- | --- | --- |
| A | 4 000 000 | 1.18 |
| B | 3 000 000 | 1.08 |
| C | 5 000 000 | 1.33 |
| D | 6 000 000 | 1.31 |
| E | 4 000 000 | 1.19 |
| F | 6 000 000 | 1.20 |
| G | 4 000 000 | 1.18 |

a. 在严格的资本限额配给下，哪些项目应该被选择？

b. 在存在资本限额配给的情况下，这一案例中存在哪些问题？

**10 - 28**  （互斥项目）纳米技术（Nanotech）公司目前拥有一个生产电子设备的装置，而扩张该装置产量所需要花费的成本是相当高的。纳米技术公司正在考虑下面 4 个合同：

| | 合同的净现值（百万美元） | 生产设备的使用 |
| --- | --- | --- |
| A | 100 | 100％ |
| B | 90 | 80％ |
| C | 60 | 60％ |
| D | 50 | 40％ |

哪个（或哪些）项目应该被接受？

**10 - 29**  （互斥项目及净现值）你被安排了一项任务，需要评估拥有如下现金流的两个互斥项目：

| 年份 | 项目 A 的现金流（美元） | 项目 B 的现金流（美元） |
| --- | --- | --- |
| 0 | −100 000 | −100 000 |
| 1 | 33 000 | 0 |
| 2 | 33 000 | 0 |
| 3 | 33 000 | 0 |
| 4 | 33 000 | 0 |
| 5 | 33 000 | 220 000 |

假设这两个项目合理的必要收益率是 10%，哪个项目应该被选择？并说明原因。

**10-30** （投资规模不相同问题）D. 多纳农场（D. Dorner Farms）公司正在考虑在未来的一年里购进两种化肥除草剂的一种。两种除草剂中更贵的一种除草效果更好，并会带来更高的收益。假设这两个项目是互斥的，且两个项目的必要收益率都是 10%。根据下面给出的自由现金流信息：

| | 项目 A（美元） | 项目 B（美元） |
|---|---|---|
| 初始资本支出 | -500 | -5 000 |
| 第 1 年现金流入 | 700 | 6 000 |

a. 分别计算两个项目的净现值；
b. 分别计算两个项目的盈利指数；
c. 分别计算两个项目的内部收益率；
d. 如果没有资本限额配给的约束，那么哪个项目应该被选择？如果存在资本限额配给的约束，我们又该如何做出决策？

**10-31** （投资时间不一致问题）州立斯巴达（State Spartan）公司正在考虑两个互斥项目。这两个项目的自由现金流情况如下表所示：

| | 项目 A（美元） | 项目 B（美元） |
|---|---|---|
| 初始资本支出 | -50 000 | -50 000 |
| 第 1 年现金流入 | 15 625 | 0 |
| 第 2 年现金流入 | 15 625 | 0 |
| 第 3 年现金流入 | 15 625 | 0 |
| 第 4 年现金流入 | 15 625 | 0 |
| 第 5 年现金流入 | 15 625 | 100 000 |

这些项目的必要收益率为 10%。
a. 这两个项目的回收期分别是多少？
b. 这两个项目的净现值分别是多少？
c. 这两个项目的内部收益率分别是多少？
d. 是什么导致了项目的排序存在冲突？
e. 哪一个项目应该被选择？为什么？

**10-32** （重置价值链法）目的地（Destination）酒店公司目前在希尔顿黑德岛风景最好的海边地区拥有一家较老的酒店。该公司正在考虑是要重新翻修这一酒店，还是将该酒店拆除并在原址上修建一个新的会议商务酒店。但是，由于这两个项目都需要占用同一个物理位置，公司只能选择一个项目运行。也就是说，这两个项目为互斥项目。这两个项目的初始资本支出相同，都为 1 000 000 美元。第一个项目由于是对现有酒店的重新翻修，预计会有 8 年的项目寿命，项目在这 8 年中每年年末会带来 250 000 美元的自由现金流。此外，该项目可以在第 8 年年末以相同的成本和一系列相同的未来现金流流入被重置。而所提议的新的会议商务酒店预计有 16 年的使用年限，每年能带来 175 000 美元的现金流。这两个项目的必要收益率都是 10%。利用重置价值链法计算项目净现值，并比较这两个项目。

**10 - 33** （等额年金法）排骨 & 鸡翅（Rib & Wings）公司正在考虑购进一个新的用于烹制烧烤、排骨、鸡翅的油烟炉具。该公司将在两个不同的炉具间进行选择。第一个炉具是一个相对标准的炉具，成本为 50 000 美元，使用寿命为 8 年，每年可以给公司带来 16 000 美元的年度净现金流。而另一个则是豪华版获奖的烟雾控制器炉具，其成本为 78 000 美元。由于它拥有一个对湿度的专利控制，可以生产出"世界上最为多汁，最好吃的烤肉"。烟雾控制器炉具可以使用 11 年，并且每年产生 23 000 美元的现金流。假设两个项目的必要收益率都为 10%，分别计算它们的等额年金（EAA）。

## 案例分析

假设你是喀里多尼亚产品（Caledonia Products）公司的助理财务分析师。你在这一新职位上的第一项任务便是评估两个资本预算的新方案。由于这是你的第一项任务，你被要求不仅要提供一个建议，还要回答一系列的问题用来评估你对资本预算编制过程的理解。这是一个针对所有在喀里多尼亚产品公司工作的新财务分析师的标准流程，而这也决定了你是能够直接被分配到资本预算分析部门岗位还是继续接受补充培训。你接收到的备忘录上的任务如下：

给：新财务分析师
来自：喀里多尼亚产品公司首席执行官 V. 莫里森（V. Morrison）先生
回复：资本预算分析

提供一份关于两个建议项目的评估。两个项目的寿命预计都为 5 年，它们的初始资本支出也相同，为 110 000 美元。这两个项目都给喀里多尼亚高度成功的阿瓦隆（Avalon）产品线带来了附加值，因此，两个项目的必要收益率已经被确定为 12%。两个项目预期给公司带来的现金流如下表所示：

| | 项目 A（美元） | 项目 B（美元） |
| --- | --- | --- |
| 初始资本支出 | −110 000 | −110 000 |
| 第 1 年现金流入 | 20 000 | 40 000 |
| 第 2 年现金流入 | 30 000 | 40 000 |
| 第 3 年现金流入 | 40 000 | 40 000 |
| 第 4 年现金流入 | 50 000 | 40 000 |
| 第 5 年现金流入 | 70 000 | 40 000 |

在评估这些项目的过程中，请回答下列问题：

a. 为什么资本预算编制过程十分重要？

b. 为什么寻找盈利性很高的项目十分困难？

c. 这两个项目的回收期分别是多少？如果喀里多尼亚设置了一个 3 年的最大可接受回收期，这两个项目中的哪一个项目应该被接受？

d. 关于回收期法的批评有哪些？

e. 分别确定两个项目的净现值，并回答这两个项目是否应该被接受。

f. 描述净现值背后的逻辑。

g. 分别确定两个项目的盈利指数，并回答这两个项目是否应该被接受。

h. 你认为运用净现值法和盈利指数法来评价这两个项目会得出一致的接受或拒绝决定吗？并说明理由。

i. 如果项目的必要收益率升高，两个项目的净现值和盈利指数将会发生什么变化？如果必要收益率降低，二者的净现值和盈利指数又将如何变化？

j. 分别确定两个项目的内部收益率，并回答这两个项目是否应该被接受。

k. 必要收益率的变化将会如何影响项目的内部收益率？

l. 净现值法和内部收益率法背后所蕴含的再投资收益率的假设是什么？哪一种评价方法的假设更好？

你还被要求给出对 3 个互不相关的项目组合的评价。每个项目组合都包含两个互斥项目。这些项目具体信息如下：

m. 喀里多尼亚产品公司正在考虑两个寿命为 1 年的投资项目，两个项目中更为昂贵的项目更好，预计能够给公司产生更多的现金流。假设这两个项目互斥，且必要收益率都是 10%。根据如下的自由现金流信息：

| | 项目 A（美元） | 项目 B（美元） |
| --- | --- | --- |
| 初始资本支出 | −195 000 | −1 200 000 |
| 第 1 年现金流入 | 240 000 | 1 650 000 |

（a）分别计算两个项目的净现值；

（b）分别计算两个项目的盈利指数；

（c）分别计算两个项目的内部收益率；

（d）如果不存在资本限额配给的约束，哪一个项目应该被选择？如果公司存在资本限额配给的约束，我们应该如何做出决策？

n. 喀里多尼亚产品公司正在考虑另外的两个互斥项目，两个项目的自由现金流情况如下表所示：

| | 项目 A（美元） | 项目 B（美元） |
| --- | --- | --- |
| 初始资本支出 | −100 000 | −100 000 |
| 第 1 年现金流入 | 32 000 | 0 |
| 第 2 年现金流入 | 32 000 | 0 |
| 第 3 年现金流入 | 32 000 | 0 |
| 第 4 年现金流入 | 32 000 | 0 |
| 第 5 年现金流入 | 32 000 | 200 000 |

这两个项目的必要收益率是 11%。

（a）两个项目的回收期分别是多少？

（b）两个项目的净现值分别是多少？

（c）两个项目的内部收益率分别是多少？

（d）什么原因导致了两个项目排名的冲突？

（e）哪一个项目应该被接受？并说明理由。

# 第十一章

## 资本预算编制中的现金流及其他问题

1. 了解衡量现金流的指导原则；
2. 解释一个项目的收益与成本，即自由现金流是如何计算的；
3. 解释资本预算的实物期权或灵活性的重要性；
4. 理解、衡量和调整项目风险。

2001 年，当丰田（Toyota）公司引进其第一代汽油—电力混合动力汽车普锐斯时，这一产品听起来更像是一个科学小实验，而不是在汽车产业的真正竞争产品。而事实上，到了 2004 年，通用汽车公司的副总裁鲍勃·卢茨（Bob Lutz）仍然看空混合动力汽车的前景，认为它只是一个有趣的基于好奇的探索。但是这一情况随后被彻底改变了。随着汽油价格在 2008 年攀升到了每加仑约 4 美元，汽油—电力混合动力汽车的发展就显得势在必行。事实上，从混合动力汽车 2001 年最初温和的发展，到 2012 年，丰田公司也只销售了共计 400 万辆混合动力汽车，而如今，丰田公司的该系列汽车正以每年 100 万辆的销售速度迈步前进。

丰田公司是如何获得汽油—电力混合动力汽车市场的领导地位的呢？这是从公司用普锐斯进军汽油—电力混合动力汽车市场的资本预算决策开始的，该项投资规模巨大，超过了 10 亿美元。如果埃克森美孚关于汽车市场的预测是正确的，在 2040 年之前，混合动力汽车以及其他高级的交通工具将会占据小型交通工具的 50% 左右，而这一比重在今天仅为 1%。而丰田公司的这一决定将使得丰田公司能够在混合动力汽车市场上占据领先地位，并在未来仍旧占领很大一部分市场份额。

当然，很多分析人士的观点认为，普锐斯仍然不是丰田公司的主要利润来源。事实上，当普锐斯首次面世的时候，丰田对它的定价使得每销售一辆该汽车，公司就会损失 3 000 美元。要想普锐斯能够盈利，公司必须找到合适的销售方式来弥补它高昂的固定成本。而随着普锐斯销售业绩的猛进，这一问题被顺利解决。

丰田公司最初做出开发普锐斯汽车，进入混合动力汽车市场的决策是十分艰难的。这样的决定是会导致丰田的顾客从购买丰田的一种类型汽车转向购买另一种类型的汽车，还是会给公司带来更多的新顾客呢？这一决策是能够让公司在未来的新兴科技中立足，还是混合动力汽车仅仅是一时流行的理念？

丰田公司是如何做出继续发展普锐斯和混合燃料汽车的决策的呢？它使用了我们在之前章节中介绍的基本方法。但是在应用这些方法之前，丰田公司首先做出了对现金流的预测，并调整了与这一项目相关的风险。而这正是我们在这一章中将要讨论的问题。

## 编制资本预算的指导原则

为了评估投资方案，我们首先必须确定在度量每个方案价值时的指导原则。本质上，我们是在确定哪一些现金流是与项目相关的现金流，而哪一些现金流不是。

### 使用自由现金流而非会计利润

我们使用自由现金流作为我们的衡量工具，而不采用会计利润。公司接收到的以及能够用来再投资的资金是自由现金流，而会计利润只有在被确认获得的时候才能够体现，而不是资金实际收到可以使用的时候。而不幸的是，一个企业的会计利润和自由现金流往往可能不在同一时点被确认发生。举例来说，资本费用如交通工具、厂房和设备要在未来的很多年里进行折旧，即从利润中扣除它们的年度折旧额。而自由现金流准确地反映了收入和成本发生的时点，也就是公司收到资金，并且这部分资金可以被用来进行再投资的时点，以及这部分资金必须被支出的时点。

### 使用增量现金流

不巧的是，计算一个项目的自由现金流不仅仅是上述这样。决策制定者必须思考：作为一个整体，如果公司接受了一个给定的项目，公司将会收到多少新的自由现金流？而如果不接受该项目，公司又将得到多少新的自由现金流？有趣的是，我们可能会发现从本质来看，不是所有的来自投资方案的现金流都预期能够给公司带来增量现金流。当我们衡量自由现金流的时候，我们需要掌握的技巧是从增量的角度来思考问题。要做到这一点，我们会看到税后的增量自由现金流是值得我们关注的。因此，确定一个自由现金流是否是增量现金流的指导原则，是比较公司在拒绝和接受这一新项目的情况下的现金流情况。就像你在接下来的小节中看到的，这一点在实际操作中要比看起来难得多。

### 意识到从现有产品中分流出来的现金流

假设我们是一个公司的经理，现在正在考虑一个新的产品线，而该产品线将与我们原有的一个产品进行竞争，可能会导致原有产品销售收入的下降。在确定与该投资方案相关的自由现金流时，我们应该只考虑给公司这一整体带来的销售收入增加量。新产品的销售是以其他现有产品销售份额的丢失为代价而达成的，而这一部分不应该被看作是该项目的收益。例如，当桂格麦片（Quaker Oats）公司引进船长卡兹脆（Cap'n Crunch's Cozmic Crunch）时，这一新产品直接与该公司的船长卡兹脆浆果麦片（Cap'n Crunch and Crunch Berries cereals）构成了竞争关系（而事实上，船长卡兹脆与船长卡兹脆浆果麦片几乎相同，只是在形状上被改造成了星形和月亮形，并附加了一袋可以让牛奶变成绿色的橘子碎屑）。桂格麦片公司意在瞄准原先被果味小圆石（Post Fruity Pebbles）占领的细分市场，但这毫无疑问会使得桂格麦片的现有产品线被船长卡兹脆的销售份额所侵蚀。

> **记住你的原则**
>
> 　　如果我们想要做出正确的资本预算决策，我们就必须精确地度量一个项目的收益及成本的发生时点，也就是我们收到资金和资金从我们手中花费出去的时间点。**原则 1：现金流是最重要的。**这一原则便是直接说的这一点。请记住，只有现金流入量才能够被再投资到其他项目上，也只有现金的流出能够导致我们需要支付现金。

　　记住，我们只对项目被接受时所带来的销售收入相比于项目被拒绝时公司的销售收入的增加量感兴趣。仅仅将销售量从原有的一条产品线转移到一个新的产品线上并不会给公司带来新的收益。但是，如果销售量的增加是从竞争对手那里抢夺过来的，或者新产品所引起的原有产品的销售收入下降被新的竞争产品的收入弥补过来了，那么这些销售收入便是与项目相关的增量自由现金流。

## 注意副效应或是协同效应

　　尽管在一些情况下一个新项目可能会减少公司原有产品的销售量，在另一些例子中，一个新项目的尝试却能够给原有产品线带来更多的销售量。

　　2010 年 4 月，苹果公司开发了 iPad。至少可以这样说，从它的问世开始，iPad 便以截至 2012 年年末 1 亿台的总销售量，轻而易举地领先于竞争对手，它在这一方面无疑是极其成功的。毫无疑问，苹果从 iPad 的销售上获得了很多收入，同时，iPad 的开发也导致了其他苹果产品销售量的增加。在被 iPad 的简洁和优雅所吸引之后，很多电脑使用者也开始转向其他苹果产品。因此，由于很多新客户将他们的用户系统转变为了苹果系列产品，iPad 的开发不仅仅是带来了 iPad 的销售收入，还使得 Macs 和 iPhone 的销售量也随之增加。此外，iPad 便于操作的页面也说服了许多公司用户再三考虑使用苹果产品。这被称为协同效应——如果用户没有购买 iPad，其他苹果产品的销售收入就不会发生。协同效应在商业世界中是十分常见的。

　　如果你拥有一个便利店，并且正在考虑增加一个加气站，你会只根据天然气的销售所带来的现金流来评估这一项目吗？肯定不会。你应该考察新的加气站所带来的你所经营的所有业务的销售收入增加量。毫无疑问，加气站带来的额外的交通会增加你便利店的收入。就像这样，这些现金流会在你评估是否需要安装一个加气站时被纳入考虑范围中。而事实上，你应该考察一个待评估项目给作为一个整体的公司带来的任意方面的现金流变化。

## 考虑运营资本的要求

　　很多时候，一个新项目需要公司增加在运营资本上的额外投资。这也许以销售商店存储的新存货的增加，额外的赊销导致的应收账款的投资增加，或是用于管理现金注册等方面的现金投资增加的形式出现。运营资本被看作是不能离开公司的自由现金流。通常情况下，运营资本要求和项目的整个运行期间紧密相连。当项目终止时，常常会有一个反向的现金流来使运营资本恢复到一定状态，尽管这一反向的现金流由于货币的时间价值而不能完全弥补。

## 考虑费用的增加量

就像一个项目带来的现金流入量需要从增量的角度来衡量一样，费用或者是现金流出量也应该从增量的角度来衡量。举例来说，如果引进一个新的产品线必须要对销售人员进行培训，那么培训项目所带来的税后现金流出也必须被看作是项目带来的现金流出，应该被纳入分析范围中。同样，如果接受一个新项目需要重新设计一个产品设备，那么与之相关的资本投资所带来的现金流也应该被看作是项目带来的现金流出，它们应该在整个项目运行期间以折旧的形式被分摊。因此，又一次需要说明的是，任何影响作为一个整体的公司的税后现金流，无论它是流入还是流出，都应该被看作是与项目相关的现金流。

## 牢记沉没成本并不是增量现金流

只有由决策制定所带来的现金流才是与资本预算相关的现金流。公司的经理需要提出两个问题：（1）如果这个项目被接受，那么这个现金流会发生吗？（2）如果这个项目被拒绝，那么这一现金流会发生吗？对第一个问题的肯定回答和对第二个问题的否定回答便代表该现金流为增量现金流。比如，假设你正在考虑引进一个名为布丁鞋（Pudding in a Shoe）的新产品。你在生产之前需要做一些测试性的市场调研。如果你正在考虑是否做一个市场调研而还没有做出决定，那么与市场调研相关的成本便是相关的现金流。但如果你已经做完了市场调研，那么与市场调研相关的现金流就不再与该项目的评估相关。这其实就是时间的问题。无论你对未来的产品生产的决策是什么，用于市场调研的现金流都已经发生了。已经发生了的现金流通常被我们称为沉没成本，因为它们已经沉没在项目里了，不能被收回。因此作为一个原则，任何不能影响接受还是拒绝一个项目的评价结果的现金流都不应该被纳入资本预算的分析范围中。

## 关注机会成本

由于一个特定项目消耗了稀缺资源，而如果该项目被拒绝，那么这些资源就可以产生一些其他现金流，因此，我们现在将注意力放在这些由于接受该项目而流失的现金流身上。而这正是经营活动的机会成本。举例来说，一个产品会消耗一个产品仓房的空间，而这些空间具有一定的价值。尽管这看起来并不是很明显，但真实的问题仍然存在：这些空间还可以用来做什么呢？这些空间可以被出租出去，也可以用来储存另一类产品。关键的问题是，机会成本的现金流应该反映一个待评估的项目被拒绝后，可能会给企业带来的现金流。我们在这里又一次强调，我们是在分析当公司作为一个整体时接受或是拒绝某一个项目的现金流情况。

## 确定间接费用是否真的是增量现金流

尽管我们希望准确地包含所有导致间接费用，如工资薪金和水电费等发生变化的增量现金流，我们仍然希望能够谨慎地确定这些现金流真的是增量现金流。在很多情况下，间接费用如供暖、照明、租金费用等，无论给定项目是被接受还是被拒绝都是会发生的。通常情况下这些成本是不能够被分摊到一个特定的项目上的。因此，问题便不在于给定项目是否从这些公司支出的间接费用中获利，而在于它们是否是与项目相联系的增量现金流，以及它们是否与资本预算的编制相关。

## 忽略利息支出和融资性现金流

要想评估新的项目并确定它们带来的现金流情况，我们必须将投资决策与融资决策相互分离来看。利息支出和其他通过筹集资金来支持该项目所导致的融资性现金流都不应该被看作是增量现金流。如果接受一个项目意味着我们必须要通过发行债券来筹集新的资金，那么筹集资金所需要收取的利息便不是与项目相关的现金流流出量。为什么？因为当我们利用必要收益率将增量现金流折现到现在的时点时，我们就已经隐含地考虑了筹集资金来支持新项目所需要的成本。本质上，必要收益率已经反映了用来支持项目的资金成本。公司经理应该首先考虑项目是否能够盈利，然后再考虑如何筹集资金来满足项目。

> **概念回顾**
>
> 1. 什么是增量现金流？什么是沉没成本？为什么我们必须考虑机会成本？
>
> 2. 如果福特公司引进一个新的汽车生产线，那么新的汽车生产线所带来的部分现金流有可能是原有产品线上分流过来的吗？我们应该如何处理这种情况？

## 金融作业

### 环球影城

环球影城的一个主要资本预算决定修建一个充满刺激性的环球冒险岛主题公园。环球影城这项约 26 亿美元的投资，意图在佛罗里达州的奥兰多获得抢占游客的先机。尽管这项资本预算的决策在表面上看来可能是一个相对较为简单的决策，但预测与这一主题公园紧密联系的预期现金流实际上仍然是相当困难的。

首先，这个项目对于环球公司来说，其实是在引进一个与它本身竞争的产品。初始的环球影城公园是以一些诸如"回到未来""天才小子吉米之旅""黑衣人异形入侵"的娱乐项目为特色的。而市场中真的有足够的旅游消费来支持两个主题公园吗？即便是，新的冒险岛主题公园是否只是会简单地侵吞原有环球影城公园的门票销售收入呢？此外，如果迪士尼也修建一个类似的公园，情况又会如何？

在环球冒险岛主题公园的案例中，我们可能会问，如果新的公园不运营，原有的环球影城公园的游客有多少？而相比于前者，如果新的公园开始运营，那么原有的环球影城公园的游客又有多少？此外，这些前往冒险岛的游客会导致康卡斯特（Concast）和 NBC 环球（NBC

Universal）生产的电视剧和电影的观影人数和销售收入增加吗？为什么我们需要考虑这个问题呢？因为康卡斯特拥有 NBC 环球 51％的股份，而环球公园和娱乐景点都是 NBC 环球旗下的产品。

从环球公司的角度来看，这一项目的目标可能有三个：扩大环球公司在旅游市场的市场份额；尽量避免由于游客追逐最新的技术性娱乐设施和娱乐项目而带来的原有市场份额的减小；借助公园推广 NBC 环球的其他关联产业，如电视和电影等。然而，对于大多数身处激烈市场竞争中的公司来说，技术革新和新产品的引进更为主要的目标可能是保持原有的市场份额，而不是为了扩张市场份额。这也解释了环球公司为什么要引入古灵阁（Gringotts）银行的投资来扩建哈利·波特魔法世界主题公园。而这一投资方案的规模多达 10 亿美元。毕竟，当魔法世界主题公园首次开放的时候，整个公园的上座率虽然仅为 52％，但公园里的酒店、餐饮、购物，以及其他周边设施却显得更为赚钱。在这里，最为基础的问题是，当考虑与现金流估计有关的问题时，事情就比最初想象的要复杂很多倍。正因为如此，我们必须要深入挖掘，理解投资决策是如何影响一个企业的自由现金流的。

# 计算项目的自由现金流

就像我们之前解释的，在度量现金流的过程中，我们需要将注意力放在拒绝还是接受一个项目所引起的公司税后现金流的不同上。而这个差异就是所说的项目自由现金流。我们做出的决策价值取决于我们对现金流估计的准确性。由于这个原因，我们首先要检查哪些现金流是与项目有关的。现在，我们将要看到，一个项目的自由现金流通常情况下将被分为三类：（1）初始资本支出，（2）整个项目运行期间的年度自由现金流，（3）最终的自由现金流。一旦我们仔细检查了这三种自由现金流，我们就可以开始度量这些现金流了。

## 哪些资金需要计入初始资本支出

**初始资本支出**（initial outlay）是购买某一资产并使其达到可使用状态所必须要即刻支付的资金。这部分资金包括：（1）购买某一资产并使其达到可使用状态的成本，包括购买价格、运输费用、安装费用以及针对即将使用这一设备的员工的培训成本。（2）运营资本增加的需求。运营资本包含任何流动资产的增加减去应付账款的增加。如果我们正在考虑一个新的销售门面，那么随之增加的应收账款、存货以及现金在维持新商店运营时将会使得我们需要对运营资本进行一个净投资，因此会产生额外的现金流。尽管这些现金流并不被包括在资产的成本中，甚至不被包含在损益表中的费用项下，它们仍旧必须在我们的分析中被纳入考虑范围。由于新的投资必须以现金流流出的形式纳入分析范围中，作为费用项的税后成本也就产生了。

如果投资的决策是一个资产重置决策，那么与旧资产出售价格相关的现金流流入，以及由该销售引起的任何税收效应都应该被考虑进来。我们应该强调的是，现金流的增量本质是十分重要的。在很多情况下，如果项目没有被接受，该公司的现状也不会继续维持下去。因此，我们在估计项目被拒绝的情况下公司所产生的现金流时，也应该保持理智。

在一个重置项目的决策中，初始资本支出等于新资产的成本减去出售旧资产所获得的资金。当一个旧资产被出售时，这一行为会产生收益或损失。这意味着如果出售过程产生了一定的收益，我们将必须支付一定的税金；而如果出售行为给公司带来了损失，那么将会给公司带来一定的节税作用。因此，初始资本支出应该按如下方式进行计算：

初始资本支出＝新资产的成本－出售旧资产所获得的资金
＋/－出售旧资产的收益或损失中所支付或节约的税金

所以，我们需要说明旧资产的出售是以税后价格为基础进行计算的。当考虑到税收问题时，可能会导致三种可能的情形：

1. 旧资产以高于折旧后的残值的价格出售的情况。在这种情况下，旧资产的初始价格与它折旧后残值的差值被看作是应税收益，并将以公司的边际税率来计算其应付税收。举例来说，如果一个旧机器最初以 15 000 美元的价格购进，账面价值为 10 000 美元。该资产最终以 17 000 美元的价格出售。假设公司的边际公司所得税率为 34％，那么这项销售收益所产生的应付公司所得税为（17 000 美元－10 000 美元）×0.34＝2 380 美元。

2. 旧资产以经折旧后的残值出售的情况。在这种情况下，由于该资产的出售既没有带来收益又没有带来损失，因此该项行为没有税收效应。

3. 旧资产以低于资产经折旧后的残值的价格出售的情况。在这种情况下，折旧后的账面价值与资产的清算价值间的差额可以被看作是应税损失，并可以用来抵消资本收益，因此起到了节税的效果。举例来说，如果一个资产经折旧后的账面价值为 10 000 美元，而它最终以 7 000美元的价格出售，我们就会有一个 3 000 美元的损失。假设公司的边际公司所得税率为 34％，那么由税收节省所带来的现金流入量就等于（10 000 美元－7 000 美元）×0.34＝1 020 美元。

## 哪些项目应该计入项目存续期间的年度自由现金流

项目的年度自由现金流来源于项目的经营性现金流（即公司运营这一项目所获得的现金流）、净运营资本的变化以及任何可能发生的资本支出。在我们的计算当中，我们将从暂编预算表开始，在暂编预算表的基础上进行分析。而且我们将对折旧和税收、利息支出、净运营资本的变化，以及可能发生的资本支出的变化进行调整。

在开始进行计算之前，让我们先来看看将要进行的各种调整的类型。这些调整从经营性现金流开始，逐步计算得出自由现金流。要做到这些，我们必须做出以下调整：

◆ **折旧和税收** 折旧是一项非现金流的支出。由于你之前购进了一项固定资产，例如，你修建了一个工程，折旧就会产生。而现在，你通过折旧的形式将之前的支出分摊到了各个时间内——但折旧本身不涉及现金流。这意味着折旧的存在使得公司的净利润低估了公司实际的现金流。因此，我们希望在计算现金流时，能够通过将折旧额加回到我们对会计利润的度量中来弥补这一问题。

尽管折旧费用是一项非现金流的费用，它所带来的节税效应仍使得它能够影响现金流。折旧费用越高，公司的利润就越低，而这正导致了公司税负水平的降低。

计算折旧费用的方法有很多种。举例来说，我们可以使用美国国内收入署（IRS）提供的加速成本回收法（accelerated cost recovery system，ACRS）进行计算。然而在这里，我们将使用简化的直线折旧法进行计算。我们通过将相关的初始可折旧价值除以折旧年限来计算年度折旧额。具体方法如下：

$$运用简单直线折旧法计算的年度折旧额 = \frac{初始可折旧价值}{折旧年限}$$

初始可折旧价值等于资产的购进成本与使其达到可使用状态的所有必要支出之和。

而这并不是实际生活中折旧额的计算方法。我们之所以简化计算，原因是为了使你能够更为直观地注意到哪些项目应该被包含在现金流的计算当中，而哪些项目不应该被包含在内。而且，由于税法经常性地变更，因而，更为重要的是，我们要意识到折旧对公司税收的影响，而不是理解现有税法下的特殊折旧限制条款。

◆ **利息支出**　如果你将要运行一个新项目，那么毫无疑问你将通过某种方法为这个项目支付一定金额——或者通过内部产生的现金，又或者是通过发行新股票或是新债券。换句话说，项目所用的资金是有一定的成本的。我们在将未来的现金流以必要收益率折现到现在时点时就意识到了这一原理。记住，项目的必要收益率是用来解释被项目拿走的资金所必须挣得的回报率。它反映了项目的风险，以及项目存在机会成本这一事实。如果我们将未来的现金流折现到现在时点，并剔除我们需要支付的利息支出，那么我们就重复计算了资金的成本。也就是说，当我们在减掉利息支出时，我们计算了一次资金成本，当我们把未来现金流折现到现在时点时，我们又计算了一次资金成本。因此，我们希望能够确定现金流并没有因融资成本（如利息支出）而被低估。这也就意味着我们必须确定融资性现金流（如利息支出）并没有包括在自由现金流的计算当中。

◆ **净运营资本的变化**　正如我们之前阐述的，许多项目都需要增加运营资本的投资。举例来说，一部分的新增销售可能是赊销的形式，这会导致应收账款科目下的投资增加。此外，为了产品的生产和销售，企业可能必须增加对存货的投资。但是从另一个方面来看，这些增加的运营资本投资可能会部分被应付账款的增加而抵消掉。由于所有这些可能发生的变化都是资产和负债项发生的变化，它们并不会影响到公司的会计净利润。因此，如果这个项目的运营引起了净运营资本的正向变化，那么便意味着公司的资金将被新增的运营资本所占用，而这形成了公司的现金流出。这也意味着我们必须确定我们已经考虑了可能发生的所有净运营资本的变化。

◆ **资本支出的变化**　从会计的角度来看，与购进固定资产相关的现金流并不属于一项费用。举例来说，当马里奥特（Marriott）公司花费 50 000 000 美元修建一个新的酒店时，尽管这需要一笔巨大的资本支出，但仍不会产生任何与之相关的费用。而与之相反，这 50 000 000 美元的现金流流出构成了一个在整个酒店运营期间每年特定的折旧费用。因此，我们希望能够确定我们在现金流的计算中包含了诸如此类的所有资本支出的变化。

## 哪些项目需要计入最终的现金流

最终的现金流与项目的终止紧密相连。它包含了最后年度的自由现金流以及项目的残值，加上或是减去任何与项目出售相关的应税收益或应税损失。在现行的税法下，项目终止时的残值在大多数情况下都会带来一定的税收支出。这是因为现行税法允许所有项目通过折旧将账面价值变为零。所以，如果一个项目在项目终止时的账面价值为零，但同时又拥有一个正的残值，那么这一残值就将会被征税。要确定项目终止时的项目净残值所带来的税收效应，其方法与确定出售具有一定初始资本支出的旧资产的税收效应的方法完全一样。项目净残值的收入需要和折旧后的账面价值相比较，在这种情形下该值为零，然后确定税负水平。

除了项目净残值之外，可能还会有与项目终止相关的其他现金支出。比如，在关闭一个条带矿工厂时，矿井就必须以一种环保的方式被重新填塞。

现在，让我们将上述所有项目放到一起，计算项目的自由现金流。

## 计算自由现金流

自由现金流的计算可以分为三个基本的部分：经营性现金流、净运营资本要求相关的现金流，以及资本支出的现金流。让我们从如何计算经营性现金流开始讨论，然后继续讨论如何计算来自净运营资本要求相关的现金流和资本支出的现金流。

**第一步** 计算项目税后经营性现金流的变化。一个简单的计算经营性现金流的方法，是从公司的项目损益表中获取信息，然后将会计信息简单地转换为现金流信息。要做到这点，我们需要利用销售收入的变化与成本的变化之差额等于息税前利润（EBIT）的变化加上折旧的变化这一特点。

在这个方法下，项目经营性现金流的计算涉及三个小步骤。第一，我们要确定公司分别在实施该项目和不实施该项目情况下的息税前利润。第二，我们需要减去税收的变化。需要记住的是，在计算税收变化的过程中，我们要忽略利息支出。第三，由于折旧作为一个非现金流项目已经被剔除在息税前利润的计算之外了，所以需要调整这一数字。我们通过加回折旧的变化来完成这一步。因此，经营性现金流的计算如下式所示：

经营性现金流＝息税前利润的变化－税收的变化＋折旧的变化

| 例题 11.1 | 计算经营性现金流 |
| --- | --- |

假设一个新的项目每年将会产生 1 000 000 美元的额外收入，和 500 000 美元的额外的固定以及可变成本。并且，它还会每年增加折旧金额 150 000 美元。如果公司的边际税率为34％，那么公司的经营性现金流是多少？

**步骤 1：制定策略**

经营性现金流的计算是在公司的息税前利润的基础上进行的，公司的息税前利润的变化为：

息税前利润的变化＝收入的变化－固定及可变成本的变化－折旧的变化

在确定了公司的息税前利润的变化之后，我们便可以从中减去税收的变化。最后，由于折旧这一非现金流项目在息税前利润的计算当中已经被去除，所以我们需要对上述数值进行调整。因此，我们将折旧的变化加回到数值中去，以此来计算出经营性现金流。

经营性现金流＝息税前利润的变化－税收的变化＋折旧的变化

**步骤 2：计算数值**

根据这些情况，公司的税后净收益即净利润可以按如下方式进行计算：

| | |
|---|---:|
| 收入 | 1 000 000 |
| −固定及可变成本 | 500 000 |
| −折旧 | 150 000 |
| ＝息税前利润（*EBIT*） | 350 000 |
| −税收（34%） | 119 000 |
| ＝净利润 | 231 000 |

经营性现金流可以按如下方式进行计算：

$$经营性现金流＝息税前利润的变化−税收的变化＋折旧的变化$$
$$＝350\ 000\ 美元−119\ 000\ 美元＋150\ 000\ 美元＝381\ 000\ 美元$$

**步骤 3：分析结果**

通过将公司的会计信息逐步转换为现金流，我们能够准确地衡量来自经营活动的现金流发生的准确时点。在这个例子中，我们可以看出，新项目每年可以给公司产生 381 000 美元的经营性现金流。

**第二步** 计算公司净运营资本的变化所带来的现金流。就像我们之前在这章中提到的一样，许多时候一个新项目往往会涉及对运营资本的额外投资——可能是存放在新的销售店铺的新的存货，或仅仅是对应收账款的额外投资。当然，公司也可能存在一些自动产生的短期融资。比如，由新项目带来的应付账款的增加。因此，净运营资本的变化等于对流动性资产的额外投资减去项目产生的短期债务的增加。

**第三步** 计算因公司的资本支出的变化而产生的现金流。尽管公司通常都会有一个与项目初始资本支出相关的数额较大的现金流流出，在项目的整个运行期间，公司也可能会出现其他的资本支出需求。举例来说，你也许会提前了解到，工厂需要在项目运行的第二年更换一些机械设备，以此来保证项目的运营能够与预期会发生的最新科技变化同步。而实际上，我们将要考察公司在接受这一新项目和拒绝这一新项目相比时的情况。在这一比较下，任何资本支出的变化都应该被看作是与项目相关的。

**第四步** 将上述现金流进行加总，计算项目的自由现金流。因此，一个项目的自由现金流如下所示：

$$\begin{matrix}项目的\\自由现金流\end{matrix}＝\begin{matrix}息税前利润的\\变化\end{matrix}−\begin{matrix}税收的\\变化\end{matrix}＋\begin{matrix}折旧的\\变化\end{matrix}−\begin{matrix}净运营资本的\\变化\end{matrix}−\begin{matrix}资本支出的\\变化\end{matrix}$$

为了计算息税前利润、税收、折旧、净运营资本以及资本支出的变化。我们需要从对下列事项的估计开始：我们预计能销售出多少产品？项目的固定成本和可变成本是多少？所需要的资本投资是多少？从这些问题的回答中，我们可以制作一个暂编预算表。它能够向我们提供用于估计项目自由现金流所需要的数据。此外，你必须记住的是，我们的资本预算决策只会与我们对项目相关的成本和未来需求的估计的准确性一致。事实上，大多数最后被证明为坏的决策的资本预算编制项目并不是因为它们选择了一个不好的决策判定法则，而是因为它们对未来市场需求和项目成本的估计是不准确的。让我们来看一个例子。

你正在考虑扩张一条产品线。你打算引进的新产品是腹肌锻炼器（Press-on Abs）。你预期能够在接下来的 4 年内，每年销售 100 000 个该产品（在这之后，该项目将被预期要关闭，因为预测表明，健康体型将不再是一种时尚，而看起来肥胖的体型则会变成一种时尚）。腹肌锻炼器的销售价格是每个 6.00 美元，每一个产品的可变成本为 3.00 美元。与这一生产相关的固定成本每年将为 90 000 美元。此外，对新产品的生产设备的购进将需要一个 200 000 美元的初始花费。我们假设这项资本支出可以通过简单直线折旧法进行折旧，并在第 4 年年末折旧到零。该项目同时也需要一个 30 000 美元的关于存货的净运营资本一次性投资。最后，我们假设该公司的边际税率为 34%。公司的自由现金流是多少？

**步骤 1：制定策略**

通常情况下，一个项目的自由现金流将被归结为下列三种情况中的一种：（1）初始资本支出，（2）项目运行期间的年度自由现金流，（3）项目终止时的现金流。让我们从初始资本支出的计算开始。

**步骤 2：计算数值**

**初始资本支出**

在这个例子中，初始资本支出等于 200 000 美元的初始花费加上 30 000 美元的净运营资本投资，共计 230 000 美元。

**项目运行期间的年度自由现金流**

表 11-1 计算了项目的息税前利润的年度变化。这一计算过程从销售收入的变化开始，减去固定成本和可变成本的变化以及折旧的变化，得出息税前利润的变化值。折旧额用简单直线折旧法进行计算，即将可折现的资产价值 200 000 美元除以资产的预期使用年限 4 年。税收根据假设的 34% 的公司边际税率进行计算。由于我们只需要从损益表中获取两个数值，因而一旦我们计算好了息税前利润和税收，我们就不需要再进行下一步了。此外，在这个例子中，我们不需要考虑与项目相关的运营资本的年度增加额。需要注意的是，我们已经忽略了任何可能产生的利息支出和融资性现金流。正如我们之前提到的，当我们利用必要收益率将自由现金流折现到现在时点时，我们其实已经隐含地考虑了用来支持该项目的资金成本。

| 表 11-1 | 计算腹肌锻炼器项目息税前利润的年度变化 | （单位：美元） |
|---|---|---:|
| 销售收入（每个 6 美元，共 100 000 个） | | 600 000 |
| 减：可变成本 | | 300 000 |
| 减：固定成本 | | 90 000 |
| 等于：息税折旧及摊销前利润（假设摊销是 0） | | 210 000 |
| 减：折旧 | | 50 000 |
| 等于：息税前利润 | | 160 000 |
| 减：税收 | | 54 400 |
| 等于：净利润 | | 105 600 |

项目经营性现金流的年度变化值如表 11-2 中所示。记住，项目的年度自由现金流等于经营性现金流减去净运营资本的变化和资本支出的变化。

表 11 - 2　　　　　　　　　计算腹肌锻炼器项目经营性现金流的年度变化　　　　　　　　　（单位：美元）

| | |
|---|---|
| 息税前利润 | 160 000 |
| 减：税收 | 54 400 |
| 加：折旧 | 50 000 |
| 等于：经营性现金流 | 155 600 |

### 项目终止时的现金流

对于这个项目来说，项目终止时现金流的计算是十分简单的。项目终止时唯一的非经常性现金流是与项目有关的净运营资本的重新返还。实质上，当该项目在 4 年后关闭时，初始对存货的 30 000 美元的投资也将被清偿。

请注意，在计算自由现金流的过程中，我们需要去除净运营资本的变化，但是由于净运营资本的变化是负向的（我们减少了对存货的投资），我们就是在减去一个负数。而这实际会产生一个正向加回的作用。因此，项目开始时，我们对存货进行投资，净运营资本有一个负向的现金流；但是到了项目终止时，存货被清算，该现金流也变为了正向的现金流入。对终止时期自由现金流的计算如表 11 - 3 所示。

表 11 - 3　　　　　　　　　　　　计算腹肌锻炼器项目终止时的现金流　　　　　　　　　　　（单位：美元）

| | |
|---|---|
| 息税前利润 | 160 000 |
| 减：税收 | 54 400 |
| 加：折旧 | 50 000 |
| 减：净运营资本 | −30 000* |
| 等于：自由现金流 | 185 600 |

* 由于净运营资本的变化是负的（我们减少了存货投资），因此我们减去一个有加回效果的负值。

### 步骤 3：分析结果

在这一案例中，项目运行期间并没有发生净运营资本以及资本支出的任何变化。但这种情况并不适用于你将考虑到的所有项目。举例来说，对一个销售每年都在增加的项目来说，更有可能会发生的情况是净运营资本将会随之每年增加，以此来支持更多的存货以及更大规模的应收账款。与之类似，对于一些项目来说，资本支出可能会延续很多年。这里的关键在于我们想要做的是分别考察企业接受这一项目和拒绝这一项目的情况，以此来衡量现金流的变化量，而不是考虑可能发生的利息支出和融资性现金流。

如果我们想要构造一个关于本案例的自由现金流图（图 11 - 1），那么它将包含一项230 000美元的初始资本支出，项目第 1 年至第 3 年的自由现金流是 155 600 美元，最后一期的自由现金流为 185 600 美元。

| 年份 | 0 | 1 | 2 | 3 | 4 |
|---|---|---|---|---|---|
| 自由现金流（美元） | −230 000 | 155 600 | 155 600 | 155 600 | 185 600 |

图 11 - 1　腹肌锻炼器项目的自由现金流

## 综合案例：计算自由现金流

现在让我们将所学的有关资本预算编制的知识汇总起来，来看一个资本预算决策的综合案例。一个公司的边际税率为34%，它的必要收益率或资本成本是15%。我们正在考虑的项目涉及引进一个由移动射线（Raymobile）制造的新型电动滑板车。我们的第一个任务便是估计项目的现金流，而这也是这一章的重点。这一项目预期将持续5年，之后，由于这一产品将因过时被淘汰，这一项目也将被终止。因此，我们的第一个任务变成了估计项目的初始资本支出、年度自由现金流以及项目终止时的自由现金流。根据表11-4给出的信息，我们可以确定与项目相关的自由现金流。一旦我们得到了项目的自由现金流，我们就可以十分容易地计算项目的净现值、盈利指数以及内部收益率，并可以应用合理的决策评价方法来做出决策。

| 表11-4 | 移动射线滑板车资本预算例子 | |
|---|---|---|
| 新厂房和设备的成本 | 9 700 000 美元 | |
| 运输和安装成本 | 300 000 美元 | |
| 每年销售数量 | 年份 | 销售数量（个） |
| | 1 | 50 000 |
| | 2 | 100 000 |
| | 3 | 100 000 |
| | 4 | 70 000 |
| | 5 | 50 000 |
| 每单位售价 | 第1年到第4年每单位150美元，第5年130美元。 | |
| 每单位可变成本 | 每单位80美元。 | |
| 每年固定成本 | 第1年到第5年每年500 000美元。 | |
| 所需运营资本 | 项目最初需要100 000美元的初始运营资本支出。而后，每年所需的运营资本投资等于每年销售收入的10%。因此，第1年和第2年的运营资本投资会增加，第4年会下降，最后，在第5年项目结束时所有运营资本会被清算。 | |
| 折旧方案 | 我们用简单直线折旧法在5年内折旧，这一方法假设厂房和设备在5年后没有残余价值，因此，5年中每年的折旧是2 000 000美元。 | |

要确定不同的年度自由现金流，我们首先需要确定经营性现金流的年度变化值。而要做到这一点，我们将用息税前利润的变化值减去税收的变化再加上折旧的变化。这一过程在表11-5中的第二部分可以显示出来。我们首先将每单位售价乘以销售出去的产品数量得到销售收入的变化值。基于这一销售收入的变化值，我们减去每单位80美元的可变成本。然后，固定成本的变化值也从上一结果中剔除出去，得到的数值就是息税折旧及摊销前利润（EBITDA）。在此基础上减去折旧和摊销的变化，在这一个案例中，摊销值假设为零，我们就可以得到息税前利润（EBIT）的变化值。基于息税前利润的变化值，我们之后便可以计算税收的变化。我们假设税收的变化等于息税前利润的34%。

**计算经营性现金流**

假设一个新的项目将会产生每年 300 000 美元的收入,而项目每年的现金费用包括固定成本和可变成本,为 190 000 美元。项目带来的折旧变化为每年 20 000 美元。此外,公司的边际税率为 40%。请计算该项目的经营性现金流。

利用如表 11-5 第一部分所示的计算方法,我们可以计算出如表 11-5 第二部分列出的经营性现金流。正如你之前学到的,经营性现金流等于息税前利润的变化减去税收的变化加上折旧的变化。

表 11-5                计算移动射线滑板车项目的自由现金流

| 年份 | 0 | 1 | 2 | 3 | 4 | 5 |
|---|---|---|---|---|---|---|
| **第一部分 计算息税前利润、税收和折旧的变化(被用于第二部分经营性现金流的计算)** | | | | | | |
| 销售数量(个) | | 50 000 | 100 000 | 100 000 | 70 000 | 50 000 |
| 每单位售价(美元) | | 150 | 150 | 150 | 150 | 130 |
| 销售收入(美元) | | 7 500 000 | 15 000 000 | 15 000 000 | 10 500 000 | 6 500 000 |
| 减:可变成本(美元) | | 4 000 000 | 8 000 000 | 8 000 000 | 5 600 000 | 4 000 000 |
| 减:固定成本(美元) | | 500 000 | 500 000 | 500 000 | 500 000 | 500 000 |
| 等于:息税折旧及摊销前利润(美元) | | 3 000 000 | 6 500 000 | 6 500 000 | 4 400 000 | 2 000 000 |
| 减:折旧(假设摊销是 0,美元) | | 2 000 000 | 2 000 000 | 2 000 000 | 2 000 000 | 2 000 000 |
| 等于:息税前利润(美元) | | 1 000 000 | 4 500 000 | 4 500 000 | 2 400 000 | 0 |
| 税(34%)(美元) | | 340 000 | 1 530 000 | 1 530 000 | 816 000 | 0 |
| **第二部分 计算经营性现金流(被用于第四部分自由现金流的计算)** | | | | | | |
| **经营性现金流** | | | | | | |
| 息税前利润(美元) | | 1 000 000 | 4 500 000 | 4 500 000 | 2 400 000 | 0 |
| 减:税收(美元) | | 340 000 | 1 530 000 | 1 530 000 | 816 000 | 0 |
| 加:折旧(美元) | | 2 000 000 | 2 000 000 | 2 000 000 | 2 000 000 | 2 000 000 |
| 等于:经营性现金流(美元) | | 2 660 000 | 4 970 000 | 4 970 000 | 3 584 000 | 2 000 000 |
| **第三部分 计算净运营资本的变化(被用于第四部分自由现金流的计算)** | | | | | | |
| **净运营资本的变化** | | | | | | |
| 销售收入(美元) | | 7 500 000 | 15 000 000 | 15 000 000 | 10 500 000 | 6 500 000 |
| 所需初始运营资本(美元) | 100 000 | | | | | |
| 所需运营资本投资(美元) | | 750 000 | 1 500 000 | 1 500 000 | 1 050 000 | 650 000 |
| 运营资本清算(美元) | | | | | | 650 000 |
| 净运营资本的变化(美元) | 100 000 | 650 000 | 750 000 | 0 | −450 000 | −1 050 000 |
| **第四部分 计算自由现金流(除资本支出变化之外,用到了第二、三部分计算得到的信息)** | | | | | | |
| **自由现金流** | | | | | | |
| 经营性现金流(美元) | | 2 660 000 | 4 970 000 | 4 970 000 | 3 584 000 | 2 000 000 |
| 减:净运营资本的变化(美元) | 100 000 | 650 000 | 750 000 | 0 | −450 000 | −1 050 000 |
| 减:资本支出的变化(美元) | 10 000 000 | 0 | 0 | 0 | 0 | 0 |
| 等于:自由现金流(美元) | −10 100 000 | 2 010 000 | 4 220 000 | 4 970 000 | 4 034 000 | 3 050 000 |

要计算项目带来的年度自由现金流，我们需要从经营性现金流中减去净运营资本的变化以及资本支出的变化。因此，第一步变成了确定净运营资本的变化值。这一过程如表 11 - 5 第三部分所示。净运营资本的变化通常包括随新产品线带来的销售数量增加而自发产生的存货增加额，以及应收账款增加额。应收账款的增加一部分会被应付账款的增加额所抵消，但是，通常情况下，大多数新项目还是会使净运营资本出现一定程度的增加。在这一案例中，存在一个 100 000 美元的初始运营资本需求。此外，由于对运营资本的总投资每年都等于当年销售收入的 10%，因此，第 1 年的运营资本投资为 750 000 美元（因为销售收入预期为 7 500 000 美元）。运营资本初始为 100 000 美元，因此，净运营资本的变化为 650 000 美元。净运营资本在第 1 年和第 2 年持续增加，并在第 4 年有所减少。最后，所有的运营资本都将在第 5 年年末项目终止时被清偿。

在经营性现金流和净运营资本的变化都已经计算完毕之后，项目自由现金流的计算也变得相对容易了。最后需要计算的便是资本支出的变化值。在这一案例中，这一数值就是修建工程和购买设备需要花费的 9 700 000 美元，以及运输和安装成本 300 000 美元。因此，资本支出的变化值为 10 000 000 美元。然后，我们只需要从经营性现金流中减去净运营资本的变化值和资本支出的变化值即可。这一步骤如表 11 - 5 第四部分所示。其中，年度自由现金流在表格的最下一栏显示。关于这个项目的现金流图如图 11 - 2 所示。

$$r = 15\%$$

| 年份 | 0 | 1 | 2 | 3 | 4 | 5 |
|---|---|---|---|---|---|---|
| 自由现金流（美元） | −10 100 000 | 2 010 000 | 4 220 000 | 4 970 000 | 4 034 000 | 3 050 000 |

**图 11 - 2　移动射线滑板车项目自由现金流图**

---

## 你做出来了吗?

### 计算经营性现金流

你被要求确定一个项目的经营性现金流。经营性现金流的计算方法如下：

经营性现金流＝息税前利润（EBIT）的变化－税收的变化＋折旧的变化

**步骤一：计算息税前利润的变化**

| | |
|---|---|
| 收入 | 300 000 美元 |
| －固定成本和可变成本 | 190 000 美元 |
| －折旧 | 20 000 美元 |
| ＝息税前利润 | 90 000 美元 |

**步骤二：利用息税前利润的增加额乘以 40%的边际税率计算税收**

| | |
|---|---|
| 息税前利润的变化 | 90 000 美元 |
| ×税率（40%） | ＝36 000 美元 |

**步骤三：计算经营性现金流**

经营性现金流＝息税前利润的变化－税收的变化＋折旧的变化
　　　　　　＝90 000－36 000＋20 000＝74 000（美元）

74 000 美元的经营性现金流之后将被用来计算自由现金流。

**概念回顾**

　　1. 通常情况下，项目的现金流将会被划分为三种情况中的一种。这三种类别分别是什么？

　　2. 什么是自由现金流？我们应该如何计算自由现金流？

　　3. 尽管折旧并不是现金流项目，它仍然在现金流的计算中扮演了一个重要的角色。折旧是如何影响项目的现金流的呢？

**你做出来了吗?**

**计算自由现金流**

　　你需要确定赫尔利的隐藏零食公司引进的新产品线在第1年带来的自由现金流。

　　**步骤1：计算净运营资本的变化值**

$$\text{净运营资本的变化值等于应收账款和存货的增加值减去应付账款的增加值} = 28\,000 - 5\,000 - 20\,000$$

$$= 13\,000（美元）$$

　　**步骤2：计算自由现金流**

$$\frac{\text{项目的}}{\text{自由现金流}} = \frac{\text{息税前利润的}}{\text{变化}} - \frac{\text{税收的}}{\text{变化}} + \frac{\text{折旧的}}{\text{变化}} - \frac{\text{净运营资本的}}{\text{变化}} - \frac{\text{资本支出的}}{\text{变化}}$$

$$= 800\,000 - 800\,000 \times 0.40 + 100\,000 - 13\,000 - 0$$

$$= 567\,000（美元）$$

　　该项目的自由现金流代表了我们在原则1中所讨论的"现金流是最重要的"。

# 资本预算的实物期权

对折现现金流决策标准的使用，如净现值法等，给我们提供了一个评估项目较好的框架。但是，如果项目在一些未来的不确定性面前拥有可以改变的可能性，那么我们对项目的评估会发生哪些变化呢？举例来说，如果一个原本预期使用寿命为 10 年的项目，最后发现效果好于预期，那么该项目可能被扩张或者在 10 年之后继续延续下去，项目寿命有可能变为 20 年。在相反的情况下，如果该项目的现金流不能满足预期，那么项目可能不会持续 10 年，而会被缩减规模、废弃甚至是出售。此外，还可以假设项目被延期 1 年或 2 年。这一灵活性是净现值法以及其他决策制定标准很难解决的问题。事实上，如果未来改变项目的机会拥有一个正的价值，那么净现值法就有可能会低估项目的价值。而正是这一灵活性的价值使我们需要从期权的角度来分析这一问题。

可能为编制资本预算项目增加价值的最为常见的期权通常有三种：（1）将项目延期，直到未来的现金流对公司更为有利，这一期权通常在公司中拥有排他性的特许使用权，如在专利技术或产品中较为常见。（2）扩张项目规模，甚至是生产目前看起来并不可行的新产品。（3）如果未来的现金流没有达到预期，那么就放弃一个项目的选择权。

## 延期项目的期权

毫无疑问，与项目有关的预期现金流会随着时间的变化而变化。事实上，由于预期现金流的变化，一个现在看来净现值为负的项目可能在将来拥有一个正的净现值。让我们再来看一下我们在这一章的引言中所提到的汽油—电力混合动力汽车市场的例子。这一次，假设你已经设计出了一款可以用在混合动力汽车身上，使其里程速度增加到每加仑 150 英里的大功率镀镍氢化物电池。然而，当你考察生产这一新型电池的成本时，你意识到生产成本仍然十分昂贵，并且，与成本相对的是，使用这一电池的汽车市场现在仍然十分小。这是否意味着大功率镀镍氢化物电池的专利权就没有价值呢？答案是否定的。由于你仍能够在未来对这一技术进行改进，从而让电池更有效率，更为便宜，因而这一专利权仍然具有一定的价值。此外，因为石油价格可能会继续上涨，这可能导致超级节能汽车的市场逐步扩大，这也使得这一电池的专利权仍然具有一定的价值。事实上，由于技术和市场条件的变化而将项目延期的选择权使得这个项目更具有盈利的可能，因而会给项目带来正的价值。

另一个关于将项目延期直到未来的现金流对公司更为有利的选择权的例子，是一家对一些富含石油的地区拥有石油开采权的企业。该企业正在考虑一个石油钻井项目。假设在考虑了所有的成本以及预期的石油产出之后，这一项目拥有一个负的净现值。那么这是否意味着公司应该放弃石油的开采权，或是这些石油开采权并不具有一定的价值呢？答案也一定是否定的。有这样一种可能，那就是在未来的石油价格上涨到一定程度时，这一净现值为负的项目可能变成一个净现值为正的项目。而正是这一延迟项目开采的权利给项目提供了额外的价值。因此，将项目延迟直到未来现金流变得对公司更为有利的期权为这个净现值为负的项目提供了价值。

### 扩张项目的期权

正如我们在延期项目的期权中看到的一样，与项目相关的现金流估计值可能会随着时间而发生变化，从而使得扩张项目更具有价值。我们又一次要说明，这一改变生产能力来满足需求的选择权是具有价值的。举例来说，一个公司可能会故意修建一个拥有多余产能的生产工厂，以使公司在产品的需求高于预期的情况下，能够较为容易地增加产量。作为一种选择权，这样的项目运行也可以为公司提供一个在新产业中立足的机会，并使得其他可能现在看来并不可行的产品在以后得以生产。这一原因导致很多企业向电子商务领域拓展，期望能够获得在这一领域内其他更具有盈利性的产品和技术。这也对企业投入费用以此来开拓新市场提供了部分解释。

让我们回到之前汽油—电力混合动力汽车的案例中去，考察扩张这一项目的期权。大多数汽车公司引进汽油—电力混合动力汽车的原因之一在于，它们认为如果汽油的价格从每加仑 2 美元上升到每加仑 3 美元，这种混合动力汽车可能将会成为汽车产业的未来发展趋势。而唯一获得生产混合动力汽车技术专利的方法就是实际去生产这一类型的汽车。随着汽油价格上涨所推动的技术研发成本的逐渐下降，和对这类汽车需求的逐渐上升，公司也将做好准备将这一类型的汽车产量扩张到产能最大值。当你考察本田（Honda）公司时，你就可以看到这一策略在该公司的运用十分明显。本田公司在 2000 年首次引进洞见（Insight）汽车，而丰田公司在 2001 年引进了普锐斯。

当混合动力汽车第一次被引进的时候，分析人员预计本田公司每销售一辆洞见汽车将要损失约 8 000 美元，而丰田公司每小时一辆这一类型汽车的损失为 3 000 美元。但是这两家企业都希望能够在几年之后得到盈亏平衡。因为这些项目使得这些汽车制造商能够获得盈利地生产汽油—电力混合动力汽车的技术和方法，因而它们仍然十分有意义。而且，正如我们在本章引言中提到的，按照预测，混合动力汽车将在 2040 年前占据小功率交通工具市场的半壁江山，这正是汽车制造商们看重的一个很大的市场。此外，本田和丰田开发洞见和普锐斯所用的技术也许能够在其他类型的汽车，甚至是其他领域上得到具有盈利性质的应用。从根本上来说，正是可以在未来扩张产量的期权为这一项目带来了价值。

### 放弃项目的期权

项目预期的现金流随着时间而发生变化，使得放弃一个项目的期权也具有一定的价值。我们又一次提到，正是这种能够根据新信息做出调整的灵活性给项目带来了价值。举例来说，一个项目在第 1 年和第 2 年的销售收入可能并没有达到预期的要求，项目也几乎没有因此而获利。那么，公司之后可能就会决定清算这一项目，将工程以及所有的设备全部出售。这一清算价值可能会大于将项目继续运营下去所带来的价值。

让我们又一次回到之前汽油—电力混合动力汽车的例子中去。而这一次，我们将要考察放弃这一项目的期权。如果在几年之后汽油的成本出现一个大幅度的下降，而这一新技术的成本仍旧十分高昂，那么汽油—电力混合动力汽车可能就变得不那么具有盈利性。在这个时候，汽车制造商可能就会决定放弃这一项目，并将该技术附带其中的专利权一起出售。实质上，汽油—电力混合动力汽车这一初始项目可能没有多少价值，但是由此而开发出的技术却可能具有价值。因此，放弃该项目以及出售该技术的价值可能会大于继续运行该项目的价值。我们这里又要不厌其烦地强调，正是这一在未来改变项目的灵活性为项目带来了正的价值。而在这一个案例中，这个灵活性值得做出放弃项目的选择。

### 编制资本预算过程中的期权：总结

由于未来的不确定性，存在项目进行调整的选择。我们也许会发现，一个基于预期自由现金流计算得出的拥有负净现值的项目仍然是一个好项目，且应该被接受。这显示出了实物期权的价值。此外，我们也可能会发现，一个具有正的净现值的项目如果被延迟实施将更具有吸引力。实物期权还解释了企业接受具有负净现值的项目以期能够进入新市场的原因。放弃一个项目的期权解释了一个企业为什么会临时性地雇用员工而不是永久性地雇用员工，为什么企业愿意租用设备而不是购买它们，为什么企业要以年为单位与供应商签订合同而不是以更长的时间周期。

> **概念回顾**
>
> 1. 举出一个延期项目的期权的例子。为什么这一期权具有价值？
> 2. 举出一个扩张项目的期权的例子。为什么这一期权具有价值？
> 3. 举出一个放弃项目的期权的例子。为什么这一期权具有价值？

# 风险与投资决策

之前，在我们的讨论中，我们都忽略了资本预算编制中的风险问题。也就是说，我们将项目预计的现金流折现到现在时点，却忽略了这些估计所需要的背景的任何不确定性。在现实生活中，与引进一个新的销售店铺或是新的产品相关的未来现金流，是对未来预期发生的现金流的估计，而不一定就是将要发生的现金流。举例来说，当可口可乐公司决定用一种新型的可乐代替传统可乐时，你可以确信这项决策所基于的预期现金流肯定与它实际所带来的现金流不相同。因此，可口可乐公司没过多长时间之后就又重新使用传统的可乐。其他像这样没有实际产生预计现金流的有名的失败案例有比克（Bi）的一次性内裤，"口渴的狗"品牌针对小狗推出的牛肉口味瓶装水以及可儿家族落基山泉水。目前我们折现到现在时点的现金流只是对预期未来现金流的最好的估计。一个基于投资方案的所有可能结果所作出的现金流图如图 11 - 3 所示，该图不是根据这些结果的预期价值所作的。

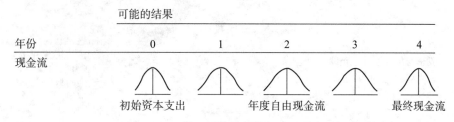

图 11 - 3　基于可能结果的自由现金流图

在这一小节中，假设我们并不能提前知道一个新项目能够实际带来多少现金流。但是，我们确实对可能出现的情况有一定的预期，并且能够将这些可能情况的概率计算出来。换句话说，尽管我们并不知道接受这一新项目带来的现金流有多少，但我们仍可以构建一个概率分布，根据这一概率分布，我们可以得出现金流的大小。正如我们在第六章中所学到的，当对一个时间的未来结果存在不确定性时，风险就随之而生。

在这一章中，我们假设尽管未来的现金流并不被我们所确定地知道，但产生现金流的概率分布却可以被估计。同时，因为我们之前已经阐明了可能出现的结果的分散程度反映了风险的大小，之后我们在这一章准备用对分散程度的衡量或是方差来量化风险。

在接下来的篇幅中，请记住我们只想阐明两个问题：（1）编制资本预算的决策过程中有哪些风险？这些风险应该如何度量？（2）我们应该如何把风险纳入资本预算的分析中去？

## 什么样的风险与资本预算相关

在开始讨论如何对风险进行调整之前，确定什么种类的风险需要进行调整是十分重要的。在编制资本预算的过程中，一个项目的风险可以从三个层级来看。第一，**项目的特有风险**（project standing alone risk），即可以被分散化投资所消除的项目风险。第二，**项目的公司风险**（contribution-to-firm risk），即该项目给公司整体造成的那部分风险。这一种度量方法考虑了项目的一部分风险是可以随着该项目与公司的其他项目资产组合在一起而被分散掉的这种情况，但它忽略了项目对公司股东投资多样化的影响。第三，项目的**系统性风险**（systematic risk），即从一个投资充分分散化的股东角度来看项目所存在的风险。这种度量方法将可以随着该项目与公司的其他项目资产组合在一起而被分散掉的一部分风险考虑进来，同时也考虑了那些可以随着项目与股东投资的其他股票组合在一起而被分散掉的那一部分风险。用图来表达，这一关系如图 11-4 所示。

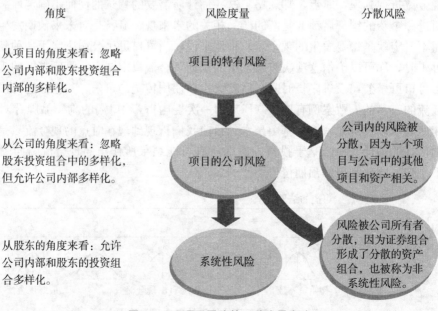

**图 11-4　项目风险的三种度量方法**

我们是否应该对项目的特有风险感兴趣呢？答案是不应该。而弄懂为什么我们不应该考察这一风险的最简单的方法可能是看一个例子。让我们考虑一个关于强生公司的研发项目的案例。强生公司每年都会运营数以百计的新的研发项目，尽管知道这些项目中只有10％的项目可能成功。如果这些项目是成功的，那么公司所赚取的利润将是十分可观的；但如果这些项目失败了，那么这些投资也就付之东流。如果该公司只有一个项目，且这一项目是一个研发项目，那么公司将会有90％的可能会失败。因此，如果我们将这些研发项目单独地来看待，并计算它们的特有风险，我们将会认为这些项目的风险是十分大的。但是，如果我们考虑到在同一年运行诸多数以百计的独立研发项目所带来的分散化效应，而每一个项目都有10％的成功概率，我们就可以看到每一个研发项目都不会给强生公司带来太大的风险。总结来说，因为项目风险的很大一部分在公司内部就被分散掉了，项目的特有风险也就不是对资本预算编制项目有意义的一种合适的风险度量。

我们是否应该对项目的公司风险感兴趣呢？至少从理论上来说，即使考虑到投资者的投资是充分分散化的，并且不存在任何的破产成本，答案仍然是不应该。根据我们之前在第六章的讨论，我们可以看到作为股东，如果我们将一个单独的证券与其他证券放在一起构成一个多样化的投资组合，那么该单独证券的风险将会有很大一部分被分散掉。总而言之，影响股东的所有风险便只是项目的系统性风险。因此，只有项目的系统性风险是与资本预算相关的风险。

## 根据真实情况衡量资本预算编制目的中的风险——系统性风险真像我们所说的那样吗？

根据我们在第六章中所讨论的资本资产定价模型（CAPM），系统性风险是唯一与编制资本预算相关的风险。然而，现实情况使得这一计算过程变得更为复杂。在很多情况下，一个公司可能会拥有一些并没有充分分散化投资的股东，包括小企业的拥有者等。因为他们并没有充分分散化投资，对这些股东来说，相关的风险度量就应该是项目的公司风险。

破产的可能性也影响了我们对相关风险度量的判断。正如你对构建资本资产定价模型的理解一样，我们在这一过程中做出了破产成本为零的假设。因为项目的公司风险反映了公司所面临的风险，即可能会导致公司破产的风险。这一种方法可能并不是对风险的一种合理度量：因为十分明显，破产是有一定的成本的。首先，如果公司倒闭了，它的资产通常来说是不能按照其应有的真实经济价值来出售的。其次，实际可以分配给股东的资金也将会因必须支付的清算和法律费用而进一步减少。最后，因法律程序而造成的清算拖延所带来的机会成本将会进一步降低股东所能拿到的资金数量。因此，由于破产会带来一些成本，减少公司破产的机会对项目的价值十分重要。

破产成本还会间接影响公司的其他方面，包括产量、销售收入以及管理的质量与效率。举例来说，破产可能性较高的公司可能在招聘和保留有经验的经理人方面遇到更多的困难，因为这类公司所提供的职位会被看作是不太稳定安全的。供应商也不太会愿意让公司赊销购进原材料。最后客户可能对公司丧失信心，害怕公司会在产品质量上有所下降，或者不愿意在将来给公司提供保单，或是提供更多的货物存放地点。因此，随着公司破产概率的提高，事务性的破产将可能随着潜在客户和供应商的撤离而自动发生。最后的结果就是由于项目的公司风险影响了公司破产的概率，这一风险将会成为编制资本预算的相关风险度量。

最后，在度量项目的系统性风险中所遇到的问题时，对项目系统性风险的应用十分困难。

谈论项目的系统性风险要远比度量这一风险容易得多。

考虑到上述这些因素，我们应该使用哪种风险度量呢？答案是我们应该同时考虑项目的系统性风险和项目的公司风险两种度量方法。我们知道项目的系统性风险在理论上是正确的。我们同时也注意到，破产成本和未充分分散化投资的股东违背了这一理论的假设条件，因此这使得项目的公司风险概念成为编制资本预算的相关度量。但是，项目的系统性风险概念仍然对资本预算决策具有价值，因为这是股东在假设条件下需要被补偿的那一部分风险。因此，我们将要同时考虑项目的公司风险和项目的系统性风险，而不是去衡量比较这两个度量方法对于编制资本预算的重要性。

### 将风险纳入资本预算中

因为不同的投资项目确实在事实上包含了不同层级的风险，让我们现在来看看调整风险后的折现率。这一折现率是基于投资者对于更具风险的项目要求更高的收益率的认知。

### 调整风险后的折现率

**调整风险后的折现率**（risk-adjusted discount rate）是基于投资者对更具风险的项目要求更高的收益率这一概念而产生的。这是一个基于原则 3 和资本资产定价模型背后的基本规则，如图 11－5 所示。

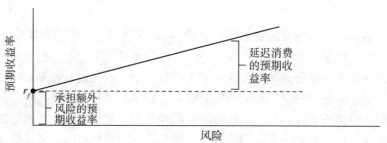

**图 11－5　风险—收益关系**

正如我们从**原则 3** 中所了解到的，任何投资的预期收益率都应该包含对延迟当期消费的补偿，它等于无风险收益率加上对项目风险的补偿。在调整风险折现率的方法下，如果一项投资的风险大于一个典型的风险，那么折现率就应该被上调，以此来弥补这部分多出来的风险。在给定的风险水平下，一旦一个公司决定了合适的项目必要收益率，现金流就可以根据调整风险后的折现率将现金流折现到现在时点。然后，除了内部收益率法之外的其他常用的编制资本预算评价标准便可以继续被使用。对于内部收益率来说，拿来与内部收益率相比较的参照收益率现在变成调整风险后的折现率。用数学公式来表述，利用调整风险后的折现率来计算的净现值变成了：

$$\begin{aligned}\text{调整风险后的净现值} &= \text{以调整风险后的折现率折现到现在时点的所有未来自由现金流的现值} - \text{初始资本支出}\\ &=\frac{FCF_1}{(1+k^*)^1}+\frac{FCF_2}{(1+k^*)^2}+\cdots+\frac{FCF_n}{(1+k^*)^n}-IO \end{aligned}$$

(11－1)

其中，$FCF_t$＝第 $t$ 期的年度自由现金流（可以取正值或负值）；

$IO$＝初始资本支出；

$k^*$＝调整风险后的折现率；

$n$＝项目的预期年限。

---

**记住你的原则**

在编制资本预算过程中所用到的所有弥补风险的方法都可以从**原则3**中找到依据：**风险要求收益补偿**。事实上，调整风险后的折现率法正是这一原理的直接应用。

---

如果与项目相关的风险水平和典型项目不同，那么公司经理必须将股东对这一新项目可能产生的反应考虑到决策制定过程中。而调整风险后的折现率背后的逻辑正来源于此。举例来说，如果一个项目比传统项目所蕴含的风险更高，那么我们就应该采用一个更高的必要收益率。否则，边际项目将会降低公司的股票价格，也就是说会降低股东的财富。当市场提高了公司的必要收益率以此来反映风险更高的项目的附加值时，这种情况就会发生，因为项目带来的增量现金流可能不足以补偿这一风险。同样的逻辑之下，如果一个项目的风险比正常项目的风险低，必要收益率的下降也是合理的。因此，调整风险后的折现率法试图对增加公司风险水平的项目采用更为严格的标准，即对这类项目要求一个更高的收益率。这一风险调整的财务决策方法可以总结如下：

## 财务决策工具

| 工具名称 | 公式 | 含义 |
|---|---|---|
| 调整风险后的净现值（NPV） | 以调整风险后的折现率折现到现在时点的所有未来自由现金流的现值减去初始资本支出：<br><br>$$=\frac{FCF_1}{(1+k^*)^1}+\frac{FCF_2}{(1+k^*)^2}+\cdots+\frac{FCF_n}{(1+k^*)^n}-IO$$ | • 它表示如果项目的现金流按照合适的折现率（经风险调整后）折现到现在时点，那么项目的净现值是多少。<br>• 它表示如果该项目被接受，项目可以创造的财富大小。<br>• 如果风险调整后的净现值为正，那么该项目会给公司创造财富，应该被采纳。 |

---

**例题 11.3**            **调整风险后的折现率**

一个工具商正在考虑引进一个钓鱼设备的生产线，该项目的预计使用年限为5年。过去，该公司在新产品的投资方面极其保守，基本上都坚持只生产标准的器具。在这一例子中，对钓鱼设备生产线的引进被看作是一个十分具有风险的项目。管理层认为公司通常情况下10％的必要收益率已经不合适了，经过调整，这一项目可接受的最小收益率应该为15％。项目的初始资本支出为110 000美元，预期自由现金流如下表所示：

| 年份 | 预期自由现金流（美元） |
|---|---|
| 1 | 30 000 |
| 2 | 30 000 |
| 3 | 30 000 |
| 4 | 30 000 |
| 5 | 30 000 |

利用调整风险后的折现率计算出的项目净现值为多少？这一项目应该被接受吗？

**步骤 1：制定策略**

利用调整风险后的折现率所得出的净现值可以按式（11-1）进行如下计算：

$$\begin{matrix}调整风险\\后的净现值\end{matrix} = \begin{matrix}以调整风险后的折现率折现到现在\\时点的所有未来自由现金流的现值\end{matrix} - \begin{matrix}初始资\\本支出\end{matrix}$$

$$= \frac{FCF_1}{(1+k^*)^1} + \frac{FCF_2}{(1+k^*)^2} + \cdots + \frac{FCF_n}{(1+k^*)^n} - IO$$

其中，$FCF_t$＝第 $t$ 期的年度自由现金流（可以取正值或负值）；

$IO$＝初始资本支出；

$k^*$＝调整风险后的折现率；

$n$＝项目的预期年限。

**步骤 2：计算数值**

在 15％的折现率基础上折现到现在时点的未来自由现金流的现值等于 100 560 美元，这一项目的初始资本支出是 110 000 美元。将两个数值代入式（11-1）中，我们可以计算出净现值：

$$\begin{matrix}调整风险\\后的净现值\end{matrix} = \begin{matrix}以调整风险后的折现率折现到现在\\时点的所有未来自由现金流的现值\end{matrix} - \begin{matrix}初始资\\本支出\end{matrix}$$

$$= 100\ 560 - 110\ 000 = -9\ 435（美元）$$

**步骤 3：分析结果**

调整风险后的净现值为 9 435 美元，因此该项目应该被拒绝。如果正常的必要收益率 10％被当作是折现率进行计算，则这一项目拥有一个正向的净现值 3 724 美元。

◆◆◆◆◆◆◆◆◆◆◆◆◆◆◆◆◆◆◆◆◆◆◆◆◆◆◆◆◆◆◆◆◆◆◆◆◆◆◆◆◆◆◆◆◆◆◆◆◆◆

在实际运用中，当我们应用调整风险后的折现率时，项目通常将会根据项目目的、风险等级而被进行分类，然后与该目的和风险等级相匹配的折现率将会被首先赋予这一项目，一个拥有 12％的必要收益率的企业可能会利用以下的收益率分类进行风险调整：

| 项目 | 必要收益率（％） |
|---|---|
| 决策重置 | 12 |
| 现有生产线的修理或扩张 | 15 |
| 与现有经营无关的项目 | 18 |
| 研究和开发经营 | 25 |

对项目的这一分类的目的在于使得对项目的评估更为简便。但是这种方法也会给计算带来一定程度上的主观判断，使得对项目的评估更不具有价值。上述分类的取舍是明显的：时间和精力将会被最小化，但是确实以估计的精确性为代价。

## 衡量项目的系统性风险

当我们最开始讨论系统性风险或是 $\beta$ 值时，我们讨论了如何衡量整个公司的系统性风险。你可以回忆一下，尽管我们可以利用历史的数据估计公司的 $\beta$ 值，但我们仍然不能对我们的结果完全地自信。正如将要看到的，估计单个项目的系统性风险的合理水平更是充满了很多困难。为了充分理解我们需要做什么，以及我们将要遇到哪些问题，让我们先来回顾一下，如何考察一个项目的系统性风险以及风险调整。

我们需要做的是，利用资本资产定价模型来确定一个特定项目的风险水平，以及与风险相对应的合理的收益率。然后，我们将利用这一项目的预期收益率，将它与资本资产定价模型（CAPM）所建议的必要收益率相比较，以此确定这个项目是否应该被接受。如果该项目对公司来说看起来是一个传统项目，那么利用 CAPM 模型确定合理的风险收益率，然后以此来判断项目是否应该被接受则是一个可以令人接受的方法。但如果该项目不是一个传统的项目，我们应该怎么做呢？对于一个新项目来说，历史数据通常不存在。事实上，对于一些资本投资项目，例如购买一辆货车或是修建一个新楼房，历史数据也没有太大的意义。我们需要做的是充分利用这样一个差的环境条件。我们要么编造数据——利用可以获得的历史会计数据来代替历史价格数据，以此估计系统性风险；要么试图在相同的行业里寻找一个可替代的公司作为资本预算的项目，将该公司的系统性风险估计作为待评估项目的系统性风险的替代。

## 利用会计数据估计项目的 $\beta$ 值

当我们在处理一个与公司其他项目相同的项目时，我们只需要针对公司估计出一个系统性风险水平，并把它当作是该项目风险的替代即可。但当这些项目并不是公司的典型项目时，这种方法就不起作用了。举例来说，当拥有菲利普·莫里斯（Philip Morris）烟草公司和圣·米歇尔（Ste. Michelle）葡萄酒公司的奥驰亚（Altria）公司要引进一个新的甜点用葡萄酒时，这一新产品极可能拥有和把奥驰亚公司看作一个整体所具有的传统风险不同的系统性风险。

为了获得一个对该项目系统性风险水平的更好估计，如果我们能够估计酒类业务的系统性风险水平，然后利用它代表该项目的系统性风险，这种情况就十分好。但公司股票的历史价格只是针对公司整体来看的，公司股票收益率的历史数据通常是被用来估计公司 $\beta$ 值的。因此，我们必须利用该业务部门会计收益率的数据而不是公司股票收益率的历史数据来估计酒类部门的系统性风险。要利用会计数据来估计一个项目的 $\beta$ 值，我们只需要对该业务部门的资产收益率（净利润÷总资产）做一个以市场指数（如标准普尔 500 指数）为自变量的时间序列回归模型。回归方程的系数就是项目的会计 $\beta$ 值，这一数字也将被当作是项目真实 $\beta$ 值的估计值，或是对项目系统性风险的一种度量。从另一个角度来看，一个基于会计数据的多元回归模型也可以被用来解释 $\beta$ 值。这一模型的结果随后可以被应用在那些股权没有公开交易的公司 $\beta$ 值的估计上。

会计 $\beta$ 值这一方法有多好呢？这种方法并不比对项目 $\beta$ 值的直接计算更为合适。事实上，

会计 $\beta$ 值和在股票收益率历史数据基础上计算的 $\beta$ 值的相关系数大约只有 0.6。然而，用来预测 $\beta$ 值的多元回归模型则具有更好的运气。不幸的是，在很多情况下，并没有任何可以取代会计 $\beta$ 值计算的具有实际操作意义的选择。由于调整一个项目的风险十分重要，使用会计 $\beta$ 值这种方法总比什么都不做要好。

## 估计 $\beta$ 值的单一经营法

会计 $\beta$ 值方法试图去直接估计一个项目或是一个业务的 $\beta$ 值。而**单一经营法**（pure play method）则是试图寻找到单一经营与该项目或业务部门相同业务的股票的上市公司。这种替代或单一经营公司一旦被找到，该公司的系统性风险就可以被确定，然后被用作该项目或业务系统性风险水平的替代。我们要做的只是要寻找一个拥有与该项目相关业务的上市企业，并用该企业的必要收益率来评判待评估的项目。要做到这点，我们假设该替代企业的系统性风险和资本结构都与待评估项目完全相同。

在运用单一经营法的过程中，我们需要注意的是，一个公司的资本结构已经反映在了它的 $\beta$ 值中。当替代公司的资本结构与待评估项目的资本结构不相同时，我们需要针对这些差异做一些调整。尽管这种方法也并不完美，但它也的确为我们提供了项目可能具有的系统性风险水平的一些参考。

## 利用模拟来检查一个项目的风险

另一个评估投资决策中蕴含的风险的方法是利用**模拟**（simulation）的方法。调整风险后的折现率法为我们提供了一个调整风险之后的净现值，而模拟法则可以给我们一个关于投资净现值或是内部收益率的概率分布。模拟法涉及模拟待评估项目表现的过程：首先，在可能影响项目结果的每一个分布中随机选择观测值；然后继续这一流程，直到项目可能出现的结果的一个具有代表性的记录被刻画出来。

理解一个电脑模拟流程最简单的方法是跟随一个投资项目评估的模拟案例来了解。假设一个化学制剂的生产商正在考虑扩展它原有的一个制造工厂，则模拟过程如图 11-6 所示。首先，所有可能影响项目收益率的因素的概率分布被确定下来。在这一案例中，假设有如下 9 个变量：

1. 市场规模；
2. 销售价格；
3. 市场增长率；
4. 市场占有率（可以得出销售量）；
5. 需要的投资；
6. 投资的残值；
7. 运营成本；
8. 固定成本；
9. 设备的有效使用年限。

然后，电脑根据变量在将来可能实际发生的概率，从概率分布中随机地选择一个观测值。这 9 个观测值被组合起来，那么一个净现值或是内部收益率的数值就可以计算出来。这一过程应当尽可能重复，直到关于所有未来的结果的一个具有代表性的分布被刻画出来。因此，一个模拟过程的输入量包括所有影响项目盈利能力的主要因素，而模拟的输出结果是项目净现值或是内部收益率的一个概率分布。决策制定者在可能出现的结果的全集的基础上做出决策。如果决策制定者认为足够多的分布落在了正常判断的标准之上（净现值≥0 或者内部收益率≥0），则该项目应该被接受。

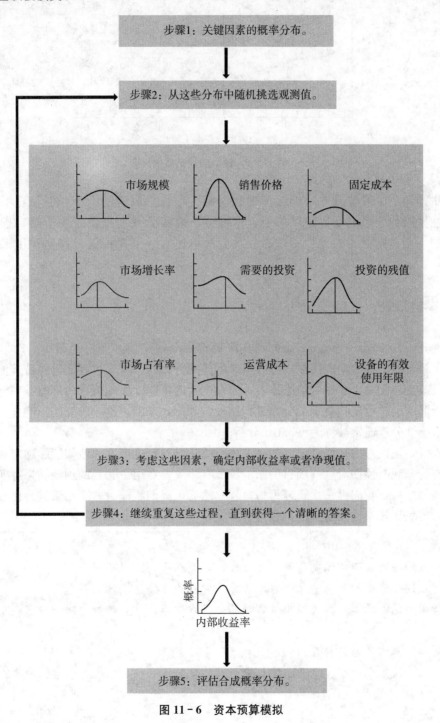

**图 11 - 6　资本预算模拟**

假设这一化学制剂生产商项目模拟的输出结果如图 11 - 7 所示。这一输出结果为决策制定者提供了可能出现的不同结果的概率，以及可能出现的结果范围。有时我们也称这一方法为**情景分析**（scenario analysis），它将可能出现的结果范围划分为最差、最好以及最可能出现的情形。公司的管理层之后就可以检查这一分布来确定项目的风险水平，并做出合理的决策。

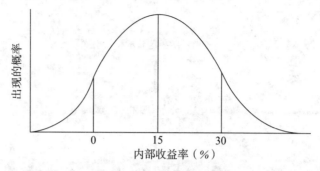

图 11 - 7　模拟的输出结果

你将注意到，尽管模拟方法能够帮助我们确定项目总风险的大小，但是它不能够从中区分系统性风险和非系统性风险。然而，这种方法确实为我们提供了关于给定投资项目总风险水平的一个非常重要的评价。现在，我们简单地看一下模拟法是如何被用来进行敏感性分析的。

## 通过模拟法进行敏感性分析

**敏感性分析**（sensitivity analysis）可用来确定一个特定输入变量的微小变动是如何影响一个特定项目可能出现的净现值或内部收益率的概率分布的。这一过程通过保持其他输入变量不变，而只改变一个输入变量的值来进行。随之产生的可能的净现值或内部收益率分布将与输入变量改变前产生的可能收益率的分布进行比较，并依此来确定这一改变的影响大小。由于这个原因，敏感性分析通常被称为 what-if 分析。

举例来说，正在考虑拓展其工厂的一个项目的化学制剂生产商，希望能够确定对于预期市场增长率更为悲观的预期对这一项目的影响程度有多大。在用更悲观的预期结果替换了模型中原有的预测值之后，我们再一次重复模拟过程。然后，我们将前后两个结果进行比较，以此来确定结果对市场增长率估计值的敏感程度有多大。

---

**概念回顾**

1. 项目的特有风险是编制资本预算合理的风险水平吗？说明理由。

2. 将系统性风险作为衡量编制资本预算中风险的方法存在什么问题？

3. 将风险纳入资本预算决策中最常用的一种方法是什么？这种方法与原则 3 是如何联系的？

4. 解释模拟法是怎么起作用的。

5. 什么是情景分析？什么是敏感性分析？什么时候我们应该进行敏感性分析？

---

**1. 确定我们用来衡量现金流的方法的指导原则**

📖 **小结**：在这一章中，我们考察了与公司投资方案相关的增量现金流的度量，以及用来评估这些方案的方法。根据原则1：现金流是最重要的，我们只关注投资方案带来的增加的或是不同的税后现金流。我们需要注意那部分从原有产品中分流过来的现金流，注意项目的协同效应，考虑对运营资本的要求，考虑增加的支出，忽略沉没成本，考虑到机会成本，仔细考察间接费用，忽略利息支出和融资性现金流。

**2. 解释一个项目的收益和成本——它的自由现金流是如何计算的**

📖 **小结**：可利用项目的自由现金流来衡量项目的收益：

$$项目的自由现金流 = 经营性现金流 - 净运营资本的变化 - 资本支出的变化$$

我们可以将上式重新改写，插入对项目经营性现金流的计算，可以得到：

$$项目的自由现金流 = 息税前利润的变化 - 税收的变化 + 折旧的变化 - 净运营资本的变化 - 资本支出的变化$$

✏️ **关键术语**

初始资本支出：购买某一资产并使其达到可使用状态所必须要即刻支付的资金。

**3. 解释实物期权或是灵活性在编制资本预算过程中的重要性**

📖 **小结**：有很多与资本预算编制过程相关的复杂情形。我们考察了资本限额配给以及由于对资本预算施加了一个规模限制所带来的问题。尽管资本限额配给通常情况下并不能最大化股东财富，但这一情况在现实中仍旧存在。我们最大化股东财富的目标仍旧存在，但是它必须要服从于预算约束。

**4. 理解、度量和调整项目的风险**

📖 **小结**：期权或是灵活性可以使得追求一个看起来应该被拒绝的项目变得有价值，或是让一个具有价值的项目更有价值。三种可以给资本预算项目增加价值的典型的实物期权种类分别是：（1）当公司拥有一个关于产品或技术的排他性权利时，也许是专利，将项目延期直到项目未来的现金流对公司更为有利时的期权；（2）从规模上拓展一个项目，或是引进一个看上去不太可行的新产品的期权；（3）如果未来的现金流没有达到预期，放弃一个项目的期权。

资本预算的风险有三种：项目的特有风险、项目的公司风险和项目的系统性风险。理论上，系统性风险是对项目风险的一个合理度量，但是破产成本以及未充分分散化的股东使得我们倾向于将项目的公司风险作为合理的风险度量。两种对风险的度量都是有效的，我们应该避免在这两种风险度量之间分配一定的重要性比例。

调整风险后的折现率方法依赖于**原则3：风险要求收益补偿**，该方法要求我们对折现率进行向上的调整来弥补风险。这种方法基于投资者对更具风险的项目要求更高收益率的理念。因此，项目利用合理的或是调整风险后的折现率进行评估。

模拟法是用来提供有关于项目可能出现的结果分布的形态和位置的一种方法。决策制定者可以基于这种方法直接制定决策，或者在利用调整风险后的折现率法制定决策时将它作为一个输入量。

**关键术语**

项目的特有风险：可以被分散化投资所消除的那部分风险。

项目的公司风险：项目对公司整体造成的那部分风险。这一种度量方法考虑了项目的一部分风险是可以随着该项目与公司的其他项目资产组合在一起而被分散掉的这种情况，但它忽略了项目对公司股东投资多样化的影响。

系统性风险：从一个投资充分分散化的股东角度来看项目所存在的风险。这种度量方法将可以随着该项目与公司的其他项目资产组合在一起而被分散掉的一部分风险考虑进来，同时也考虑了那些可以随着项目与股东投资的其他股票组合在一起而被分散掉的那一部分风险。

调整风险后的折现率：当投资的风险比传统的行为高的时候的一种风险调整方法。利用这种方法，折现率被上调以此来弥补增加的风险。

单一经营法：一个试图通过寻找单一经营与项目或业务部门相同的商业领域的公开交易公司，来估计项目或业务部门 $\beta$ 值的方法。

模拟：一种处理风险的方法。这一过程首先在可能影响项目结果的每一个分布中随机选择观测值，然后继续这一流程，直到项目可能出现的结果的一个具有代表性的记录被刻画出来。

情景分析：一种衡量项目在最差、最好以及最可能出现的情形下的风险水平的模拟方法。公司的管理层通过检验情景的分布来确定项目的风险水平，并作出合理的调整。

敏感性分析：可用来确定一个特定输入变量的微小变动是如何影响一个特定项目可能出现的净现值或内部收益率的概率分布的。这一过程通过保持其他输入变量不变，而只改变一个输入变量的值来进行。

**关键公式**

$$\begin{matrix}\text{调整风险} \\ \text{后的净现值}\end{matrix} = \begin{matrix}\text{以调整风险后的折现率折现到现在} \\ \text{时点的所有未来自由现金流的现值}\end{matrix} - \begin{matrix}\text{初始资} \\ \text{本支出}\end{matrix}$$

$$= \frac{FCF_1}{(1+k^*)^1} + \frac{FCF_2}{(1+k^*)^2} + \cdots + \frac{FCF_n}{(1+k^*)^n} - IO$$

### 复习题

**11-1** 为什么我们在做资本预算决策时要将注意力放在现金流而非会计利润上？为什么我们只需要对增量现金流而不是总现金流感兴趣？

**11-2** 如果折旧不是现金流支出，那么它会在某种程度上影响到一个项目的现金流水平吗？为什么？

**11-3** 如果一个项目需要一个对运营资本的额外投资，当我们在计算该项目的现金流时，这一额外的投资应该如何处理？

**11-4** 沉没成本是如何影响一个投资方案现金流的确定的？

**11-5** 在第十章中，我们考察了编制资本预算的回收期评价方法。这一资本预算评价标准通常被当作是检验项目风险的一个工具。解释这一应用背后所蕴含的道理。

**11-6** 利用实物期权的概念解释为什么大型的连锁饭店经常引进一些净现值为负的新概念饭店。

**11-7** 解释模拟法的应用过程。运用模拟法的价值在哪里？

## 课后问题

**11-1** （相关现金流）船长谷物（Captain's Cereal）公司正在考虑引进一种与现有早餐麦片不同的产品——卡兹脆星。除了包含一个外表包有糖衣的类似于星形的棉花糖，以及叫作卡兹脆星以外，这一新型麦片与原来的麦片十分相似。这一新型麦片预计会带来 2 500 万美元的销售收入，然而，这些销售收入中的 20％是从原来消费卡兹脆但现在转为消费卡兹脆星的消费者那里获得的。而如果这一新产品没有被引入市场，这一部分消费者将不会从原来的产品中被分流。当我们在决定是否引进卡兹脆星时，需要考虑的相关的销售水平是多少？

**11-2** （沉没成本与机会成本）惠普公司（Hewllet-Packard）已经设计出一种可以生产出具有专业品质照片的新型打印机。这些新打印机的研发花费了 2 年的时间，在这一期间所花费的税后研发费用为 1 000 万美元。现在，这一项目还需要一项关于新的生产设备约税后 2 200 万美元的投资。这一新的产品生产线预计将会在接下来的 10 年里每年给公司带来 500 万美元的自由现金流。此外，如果惠普公司真的打算引进这一新的打印机生产线，原有生产老式打印机的生产设备也会被新生产线所替代，这些设备将被卖给竞争对手，产生 300 万美元的税后收入。

a. 1 000 万美元的研发费用应该如何处理？

b. 从生产老式打印机的现有生产设备的销售中所获得的 300 万美元收入应该如何处理？

c. 根据以上的信息，与这些新打印机相关的现金流是多少？

**11-3** （资本利得税）J. 哈里斯（J. Harris）公司正在考虑出售它的一个老式装配机器。5 年前，这一机器以 30 000 美元的价格购进，预计有 10 年的使用寿命，机器的预计净残值为零。假设 J. 哈里斯公司使用的是简单直线折旧法（即每年的折旧额为 3 000 美元），并能够将这台机器以 35 000 美元的价格出售。我们同时还假设 J. 哈里斯公司的边际税率为 34％。

a. 与这一销售行为有关的税收支出是多少？

b. 如果这一台老机器以 25 000 美元的价格出售，与这一销售行为相关的税收是多少？

c. 如果这一台老机器以 15 000 美元的价格出售，与这一销售行为相关的税收是多少？

d. 如果这一台老机器以 12 000 美元的价格出售，与这一销售行为相关的税收是多少？

**11-4** （计算自由现金流）高速旋转滑板车（Racin's Scooters）将要引进一个新的产品，并预计会给息税前利润带来 475 000 美元的变化。高速旋转滑板车的边际税率为 34％。这一项目还会给公司带来每年 100 000 美元的折旧。此外，这一项目会在第 1 年给公司带来如下变化：

| | 不引进项目时 | 引进项目时 |
|---|---|---|
| 应收账款（美元） | 45 000 | 63 000 |
| 存货（美元） | 65 000 | 80 000 |
| 应付账款（美元） | 70 000 | 94 000 |

项目在第 1 年里的自由现金流是多少?

**11-5** (计算自由现金流)斯巴达商店(Spartan Stores)正在考虑引进一个新的配送中心来拓展它的运营。这一项目将不仅会增加销售收入,还会因将存货放到展台效率的提高而使得对存货的投资下降。斯巴达商店预计息税前利润的变化值为 900 000 美元。而存货预计将从原来的 90 000 美元降至 70 000 美元,应收账款则因为赊销增加的原因,预计将从原来的 80 000 美元上升到 110 000 美元。此外,应付账款预计将从 65 000 美元上升到 80 000 美元。这个项目每年还会产生 300 000 美元的折旧额。斯巴达商店的边际税率为 34%。这一项目在第 1 年里的自由现金流是多少?

**11-6** (计算经营性现金流)假设一个新项目将会每年产生 2 000 000 美元的营业收入。现金支出包括固定成本和可变成本,为 800 000 美元。折旧额每年将增加 200 000 美元。此外,我们假设公司的边际税率是 34%。计算项目的经营性现金流。

**11-7** (计算自由现金流)太阳能技术滑板(Solartech Skateboards)公司正在考虑拓展它的生产线,将天然气动力滑板纳入产品体系中。然而,这一产品在消费者心目中的接受程度有多高,确实是有疑问的。对于该产品,你感觉你将会有 60% 的概率在接下来的 10 年里每年卖出 10 000 个这一产品(在这之后,由于太阳能技术滑板将会变得更受欢迎,这一项目预计将被终止),另有 20% 的概率每年售出 3 000 个,和 20% 的概率每年售出 13 000 个。天然气动力滑板的销售价格为每个 100 美元,它的变动成本为每个 40 美元。不论你每年能销售多少天然气动力滑板,与这一生产相关的年度固定成本为每年 160 000 美元。此外,购买新的生产设备所需要的初始资本支出为 1 000 000 美元。这一设备在 10 年之后的净残值为零。由于不少零售商店需要一定量的存货,无论销售量水平如何,项目对运营资本的要求都相同,该项目在净运营资本方面将需要一个 50 000 美元的一次性初始投资,并且这一运营资本投资将在该项目终止时被清偿。最后,我们假设公司的边际税率为 34%。

a. 与项目相关的初始资本支出是多少?

b. 根据每种情形下的销售预测,在第 1 年至第 9 年里,与项目相关的年度自由现金流分别是多少?在第 1 年至第 9 年里,与项目相关的预计年度自由现金流是多少?

c. 在第 10 年,项目的最终现金流是多少?(即项目在第 10 年的自由现金流加上项目终止所带来的额外现金流的和为多少?)

d. 利用估计的自由现金流,根据 10% 的必要收益率计算项目的净现值。如果每年该滑板的销售量为 10 000 个,项目的净现值是多少?

**11-8** (计算自由现金流)你正在考虑一个新型的椭圆形训练器材,你感觉你可以在接下来的 5 年里每年销售 5 000 台该机器(在这之后,由于大家意识到保持苗条是不健康的,该项目预计将被终止)。这一椭圆形训练器材每台的销售价格为 1 000 美元,其可变成本为每台500 美元。与该生产相关的固定成本为每年 1 000 000 美元。此外,与购置新的生产设备相关的初始资本支出将为 5 000 000 美元。我们假设这一初始资本支出将在 5 年内根据简单直线折旧法折旧到零。这一项目同时还需要一个 1 000 000 美元的与存货相关的一次性净运营资本初始投资,该项运营资本投资将在项目终止时被清偿。最后,我们假设项目的边际税率为 34%。

a. 与该项目相关的初始资本支出是多少?

b. 在第 1 年至第 4 年,与该项目相关的年度自由现金流是多少?

c. 在第 5 年,项目的最终现金流是多少?(即项目在第 5 年的自由现金流加上项目终止所带来的额外现金流的和为多少?)

d. 给定的必要收益率为 10%，那么项目的净现值是多少？

**11 - 9** （新项目分析）钟氏化学公司正在考虑购进一个化学分析仪器。尽管这一机器将会每年带来一个 35 000 美元的息税前利润的增长，它的购进价格为 100 000 美元，且它还需要花费额外的 5 000 美元使其能够被正确安装。同时，为了使该机器能够正常运行，存货也应该相应地增加 5 000 美元。这一机器的使用寿命预期为 10 年，在这之后它的净残值为零。我们还假设该机器以简单直线法进行折旧到零，公司的边际税率为 34%，必要收益率为 15%。

a. 与这一项目相关的初始资本支出是多少？

b. 在第 1 年至第 9 年，与这一项目相关的年度自由现金流是多少？

c. 在第 10 年，项目的最终现金流是多少？（即项目在第 10 年的自由现金流加上项目终止所带来的额外现金流的和为多少？）

d. 应该购买这台机器吗？

**11 - 10** （新项目分析）移动射线电机（Raymobile Motors）公司正在考虑购进一个价格为 500 000 美元的新生产机器。购进这台机器将会导致公司的息税前利润每年增加 150 000 美元。为了使该机器能够正常运行，工人们需要接受一个简单的培训课程，该培训项目的税后花费为 25 000 美元。安装这台机器需要花费 5 000 美元。同时，由于这台机器的生产效率很高，购进这台机器还需要增加 30 000 美元的存货。该机器的预期使用寿命为 10 年，在这之后，机器的净残值为零。我们假设该机器使用简单直线折旧法进行折旧，直到机器的账面价值变为零。公司的边际税率为 34%，必要收益率为 15%。

a. 与这一项目相关的初始资本支出是多少？

b. 在第 1 年至第 9 年，与这一项目相关的年度自由现金流是多少？

c. 在第 10 年，项目的最终现金流是多少？（即项目在第 10 年的自由现金流加上项目终止所带来的额外现金流的和为多少？）

d. 应该购买这台机器吗？

**11 - 11** （新项目分析）加西亚大路（Garcia's Trucking）公司正在考虑购买一个价格为 200 000 美元的新生产机器。购进这台机器将会导致公司的息税前利润每年增加 50 000 美元。为了使该机器能够正常运行，工人们需要接受一个简单的培训课程，该培训项目的税后花费为 5 000 美元。安装这台机器需要花费 5 000 美元。同时，由于这台机器的生产效率很高，购进这台机器还需要增加 20 000 美元的存货。该机器的预期使用寿命为 10 年，在这之后，机器的净残值为零。最后，要购进这一新机器，公司需要以 8% 的利率从当地的银行借入 100 000 美元的资金，导致公司每年有一个 8 000 美元的利息支出。我们假设该机器使用简单直线折旧法进行折旧，直到机器的账面价值变为零。公司的边际税率为 34%，必要收益率为 10%。

a. 与这一项目相关的初始资本支出是多少？

b. 在第 1 年至第 9 年，与这一项目相关的年度自由现金流是多少？

c. 在第 10 年，项目的最终现金流是多少？（即项目在第 10 年的自由现金流加上项目终止所带来的额外现金流的和为多少？）

d. 应该购买这台机器吗？

**11 - 12** （计算自由现金流）范德里工业（Vandelay Industries）公司正在考虑一个为期 4 年的新项目。该项目的成本以及收入数据如下。这一项目需要一个 140 000 美元的关于新设备的投资。这一新设备将在 4 年内按照简单直线折旧法折旧到账面价值为零，且没有净残值。同时，该项目将会产生 112 000 美元的额外销售收入，而该项目带来的额外的经营成本剔除掉折旧费用为 68 000 美元。范德里工业公司的边际税率为 35%，那么该项目在第 1 年的自由现金流是多少？

**11 - 13** （计算自由现金流）双饭宫殿（Doublemeat Palace）公司正在考虑一个针对临时性客户的新工厂，而该公司的财务部门确定了下面几个特征。公司拥有该工厂以及拥有生产该产品的机器的很大一部分。这一设备最初是以 90 000 美元的价格购进的，然而，如果这一项目不被执行，该设备将以 50 000 美元的税后价格被公司出售出去。此外，如果这一项目没有被接受，针对这一项目的工厂也将以 105 000 美元的税后价格出售，而该工厂的初始成本为 40 000 美元。剩下来的设备需要以 150 000 美元的成本购进。这一新设备将会在项目的 3 年运行时间内按照简单直线折旧法进行折旧，在这之后，设备的净残值为零。公司的净运营资本没有变化，公司的管理层预计这一新项目将会在 3 年内每年给公司带来 234 000 美元的收入，而在这 3 年中除去折旧后所增加的经营性支出为每年 82 000 美元。公司的平均税率为 25%，边际税率为 30%。该项目的必要收益率为 8%。这一项目的净现值是多少？

**11 - 14** （综合问题）特赖德风（Traid Winds）公司的边际税率为 34%，必要收益率或资本成本为 15%。该公司正在考虑一个新项目。这一项目涉及一个新产品的引进。该项目预计持续 5 年，之后，由于这一产品将在一定程度上变得过时，该项目也将被终止。考虑到下面的信息，请确定与该项目相关的自由现金流、项目的净现值、盈利指数以及内部收益率，并运用合适的决策标准来确定该项目是否应该被接受。

| 新厂房和设备的成本 | 14 800 000 美元 | |
| --- | --- | --- |
| 运输和安装成本 | 200 000 美元 | |
| 每年销售数量 | 年份 | 销售数量 |
| | 1 | 70 000 |
| | 2 | 120 000 |
| | 3 | 120 000 |
| | 4 | 80 000 |
| | 5 | 70 000 |
| 每单位售价 | 第 1 年到第 4 年每单位 300 美元，第 5 年 250 美元。 | |
| 每单位可变成本 | 每单位 140 美元。 | |
| 每年固定成本 | 第 1 年到第 5 年每年 700 000 美元。 | |
| 所需运营资本 | 项目最初需要 200 000 美元的初始运营资本支出。而后，每年所需的运营资本投资等于每年销售收入的 10%。因此，第 1 年和第 2 年的运营资本投资会增加，第 4 年会下降，最后，在第 5 年项目结束时所有运营资本会被清算。 | |
| 折旧方案 | 我们用简单直线折旧法在 5 年内折旧，这一方法假设厂房和设备在 5 年后没有残余价值。 | |

**11 - 15** （综合问题）索尔（Shome）公司的边际税率为 34%，必要收益率或资本成本为 15%。该公司正在考虑一个新项目，这一项目涉及一个新产品的引进。该项目预计持续 5 年，之后，由于这一产品将在一定程度上变得过时，该项目也将被终止。考虑到下面的信息，请确

定与该项目相关的自由现金流、项目的净现值、盈利指数以及内部收益率，并运用合适的决策标准来确定该项目是否应该被接受。

| 新厂房和设备的成本 | 6 900 000 美元 | |
| --- | --- | --- |
| 运输和安装成本 | 100 000 美元 | |
| 每年销售数量 | 年份 | 销售数量 |
| | 1 | 80 000 |
| | 2 | 100 000 |
| | 3 | 120 000 |
| | 4 | 70 000 |
| | 5 | 70 000 |
| 每单位售价 | 第 1 年到第 4 年每单位 250 美元，第 5 年 200 美元。 | |
| 每单位可变成本 | 每单位 130 美元。 | |
| 每年固定成本 | 第 1 年到第 5 年每年 300 000 美元。 | |
| 所需运营资本 | 项目最初需要 100 000 美元的初始运营资本支出。而后，每年所需的运营资本投资等于每年销售收入的 10%。因此，第 1 年到第 3 年的运营资本投资会增加，第 4 年会下降，最后，在第 5 年项目结束时所有运营资本会被清算。 | |
| 折旧方案 | 我们用简单直线折旧法在 5 年内折旧，这一方法假设厂房和设备在 5 年后没有残余价值。 | |

**11-16** （实物期权）2005 年，飓风"卡特里娜"给新奥尔良以及密西西比河沿岸带来了前所未有的破坏。值得注意的是，密西西比河沿岸迅速发展起来的赌博产业在一夜之间就被洗劫一空。GCC 公司在密西西比地区的比洛克西拥有其中一家资格最老的赌场。该赌场遭到了风暴带来的潮水的损毁，但没有被完全破坏。而这一原因正是由于该赌场位于海岸后面高地的几个街区当中。但是，自从其他与之竞争的赌场被完全破坏并决定要重新修建之后，GCC 认为其中可能会出现很多的好机会。你被 GCC 公司雇用，需要为 GCC 公司提供战略性的建议。你从实物期权中学到的那些知识可以帮助你为 GCC 公司提出什么战略建议呢？

**11-17** （实物期权和资本预算编制）你为得克萨斯州—墨西哥—泰国风格（Tex-Mex-Thaifusion）餐厅提出了一个不错的建议。在对这一提议进行财务分析之后，你估计该项目的初始资本支出为 6 000 000 美元。你同时还预计这一新餐厅将有 50% 的概率会被消费者所接受，并无限期每年产生 800 000 美元的年度现金流（即永续年金），但还会有 50% 的概率它不被消费者所喜欢，餐厅每年只产生 200 000 美元的年度现金流（也是永续年金）。

a. 如果用来将项目现金流折现的必要收益率是 10%，那么这一新餐厅的净现值是多少？

b. 在这个分析过程中，可能有哪些实物期权被我们忽略了？

c. 解释为什么尽管在你刚刚估计的项目中拥有一个负的净现值，项目仍可能值得投资？

**11-18** （实物期权和资本预算编制）来电（Go-Power）电池公司已经发明出来一只可以用来支持混合动力汽车的高功率镍氢电池。公司可以立即将该技术以 1 000 万美元的价格卖给丰田公司，或者来电电池公司可以继续投资 5 000 万美元修建工厂，为自己生产这一类型的电池，然后将电池出售。不幸的是，考虑到混合动力汽车的现有市场规模，该工厂带来的现金流的净现值为 4 000 万美元，所以该工厂的净现值为负的 1 000 万美元。在上述分析中有哪些实物期权被忽略掉了？你能想出一个来电公司应该继续保留这一技术而不是直接出售给丰田公司的具有说服性的理由吗？

**11-19** （调整风险后的净现值）火鸡（Hokie）公司正在考虑两个互斥项目。两个项目都需要一个 10 000 美元的初始资本支出，且项目运行年限都是 5 年。项目 A 将在第 1 年至第 5 年间每年预计产生 5 000 美元的现金流，而项目 B 将在第 1 年至第 5 年间每年预计产生 6 000 美元的现金流。因为项目 B 是两个项目中更具风险的那一个，火鸡公司的管理层决定在项目 B 的评估当中使用 15% 的必要收益率，而在项目 A 的评估当中采用 12% 的必要收益率。确定每一个项目调整风险后的净现值。

**11-20** （调整风险后的折现率和风险等级）G. 沃尔夫（G. Wolfe）公司正在考察两个资本预算项目。它们的项目寿命都为 5 年。第一，项目 A 是一个更新替换项目；第二，项目 B 是一个与现有经营业务不相关的项目。G. 沃尔夫公司采用调整风险后的折现率方法，并根据这一目的将项目进行分组。然后，公司利用事先指定的与风险等级水平对应的必要收益率或是折现率进行折现。这两个项目的预期现金流如下所示：

|  | 项目 A（美元） | 项目 B（美元） |
|---|---|---|
| 初始投资 | −250 000 | −400 000 |
| 现金流入 |  |  |
| 第 1 年 | 130 000 | 135 000 |
| 第 2 年 | 40 000 | 135 000 |
| 第 3 年 | 50 000 | 135 000 |
| 第 4 年 | 90 000 | 135 000 |
| 第 5 年 | 130 000 | 135 000 |

风险等级以及给定的必要收益率如下所示：

| 项目目的 | 必要收益率（%） |
|---|---|
| 决策重置 | 12 |
| 现有生产线的修理或扩张 | 15 |
| 与现有经营无关的项目 | 18 |
| 研究和开发经营 | 20 |

请分别确定每个项目调整风险后的净现值。

## 案例分析

你在喀里多尼亚产品（Caledonia Products）公司担任助理财务分析师的职位已经两个月了，尽管你的老板对你的工作十分满意，但他仍然对是否放开权限让你工作，不对你进行监督有一定的犹豫。你的下一个任务涉及一个正在考虑中的新投资现金流的计算和对几个互斥项目的评估。考虑到你在喀里多尼亚产品公司短暂的工作时间,你被要求不仅要提供一个建议,还要回答一系列用以评判你对资本预算编制流程的问题。你接收到的备忘录列举出你的任务如下:

给:助理财务分析师

来自:喀里多尼亚产品公司首席执行官,V. 莫里森(V. Morrison)先生

回复:现金流分析和资本限额配给

我们正在考虑引进一种新产品。目前,我们公司的边际税率是 34%,必要收益率或是资本成本是 15%。该项目预期将持续 5 年。在这之后,由于这一新产品将在某种程度上变得过时,该项目将被终止。下面的信息详细描述了这一新项目:

| | |
|---|---|
| 新厂房和设备的成本 | 7 900 000 美元 |
| 运输和安装成本 | 100 000 美元 |

| 每年销售数量 | 年份 | 销售数量 |
|---|---|---|
| | 1 | 70 000 |
| | 2 | 120 000 |
| | 3 | 140 000 |
| | 4 | 80 000 |
| | 5 | 60 000 |

| | |
|---|---|
| 每单位售价 | 第 1 年到第 4 年每年 300 美元,第 5 年 260 美元。 |
| 每单位可变成本 | 每单位 180 美元。 |
| 每年固定成本 | 第 1 年到第 5 年每年 200 000 美元。 |
| 所需运营资本 | 项目最初需要 100 000 美元的初始运营资本支出。而后,每年所需的运营资本投资等于每年销售收入的 10%。因此,第 1 年到第 3 年的运营资本投资会增加,第 4 年会下降,最后,在第 5 年项目结束时所有运营资本会被清算。 |
| 折旧方案 | 我们用简单直线折旧法在 5 年内折旧,这一方法假设厂房和设备在 5 年后没有残余价值。 |

a. 喀里多尼亚产品公司在它的资本预算决策过程中是应该关注现金流还是会计利润? 公司应该对增量现金流、增量利润、总自由现金流还是总利润进行关注?

b. 折旧是如何影响公司的自由现金流的?

c. 沉没成本是如何影响现金流的确定的?

d. 项目的初始资本支出是多少?

e. 在整个项目运行期间,项目的增量现金流是多少?

f. 项目终止时的现金流是多少?

g. 为该项目画一个现金流示意图。

h. 该项目的净现值是多少?

i. 该项目的内部收益率是多少?

j. 这一项目应该被接受吗？说明理由。

k. 在资本预算编制过程中，风险可以从三个角度进行度量。这三个项目风险的度量方法分别是什么？

l. 根据资本资产定价模型（CAPM），哪一种项目风险的度量方法是与项目有关的？从CAPM角度而言，实际情况为风险度量引入了哪些复杂的因素？而这又对项目风险的相关度量意味着什么？

m. 解释模拟法的应用过程。采用模拟法的价值是什么？

n. 什么是灵敏性分析？该分析方法的目的是什么？

# 附录11A

# 修正的加速成本回收法

为了简化我们的计算，我们在这一章中都采用简单直线折旧法。但是，公司常常使用加速折旧法来计算它们的应税收入。事实上，修正的加速成本回收法（modified accelerated cost of recovery system，MACRS）从 1987 年开始就被公司所使用。在修正的加速成本回收法下，折旧年限是基于资产的折旧范围（ADR）系统制定的。该范围根据资产类型与产业将资产分为不同等级，然后分别确定该资产折旧时需要使用的准确年限。此外，修正的加速成本回收法限制了从项目购买到项目出售期间项目折旧额的大小。这些限制被称作平均规则。这两个主要的规则或是限制可以按如下方式阐述：

1. 半年规则：个人财产如机器等，被看作是在纳税年度的中间时点被用于服务或处置。因此，半年的折旧方式通常在资产使用中的纳税年度或是资产使用的最后一个纳税年度被允许使用。因此，一个财产等级为 3 年的资产拥有可以扩展到 4 年的折旧年限，其中有半年的折旧额发生在第 1 年，半年的折旧额发生在第 4 年。实质上，这一规则假设该资产在第 1 年和最后 1 年中都被使用了 6 个月。

2. 半月规则：实物资产如楼房等，被看作是可以在一个月的中间时点被投入使用或处置。根据这一规则，半个月的折旧额在资产使用的月份和资产使用的最后月份是被允许的。

修正的加速成本回收法的应用导致了一个正在折旧的资产每年的折旧比率会有所不同。这些折旧比率如表 11A-1 所示：

**表 11A-1** 资产等级百分比

| 回收年份 | 3 年（%） | 5 年（%） | 7 年（%） | 10 年（%） | 15 年（%） | 20 年（%） |
|---|---|---|---|---|---|---|
| 1 | 33.3 | 20.0 | 14.3 | 10.0 | 5.0 | 3.8 |
| 2 | 44.5 | 32.0 | 24.5 | 18.0 | 9.5 | 7.2 |
| 3 | 14.8 | 19.2 | 17.5 | 14.4 | 8.6 | 6.7 |
| 4 | 7.4 | 11.5 | 12.5 | 11.5 | 7.7 | 6.2 |

| 回收年份 | 3 年（%） | 5 年（%） | 7 年（%） | 10 年（%） | 15 年（%） | 20 年（%） |
|---|---|---|---|---|---|---|
| 5 | | 11.5 | 8.9 | 9.2 | 6.9 | 5.7 |
| 6 | | 5.8 | 8.9 | 7.4 | 6.2 | 5.3 |
| 7 | | | 8.9 | 6.6 | 5.9 | 4.9 |
| 8 | | | 4.5 | 6.6 | 5.9 | 4.5 |
| 9 | | | | 6.5 | 5.9 | 4.5 |
| 10 | | | | 6.5 | 5.9 | 4.5 |
| 11 | | | | 3.3 | 5.9 | 4.5 |
| 12 | | | | | 5.9 | 4.5 |
| 13 | | | | | 5.9 | 4.5 |
| 14 | | | | | 5.9 | 4.5 |
| 15 | | | | | 5.9 | 4.5 |
| 16 | | | | | 3.0 | 4.5 |
| 17 | | | | | | 4.5 |
| 18 | | | | | | 4.5 |
| 19 | | | | | | 4.5 |
| 20 | | | | | | 4.5 |
| 21 | | | | | | 1.7 |
| 合计 | 100.0 | 100.0 | 100.0 | 100.0 | 100.0 | 100.0 |

为了展现修正的加速成本回收法，我们假设一个设备的成本为 12 000 美元，且被划分为拥有 5 年折旧年限的等级中。利用表 11A-1 中针对 5 年等级的资产的折旧比率，折旧额的减少值可以由计算得出，结果如表 11A-2 所示。

**表 11A-2　　　　　　　　　　修正的加速成本回收法展示**

| 年份 | 折旧百分比（%） | 每年折旧额（美元） |
|---|---|---|
| 1 | 20.0 | 2 400 |
| 2 | 32.0 | 3 840 |
| 3 | 19.2 | 2 304 |
| 4 | 11.5 | 1 380 |
| 5 | 11.5 | 1 380 |
| 6 | 5.8 | 696 |
| | 100.0 | 12 000 |

同时，我们也应该注意到，资产在第 1 年的半年规则导致了 5 年之后即第 6 年资产仍存在一个半年的折旧额。

## 所有这些都意味着什么?

折旧,尽管是一项支出,但不是一个现金流项目。然而,折旧费用降低了公司的应税收入,因此降低了公司的税收负担,增加了公司的现金流。通观我们在第十一章中的计算,我们都是用简单直线折旧法来简化计算过程,但是在现实生活中,我们将会用到修正的加速成本回收法。修正的加速成本回收法的优点在于,你可以在开始的几年间获得更多的折旧费用(非现金项目),在后期的时间中获得较少的折旧费用。因此,你将在开始的几年里获得更少的应税收入,在之后的几年里获得更多的应税收入。这一改变减少了公司在最初几年里项目现值最大的时候的税收,而增加了之后的时间里项目现值变小时的税收。实质上,修正的加速成本回收法使得我们可以延迟税收的支付。无论你采用的是简单直线折旧法还是修正的加速成本回收法(MACRS),总的折旧额都是相同的。只是公司费用化折旧的时间发生了变化。

大多数企业都准备了两套账簿,一个用于计算美国国内收入署要求的使用修正的加速成本回收法计算的税收,另一个是使用简单直线折旧法计算的针对股东的折旧额。而对于资本预算来说,只有用来计算税收的那套账簿是相关的。

### 课后问题

**11A-1** (折旧)计算一个成本为 250 000 美元的资产的年度折旧额。该资产被划分在折旧年限为 5 年的资产等级中。利用修正的加速成本回收法进行计算。

**11A-2** (折旧)梅森·福尔制造(Mason Falls Mfg)公司今年刚获得了一个可以折旧的资产,该资产的成本为 500 000 美元。同时,该资产根据修正的加速成本回收法被划分到折旧年限为 7 年的资产等级中。

a. 利用修正的加速成本回收法计算该资产的年度折旧额。

b. 在资产购买的那一年里所蕴含的假设是什么?

第四部分

资本结构与股利政策

# 第十二章

## 确定融资结构

1. 辨别商业风险与财务风险；
2. 使用盈亏平衡分析；
3. 了解经营杠杆、财务杠杆及两者的结合；
4. 讨论最优资本结构的概念；
5. 运用资本结构管理的基本工具。

电信巨头美国电话电报公司（AT&T）和世界上最大的啤酒制造商喜力啤酒（Heineken）的共同点有哪些呢？在2012年的春天，它们都在公开市场上发行债券，从而募集了一大笔资金。AT&T公司于2012年4月发行债券募集了30亿美元，而喜力啤酒公司只募集了微不足道的7.5亿美元。在这两种情况下，发行债券的决策都是公司令人尊敬的管理层和董事会所做出的选择。为什么公司会选择发行公司债券而不是发行普通股或者优先股呢？这正是我们将在这一章中解答的问题。

当一家公司需要资金来支持它的投资计划时，它通常会从内部将其全部或部分的留存收益重新投资来筹集资金。这一将公司利润再投资的过程相当于是增加公司普通股股东在公司的投资的过程，因为留存收益代表在所有利益相关人都被清偿了之后，公司留给普通股股东的那部分盈余。然而，公司时常会发现，它们需要从外部的资本市场来筹集资金，因为它们没有足够的留存收益进行再投资，或者它们想要平衡它们的资本结构。从历史经验中看，当公司试图筹集外部的资金来源时，它们不得不求助于公开的资本市场。在资本市场上，它们在投资银行的帮助下将债券或股票出售给很多的投资者。但是，私募股权公司在今天也渐渐成为一个外部融资的途径。

之前的章节使得我们能够理解金融资产在市场中是如何被估值的。根据估值理论的原则，我们向商业组织展示了几种用来衡量资本成本的方法。这一章我们将展示与估值程序和资本成本相关的概念，另外也会讨论在计划公司的融资结构时需要注意的几个关键问题。

资本成本为公司资产结构与融资结构之间提供了一个直接联系。这一关系如图 12 - 1 所示。我们回忆一下，资本成本是经时间调整后的资本预算模型中的基本输入量。因此，它影响资本预算的编制及资产选择的过程。资本成本会反过来被公司资产负债表右边的项目所影响，也就是被融资结构所影响。

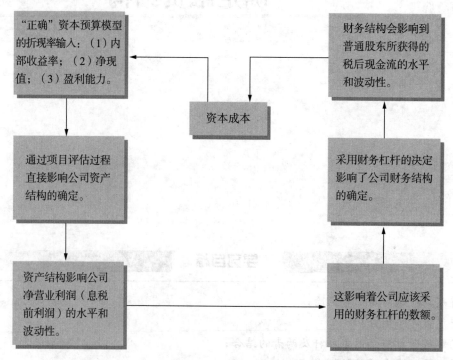

图 12 - 1　资本成本作为公司资产结构和融资结构的联结

这一章我们将讨论一些可以帮助财务经理决定公司合理的财务结构的有用工具。由于风险与公司股东盈利的潜在波动性相关，我们从公司股东的角度回顾了风险的重要性。公司的首席执行官和董事会对他们向华尔街报告的利润数字十分敏感，所以这使得财务经理有必要充分全面地了解公司的资本结构是如何影响盈利波动性的。

接下来，我们转向资本结构理论和资本结构管理基本工具的讨论。现实中的资本结构应用也将被纳入讨论中。

是什么导致销售收入的变化使得净利润发生更大幅度的波动，进而对普通股股东的盈利的变动产生更大的影响？一个好的分析工具要能使管理层将这些波动分解到公司的经营以及公司融资方面的政策上去。

如果你理解这一章的重要性和分析流程，你将能够给公司财务结构的决策带来正面的贡献。同时你将能够针对下面问题，给出一个有力的答案：我们是应该发行新的债券，还是发行新的普通股来为我们的下一个资本项目筹集资金？你也能够帮助很多公司避免出现后果可能延续很多年的严重财务失误。

# 了解商业风险与财务风险的区别

如果投资者被低于预期的公司盈利所惊到，这将会导致他们降低对公司未来表现的预期，并因此降低公司的普通股股票价格。因此，公司的决策层以及董事会十分关心公司公布给华尔街的盈利数据。由于这个原因，金融分析师需要理解导致公司每股收益波动的各种原因。

在这一小节中，我们将公司收入流变化的原因分解为以下几种：

**1. 商业线的选择**——由于公司所在产业导致的收入自然波动而引起的公司的盈利变动。举例来说，如果一个公司所在的是一个高周期性的行业，这个行业中公司的收入都会随着经济周期而剧烈波动，那么该公司的盈利将要比另一个处在对经济周期不敏感的行业的企业要更具波动性。我们将这种公司盈利变化的来源称为**商业风险**（business risk）。

**2. 经营成本结构的选择**——由于公司成本结构带来的公司营业利润的波动[①]，也就是说，公司运行所需的固定成本和可变成本的比例。更大比重的固定经营成本（相比于可变成本来说）会增加营业利润相对于收入变动的波动性。公司固定经营成本和可变经营成本的组合很大程度上都由公司所在的行业所决定。举个例子来说，汽车制造企业需要对厂房和设备大量投资，这会导致无论工厂开工情况如何，都会产生很高的固定经营成本。我们将这种公司盈利变化的来源称为**经营风险**（operating risk）。

**3. 资本结构的选择**——由于公司所使用的融资来源需要一个固定的回报（例如债务融资）而造成的公司盈利的变动。我们将这种盈利变动的来源称为**财务风险**（financial risk）。

我们现在将花费一定的时间来理解这些造成公司盈利波动的来源。

## 商业风险

公司决定承担的商业风险的大小在公司刚刚成立时对公司尤为关键。然而，由于商业风险可以影响到公司收入的波动性，它也可以影响到公司每股收益的大小。因此，它使得我们有必要花费一些时间来讨论商业风险的来源。我们通常认为公司商业风险有四个基本决定因素：

**1. 国内经济的稳定性。** 在一个更具波动性的经济中运营的企业，例如那些在发展中国家的企业，要比那些在发达国家运营的企业受到更为严重的收入波动影响。举例来说，一个在美国经营的服装连锁店所面临的收入变动要小于一个在尼日利亚或是巴西经营的服装连锁店。

**2. 对国外经济的依赖性和国外经济的稳定性。** 在今天的全球经济背景下，越来越多的企业在多个国家生产和销售它们的产品。这意味着不仅仅是公司所在的国家的自然波动性会导致公司收入的波动，那些生产或销售公司商品和服务的国家的波动性也会导致公司收入的波动。

**3. 对商业周期的敏感程度。** 一些行业要比其他行业对商业周期更为敏感。举例来说，销售耐用品的公司，例如汽车、住房和电力，其收入对经济周期波动的敏感性要比销售必需品如食物和服装的公司更大。

**4. 公司所在行业的竞争压力。** 这里我们指的是来自公司所在市场中提供相同（或相近替

---

[①] 回顾一下，息税前利润指的是没扣除税收和利息之前的利润。如果会计中所称的其他收入和其他支出等于零，那么息税前利润等于营业利润。根据我们的目的，我们将这两个概念等同起来。

代品）产品或服务的其他企业的压力。更大的竞争压力将会迫使企业做出比其他对手更为迅速和更大的价格让步。

尽管商业风险显然是盈利波动性的一个关键决定因素。为了这一章的平衡，我们将假设公司的商业风险是固定的或给定的。这将使我们能够把重心放在经理们拥有更多控制能力的经营风险和财务风险上。

### 经营风险

当公司相对于变动成本产生了更多的固定成本时，经营风险就增加了。固定成本不随着公司的收入而发生变化，但是可变成本，正如它的名字一样，将会随着收入的变化而相应地上升或下降。评估经营风险的一个主要工具是盈亏平衡分析。因此，我们将通过定义盈亏平衡图开始对经营风险的讨论。

---

**概念回顾**

1. 为什么经理们要关心公司收益的波动？
2. 公司收益波动的三个决定因素是什么？
3. 描述商业风险的来源。
4. 公司的经营风险的决定因素是什么？

---

# 盈亏平衡分析

小公司和大型的商业组织都会采用盈亏平衡分析，其中的原因有两个。首先，它基于几个直接的假设；其次，公司也发现从盈亏平衡分析中所获的信息对决策制定有益处。盈亏平衡分析可用来决定公司产出的**盈亏平衡数量**（break-even quantity）。盈亏平衡数量指的是什么呢？它是能够使营业利润（或息税前利润）等于零的产量。换句话说，盈亏平衡分析使得分析师能够：（1）确定用来弥补所有运营成本而非财务成本的必须销售出去的产品数量；（2）计算在不同产出水平下公司可以达到的息税前利润。

### 盈亏平衡模型的必要要素

要应用盈亏平衡模型，我们必须将公司的产品成本划分为两个互斥的种类：固定成本和可变成本。回顾你在初级经济学中所学的知识，从长期的角度来看，所有成本都是可变的。盈亏平衡分析因此是一个短期的概念。

**固定成本**　固定成本（fixed costs），也被称为**间接成本**（indirect costs），不随着公司的销量和产出所变化。随着产品数量的上升，公司的固定成本被分摊到越来越多的产品上，因此，每一单位商品的固定成本会下降。图 12-2 描绘了固定成本随着公司与之相关的产品生产和销售数量的变化而发生的变化。这一固定成本显然并不受公司所生产和销售的产品数量所影响。在超过一定数量的产出范围后，固定成本的大小可能要比相同的公司更高或更低。

在一个制造业的设定下，有下列一些固定成本的例子：

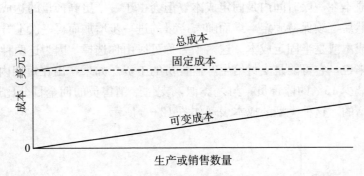

图 12-2 总成本、固定成本、可变成本在一定产出范围内的变动情况

1. 行政人员的工资；

2. 折旧；

3. 保险；

4. 广告项目的总花费；

5. 财产税；

6. 租金。

**可变成本** 可变成本（variable costs）有时候也被称为**直接成本**（direct costs），单位可变成本随着产量的变化而发生变化。可变成本通过将单位可变成本与其生产或销售的总数量相乘计算得出。盈亏平衡模型假设可变成本与销售量之间的比例关系。因此，如果销售量增加10％，可变成本也将会增加10％。注意，如果公司制造了零单位的产品，那么可变成本为零，但是固定成本仍然大于零。这意味着，只要每单位的销售价格高于单位可变成本，一部分固定成本就可以被覆盖。它帮助解释了为什么一些公司在销售量暂时受挫的情况下，仍然会保持运营的原因——公司希望能够弥补固定成本。

一些可变成本的例子包括：

1. 直接人力；

2. 直接材料；

3. 与生产相关的能源成本（燃料、电力、天然气）；

4. 产品离开工厂的运输成本；

5. 包装费；

6. 销售佣金。

图 12-2 也刻画了与公司产出相关的总成本。总成本是公司固定成本和可变成本的简单相加。

**更多的成本表现** 没有人真正相信所有的成本都像我们在图 12-2 中表现的固定成本和可变成本那样整齐。也没有任何的法律和会计准则规定公司总成本中的某一特定项经常被划分为固定成本或可变成本。这取决于每家公司的情况。在一家公司中，能源成本也许是明显的固定成本，而在另一家公司中，它可能会随着产量而发生变化。[1]

---

[1] 在温室种植的经营中，植物在一个严格控制的温度下培养，无论温室是充分种植还是部分种植植物，热力成本都会被看作是固定成本。在钢铁冲压行业中，给工厂供热是不必要的，因为温度如果过高，机器将会停止运作。在后面这个例子中，热力成本将会被认为是可变成本。

此外，有些成本在一段时间内是固定成本，但会由于一个更高产量的达成而迅速上升到一个更高的水平，然后继续保持固定，继而随着产量的进一步增加而再一次上升。这种类型的成本被称为半可变成本或是半固定成本。这两个名称可以由你选择，因为这两种称谓都在现实中有所应用。举例来说，它可能是支付给生产监督员的工资。如果产出在短期内被缩减了 15％，公司将不太可能减少 15％的监督员。与之类似，支付给销售员的佣金百分比通常是随着销售数量的增加而递增的。这种类型的成本表现如图 12-3 所示。

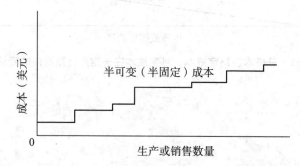

**图 12-3 在一定产出范围内的半可变成本情况**

要使用盈亏平衡模型，并应对更为复杂的成本结构，财务经理必须：（1）甄别出与这一目的最为相关的产量范围；（2）通过将一部分半可变成本划分为固定成本，另一部分划分为可变成本，大约估计出在这一产量范围内项目的半可变成本情况。在现实的商业情况下，这一步骤并不容易。负责这一部分的分析师并不经常花费比盈亏平衡分析计算更多的时间来将成本分配到固定成本和可变成本中。

**总收入和产出数量** 除了固定成本和可变成本之外，盈亏平衡模型的必要要素还包括从销售和产出数量中带来的收入。**总收入**（total revenue）即销售收入，意味着总的销售金额，它等于单位销售价格乘以销售数量。**产出数量**（volume of output）指的是公司的经营水平，可以用数量来进行衡量。

## 寻找盈亏平衡点

从产量的角度寻找盈亏平衡点可以通过很多方法进行。所有方法都需要刚才提到的盈亏平衡模型的必要要素。盈亏平衡模型是对公司损益表的一个简单改写，公式如下：

$$销售收入-（可变成本+固定成本）=利润 \tag{12-1}$$

从产出数量的角度，引入下列变量十分必要：（1）单位销售价格，即每单位产品出售时的价格；（2）单位可变成本，即每一单位产出的可变成本。因为在盈亏平衡分析中所使用的利润是息税前利润（EBIT），我们使用这一缩写来替代利润。考虑到数量，在式（12-1）中所显示的损益表可以通过将 EBIT 设为零而将它变为盈亏平衡模型。

$$单位销售价格×销售数量-（单位可变成本×销售数量+固定成本）$$
$$=EBIT=0 \tag{12-2}$$

我们的任务现在变为寻找能够使式（12-2）成立所必须生产和销售的产品数量，也就是使 EBIT=0。这可以通过简单地求解式（12-2）来获得使 EBIT=0 的销售数量。

$$\text{盈亏平衡数量} = \frac{\text{固定成本}}{\text{单位销售价格} - \text{单位可变成本}} \qquad (12-3)$$

| 例题 12.1 | 计算盈亏平衡数量 |
|---|---|

尽管珀西粮食（Perce Grain）公司生产很多种不同的产品，但该公司的产品组合从很长时间来看都是保持不变的。这使得管理层能够通过使用一个正常的单位销售价格和正常的单位可变成本来执行公司的财务计划。这一正常的单位销售价格和单位可变成本可以从保持稳定的产品组合中计算出来。我们可以假设这一产品组合为一个大的产品。单位销售价格为 10 美元，单位可变成本为 6 美元。公司的固定成本为每年 100 000 美元。公司明年生产与销售的盈亏平衡数量是多少？

**步骤 1：制定策略**

我们感兴趣的是珀西粮食公司在它所有成本都被弥补之前所必须出售的产品组合数量。也就是说，息税前利润（利润）将等于零。由这一通用的观点而产生出来的式（12-3）如下所示：

$$\text{盈亏平衡数量} = \frac{\text{固定成本}}{\text{单位销售价格} - \text{单位可变成本}}$$

比较我们所知道的数值和上述公式可知：

1. 固定成本＝100 000 美元；
2. 单位销售价格＝10 美元；
3. 单位可变成本＝6 美元。

**步骤 2：计算数值**

将上述信息代入式（12-3）中得到：

$$\text{盈亏平衡数量} = \frac{100\ 000\ \text{美元}}{10\ \text{美元} - 6\ \text{美元}}$$

$$\text{盈亏平衡数量} = 25\ 000\ \text{单位}$$

**步骤 3：分析结果**

因此，珀西粮食公司必须在下一年中销售 25 000 单位的产品才能覆盖它的固定成本。本质上，在销售了 25 000 单位之后，珀西粮食公司就已经弥补了该公司生产 25 000 单位产品所发生的所有成本，即 $EBIT=0$。

## 以销售收入度量的盈亏平衡点

对于生产多种产品的企业来说，从金额的角度来计算盈亏平衡点要比从数量的角度来看更为便捷。销售收入实际上成了与一个特定产品组合相关的共同分母。而且，一个外部分析师可能没有途径了解内部的单位成本数据。但是，他或许有能力获得公司的年度报告。如果分析师可以将从年报上得到的公司总成本区分为固定部分和可变部分，他就可以计算出以金额度量的统一的盈亏平衡点。

我们将通过珀西粮食公司的成本结构来详细解释这一过程。假设报告的财务信息如

表 12-1 中所列。如果我们已经知道成本—数量—利润分析所依赖的简单数学关系，那么就能够使用表 12-1 找到珀西粮食公司的以金额度量的盈亏平衡点。

可使用式（12-4）来求解盈亏平衡水平下的收入。

$$盈亏平衡水平下的收入 = \frac{固定成本}{1 - \dfrac{可变成本}{收入}} \qquad (12-4)$$

在珀西粮食公司的案例中，公司可变成本（180 000 美元）相对于收入（300 000 美元）的比例是 180 000 美元÷300 000 美元，即 0.60，并且假设在所有销售收入水平下，这一比例保持不变。接下来，我们可以使用式（12-4）来求解珀西粮食公司盈亏平衡水平下的收入，如下所示：

$$盈亏平衡水平下的收入 = \frac{100\ 000}{1 - \dfrac{180\ 000}{300\ 000}} = 250\ 000（美元）$$

**表 12-1**　　　　　　　　　　　　　　珀西粮食公司的收入状况　　　　　　　　　　　　（单位：美元）

| | |
|---|---|
| 销售收入 | 300 000 |
| 减：可变成本 | 180 000 |
| 减固定成本前收入 | 120 000 |
| 减：固定成本 | 100 000 |
| EBIT | 20 000 |

---

### 财务决策工具

| 工具名称 | 公式 | 含义 |
|---|---|---|
| 盈亏平衡水平下的收入 | $盈亏平衡水平下的收入 = \dfrac{固定成本}{1 - \dfrac{可变成本}{收入}}$ | · 公司用来弥补其固定成本和可变成本所需要的公司销售金额。<br>· 要得到盈亏平衡数量，我们只需要将盈亏平衡水平下的收入除以产品价格。 |

---

### 你可以做出来吗？

**分析盈亏平衡水平下的收入**

克赖顿制造（Creighton Manufacturing）公司组装用于升级那些古老汽车收藏品刹车系统的刹车器。公司去年的收入是 20 000 000 美元，其中公司的息税前利润（EBIT）为 10 000 000 美元。固定成本为 2 000 000 美元。可变成本为 8 000 000 美元，或是公司收入的 40%。根据现有的成本结构，你估计公司的盈亏平衡水平下的收入是多少？

**概念回顾**

　　1. 怎样区分固定成本、可变成本和半可变成本?

　　2. 什么时候计算销售收入下的盈亏平衡点要比计算数量下的盈亏平衡点更为有用?

# 经营杠杆的来源

　　当一家公司拥有固定经营成本时,它就会受到**经营杠杆**(operating leverage)效应的影响。而且,经营杠杆增加了公司营业利润对销售收入变动的敏感程度。

　　举例来说,高杠杆的公司将会发现当它们的销售收入上升时,它们的利润会增长得特别剧烈。相反,拥有较低杠杆的公司当它们的销售收入上升时,它们利润的上升则没那么剧烈。要解释这是如何发生的,让我们来考虑珀西粮食公司的例子。公司的现有销售收入等于 300 000 美元,正如表 12-2 中所示。如果珀西粮食公司的收入上升 20%,达到 360 000 美元,我们可以计算出公司的 EBIT 将会从 20 000 美元上升到 44 000 美元。注意表 12-2 中的最后一列,我们可以计算出销售收入与 EBIT 的变动百分比。收入只增加了 20%,但是 EBIT 却增加了整整 120%。出现这一差距的原因是经营杠杆的作用。如果珀西粮食公司没有经营杠杆(也就是说,所有的运营成本都是可变的),那么 EBIT 的增长将会等于 20%,与销售收入的增长率相同。注意,如果珀西粮食公司的销售收入下降了 20%,公司的 EBIT 将会减少 120%,正如表 12-3 中所示。显然,经营杠杆越高,意味着 EBIT 的波动性越大!

**表 12-2**　　　　　　　　**经营杠杆如何影响 *EBIT*:珀西粮食公司的增长状况**

| 项目 | 基础销售水平(美元) | 预期销售水平(美元) | 变动百分比 |
|---|---|---|---|
| 销售收入 | 300 000 | 360 000 | +20% |
| 减:可变成本 | 180 000 | 216 000 | |
| 减固定成本前收入 | 120 000 | 144 000 | |
| 减:固定成本 | 100 000 | 100 000 | |
| *EBIT* | 20 000 | 44 000 | +120% |

## 你可以做出来吗?

**分析经营杠杆的影响**

JGC 电子（JGC Electronics）公司在一个非常具有周期性的行业环境中运营，而且公司的销售收入相比于上一年上升 20% 或下降 20% 甚至更多的情况并不少见。而且，该公司在厂房和设备上进行了大量的投资。与厂房和设备相关的公司的高固定支出使公司的息税前利润（EBIT）对销售收入的变动十分敏感。事实上，如果销售收入增长 20%，公司的经理估计 EBIT 将会上升 40%。如果 JGC 电子公司的销售收入从现在的 1 000 000 美元下降 20%，你预期公司的 EBIT 将下降百分之多少？

## 你做出来了吗?

**分析经营杠杆的影响**

在现有的销售水平下，JGC 电子公司预期销售收入变动任意一个百分比，都会导致 EBIT 双倍的百分比变动。因此，销售收入下降 20% 将会预期导致 EBIT 下降 40%。回忆一下销售收入百分比变动与随之引起的 EBIT 的百分比变动的关系。

所以，这对珀西粮食公司的管理团队来说意味着什么？他们可以或应该对这一高经营杠杆采取一些措施吗？是的，他们应该采取一些措施。意识到公司的经营性利润将会对公司销售收入的变动特别敏感，管理层对使用会带来固定的本金和利息支出的财务杠杆保持谨慎的态度。而且，在拥有高的可变营业利润的情况下，珀西粮食公司的管理层将有可能想要持有一定安全数量的现金和交易性证券来帮助公司平安渡过任何时期，特别是当销售收入下降到低于盈亏平衡水平时。

在我们完成关于经营杠杆的讨论，并进入到财务杠杆这一话题前，你可以思索一下：哪种类型的杠杆是更易于被管理层控制的？你将很有可能（正确地）得出结论：公司的管理层对经营成本结构拥有更少的控制权，而对公司的财务结构几乎拥有完全的控制权。例如，公司实际生产什么产品，将会在很大程度上决定固定成本与可变成本的划分比例。但是，财务资本不同来源之间相互替代的灵活性要比能够满足公司生产要求的劳动和实物资产投入之间的相互转换要大得多。因此，你可以预期到相对于经营结构的选择，在财务结构的选择上将会有更多的争论。

**表 12-3** 　　　　　　　经营杠杆如何影响 *EBIT*：珀西粮食公司的下降情况

| 项目 | 基础销售水平（美元） | 预期销售水平（美元） | 变动百分比 |
| --- | --- | --- | --- |
| 销售收入 | 300 000 | 240 000 | −20% |
| 减：可变成本 | 180 000 | 144 000 | |
| 减固定成本前收入 | 120 000 | 96 000 | |
| 减：固定成本 | 100 000 | 100 000 | |
| *EBIT* | 20 000 | −4 000 | −120% |

## 财务杠杆

**财务杠杆**（financial leverage）来源于用支付一个固定（有限）回报的证券为公司的部分资产进行融资，从而最终增加公司普通股的股东回报。在公司的财务结构中使用负债或优先股的决策，意味着那些拥有公司普通股股票的人将会被暴露在财务风险中。任何一个水平的 EBIT 变动都会被公司的财务杠杆所放大，而这一额外的波动将会放大普通股股东所能获得的每股收益的波动性。

我们现在将注意力放在公司的每股收益对公司 EBIT 变动的反应程度上。（并不是说每股收益是判断所有融资决策的合适标准。实际上，关于这一方法弱点的争论将会在后面被提到。但是，财务杠杆的运用给每股收益确实带来了一种特定类型的影响。）

我们假设珀西粮食公司正在考虑是否开始生产。公司的潜在拥有者估计购买进行该商业运作所必需的资产为 200 000 美元。筹集这 200 000 美元的可能的融资方案有三种，如表 12-4 所示。在计划 A 中，我们假设没有财务风险，所有的 200 000 美元都通过发行普通股股票筹集，股票价格为每股 100 美元，共发行 2 000 股。在计划 B 中，我们假设有一个温和稳健的财务风险，25%的资产通过发行年利率为 8%的债券来筹集资金。计划 C 使用了最大的财务杠杆，40%的资产通过发行年利率为 8%的债券来筹集资金。

| 表 12-4 | | 珀西粮食公司可能的资本结构 | | （单位：美元） |
|---|---|---|---|---|
| | | 计划 A：0 负债 | | |
| | | 总负债 | | 0 |
| | | 普通股 | | 200 000[a] |
| 总资产 | 200 000 | 总负债和所有者权益 | | 200 000 |
| | | 计划 B：负债水平 25%，利率 8% | | |
| | | 总负债 | | 50 000 |
| | | 普通股 | | 150 000[b] |
| 总资产 | 200 000 | 总负债和所有者权益 | | 200 000 |
| | | 计划 C：负债水平 40%，利率 8% | | |
| | | 总负债 | | 80 000 |
| | | 普通股 | | 120 000[c] |
| 总资产 | 200 000 | 总负债和所有者权益 | | 200 000 |

a. 已发行 2 000 股。b. 已发行 1 500 股。c. 已发行 1 200 股。

表 12-5 显示了财务杠杆对每股收益的影响的分析。如果 EBIT 从 20 000 美元增长到了 40 000 美元，那么，在计划 A 下每股收益将会增加 100%。同样的 EBIT 变动在计划 B 下将会导致每股收益 125%的增加，而在计划 C 下，每股收益将会增加 147%。在计划 B 和计划 C 中，EBIT 100%的增加（从 20 000 美元增加到 40 000 美元）被放大到每股收益时，产生了大于 100%的变动。当下列情形存在时，就说明公司正在使用财务杠杆，并将公司的拥有者暴露在财务风险中：

$$\frac{每股收益的变动百分比}{EBIT\ 的变动百分比} > 1.00$$

表 12 - 5　　　　珀西粮食公司在不同 *EBIT* 水平下财务杠杆的分析

| (1) | (2) | (3)=(1)-(2) | (4)=(3)×0.5 | (5)=(3)-(4) | (6) |
|---|---|---|---|---|---|
| *EBIT*（美元） | 利息（美元） | 税前利润（美元） | 税（美元） | 普通股股东净利润（美元） | 每股收益（美元） |
| 计划 A：0％ 负债水平；200 000 美元普通股；2 000 股 | | | | | |
| 0 | 0 | 0 | 0 | 0 | 0 |
| 20 000 | 0 | 20 000 | 10 000 | 10 000 | 5.00 |
| 40 000 | 0 | 40 000 | 20 000 | 20 000 | 10.00 |
| 60 000 | 0 | 60 000 | 30 000 | 30 000 | 15.00 |
| 80 000 | 0 | 80 000 | 40 000 | 40 000 | 20.00 |
| 计划 B：25％ 负债水平；8％ 利率；150 000 美元普通股；1 500 股 | | | | | |
| 0 | 4 000 | −4 000 | −2 000[a] | −2 000 | −1.33 |
| 20 000 | 4 000 | 16 000 | 8 000 | 8 000 | 5.33 |
| 40 000 | 4 000 | 36 000 | 18 000 | 18 000 | 12.00 |
| 60 000 | 4 000 | 56 000 | 28 000 | 28 000 | 18.67 |
| 80 000 | 4 000 | 76 000 | 38 000 | 38 000 | 25.33 |
| 计划 C：40％ 负债水平；8％ 利率；120 000 美元普通股；1 200 股 | | | | | |
| 0 | 6 400 | −6 400 | −3 200[a] | −3 200 | −2.67 |
| 20 000 | 6 400 | 13 600 | 6 800 | 6 800 | 5.67 |
| 40 000 | 6 400 | 33 600 | 16 800 | 16 800 | 14.00 |
| 60 000 | 6 400 | 53 600 | 26 800 | 26 800 | 22.33 |
| 80 000 | 6 400 | 73 600 | 36 800 | 36 800 | 30.67 |

（计划 A：100％ 对应 EBIT 20 000→40 000 的每股收益 5.00→10.00，变动 100％）
（计划 B：100％ 对应 EBIT 20 000→40 000 的每股收益 5.33→12.00，变动 125％）
（计划 C：100％ 对应 EBIT 20 000→40 000 的每股收益 5.67→14.00，变动 147％）

　　正如我们用珀西粮食公司的案例所揭示的，公司所使用的财务杠杆越高，每股收益的变动百分比除以 *EBIT* 的变动百分比的比例就越高。再阐述一遍，这意味着财务杠杆的运用放大了 *EBIT* 的变动给每股收益所带来的影响。举例来说，如果之前提到的比例为 2，那么 *EBIT* 的 20％的变动（无论是正向的还是负向的）都会导致每股收益有一个 40％的变动。对于一个在资本结构中拥有更高财务杠杆的企业来说，这一比例可能为 3，这也使得 *EBIT* 20％的变动将会导致每股收益有一个 60％的变动。

> ### 你可以做出来吗？
>
> **分析财务杠杆的影响**
>
> 　　JGC 电子公司现在没有在它的资本结构中使用财务杠杆。如果公司的息税前利润（*EBIT*）上升 20％，你预期 JGC 电子公司每股收益的变动百分比是多少？

## 综合经营杠杆和财务杠杆

　　经营杠杆使得销售收入的变动放大了 $EBIT$ 的变动。此外, 如果公司选择使用财务杠杆, 那么 $EBIT$ 的变动由于财务杠杆而被传递到了一个更大变动的每股收益 ($EPS$) 和普通股股东净收入 ($NI$) 上。因此, 我们可以发现经营杠杆和财务杠杆的综合作用会导致一个更大的每股收益的变动。整个过程可以在图 12-4 中表现出来。

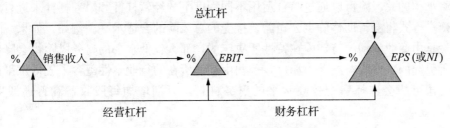

**图 12-4　杠杆和收益变动**

　　因为与每股收益相关的风险会受到**综合杠杆或总杠杆** (combined, or total, leverage) 使用的影响, 量化这一影响十分有用。要阐述这一点, 我们再一次引用珀西粮食公司的案例。在对盈亏平衡分析的讨论中, 珀西粮食公司所确定的成本结构仍然成立。此外, 假设计划 B, 也就是维持 25% 的债务比率, 被选作筹集资产所需资金的方案。现在将你的注意力放到表 12-6 中, 让我们来看看经营杠杆和财务杠杆的影响是如何被结合到一起的。

**表 12-6　　　　　　　　　　珀西粮食公司综合杠杆对每股收益的影响**

| 项目 | 基础销售水平 | 预期销售水平 | 变动百分比 |
| --- | --- | --- | --- |
| 销售收入 | 300 000 美元 | 360 000 美元 | +20% |
| 减: 可变成本 | 180 000 美元 | 216 000 美元 | |
| 减固定成本前收入 | 120 000 美元 | 144 000 美元 | |
| 减: 固定成本 | 100 000 美元 | 100 000 美元 | |
| $EBIT$ | 20 000 美元 | 44 000 美元 | +120% |
| 减: 利息支出 | 4 000 美元 | 4 000 美元 | |
| 税前利润 (EBT) | 16 000 美元 | 40 000 美元 | |
| 减: 税 (50%) | 8 000 美元 | 20 000 美元 | |
| 净收入 | 8 000 美元 | 20 000 美元 | +150% |
| 减: 优先股股利 | 0 美元 | 0 美元 | |

续前表

| 项目 | 基础销售水平 | 预期销售水平 | 变动百分比 |
|------|------|------|------|
| 普通股收益 | 8 000 美元 | 20 000 美元 | +150% |
| 普通股数量 | 1 500 | 1 500 | |
| 每股收益 | 5.33 美元 | 13.33 美元 | +150% |

在表 12-6 中，珀西粮食公司的产出从 300 000 美元增加到 360 000 美元我们已经分析过了。这一增长代表销售收入增长了 20%。从我们之前对经营杠杆的分析和表 12-6 的数据中，我们可以看出，销售收入 20% 的增加被放大成了 EBIT 120% 的增加。而且，EBIT 120% 的增加会使得每股收益和普通股股东的净收益增加 150%。

这个分析结果就是销售收入的一个温和的 20% 的增长在计算每股收益时被放大了 7.5 倍。又例如，销售收入 10% 的增长将会导致每股收益有一个 75% 的增长。

公司所承担的总风险可以通过综合运用不同程度下的经营杠杆和财务杠杆来进行管理，不同的杠杆衡量方式将会帮助你确定公司需要接受的总风险的合适水平。例如，如果一个高水平的商业风险是由商业活动的特定内在特性所决定的，那么较低水平的财务风险将会降低由公司销售收入所引起的额外收益波动。相反，公司由于其所在的行业本性蕴含了较低水平的固定成本，那么公司可能会选择一个较高水平的财务杠杆，以期增加每股收益和普通股股票的收益率。

---

### 你可以做出来吗？

**分析经营杠杆和财务杠杆的综合作用**

彼得森木材（Peterson Timber）公司在太平洋西北部的红杉地区经营锯木厂。公司目前的收入、息税前利润和每股收益分别是 1 000 万美元、400 万美元、每股 1 美元。彼得森木材的首席财务官最近预测了明年该公司的收入和利润，估计总收入将达到 1 200 万美元，息税前利润将上升到 520 万美元，每股收益为 1.6 美元。分析经营杠杆、财务杠杆和综合杠杆对彼得森木材公司的影响。

---

### 你做出来了吗？

**分析经营杠杆和财务杠杆的综合作用**

彼得森木材公司的首席财务官估计，该公司的收入将增长 20%，EBIT 将增长 30%，每股收益将增长 60%。因此，彼得森木材公司的经营杠杆产生的 EBIT 增加了 1.5 倍，销售收入增加了 20%，每股收益增长了 60%，这是 EBIT 的 30% 增长的 2 倍。我们再一次看到，经营杠杆和财务杠杆以一种倍增的方式相互作用。也就是说，每股收益增长的百分比是 EBIT 增长的 2 倍，也就是 1.5 倍于销售收入的增长。最终的结果是，每股收益的百分比增长等于 1.5×2=3 倍的销售收入增长。因此，销售收入增长 20%，导致每股收益增长 3×20%=60%。

### 什么时候财务杠杆被证明很难管理

2007 年爆发的金融危机和随之而来的经济衰退给美国的汽车制造商带来了很大的创伤。通用汽车（GM）曾经是世界上最大的汽车制造商，它也发现自己陷入了自己无法支付的巨额债务中。所以，当通用公司发现自己不再能够维持自己的财务义务时，公司向它的债权人提出重组债务的请求。通用公司所欠的每 1 美元的债务包含：0.08 美元的现金，0.16 美元的非担保债券，加上一个 90％的汽车制造商的股票。尽管这些条款对公司的债券持有人来说听起来可能很极端，他们可能会对现在的股东更为苛刻，因为这些现有股东从原来拥有公司 100％的股权，变成了现在的 10％！由于拖欠了债券持有人 280 亿美元的债务，通用汽车公司仍然提出了将债务转变为 22 亿美元的现金和 43 亿美元的非担保债券，再加上对重组公司的股权的提议。当然，如果公司决定宣布破产，普通股股东投资于通用公司的资产就将被完全清算掉。

---

**概念回顾**

1. 公司的成本结构在什么时候会体现出经营杠杆？使经营杠杆不体现在公司的成本结构的必要条件是什么？

2. 经营杠杆对公司 $EBIT$ 的波动性的作用是什么？

3. 公司资本结构中的什么创造了财务杠杆？

4. 财务杠杆是如何影响每股收益对公司 $EBIT$ 变动的波动性的？

5. 如果每股收益的变动百分比相比于 $EBIT$ 的变动百分比的比率为 2，那么你预期 $EBIT$ 15％的下降会给每股收益带来多大的变动百分比？

6. 经营杠杆和财务杠杆是如何相互影响公司每股收益的波动性的？

# 资本结构理论

现在是时候考虑如何决定公司的合理融资结构了。公司所使用的融资来源的完整列表可以从公司的资产负债表右手边项目中找到。我们将公司所有融资来源列表成为公司的**财务结构**（financial structure）。举例来说，在表 12-7 中，我们可以看出一个拥有 300 美元总资产的公司的资产负债表是通过一系列融资达到的，包括 80 美元的流动性负债（必须在一年以内或一年偿还的债务）、70 美元的长期债务、50 美元的优先股和最后 100 美元的普通股。

注意，公司的一部分流动性负债是随着公司每日的运营自发产生的。在这里我们指的是应付账款和应计费用。举例来说，当公司订购了额外的存货而没有付款，它的供应商便自发地给公司延展了信用，这在资产负债表中就表现为应付账款。此外，公司的应计利息和其他费用持续存在，但是只在特定阶段支付（举例来说，半年一次）。这些应计费用就代表了那些随着公司每日的运营自发产生的公司负债。既然应付账款和应计费用项目随着产生它们的项目自发产生，那么这些负债就不是我们在这一章中直接关心的项目。具体来说，我们感兴趣的是公司财务结构中需要公司酌情决定管理的部分。我们将这部分称为公司的**资本结构**（capital structure)。在表 12-7 中，财务结构包括所有在资产负债表右手边出现的 300 美元的总负债和所有者权益，而资本结构剔除了应付账款和应计费用，总计 275 美元。

| 表 12-7 | 辨别一个公司财务结构和资本结构的不同 | | (单位：美元) |
|---|---|---|---|
| 流动性资产 | 100 | 应付账款 | 10 |
| 固定资产 | 200 | 应计费用 | 15 |
| 总资产 | 300 | 短期债务 | 50 |
| | | 长期债务的流动部分 | 5 |
| | | 流动性负债 | 80 |
| | | 长期债务 | 70 |
| | | 优先股 | 50 |
| | | 普通股 | 100 |
| | | 总负债和所有者权益 | 300 |

（财务结构：短期债务、长期债务的流动部分、流动性负债）
（资本结构：短期债务、长期债务的流动部分、流动性负债、长期债务、优先股、普通股）

公司财务结构和资本结构的关系可以通过如下的公式来表达：

$$财务结构＝非付息负债＋资本结构 \tag{12-5}$$

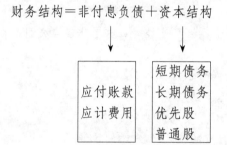

应付账款
应计费用

短期债务
长期债务
优先股
普通股

注意，我们将应付账款和应计费用称为非付息负债。原因是没有一个清晰的利息支出与这些负债相关。一个明确的利息支出就像是你支付给银行的贷款利息。当公司通过赊销购买了存货时，信用项目简单说就是购买的金额必须在一个特定的时间期限内还清，例如 30 天。因此，供应商给公司提供了一个 30 天的没有指定利率的信用贷款。供应商意识到自己在提供信用，并且一定会在货物的价格条款中加入利息成本。但是，这里的问题是，利息是隐藏着没有明确说明的。所以应付账款和应计费用并不会给公司带来利息支出。

一个谨慎的资本结构设计需要我们明确两个问题：

**1. 债务的期限组合**（debt maturity composition）——公司应该采用什么样的长期和短期债务的组合？

**2. 债务—股权组合**（debt-equity composition）——公司应该采用的债务股权比例是多少？

---

### 警世故事

#### 忘记原则 3：风险要求收益补偿

2008 年，当我们清晰地意识到我们将面临怎样的一个经济下行期时，即使是华尔街最为聪明的银行家也已经筋疲力尽，难以应付。2008 年之前，华尔街还有五个主要的独立的投资银行。而现在，五家投行中只剩下两家（高盛和摩根士丹利）。那么其他公司做了什么才招致了破产的命运呢？答案十分简单，财务杠杆的过度使用。

杠杆可以是一个双刃剑。在繁荣的时期，使用杠杆能够帮助投资银行显著地增加它们的回报率。然而，更高的回报率也蕴含着更高的风险。而这些银行——贝尔斯登、雷曼兄弟和美林银行——实际上将它们自己暴露在两种风险之下：第一，它们面临着投资可能不能够获得超过融资成本的回报的风险。举例来说，如果银行在它们的资产上获得的回报率下降到低于它们支付给融资方的利率时，那么这一回报的缺口就需要从股东的回报中偿还。第二，投资银行使用被称为商业票据的短期贷款来筹集资金，并将借到的资金投入到长期投资中。这意味着它们连续地发放和再发放商业票据。

当商业票据市场由于金融危机而被关闭时，这使得投资银行没有了融资的来源，迫使它们以很低的价格出售自己的长期投资。结果便是贝尔斯登、雷曼兄弟和美林银行都发现自己不能够维系自身的运营。最终，美林银行被美国银行所收购，而贝尔斯登被 J. P. 摩根所购买。雷曼兄弟宣布破产，英国投资银行公司巴克莱集团购买了它的大部分资产。

---

对公司资本结构中债务的期限组合（短期相对于长期）首要的影响因素便是公司拥有的资产本质。那些大部分投资在固定资产中的公司通常会借入长期债务，并被预期会在很长时间内带来现金流，从某种程度上与它们借入的债务相匹配。而喜欢将资金投资在那些产生相对短期的现金流的资产上的公司更倾向于使用短期债务。

这一章的关注点在于债务—股权组合，或者我们经常将其称作资本结构管理。一个公司的资本结构应该包含公司所使用的永久的资金来源，使得公司能够最大化公司的普通股价格，又或者，换句话说，最小化公司的组合资本成本。我们将这种合理的融资来源组合称为**最优资本结构**（optimal capital structure）。

表 12-7 根据资产负债表表现了式（12-5）。它生动地表现了资本结构的覆盖问题。产生固定财务成本的资金来源必须与普通股权按照投资市场最优的比例结合。如果这一最优资本结构可以被找到，那么保持其他因素不变，公司普通股的股价就可以被最大化。

显然，承担过多的财务风险可能让公司处于接近破产的境地。但是，运用过少的财务杠杆也会导致公司股票的估值过低。财务经理必须知道如何最优地运用财务杠杆——在保持其他条件不变的情况下，这将增强股票的价值。

这一章剩下来的部分覆盖三个主要领域。第一，我们简要地讨论资本结构利率。第二，我们检验资本结构管理的主要结构。第三，我们对资本结构管理在现实世界中的实际应用作出总结。

## 资本结构利率一览

在这一小节中，我们专注于一个公司的资本结构对公司的普通股股东重要性的理论基础。要做到这点，我们首先要讨论一个资本结构不重要的世界。也就是说，在这里，公司资本结构中负债与股权的特定比例对公司的价值或是资本成本没有影响（参考第九章）。我们做这个分析的原因，是弄明白为什么资本结构十分重要，并且帮助我们做出关于资本组合的谨慎决策。关于资本结构重要性的争论的核心问题将会在下面的问题中找到。

**公司可以通过改变所使用的融资来源组合来正向或负向影响其总体的资金成本吗？**

这一争论占据了金融学文献中的许多经典部分，相比于吸引金融从业者，它更吸引学术界。为了强调在商业财务管理中拥有许多实践应用的资本结构理论中的要素，我们希望能够找到一个直觉上的、非数学的方法来得到对资本成本或是资本结构的一个更好的理解。

## 资本结构的重要性

公司努力最小化所使用的金融资本成本是符合经济学直觉的。资本成本和如制造成本等的其他成本都有一个共同的特点，它们会潜在地减小可以发放给普通股股东的现金股利的规模。

## 独立立场

两位获得诺贝尔奖的金融经济学家，弗兰科·莫迪利安尼（Franco Modigliani）和莫顿·米勒（Merton Miller，简称MM）在对现实商业世界进行了一系列限制性假设的情况下，分析了资本结构决策的重要性。具体来说，MM假设一个公司的投资决策（也就是说，公司将要实施的一系列投资）和股利政策（公司以鼓励形式支付给股东的公司利润）是固定的，所以它们不能被公司的资本结构所影响。然后他们证明，在一系列假设下，公司的资本结构组合并不影响公司的资本成本或是公司普通股股权的价值。这一立场有些时候被称为资本结构的独立性，因为公司的价值与它如何筹集资金（也就是资本结构）相独立。MM独立性特征中包含的主要假设如下：

1. 公司的收入不需要纳税。

2. 公司的资本结构只包括股票和债券。

3. 投资者对公司的息税前利润（我们之前所说的 *EBIT*）做出同质的预期。

4. 股票和债券在完美的或是有效的市场中交易。

在这一市场设定中，对问题"公司可以通过改变所使用的融资来源组合来正向或负向影响其总体的资金成本吗？"的答案是"不能"。

总结一下，弗兰科·莫迪利安尼和莫顿·米勒的假说或者MM观点认为，在之前所描述的完美经济世界中，公司未到期的证券的市场价值不会被资产负债表右手项所影响。这意味着未到期的普通股票价值加上未到期的债券之和总会是一样的，无论公司使用更多还是更少的负债。MM观点有时被称作独立性假说，因为公司的价值独立于资本结构设计。

融资决策这一问题的核心如图12-5所示。在这里，公司的资产组合（资产负债表的左手项）保持不变。不同点只是在于这些资产融资方式的不同。在融资结构A的情况下，公司用普通股筹集30%的资产，债券筹集剩余70%。在融资结构B的情况下，公司将这一比例颠倒过来，用普通股支撑70%的资产，用债券支撑剩下的30%的资产。从我们之前的讨论中，我们知道融资结构A是一个杠杆更高的融资计划。

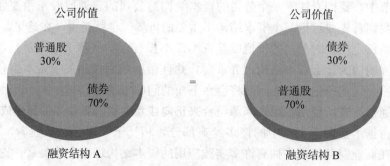

**图12-5　公司价值与资本结构设计**

然而，注意到图 12-5 中"饼"的大小是相同的。"饼"代表公司的价值——公司未到期证券的市场价值。因此，与融资结构 A 相关的公司总价值等于融资结构 B 下的公司总价值。公司价值独立于实际公司选择的融资结构。

这一启示也可以在图 12-6 中体现出来。图中，我们可以看出公司的加权平均资本成本 $k_{wacc}$ 不受财务杠杆应用的影响。如果公司使用更多的债务，资本结构中的债务成本为 $k_d$，那么普通股成本 $k_{cs}$ 将会上升到与产生的额外收益相同的水平。这使得组合的资本成本并未发生变化。而且，因为总的资本成本并不随着杠杆的运用而改变，公司的普通股股价也不会发生变化。

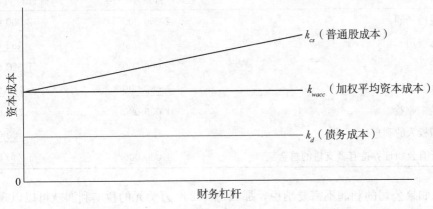

**图 12-6　资本成本和财务杠杆：无税—独立性假设**

融资决策这一观点的教训是，债务融资并不像它最初看起来那么便宜，因为组合的资本成本或是公司的加权平均资本成本在所有范围内的财务杠杆下都是保持不变的。这对财务管理者来说是十分震惊的，因为其中的任何一个资本结构都与其他资本结构一样好。

但是，我们也应回顾一下，这一理论对该项理论成立的经济世界设定了严苛的假设。我们接下来转向一个放松了极端假设之后的市场和法律环境。

## 温和的立场

我们现在转到对公司的资本成本预期资本结构关系的一个更为温和的描述上，它同时吸引了学术界和行业的实践者。这一温和的观点是建立在对 MM 独立性假说的两个严格假设的放松基础上。

**1. 利息支出可以抵税**——当一家公司发生了负债，它所支付的利息是可以用来抵税的，这降低了公司的资本成本，降低的部分等于所节省的公司必须支付的税收。这构成了使用债务融资而非股权融资的一个优点，因为支付给股东的股利是不能抵税的。

**2. 债务融资增加了违约风险**——由于与借贷相关的利息和本金的支付必须根据债务协议进行偿还，如果公司不能够满足合同所规定的利息和本金支付义务，那么公司就面临着被强行破产的风险。这构成了债务融资的一个缺点，因为使用的债务越多，就越增加了公司财务困境出现的可能性。财务困境接下来会迫使公司提高它的资本成本，甚至会导致破产，这将会造成公司普通股股票价值的一个完全性的破坏。

利息的节税正效应和增加的财务困境风险所带来的负效应，为我们设计一个谨慎的资本结构提供了概念上的基础。

**财务杠杆的益处——利息的节税效应**　表 12-8 展示了美国公司税法中重要的一部分。我们假设斯基普露营（Skip's Camper）制造公司预期有一个 200 万美元的息税前利润（*EBIT*），其面临的税率（只是为了简化题目）为 50%。两个融资方案正在被分析考虑。第一个方案是一个不带杠杆的资本结构。另一个方案假定斯基普露营公司要发行 800 万美元的债券，利率为每年 6%。

表 12-8　　　　　　　　斯基普露营公司面向所有投资者的现金流——含税的案例　　　　　　　（单位：美元）

|  | 无杠杆资本结构 | 有杠杆资本结构 |
|---|---|---|
| 预期息税前利润 | 2 000 000 | 2 000 000 |
| 减：利息费用 | 0 | 480 000 |
| 税前利润 | 2 000 000 | 1 520 000 |
| 减：税（50%） | 1 000 000 | 760 000 |
| 普通股股东收益 | 1 000 000 | 760 000 |
| 支付给债权人的利息 | 0 | 480 000 |
| 预期向所有公司证券持有者支付的总金额 | 1 000 000 | 1 240 000 |

注意，如果公司的利润不需要纳税，那么每年 200 万美元的税前利润就可以以现金股利的形式发放给股东，或是以利息支出的形式支付给债券持有人，或者是二者皆有。这意味着斯基普露营公司可以支付给它的负债和股权贡献者的总现金流是不受它的融资结构影响的。

当公司的利润需要被政府课税时，而债券的利息是可以抵税的支出，所有金融资本的贡献者能够获得的现金流之和就会受公司融资结构的影响。表 12-8 说明了这一点。

如果斯基普露营公司选择了带杠杆的资本结构，那么支付给股东和债权人的总支出为 240 000美元，该项支出大于完全股权融资方式下的支出。这 240 000 美元是从哪里来的呢？答案是政府部门从公司中征收的税收要低于原来的情况，这一差额流向了斯基普露营公司的证券持有者，被称为负债的**税盾**（tax shield）。通常情况下，它可以通过式（12-6）进行计算，其中 $r_d$ 是需要支付的利率或是负债中节税的利息，$M$ 是债务的本金数额，$T_c$ 是公司的边际税率：

$$税盾 = r_d M T_c \qquad\qquad (12-6)$$

在资本结构的重要性上，温和的观点假定税盾在市场上有一定的价值。因此，这一税收的好处将会增加公司未到期证券的总市场价值。注意在这个案例中，财务杠杆确实影响了公司的价值。由于资本成本恰恰是估值硬币的另一面，财务杠杆也会影响公司的综合资本成本。公司可以通过使用越来越多的财务杠杆无限制地增加公司的价值或是无限制地降低它的资本成本吗？常识告诉我们不可以，大多数的财务经理和学术人士也告诉我们相同的答案。对破产成本的了解为这一答案提供了一个可能的解释。

**公司失败的可能性**　公司不能够满足它所签订的债务合约中所规定的财务义务的可能性会增加它所拥有的负债。如果公司确实进入了破产诉讼，那么公司将会产生最高的成本。在这种情况下，公司的资产会被清算，并常常以较低的价格出售。如果这些资产的出售价格确实低于它们应该具有的市场价格，那么股票投资者和债券持有者都会遭受损失。破产诉讼还会给公司带来其他问题。公司需要雇用额外的律师和会计师，并向他们支付劳务费。经理们必须花费大量的时间来准备需要在法律程序中使用的冗长的报告。而且，所有这些都会使公司的管理层从原先有效的商业运营中脱离出来，这会导致机会流失和价值的丧失。

正如我们所讨论的，即使是财务困境最为温和的形式也会有成本。随着公司的财务状况恶化，债权人可能会采取措施来限制公司的正常商业活动。供应商可能不会向公司赊销原材料。有盈利机会的资本投资可能会被放弃，股利的支付甚至可能被中断。在某种程度上，预期违约的成本可能会大到超过债务融资的税盾优势。公司就会转向其他的融资来源，主要是普通股（留存收益）。

**U 形资本成本曲线**　关于融资结构与公司资本成本的关系的这一谨慎的观点如图 12-7 所示。结果是一条茶碟形（或 U 形）的加权平均资本成本曲线。公司的普通股成本 $k_{cs}$ 会随着公司使用更多的债务融资而上升。在一段时间内，公司可以以较低的税后的债务成本 $k_d$ 借入资金。尽管普通股成本在上升，它不会上升得足够快以抵消掉债务融资的低成本。因此，在财务杠杆轴点 0 到 A 之间，加权平均资本成本下降而股票价格上升。

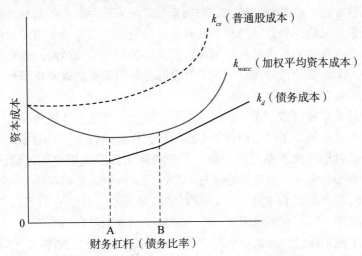

图 12-7　资本成本和财务杠杆：以温和的观点考虑税收与财务困境

然而，最后财务困境的威胁会使得债务融资的成本上升。在图 12-7 中，这一债务成本的增加使税后的债务成本曲线 $k_d$ 从点 A 开始上升。在点 A 和点 B 之间，债务资金和股权资金的融合产生了一个较为平坦的加权平均资本成本。公司的**最优财务结构范围**（optimal range of financial leverage）就居于点 A 和点 B 之间。所有在这两点之间的资本结构都是最优的，因为它们都提供了一个最低的综合资本成本。正如我们在这一章之前所讲的，找到这一最优财务结构范围是资本结构管理的目标。

点 B 标注了公司的债务容量。**债务容量**（debt capacity）是公司为了能够保持它现有的信用评级，可以在它的资本结构中包含的最大数量的负债。超过点 B 之后，额外的固定支付资本只有在一个十分昂贵的利率的情况下才能被吸引过来。与此同时，这一过度使用的财务杠杆会导致公司的普通股成本以一个比以前更快的速度上升。综合资本成本随后将会上升得十分迅速，而公司的股价将会下跌。

## 公司价值与代理成本

在第一章中，我们提到了代理问题的重要性。回忆一下，代理问题会带来代理成本，它在商业组织中产生，因为公司的所有者并不经营业务，而是由经理人管理。因此，公司的经理人可以合理地被看作是公司股东的代理人。为了保证代理人即经理的行为是符合股东的最佳利益的，要求：（1）他们有合理的激励去那样做；（2）他们的决策是被监督的。激励常常以管理层薪酬计划和额外补贴的形式出现，额外补贴尽管可能是一个臃肿的支撑体系，一个乡村俱乐部成员资格、豪华公司飞机或是其他奢侈品。监督这些要求股东支付一定的成本，例如：（1）团结经理人；（2）审计财务报告；（3）构建组织架构，以特殊的方式来限制管理层的决策；（4）检查管理层薪资补贴的成本和收益。这些罗列只是象征性的，并没有穷尽。主要的观点便是监督成本最终将由公司的所有者——普通股股东承担。

资本结构管理也会带来代理成本。代理问题从利益冲突中产生，而资本结构管理会带来一个股东与债券持有者之间天然的利益冲突。举例来说，如果按照股东的最佳利益行事，则会导致经理人投资一些极具风险的项目，公司的现有债券投资者可以符合逻辑地对这一投资政策有个怀疑的态度。因为改变公司资产的风险结构将会改变公司的商业风险。这会降低对公司现在发行债券的评估。一个较低的债券评级接下来又会降低公司债券的现有市场价值。很显然，债券持有者不会对这个结果感到高兴。

为了降低这种利益冲突，债权人（债权投资者）和股东可能会达成协议，在债券合约中加入许多保护性条款。这些债券条款已经在第七章中更为详细地讨论了，但是，他们肯定会将这些条款看作是对公司管理层决策制定的限制。典型的限制性条款限制了普通股现金股利的发放，限制了资产的购买和销售，或是限制了进一步的债务融资。要确保经理人按照这些保护性条款行事，则意味着会产生监督成本。就像所有的监督成本一样，它们都由普通股股东所承担。此外，像其他成本一样，它们也需要一个十分重要的权衡取舍的分析。

图 12-8 展示了使用保护性条款中所蕴含的权衡取舍。注意（在图 12-8 的左图中），公司只有在一个非常高的利率下才可能销售一个不带保护性条款的债券。没有保护性条款，就没有与之相关的监督成本，同样，也没有经营效率的损失，例如可以很迅速地在并购市场上获得一家特定公司。与此相反，保护性条款降低了债务合约清楚规定的成本，但这会导致明显的监督成本和经营效率的损失（这些也会转变为更高的成本）。当第一次发行债务时，公司就必须做出这一权衡取舍。

| 无保护债券契约高利率；<br>低监管成本；<br>无损失的运营效率。 | 有保护债券契约低利率；<br>高监管成本；<br>损失很多运营效率。 |
| --- | --- |

**图 12-8　债务的代理成本：权衡**

接下来，我们不得不考虑在高杠杆和低杠杆水平下监督成本的表现情况。当公司在一个低到底的债务权益比率下运行时，债权人没有必要坚持一个较多的债券条款。财务风险没有充分到需要这样一个行为来保障。然而，当公司的债务权益比率比较高时，债权人要求更多的监督是合乎逻辑的。代理成本的增加将会增加债务融资的隐性成本（真实总成本）。那么监督成本会随着公司财务杠杆的提高而上升也显得合乎逻辑。正如公司失败（出现财务困境）的可能性会增加公司的总资本成本，代理成本也会影响公司的总资本成本。另一方面，这意味着公司的总价值（公司证券的总市场价值）将会因为代理成本而降低。总而言之，代理成本和与财务困境相关的成本都支持公司最优资本结构这一理念。

## 代理成本、自由现金流和资本结构

1986年，迈克尔·C. 詹森（Michael C. Jensen）教授进一步拓展了资本结构管理领域中资本成本的概念。詹森对这一概念的贡献在于他定义了"自由现金流"，定义如下：

> 自由现金流是超过公司需要，支撑所有以相关资本成本折现后拥有正的净现值项目资金的现金流。[1]

詹森随后指出，大量的自由现金流可能导致管理层的不作为和不符合公司普通股股东最佳利益的决策。换句话说，经理人有动机去持有自由现金流，并用它们享受消费，而不是将它们交出，比如以更高现金股利支付的形式发出。

但并不是所有的都是损失。这会导致詹森所说的使用债务的"控制假说"。这意味着通过使用财务杠杆（引入负债），公司的股东将会享受到对管理层团队的一个更大的控制。举例来说，如果公司发行新的债务，并用得到的收入来回购未到期的普通股股票，那么经理人就要义务支付用于偿还债务的现金——这同时也会降低可供他们享乐使用的自由现金流数量。

我们也可以称这种使用财务杠杆的动机为"威胁假说"，管理者在财务失败的威胁下工作，因此，根据资本结构的自由现金流理论，他们会更有效地工作。这被认为会降低自由现金流的代理成本，并随后被市场以更高的普通股回报率的形式所识别。

注意，资本结构的自由现金流理论并没有给出"多少财务杠杆是足够的"这一问题的一个理论上的答案。它也没有建议多少财务杠杆是过多了。它是一种为什么股东和他们的董事会会使用更多的债务来控制管理层行为和决策的思考方式。资本结构管理的基本决策工具仍然会被使用，本章后面将会介绍这一点。

---

**记住你的原则**

对债务产生的代理成本、自由现金流和控制假说的讨论让我们回到**原则 5：利益冲突导致代理问题**。詹森提出的控制假说认为，当经理人必须将自由现金流挤出来，以满足债务证券所要求的利息支出时，经理人会为股东更为努力地工作。但是我们也知道，经理人和债权投资者可能存在矛盾，从而导致使用债务融资的代理问题。因此，当增加的债务代理成本刚好抵消掉它所带来的益处时，使用负债来减小自由现金流代理问题的理论收益可能就会停止。你可以看到，财务经理确认他们最优的资本结构是多么困难。

---

[1] "Agency Cost of Free Cash Flow, Corporate Finance, and Takeovers" by Michael C. Jensen, from *American Economic Review* 76（May, 1986）.

### 管理上的应用

对资本结构理论的讨论给我们留下了什么呢？结果是确定公司的融资结构对公司的财务经理来说十分重要，因为公司的股东会受资本结构决策的影响。至少，在破产成本和代理成本变得足够具有破坏性之前，税盾效应会导致有杠杆的公司的股票相比于没有债务融资的公司，可以以较高的价格出售。因为过度使用财务杠杆会同时增加公司失败的风险和代理成本，财务经理必须在使用具有固定利率的资本时保持谨慎。搜寻最优的财务杠杆是我们的下一个任务。

你现在已经了解了资本结构理论的知识。它使你能够更好地为你的公司寻找一个最优的资本结构。有许多工具可以在搜寻过程中帮助你，并同时帮助你做出谨慎的融资决策。这些工具都是决策导向的。它们帮助我们回答这样一个问题：下一次我们需要 20 000 000 美元时，我们应该发行普通股股票还是出售长期债券？

> **概念回顾**
> 1. 什么是资本结构管理的目标？
> 2. 资本结构理论基本的争论是什么？
> 3. 用资本结构管理来解释独立性假说。
> 4. 解释公司的融资结构与它的平均资本成本关系的谨慎观点。
> 5. 代理成本和自由现金流是如何与资本结构管理相联系的？

## 资本结构管理的基本工具

我们将会考察在资本结构决策评估中经常使用到的两种基本工具。第一个是 *EBIT-EPS* 图，它提供了一个能够从公司每股收益（*EPS*）水平和波动性两个角度可视化资本结构的途径。我们要考察的第二个工具包含了使用财务杠杆比率来分析可比公司的资本结构。在这里，我们使用比率来标准化资本结构的信息，正如我们在第四章中所讨论的财务比率一样，这样我们就可以比较相似公司的资本结构。

### *EBIT-EPS* 分析

在我们开始分析可能的资本结构中每股收益和息税前利润的关系之前，我们需要提醒我们自己，分析这个问题为什么重要。具体来说，考虑到我们对资本结构理论的讨论，你可能会问：为什么公司的所有者会关心公司资本结构对每股收益的影响？对这一问题的一个可能的回答是，公司的 CEO 和董事会都对他们报告给华尔街的利润数字十分敏感。我们之前对这一敏感性提供的解释与对公司未来业绩的期望相关。举例来说，当一家公司宣布它的利润将会低于分析师的预期时，这通常会引发投资者对公司未来收益表现的预期上的一个修正。这一下调的修正随后会导致公司股票价格的下跌。因此，公司的管理层十分清楚投资者对利润的关注，并会在他们考虑公司资本结构的设计时将这一信息纳入考虑范围中。

假设在之前的表 12-4 中展示的计划 B 是珀西粮食公司目前的资本结构。而且，公司的资本结构使得公司的 *EBIT* 预期在很长一段时间内为每年 20 000 美元。一项成本为 50 000 美元的资本投资对珀西粮食公司是可行的。购买这项资产预期将会使未来的 *EBIT* 水平永久地增加到 30 000 美元。公司可以通过下列两种方法之一来筹集所需的资金：

1. 以每股 100 美元的价格销售 500 股普通股股票；

2. 初始可以给公司带来净利润为 50 000 美元的新债券，利率为 8.5%。

这些资本结构和对应的 *EPS* 数额如表 12-9 所示。

表 12-9　　　　　　　　　　　　分析珀西粮食公司的财务选择

| A 部分：资本结构 | | | | | |
|---|---|---|---|---|---|
| 现有资本结构 | | 新增普通股后资本结构 | | 新增负债后资本结构 | |
| 长期债务（8%） | 50 000 美元 | 长期债务（8%） | 50 000 美元 | 长期债务（8%） | 50 000 美元 |
| 普通股 | 150 000 美元 | 普通股 | 200 000 美元 | 长期债务（8.5%） | 50 000 美元 |
| | | | | 普通股 | 150 000 美元 |
| 总负债和所有者权益 | 200 000 美元 | 总负债和所有者权益 | 250 000 美元 | 总负债和所有者权益 | 250 000 美元 |
| 在外流通的普通股股数 | 1 500 | 在外流通的普通股股数 | 2 000 | 在外流通的普通股股数 | 1 500 |

| B 部分：规划的 EPS 水平 | | |
|---|---|---|
| | 现有资本结构（美元） | 新增普通股后资本结构（美元） | 新增负债后资本结构（美元） |
|---|---|---|---|
| *EBIT* | 20 000 | 30 000 | 30 000 |
| 减：利息费用 | 4 000 | 4 000 | 8 250 |
| 税前利润 | 16 000 | 26 000 | 21 750 |
| 减：税（50%） | 8 000 | 13 000 | 10 875 |
| 净利润 | 8 000 | 13 000 | 10 875 |
| 减：优先股股利 | 0 | 0 | 0 |
| 普通股股东收益 | 8 000 | 13 000 | 10 875 |
| *EPS* | 5.33 | 6.50 | 7.25 |

在 30 000 美元的预期 *EBIT* 水平下，普通股方案和债券方案的 *EPS* 分别为 6.50 美元和 7.25 美元。两项都显著高于 5.33 美元，即当新项目被拒绝，新资本未融入所达到的 *EPS* 水平。根据融资计划的标准需选择提供最高 *EPS* 的方案，债券方案则更被看好。但是如果公司所暴露的商业风险导致公司的 *EBIT* 在很大范围内波动呢？我们可以确信债务方案总是会产生更高的 *EPS* 吗？

**步骤 1：制定策略**

讨论这一问题的最好方法，是使用每股收益与息税前利润的图形分析（这就是 *EBIT-EPS* 图）。横轴表示 *EBIT*，纵轴表示 *EPS*。在横轴上的交点代表了每一个方案的等价税前融资费用。每一个方案的直线告诉我们在不同的 *EBIT* 水平下公司的 *EPS* 数值。

**步骤 2：计算数值**

对图 12-9 中所显示的 *EBIT-EPS* 图的考察，我们发现上述问题的答案是否定的。也就是说，债券方案并不总是拥有更高的 EPS。画出 EBIT-EPS 分析图，使得决策制定者可以从视觉上观测到不同的融资方案在一定范围内的 EBIT 水平下对 EPS 的影响。

注意，在 EBIT 为 4 000 美元的水平下，使用普通股票这一融资方案带来的 EPS 为零。而在债务方案下，当 EPS 为零时，EBIT 的水平为 8 250 美元。注意，债券方案的 8 250 美元包含了现有利息支出的 4 000 美元和新利息支出的 4 250 美元。

债券方案的融资曲线要比普通股融资方案的曲线更为陡峭。这告诉我们，债券方案的 EPS 要比普通股融资方案对 EBIT 的变动更为敏感。这是因为财务杠杆被引入了。另一个观察是两条线的交点，在这一点上，两个融资方案所带来的 EPS 都是相同的。在这个交点之上，拥有更高杠杆的方案要比较低杠杆的方案产生更高的 EPS。在图 12-9 中用圆圈圈出的交点，出现在 EBIT 为 21 000 美元的水平上。这两个资本结构选项的交点带来的 EPS 为 4.25 美元。对于所有高于 21 000 美元的 EBIT 水平，债券方案都要提供一个更高的 EPS，而所有低于 21 000 美元的 EBIT 水平，普通股方案则会提供一个更高的 EPS。

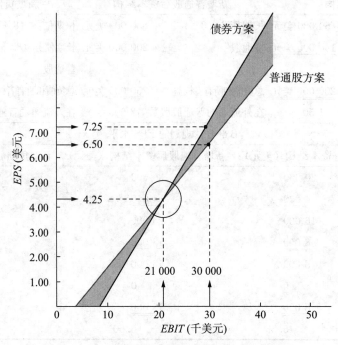

**图 12-9　珀西粮食公司的 EBIT-EPS 分析图**

**步骤 3：分析结果**

EBIT-EPS 分析告诉投资者一个给定 EBIT 下的 EPS 水平。但是，由于公司的 EBIT 是不确定的，而且即使提前确定地知道，但能够带来最高 EPS 水平的资本结构也可能不被确定。

**计算无差异点**　图 12-9 中的交点被称为 **EBIT-EPS 无差异点**（EBIT-EPS indifference point）。它标记了无论财务经理选择哪种融资方案，EPS 都会对应相同的 EBIT 水平。这一无差异点有时也被称为盈亏平衡点，它在财务计划中有很重要的应用。在 EBIT 数量超过 EBIT 无差异水平的情况下，公司使用的财务杠杆越高，所产生的 EPS 也会越高。而在 EBIT 数额低于 EBIT 无差异水平的情况下，包含较少的财务杠杆的融资计划将会产生更高的

$EPS$。因此了解 $EBIT$ 的无差异水平十分重要。

我们可以从图形中发现这一点，如图 12-9。当然，有时候直接计算 $EBIT$-$EPS$ 无差异点更为有效。这可以通过使用下列公式完成：

$$\underset{EPS：普通股方案}{\underline{\frac{(EBIT-I_s)(1-T_c)-P}{S_s}}}=\underset{EPS：债券方案}{\underline{\frac{(EBIT-I_b)(1-T_c)-P}{S_b}}} \tag{12-7}$$

其中，$S_s$ 和 $S_b$ 分别是普通股方案和债券方案下未到期的普通股股数，$I$ 是利息支出，$T_c$ 是公司的所得税税率，$P$ 是公司的优先股股利。在现在的案例中，$P$ 为零是因为没有未到期的优先股。如果优先股与两个融资方案有关，那么一定要记住，优先股股利 $P$ 是不可以抵税的。式（12-7）将这一状况考虑了进去。

对于目前的例子来说，我们可以计算 $EBIT$ 的无差异水平：

$$\frac{(EBIT-4\,000 \text{美元})(1-0.5)-0}{2\,000}=\frac{(EBIT-8\,250\text{美元})(1-0.5)-0}{1\,500}$$

求解上面关于 $EBIT$ 的公式，我们可以得到 $EBIT=21\,000$ 美元。如果 $EBIT$ 刚好等于 $21\,000$ 美元，那么两个融资方案下的 $EPS$ 都为 4.25 美元。

**需要谨慎的世界** 现在我们知道，如果 $EBIT$ 高于盈亏平衡点，使用更高的财务杠杆可能会给公司带来更高的利润。但这也不是我们从这一分析中需要得到的结果。举例来说，假设在两种资本结构政策下，$EBIT$ 预期有 99% 的可能高于盈亏平衡点。这是否意味着我们应该自动选择高杠杆的方案呢？答案正如你可能想到的，是"否"。下面是思考这一问题的逻辑。公司使用的财务杠杆越高，$EBIT$-$EPS$ 直线的斜率也越陡峭，这意味着在给定 $EBIT$ 变动的情况下，公司将会遭受更大的 $EPS$ 波动。首席执行官们和公司的董事会由于我们之前所说的原因而关心这种波动。也就是说，如果公司不能够满足投资者的利润预期，投资者将会修改他们对公司未来利润前景的预期，将预期下调，从而公司的股价会下跌。所以，更高的财务杠杆增加了不可预期的 $EBIT$ 扰动给报告所需的 $EPS$ 带来巨大打击的可能性，这就是真实情况中的担忧来源。

那么我们应该如何解读和使用 $EBIT$-$EPS$ 图来分析资本结构设计问题呢？像许多财务分析工具一样，答案是包含了管理层的专业判断。$EBIT$-$EPS$ 图只是一个简单的用来了解使用高杠杆或低杠杆后果的工具。而是否使用更高的或更低的财务杠杆的决定，必须在将所有影响公司资本结构决策的因素都考虑了之后才能够做出。举例来说，在下一小节，我们将学习可比性财务比率的使用，它可以揭示公司的资本结构与相同行业中的其他公司或竞争企业的相似程度。

## 可比较杠杆比率

在第四章中，我们涵盖了总体有用的财务比率分析。杠杆比率，作为财务比率种类中的一种，也在那一章中被定义。我们在这里强调，杠杆比率的计算是资本结构管理基础工具之一。

当公司面临一个融资决策时，两种杠杆比率必须被计算。我们叫它们**资产负债表杠杆比率**（balance-sheet leverage ratios）和**偿债能力系数**（coverage ratios）。公司的资产负债表提供了计算资产负债表杠杆比率的输入量。在很多形式中，我们使用这些资产负债表的衡量标准，以此来比较由债权人支撑公司资金使用的情况和那些由股东来支撑公司资金的情况。

偿债能力系数的输入量通常从公司的损益表中得到。有时，分析师可能不得不参考资产负债表的信息来构建一些必需的估计量。无论数据的来源是什么，偿债能力系数提供了对公司偿还其融资合约能力的估计。高的偿债能力系数相比于标准的比率来说，代表了未被使用的债务容量。

在现实中，我们知道 $EBIT$ 可能被预期在一个较大范围的结果内变动。由于这个原因，偿债能力系数也应该多次被计算，每一个都选定一个不同水平的 $EBIT$。如果在所有可能的 $EBIT$ 水平下，这一数值都被计算，我们就可以构建出对每个偿债能力系数的概率分布。相比于仅仅计算预期 $EBIT$ 水平下的偿债能力系数，这种方式为财务经理提供了更多的信息。

### 行业惯例

可比较杠杆比率只有在某些标准型可以比较时才能被使用。通常来说，公司金融分析师、投资银行家、商业银行贷款人员和债券评级机构都依赖行业分类来计算"正常"比率。尽管行业的分组可能实际上会包含很多基础商业风险差异很大的公司，这一应用仍然在美国商业行为中根深蒂固。至少，金融人员必须对行业标准感兴趣，因为几乎所有其他人都在使用它。

资本结构比率在不同行业分类间差别很大。举例来说，对大型零售企业普通股比率的随机抽样结果，看起来就和从钢铁制造商得出的统计结果不同。主要的钢铁制造商要比大型零售企业所使用的财务杠杆要低。总体来看，在相同的行业经营的企业倾向于拥有一个详尽的资本结构比率，商业风险水平在行业与行业之间差异巨大，因此，资本结构管理在行业与行业之间也有所不同。

这也不是说在同一个行业中的所有企业都会保持一个与惯例接近的杠杆比率。举例来说，盈利性很高的公司可能会有较高的偿债能力系数和较高的资产负债表杠杆比率。而盈利性相对较为温和的公司可能会认为这样一种方式过于具有风险了。在这里，行业管理的杠杆比率的用处是明显的。如果公司在主要比率方面选择了一个与行业所接受的价值差别很大的比例，那么这背后一定有一个充足的理由。

### 现实的资本结构管理一瞥

我们现在要检验财务管理人员对加强资本结构管理重要性的一些看法和实践。一项针对 392 名公司管理层的调查揭示了一系列因素的重要性，这些因素通常被认为是在公司的资本结构中决定是否使用负债的重要因素。[①]

十个因素为需要决定资本结构设计和管理问题的财务经理提供了一些实用的指导。我们来简单地看看每一个因素，了解为什么它们与资本结构决策相关。

**财务灵活性**　当一个公司需要筹集额外的资金时，如果它有选择的余地，那么它在谈判中的地位就会更高。举例来说，在过去使用较少债务的公司会发现，它比那些过去借债较多的公司更容易借入资金或发行新的股票。

---

① John Graham and Campbell Harvey, "How do CFOs make capital budgeting and capital structure decisions?", *Journal of Applied Corporate Finance*, Volume 15, Number 1, Spring 2002, 8 – 23.

**信用评级** 在评级体系中下降一个评级会导致公司借贷成本的上升，所以如果可以的话，经理人会尽量避免此事发生。[①] 而且，公司有时会在它们的一些债务合同上加入一些保护性条款，要求公司保持一个特定水平的信用评级。举例来说，安然公司的破产是由于公司的信用评级降低所引发的，这使得安然公司低于投资级。公司还有数十亿美元的债务未到期，而这些债务都要求它保持在 BBB 或是更高的信用评级上。

**不充足的内部资金** 公司在筹集新的资金时都倾向于按照一个优先顺序（优序融资理论）。这在很长时间内是一个被大家所共知的事情。公司通常用来支撑运营的融资顺序，都是从内部产生的利润开始的，紧接着是债务融资，最后是发行新的股票。

**利率水平** 在其他条件保持不变时，公司更倾向于在利率相对于预期较低的时候借入贷款。举例来说，当利率达到历史上的较低水平的时候，一个首席财务官可能会更倾向于达成一个长期的债务合约。然而，很少有证据能够表明，一个首席财务官或任何人有那样的才能知道什么时候的利率较低，什么时候利率将会上升，什么时候利率会下降。但是，这一因素成为极其重要的影响因素所需的条件，是对未来利率变化路径的较强的看法。

**利息的节税效应** 不像支付给股东的股利，利息支出是可以抵税的支出。这一抵税的特点可以看作是对公司借款的补贴，使得债务相比于其他融资来源来说看起来更为便宜。

**交易成本和费用** 当一个公司在债务和股票之间选择时，它所面临的是两种非常不同的成本。举例来说，债券持有者根据债务合约中的规定接受利息和本金支付。这种类型的证券相对直接，它的价值取决于公司的信用程度。但是，当公司在发行证券时，并没有限制股票购买者能获得多少收入。这意味着相比于发行债券，发行股票要非常高的交易成本才能吸引投资者成为股东。因此，发行股票明显较高的成本使它成为一种不太具有吸引力的融资来源。

**股票价格过高/过低** 之前，我们提到首席财务官们经常会试图选择他们发行债务的时点，来获得非正常的低利率的好处。相同的观点在股票发行中也适用。举例来说，如果一个 CFO 认为公司的股价被过低地估计了，他会想要借入资金而不是发行新的股票，面临股票价格进一步下降的风险。我们再一次强调，没有证据证明公司的管理层能够更好地预测他们公司的股票价格，就像他们无法预测未来的利率一样。

**可比公司的债务水平** 拥有相近业务的公司倾向于保持相近的资本结构。从贷款人和评级机构双重角度考虑，这都是十分重要的。因为它们在确定信用条款和信用评级时，都经常将公司的债务比率和可比公司的债务比率进行比较。

**破产/财务困境成本** 公司在过去使用的债务越多，公司在某一时点所面临的财务困境或者是破产的可能性就越高。这一风险组成了公司信用评级的基础。

**客户/供应商的不便** 债务融资的使用所带来的财务困境的一个重要来源，在于公司客户（害怕财务困境可能会中断他们的一个重要供给）和公司的供应商（害怕财务困境会中断他们对货物或服务的重要需求来源）。如果供应商向企业提供了一定的商业信用，后者的情况就更为复杂。如果企业破产，这些都会成为风险。

在阅读并讨论了这十个因素的每一个之后，你可能已经开始思考资本结构管理更像是一门艺术而不是科学。换句话说，没有一个你可以直接使用来求得最优资本结构的神奇公式。但是，考虑到 CFO 们最后必须做出和达成公司的资本结构，你应该了解到一些基础的考虑方向。而且，财务经理们的评论也都表明了对目标债务比率的广泛使用。

---

① 我们在第七章中的债务评级中讨论过。

## 全球的资本结构

公司对债务融资的使用受到很多因素的影响，其中之一就是受到公司所在东道国的限制。要解释这一点，首先考虑一下下表中各个国家提供的债务比率中位数*（总债务除以公司的市场价值）。

| 国家 | 杠杆比率 |
| --- | --- |
| 韩国 | 70% |
| 巴基斯坦 | 49% |
| 巴西 | 47% |
| 泰国 | 46% |
| 印度 | 40% |
| 日本 | 33% |
| 中国 | 33% |
| 法国 | 28% |
| 比利时 | 26% |
| 墨西哥 | 26% |
| 智利 | 21% |
| 德国 | 17% |
| 英国 | 16% |
| 美国 | 16% |
| 希腊 | 10% |

我们观察到最高的债务比率出现在韩国，其杠杆比率接近70%，而最低的只有10%，出现在希腊。美国的杠杆比率中位数只有16%，可以说十分低。然而，这些比率是基于公司的市场价值而不是账面价值计算的结果。

在不同的国家，什么样的因素可能会鼓励企业使用债务呢？研究者发现其中一个因素是，如果公司所在地国家的法律体系提供了对金融资产的更好保护，企业会更倾向于使用较少的总债务，而它们使用的债务也倾向于拥有更长的到期期限。此外，正如你可能预期的，公司经营所在国的税收政策也在公司使用的债务水平中占据了重要角色。

* 公司的市场价值为公司普通股股票的市场价值加上公司优先股和债务的账面价值。

资料来源：Joseph P. H. Fan, Sheridan Titman, and Garry J. Twite, "An International Comparison of Capital Structure and Debt Maturity Choices" (October 2008). AFA 2005 Philadelphia Meetings available at SSRN: http://ssrn.com/abstract=423483.

### 概念回顾

1. 解释 EBIT-EPS 无差异点的含义。
2. 不同的杠杆比率和行业管理是如何应用在资本结构管理中的？
3. 指出影响到公司债务发行的几个因素。
4. 为什么资本结构的设计既是艺术又是科学？

## 1. 辨别商业风险和财务风险

📘 **小结**：公司的商业风险来源于公司的竞争环境。这一风险导致了公司的销售收入随着外部总体经济的变化和公司经营所在特定产业的变化而波动。公司可以进一步扩大这一波动，举例来说，如果公司决定购买厂房和设备而不是租用它们。在前面的案例中，公司将会产生有关厂房和设备的固定成本，即使公司不生产任何产品，而这增加了公司的风险。而且，公司可以在它们的资本结构中选择不同的资本来源，例如具有固定财务义务的向本金和利息支付的债务等。商业风险、经营风险和财务风险的共同作用决定了公司未来利润流的风险程度。

✒️ **关键术语**

商业风险：由公司所选择的特定商业领域直接给公司未来利润带来的风险。

经营风险：由公司运营时所选择的固定成本与可变成本比例带来的风险。

财务风险：由公司资本结构导致的固定财务成本组合而造成的风险（变动的财务成本如宣布和发放的股利）。

## 2. 使用盈亏平衡分析法

📘 **小结**：对于任意一个商业运营而言，盈亏平衡数量或是盈亏平衡水平下的收入都是重要的。盈亏平衡十分关键，因为它告诉了企业的经理，企业能够偿还短期债务所需的最少销售数量或销售收入。

✒️ **关键术语**

盈亏平衡数量：公司在获得利润之前必须要卖出的商品数量。

固定成本：不随销量或产量变化而变化的成本（以美元计价），也被称作间接成本。

间接成本：参见固定成本。

可变成本：总量随销量或产量变化而变化的成本（以美元计价），也被称作直接成本。

直接成本：参见可变成本。

总收入：总销售金额。

产出数量：在一定时间内生产或出售的商品数量。

✒️ **关键公式**

$$\text{盈亏平衡水平下的收入} = \frac{\text{固定成本}}{1 - \dfrac{\text{可变成本}}{\text{收入}}}$$

## 3. 理解经营杠杆、财务杠杆和综合杠杆之间的关系

📘 **小结**：公司在一段时间内所报告的利润的波动对投资者来说是一个十分重要的信息，因此公司的管理层了解是什么导致了这个波动也十分重要。结果发现，利润在一段时间内的波动很大程度上是由公司所做出的决策推动的。这些决策涉及公司经营的商业类型；公司所做出的经营性决策，这会决定公司的固定成本和可变经营成本；公司做出的财务决策涉及是否借入资金。公司所做的商业、经营模式（固定成本相对于可变经营成本）和财务风险（固定成本相

对于可变的财务成本）的决策综合决定了公司的利润将如何随着经济形势的变化而变化。举例来说，如果经济进入到一个快速增长的时期，那么那些销售人们在经济扩张期所需产品（如豪华汽车、轮船和消费者耐用品）的企业的销售收入将会遇到一个非正常的上涨。如果这些相同的企业将要经历经济的一个下行期，那么与那些销售更为必需的商品或服务，如食品和服装的企业相比，它们的销售收入也将会不成比例地下降。净的结果将会是销售消费者耐用品或是奢侈品的企业利润将会遇到一个很大的下滑。

### 关键术语

**经营杠杆**：来自固定的不随公司销售水平变化的运营成本。

**财务杠杆**：来源于公司对需要一个固定回报的融资来源的运用。这一形式融资所受到的限制就是拥有固定利率的债券，公司必须在特定的时间点支付一个事前设定的利息和本金。

**综合杠杆**：经营杠杆和财务杠杆共同作用的结果。经营杠杆和财务杠杆会彼此放大，使得综合了经营杠杆和财务杠杆之后公司的总杠杆更大。

### 4. 讨论最优资本结构的概念

**小结**：一个公司的资本结构被定义为公司在过去筹集资金所使用的融资来源的组合。每一个来源的成本随后决定了公司的总资本成本。在第九章中，我们定义它为加权平均资本成本。最优资本结构的想法只是一个会导致最低可能的加权平均资本成本的特定融资来源组合。

许多已经建立的资本结构理论都试图解释公司的资本成本是如何随着融资来源组合的变化而变化的。早期的理论使用了对投资者行为非常具有限制性的假设，认为公司的资本结构不会随着公司所使用的融资来源组合的改变而改变。然而，这一结果忽略了根植在公司税收法令中税收带来的偏差，支付给债权人的利息支出对公司来说是可以抵税的，而支付给优先股或普通股股东的股利是不能抵税的。这意味着在其他条件保持不变的情况下，使用更多的债务对公司是有利的。在这个推测下，一个公司可以对它的资本结构做的最好的事，看起来就是借入尽可能多的债务。但是，使用过高的杠杆会带来成本。拥有过多的债务意味着公司在非常差的经济环境下，会发现自己不能够偿还债务的利息和本金。这一违约的直接后果，就是公司的普通股股东将会失去他们所投资的公司中的所有资金，因为在公司破产时，公司的债权人将会接管整个公司。因此，大多数有经验的经理都相信需要在债务带来的好处（利息的节税效应）和坏处（违约风险的增加）之间进行权衡取舍，这构成了存在一个最优资本结构的想法的基础。

### 关键术语

**财务结构**：出现在资产负债表右手边所有资金的组合。

**资本结构**：公司所使用的计息短期债务和长期债务加上股票资金的组合。

**债务的期限组合**：公司所使用的长期贷款与短期贷款的组合。

**债务—股权组合**：公司在资本结构中所使用的负债与股权的组合。

**最优资本结构**：用以筹集一定量资金，最小化公司组合资本成本（或是最大化普通股股价）的资本结构。

**税盾**：由于利息支出的节税作用而带来的税收的减少。

**最优财务结构范围**：在公司的资本结构中，会给公司带来最低的综合资本成本的债务范围。

**债务容量**：公司为了保持它现有的信用评级，从而可以在它的资本结构中包含的最大数量的负债。

### 5. 使用资本结构管理的基本工具

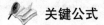 **小结**：尽管关于最优资本结构的存在有许多理论，分析最优资本结构可能仍然是一个困难的事情。因此，经理们更常见的是从观察其他公司，分析它们做了什么开始对资本结构进行分析。换句话说，他们首先模仿其他相近的公司，然后再分析偏离被他们认为是可比公司的实践经验会发生的后果。经理们也会分析不对资本结构进行选择时对公司报告的利润波动性的影响。这里的想法是使用更多的债务会导致公司利润的波动性更大，而投资者通常不喜欢不确定性。

### 关键术语

*EBIT-EPS* 无差异点：使得两种不同的融资方案下的每股收益（*EPS*）相等的息税前利润（*EBIT*）水平。

资产负债表杠杆比率：公司使用的财务杠杆或债务资本相对于公司总资本或权益资本的比例。由于计算这些比率所需要的信息都可以从资产负债表中找到，我们称这种比率为资产负债表杠杆比率。

偿债能力系数：公司的利润相对于公司借款所需的利息和本金支出的比例。

### 关键公式

$$\underset{\text{EPS：普通股方案}}{\frac{(EBIT-I_s)(1-T_c)-P}{S_s}} = \underset{\text{EPS：债券方案}}{\frac{(EBIT-I_b)(1-T_c)-P}{S_b}}$$

其中，*EBIT*＝息税前利润；

$I$＝利息支出；

$T_c$＝公司的所得税税率；

$S$＝未到期的普通股股数。

$$\text{复习题}$$

**12-1** 在这一章的引言中，我们知道 AT&T 公司通过在公开的债券市场发行债券借到了 30 亿美元。尽管这听起来好像很多钱，AT&T 公司在 2011 年年末共欠下了 650 亿美元的公司债。公司在 2011 年拥有超过 2 700 亿美元的总资产。AT&T 公司新发行的债券将会使公司的资产负债率提高多少？

**12-2** 区别商业风险和财务风险。是什么导致了上述每个风险的产生？

**12-3** 给出财务杠杆的定义。如果目前公司的资本结构中有优先股，公司使用了财务杠杆吗？

**12-4** 给出经营杠杆的定义。经营杠杆会对公司产生什么样的作用？

**12-5** 你所在公司的经理决定使用盈亏平衡分析。该名经理应该意识到该方法有哪些缺点？

**12-6** 盈亏平衡分析假设线性的收入和成本函数。现实生活中，这些线性函数在较大的产量或销售水平下会背离，为什么？

**12-7** 给出下列概念的定义：

a. 财务结构；

b. 资本结构；

c. 最优资本结构；

d. 债务容量。

**12-8** 使用 *EBIT-EPS* 分析法作为融资决策工具的最大缺点是什么？

**12-9** 资本结构管理的目标是什么？

**12-10** 为什么销售水平在一段时间内剧烈变化的公司会在资本结构中选择保守地使用债务？

**12-11** 独立性假说应用在资本结构理论中指的是什么？

**12-12** 许多 CFO 相信公司的资本成本是茶碟形的或是 U 形的。这意味着什么？

**12-13** 给出 *EBIT-EPS* 无差异点的定义。

**12-14** 解释行业惯例是如何被财务经理使用到公司融资结构的设计当中的。

---

## 课后问题

**12-1** （商业风险和财务风险）下列新的利润波动的来源哪些代表了商业风险，哪些代表了财务风险？讨论你的决策理由。

a. 阿摩司·古丁（Amos Gooding）房地产公司最近修建了一栋新的办公大楼，并借入了100％的资金来支持这一项目。

b. 票据交换外包（Clearing House Outsourcing）公司过去向一家印刷工厂付款以打印它所有的文件。然而，去年公司购买了自己的印刷社（用现金支付）。

c. 史密瑟斯（Smithers）公司是一个零售商店，销售户外野营设备。公司最近决定购买一个高尔夫课程。

**12-2** （盈亏平衡分析）你已经有了雨果·博斯（Hugo Boss）公司的利润表，如下所示。它代表了公司最近一年的运营情况，截止日期为今天。

（单位：美元）

| | |
|---|---:|
| 销售收入 | 50 439 375 |
| 可变成本 | −25 137 000 |
| 减固定成本前收入 | 25 302 375 |
| 固定成本 | −10 143 000 |
| *EBIT* | 15 159 375 |
| 利息费用 | −1 488 375 |
| 税前利润 | 13 671 000 |
| 税费（50％） | −6 835 500 |
| 净利润 | 6 835 500 |

你的上司刚刚给了你一份备忘录，希望你能提供一份对下列问题的答复：

a. 公司盈亏平衡点上的销售收入水平是多少？

b. 如果销售收入增加 30%，公司的息税前利润（净利润）会增加多少？

**12-3** （盈亏平衡点和销售价格）帕克斯·卡斯汀（Parks Casting）公司将要在明年制造和销售 200 000 单位产品。总固定成本为 300 000 美元，可变成本为销售收入的 60%。

a. 公司希望能达到 250 000 美元的息税前利润水平。要达到这一结果，公司产品的单位销售价格必须是多少？

b. 构造一个分析利润表来确认你在问题 a 里的答案。

**12-4** （盈亏平衡点和经营杠杆）鞋类（Footwear）公司为独立的商人生产全套男式和女士礼服鞋子。它所完成的产品每双平均售价为 85 美元。每双鞋的可变成本为 58 美元。鞋类公司每年产生的固定成本为 170 000 美元。

a. 以鞋子双数衡量的公司盈亏平衡点是多少？

b. 公司达到盈亏平衡点所必须达到的销售收入是多少？

c. 在下面的销售产量下，公司的盈利或亏损是多少：7 000 双鞋子？9 000 双鞋子？15 000 双鞋子？

**12-5** （经营杠杆）落基山金属（Rocky Mount Metals）公司制造一种燃烧木料的炉具。每一套的平均售价为 500 美元。与之相关的可变成本为每单位 350 美元。公司每年的固定成本平均为 180 000 美元。

a. 公司以单位计价的盈亏平衡点是多少？

b. 公司达到盈亏平衡点所必须达到的销售收入是多少？

c. 销售水平在 5 000 单位时，公司的经营杠杆水平是多少？

d. 如果公司的销售水平按销售收入计算增长了 20%，公司的息税前利润预期将会增长多少？

**12-6** （资本结构理论）将下列定义与相应的术语连接起来。

| 术语 | 定义 |
| --- | --- |
| 独立性理论——考虑公司税 | 资本成本不受公司债务融资和股权融资决策的影响。 |
| 独立性理论——无税 | 资本成本随着公司引入债务来代替股权融资而下降，但最后随着债务水平的上升而上升。 |
| 茶碟形资本成本曲线 | 资本成本随着公司对债务融资依赖的增加而一直下降。 |

**12-7** （资本结构理论）下列看法中哪一个最合理地描述了代理成本是如何影响一个公司的资本结构选择的（并给出解释）？

a. 当公司的所有者借入资金时，他们有动机承担过多的风险（也就是说投资极具风险的项目），因为他们在管理其他人的钱。

b. 当公司拥有很少的投资机会、较少的债务融资和健康的利润时，它们提供了自由现金流，公司的管理层团队可能会将公司的盈利浪费在有问题的投资上。

**12-8** （*EBIT-EPS* 分析）两个善于发明的企业家吸引了一群风投人士来支持他们的新商业项目。所提出的方案包括用以服务于灵巧的家庭花园工具整条产品线的国际零售连锁店。该连锁商店将会建在拉丁美洲交通发达的城市，如巴拿马、波哥大、圣保罗和布宜诺斯艾利斯。企业家提出了两个融资方案。方案 A 是一个全权益的结构，通过发行 16 000 股的普通股筹集 500 万美元。方案 B 涉及长期债务融资的使用，通过出售实际利率为 14% 的债券募集 300

万美元。在这种情况下，剩下的 200 万美元通过出售 64 000 股的普通股筹集。在方案 B 下筹集到的债务资金没有一个固定的到期日，因为财务杠杆的这一部分被看作是公司资本结构的永久性部分。两个具有潜质的企业在它们的分析中决定使用 35％的税率，它们雇用你提供咨询建议：

a. 找到与这两种融资方案相关的 *EBIT* 无差异水平。

b. 为这两种方案准备利润表，证明在问题 a 中的 *EBIT* 水平下，不论哪种融资方案的 *EPS* 都是相同的。

**12－9** （*EBIT-EPS* 分析）一群退休的大学教授决定组建一个小型的制造公司。公司将要生产传统的办公家具的全套产品线。投资者提出了两个融资方案。方案 A 是一个全普通权益的方案。在这一协议下，100 万股普通股将会以每股 20 美元的净收益出售。方案 B 涉及财务杠杆的应用。一个到期期限为 20 年的债务发行将会通过私募的方式募集，债务发行的利率为 10％。公司借入的本金为 600 万美元。公司的税率为 50％。

a. 寻找与这两种融资方案相关的 *EBIT* 无差异水平。

b. 为这两种方案准备利润表，证明在问题 a 中的 *EBIT* 水平下，不论哪种融资方案的 *EPS* 都是相同的。

c. 画出这种情形下的 *EBIT-EPS* 分析图。

d. 如果一个具体的财务分析预测现实长期的 *EBIT* 接近于每年 240 万美元，哪一个融资方案能提供更高的 *EPS*？

**12－10** （评估杠杆的应用）三家公司的部分财务信息如下表所示：

| 衡量指标 | A 公司 | B 公司 | C 公司 | 行业标准 |
| --- | --- | --- | --- | --- |
| 债务比率 | 20％ | 25％ | 40％ | 20％ |
| 利息保障倍数 | 8 倍 | 10 倍 | 7 倍 | 9 倍 |
| 市盈率 | 9 倍 | 11 倍 | 6 倍 | 10 倍 |

a. 哪个公司看起来过度使用杠杆了？

b. 哪个公司所使用的财务杠杆是最合适的水平？

c. 相比于公司 A，公司 B 拥有一个更高的市盈率，你能给出什么样的解释？

## 案例分析

1. 假设你最近被一家相对较新的、高杠杆的滑雪器具制造公司雇用为一名财务分析师。该公司位于科罗拉多罗克山的脚下。你所在的公司只生产一种产品——一种艺术形式的滑雪器具。公司已经运营了一段时间，但没有任何关于它所面临的商业和财务风险的量化信息。

滑雪季节刚刚结束。公司的主席刚好开始将注意力转到管理业务的财务方面上来。他和首席财务官玛丽亚·桑切斯（Maria Sanchez）预约好了一个下周的会议，准备讨论公司所面临的商业风险和财务风险。

因此，玛丽亚·桑切斯叫你去准备一个帮助她与主席讨论的分析报告。作为你工作中的第一步，你根据公司的成本结构汇总了下列信息：

| | |
|---|---|
| 产出水平 | 80 000 单位 |
| 运营资产 | 4 000 000 美元 |
| 资产周转率 | 8 倍 |
| 运营资产收益 | 32% |
| 经营杠杆水平 | 6 倍 |
| 利息费用 | 600 000 美元 |
| 税率 | 35% |

下一步，你需要确定公司产量的盈亏平衡点。你的观点之一是你常常准备辅助性的工作文件，这些可以帮助你展示你是如何得到结论的。你知道玛丽亚希望通过这些工作文件来辅助她对你工作的看法。你也知道，玛丽亚希望你能够准备可以展示给主席的材料，对下列问题的回答构成了她与主席讨论的基础：

a. 公司盈亏平衡水平下的销售收入是多少？

b. 如果销售增长了 30%（如主席所预期），税前收入 $EBT$ 和净利润将会增加多少？

c. 准备另一个利润表，来佐证你在问题 b 中的计算。

2. 美国野营（Camping USA）公司在新墨西哥州的阿尔布开克营业了仅两年，它是一家全套露营帐篷的新生产商。你现在在这家公司以首席财务官助理的身份实习。公司的所有者和首席执行官汤姆·查尔斯（Tom Charles）决定现在是时候了解更多公司所面临和必须解决的商业风险和财务风险了。因此，首席财务官让你准备一份分析材料，来辅助他与汤姆·查尔斯下周的会议。

要做出必要的计算，你已经将下列有关成本结构的数据汇总到一起：

| | |
|---|---|
| 产出水平 | 120 000 单位 |
| 运营资产 | 6 000 000 美元 |
| 资产周转率 | 12 倍 |
| 运营资产收益 | 48% |
| 经营杠杆水平 | 10 倍 |
| 利息费用 | 720 000 美元 |
| 税率 | 42% |

CFO 指导你首先要确认公司的盈亏平衡数量。他要求你准备一些辅助性文件，这些文件能够展示你是如何得到你的结论的，并且能够帮助他评估你的工作。因此，你需要准备一个分析性公司利润表来展示给 CFO。按照 CEO 讨论会上要求的格式，你同时也需要为下列问题准备答案：

a. 公司盈亏平衡水平下的销售收入是多少？

b. 如果销售收入增加 40%，税前收入 $EBT$ 和净利润将会增加多少？

c. 准备另一个利润表，来佐证你在问题 b 中的计算。

# 第十三章

# 股利政策和内部融资

1. 描述支付股利和留存公司收益之间的权衡。
2. 股利政策影响公司股价吗？
3. 讨论股利政策的约束、常用的股利政策和股利支付程序。
4. 解释为什么有时候公司支付非现金股利。
5. 区分现金股利和股票回购。

技术巨人苹果公司在 2012 年 3 月宣布一项计划，公司决定将在第 4 季度发放每股 2.65 美元的现金股利，此外回购 100 亿美元的股票。支付股利和回购股票带来的综合效应是 450 亿美元。有趣的是，这并不是苹果公司第一次发放股利。除了 1995 年年末，由于公司的商业前景恶化，迫使公司董事会停止发放股利之外，公司已经连续 8 年支付股利了。[1] 至少在现在看来，苹果公司的股利支付十分安全。因为 2011 年苹果公司在发放了股利和回购完股票之后，它的现金持有量仍然增加了 350 亿美元。

为什么一个投资者应该关注公司的现金股利发放呢？答案很简单，因为这些现金派发代表了股东这项投资所取得的回报。因此，这些派发正是公司为它的所有者创造价值的有力证明。但不是所有的公司都会派发现金股利或是回购股票的。举例来说，苹果公司在早些年成长迅速，需要所有内部产生的利润来支持其成长，那时，它并不发放任何现金。与之类似，2011 年，高速成长的高科技巨人谷歌公司从它的运营中获得了 98 亿美元的利润，并持有超过 440 亿美元的现金加可交易金融资产，但是并没有支付现金股利。那么在公司不派发任何现金的情况下，谷歌公司的股票为什么在 2012 年 3 月 26 日仍然在每股 650 美元

---

[1]　Casey Newton, Apple to offer quarterly dividend, buy back shares, *SFGate*, March 20, 2012 (http：//www.sfgate.com/cgi-bin/artical.cgi? f＝/a/c/2012/03/19/BU201NN0EH.DTL&.type＝business).

的位置徘徊呢？答案是投资者预期公司会在未来的某一时刻发放现金，正如苹果公司曾经做的那样。所以，预期的股利和股票回购才是股票估值中所用到的现金流（原理1）。

因为公司的目标应该是最大化公司普通股的价值，管理层决策的成功与失败只能通过他们对股价的影响进行评估。我们观察到公司的投资决策（第十、十一章）、融资决策（第十二章）可以增加公司的价值。当我们在审视公司有关股利和内部融资（公司的资本结构有多少来源于内部产生的现金流）的政策时，我们需要回到相同的基础问题上去：经理人能够通过公司的股利政策影响公司的股票价格吗？在讨论了所有重要问题之后，我们随后将看看这一问题的现实一面：当经理们在做出是否向公司股东支付股利的决策时，经理们通常遵循什么规则？我们最后以股票回购决策做总结。目前，公司越来越喜欢将回购自身股票作为一种发放现金股利的方式。

## 主要概念

在开始与股利政策相关的具体讨论之前，我们必须理解几个主要概念和相互关系。

一个公司的股利政策包括两个基本要素。第一，**股利支付率**（dividend payout ratio），表示公司支付的股利数额相对于公司利润的比例。举例来说，如果每股股利为2美元，每股收益为4美元，股利支付率为50%（＝2美元÷4美元）。第二，股利在某一段时间内的稳定性。正如你会在本章后面学到的，股利的稳定性对投资者来说，与所收到的股利大小同样重要。

为了构建股利政策，财务经理面临着一个权衡取舍。假设管理层已经决定投资多少，也决定了公司筹集这项投资所需的债务权益比，支付一个较大股利的决策，意味着公司将同时决定保留较少的公司利润。这接下来会导致公司对外部融资的更大依赖。相反，给定公司的投资和融资决策，一个较小的股利支付对应着较高的利润保留，使公司不需要过多地通过外部筹集资金。这些权衡对我们的讨论来说十分重要，如图13-1所示。

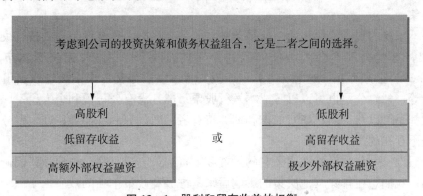

**图13-1 股利和留存收益的权衡**

**概念回顾**

1. 为财务执行官提供一个有用的股利支付率的定义。
2. 公司实际的股利政策是如何影响外部产生的金融资本需求的？

# 股利政策对股东重要吗?

　　股利支付的有效依据或动机是什么? 换句话说,给定公司的资本预算决策和融资决策,公司的股利政策对股票价格有哪些影响? 一个高的股利支付会降低股票价格、提高股票价格还是保持股价不变呢?

　　从第一眼看,我们可能合理地认为公司的股利政策是重要的。我们已经知道股票价值等于公司预期未来股利的现值(第八章)。为什么很多公司支付股利呢? 为什么又有一些理论认为股利政策是不重要的呢?

## 三个基本观点

　　有些人争论说股利的大小与股票价值是无关的,花费在该决策上的时间都是对精力的浪费。其他人则认为,高股利会导致高股票价格。但是仍有其他一些人持有下列观点,即股利会伤害股票价值。

　　在我们挖掘各种理论或观点之前,我们需要对我们施加在股利政策问题上的条件十分小心。具体来说,我们需要从最基本的假设开始,即我们假设不论公司是否支付股利,公司都会计划接受所有具有正的净现值的投资机会。这一点十分关键,因为如果我们允许支付股利的决策干扰公司对接受一个好投资项目的决定,那么股利显然对公司的股东十分重要。所以,假设公司将会作出正确的投资决策,那么为什么公司的股利政策仍然是重要的?

　　**观点 1:公司的股利政策是无关的**　许多关于股利问题的争论都是基于学术界和实业部门在时间上的不一致。有经验的实际操作者更倾向于认为股利发放的公告会导致股价的变化,因此,他们将股利看作是重要的。而教授们经常争论说,看似明显的股利和股价之间的关系可能只是一个假象。

　　股利并不重要的观点依赖于两个前提条件。第一,我们必须假设公司的投资决策和融资决策已经做出,这些决策不会因为任何股利的支付而改变。第二,**完美资本市场**(perfect capital markets)必须存在。这意味着:(1)投资者可以以零交易成本买进或卖出股票,如没有交易佣金等;(2)公司也可以以零成本发行股票;(3)没有公司税和个人税;(4)有关公司的所有信息都是可以获得的;(5)股东和债券持有者之间没有利益冲突;(6)财务困境成本和破产成本是不存在的。

　　第一个假设——公司已经做出了它的投资和筹资决策——只是简单地让我们避免在这个问题上的疑惑。我们想在排除其他决策的影响后来考虑股利政策单独的效应。第二个完美市场的假设也使我们能够知道股利政策独立后的作用,主要是心理学家的研究认为,我们需要避免市场摩擦的影响。

　　给定这些假设之后,股利决策对股票价格的作用可能被认为是不明显的:股利政策与股票价格是没有关系的。一个股利政策与另一个股利政策的效果是相同的。总体来看,投资者只考虑从投资决策中获得的回报。他们也会意识到股利政策其实只是一种融资策略的选择。也就是说为了支持增长,公司可能选择发行股票,允许内部产生的资金(利润)被用来支付股利;或者可能利用内部产生的资金来支撑公司业务的增长,这样需要支付较少的利息,但并不需要发行股票。在第一个例子中，股东收到股利收入；而在第二个例子中，股东股票的总价值应该上升。因此，回报的形式是唯一的差别，而总的回报是相同的。

**观点 2：高股利增加股票价值**　公司的股利政策不重要的观点，隐含地假设了一个投资者认为增长的收入是出自资本利得（股票价格的增长）还是出自股利是没有差别的。但是，股利要比资本利得更具有可预测性。经理人可以控制股利，但他们不能制定股票的价格。投资者对他们从资本利得中所获得的收入要比从股利中获得的更不确定。相对于股利，与资本利得相关的额外风险暗示了在折现资本利得时所需的必要收益率要比折现股利时的必要收益率更高。换句话说，相比于估计预期的资本利得，我们需要更高地估计预期股利。举例来说，我们可能对一个所有回报都出自股利的股票要求一个 14% 的收益率；而对一个不支付股利的高成长股票来说，必要收益率必须为 20%。这个观点认为股利要比资本利得更为确定，被称为**一鸟在手股利理论**（bird-in-the-hand dividend theory）。

股利比资本利得风险小，因此二者应该在估值时加以区别。这样的观点并不是没有受到质疑。如果我们保持我们基本的决策，不让公司的股利政策影响公司的投资和资本结构决策，那么公司的经营性现金流在预期的数值和波动性上都是不受公司股利政策影响的。因为股利政策对公司总体现金流的波动性没有影响，它对公司的风险程度也不会有影响。

提高一个公司的股利不会减少股票的基本风险，相反，如果股利支付需要经理人发行新股票，这只会将风险和所有权从原有的股东传递到新的股东手上。我们必须了解到，现有接受股利的投资者会将不确定的资本利得交易出去，并以此换取一个"安全的"资产（现金股利）。然而，如果风险的降低是唯一的目标，投资者早可以将钱存放到银行，而不是首先购买股票。

**观点 3：低股利增加股票价值**　第三个关于股利如何影响股票价值的观点认为，股利现实中会伤害投资者。这一观点很大程度上建立在股利和资本利得在税收方面的不同上。与完美资本市场没有税收的假设相反，大多数投资者需要支付所得税。对这些纳税者来说，他们的目标就是承担了一定风险之后，最大化一项投资的税后回报。这是通过最小化收入的有效税率或是延迟税收的支付来实现的。

像大多数复杂的税法条例一样，国会在很多年中就是否对资本利得征收较低或是与工资所得相类似的税率这一问题变来变去，就像水龙头可以随机地关闭和开启一样。从 1987 年到 1992 年，资本利得收入相比于股利收入来说没有任何的联邦税收优势。一项税收变动从 1993 年年初开始生效，并向资本利得收入倾斜。随后，1997 年的《纳税人减免法案》更是起到了效果，使得资本利得收入在税收方面要优于股利收入。对一些纳税人来说，如果他们达到了最小持有期限，资本利得收入适用的税率将会从原来 28% 的水平降低到 20%。但是，2003 年，国会又一次认为，有必要改变股利收入和资本利得收入的税法条例。在 2003 年 3 月 28 日，布什总统签署了《就业和增长税收减免和解法案》，这一法案的部分动机在于缓解美国从 2001 年开始的经济衰退以及随衰退而来的就业率的降低。

从核心来看，2003 年的法案降低了股利收入的最高等级税率，从原来的 38.6% 降到了 15%，并且还把已实现的长期资本利得收入的最高等级税率同样从原来的 20% 降低到了现在的 15%。然而，2012 年，股利收入被作为一般收入课税，而资本利得收入再次以 20% 的税率征税。

事实上，相对于股利收入，资本利得回报的另一个好处仍然存在。股利收入的税收是在股东收到股利的时候缴纳，而对价格上升所征收的税收（资本利得）要延迟到股票被真实出售时才能支付。因此，当我们考虑税收影响时，相比于现金股利的一个近期支付来说，许多投资者都会选择保留公司的盈利——以期能够在未来获得一个资本利得。再一次强调，如果利润被保留在公司内部，并且股票的价格能够上升，但是这一股价的上升直到股票被出售才能被征税。

尽管当涉及股利收入时，大多数投资者都要受到税收的限制，某些特定的投资公司、信托机构和养老金计划却不受这一限制。而且，出于税收的目的，一个公司通常可以将其从其他公司收到的股利收入的 70% 排除开来。在这些案例中，投资者仍然会选择股利而不是资本利得。

总结一下，当考虑税收时，我们希望能够最大化我们的税后收益，而不是税前收益。投资者只要有办法，就都会试图延迟税收的缴纳。那些允许税收延迟的股票（低股利－高资本利得）将可能会以一个溢价的价格出售，与之相对的是那些需要在当下纳税的股票（高股利－低资本利得）。这说明了支付很少的股利或不支付股利的政策将会导致一个较高的股票价格。也就是说，高股利会伤害投资者，而低股利和高留存收益可以帮助投资者，这是低股利政策支持者的逻辑。而这需要假设公司的管理层拥有一个正的净现值项目的名册，以使公司可以将留存在公司里的资金运用到有用的项目上。然而，自 2003 年起，对股利征收的低税率挑战了这一逻辑。

### 理解股利政策理论

我们现在已经了解了关于股利政策的三种观点。那么它们当中哪一个是正确的呢？在给定完美市场假设的情况下，股利无关的观点是很难被驳斥的。但是，在现实世界中，要认为该观点是正确的却并不容易。与之相反，高股利的观点度量了我们如何在股利和留存收益之间拆分公司现金流的风险，但当仔细研究这一观点之后，它也显得不是那么具有吸引力。第三个关于高股利的税收争论的观点是具有说服力的。即使在今天，尽管对资本利得有利的税率受到了限制，资本利得的"延迟优势"仍然是存在的。然而，如果低股利是那么具有优势，而慷慨的股利支付是那么具有破坏性，为什么公司仍然选择持续支付股利呢？很难相信经理们会放弃这样一个使他们的股东获益的简单机会。我们在思考过程中遗漏了什么？

寻找股利疑惑中的遗漏因素是不可以被忽略的。当我们需要更好地了解一个问题或现象时，我们要么加深我们的思考，要么收集有关这一问题的更多证据。学者和实际工作者已经采取了这两种方法。尽管仍然没有找到一个具有说服力的为大家所接受的答案，但人们仍然提出了许多可信的解释。其中一些较受大家喜爱的解释包括：（1）剩余股利理论；（2）客户效应；（3）信息效应；（4）代理成本；（5）预期理论。

**剩余股利理论**　在完美市场中，当公司在发行新证券时，对公司来说是没有成本的。然而，在现实生活中，这一过程是十分昂贵的，而与一个新发行相关的发行成本可能达到发行金额的 20%。因此，如果经理选择发行股票，而不是用留存收益来支持新的投资，那么就需要一个更大数额的证券来筹集投资所需的资金。举例来说，如果一项投资需要筹集 30 000 000 美元，公司就需要发行超过 30 000 000 美元的证券来弥补发行成本。很简单，这意味着通过出售普通股筹集的新的权益资本将会比通过留存收益筹集的资本更为昂贵。

而本质上，发行成本排除了我们使用内部资本和发行新的普通股之间的相同点。给定这些成本，股利只有在公司的利润没有因为投资的因素而被完全使用时才能够发放。也就是，只有"剩余利润"才应该被支付出去。这一政策被称为**剩余股利理论**（residual dividend theory）。

考虑到发行成本的存在，公司的股利政策因此应该：

1. 如果项目的净现值为正，也就是说，当预期收益率超过资本成本时，接受这一投资。

2. 首先通过使用内部产生的资金来筹集新投资所需的权益部分。只有在这一部分的资本被充分使用了之后，公司才能够发行新的普通股。

3. 如果在做出了所有可以接受的投资之后，内部产生的资金仍然还有剩余，那么就向投资者支付股利。然而，如果所有的内部资金都需要用来支持可接受的投资项目，那么就不支付股利。

因此，股利政策被下列因素所影响：（1）公司的投资机会；（2）内部产生的资本的大小。股利只有在所有可投资的项目被融资之后才能发放。根据这一理念，股利政策在本质上是完全被动的，它不能够影响普通股股票的市场价格。

现在，让我们来考虑一些公司的现实情况。

**客户效应**  如果投资者不喜欢经理人选择的股利政策，会发生什么呢？在完美的市场中，我们在买卖股票时不会产生任何成本，上述情况就不是个问题。当投资者所收到的股利不能够满足他们当前的需要时，投资者可以简单地通过购买或出售证券来满足他们对自己个人收入的偏好。换句话说，如果一个投资者认为，在任意一个给定的年份里收到的股利不是充足的，他可以简单地卖掉一部分股票，因此"创造一部分股利"。此外，如果股利要比投资者所希望的更多，那么他可以购买股票。

然而，一旦我们剔除了完美市场的假设，我们会发现买卖股票不是没有成本的。代理佣金会产生，金额在1％到10％之间。甚至成本最高的是购买拥有现金股利的股票投资者，因为他们将在再投资现金之前不得不先缴纳税收。当一只股票被买进或卖出时，它首先必须被重新估值。这对投资者来说十分耗费时间和金钱。此外，一些机构投资者，如大学慈善基金的投资者，可能会被排除在出售股票的行列之外。

因为这些因素，投资者在他们需要创造一个更符合他们自己需求的股利现金流时，他们可能不能过分地购买股票。又或者，如果投资者实际上是在股利和资本利得之间有一个偏好。我们可以预期到他们可能会投资于那些股利政策与他们的偏好保持一致的公司。从本质上，他们将会通过购买满足他们股利或资本利得偏好的股票来"把它们挑选出来"。举例来说，需要当前收入的个人和机构投资者，将会被那些发放高股利的公司所吸引。而其他消费者，例如那些富有的个人，则会倾向于通过持有不支付或支付较小的股利，但是有巨大的资本利得的证券来避税。换句话说，这会存在一个**客户效应**（clientele effect）。公司会根据公布的股利政策挑选出一个特定的客户群。

投资者的客户类型存在的可能性使我们相信公司的股利政策与股票价值是相关的。然而，除非有一个比市场可以满足的更大的对某一特定股利政策的总需求，否则股利政策仍然是和其他政策一样好。客户效应只是提醒公司要在制定它们的股利政策时避免随意变动。而且，考虑到公司的投资决策已经确定，股利水平仍然是不重要的。股利政策的改变只有在它要求客户从另一个公司转到这家公司时才是与股票价值相关的。

**信息效应**  在完美市场中的一个投资者将会有很强的说服力来说明公司的价值是由它的投资和融资决策严格决定的。公司的股利政策对它的价值没有影响。但是，我们从经验中也可以了解到，一个未预期到的较大股利变动可以对股票价格产生十分显著的影响。举例来说，1990年11月，西方石油（Occidental Petroleum）公司将它的股利从2美元减少到1美元。公司股票价格的反应是从32美元跌到了17美元。当我们能够援引出许多这样的例子时，我们又怎么能说明股利政策与股票价值是无关的呢？

尽管有这些证据，一些专家仍然认为我们不是在观察真实的原因和结果。有可能是投资者把股利政策的变动当作是一个关于公司财务状况的信号，特别是公司盈利能力的信号。因此，一个超过预期的股利的上升可能会向投资者传递一个信号，经理们预期未来的盈利会有显著的增加。相反，股利的下降甚至是少于预期的增长，代表着经理人预测未来的盈利会下降。

类似的是，一些人认为经理人常常拥有一些公司的内幕信息，而投资者不能够接触到这类信息。信息接触程度的区别被称为**信息不对称**（information asymmetry）。他们相信，信息不对称可以导致一个更高或更低的股票价格。

因此，股利作为一个信息传递的工具可能是重要的，因为经理人可能没有其他可信赖的渠道，或者至少没有一个足够便宜又令人信服的渠道向投资者告知未来的盈利状况。

**代理成本**　股东和公司的管理层之间经常会存在矛盾。因此，一个被公司管理层疏远的投资者所拥有的公司的股票价格，可能要低于那些被紧密持有的公司股票价格。这一潜在的股票价格上的差异正是这一冲突给公司所有者带来的成本，通常被称为**代理成本**（agency costs）。

我们意识到，经理人可能独立于董事会行事，或是与公司董事会的决策不一致，这一可能存在的问题会使得董事会采取行动来降低代理成本。这些措施本质上来说也是有成本的，它包括通过独立会计师进行审计，为公司的董事会派遣监理人员，在借款合同上制定限制管理层权力的条款，为经理人提供激励补偿计划使他们与公司的所有者绑在一起。

一个公司的股利政策可能被所有者看作是一个减少代理成本的工具。假设股利的支付需要经理人发行股票来筹集新投资所需的资金，那么新的投资者只有在他们认为资本会被有效使用在有盈利性的项目上时才会被公司所吸引。因此，股利的支付会间接导致对管理层投资行为的更紧密的监督。在这个例子中，股利可能为公司的价值做出了有意义的贡献。

**预期理论**　在我们对股利政策的讨论中，特别是联系到信息理论时，一个共同的线索就是"预期"这个词语。当我们在公司内部做出任何财务决策时，我们不应该忽视这一个词语的重要性。不管决策领域是哪一个范围，公司的市场价格随着公司的决策制定如何变化都不完全取决于这一决策本身，它也会受到投资者对管理层做出的最后决策的预期的影响。这一概念或观点被称为**预期理论**（expectations theory）。

举例来说，随着管理层宣布公司下一阶段股利日期的临近，投资者会对股利的大小产生一定的预期。这些预期是根据与公司相关的一些因素而制定的，例如过往的股利决策、当前和预期未来的利润、投资战略和融资决策等。投资者也会考虑诸如大的经济环境、当前产业优势和劣势、可能的政府政策变化等之类的因素。

当一个真实的股利决策被公布之后，投资者会把真实的决策和预期的决策相互对比。如果股利的数额符合预期，即使它代表股利比以前增长了，股票的市场价格仍然会保持不变。然而，如果股利高于或低于预期，那么投资者将会重新评估他们对公司的看法。长话短说，公司的股利政策不会表现得十分重要，除非它与投资者的预期相差甚远。但是，如果实际的股利支付和预期存在差异，我们将更有可能看到一个股票价格的变化。

## 我们能得到什么结论？

不论怎样，一家公司都必须制定一个股利政策，所以这里是我们所学到的关于公司股利政策的几点知识：

1. 随着公司投资机会的增加，公司的股利支付率应该降低。换句话说，公司投资者预期收益率超过资本成本（正的净现值）项目上的资金，与公司发放给投资者的股利之间存在着一个反向关系。由于发行成本的存在，内部产生的权益融资要比发行股票更好（从现有普通股股东的角度考虑）。

2. 公司的股利政策看起来十分重要，然而，表象可以是具有欺骗性的。真正的问题是公司的预期盈利能力，以及投资者会将股利政策看作一个公司利润情况的信息来源。股利要比管理层的财务报告中说明的利润增加或下降蕴含更重要的信息（行动说明的要比语言多）。

3. 如果股利能够影响股票价格，那么这可能是以投资者希望减少或延迟税收，或是股利能够减少代理成本的想法为依据的。

4. 如果预期理论具有一定的说服力，我们也确实相信它有说服力，公司在制定它的股利政策时，就应该避免惊吓到投资者。

5. 公司的股利政策应该有效地被认为是一个长期的剩余。经理应该预期一个很多年的融资需求，而不是仅仅预期一年的投资需求。如果内部资金在公司接受了所有可以接受的项目之后仍有剩余，那么股利应该被支付。相反，如果在长期内，内部产生的资本都需要再投资到公司里，那么就不应该支付股利。

在设定一个公司的股利政策时，财务经理必须在现实世界中工作。这意味着我们的理论并不一定提供一个能够完美地解释关键联系的答案。然而，它们为我们提供了一个更为完善的对世界的看法，帮助我们做出更好的决策。

---

**概念回顾**

1. 总结股利政策可能与公司的股票价格无关的主要观点。
2. 一鸟在手股利理论指的是什么？
3. 为什么现金股利的支付被认为比资本利得更为确定？
4. 个人的税收是如何影响公司的股利政策和股票价格的？
5. 区别剩余股利理论和客户效应。

---

# 实践中的股利决策

在现实中，有许多会对公司的股利支付决策产生影响的实际考虑。其中一些较为明显的考虑包括如下几点：

## 法律限制

一些特定的法律可以限制公司可能支付的股利数额。这些法律限制分为两类。第一类，强制性限制可能会阻止公司支付股利。尽管具体的限制随地区的不同而不同，通常来说，公司如果出现下列情况就不能支付股利：(1) 公司的债务超过资产；(2) 公司所支付的股利数额超过公司的累计利润（留存收益）；(3) 股利是从公司的注册资本中发放的。

第二类法律限制对每一家公司都是不同的，通常来自公司债务和优先股合同上的限制。为了最小化他们的风险，投资者常常会向经理人添加一些限制性条款，作为他们投资于这家公司的条件。这些限制可能包括在债务偿还之前不能发放股利的条款。而且，公司可能会被要求保持一定数量的运营资本。优先股股东可能强调当任何优先股股利没有被支付时，普通股股利不能被支付。

### 流动性限制

与流行的观点相反，公司在资产负债表上保留大量的留存收益的这一事实不一定代表这些资金可以被用来支付股利。公司的流动性资产包括现金，它通常是独立于留存收益账户的。通常来说，留存收益要么在很短一段时间内再投资到公司里，要么被用来偿还到期债务。因此，一个公司可以十分具有盈利性，但仍然是资金短缺的。因为股利是用现金支付的，而不是留存收益，公司必须拥有可以用来支付股利的现金。所以，公司的流动性情况对公司支付股利的能力有直接的影响。

### 盈利的可预期性

一个公司的股利支付率在某种程度上取决于对公司在一段时间内利润的预测。如果它的利润剧烈地波动，公司的经理人知道他们不能够完全依靠内部产生的资金来满足公司未来的需求。因此，当盈利被实现时，公司更倾向于保留更大的数额，以保证当公司需要时有充足的资金。与之相反，一个拥有稳定利润的公司，则常常倾向于将更大比例的利润作为股利支付出去。这种公司对满足公司未来资本需求的利润的实现能力有较少的担忧。

### 保持所有权的控制

对于许多大的公司来说，通过普通股的所有权来达到控制公司的目的并不是一个重要的问题。但是，对那些中小型企业来说，保持对投票权的控制是十分重要的。如果目前的普通股股东不能够参与到一个新的股票发行中，发行新股票将不那么具有吸引力，因为现有股东的控制权会被稀释。所有者可能偏好让经理人用债务或是留存收益来筹集新投资的资金，而不是发行新的普通股。这个公司的成长因此也被公司所能接受的债务资本大小和公司产生利润的能力所限制了。

### 可能的股利政策

不论企业的长期股利政策如何，大多数企业都只会选择一个固定的股利支付模式。

**1. 固定的股利支付率**（constant dividend payout ratio）。在这个政策下，作为股利支付出去的利润百分比是固定的。尽管股利支付率是稳定的，但随着每年利润的变化，股利数额也会自发波动。

**2. 稳定的每股股利**（stable dollar dividend per share）。这个政策在一段时间内保持了一个相对稳定的股利数额。股利金额的增长只有在经理层被说服更高水平的股利能够在未来被保持的情况下才会发生。相反，一个较低水平的股利也只有在有证据明显表明目前的股利水平不能够被持续支撑的时候才会实现。

**3. 小的常规的股利加上一个年末额外股利**（small, regular dividend plus a year-end extra）。实行这一政策的公司支付一个较小的常规的股利加上一个年末额外股利。这个额外股利通常在公司的利润可以被估计之后的财政年度末被公布。它的目标是避免一个永远需要支付的股利。然而，如果时常发生的额外股利被投资者所预期到，这个目标也会失败。

## 股利支付程序

公司的股利政策被确定了之后，就会安排几个程序上的细节。举例来说，公司应该多久支付一次股利？如果股票持有人在这一年中出售了他的股票，谁应该拥有这份股利？要回答这些问题，我们需要理解股利支付的程序。

通常来说，公司每季度支付股利。举例来说，2009 年的 2 月 6 日，通用电气（GE）公司宣布它将在 2009 年向股东每季度支付 0.31 美元的季度股利。年度的每股股利就将是 4×0.31 美元＝1.24 美元。

股利发放的最后批准来自公司的董事会。举例来说。通用电气公司 2012 年的**股利公告日**（declaration date）是 2012 年 9 月 7 日，股权登记日是 2012 年 9 月 24 日，而股东将会在**股利支付日**（payment date），2012 年 10 月 25 日收到股利。**股权登记日**（date of record），2012 年 9 月 24 日，表示股票转让结束的日期。在这一天里被证明拥有股票的投资者将有权利收到股利。如果一个股票的转让记录发生在 9 月 24 日之后，那么新的所有者将没有权利获得股利。但是，如果一个股票在股权登记日的前一天 9 月 23 日被出售，问题就可能产生。交易的时间使得这笔交易不能够在股权登记日当天显示在股票持有人名单里。为了解决这一问题，股票经纪人公司都在股权登记日的前两天，也就是除权日统一终止股东对股利的所有权。对通用电气公司来说，**除权日**（ex-dividend date）就是 9 月 20 日。（注意在这种情况下，9 月 24 日是周一，所以除权日被设定为提前两天，也就是 9 月 20 日。）股利公告和支付程序如下图所示：

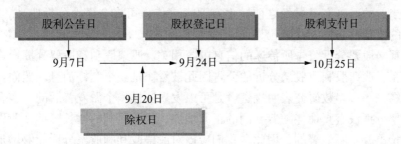

## 股票股利和股票分拆

股票股利指的是相比于现金支付，公司向股东派发额外数目的股票。股票分拆指的是对公司流通中的股票交换出更多的股票数目（或在逆向分割的情况下更少的数目）。在这两种情形下，流通中的普通股股数都会改变，但是公司的投资和未来的盈利预期都不会发生改变。从本质上来说，所有权的总量只是简单地被切割成了更多的小块（或在逆向分割的情况下更少的小块）。

股票股利和股票分拆的唯一区别在于它们的会计处理方式不同。这两种方式都代表向现有股东发放等比例的额外的股票。但是，从会计角度来看，**股票分拆**（stock split）被定义为股票股利超过 25％。因此，一个**股票股利**（stock dividend）被简洁地定义为最高向现有股东发放原有股数 25％ 的股票。

尽管股票股利和股票分拆要比现金股利出现的频率少很多，仍然有一定数量的公司选择和现金股利一起发放股票股利。股票分拆和股票股利的使用程度在一段时间内可以通过一个小小的价格比较来认识清楚。1926 年，一张电影票的价格为 25 美分，而在乡村地区价格就更为便宜。在同一时间，纽约证券交易所的平均股票价格为每股 35 美元。今天，如果我们想要看一部新电影，我们只需要支付 7 美元或是更多。但是，股票的平均价格仍然为 35 美元。相对稳定的股票价格是股票被分割一次又一次的结果。我们只能下结论说投资者明显喜欢这种方式。但是如果投资者从中不能获得经济利益，为什么他们会这样做呢？

股票股利和股票分拆的支持者常常坚持股东会从中获得一定的好处，因为股票价格不会与股数的增加同比例下降。对于 1 拆 2 的股票分拆来说，股票的价格可能不会下降 50％，所以股东剩余的总价值会增加。有几个理由来解释这一结论。第一个解释是，许多财务管理人员相信市场上存在一个最优的股票价格范围。在这个范围内，普通股股东的总市场价值被认为是最大化了的。当股票价格超过这个范围时，能够购买这一股票的投资者就变少了，因此限制了人们对股票的需求。所以，股票价格存在一个向下走的压力。举例来说，苹果公司每当股票价格超过 100 美元时就会多次分拆它的股票。它在 1987 年、2000 年和 2005 年分别进行了 1 拆 2 的股票分拆。在当前的经济衰退爆发之前，也有谣言盛传公司将会再次分拆股票，因为当年 10 月，苹果公司的股票价格为 160 美元。

第二个解释与股票分拆公告所传递的信息内容相关。股票股利和股票分拆通常与有利润增长的公司相联系。股票股利或股票分拆的公告因此被看作是一个利好消息。然而，实证结果并没有证实这一结论。大多数研究表明投资者是可以发现这样一个派发背后的真实含义的。如果股票股利和股票分拆没有真地伴随着利润的正向增加、现金股利的增长，那么股票股利和股票分拆带来的股价上升是不显著的。因此，我们应该对股票股利和股票分拆能够增加投资者净价值的推断保持怀疑。

第三个关于股票股利和股票分拆的理由是公司现金的保留。如果公司遇到了严重的现金流问题，它可能会用股票股利代替现金股利。然而，正如之前所说的，投资者可能根据股利背后的信息推测出公司想要保留现金的原因。如果股票股利是为了保留现金以支持具有吸引力的投资机会，投资者可能会提高股票价格。如果保留现金的行为与公司内部的财务困境相关，市场价格有很大可能会呈现相反的变化。

---

**概念回顾**

1. 股票分拆和股票股利的区别是什么？
2. 股票分拆和股票股利背后所蕴含的管理逻辑是什么？

# 股票回购

当公司购回自己的股票时，**股票回购**（stock repurchase, stock buyback）就发生了，这导致了在外流通的股数的减少。在过去的 30 年间，公司都在积极地回购它们自己的权益证券。在引言中，我们注意到苹果公司计划在 2013 年 3 月回购 100 亿美元的股票。这一新的回购计划是紧跟着苹果公司之前的一个 400 亿美元的股票回购的。注意词语"计划"在公告中的使用，这一点很重要，因为它为苹果公司留出了根据它在 2007 年开始的金融危机所带来的经济下滑中所面临的不确定性来决定是否按照计划进行回购的余地。然而，不确定的经济形势实际上并没有影响沃尔玛公司的决定，它在 2009 年 6 月 5 日宣布，它将计划回购 150 亿美元的股票。而在 5 年之后，沃尔玛公司回购了 210 亿美元的股票。

而且，如果你观察每家上市公司的资产负债表，你将会发现几乎所有公司的库存股——公司用来回购它们自己股票的数额——通常都高于股东最初投资数额的数倍。这一情况对很多大型公司来说十分常见。股票回购有许多原因，其好处包括：

1. 一种提供内部投资机会的方式；
2. 一种改变公司资本结构的方法；
3. 对每股收益有正向的影响；
4. 去除那些拥有少量控制权的股东群体；
5. 最小化合并所带来的每股收益的稀释；
6. 减少公司服务于小股东的成本。

同样，从股东的角度考虑，一个股票回购相对于现金股利来说有潜在的税收优势。

## 股票回购作为一个股利决策

显然，普通股股利的支付是公司给它的所有者发放公司利润的一个传统途径。但是，这里不是只有一种方式，另一种方式便是回购公司的股票。这一概念可以用一个例子更好地解释。

| 例题 13.1 | 股利支付与股票回购 |
| --- | --- |

泰凌微（Telink）公司正在计划向它的普通股股东支付 400 万美元的（每股 4 美元）股利。泰凌微公司的盈利情况和市场价格信息如下表所示：

| | |
| --- | --- |
| 净利润 | 7 500 000 美元 |
| 股票数量 | 1 000 000 |
| 每股收益 | 7.50 美元 |
| 市盈率 | 8 |
| 支付股利后预期每股股价 | 60 美元 |

在最近的一个会议上，许多主要大股东的董事会成员质疑了公司股利支付的必要性。他们坚持认为，他们不需要股利收入，并且建议公司可以简单地将利润再投资。为了回答他们的疑

问，泰凌微公司的管理层认为，公司的投资机会并不是那么具有盈利性，从而使得我们需要留存收入；而且资本市场的必要收益率高于把钱再投资所能获得的收益率。

作为支付股利或再投资利润的备选项，公司的首席财务官建议公司回购公司的股票。在这种方式下，那些不希望获得股利收入的董事们可以不出售他们的股票而避免了当前的收入。

为了分析股票回购的作用，公司的首席财务官建议公司以每股 64 美元的价格回购公司的股票，这一价格是当前市场价格加上提议的每股 4 美元的股利。他然后谈到，股票回购的作用会和支付股利的作用一致。你觉得这是正确的吗？

**步骤 1：制定策略**

如果支付 4 美元的股利，每一个股东将会最后拥有一个价值为 60 美元的股票加上股利，即共计 64 美元的价值。问题接下来就是，如果股票回购的计划实施，每股股票的价值会是 64 美元吗？

**步骤 2：计算数值**

首先注意，对 400 万美元来说，公司可以以每股 64 美元的价格回购 62 500 只股票（＝4 000 000 美元÷64 美元）。现在我们可以通过计算公司的每股收益来估计回购之后公司的股票价格：

$$每股收益 = \frac{净利润}{回购发生后流通的股票数}$$

$$= \frac{7\ 500\ 000}{1\ 000\ 000 - 62\ 500}$$

$$= 8（美元）$$

接下来，我们使用 8 倍的市盈率来计算公司估计的每股价格，也就是：

$$每股价格 = 每股收益 \times 市盈率$$

$$= 8.00 \times 8$$

$$= 64.00（美元）$$

**步骤 3：分析结果**

在例子中，不论是支付股利还是回购股票，泰凌微的股东都获得了相同的 64 美元的价值。但是，我们注意到，对股东来说要想完全无差别，那么 4 美元的股利与 4 美元的公司股票价格上升在税收待遇上必须是相同的。但这不一定是事实，因为股东通过出售他们的股票而实现的价格上升可能会以一个比股利更低的税率征税，而股利是以正常收入征税的。此外，如果股东在回购中不出售股票，就不会有应税事项，从而股票价格上涨带来的收入会被延迟，直到股票被实际售出。

◆◇◆◇◆◇◆◇◆◇◆◇◆◇◆◇◆◇◆◇◆◇◆◇◆◇◆◇◆◇◆◇◆◇◆◇◆◇◆◇◆◇◆

投资者的选择

在股票回购和股利支付中间选择，投资者应该偏好哪个？如果没有税收，在买卖证券的过程中没有佣金费用，也没有股利中蕴含的信息传递，那么投资者应该认为这两种方式无差异。举例来说，如果投资者需要现金流，而他所拥有的股票不支付股利，那么他可以通过简单地出售股票来产生股利。注意，这些交易并不总是抹杀掉投资者投资的价值，因为公司股票的价值应该是增长的，因为公司的利润没有以股利的形式支付出去，而是被再投资的。

投资者应该注意，回购股票也有几个十分明显的不足。第一，公司可能会对回购的股票支付过高的价格，这对剩余的股东是一种伤害。如果公司回购了很大一笔数量的股票，股票价格可能会被推到很高，回购操作过后股价只会下降。第二，作为回购的结果，市场可能认为公司的风险程度上升，这会降低公司的市盈率和股票价值。

## 是融资决策还是投资决策？

当公司拥有多余的资金时，回购该股票可以被看作是一个股利决策。但是，股票回购也可以被看作是一个融资决策。通过发行债务然后回购股票，公司可以立即将它的债务权益比推到一个更高的比例。最后，经理人使用股票回购作为一种改变公司资本结构的方式，而不是决定分发多少现金给股东。

除了股利和融资决策以外，许多经理将股票回购看作是一项投资决策。当股票价格在市场上较低时，他们可能观察到公司自身的股票被严重低估了，因此是一个较好的投资机会。尽管这可能是一个明智的行为，但这个决策不能，也不应该被看作是一项投资决策。购买自己的股票不能够向其他投资那样带来预期收益。没有公司可以只通过投资自己的股票来生存。

## 实践性考虑——股票回购程序

如果管理层倾向于回购一部分公司的流通股票，它应该将这些信息公开。所有投资者都应该拥有机会获知这一信息。他们应该被告知这次回购的目的，以及用来购买股票的方式。

股票回购有三种可行的方法。第一，股票可以在公开市场上购买。在这里，公司通过股票经纪人以市场价格购买股票。这种发放可能会给股票价格带来上升的压力。而且，公司必须支付给股票经纪人一笔佣金作为他们服务的费用。

第二，向公司的股东发起一个要约回购。要约回购是公司以事前确定的价格来购买一定数量的股票的正式声明。要约价格通常设置在高于市场价格的水平，以此来吸引卖家。当有大量的股票需要被购买时，要约回购的方式是最好的，因为大家都清楚地知道公司的目的，每个股东都有机会以要约价格出售股票。

第三，从一个或多个主要股东手里购买股票。这种购买是建立在协商的基础上，需要特别注意公司应当确保达成一个公平、平等的价格。否则，其他的股东将会因此而受到损害。

### 金融作业

**公司越来越多地使用股票回购来向它们的股东发放现金**

公司存在一个从支付股利到回购公司股票的明显的趋势转变。这个改变至少有一部分原因在于美国税收法律的改变，美国政府对发放的股利向股东征收额外的15%的税（在布什政府之前，这一税率甚至与递进的所得税一样高——在某些情况下，单单在联邦水平下，这一税率就超过了35%）。

支持股票回购增长的证据从标准普尔500指数公司仅在2005年就回购了约3 490亿美元股票的事实中就可以找到。而事实上，公司花费在股票回购上的资金比发放股利的资金高出

73%或更多。平均来看，股票回购占公司利润的 61%，而股利只占 32%。公司对股票回购有一个明显的偏好。*

显然，公司把股票回购当作是一个比发放现金更好的方式，但是它真的对投资者来说是最好的吗？或者我们把问题变得不同一点，投资者有理由选择股利而不选择股票回购吗？答案是有。举例来说，需要从他们的投资中及时获得现金的投资者，可能会选择股利而非被强迫出售证券而产生佣金费用。而且，在信箱里接受支票更令人舒服，因为不用担心你拥有的股票每天的价格波动。

一些公司现在意识到它们股东的兴趣可能不同，并试图把股票回购和现金股利结合在一起。举例来说，家得宝公司将它利润的 65% 用来回购股票和支付现金股利。又例如，2006 年 1 月 29 日财政年度末，公司报告了 58.38 亿美元的净利润，支付了 8.57 亿美元的股利，并回购了 26.26 亿美元的公司股票。这代表公司发放了 59.7% 的利润，其中 45% 以股票回购的形式发放，14.7% 通过股利发放。**

* Matt Krantz，"More companies go for stock buybacks," *USA Today*（March 23，2006）.

** http：//finance. yahoo. com/q/cf？s＝HD&annual.

资料来源：Leslie Schism，"Many Companies Use Excess Cash to Repurchase Their Shares," September 2，1993，*the Wall Street Journal*，Eastern edition.

---

**概念回顾**

1. 说明公司回购普通股股票的三种原因。
2. 对股东来说，股票回购成为现金股利的完美替代需要哪些财务关系成立？
3. 在股票回购的范围内，要约回购意味着什么？

---

## 本章小结

### 1. 描述支付股利和留存（再投资）公司收益的权衡取舍

**小结**：当公司决定支付现金股利时，这是对现金的使用，否则现金就会被存放到银行账户里，或是被投资到短期的货币市场里。举例来说，在引言中，我们注意到苹果公司宣布了在 2012 年支付约 450 亿美元的股利和股票回购的计划。这意味着这些现金将不会被苹果公司再投资到新项目上。

### 关键术语

股利支付率：每股股利除以每股收益所得的比率。

### 2. 股利政策会影响到公司股票的价格吗？

**小结**：公司的股利政策对公司的财务结构有一个立即的影响。如果股利支付增加了，那么就会有较少的内部资金用于支持投资项目。因此，如果需要额外的权益资本，公司就不得不发行新的普通股。在完美市场中，是否支付股利这一政策是不重要的。但是，当我们意识到在现实生活中，发行股票有许多成本时，我们会更偏好于使用内部权益来筹集投资机会所需的资金。这里的股利政策仅仅是一个简单的剩余因素，股利支付应该等于公司支持了所有投资项目之后所剩余的内部资本。

其他可能导致公司股利政策影响公司股票价格的市场不完美性包括：（1）资本利得的递延税收优势；（2）代理成本；（3）客户效应；（4）给定政策所传达的信息内容。其他可能影响公司股利支付决策的现实考虑包括：

- 法律限制；
- 公司的流动性情况；
- 公司在资本市场中的接触程度；
- 公司盈利的稳定性；
- 投资者保持公司控制权的愿望。

### 关键术语

完美资本市场：在这一市场中，信息流动没有成本，市场价格全面地反映了所有可以接触到的信息。

一鸟在手股利理论：股利比资本利得更为确定，因而也比资本利得更具价值的观点。

剩余股利理论：公司的股利支付应该等于在支持了所有净现值为正的项目之后剩下的现金。

客户效应：个人和机构会投资那些在当前现金流与未来现金流之间的股利支付与它们的特定需求相一致的公司。例如，那些需要当前收入的投资者将会投资拥有高股利支付的公司。

信息不对称：投资者不如公司的管理层更了解关于公司运营情况的信息。

代理成本：公司的证券持有人面临经理人与证券持有人之间存在冲突时公司价值的损失。

预期理论：投资者根据管理层行为对股票价格的影响，对管理层的决策作出反应。举例来说，公布一个更高的股利支付，不仅暗示投资者在这一季度将会收到更多的现金，还会向投资者传递公司未来的表现会改善的信号。

### 3. 讨论股利政策的限制、通常使用的股利政策和支付程序

**小结：** 公司通常按季度支付股利。公司支付股利的最后批准来自董事会。在这一过程中重要的日期如下：

- 股利公告日——董事会正式宣布股利发放的日期；
- 股权登记日——当股票交易被关闭用来决定谁持有股票时的日期；
- 除权日——股权登记日的两天前，此后，接收股利的权利不再与股票一起转让；
- 股利支付日——股利支票被寄给股东的时间。

在实际操作过程中，经理们通常遵循下面三种股利政策之一：

- 固定的股利支付率，即用来当作股利支付的利润百分比保持不变；
- 稳定的每股股利，即保持一个相对稳定的股利支付额；
- 小的常规的股利加上一个年末额外股利，即公司支付一个较小的常规股利，加上一个在繁荣期的年末额外股利。

在这三个股利政策中，稳定的每股股利支付是目前最常见的。2003 年的《就业和增长税收减免和解法案》将股利收入的最高税率等级降低到了 15％，与已实现的长期资本利得的 15％的税率等级相同。这可以帮助大家衡量股利收入相对于合理的资本利得的投资范围。资本利得需要缴纳的税收仍然是可以延迟缴纳的，而股利收入是在投资纳税人收到股利的当年缴纳的。

固定的股利支付率：股利支付的利润百分比保持固定的股利支付政策。股利的支付额随着每年利润的变化而波动。

稳定的每股股利：保持一个相对稳定的每股股利支付额的股利支付政策。

小的常规的股利加上一个年末额外股利：一个较低的常规股利加上一个在繁荣时期年末的额外股利的公司政策，以避免较高的永久股利承诺。

股利公告日：董事会正式公告股利支付的日期。

股利支付日：公司向每一个登记在册的投资者支付股利的日期。

股权登记日：股票转让登记被停止，用以确认在下一次股利支付时接收股利的投资者名单的日期。

除权日：股票经纪公司统一决定停止股利所有权权利的日期，通常比股权登记日提前两天。

### 4. 描述为什么公司有时会支付非现金股利

**小结**：股票股利和股票分拆都被公司用作现金股利的替代品或是一起使用。现在，没有实证证据可以确认股票股利和股票分拆与股票市场价格之间的关系。但是股票股利和股票分拆可以被用来使股票价格保持在最优的交易范围内。而且，如果投资者认为股票股利包含了一些关于公司经营方面的利好信息，股票的价格会上升。

**关键术语**

股票分拆：股票股利超过目前流通股数的25％。

股票股利：根据现有股东等比例发放不超过目前流通股数的25％的股票。

### 5. 区别现金股利和股票回购的使用

**小结**：作为股利支付的一个替代选项，公司可以回购股票。在完美市场中，一个投资者认为接收股利和股票回购没有差别。投资者在需要收入的时候，可以简单地通过出售股票来产生股利。但是，如果市场的不完美性存在，投资者可能会偏好这两种公司利润派发方式中的一种。

股票回购可以被视作一种融资手段。通过发行债券然后回购股票，公司可以立即改变它的债务权益组合，从而达到一个更高比例的债务。同时，许多经理也将股票回购看作是一个投资决策——当他们认为股票被低估的时候购进公司的股票。

**关键术语**

股票回购：发行股票的公司购买流通在外的普通股的行为。

### 复习题

**13 - 1** 股利支付率的含义是什么？

**13 - 2** 解释保留内部产生的资金和发放现金股利之间的权衡取舍。

**13 - 3** a. 什么是剩余股利理论？

b. 为什么这个理论只有在长期才具有操作性？

**13-4** 哪些法律限制可能会限制公司支付的股利大小？

**13-5** 在这一章的引言中，我们知道苹果公司最近重新宣布了现金股利的发放，这在 20 世纪 90 年代一度被停止。是什么原因影响了企业做出重新支付股利的决策？

**13-6** 公司的流动性状况是如何影响股利支付的？

**13-7** 所有权的控制是如何限制公司成长的？

**13-8** 解释什么是股利公告日、股权登记日和除权日。

**13-9** 股票分拆或者股票股利相对于现金股利的好处在哪里？

**13-10** 为什么公司会回购自己的股票？

## 课后问题

**13-1** （股利支付率）卡森电子（Carson Electronics）公司去年获得了 2 400 000 美元的净利润，而且第一次向它的股东发放了每股 0.02 美元的现金股利。公司拥有 10 000 000 股股票。公司的股利支付率是多少？

**13-2** （股利政策和新普通股的发放）你的公司需要筹集 10 000 000 美元的资金来支持下一年的资本支出。公司在去年获得了 4 000 000 美元，并且支付了一半作为股利。如果公司的首席财务官希望使用不超过 40％ 的债务融资来支持新的投资，那么公司将不得不发行多少普通股来筹集这 10 000 000 美元？

**13-3** （股利政策和股票价格）用你的语言解释完美资本市场的定义。

**13-4** （股利政策和股票价格）股利政策是否会影响股票价格的问题，又会引起一个关于支付给股东的股利是否比股东所希望从公司的留存收益中收到的预期股利更具有确定性的问题。这便是我们所熟知的 "一鸟在手股利理论"。你同意这一理论吗？并解释原因。

**13-5** （剩余股利政策）农场合作（FarmCo）公司遵循一个股利政策。发放的现金股利要等于支持了公司计划资本支出的 60％ 之后的盈余。公司试图保持 40％ 的债务和 60％ 的权益资本结构，并不准备在下一年发行更多的股票。农场合作公司的首席财务官估计公司将会在今年获得 1 200 万美元的净利润。

a. 如果公司保持它的目标融资结构，并不在下一年中发行任何股票，考虑到它的利润估计，公司最多在它明年的资本支出上花费多少？

b. 如果农场合作公司明年的资本预算为 1 000 万美元，公司将会支付多少股利？公司的股利支付率是多少？

**13-6** （股利支付的法律限制）描述公司可能从法律限制方面遭遇的对股利支付的限制。

**13-7** （设定股利政策的现实考虑）肯辛顿（Kensington）公司的董事会决定，在今年的第一季度支付总计 500 万美元的股利。这是公司历史上第一次支付现金股利。公司首席财务官希望你检查一下公司在实行这一计划中可能遭遇到的限制。写一个简略的报告陈述肯辛顿公司可能面临的限制类型。

**13-8** （股利政策）智利健康水疗健身中心（Chilean Health Spa & Fitness）公司的年末利润估计已经由公司的首席财务官准备好了，它被显示在下面的表中。公司在外流通的普通股股数为 7 500 000 股。作为首席财务官的助手，您被要求根据下面可能的政策来决定每年支付给股东的每股股利。

| 年份 | 税后利润（美元） |
|---|---|
| 1 | 18 000 000 |
| 2 | 21 000 000 |
| 3 | 19 000 000 |
| 4 | 23 000 000 |
| 5 | 25 000 000 |

a. 目标值为在 5 年的时间内，平均净利润为 40% 的稳定的每股股利支付。

b. 一个较小的每股 0.60 美元的常规股利，加上当任意一年公司利润超过 20 000 000 美元时的一个额外年末股利。额外年末的股利将等于利润超过 20 000 000 美元部分的 50%。

c. 一个固定的 40% 的股利支付率。

**13 - 9** （固定的股利支付率政策）帕特森·希尔火车运输（Patterson-Hale Trucking, PHT）公司需要将它的舰队扩展 50%，用以满足公司刚刚接到的两个大合同——将军事设备从散落在美国各地的制造工厂运输到不同的军事基地。扩张所需的成本被估计为 1 400 万美元。PHT 保持 30% 的债务比率，并且每年支付 50% 的净利润作为普通股股利。

a. 如果 PHT 在 2013 年获得了 400 万美元，公司需要出售多少普通股才能够保持它的资本结构？

b. 如果 PHT 公司想要避免出售任何的新股票，但是又想要保持一个固定的 50% 的股利支付率。公司能够在新的资本结构上花费多少资金？

**13 - 10** （固定的股利支付政策）帕克印刷公司（Parker Prints）在和它的两个最大的客户协商大幅度地增加公司的销售收入。这一增长将要求帕克印刷公司拓展它的生产工厂，成本为 3 000 万美元。帕克印刷公司预期将在下一年支付给股东 800 万美元的股利。帕克印刷公司在它的资本结构中保持着 40% 的债务比例。

a. 如果帕克印刷公司在 2013 年获得 1 200 万美元的利润，公司为了保持它的目标资本结构需要发行多少普通股？

b. 如果帕克印刷公司希望避免销售任何新股票，公司能够在新的资本结构上花费多少资金？

**13 - 11** （术语）定义下面的每一个日期，并根据现金股利的支付和接收将它们按合适的顺序排列出来：股权登记日、除权日、股利公告日、股利支付日。

**13 - 12** （股票股利）在 2014 年的春天，安慰剂药物（Placebo Pharmaceuticals）公司的首席财务官向公司的董事会提出了一个方案，建议以新的普通股股票的形式向公司的股东发放非现金股利。具体来说，CFO 提议公司向每一个持有一只普通股股票的股东发放 0.025 只股票，使得 1 000 股股票的股东将收到额外的 25 股普通股。

a. 如果安慰剂药物公司在发放股票股利之前的年度净利润为 10 000 000 美元，共有 20 000 000在外流通的普通股，公司的每股收益是多少？

b. 在支付了股票股利之后，公司的每股收益是多少？

c. 如果你在股票股利发放之前拥有 1 000 股股票，公司在你这 1 000 股股票的投资中获得了多少美元的收益？在股票股利发放之后，公司从你增加了的股票持有数中又获得了多少美元的利润？你预期股票股利的支付会对你在公司中的总投资有什么影响？

**13 - 13** （股票分拆和大量的股票股利）马斯顿制造（Marston Mfg）公司最近针对它的

普通股宣布了一个 1 拆 4 的股票分拆。在股票分拆之前，公司的股票价格就上涨到了每股 600 美元，公司的首席财务官认为，这样高的股票价格妨碍了公司股票的交易流通。在股票分拆之前，公司在外流通的普通股股数为 1 000 万股，净利润为 4 000 万美元。

a. 在股票分拆之前，马斯顿制造公司的每股收益是多少？

b. 根据这样的股票分拆方案，马斯顿制造公司将会有多少在外流通的普通股？

c. 如果你在股票分拆之前拥有 100 股，你的股票所拥有的总收益是多少？你在股票分拆之后所拥有的公司总收益是多少？

d. 你作为 100 股股票的持有者，相比于 1 拆 4 的股票分拆之前，你现在的财务境况变好了吗？并解释原因。

**13-14** （股票分拆）罗布森（Robson）公司资产负债表的负债与权益项如下表所示。普通股目前的市场价格为每股 20 美元。假设：（a）公司发放了 15％ 的股票股利；（b）公司宣布了一个 1 拆 2 的股票分拆，依此重构公司的财务报表。

（单位：美元）

| | |
|---|---|
| 债务 | 1 800 000 |
| 所有者权益 | |
| 票面价值（2 美元，100 000 股） | 200 000 |
| 实收资本 | 400 000 |
| 留存收益 | 900 000 |
| | 3 300 000 |

**13-15** （股票回购）邓恩（Dunn）公司计划支付 500 000 美元的股利。公司一共拥有 250 000 股在外流通的普通股股票。每股收益为 5 美元。在除权日之后，股票的价格为每股 50 美元。如果公司决定不支付股利，而是回购股票。

a. 回购价格应该是多少？

b. 公司应该回购多少股票？

c. 如果回购价格比你在问题 a 中建议的高或低，会发生什么情况？

d. 如果你拥有 100 股，你会希望公司支付股利还是回购股票？

**13-16** （股票回购和每股收益）更多照顾（CareMore）公司为老年人提供家用的医疗辅助器械。公司的净利润为 500 万美元。公司计划使用它来回购公司的普通股股票。普通股现在的股票价格为每股 50 美元。更多照顾公司拥有 2 000 万股在外流通的普通股。

a. 公司用 500 万美元可以回购该公司股票的百分之多少？

b. 如果回购股票对公司的净利润没有影响，在回购之后，公司的每股收益将会是多少？

## 案例分析

假设你在为一个十分具有影响力的名为"金融问题：请咨询专家"的金融博客撰写专栏。你的工作室回答读者们遇到的有关金融的问题。这一周中，你准备回答两个来自你的那些处理股利的读者的问题。

**问题 1**：我拥有史丹利（Standlee）公司 30 000 股普通股中的 8％，这些股票最近的交易价格为每股 98 美元。公司宣布了它的计划，准备一个 1 拆 2 的股票分拆。

a. 股票分拆之后，与我目前的情况相比，我的财务状况将会怎样？（提示：假设股票价格按比例降低。）

b. 公司负责财务的执行副总裁相信股票价格不会按照股票分拆的规模等比例下降，只会下降 45％，因为她认为公司在分拆之前的股票价格是超过最优价格范围的。如果她的判断是正确的，我在这次分拆中获得的净利润是多少？

**问题 2：**你是 B. 菲利普（B. Phillips）公司的董事会成员。B. 菲利普公司已经宣布了一个支付 550 000 美元股利的计划。现在，公司在外流通的普通股股数为 275 000 股。公司股票的每股收益为 6 美元。看起来你希望股票能够在除权日之后以每股 45 美元的价格卖出。如果管理层决定不支付股利，而是回购股票。

a. 要与所建议的股利相等，股票的回购价格应该是多少？（提示：忽略任何的税收效应。）

b. 公司应该回购多少股票？

c. 你希望能够对小股东保持警惕。如果有人拥有 100 股，你认为他会希望公司支付股利还是回购股票呢？

第五部分

运营资本管理与国际商业金融

# 第十四章

# 短期财务计划

1. 应用销售收入百分比法来预测企业的财务需求；
2. 描述销售收入百分比法的局限性；
3. 制作现金预算并用此对公司财务需求的时点和金额进行评估。

在 2012 年夏天，柴油的价格是每加仑 4 美元。如果你是一名财务经理，当时（2012 年 7 月）正在为美国联合包裹快递（UPS）公司制订下一年的财务计划。因为对于 UPS 来说，燃油费用占据其运营成本的主要部分，所以柴油价格水平对于公司经营来说十分重要。很清楚，在对 UPS 的未来盈利进行财务预测时，对于未来燃料成本的价格预测是其中非常重要的一环。然而大量事实经验表明我们对未来的预测并不准确。

如果对未来的预测这么困难，并且计划都是建立在预期之上的，那么为什么公司还要努力进行财务计划呢？显然，它们确实为制订财务计划付出了大量努力，但是原因是什么呢？答案也许看起来很奇怪，那就是财务计划的价值不在于预测公司未来经营的准确性，反而当未来是最不确定时，财务计划的价值最能得到体现。制订财务计划过程本身就是有价值的。该价值体现在，通过预期未来可能发生的情况，公司可以制订可能的不同计划，以提高未来应对不利事件的能力，或者更好地抓住和利用未来可能出现的机会。

第十四章主要有以下两个目标：

◆ 第一，本章的内容将会帮助你重新认识企业财务计划中对于未来预测的重要性。一般来说，对于未来销售收入和相关成本的预测为公司预计自身的未来财务需求提供了信息。

◆ 第二，本章提供了财务计划中所需要的基本要素的概览，包括：现金预算、计划损益表，以及计划资产负债表。

计划的财务报表可以用来分析公司基于公司财务表现的预测和业务规划的效果，也是公司未来财务需求的十分有用的工具。除此之外，计划的财务报表也可以被用作比较公司实际经营成果的标准。在这种情况下，计划的财务报表是在计划财务期间内监督和控制公司经营进展的工具。例如，在20世纪70年代发生第一次石油危机后，原油的价格从每桶2美元增长到了每桶20美元以上。许多人认为石油价格会上涨到50美元以上。然而，在1986年，石油价格跌落到每桶仅10美元，这使得之前50美元一桶的价格看起来像个愚蠢的梦。然而，在2008年，每桶原油的价格上涨到了140美元，并在2012年10月下跌到90美元。那么接下来会发生什么呢？是价格继续上涨还是如同在之前的危机中那样再一次下跌？

## 财务预测

财务预测就是试图估计公司未来融资需求的过程。预测公司未来财务需求的基本步骤如下：

**第一步**　预测公司在未来计划期内的销售收入和成本。

**第二步**　估计为了支持预计的销售增长所需要的流动性和固定资产的投资水平。

**第三步**　确定在财务计划期内为所需资产筹资引发的财务融资需求。

### 销售收入预测

公司财务计划过程中最重要的步骤就是对未来销售收入的预测。得到未来销售收入的预测需要综合利用不同的渠道信息。对下一年度的销售预测至少反映了如下信息：（1）在新的一年中反映的过往的销售变化趋势；（2）任何预计可能发生的会对该趋势产生实质性影响的事件所带来的影响。[①] 后者的一个例子就是一项重要的营销活动的启动，或者是公司定价策略的变化。

### 预测财务变量

传统的财务预测将对销售收入的预测看作是给定的，并以此预计其对于公司费用、资产和负债的影响。对这些财务变量进行预测最经常用到的方法就是销售收入百分比法。

### 财务预测的销售收入百分比法

**销售收入百分比法**（percent of sales method）主要是预测未来一段时间内，费用、资产和负债占预测的未来销售收入的比例。对于该比例的预测可以参考最近一期财务报告中对应科目占当期销售收入的比例，或过去几年中该比例的平均值，或者参考分析师的判断，或者是以上几种参考来源的综合。

表14-1展示了运用销售收入百分比法对德鲁（Drew）公司进行财务预测的完整例子。在本例中，公司的资产负债表中每个随着当期收入变化的科目数值都被转化成了2013年销售收入的百分比，2013年销售收入是1 000万美元。对于新一年的资产负债表中每个科目数值的预测，可以通过将该比例乘以2014年计划期预计能实现的销售收入1 200万美元而得到。此

---

① 关于预测方法的完整讨论超出了本书的范围。对此感兴趣的读者可以通过网络搜索到有关商业预测的大量书籍。

方法在预测公司的未来财务需求时成本相对较低，而且更为方便。

**表 14-1**          **应用销售收入百分比法预测德鲁公司 2014 年的融资需求**

| | A | B | C | D | E | F | G | H | I |
|---|---|---|---|---|---|---|---|---|---|
| 1 | 德鲁公司 | | | | | | 德鲁公司 | | |
| 2 | 2013年利润表 | | | | | | 预测2014年利润表 | | |
| 3 | | | | | 2013年销售 | | | 计算 | |
| 4 | | | | | 收入百分比 | | 销售收入增长率 | 20% | |
| 5 | 销售收入 | | 10 000 000美元 | | | | 销售收入 | 1 000万美元×1.20= | 12 000 000美元 |
| 6 | 净利润 | | 500 000美元 | 500 000美元/10 000 000美元= | 5.0% | | 净利润 | 1200万美元×0.05= | 600 000美元 |
| 7 | | | | | | | | | |
| 8 | | | | | | | | | |
| 9 | | | | | | | | | |
| 10 | 德鲁公司 | | | | | | 德鲁公司 | | |
| 11 | 2013年资产负债表 | | | | | | 预测2014年资产负债表 | | |
| 12 | | | | | 2013年销售 | | | 计算 | |
| 13 | | | | | 收入百分比 | | | | |
| 14 | 流动性资产 | | 2 000 000美元 | [200万美元/1 000万美元]= | 20.0% | | 流动性资产 | 0.20×1 200美元= | 2 400 000美元 |
| 15 | 固定资产净额 | | 4 000 000美元 | [400万美元/1 000万美元]= | 40.0% | | 固定资产净额 | 0.40×1 200万美元= | 4 800 000美元 |
| 16 | 合计 | | 6 000 000美元 | | | | 合计 | | 7 200 000美元 |
| 17 | | | | | | | | | |
| 18 | 应付账款 | | 1 000 000美元 | [100万美元/1 000万美元]= | 10.0% | | 应付账款 | 0.10×1 200万美元= | 1 200 000美元 |
| 19 | 预提费用 | | 1 000 000美元 | [100万美元/1 000万美元]= | 10.0% | | 预提费用 | 0.10×1 200万美元= | 1 200 000美元 |
| 20 | 应付票据 | | 500 000美元 | | NA[a] | | 应付票据 | 无变动 | 500 000美元 |
| 21 | 短期债务 | | 2 500 000美元 | | | | 短期债务 | | 2 900 000美元 |
| 22 | 长期债务 | | 2 000 000美元 | | NA[a] | | 长期债务 | 无变动 | 2 000 000美元 |
| 23 | 债务合计 | | 4 500 000美元 | | | | 债务合计 | | 4 900 000美元 |
| 24 | 普通股（面值） | | 100 000美元 | | NA[a] | | 普通股（面值） | 无变动 | 100 000美元 |
| 25 | 实收资本 | | 200 000美元 | | NA[a] | | 实收资本 | 无变动 | 200 000美元 |
| 26 | 留存收益 | | 1 200 000美元 | | | | 留存收益 | 计算[b] | 1 500 000美元 |
| 27 | 所有者权益 | | 1 500 000美元 | | | | 所有者权益 | | 1 800 000美元 |
| 28 | 合计 | | 6 000 000美元 | | | | 融资提供 | | 6 700 000美元 |
| 29 | | | | | | | 酌情融资[c] | | 500 000美元 |
| 30 | | | | | | | 总融资需求=总资产 | | 7 200 000美元 |
| 31 | | | | | | | | | |
| 32 | | | | | | | | | |
| 33 | [a]不适用。这些项不随销售收入改变而改变。 | | | | | | | | |
| 34 | [b]2014年留存收益为1 500 000美元，等于2013年1 200 000美元的留存收益，加600 000美元的净利润减普通股股利即净利润的50%， | | | | | | | | |
| 35 | 300 000美元。 | | | | | | | | |
| 36 | [c]2014年酌情融资（DFN）等于总融资需求即总资产7 200 000美元和融资提供的差。在这个例子中，DFN为500 000美元。 | | | | | | | | |
| 37 | | | | | | | | | |
| 38 | | | | | | | | | |

注意在表 14-1 的例子中，假设流动性资产和固定资产随着销售收入的变化而变化。这意味着公司当前没有足够的产能来满足未来销售收入增长的需要。因此，如果销售收入在未来增加 1 美元，那么固定资产就将增加 0.4 美元，或者是预计销售收入增长量的 40%。如果公司当前所拥有的固定资产足够支撑未来销售收入水平，那么在预测的未来时段中，这些资产数量就不会随着销售收入成比例变动，而是保持一定水平不变。

此外，注意到应付账款和预提费用是仅有的随着销售收入变化的负债项目。可以合理地预计这两类科目随着公司销售收入水平的变化而上下波动，因此，可以采用销售收入百分比法预测这两类科目的值。因为这两类流动性负债科目的变化通常与当期销售收入水平直接相关，因此它们也被称为**自发性融资**（spontaneous financing）。自发性融资包括随着公司日常经营同步产生的贸易信贷和其他应付账款。第十五章将讨论运营资本管理，其中会更详细地讨论这些自发性融资的不同种类。通常并不认为应付票据、长期债务、普通股和实收资本是直接随着公司销售收入水平的变化而变化的。这些种类的融资方式被称为**酌情融资**（discretionary financing，DFN），酌情融资要求在每次计划筹资时，需得到公司管理层的明确融资决策意见。例如，如果公司想通过银行票据融资，就需要同管理层沟通，并签署涵盖融资具体条款和条件的合同书。最后，我们要注意到留存收益的水平的确是随着估计的销售收入而变化的。预计的留存收益水平的变化等于估计的税后利润（预计的净利润），即销售收入的 5%，600 000美元，减去普通股股利 300 000 美元。

在表 14-1 表示的德鲁公司的例子中，我们估计公司的销售收入将会从 1 000 万美元增长到 1 200 万美元，这会引起公司对于总资产的需求增加到 720 万美元。这些资产将通过如下方式实现：现存的 490 万负债和自发性融资、180 万美元的所有者权益（其中包括下一年销售收入产生的 30 万美元留存收益），以及 50 万美元的酌情融资（可以通过发行应付票据、债券、股票或者上述方式的组合）来实现。

总而言之，我们可以通过应用销售收入百分比的财务预测方法来估计公司的酌情融资需求（$DFN$），包含如下四个步骤：

**第一步** 将每个直接随公司销售收入变化的资产和负债科目转换为当年销售收入的百分比。

$$\frac{流动性资产}{销售收入}=\frac{200 \text{ 万美元}}{1\,000 \text{ 万美元}}=0.2=20\%$$

**第二步** 预测资产负债表中每项资产和负债科目的水平，将对应科目所占销售收入百分比乘以预计的销售收入。当该科目不随销售收入水平变化时，保持资产负债表中该科目不变。

$$预计的流动性资产=预计的销售收入\times\frac{流动性资产}{销售收入}=1\,200\times0.2=240\ （万美元）$$

**第三步** 预测可以帮助公司进行经营性融资的留存收益增加额。该数额等于该期预计净利润减去计划的普通股的现金股利。

$$预计的留存收益增加=预计的销售收入\times\frac{净利润}{销售收入}\times\left(1-\frac{现金股利}{净利润}\right)$$
$$=1\,200\times0.05\times（1-0.5）=30\ （万美元）$$

**第四步** 预计的公司的酌情融资（$DFN$）等于预计的总资产减去预计的总负债和预计的所有者权益。

$$预计的酌情融资=预计的总资产-预计的总负债-预计的所有者权益$$
$$=720-490-180=50\ （万美元）$$

## 分析盈利能力和股利政策对 $DFN$ 的影响

在预计酌情融资的过程中，我们可以简便快捷地评估出我们预计的融资需求对关键变量的敏感性。例如，应用之前例子中的信息，我们可以评估出当净利润率（$NPMs$）为 1%、5% 和 10%，同时股利支付率分别为 30%、50% 和 70% 时的酌情融资需求。

**不同净利润率和股利支付率下的酌情融资需求**

| 净利润率 | 股利支付率＝股利÷净利润 | | |
| --- | --- | --- | --- |
| | 30% | 50% | 70% |
| 1% | 716 000 美元 | 740 000 美元 | 764 000 美元 |
| 5% | 380 000 美元 | 500 000 美元 | 620 000 美元 |
| 10% | −40 000 美元 | 200 000 美元 | 440 000 美元 |

如果这些净利润率是对公司可能实现的价值范围的合理估计，并且假设公司考虑的股利支付率的变动范围为30％至70％，那么我们就可以估计出公司的酌情融资需求变化范围为负的40 000美元至764 000美元。较低的净利润率意味着更高的酌情融资需求。并且，在其他条件不变的情况下，更高的股利支付率会引发更高的酌情融资。这一结果直接源自这样一个事实，即股利支付率高的公司留存收益较少。

## 分析销售收入增长对公司 *DFN* 的影响

在图14-1中我们分析了德鲁公司的酌情融资。德鲁公司的销售收入预计在明年从1 000万美元增长到1 200万美元。回忆在之前的例子中预计销售收入增长20％会引起公司融资需求增加500 000美元。我们将这部分融资需求称为公司的酌情融资，因为所有这些资金的筹资来源，如银行借款或股票发行，都需要管理层运用自身的判断力来选择相应的资金来源。在本部分，我们希望分析一家公司的酌情融资是如何随着不同的预计销售收入增长率而变化的。

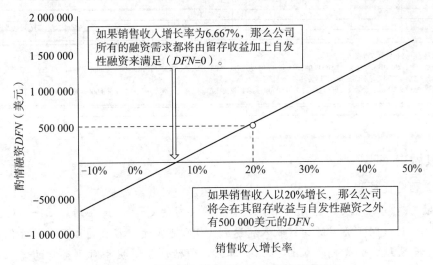

**图14-1　销售收入增长率与公司酌情融资需求**

表14-2扩展了我们在表14-1中进行的财务预测。而且，我们使用了与表14-1中相同的假设和预测方法，但是将它们应用于不同的销售收入增长率之下——分别为0、20％和40％。在这些不同的销售收入增长率下，对应的酌情融资变化范围为−250 000美元至1 250 000美元。当*DFN*为负值时，这意味着公司拥有的财务资源多于实现预计的销售收入所需要的资金。当*DFN*为正值时，意味着公司必须融得相应金额的资金，不论是通过借贷还是发行股票。我们可以用如下关系式计算*DFN*：

$$DFN＝预计的总资产增加－预计的自发性负债增加－预计的留存收益增加 \quad (14-1)$$

注意，在定义*DFN*时，我们仅仅考虑了自发性负债的变化，回忆之前的定义我们可以知道，其为随着日常经营而自动产生的负债额。在表14-1中，只有自发性负债是随着销售收入水平变化而变化的，所以我们可以通过比较当前与预计销售收入水平上的总负债来计算出自发性负债的变化。

表 14 - 2　酌情融资需求与销售收入增长率

| | A/C | 2013年销售收入百分比 (D/E) | F | G | 计算 (H) | 0% (I) | 20% (J) | 40% (K) |
|---|---|---|---|---|---|---|---|---|
| 1 | 德鲁公司 | | | 德鲁公司 | | | | |
| 2 | 2013年利润表 | | | 预测2014年利润表 | | | | |
| 3 | | 2013年销售 | | | | | | |
| 4 | | 收入百分比 | | 销售收入增长率 | | 0% | 20% | 40% |
| 5 | 销售收入　10 000 000美元 | | | 销售收入 | | 10 000 000美元 | 12 000 000美元 | 14 000 000美元 |
| 6 | 净利润　500 000美元 | [500 000美元/10 000 000美元]= | 5.0% | 净利润 | | 500 000美元 | 600 000美元 | 700 000美元 |
| 9 | 德鲁公司 | | | 德鲁公司 | | | | |
| 10 | 2013年资产负债表 | 2013年销售 | | 预测2014年资产负债表 | | | | |
| 11 | | 收入百分比 | | | 计算 | | | |
| 13 | 流动性资产　2 000 000美元 | [200万元/1 000万元]= | 20.0% | 流动性资产 | 0.20×1 200万美元= | 2 000 000美元 | 2 400 000美元 | 2 800 000美元 |
| 14 | 固定资产净额　4 000 000美元 | [400万元/1 000万元]= | 40.0% | 固定资产净额 | 0.40×1 200万美元= | 4 000 000美元 | 4 800 000美元 | 5 600 000美元 |
| 15 | 合计　6 000 000美元 | | | 合计 | | 6 000 000美元 | 7 200 000美元 | 8 400 000美元 |
| 17 | 应付账款　1 000 000美元 | [100万元/1 000万元]= | 10.0% | 应付账款 | 0.10×1 200万美元= | 1 000 000美元 | 1 200 000美元 | 1 400 000美元 |
| 18 | 预提费用　1 000 000美元 | [100万元/1 000万元]= | 10.0% | 预提费用 | 0.10×1 200万美元= | 1 000 000美元 | 1 200 000美元 | 1 400 000美元 |
| 19 | 应付票据　500 000美元 | NAª | | 应付票据 | 无变动 | 500 000美元 | 500 000美元 | 500 000美元 |
| 20 | 短期债务　2 500 000美元 | | | 短期债务 | | 2 500 000美元 | 2 900 000美元 | 3 300 000美元 |
| 21 | 长期债务　2 000 000美元 | NAª | | 长期债务 | 无变动 | 2 000 000美元 | 2 000 000美元 | 2 000 000美元 |
| 22 | 债务合计　4 500 000美元 | | | 债务合计 | | 4 500 000美元 | 4 900 000美元 | 5 300 000美元 |
| 23 | 普通股（面值）　100 000美元 | NAª | | 普通股（面值） | 无变动 | 100 000美元 | 100 000美元 | 100 000美元 |
| 24 | 实收资本　200 000美元 | NAª | | 实收资本 | 无变动 | 200 000美元 | 200 000美元 | 200 000美元 |
| 25 | 留存收益　1 200 000美元 | | | 留存收益 | 计算ᵇ | 1 450 000美元 | 1 500 000美元 | 1 550 000美元 |
| 26 | 所有者权益　1 500 000美元 | | | 所有者权益 | | 1 750 000美元 | 1 850 000美元 | |
| 27 | 合计　6 000 000美元 | | | 融资提供 | | 6 250 000美元 | 6 700 000美元 | 7 150 000美元 |
| 28 | | | | 酌情融资ᶜ | | -250 000美元 | 500 000美元 | 1 250 000美元 |
| 29 | | | | 总融资需求=总资产 | | 6 000 000美元 | 7 200 000美元 | 8 400 000美元 |

ª不适用。这些项不随销售收入改变而改变。

ᵇ基于20%的增长率，2014年留存收益为1 500 000美元，等于2013年1 200 000美元的留存收益，加上600 000美元的净利润，减去普通股股利即净利润的50%，300 000美元。注意，股利是净利润的50%，因为随着三种情形而变化。

ᶜ2014年酌情融资（DFN）等于总融资需求即总资产7 200 000美元和融资提供的差。在这个例子中，DFN为500 000美元。

## 你可以做出来吗？

### 销售收入百分比预测

牧歌管道（Madrigal Plumbing）设备供应公司的CFO，正在制订下一年的财务计划。计划中估计明年公司的销售收入将达到1 000万美元。在公司成立的4年间，公司的存货数量大概占到当期收入的15%。那么，你估计公司明年对于存货的需求是多少（使用销售收入百分比法）？如果牧歌管道公司生产具有规模效应，你预计公司的存货需求与使用销售收入百分比法预测的需求相比，是更高、相同还是更低？

## 你做出来了吗？

### 销售收入百分比预测

牧歌管道公司预计其存货需求是其当期收入的15%，这样公司可以预计其明年对于存货的需求如下：

$$0.15 \times 10\ 000\ 000\ \text{美元} = 1\ 500\ 000\ \text{美元}$$

如果牧歌管道公司经营存在规模效应，那么它的存货需求会少于销售收入百分比法预测的1 500 000美元。当存在规模效应时，公司的存货需求与其销售收入并不按比例增长（也不按比例下降）。

式（14-1）可以用来估计表14-2中的酌情融资需求量。例如，当销售收入预计以10%的速度增长时（即 $g$ 等于10%），$DFN$ 可以计算如下：

$$DFN(g=10\%)=(6\,600\,000-6\,000\,000)-(4\,700\,000-4\,500\,000)$$
$$-(1\,475\,000-1\,200\,000)=125\,000（美元）$$

有时分析师们更习惯计算公司的**外部融资需求量**（external financing needs，*EFN*），外部融资包括了超过公司内部由留存收益产生的资金金额的全部融资量。因此，

$$EFN=预计的总资产的变化-留存收益的变化 \qquad (14-2)$$

对于预测的销售收入增长率10%，$EFN$ 等于325 000美元。$EFN$ 与 $DFN$ 之间相差的200 000美元，即为当公司预计的销售收入由1 000万美元增长到1 100万美元过程中所产生的自发性融资增加。我们更倾向于应用 $DFN$ 这一概念，因为它将分析师的注意力集中到为了满足公司的融资需求所必须主动寻找的资金量。

图14-1展示了销售收入增长率同 $DFN$ 之间的关系。图中的直线刻画了对于公司在每一不同的销售收入增长率下的 $DFN$ 数值。例如，如果销售收入以20%的速度增长，那么公司预计其 $DFN$ 为500 000美元，该部分资金可以通过借贷或发行股票从公司外部融得。注意，当销售收入以6.667%的增长率增长时，公司的 $DFN$ 值恰好为零。对于外部融资渠道有限，或者选择通过内部融资加上自发性融资实现增长的公司来说，估计出它们能够"负担"的销售收入增长率十分重要，在本例中即为6.667%。

## 财务决策工具

| 工具名称 | 公式 | 含义 |
|---|---|---|
| 存货预测的销售收入百分比法 | 预测的存货＝预测的销售收入×$\dfrac{存货}{销售收入}$ | ·在假定存货与销售收入比保持不变，并给定预期销售收入的情况下预测存货。<br>·只要资产或负债与销售收入同比例变化，我们可以在这个公式中用资产或负债替代存货。 |
| 酌情融资需求 | $DFN=\dfrac{预计的总}{资产增加}-\dfrac{预计的自发性}{负债增加}-\dfrac{预计的留存}{收益增加}$ | ·评估公司管理层积极谈判得到的新来源中的新资金量。<br>·自发性融资和留存收益的增加是公司持续运营的必然结果。 |

**概念回顾**

1. 如果我们不能准确地预测未来，那么为什么国内公司还要进行财务预测？
2. 为什么销售收入预测对于制订公司的财务计划非常重要？
3. 什么是销售收入百分比的财务预测方法？
4. 举出一些自发性融资和 $DFN$ 的例子。
5. $DFN$ 与外部融资需求（$EFN$）的区别是什么？

## 销售收入百分比法的局限性

销售收入百分比的财务预测方法提供了对公司融资需求的合理估计，但这局限于对公司的资产要求和融资渠道可以用销售收入的一定比例进行准确预测的情况。例如，使用销售收入百分比法预测 2014 年存货需求可按如下公式：

$$2014\ 年预测的存货 = \frac{2013\ 年存货}{2013\ 年销售收入} \times 2014\ 年预测的销售收入$$

图 14-2A 刻画了这一预测关系。注意，销售收入百分比法只是通过原点的一条直线（即纵轴截距为 0）。然而在现实中许多常见的情况下，这一关系并不能适当地描述某一资产科目与销售收入之间的关系。两个常见的例子就是当该资产存在规模经济效应，或者该资产必须以离散数量的形式（lumpy assets）购买时。

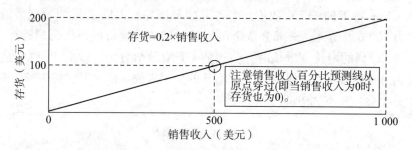

**图 14-2A　用销售收入百分比法进行预测**

规模经济有时是由投资于特定的资产类别而实现的。例如，一个新计算机系统可能在很大经营范围内支持一家公司的运营。这就意味着，这些资产并不直接随着销售收入的变化按比例变动。图 14-2B 就反映了这样一种情况，其中公司通过投资与存货产生了规模效应。注意，按销售收入的百分比表示的存货水平，从销售收入的 120%，即当销售收入为 100 美元时，存货为 120 美元，下降到了销售收入的 30%，即当销售收入为 1 000 美元时，存货数量为 300 美元。这反映了这样一个事实，即无论公司的销售收入水平如何，公司必须持有固定数量的存货（在此例中为 100 美元），再加上一个可变部分（当期销售收入的 20%）。在这种情况下，对于存货水平的预测公式如下：

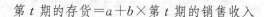

$$第\ t\ 期的存货 = a + b \times 第\ t\ 期的销售收入$$

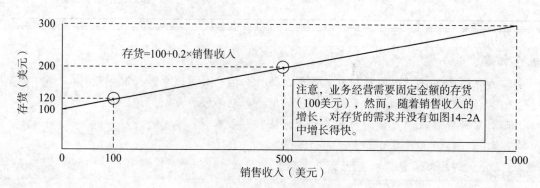

**图 14-2B　规模经济**

在本例中，$a$［存货公式的**截距**（intercept）[1]，常数项］等于 100，$b$［公式的**斜率**（slope coefficient）］是 0.20。

图 14 - 2C 是以离散数量形式购买的资产的一个例子，该资产是必须一次性购买的高价资产。例如，如果公司花费 500 美元用于购买厂房和设备，那么该资产每年可产生 100 美元的收入。如果公司再花费 500 美元（即总计 1 000 美元），那么它就可以每年支持 200 美元到 300 美元的销售收入，以此类推。注意，当购买一组资产后，它会产生多余产能，直到销售收入增长到产能完全利用时的水平。这样的结果就是如图 14 - 2C 中描绘的阶梯函数。因此，如果公司预计其销售收入并不会超过其现有的产能水平，那么财务计划中就没有相应的厂房和设备购买需求。

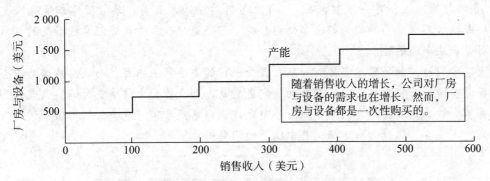

**图 14 - 2C　以离散数量形式购买的资产投资的规模经济**

# 构建和使用现金预算

现金预算，与计划利润表和计划资产负债表类似，也是财务预测中非常重要的工具。现金预算包括在预期时间内对每年的一系列现金流入和流出的详细预测。

## 预算的功能

**预算**（budget）只是对于未来事件的预测。例如，准备期末考试的学生制定时间预算来帮助他们在不同的课程之间分配其有限的复习时间。学生同样也必须在他们互相竞争的资金用途上分配其财务资源，例如书籍、学费、餐饮、房租、衣物和课余活动。

预算对于公司来说具有如下三个基本功能：

◆ 第一，它们预测了公司未来融资需求的金额和产生时点。

◆ 第二，当预算数值与实际发生的数值不相符时，它们提供了修正公司行为的基础。

◆ 第三，预算提供了业绩评估和控制的基础。计划由人员指定，预算为管理层提供了可以用来评估计划制订和执行者的表现的评价标准，并进一步地控制他们的行为。

---

［1］　不为零的截距值证明了规模经济。然而，规模经济也可能导致销售与特定类别资产之间的非线性关系。稍后，当我们讨论现金管理的时候，我们会发现一个流行的现金管理模型预测了最优现金余额和现金交易水平之间的非线性关系。

## 财务管理中的道德规范

### 是否应该行贿

"实现业绩预测"的压力是巨大的，并且这些压力会使得经理人采取行贿的行为（尤其是在次发达国家），并向公共事务官员支付好处，因为这对他们来说是某种惯例。这就引起了一个令人费解的道德问题。如果在国外行贿并不被认为是不道德的，你应该把这些行贿行为看作是不道德的吗？

在上述情景下有一个导致立宪的道德判案。1977年美国国会通过的《反海外腐败法》（后在1988年修订为《综合贸易与竞争法》）确立了针对向国外官员、政治团体或候选人支付好处以获得或继续某项交易的行为的刑事处罚。道德问题是现代宪法边缘经常被触及的领域，并且经常引发新法令的通过。

考虑下述问题：如果你参与协商一项在国外进行的重要商业项目，而该交易成功与否取决于你是否向当地政府官员行贿以使其帮助你完成交易，那么你会允许该支付吗？假设该种形式的支付并不会被稽查或惩罚，例如，你的公司允许你以略高于市场竞争价的价格从该政府官员的亲属处购买设备。你能看出这场交易中隐含的问题吗？

---

> **概念回顾**
>
> 1. 用文字描述，在用销售收入百分比法进行财务预测时应用的基本关系是什么？
> 2. 在哪些情况下，公司不满足销售收入百分比法下的基本关系假设？

---

## 现金预算

**现金预算**（cash budget）代表了对于未来现金流的计划，其由四部分构成：现金票据、现金支出、当期现金净变化额，以及新增融资需求。

| 例题 14.1 | 构建现金预算 |
|---|---|

为了说明你现金预算的构建过程与应用，考虑塞尔克（Salco）家具公司的例子，塞尔克是一家区域性的家用家具分销商。塞尔克正在制定未来6个月的月度现金预算（2014年1月至6月）。公司的销售收入水平极具季节性，在每年的3月到5月初与销售高峰期。塞尔克公司销售收入的约30%在销售后1个月内到账，50%的收入在销售后2个月内到账，而剩下的收入在销售后3个月内到账。

塞尔克试图将其购买计划与预测的未来销售情况相匹配。进货额通常为销售收入的75%，并且在预计销售期之前的两个月购入。购货款通常在购买的下一个月支付。例如，6月的销售收入估计为100 000美元，因此，4月的购货款为0.75×100 000美元＝75 000美元。相应在5月支付的购货款为75 000美元。薪金、工资、租金和其他现金支付记录在表14-3中，该表展示了塞尔克公司从2014年1月截至2014年6月的6个月期间的现金预算。其他记录在现金预算中的额外支出涉及在2月购买的价值14 000美元的设备和5月偿还的12 000美元的贷款。6月，塞尔克公司需要支付其150 000美元的长期债务在2014年1月到6月期间应付的7 500

美元的利息。5 月到期的 12 000 美元的短期债务在 2014 年 1 月至 5 月产生的利息为 600 美元，在 5 月一并支付。

**表 14 - 3　　　　塞尔克家具公司截至 2014 年 6 月 30 日的 6 个月现金预算　　　　（单位：美元）**

| | A | B | C | D | E | F | G | H | I | J | K | L |
|---|---|---|---|---|---|---|---|---|---|---|---|---|
| 1 | | 10月 | 11月 | 12月 | 1月 | 2月 | 3月 | 4月 | 5月 | 6月 | 7月 | 8月 |
| 2 | 工作表 | | | | | | | | | | | |
| 3 | 销售收入（预测） | 55 000 | 62 000 | 50 000 | 60 000 | 75 000 | 88 000 | 100 000 | 110 000 | 100 000 | 80 000 | 75 000 |
| 4 | 购货款（两个月内销售收入的75%） | | | 56 250 | 66 000 | 75 000 | 82 500 | 75 000 | 60 000 | 56 250 | | |
| 5 | | | | | | | | | | | | |
| 6 | 现金收入 | | | | | | | | | | | |
| 7 | 包括： | | | | | | | | | | | |
| 8 | 　销售后第1个月（30%） | | | | 15 000 | 18 000 | 22 500 | 26 400 | 30 000 | 33 000 | | |
| 9 | 　销售后第2个月（50%） | | | | 31 000 | 25 000 | 30 000 | 37 500 | 44 000 | 50 000 | | |
| 10 | 　销售后第3个月（20%） | | | | 11 000 | 12 400 | 10 000 | 12 000 | 15 000 | 17 600 | | |
| 11 | 总现金收入 | | | | 57 000 | 55 400 | 62 500 | 75 900 | 89 000 | 100 600 | | |
| 12 | | | | | | | | | | | | |
| 13 | 现金支出 | | | | | | | | | | | |
| 14 | 支付（第4行购货项款滞后一个月） | | | | 56 250 | 66 000 | 75 000 | 82 500 | 75 000 | 60 000 | | |
| 15 | 工资和薪金 | | | | 3 000 | 10 000 | 7 000 | 8 000 | 6 000 | 4 000 | | |
| 16 | 租金 | | | | 4 000 | 4 000 | 4 000 | 4 000 | 4 000 | 4 000 | | |
| 17 | 其他费用 | | | | 1 000 | 500 | 1 200 | 1 500 | 1 500 | 1 200 | | |
| 18 | 现有债务利息支出a | | | | | | | | 600 | 7 500 | | |
| 19 | 税收 | | | | | | 4 460 | | | 5 200 | | |
| 20 | 设备购买 | | | | | 14 000 | | | | | | |
| 21 | 贷款偿还b | | | | | | | | 12 000 | | | |
| 22 | 总现金支出 | | | | 64 250 | 94 500 | 91 660 | 96 000 | 99 100 | 81 900 | | |
| 23 | | | | | | | | | | | | |
| 24 | 该阶段的现金净变化 | | | | -7 250 | -39 100 | -29 160 | -20 100 | -10 100 | 18 700 | | |
| 25 | 加：期初现金余额 | | | | 20 000 | 12 750 | 10 000 | 10 000 | 10 000 | 10 000 | | |
| 26 | 减：短期借款利息 | | | | 0 | 0 | -364 | -659 | -866 | -976 | | |
| 27 | 等于：短期借款前期末现金余额 | | | | 12 750 | -26 350 | -19 524 | -10 759 | -966 | 27 724 | | |
| 28 | | | | | | | | | | | | |
| 29 | 新融资需求c | | | | 0 | 36 350 | 29 524 | 20 759 | 10 966 | -17 724d | | |
| 30 | 期末现金余额 | | | | 12 750 | 10 000 | 10 000 | 10 000 | 10 000 | 10 000 | | |
| 31 | 累计借款 | | | | 0 | 36 350 | 65 874 | 86 633 | 97 599 | 79 875 | | |
| 32 | | | | | | | | | | | | |
| 33 | | | | | | | | | | | | |
| 34 | a 12 000美元贷款的600美元利息支付将在5月到期，150 000美元贷款的7 500美元利息支付将在6月到期。 | | | | | | | | | | | |
| 35 | b 12 000美元的本金也在5月到期。 | | | | | | | | | | | |
| 36 | c 融资量要求提高公司期末现金余额至10 000美元的水平。 | | | | | | | | | | | |
| 37 | d 负的融资需求指公司可以用来覆盖之前月份一部分短期借款的超额现金。 | | | | | | | | | | | |
| 38 | | | | | | | | | | | | |

　　塞尔克公司当前的现金余额是 20 000 美元，并且希望保持最小余额 10 000 美元，用来维持该最小额度所必需的额外借款如表 14 - 3 中最后一部分所估计的。借款发生在每个月的月初，也是需要资金的时点。所借资金的利率是每年 12%，或者是每月 1%，并且该利息于得到借款的下一个月开始支付。因此，1 月所借资金的利息将于 2 月进行支付，金额等于 1 月的借款余额的 1%。

**步骤 1：制定策略**

　　构建一个现金预算，该预算包含了公司在接下来的 6 个月中每个月的现金流入和流出。进行这一预算需要对公司每月的收入和费用进行估计，但是这并不是制定预算的全部。分析师接下来要估计这些收入何时会实现（现金销售收入和应收账款的回收），以及费用何时需要支付。一旦做好了这些估计，我们就可以制定现金预算，并估计公司在预测期内每月现金流的变化情况。

**步骤 2：计算数值**

　　表 14 - 3 包含了月度的现金预算，以及要求的所有支持性估计。

**步骤 3：分析结果**

　　塞尔克公司现金预算中财务需求一栏表明，公司累积的短期借款至 2014 年 5 月会增长到 97 599 美元。然而，这一借款需求在 6 月开始下降，并且公司能够降低其借款至 79 875 美元。注意，现金预算不仅表明了公司在预测期内的融资需求金额，而且表明了何时需要这些资金。

## 财务管理中的道德规范

### 诚实面对未来的不确定性

假想你是本·托尔伯（Ben Tolber）——博纳吉特（Bonajet）公司的首席财务官。博纳吉特公司的首席执行官安排明天同一些外部分析师见面，以讨论公司在今年最后一个季度的财务预测。本·托尔伯的分析很确定地表明，未来一个季度的业绩成果会很令人失望。如果你是本·托尔伯，你将如何处理这一困境？

当本·托尔伯在阅读他必须上交公司 CEO 的报告草稿时，他变得越来越担心。尽管预测比原来的预计要低，但这并不是最令本担心的。问题是他所做预测的一些基本假设可能未来并不会实现。如果这样，那么公司今年最后一个季度的业绩表现就会明显低于其年度预测。这样的结果将会在投资者中引起剧烈反应，从而引起公司股价不确定程度的下降。

博纳吉特公司的 CEO 是一个决断的人，并且喜欢看到他的 CFO 对他的预测提出异议。因此本面临着很大的压力，他需要决定是对这些潜在的负面因素视而不见，还是将它们报告给 CEO。让情况变得更为复杂的是，如果最坏的情况发生，那么将会引起博纳吉特公司进行重组和紧接着的公司裁员。因此，本面临一个两难困境：在明天早上的会议中他将如何向 CEO 报告呢？

---

### 概念回顾

1. 什么是现金预算？
2. 现金预算是如何在财务计划中得以运用的？

---

## 本章小结

### 1. 应用销售收入百分比法来预测企业的财务需求

**小结**：销售收入百分比法经常被用来预测公司的资产、负债和费用。对这些项目的预测将接着被用于制订财务计划，从而用来估计该公司未来的融资需求。进行财务预测可以被视为如下三个步骤：

**第一步**　预测公司在计划期内的销售收入和费用。

**第二步**　估计为了实现预测销售收入所需要的流动性资产和固定资产的投资水平。

**第三步**　确定在计划期内，为了购买这些资产公司的融资需求。

### 关键术语

销售收入百分比法：一种财务预测方法，通过估计未来一段时间内公司的费用、资产和负债水平，并以预测的销售收入的一定百分比表示。例如，为了估计当年公司卖出的产品的成本，分析师可以使用去年销售成本占销售收入的比例乘以预测的未来一年的销售收入进行预测。

自发性融资：随着公司日常经营的进行同步变化的贸易信贷和其他应付账款。

酌情融资：酌情融资要求在每次计划筹资时，需得到公司管理层的明确融资决策意见。银行票据是该类型融资的一个典型例子。

外部融资需求：外部融资需求是公司的融资需求中超过其内部融资（如当期收益的留存）加上自发性融资（如贸易信贷）的部分。

**2. 描述销售收入百分比法的局限性**

🔖 **小结**：销售收入百分比法的潜在原理或模型是通过截距的一条直线。非常简单，如果我们正在预测公司的存货余额，那么销售收入百分比法对于销售收入为 0 的情况下的存货余额的预测就是 0。尽管这一预测方法对于一些公司来说，也许是基本准确的，然而现实中的情况往往是公司会计划存有一定数量的存货，即使当销售收入水平降低到很低水平。例如，该公司也许希望保留 100 000 单位的存货作为最低存货水平，而不论预测的销售收入水平是多少（这表明此种情况下的预测是高度不完美的，并且如果没有更多的存货，就不能进一步销售）。因此，销售收入百分比法对于大多数情况只是"粗略"准确的，但内在是不准确的，尤其是当预测科目和销售收入并不是线性关系，或者公司对某一科目准备保有最低水平，而无论公司的销售收入是多少时。

📖 **关键术语**

截距：截距是在线性公式中的常数值。在线性公式中，该值预测了当收入为 0 时，被预测科目的值（如运营成本）。

斜率：斜率是在线性预测公式中，预测值随着销售收入的变化而变化的速度。

**3. 制作现金预算并用此对公司财务需求的时点和金额进行评估**

🔖 **小结**：现金预算与预计的利润表和资产负债表类似，是财务计划中十分重要的工具。现金预算包括了在整个财务计划期内对月度、季度和年度的现金流入和流出的估计。从而现金预算为公司的 CFO 和其他财务分析师提供了一个机会，去预测他们对公司运作的经营决策的有效性。

📖 **关键术语**

预算：预算是对公司未来一段时间内的收入和费用的逐条预测。

现金预算：现金预算是对未来现金流的详细计划。现金预算由四部分构成：现金票据、现金支出、当期现金净变化额，以及新增融资需求。

━━━━━━━━━━ 复习题 ━━━━━━━━━━

**14-1** UPS 公司在美国国内和全世界范围内提供包裹速递服务。讨论物流业的季节变化对于预测公司财务需求的影响。

**14-2** 讨论用销售收入百分比法进行财务预测的局限性。

**14-3** 以下事件对于公司现金状况会产生哪些可能的影响？

a. 急速增长的销售收入；

b. 应付款项的延迟支付；

c. 对于销售的更为宽松的信用政策（对于公司的客户）；

d. 持有更多的存货。

**14-4** 现金预算通常被认为是进行未来财务需求计划的方法之一。为什么对于富有现金的公司来说，现金预算也是非常重要的？

**14-1** （财务预测）萨帕特拉（Zapatera）公司正在评估其下一年的财务需求。公司刚开始运营一年，但是公司 CFO 预测公司的运营成本、流动性资产、净固定资产和流动性负债占销售收入的比例将保持不变。

去年萨帕特拉公司实现了 1 200 万美元的销售收入和 120 万美元的净利润。公司预计明年的销售收入将达到 1 500 万美元，同时净利润将增加到 200 万美元。已知公司在当前的高速增长率下，会保留其当期全部收益来帮助其弥补新投资的成本。

公司 2013 年资产负债表如下：

**萨帕特拉公司**

| 资产负债表 | | |
|---|---|---|
| 2013 年 12 月 31 日（美元） | | 销售收入百分比 |
| 流动性资产 | 3 000 000 | 25% |
| 固定资产 | 6 000 000 | 50% |
| 总资产 | 9 000 000 | |
| 负债和所有者权益 | | |
| 2013 年 12 月 31 日（美元） | | 销售收入百分比 |
| 应付账款 | 3 000 000 | 25% |
| 长期债务 | 2 000 000 | NA[a] |
| 总负债 | 5 000 000 | |
| 普通股 | 1 000 000 | NA |
| 实收资本 | 1 800 000 | NA |
| 留存收益 | 1 200 000 | |
| 普通股 | 4 000 000 | |
| 总负债和所有者权益 | 9 000 000 | |

a. 不适用。该数值不直接随销售收入改变而改变，在预测下一年的融资需求时该数值保持不变。

估计萨帕特拉公司 2014 年的融资需求以及其酌情融资需求。

**14-2** （预计应收账款计算）2013 年 3 月 31 日，迈克（Mike）单车店的应收账款余额为 17 500 美元。迈克的销售收入中信用支付和现金支付几乎各占一半，其中信用支付（赊销）在销售 1 个月后回收一半，并在销售 2 个月后全部付清。迈克单车店的历史和预计的销售收入如下：

| 月份 | 销售收入（美元） | 月份 | 销售收入（美元） |
|---|---|---|---|
| 1 月 | 15 000 | 3 月 | 25 000 |
| 2 月 | 20 000 | 4 月（预计） | 30 000 |

a. 在上述情况下，在 4 月底时应收账款余额为多少？

b. 迈克公司在 4 月从销售收入以及资金回收中实现了多少现金收入？

**14－3** （财务预测）萨姆邦纳兹（Sambonoza）公司预计其明年的销售收入是 400 万美元，并且预计税后利润率为 5%。公司正在预测其财务需求并作出了如下假设（预测）：

a. 流动性资产等于销售收入的 20%，固定资产将保持在其当前水平 100 万美元。

b. 普通股权益当前是 80 万美元，公司将税后利润的一半作为股利支付给股东。

c. 公司持有的短期应付账款和信用销售额通常为其销售收入的 10%，并且公司没有长期债务。

萨姆邦纳兹公司下一年的融资需求是多少？

**14－4** （财务预测——销售收入百分比法）塔利（Tulley）设备公司预计明年的销售收入是 2 000 万美元。当期销售收入是 1 500 万美元，流动性资产是 500 万美元，固定资产也是 500 万美元。公司的税后净利润率是 5%。塔利公司预计其流动性资产的增长与销售收入的增长有直接比例关系，但是其固定资产仅增长 10 万美元。目前，塔利公司的应付账款为 150 万美元（直接随销售收入变化而变化），长期债务为 200 万美元（10 年后到期），普通股权益（包括 400 万美元的留存收益）总计 650 万美元。塔利公司计划明年支付 50 万美元的普通股股利。

a. 塔利公司明年的财务总需求是多少（即总资产）？

b. 已知公司的业绩预计和股利支付计划，其酌情融资需求是多少？

c. 基于你的预计，并且假设将有 10 万美元的固定资产扩张，公司在不利用酌情融资的前提下可以支持的最大销售收入增量是多少？

**14－5** （计划资产负债表制作）使用如下的行业平均比例，为菲比猫（Phoebe Cat）食品公司制作计划资产负债表。

| | |
|---|---|
| 总资产周转率 | 1.5 倍 |
| 平均回收期（假设一年 365 天） | 15 天 |
| 固定资产周转率 | 5 倍 |
| 存货周转率（基于销售成本） | 3 倍 |
| 流动比率 | 2 倍 |
| 销售收入（所有都是信用销售） | 300 万美元 |
| 销售成本 | 销售收入的 75% |
| 债务比率 | 50% |
| | 流动性负债 |
| 现金 | 长期债务 |
| 应收账款 ＿＿＿＿＿ | 普通股 ＿＿＿＿＿ |
| 净固定资产 | 留存收益 |

**14－6** （销售收入百分比预测）下面哪个账户最有可能与公司的销售收入水平直接相关？具体讨论每一个科目。

| | 是 | 否 | | 是 | 否 |
|---|---|---|---|---|---|
| 现金 | _____ | _____ | 应付票据 | _____ | _____ |
| 有价证券 | _____ | _____ | 工厂与设备 | _____ | _____ |
| 应付账款 | _____ | _____ | 存货 | _____ | _____ |

**14-7** （财务预测——销售收入百分比法）博伊德卡车公司（Boyd Trucking，BTC）的资产负债表如下：

（单位：美元）

| | | | | |
|---|---|---|---|---|
| 流动性资产 | 10 | 应付账款 | 5 |
| 固定资产 | 15 | 应付票据 | 0 |
| 总资产 | 25 | 应付债券 | 10 |
| | | 普通股 | 10 |
| | | 总负债和所有者权益 | 25 |

BTC 公司截至 2013 年 12 月 31 日的当年销售收入为 250 万美元。公司股利政策规定，公司将所有净利润作为现金股利支付给普通股股东。因此，BTC 公司无法从其当期利润中筹资来扩张经营规模（假设折旧费用仅够用来弥补其耗费的资产）。

a. 如果 BTC 公司预计明年的销售收入为 4 000 万美元，制定公司 2014 年 12 月 31 日的计划资产负债表。假设流动性资产按照销售收入的百分比变化，净固定资产保持不变，应付账款随销售收入按百分比变化。使用应付票据作为平衡科目。

b. BTC 公司明年将需要的"新"融资是多少？

c. 销售收入百分比法有哪些局限性？请简要讨论。

**14-8** （财务预测——酌情融资需求）犰狳狗饼干（Armadillo Dog Biscuit）公司最近一期的资产负债表如下所示。公司即将开始一项广告宣传活动，预计明年年底时会将现在的 500 万美元销售收入提高到 700 万美元。公司目前正以全产能进行生产，并将增加其流动性资产和固定资产的投资以支持预计的新销售收入。实际上，公司估计两种类型的资产将会直接随着其预计的销售收入增长按百分比变化。

| | 现在水平（百万美元） | 销售收入增长百分比 | 预期水平（美元） |
|---|---|---|---|
| 流动性资产 | 2.0 | | |
| 净固定资产 | 3.0 | | |
| 总资产 | 5.0 | | |
| 应付账款 | 0.5 | | |
| 应计费用 | 0.5 | | |
| 应付票据 | 0 | | |
| 流动性负债 | 1.0 | | |
| 长期债务 | 2.0 | | |
| 普通股 | 0.5 | | |
| 留存收益 | 1.5 | | |
| 普通股本 | 2.0 | | |
| 总负债和所有者权益 | 5.0 | | |

公司的净利润是当期收入的 6%，并且预计会增长为明年收入的 7%。为了支持预计的明年资产的增长，公司已经暂停了向其股东支付现金股利的计划。在过去几年中，公司每年支付每股 1.5 美元的股利。犰狳狗饼干公司的应付账款和累计应付费用预计直接随销售收入变化而变化。此外，应付票据将被用来提供明年运营所需要的资金中不能从其他来源获得的部分。

a. 填写表格空白部分，并预测公司的酌情融资需求。将应付账款作为未来融资需求的平衡科目。

b. 比较犰狳狗饼干公司销售收入增长前后的流动比率和资产负债率（总负债÷总资产）。增长的销售收入如何影响这两个反映犰狳狗饼干公司财务状况的指标？

c. 如果犰狳狗饼干公司的销售收入在第一年增长到 600 万美元，在仅仅两年后增长到 700 万美元，这将会带来怎样的影响？请做简要讨论，不必计算。

**14-9** （预测酌情融资需求）钓鱼查特（Fishing Charter）公司估计其每增加 1 美元销售收入，就需要增加 0.3 美元投资。然而，每额外 1 美元销售收入就会产生 0.05 美元的利润，其中 0.01 美元可再投资于公司经营。如果明年的销售收入在今年 500 万美元的基础上增加 50 万美元，并且自发性债务占销售收入的比例是 15%，那么公司的酌情融资需求是多少？（提示：在此种情况下，你并不知道公司现有的资产规模是多少，你也不知道这些资产是由哪些方式筹得的。因此，你必须估计财务需求的变化，以及与此变化相对应的自发性债务、留存收益和其他酌情融资来源的预期变化。）

**14-10** （预测净利润）每年 11 月，巴克（Barker）电子公司的 CFO 都要开始进行财务预测，以确定接下来一年中公司新增的融资需求。巴克公司是一家位于伊利诺伊州莫林市的小型电子制造公司，该城市以约翰·迪尔（John Deere）公司的所在地而闻名。巴克公司的 CFO 从最近一年的利润表开始着手进行财务预测，预计明年公司的销售收入增长，然后估计净利润，最终估计出预计可留存和再投资于公司的增加的利润。公司 2010 年的利润表如下：

（单位：千美元）

| | 截至 2010 年 12 月 31 日 |
|---|---|
| 销售收入 | 1 500 |
| 销售成本 | −1 050 |
| 总利润 | 450 |
| 运营成本 | −225 |
| 折旧费用 | −50 |
| 净营业利润 | 175 |
| 利息费用 | −10 |
| 税前利润 | 165 |
| 税收 | −58 |
| 净利润 | 107 |
| 股利 | 20 |
| 留存收益增加额 | 87 |

随着经济的复苏，电子制造产业在过去的 18 个月中得到了快速的增长，并且公司 CFO 估

计销售收入在明年将增长 20%。此外，他估计利润表中每项费用和销售收入之间的关系如下表所示：

| | |
|---|---|
| 销售成本/销售收入 | 70% |
| 运营成本/销售收入 | 15% |
| 折旧费用（千美元） | 50 |
| 利息费用（千美元） | 10 |
| 税率 | 35% |

注意，在接下来一年中，假设折旧费用和利息费用都保持在 2010 年的水平。

a. 估计巴克公司 2011 年的净利润，以及在公司保持 2010 年的股利支付水平的假设下，估计公司新增的留存收益。

b. 重新估计巴克公司的净利润，以及在明年销售收入按 40% 增长的情况下新增的留存收益。然而，该情况要求新增工厂和设备的价值为 100 000 美元，从而每年的折旧将增加到 58 000 美元，同时利息费用增加到 15 000 美元。

**14 - 11** （错用销售收入百分比法）葛缕子籽（Caraway Seed）公司在过去 10 年中实现了快速增长，并且试图预测未来 5 年公司的存货需求。公司过去 10 年的历史销售收入和存货数据，以及预计的未来 5 年的销售收入预测数据如下表所示。

| 年份 | 销售收入（美元） | 存货（美元） |
|---|---|---|
| 2005 | 5 250 000 | 1 590 924 |
| 2006 | 6 200 000 | 1 724 221 |
| 2007 | 6 940 000 | 1 899 573 |
| 2008 | 5 650 000 | 1 530 054 |
| 2009 | 6 255 000 | 1 772 059 |
| 2010 | 7 100 000 | 1 919 042 |
| 2011 | 7 350 000 | 2 012 025 |
| 2012 | 8 010 000 | 2 006 023 |
| 2013 | 8 775 000 | 2 292 119 |
| 2014 | 10 390 000 | 2 537 486 |
| 2015 | 11 500 000 | |
| 2016 | 12 000 000 | |
| 2017 | 12 500 000 | |
| 2018 | 13 000 000 | |
| 2019 | 13 500 000 | |

a. 应用销售收入百分比法预测葛缕子籽公司未来 5 年的存货水平。其中存货占销售收入的比例等于公司过去 10 年存货占销售收入比例的平均值。

b. 下图中标出了存货和相对应的销售收入的历史数据的坐标点，其中趋势线代表了对销售收入百分比的预测。分析比较预测趋势线与存货和销售收入确定的坐标点，观察销售收入百分比法是否存在问题，并讨论。

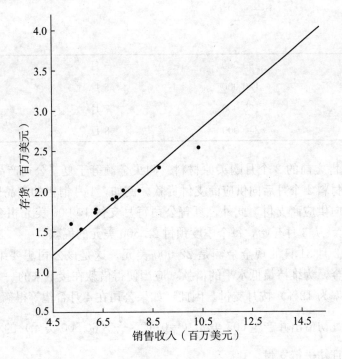

**14-12** （预测存货水平）芬德莱仪器（Findlay Instrument）公司生产出了用于整形手术的一系列医学器材，并在过去的5年中经历了快速增长。为了对公司的财务需求进行更加准确的预测，芬德莱仪器公司正在尝试建立一个基于销售收入百分比法的财务计划模型。然而，公司的首席财务分析师萨拉·马西亚斯（Sarah Macias）担心该模型对于存货的预测将会产生较大误差。她注意到公司在存货投资方面已经开始积累显著的规模经济效应，并且用下表中的数据记录了这一事实。

| 年份 | 销售收入（千美元） | 存货（千美元） | 销售收入百分比 |
|---|---|---|---|
| 2006 | 15 000 | 1 150 | 7.67% |
| 2007 | 18 000 | 1 180 | 6.56% |
| 2008 | 17 500 | 1 175 | 6.71% |
| 2009 | 20 000 | 1 200 | 6.00% |
| 2010 | 25 000 | 1 250 | 5.00% |
| | | | 平均值 6.39% |

a. 画出过去5年中芬德莱仪器公司的销售收入和存货的散点图。这两个变量之间存在什么关系？

b. 估计公司的销售收入达到3 000万美元时公司的存货水平。使用公司过去5年存货占销售收入比例的平均值、最近一年存货占销售收入的百分比，以及你从问题 a 中估计出的销售收入和存货的真实关系来分别估计存货水平。

**14-13** （现金预算）夏普公司对2014年前8个月的销售收入的预测如下表所示。夏普公司的销售收入中，有10%是用现金支付的，60%的销售收入在销售后的下一个月内支付，剩余的 30％ 在销售后的第 2 个月内支付。2013 年 11 月和 12 月的销售收入分别是 220 000 美元和 175 000 美元。

（单位：美元）

| | | | |
|---|---|---|---|
| 1 月 | 190 000 | 5 月 | 300 000 |
| 2 月 | 120 000 | 6 月 | 270 000 |
| 3 月 | 135 000 | 7 月 | 225 000 |
| 4 月 | 240 000 | 8 月 | 150 000 |

夏普公司在销售之前的 2 个月购买原材料。购买金额等于夏普公司产品最终销售价格的 60％。夏普在收到材料 1 个月后向供应商支付货款。例如，4 月销售的产品所需的原材料在 2 月购入，并在 3 月向供应商支付。此外，夏普公司每月支付 10 000 美元租金，并每月支付其他费用 20 000 美元。从 3 月开始，每个季度预付 22 500 美元的税款。

公司 2013 年 12 月 31 日的现金余额是 22 000 美元。这是该公司想要维持的最低现金水平。如果有足够现金，为维持最低水平的借款，应当使得借款在接下来的一个月得以偿还。短期债券的利息（利率为 12％）按月支付。因此，如果公司在 4 月希望筹得额外的 60 500 美元，这些资金需要在 4 月初借出并产生 605 美元（$=0.12 \times \frac{1}{12} \times 60\,500$ 美元）的利息，并在 4 月作为应付账款，在 5 月初进行支付。

a. 为夏普公司制定 2014 年前 7 个月的现金预算。

b. 夏普公司在 7 月有 200 000 美元的应付票据到期，这笔款项将如期偿付或协调进行延期。公司到时会有足够现金来偿还这些票据吗？

**14－14** （现金预算的准备）刘易斯印刷（Lewis Printing）公司预计其 2014 年前 8 个月的销售收入如下表所示：

（单位：美元）

| | | | | | |
|---|---|---|---|---|---|
| 1 月 | 100 000 | 4 月 | 300 000 | 7 月 | 200 000 |
| 2 月 | 120 000 | 5 月 | 275 000 | 8 月 | 180 000 |
| 3 月 | 150 000 | 6 月 | 200 000 | | |

刘易斯印刷公司在销售当月可以回收销售收入的 20％，在销售后 1 个月回收 50％，剩余的 30％ 的销售收入将在销售后 2 个月回收。在 2013 年 11 月和 12 月期间，刘易斯印刷公司的销售收入分别是 220 000 美元和 175 000 美元。

刘易斯印刷公司在其销售前 2 个月进行原材料采购。原材料采购额等于其最终销售收入的 65％。在收到材料 1 个月后向供货商支付货款。因此，2014 年销售产品所需的原材料在 2 月购买，并在 3 月支付货款。

此外，刘易斯印刷公司每月支付 10 000 美元的租金，并且每月支付 20 000 美元的其他费用。从 3 月起每个季度支付 22 500 美元的预付税款。公司 2013 年 12 月 31 日的现金余额是 28 000 美元。为了满足公司与银行信用协议的要求，公司必须始终保持 25 000 美元的最低现金余额。刘易斯印刷公司已经与银行协商安排了短期借款的利率为每年 12％（每月 1％），按月支付。为了满足估计的现金需求所进行的借款在每个月的月末发生，利息直到下个月的月末才支付。因此，如果公司需要在 4 月借款 50 000 美元，那么就要在 5 月支付 500 美元（＝0.01×50 000 美元）的利息。最后，刘易斯印刷公司要遵循这样一个还款政策，即偿还其短期借款的同时要保证其每个月的现金余额超过最低要求的 25 000 美元。

a. 刘易斯印刷公司需要知道其接下来 6 个月的现金需求是多少，从而使得公司可以与银行重新协商短期借款的条款。为了评估该必要性，公司计划评估其每月销售收入上下变化 20％对其现金需求的影响。请为刘易斯印刷公司制定一个 6 个月的现金预算，并使用该预算来评估公司的现金需求。

b. 刘易斯印刷公司在 6 月有一笔金额为 20 000 美元的票据到期。公司到时候会有足够的现金来偿还该借款吗？

## 案例分析

菲利普石油公司是一家石油和天然气综合公司，其总部设立在俄克拉何马州的巴特尔斯维尔，公司创建于 1917 年。公司在全球范围内进行石油采掘和生产活动。此外，公司业务还涉及天然气的收集和加工，以及美国本地的石油提炼和销售业务。公司有三个产业链：采掘和生产、天然气和液燃气，以及下游运营。涉及产品包括石油产品和化学制品。

在 20 世纪 80 年代中期，菲利普石油公司继分别由 T. 布恩·皮金斯（T. Boone Pickins）和卡尔·伊坎（Carl Ichan）牵头的两次失败的收购活动后，参与了一项重要的重组项目。[①]该重组项目导致了一项价值 45 亿美元的计划，用现金和债券组合来替换将近公司一半的股票，并且卖掉公司价值 20 亿美元的资产。菲利普公司的长期债务从 1984 年的 34 亿美元增加到 1985 年的最高值 86 亿美元。

在 1992 年期间，菲利普公司得以显著地强化其财务结构。其子公司菲利普燃气公司完成了一项价值 3.45 亿美元的 A 系列股利率为 9.32％的累计优先股增发。这次增发加上前几年的债务削减，使得公司降低了其长期债务占资本的比例，在过去 5 年间，这一比例从 75％降低到 55％。此外，公司以更低的利率发行新债，以偿还其价值 10 亿美元的债务。公司的一位新闻发言人声称，"我们的负债权益比仍处于高位，并且我们将继续努力将这一比例进一步降低。但债务的成本是可控的，并且我们远没有达到债务负担过重以至于我们无能为力的地步。"[②]

菲利普石油公司 1986 年至 1992 年间的财务状况要点如下表所示。这些数据反映了公司缩减规模和 20 世纪 80 年代开始的业务重组后的财务状况。

**1986—1992 年菲利普石油公司财务信息要点**

|  | 1986 | 1987 | 1988 | 1989 | 1990 | 1991 | 1992 |
|---|---|---|---|---|---|---|---|
| 销售收入（百万美元） | 10 018.00 | 10 917.00 | 11 490.00 | 12 492.00 | 13 975.00 | 13 259.00 | 12 140.00 |
| 净利润（百万美元） | 228.00 | 35.00 | 650.00 | 219.00 | 541.00 | 98.00 | 270.00 |
| 每股收益（美元） | 0.89 | 0.06 | 2.72 | 0.90 | 2.18 | 0.38 | 1.04 |
| 流动性资产（百万美元） | 2 802.00 | 2 855.00 | 3 062.00 | 2 876.00 | 3 322.00 | 2 459.00 | 2 349.00 |
| 总资产（百万美元） | 12 403.00 | 12 111.00 | 11 968.00 | 11 256.00 | 12 130.00 | 11 473.00 | 11 468.00 |

---

① 这个讨论建立在 1986 年 1 月 7 日刊登于《纽约时报》的一个故事的基础上。

② 来自 1992 年在线美国证券交易委员会（SEC Online）。

续前表

| | 1986 | 1987 | 1988 | 1989 | 1990 | 1991 | 1992 |
|---|---|---|---|---|---|---|---|
| 流动性负债（百万美元） | 2 234.00 | 2 402.00 | 2 468.00 | 2 706.00 | 2 910.00 | 2 503.00 | 2 517.00 |
| 长期债务（百万美元） | 8 175.00 | 7 887.00 | 7 387.00 | 6 418.00 | 6 505.00 | 6 113.00 | 5 894.00 |
| 总负债（百万美元） | 10 409.00 | 10 289.00 | 9 855.00 | 9 124.00 | 9 411.00 | 8 716.00 | 8 411.00 |
| 优先股（百万美元） | 270.00 | 205.00 | 0.00 | 0.00 | 0.00 | 0.00 | 359.00 |
| 普通股（百万美元） | 1 724.00 | 1 617.00 | 2 113.00 | 2 132.00 | 2 719.00 | 2 757.00 | 2 698.00 |
| 每股股利（美元） | 2.02 | 1.73 | 1.34 | 0.00 | 1.03 | 1.12 | 1.12 |

资料来源：1986—1992 年菲利普年报。

菲利普石油公司的管理者正在制订公司未来 5 年的财务计划，并且希望对公司的融资需求进行预测。作为预测的第一步，公司管理层要求你建立一个模型，应用该模型，可以对公司的财务需求进行"粗略"预测，假设公司当前财务报表中科目间的现有关系在预测期内保持不变。尤其重要的是，需要判断菲利普石油公司是否能够在未来进一步降低其对于债务融资的依赖。你可以假设菲利普公司 1993 年至 1997 年的预测销售收入如下：130 亿美元、135 亿美元、140 亿美元、145 亿美元、155 亿美元。

a. 利用销售收入百分比法预测公司 1993 年到 1997 年的净利润，占销售收入的比例采用 1986 年至 1992 年对应的平均值。

b. 利用销售收入百分比法以及你在问题 a 中预测的销售收入，预测 1993 年至 1997 年间的总资产和流动性负债。

c. 假设普通股权益只随着留存收益的增加而增加，并且持有的长期债务和优先股数量与 1992 年资产负债表中一致，预测菲利普石油公司 1993 年至 1997 年间的酌情融资需求。（提示：假设总资产和流动性负债按销售收入百分比的形式进行变化，如你给出的问题 b 的答案。此外，假设菲利普石油公司计划在未来 5 年中继续实行每年支付每股 1.12 美元股利的政策。）

# 第十五章

# 运营资本管理

1. 描述运营资本管理中的风险—收益补偿；
2. 描述净运营资本的决定因素；
3. 计算公司的现金周转周期；
4. 估计短期借款成本；
5. 了解短期借款的主要来源。

在其公开上市的早期，戴尔公司（DELL）曾经历了一段时间的销售收入下滑，并引起了严重的资金短缺。更为严重的是，公司意识到它必须加速规模扩张，以从业绩下滑的二流制造商向日趋繁荣的一流生产商迈进，而这需要更多的资金。戴尔公司产生的新的业务模式是为了更好地管理公司的运营资本。特别是该商业模式致力于将存货水平降低 50%，产品设计到上市的时间缩短 50%，组装成本降低 30%，并且将淘汰的存货量降低 75%。

上述新模式的最终结果是，公司存货水平得以下降，因为戴尔公司根据其实际销售情况进行存货生产，并不为了预期的未来可能的销售而持有存货。进一步，当公司的存货减少时，公司盈利能力的提高要大于减少的存货幅度，因为在这个过程中，戴尔公司不仅避免了持有存货的储存成本，而且避免了淘汰产品带来的损失。此外，公司还可以从购买零件中节约成本，因为零部件的价格每个月降低 3%。

由于公司用于支持其快速销售增长所需要的资本并不随着销售收入成比例增长，因此公司的财务需求得以降低。所有的这些成果都得益于更有效的运营资本管理。

本章介绍了公司在进行运营资本投资中的一些基本原则，并且对短期融资进行讨论。传统来说，**运营资本**（working capital）被定义为公司在流动性资产中的总投资。**净运营资本**（net working capital），则是公司的流动性资产与流动性负债之差。

$$净运营资本＝流动性资产－流动性负债 \tag{15-1}$$

在本章中，运营资本是指净运营资本。在管理公司的净运营资本的过程中，我们也同样在管理公司的流动性。这也就引发了对公司经营两个相关方面的管理：（1）对于流动性资产的投资，（2）对短期借款或流动性负债的利用。

短期融资来源包括所有到期期限等于或短于一年的融资方式，即流动性负债。在分析公司对于短期融资的使用方面主要有两个问题：（1）公司应该使用多少短期融资？（2）公司具体应该选择哪种短期融资来源？我们应用运营资本管理中的对冲原则来解决第一个问题。然后，我们通过考虑如下三个因素来解决第二个问题：（1）借贷的有效成本；（2）满足所需资金的时间点和金额条件的借款的可得性；（3）某一特定借款来源的使用对于其他融资来源的成本和可得性的影响。

## 管理流动性资产与流动性负债

一家公司的流动性资产包括现金和可交易证券、应收账款、存货和其他公司的管理者预计可在一年之内转换为现金的资产。因此，通常来说，选择持有更多流动性资产的公司，比持有较少流动性资产的公司具有更好的流动性。类似地，流动性负债是在一年之内需要偿还的债务。应付账款和应付票据都是流动性负债。

### 风险—收益补偿

实际中，希望通过持有更多的流动性资产来降低其因缺乏流动性而引发的风险的公司，经常投资于更多的现金和可交易证券。然而，持有更多的现金和可交易证券余额也可能产生不利的结果。因为与公司的其他投资相比，投资于现金和可交易证券获得的收益相对较低，因此更多地投资于此类资产的公司的整体收益率会降低。从而增加的流动性必须以公司投资收益率的降低作为补偿。管理这一风险—收益关系是运营资本管理中的核心问题。

公司对于流动性负债和长期债务的相对使用也包含着对风险—收益补偿的权衡。在其他条件保持不变的情况下，公司在资产融资中越依赖于短期借款或者流动性负债，公司面临的流动性风险就越大。然而，使用短期借款确实为公司带来了切实的好处，因为与长期借款相比，短期借款的成本更低；并且当公司的资产融资需求波动时，短期借款为公司提供了更为灵活的工具。然而，如果由于某些原因，公司难以借到短期资金，或者公司需要比预期期限更长的资金，公司就会陷入真正的危机。因此，公司可以通过使用长期借款来降低其流动性风险，尽管使用长期借款会降低其投资资金的收益率。再一次，我们看到了风险—收益补偿涉及流动性风险增加与盈利性增加之间的矛盾。

### 流动性负债的优点：收益

**灵活性**　流动性负债为公司提供了一种灵活的融资来源。可以利用流动性负债来匹配公司产生短期融资需求的时点。例如，如果公司每年需要一笔为期3个月的资金来为存货的季节性扩张融资，那么与采用长期借款相比，进行期限为3个月的借款就可以节省一笔可观的财务成本（即使短期借款的利率更高）。如果在上述情况下进行长期借款，那么需要借入一整年而不只是需要资金的那一小段时间，从而增加了公司必须支付的利息金额。这也就引出了使用短期借款通常会带来的第二个好处。

**利息成本**　通常来说，对于给定的借款人，短期借款的利率要低于长期借款的利率。这一关系曾在第二章中介绍过，我们称之为利率的期限结构。对于一家给定的公司，利率的期限结构如下所示：

| 贷款年限 | 利率（%） |
| --- | --- |
| 3 个月 | 4.00 |
| 6 个月 | 4.60 |
| 1 年 | 5.30 |
| 3 年 | 5.90 |
| 5 年 | 6.75 |
| 10 年 | 7.50 |
| 30 年 | 8.25 |

注意，此期限结构反映了在特定时期，对于给定的借款人不同期限的可行利率。例如，它并不能描述对另外一个借款人，甚至同一借款人在另一不同时点的借款利率。

## 流动性负债的缺点：风险

与长期借款相比，流动性负债或者短期借款的使用将公司暴露在更大的流动性风险之下，这主要源自两个原因。首先，短期借款由于其内在属性，必须更加频繁地进行偿付或滚动借贷，因此增加了当公司所需资金不能按时获得时公司财务情况恶化的可能性。[①]

其次是每年利息费用的不确定性。例如，如果一家公司每年进行一笔为期 6 个月的借款来为其流动性资产的季节性扩张融资，那么公司每年可能面对不同的利率。这一利率反映了进行该笔借款时的市场利率水平，以及资金出借人对于公司风险性的预期。如果使用固定利率的长期借款，那么其利息费用就可以在借款合同的整个期限内保持稳定。

---

**概念回顾**

1. 当更多地投资于流动性资产时（同时不增加公司的流动性负债），为何在降低公司风险的同时也降低了公司的投资收益？

2. 流动性负债的使用为何在增加公司盈利性的同时，也增加了公司对财务责任违约的风险？

---

[①]　这一政策的风险在被迫实行破产的公司的经历中是非常明显的。例如，当佩恩中心（Penn Central）公司当期无法为其 8 000 万美元的短期债务再融资时，其最终走向了破产。

## 确定运营资本的合适水平

管理公司的净运营资本（公司流动性），涉及许多有关公司流动性资产投资和流动性负债使用的相互关联的决策。幸运的是，存在一个基本的先导原则，可将其作为公司制定运营资本管理策略的参照：对冲原则，或者说是自身具有流动性的负债。这一原则以按时偿付到期债务的形式为公司维持足够的流动性提供了一种基本的方法。[1]

在第十二章，我们曾讨论了公司面临选择债务还是权益融资时的财务决策。然而，还存在另外一种重要的公司财务决策评价维度。这与公司的债务到期结构有关。如何决定是用短期（流动性）债务还是长期债务进行融资？这是本章中需要解决的基本问题之一，并且这一问题对于公司实现成功的财务运作来说也十分重要。

### 对冲原则

简单来说，**对冲原则**（hedging principle），或者是**自身具有流动性的债务原则**（principle of self-liquidating debt），就是将一项资产的现金流产生特点和获得这项资产所采用的融资来源的期限进行匹配。例如，根据对冲原则，存货的季节性扩张应该与短期借款或者流动性负债相匹配。对冲原则背后的原理是很容易理解的。通常只在一段时间内需要该资金，而当那段时间过去之后，偿还借款所需要的现金将由额外存货的销售产生。从长期融资来源（长于一年）获得所需要的资金，意味着公司即使在已经销售了该部分资金增加的存货之后，仍然持有该笔资金。在这种情况下，公司就会产生"多余"的流动性，对于这部分流动性，公司或者以现金持有，或者投资于低收益的可交易证券，直到存货的季节性扩张再度发生并再次产生资金需求。上述所有情况的结果将是公司更低的利润率。

考虑这样一个例子，公司购进了一个新的传送带系统，该系统将减少雇用两名工人以及他们的工资支出，从而为公司带来现金节约。这样每年可节约 24 000 美元。购买和安装传送带系统的成本是 250 000 美元，该系统可使用 20 年。如果公司选择发行 1 年期的票据为购买该资产融资，那么该资产每年节约的 24 000 美元将不足以偿还该债务。根据对冲原则，公司应该选择一种与该资产的预期寿命和现金流产生特点更加匹配的融资方式来为该资产融资。在本例中，发行 15～20 年的债务是一个合适的选择。

### 永久性和临时性资产

当我们从永久性和临时性资产投资，而非传统的固定资产和流动性资产类别考虑时，我们可以以最简单的方式理解对冲原则的含义（将现金流流入和流出的期限相匹配）。对于资产的**永久性投资**（permanent investment）是公司计划持有一年以上的投资。注意，我们这里采用

---

[1] 对于公司流动性的管理，价值最大化的方法包括评估公司从增加的流动性资产的投资中所获得收益的价值，并将其与公司所有者投资于低收益流动性资产的额外成本进行比较。不幸的是，从增加的流动性中得到的好处与公司所有者破产的预期成本有关，而且这些成本很难衡量。因此，对流动性管理的"估值"方法只存在于理论领域。

的是公司计划持有一项投资的期限，而不是该资产的使用年限。例如，永久性投资可以为公司的最低流动性资产水平，也可以是公司的固定资产投资。相反，**临时性投资**（temporary investment）包括在当年将会变现和替代的流动性资产。因此，公司的流动性资产中的一部分是永久性的，而剩余的部分是临时性的。例如，存货水平的季节性扩张就是一种临时性投资。当产品需求减少时，对于存货的积累也将消除。相反，未来满足销售增长的长期趋势的存货储备就是一项永久性投资。

### 临时性、永久性和自发性融资来源

因为总资产一定等于临时性、永久性和自发性融资来源之和，对冲原则为财务经理们提供了确定在何时采用何种融资来源的基本方法。

临时性、永久性和自发性融资来源都包括什么呢？临时性融资来源包括流动性负债。短期应付票据是临时性融资来源最常见的例子。具体来看，短期应付票据包括无担保的银行贷款（信用贷款）、商业票据以及由应收账款和存货抵押的贷款。永久性融资来源包括中期贷款、长期债务、优先股和普通股权益。

自发性融资来源包括贸易信贷以及其他随着公司日常经营而自发产生的应付账款。例如，当公司为生产存货采购原材料时，**贸易信贷**（trade credit）通常是当公司向其供应商订货，或者有更多的积压存货需要销售时，自发地或应供应商的要求而产生。贸易信贷（赊购）在公司的资产负债表中表现为应付账款，并且该应付账款余额与公司对存货的购买量直接相关。与此同时，存货的购买量与预计的销售收入相关。因此，公司融资需求的一部分是以贸易信贷的形式在日常经营中自发产生的。

除了贸易信贷，应付工资和薪水、应付利息和应付税款也提供了难得的自发性融资来源。这些费用随着时间增加，直到它们被最终支付。例如，如果一家公司每周薪水的费用是 10 000美元，但按月向其员工支付工资，那么公司的员工实际上从最近工资支付日开始，截至第 1 周为公司提供了 10 000 美元的融资，截至第 2 周为公司提供了 20 000 美元的融资，以此类推下去，直到员工的工资被最终支付。因为这些费用通常直接随着公司正在进行的经营活动而产生，因此，它们也可以被称为自发性融资来源。

### 对冲原则：图表展示

现在，对冲原则可以被简单而清楚地阐述为，不能由公司的自发性融资满足的资产需求在融资时应根据如下原则选择融资方式：永久性投资应该由永久性融资来源进行融资，而临时性投资应该由临时性融资来源进行融资。

对冲原则可以由图 15-1 和表 15-1 来描述。总资产被划分为临时性投资和永久性投资两个类别。公司的永久性投资由永久性融资来源进行融资（中期和长期债务、优先股和普通股权益），或者由自发性融资来源进行融资（贸易信贷和其他应付账款）。为了更清楚地说明这一点，自发性融资来源的金额被认为是固定的。当然，在实践中，自发性融资来源随着公司的采购以及在薪水、工资、税款和其他延期支付的科目上的支出而波动。公司对于资产的临时性投资由临时（短期）债务进行融资。

### 忘记原则3：风险要求收益补偿

在为公司的资产融资过程中，一项核心重要原则就是对冲原则。简单来说，这一原则表明，公司的长期资产投资应该与长期融资来源，如长期债务或权益相匹配。类似地，公司的临时性或短期资产可以利用短期融资来源进行融资。实际中，这一原则被高度总结为"永远不要用短期融资来源为长期投资融资"。

当公司违反这一基本原则时，也许在短期内会产生正面效应，因为公司使用了成本较低的短期债务为其长期投资融资。然而，在某个时点上，这一短期财务的正面效应将会消失。这也正是2007年开始的金融危机中大量银行发生的情况。这些公司使用短期借款来为其长期投资融资。不仅如此，这些投资多高度集中于与房地产相关的贷款和证券化产品。当房地产市场中产生的问题引发了对于这些投资真正价值的担忧时，进行这些投资的公司很快发现，它们在短期借款上很难再享有对其有利的借款条件了。

这次危机给我们的一个重要教训就是，将融资来源的到期期限与自己投资对象的类型相匹配对于保证你的财务健康非常重要。

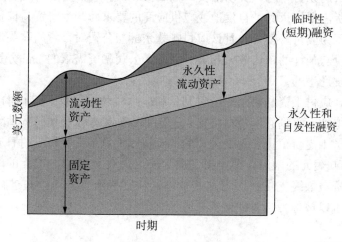

图 15-1　对冲原则

| 表 15-1 | 运营资本管理中对冲原则的应用 |
| --- | --- |

不能由公司的自发性融资满足的资产需求在融资时应根据匹配原则选择融资方式：永久性投资应该由永久性融资来源进行融资，而临时性投资应该由临时性融资来源进行融资。

| 公司资产投资的类别 | 定义和例子 | 公司融资来源的类别 | 定义和例子 |
| --- | --- | --- | --- |
| 临时性投资 | 定义：在当年将会变现和被替代的流动性资产。<br>例子：存货和应收账款的季节性扩张。 | 自发性融资 | 定义：随着资产的购买而或多或少同步增加的融资来源。<br>例子：随着存货的购进而产生的贸易信贷，以及由服务的购买而带来的其他种类的应付账款。 |

|  | | 临时性融资 | 定义：不是由自发性融资产生的流动性负债。 |
| | | | 例子：应付票据以及一年之内必须偿还的滚动贷款协议。 |
| 永久性投资 | 定义：公司持有时间超过一年的流动性和长期资产投资。 | 永久性融资 | 定义：当年尚未到期的长期债务和权益融资。 |
| | 例子：最低存货水平、公司当年持有的应收账款，以及工厂和设备投资。 | | 例子：协议贷款、票据、债券以及优先股和普通股权益。 |

**概念回顾**

1. 什么是对冲原则，或自身具有流动性的债务原则？
2. 在流动性资产中，永久性和临时性投资都具体有哪些？
3. 贸易信贷是一项永久性融资、临时性融资还是自发性融资来源？请具体解释。

# 现金周转周期

由于不同公司在管理其净运营资本的能力上差别很大，需要有一种通用的度量管理有效性的指标。一个越来越流行的评估公司运营资本的管理有效性的方法是最小化运营资本。

最小化运营资本可以通过加速销售收入的现金回收、加快存货周转，以及降低现金的支出速度来实现。我们可以将所有这些因素包括在一个度量指标中：现金周转周期。

现金周转周期（cash conversion cycle，CCC），简单说来，就是应收账款周转天数加上存货周转天数，再减去应付账款周转天数：

$$现金周转周期（CCC）=应收账款周转天数（DSO）+存货周转天数（DSI）\\-应付账款周转天数（DPO）$$

我们可以按如下公式计算应收账款周转天数：

$$应收账款周转天数（DSO）=\frac{应收账款}{销售收入\div365\ 天} \tag{15-2}$$

回忆第四章的内容，应收账款周转天数也可以被理解为公司应收账款的平均账龄或者是平均回收时间。

存货周转天数可以定义如下：

$$存货周转天数（DSI）=\frac{存货}{销售成本\div365\ 天} \tag{15-3}$$

注意，存货周转天数也可以被理解为公司存货的平均时间，即公司持有单位货币存货的天数。

$$应付账款周转天数（DPO）=\frac{应付账款}{销售成本\div 365\text{ 天}}\qquad(15-4)$$

这一比例表明了公司应付账款的平均账龄（按天计）。

为了更清楚地说明现金周转周期（CCC）这一指标的使用，我们再次考虑戴尔公司的例子。在 1989 年，戴尔公司还是一个新开张的初创企业，当时公司的现金周转周期是 121.88 天。到 1998 年，戴尔公司将这一数字降低到了 −5.6 天（具体见表 15-2）。你也许会问，戴尔公司是如何将其 CCC 降低至零以下的呢？答案是公司对其运营资本极其激进的管理方式。正如表 15-2 所展示的，戴尔公司主要是通过异常有效的存货管理（存货周转天数从 1995 年的 37.36 天降低到 2005 年的 4.65 天），和对公司更为有利的贸易信贷支付政策（应付账款周转天数从 1995 年的 40.58 天增加到 2004 年的 81.46 天），实现了对其 CCC 指标的显著降低。而且，戴尔公司作为一家个人计算机的直接生产和销售商，直到有订单送达才会据此进行生产。公司利用其贸易信贷进行零部件采购。这一商业模式带来了对存货的最低投资。戴尔公司显著地改进了运营资本管理方式，如图 15-2 中数据所示，我们将戴尔公司同苹果公司的财务数据进行了比较。显然，两家公司采取了相似的策略，并且最近几年在管理其现金周转周期方面都取得了成功。

---

### 你可以做出来吗？

**计算现金周转周期**

哈里森电子（Harrison Electronics）公司在计算它的现金周转周期，其各项要素的估计如下：

应收账款周转天数（DSO）＝38 天
存货周转天数（DSI）＝41 天
应付账款周转天数（DPO）＝30 天

公司的现金周转周期是多少天？

---

表 15-2　　　　　戴尔公司 1995—2002 年现金周转周期的决定性因素

现金周转周期（CCC）＝应收账款周转天数（DSO）＋存货周转天数（DSI）
　　　　　　　　　−应付账款周转天数（DPO）　　　　　　　　　　　　　　（单位：天）

| | 1995 | 1996 | 1997 | 1998 | 1999 | 2000 | 2001 | 2002 | 2003 | 2004 | 2005 |
|---|---|---|---|---|---|---|---|---|---|---|---|
| 应收账款周转天数（DSO） | 50.04 | 42.48 | 44.00 | 49.64 | 38.69 | 33.14 | 26.57 | 26.66 | 32.01 | 32.74 | 35.59 |
| 存货周转天数（DSI） | 37.36 | 15.15 | 8.92 | 7.10 | 7.17 | 5.79 | 3.99 | 9.22 | 7.75 | 4.20 | 4.65 |
| 应付账款周转天数（DPO） | 40.58 | 62.79 | 62.87 | 62.34 | 64.92 | 62.07 | 72.87 | 75.79 | 79.41 | 81.46 | 79.41 |
| 现金周转周期（CCC） | 46.81 | −5.15 | −9.96 | −5.60 | −19.06 | −23.14 | −42.30 | −39.90 | −39.64 | −44.51 | −39.17 |

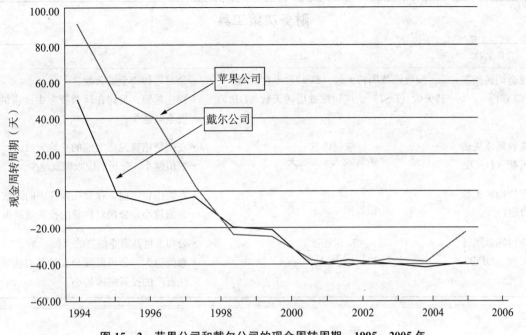

图 15-2 苹果公司和戴尔公司的现金周转周期：1995—2005 年

**概念回顾**

1. 公司可以采取哪三种方法来最小化其运营资本？

2. 定义应收账款周转天数、存货周转天数和应付账款周转天数。

## 财务决策工具

| 工具名称 | 公式 | 含义 |
|---|---|---|
| 现金周转周期（CCC） | 应收账款周转天数（DSO）＋存货周转天数（DSI）－应付账款周转天数（DPO） | • 公司周转资金的天数。<br>• 周期越短，公司在运营资金中所占的资金就越少。 |
| 应收账款周转天数（DSO） | $\dfrac{应收账款}{销售收入÷365 天}$ | • 在信贷销售完成之前的平均天数。<br>• 数值越小，公司的应收账款越少。 |
| 存货周转天数（DSI） | $\dfrac{存货}{销售成本÷365 天}$ | • 在被出售之前，存货在库存中的天数。<br>• 数值越小，公司对存货的投资就越少。 |
| 应付账款周转天数（DPO） | $\dfrac{应付账款}{销售成本÷365 天}$ | • 公司支付其商业信贷的天数。<br>• 数值越大，公司就现金支持其对流动性资产的投资需求越小。 |

# 使用借贷成本近似法估计短期借款成本

在第五章中我们曾介绍了货币的时间价值，并介绍了计算借款成本背后的内在原则。然而，我们将在本章中重复之前的讨论，因为这对于理解如何估计短期借款成本非常重要。

估计短期借款成本的过程非常简单，基本依赖于如下的利息公式：

$$利息＝本金×利率×时间 \tag{15-5}$$

其中，利息是由借款者向债权人支付的，作为在一定时间内（公式中的时间）使用一定借入本金的回报的金额。例如，一笔期限为 6 个月，金额为 1 000 美元的贷款，利率为 8％，要求支付 40 美元的利息。

$$利息＝1\,000×0.08×\frac{1}{2}＝40 （美元）$$

我们使用上述基本关系来计算短期融资的成本，或者是当已知利息、本金和借款期限时的年化百分比利率（annual percentage rate，APR）。因此，从上述基本的利息公式中可以解出 APR[①]，得到：

$$APR＝\frac{利息}{本金×时间} \tag{15-6}$$

或

$$APR＝\frac{利息}{本金}×\frac{1}{时间} \tag{15-7}$$

---

① 为了计算方便，我们在本章中假设 1 个月有 30 天，1 年有 360 天。

这一公式称为 APR 计算公式，具体应用可由下面的例子说明。

<table>
<tr><td>例题 15.1</td><td>估计短期借款成本</td></tr>
</table>

SKC 公司计划进行一笔为期 90 天，本金为 1 000 美元的贷款。当贷款到期时，公司将要偿还 1 000 美元的本金加上 30 美元的利息。贷款的实际年利率可以应用 APR 公式计算得到，具体如下：

**步骤 1：制定策略**

短期借款成本可以使用年化百分比利率（APR）计算公式得到，APR 等于利息占本金的比例，乘以该债务的年化期限。

$$APR = \frac{利息}{本金} \times \frac{1}{时间}$$

注意，在上述 APR 公式中，利息是由本金、利率和时间决定的。在本例中，对利息支付进行了调整从而与短于一年的借款时间相匹配。在下面的公式中，对年化的利率进行了调整，从而利息支付得以与借款期限相匹配。

$$利息 = 本金 \times 利率 \times 时间$$

**步骤 2：计算数值**

用 SKC 公司的短期借款的相关数据替换公式中对应的值，我们得到如下结果：

$$APR = \frac{30\ 美元}{1\ 000\ 美元} \times \frac{1}{90 \div 360}$$

$$= 0.03 \times \frac{360}{90} = 0.12 = 12\%$$

**步骤 3：分析结果**

因为 SKC 公司的债权人对于本金为 1 000 美元，借款期限为 90 天的借款所要求的利息支付是 30 美元，因此该短期借款的实际成本等同于将债券人的必要收益率 3%（= 30 美元 ÷ 1 000 美元）在一年的 4 个季度中进行年化处理。因此，该贷款提供的资金的实际年化成本是 12%。

简化的 APR 计算公式并没有考虑复合利率。为了考虑复合利率的影响，我们可以使用如下公式：

$$APY = \left(1 + \frac{i}{m}\right)^m - 1 \tag{15-8}$$

其中，APY 是年化百分比收益，$i$ 是名义年利率（在之前的例子中是 12%），$m$ 是一年之内计复利的次数 [在之前的例子中，$m = 1 \div 时间 = 1 \div (90 \div 360) = 4$]。因此，例子中贷款的 APY，在考虑复利的情况下，可以计算为：

$$APY = \left(1 + \frac{0.12}{4}\right)^4 - 1 = 0.126 = 12.6\%$$

考虑复利的短期借款成本更高。因为 APR 与 APY 之间的差别通常很小，我们使用较为简单的 APR 来计算短期借款成本。

### 财务决策工具

| 工具名称 | 公式 | 含义 |
| --- | --- | --- |
| 年化百分比利率（APR） | $\dfrac{利息}{本金 \times 时间}$<br><br>利息＝利息支付金额；<br>本金＝借款的面值；<br>时间＝借款持续的时间，以年为单位（例如，如果是 6 个月的贷款，该值则为 0.5）。 | · 在不考虑复利 $i$ 的情况下对于短期借款年化成本的近似估计。 |
| 年化百分比收益（APY） | $\left(1 + \dfrac{i}{m}\right)^m - 1$ | · 年化利率的复利值。<br>· 短期借款（短于一年）的成本。 |

## 短期借款的主要来源

短期借款来源可以分为两大类：有担保的和无担保的。**无担保的贷款**（unsecured loans）是指贷款的担保仅为出借人对债务到期时借款人偿还能力的信任的借款。无担保的贷款主要包括应付工资、应付税款、贸易信贷、无担保的银行借款和商业票据。**有担保的贷款**（secured loans）是有资产作为抵押，当借款人到期无法偿还本金或利息时，用该资产进行偿付的借款。商业银行和财务公司是有担保的贷款的主要提供者。抵押品主要包括应收账款和存货。

---

## 金融作业

### 通过减少应收账款进行运营资本管理

拉法基（LaFarge）公司坐落在弗吉尼亚州雷斯顿市，从事建筑材料行业。去年拉法基公司显著地改善了其对于应收账款的管理。这一成果体现在应收账款周转天数（DSO）的降低中，即

$$DSO = \frac{应收账款}{销售收入 \div 365 \text{ 天}}$$

观察该公式，你也许可以回忆起在第四章中，我们将 DSO 称为平均回收期。公司的成功很大程度上是由于公司将绩效激励与净资产收益率（return on net assets，RONA）进行了关联，表示如下：

$$RONA = \frac{息税前利润}{净资产}$$

注意，以 DSO 指标的降低衡量的应收账款管理方面的改进也引发了公司净资产的降低，从而增加了公司的 RONA。当然，前提是 DSO 的降低没有对公司的收入，进一步地，没有对公司的盈利产生负面影响。

**他们是如何做到的？**

皮特·萨克瑞潘特（Pete Sacripanti）是拉法基公司的副总裁和公司在卡尔加里地区的建筑材料业务负责人，他将公司改善的资金回收成果归因于以下 12 个重要步骤：[*]

1. 关注客户和现金回收，这涉及各个管理层，并且不仅是财务责任。

2. 建立重点目标客户群，从而形成公司核心竞争力。

3. 在销售人员之间明确分配各自负责的客户账户，以防止员工彼此推卸责任。

4. 制定更为清晰的行为准则，以提高拉法基公司对于客户的忠诚度和责任感。

5. 明确标准的销售条款和可能发生的情况，清楚地说明哪些条款是可以协商的，哪些条款是不可以协商的。

6. 销售人员和部门建立月度现金回收目标，回收目标的确定是基于前一个月的销售收入加上到期的应收账款。

7. 对销售人员进行客户盈利性方面的培训，其中特别注重：（1）到期未收回账款和坏账风险增加之间的联系，（2）为了弥补坏账成本所需要的业务量，（3）公司借贷成本的提高。

8. 定期（每周）参加信用和现金回收会议，参会者包括销售团队、信用经理和总经理。

9. 执行层面鼓励一贯采取"坚决"的态度，每周向销售人员更新账款回收情况，包括关键账户信息。

10. 通过提前电话联系协助更好地回收账款，从而建立预期可回收的金额和资金可得性，并安排专人前去领取支付。

11. 提高账款回收技巧，包括释放部分扣留款；抵消服务或其他设备产生的科目余额；使

用施工留置权、担保、信用证和支付债券；提高用保证条款代替坏账的协商技能；对于公司产品、行业和其客户的更好理解。

12. 通过与客户建立更紧密的关系提升特殊价值，例如航运尊享项目、安装解决办法、质量保险，以及新产品开发。

在上述列表中值得注意的一点是，其中每一项的目的都是提高公司的应收账款回收率。*DSO* 指标衡量了这些行动的有效性，但实际上是这 12 个步骤真正带来了公司经营的改善。

**衡量有效性**

拉法基公司参与了一项为期 3 年，旨在降低其运营资本水平的项目。该项目的成功在公司位于卡尔加里地区的西部加拿大建筑材料业务中体现得最为明显。该业务线将其运营资本降低了 38%，即大约 3 600 万美元，同时其销售收入增加了 10%，即 4.25 亿美元。该项目对于 *RONA* 的影响是极其显著的，因为公司在提高利润（*RONA* 的分子）的同时，降低了净资产（*RONA* 的分母）。

* "Dollars in the Details：The 1999 Working Capital Survey" by S. L. Mintz, CFO. com，July 1，1999.

## 无担保的融资来源：应付工资和应付税款

因为大多数公司只是每隔一段时间向其员工支付一次工资，在这个过程中，公司就会积累一个应付工资的科目，其本质上是从它们的员工那里获得的贷款。例如，如果阿普尔顿（Appleton）制造公司每周的工资费用是 45 万美元，而公司每个月向其员工支付工资，那么以一个月四周计，公司因员工在过去一个月中提供的工作和服务而欠员工的工资是 180 万美元。因此，员工要等足足一个月才能够得到其努力的回报。

类似的是，公司通常根据每个季度的应付税款进行每个季度的税款支付。这意味着，直到该季度结束，公司可以根据当季的盈利，对应付税款的使用有自主权。此外，公司还延期支付销售税和对其员工收入的代扣代缴税费。公司延期支付的时间越长，公司通过应付税款为自身变相融得的资金则越多。

注意，这些融资来源随着公司的销售收入同步增加或降低。也就是说，当公司销售收入增加时，公司的人力费用、收取的销售税和所得税也随着增加。因此，这些积累的费用为公司提供了自动的，或者说是自发性的融资来源。

## 无担保的融资来源：贸易信贷

贸易信贷为公司提供了最为灵活的短期融资来源之一。我们在前面曾提到过贸易信贷是自发性融资的主要融资方式。也就是说，贸易信贷随着公司的采购而同步产生。为了获得贸易信贷，公司只需向其供应商发出订单。供应商会考察公司的信用情况，如果公司的信用情况良好，那么供应商就会发出货品。随后，进行采购的公司根据其与供应商的贸易信贷条款来向供应商支付货款。

**信贷条款和现金折扣**　通常贸易信贷条款中都会鼓励提早支付现金折扣。例如，供应商可能提供"2/10，30"这样的现金折扣，意思是如果货款在 10 天之内付清，那么就可以享受 2% 的折扣；如果 30 天到期时才付款，那么就要支付全款。因此，如果不在 10 天之内付款，那么就有2%的惩罚金，或者说，是将付款从10天延期到30天的惩罚金。不利用现金折扣所承担的实际年化成本是惊人的。以1美元的应付账款为例，利用前面的信贷条款和APR公式，可以计算出错过现金折扣还款期所承担的实际成本为：

$$APR = \frac{0.02\text{美元}}{0.98\text{美元}} \times \frac{1}{20 \div 360} = 0.367\ 3 = 36.73\%$$

注意，2%的现金折扣是将货款支付延后20天所付出的利息成本，同时也要注意到借款本金的0.98美元。该笔金额构成了还款期限第10天的本金金额，在第10天之后，就没有现金折扣了。错过2%的现金折扣而延后支付20天的成本是非常高昂的：利率相当于36.73%。进一步，一旦错过现金折扣的期限，也就没有理由在最终到期日（第30天）之前付款。表15-3列出了一些其他类型借款条件的实际年化成本。请注意贸易信贷的成本与现金折扣的大小直接相关，同时与折扣期结束日期和最终到期时间之间的时间间隔负相关。

表15-3          基于贸易信贷条款的利率

| 信贷条款 | 实际利率（%） |
| --- | --- |
| 2/10，60 | 14.69 |
| 2/10，90 | 9.18 |
| 3/20，60 | 27.84 |
| 6/10，90 | 28.72 |

### 你可以做出来吗？

**短期借款成本（考虑复利的影响）**

    使用年化百分比收益重新评估亨普斯特德公司，考虑复利的影响。

### 你做出来了吗？

**短期借款成本（考虑复利的影响）**

    使用式（15-8），我们估算亨普斯特德公司的短期借款成本如下：

$$APY = \left(1 + \frac{i}{m}\right)^m - 1 = \left(1 + \frac{0.18}{6}\right)^6 - 1 = 0.194\ 1 = 19.41\%$$

其中，$i$是名义年利率。由于现金折扣是3%，并且亨普斯特德公司有额外60天或1/6年的还款期，因此，名义年利率是$6 \times 0.03 = 18\%$。考虑到复利的影响，哈密尔顿电线电缆公司延期付款，直到90天到期时付款的短期借款成本是19.41%。

    **贸易信贷展期**     一些公司将贸易信贷用于一项称为贸易信贷展期的做法。这一做法就是超过在前期商定的借款期限，进行延期付款。例如，一家公司在"1/10，60"的信用条款下购买原材料，然而，当公司面临资金短缺时，公司也许会延期支付货款直到第80天。超过原定借款期限造成违约，可能最终导致公司信用的损失。然而，在不经常采取此做法的情况下，贸易信贷展期为公司提供了短期借款的紧急资金来源。

**贸易信贷的优点**　作为短期融资方式，贸易信贷有诸多好处。第一，贸易信贷作为公司日常经营的一部分可以很容易地获得。第二，在进行展期时并不需要正式的合同。此外，展期信贷的金额随着公司的需求而扩大或缩小。这也就是为什么贸易信贷被归为自发性的，或者是随需求改变的融资来源。

## 无担保的融资来源：无担保的银行借款

商业银行以两种形式提供无担保的短期借款：信贷额度和交易贷款（应付票据）。两种贷款的到期期限通常是 1 年或 1 年之内，利率取决于借款者的信用情况和经济整体的利率水平。

**最高信贷额度**　最高信贷额度（line of credit）通常是借款人和银行之间达成的非正式协议或共识，其中规定了银行在任一时点给予借款人的最高信贷额度。在这一协议下，银行是否进行贷款并不受法律约束。在**循环信贷协议**（revolving credit agreement，此类贷款的另一种形式）中，规定了法律责任。最高信贷额度期限通常为 1 年，并与借款人的财务年度相对应。因此，如果借款人每年的 7 月 31 日为财务年度结算日，那么其最高信贷额度则基于相同的期限。

最高信贷额度通常不涉及固定利率，相反，其通常规定贷款利率在银行优惠利率的基础上上浮 0.05％或者其他幅度。[①] 而且，在基本陈述之外，协议通常不具体规定该笔资金的具体使用用途，例如，用作补偿运营资本。

最高信贷额度通常要求借款人在贷款期内在银行维持的最低存款余额，被称为**补偿余额**（compensating balance）。这项最低存款余额要求（具体可表述为最高信贷额度或贷款金额的百分比）增加了借款人的实际贷款成本，除非在这之前其在银行的余额就等于或大于这一要求。

短期银行借款的实际成本可以使用 APR 公式进行估计。考虑如下的例子。

| 例题 15.2 | 计算短期银行借款的实际年化成本 |
| --- | --- |

M&M 饮料公司的最高信贷额度是 300 000 美元，要求的补偿余额为贷款金额的 20％。贷款的利率是每年 10％。公司向银行申请了为期 6 个月的 200 000 美元的贷款。该笔贷款的成本包括利息费用，以及维持作为 20％补偿余额的没有利用的现金余额的机会成本。为了满足补偿余额的成本，假设额外的资金需要通过借款得到，并将存放在公司的特定账号内。

**步骤 1：制定策略**

假设实际借款金额为 $B$，这比需要的 200 000 美元要多。实际上，需要的 200 000 美元是总借贷资金的 80％，因为还有 20％的补偿余额。因此，

$$0.80B = 200\ 000\ \text{美元}$$
$$B = 250\ 000\ \text{美元}$$

因此，所支付利息的本金是 250 000 美元，其中只有 200 000 美元是可以被公司使用的。[②]

---

[①]　最主要的利率是银行对其信誉良好的借款人收取的利率。

[②]　同样的结果也可以通过假设总贷款金额为 200 000 美元得到，其中只有 80％是可以被公司使用的，即 160 000 美元，也就是说，

$$APR = \frac{10\ 000\ \text{美元}}{160\ 000\ \text{美元}} \times \frac{1}{180 \div 360} = 12.5\%$$

此时，利息计算的本金是 200 000 美元的贷款金额，利息为 10 000 美元$\left(=200\ 000\ \text{美元} \times 0.1 \times \frac{1}{2}\right)$。

$$利息＝本金×利率×时间$$
$$＝250\,000\ 美元×0.10×(180÷360)＝12\,500\ 美元$$

注意，我们使用 250 000 美元作为计算利息支付的本金。这样做的原因是，公司必须借得 20%，即 50 000 美元的补偿余额，作为公司账户中留存的未用资金。

从而，借款的实际年化成本可以使用 APR 公式来计算：

$$APR＝\frac{利息}{本金}×\frac{1}{时间}$$

### 步骤 2：计算数值

用 M&M 饮料公司的银行贷款数据替换上述 APR 公式中的对应数值，我们可以得到如下结果：

$$APR＝\frac{12\,500\ 美元}{200\,000\ 美元}×\frac{1}{180÷360}＝12.5\%$$

注意，当计算年化百分比利率时，我们使用 200 000 美元作为本金。这一金额代表了贷款中可得到的部分，或者说实际可用的部分，因此，我们使用该金额来计算实际年化成本。

### 步骤 3：分析结果

在 M&M 饮料公司的例子中，该贷款要求本金支付 250 000 美元，其中包括 20% 的补偿余额，以及在 6 个月贷款期结束时支付的 10% 的利息 12 500 美元。该借款的实际年化成本可以通过将利息 12 500 美元和实际本金 200 000 美元相除得到。当进行年化时，通过这一比值就可以得到银行贷款的实际年化成本为 12.5%。

大多数的情况是，银行贷款将会提供一个折扣。也就是说，贷款利息将会在资金转移给借款人之前从贷款金额中扣除。延伸 M&M 饮料公司的例子，考虑扣除利息的情况，需要在之前的例子中实际贷得资金 200 000 美元的基础上减去整整 6 个月的利息金额。该贷款目前的实际利率为：

$$APR＝\frac{12\,500\ 美元}{200\,000\ 美元－12\,500\ 美元}×\frac{1}{180÷360}＝0.133\,3＝13.33\%$$

扣除利息的影响是其将贷款成本从 12.5% 提高到了 13.33%。这一结果的产生是因为公司支付利息所基于的本金仍为之前的金额 250 000 美元，然而，这次公司得到的可使用资金减少了 12 500 美元，只剩下 200 000 美元－12 500 美元＝187 500 美元。[1]

---

[1] 如果 M&M 饮料公司需要使用 200 000 美元，那么公司必须借得多于 250 000 美元的资金，以覆盖补偿余额和扣除的利息。实际中，公司必须借出的资金 $B$ 为：

$$B－0.2B－\left(0.10×\frac{1}{2}\right)B＝200\,000\ 美元$$
$$0.75B＝200\,000\ 美元$$
$$B＝\frac{200\,000\ 美元}{0.75}＝266\,667\ 美元$$

借款的成本仍为 13.33%，具体计算为：

$$APR＝\frac{13\,333\ 美元}{266\,667\ 美元－53\,333\ 美元－13\,333\ 美元}×\frac{1}{180÷360}$$
$$＝0.133\,3＝13.33\%$$

**交易贷款**　还有一种形式的无担保的短期银行借款，可通过**交易贷款**（transaction loan）的形式得到。此处，贷款是为了某一特定目的。大多数人将这一形式的贷款与银行信贷联系起来，该贷款通常通过签署承兑汇票得到。

无担保的交易贷款在成本、到期期限和补偿余额要求上与最高信贷额度非常相似。在这两种贷款形式下，商业银行通常要求借款人在一年中有 30 天到 45 天的时间来还清其短期贷款。很简单，这意味着借款人在给定的时间内是不负担任何银行债务的。这一要求的目的是为了保证借款人不会将短期银行贷款作为其永久性融资来源。

### 无担保的融资来源：商业票据

只有规模较大且信用等级较高的公司才有资格发行**商业票据**（commercial paper）。商业票据只是一个短期的支付承诺，该承诺可以在短期债券市场上交易。

信贷来源的期限通常为 6 个月或 6 个月之内，尽管一些票据的发行到期期限为 270 天。商业票据的利率通常比商业银行优惠贷款利率略低（低 0.05%～1%）。此外，利息通常被提前扣除，尽管有时市场上也存在付息的商业票据。

新发行的商业票据或者是直接向市场发行（由发行公司直接向投资公众发行），或者由交易商发行。交易商发行需要引入商业票据交易商，由交易商代为发行。许多主流的财务公司，例如通用汽车公司，便是直接向市场发行商业票据。直接发行与交易商发行的比例大约为 4 比 1，直接发行占主要部分。工业公司通常由交易商发行，有时是因为发行公司本身并不经常利用商业票据进行市场融资，或者由于公司的规模较小，公司如果不借助于交易商将较难发行。

**作为短期信贷来源的商业票据**　商业票据因具有如下优点而得到更广泛的使用。

**1. 利率水平**　商业票据的借款利率通常要低于银行贷款和类似可比的短期融资来源的利率。

**2. 补偿余额要求**　商业票据并不设置最低的补偿余额要求。然而，发行公司通常会发现，维持一个信用贷款的最高限额协议是可取的，该限额足以支持公司在新发行商业票据销售不利，或已有到期票据不能如期偿付的情况下的短期融资需求。

**3. 借款金额**　商业票据可以为公司一次性提供满足其短期融资需求的大量信贷资金。由于监管机构对于银行提供贷款金额的限制，想要从商业银行那里获得必需的资金可能需要从多个机构进行借款。[①]

**4. 获得声誉**　因为市场普遍认为，只有信用最高的借款人才可以通过商业票据进行市场融资，因此对商业票据的使用表明了公司良好的信用状况。

然而，利用商业票据进行短期融资涉及一项重要的风险。由于商业票据市场是一个高度客观的市场，即使对于最高信用的借款人也不提供还款上的灵活性。如果使用的是银行贷款，借款人可以与其他人共同解决还款过程中可能出现的任何临时性困难。然而这一灵活性对于商业票据发行人并不存在。

**估算使用商业票据的成本**　商业票据的融资成本可以通过简单地应用实际借款成本的公式而得到。需要注意的关键点是，商业票据的利息通常是提前扣除的，并且如果通过交易商发

---

① 美国联邦储备银行的成员银行在向单个借款人发放贷款时，最多占其总资本、盈余和未分配利润的 10%。因此，当企业借款人的融资需求非常大时，它可能不得不与银行进行交易，以筹集所需资金。

行，还要收取额外的费用。即使不通过交易商发行，发行公司也会产生发行准备和执行的相关成本，这些成本也必须包括在借款成本的估算中。

EPG 制造公司定期使用商业票据来满足其短期融资需求。公司计划发行到期期限为 270 天，金额为 1 亿美元的商业票据，公司将按照每年 12% 的利率提前支付需扣除的利息。此外，EPG 公司预期将产生大约 10 万美元的交易商发行费用，以及其他的票据发行成本。EPG 公司借款的实际成本是多少？

**步骤 1：制定策略**

EPG 公司的实际借款成本可以通过使用年化百分比利率公式得到。

$$APR = \frac{利息}{本金} \times \frac{1}{时间}$$

其中，利息的计算使用如下公式：

$$利息 = 本金 \times 利率 \times 时间 + 融资费用$$

在此例中，利息代表了借款利息本身加上其他所有的融资费用。本金等于从融资中得到的总现金额减去利息费用。最后，期限为 270 天。

**步骤 2：计算数值**

将 EPG 公司商业票据融资战略的具体数值代入到式（15-7）中，我们得到如下结果：

$$APR = \frac{9\,000\,000\ 美元 + 100\,000\ 美元}{100\,000\,000\ 美元 - 100\,000\ 美元 - 9\,000\,000\ 美元} \times \frac{1}{270 \div 360}$$

$$= 0.133\,5 = 13.35\%$$

其中利息成本的计算为 100\,000\,000 美元 × 0.12 × (270 ÷ 360) = 9\,000\,000 美元，再加上 100\,000 美元的交易商发行费用。从而，EPG 公司借款的实际成本为 13.35%。

**步骤 3：分析结果**

结果表明，在 12% 的利率水平上，扣除 100\,000 美元的交易商发行费用后，该商业票据发行只会得到 89\,900\,000 美元的现金。这意味着 910 万美元的金额是融资 8\,990 万美元的利息费用。在这个例子中，利息是总共收到的现金的 13.35%，因此也代表了借款的实际成本。

有担保的融资来源：应收账款抵押贷款

有担保的短期借款来源需要公司将特定资产作为抵押品为贷款进行担保。一旦贷款违约，出借人除了对作为公司的普通债权人有索取权，对于所抵押的资产也有优先索取权。因此，有担保的借款协议为出借人提供了额外的安全边际。

通常来说，公司的应收账款属于公司最具流动性的资产。也正是因为这个原因，应收账款也被许多出借人认为是有担保的贷款的最优质抵押品。基于应收账款的融资安排包括两个基本步骤：抵押和保理。

**应收账款抵押融资**　在**应收账款抵押融资**（pledging accounts receivable）安排下，借款公司只需将其应收账款作为抵押，从商业银行或者财务公司处获得贷款。贷款的金额以抵押的应收账款面值的百分比表示。如果借款公司向出借人提供应收账款总额，那么借款公司的所有账款都被用作该贷款的担保抵押。这种抵押方式简单且成本较低。然而，因为出借人对于抵押的应收账款的质量并没有控制，因此会将最高贷款额度限制在应收账款总面值的较低百分比水平上，通常最高百分比为 75%，依次下降。

同时也存在另外一种抵押方法，该途径需要借款人对于作为贷款担保的抵押品向出借人提供特定的单据。这种方法的成本会稍微高一些，因为出借人必须对抵押的每项账款分别进行信用评估。然而，给定这些额外的信息，出借人将会愿意提高提供的贷款占票据面值的百分比。在这种情况下，可得到的贷款金额可能高达抵押应收账款的 85% 或 90%。

**信用条款**　应收账款抵押贷款通常比银行的优惠贷款利率高出 2～5 个百分点。财务公司收取的贷款利率通常更高。此外，借款人通常收取抵押的应收账款面值的一定百分比作为手续费用，金额可能为面值的 1%～2%。

**抵押的优势与劣势**　抵押方式的短期借款的最大优势就是它可以为借款人提供灵活性。融资可以连续获得。通过赊销产生的新账款为再生产融资提供了抵押品。而且，出借人可以提供相关的信贷服务，以消除或至少减少公司内类似服务的需求。这种融资方法的最大劣势是其成本，与其他短期借款来源相比，其成本较高，主要是由于收取的较高利率以及对抵押账款收取的手续费。

**应收账款保理融资**　**应收账款保理融资**（factoring accounts receivable）是将公司的应收账款直接出售给被称为保理商的金融机构。**保理商**（factor）可以是只经营应收账款保理业务的商务财务公司（被称作保守的保理商），或者是商业银行。保理商相应地承担了回收账款的风险，并因管理这些应收账款收取一定费用。该费用为保理的所有应收账款面值的一定百分比（通常为 1%～3%）。

进行保理的公司通常直到应收账款已经被回收，或信用条款被满足后，才会支付应收账款的相关保理费用。如果公司希望马上获得其保理的应收账款的支付款，它可以以保理的应收账款作为抵押向保理商借款。公司可以获得的最高贷款额度等于保理账款面值减去保理费用（1%～3%）、保管费用（6%～10%），以及利息费用。例如，如果将价值为 100 000 美元的应收账款进行保理，信用条款规定的期限为 60 天，保理费用是 2%，保管费用是 6%，提前支付的利率为每月 1%，那么公司可以获得的最高提前贷款额度计算如下：

（单位：美元）

| | |
|---|---:|
| 进行保理的应收账款的面值 | 100 000 |
| 减去：保理费用（0.02×100 000 美元） | −2 000 |
| 　　　保管费用（0.06×100 000 美元） | −6 000 |
| 　　　利息费用（0.01×92 000 美元×2 个月） | −1 840 |
| 最高提前贷款额度 | 90 160 |

请注意贷款利息被提前支付，计算中的本金是可提前获得资金的最高金额（92 000 美元＝100 000 美元−2 000 美元−6 000 美元）。因此，借款的实际成本可以计算如下：

$$APR = \frac{1\ 840\ 美元 + 2\ 000\ 美元}{90\ 160\ 美元} \times \frac{1}{60 \div 360}$$

$$= 0.255\ 5 = 25.55\%$$

A.B. 古德（A.B. Good）公司在 60 天的信用期限内向建筑承包商售卖电力设备。公司平均每月的销售收入是 100 000 美元，因此，给定公司 2 个月的信用期限，其平均应收账款余额是 200 000 美元。公司将其所有的应收账款抵押给当地的商业银行，从而支取了金额为应收账款面值的 70% 的资金，其中利率为优惠贷款利率加上 3%，并对所有抵押的应收账款收取 1% 的手续费用。A.B. 古德公司遵循可能借得的最高额度的贷款的惯例，当前的优惠贷款利率是 10%。那么使用该融资方式一年的 APR 是多少？

**步骤 1：制定策略**

在这个例子中，我们使用相同的年化百分比利率公式。然而，此处的关键是明确公式中使用的变量的正确数值。

$$APR = \frac{利息}{本金} \times \frac{1}{时间}$$

注意，我们可以通过将利息费用加上每年的手续费用得到利息。本金由实际提供的贷款金额表示。最终，我们的时间期限应为整年：

$$APR = \frac{利息费用 + 手续费用}{贷款金额} \times \frac{1}{时间}$$

**步骤 2：计算数值**

一旦我们将正确的数值替换进上面的公式中，我们就可以得到如下结果：

$$APR = \frac{18\,200\ 美元 + 12\,000\ 美元}{140\,000\ 美元} \times \frac{1}{360 \div 360} = 0.215\,7 = 21.57\%$$

其中贷款的总成本包括每年的利息费用 18 200 美元（= 0.13 × 0.7 × 200 000 美元），以及每年的手续费用 12 000 美元（= 0.01 × 100 000 美元 × 12 个月）。提供的贷款金额是 140 000 美元（= 0.70 × 200 000 美元）。注意，手续费用是对所有抵押的应收账款收取的。因此，A.B. 古德公司每月抵押 100 000 美元的应收账款，即每年 1 200 000 美元，向这些账款收取 1% 的费用，每年收取费用总额为 12 000 美元。

**步骤 3：分析结果**

可以看到 A.B. 古德公司的债权人只提供金额为应收账款 70% 的提前支取额度，并对其收取约 14% 的费用（13% 的利息加上每年 1% 的手续费用）。在这个例子中，实际 APR 要比收取的 14% 要高，这是因为只支取了部分应收账款。因为只有 70% 的应收账款被提前支取，实际 APR 会因为那 30% 未提前得到支付的应收账款部分而进一步增加。

另外，出借人除了提供提前支付或贷款，也可能向借款人提供其他特定的信贷服务。例如，出借人可以提供计费和账款回收服务。这些服务的价值也应考虑在借款成本的计算中。在之前的例子中，A.B. 古德公司通过抵押其应收账款，并让出借人提供这些服务，可以每年节省 10 000 美元的信贷部门成本。在这种情况下，短期借款的成本为：

$$APR = \frac{18\,200\ 美元 + 12\,000\ 美元 - 10\,000\ 美元}{140\,000\ 美元} \times \frac{1}{360 \div 360} = 0.144\,3 = 14.43\%$$

### 有担保的融资来源：存货贷款

**存货贷款**（inventory loans）是由存货担保的贷款，提供了短期借款的另一种担保渠道。可以获得的贷款数量取决于存货的市场流动性和易逝性。一些产品，如原材料（谷物、原油、木材和化学品），都是优质的抵押品，因为它们在市场上很容易变卖。其他产品，如半成品，是较差的抵押品，因为它们缺乏市场流动性。

存货被用作短期借款的担保来源有若干种途径。其中包括浮动担保协议、动产抵押协议、现场仓单抵押协议和终端仓单抵押协议等。

在**浮动担保协议**（floating lien agreement）下，借款人给予出借人其所有存款的留置权。这是最简单也是最基本的存货抵押形式。借款公司对存货保留全部控制权，并且当公司合适时，可以继续出售和置换这些存货。很明显，对于出借人来说，这种对存货缺乏控制的抵押形式大大地稀释了担保的价值。

在**动产抵押协议**（chattel mortgage agreement）下，存货在协议中被明确列出（以序列号或其他形式），而借款人虽然仍保留对存货的名义所有权，但是没有出资人的同意不能出售这些存货。

在**现场仓单抵押协议**（field-warehouse agreement）下，被用作担保抵押的存货与公司的其他存货分开存放，并放置在由第三方仓储机构控制的场地。

**终端仓单抵押协议**（terminal-warehouse agreement）与现场仓单抵押协议只在一个方面有所区别。在终端仓单抵押协议中，作为担保抵押的存货被运送到一个公共的仓库存放地点，并从借款人的建筑物所在地转移出去。在这种情况下，出借人得到了更多的安全保障，因为此时存货全部从出借人的控制中转移出来。当然，这种融资安排的成本也较高，因为出借人必须向仓储公司支付费用，此外，抵押的存货也必须被运送到公共的仓储地，并最后从那里运出。

---

**概念回顾**

1. 短期借款的有担保的和无担保的借款来源都有哪些？
2. 最高信贷额度与循环信贷协议之间有什么区别？
3. 公司通过将其应收账款进行抵押可以获得哪几种贷款形式？
4. 由公司存货进行担保的贷款类型有哪些？

---

## 本章小结

### 1. 描述运营资本管理中的风险—收益补偿

**小结**：运营资本管理涉及管理公司的流动性，具体包括：（1）管理公司流动性资产的投资，（2）管理公司流动性负债的使用。其中每个问题的解决都涉及风险—收益补偿。对于流动性资产的投资降低了公司的流动性风险，成本是降低了公司资产投资的总体收益率。另外，使用长期融资来源提高了公司的流动性，同时降低了公司的资产收益率。

运营资本：被定义为公司在流动性资产中的总投资。

净运营资本：公司流动性资产和流动性负债之差。

关键公式

净运营资本＝流动性资产－流动性负债

## 2. 描述净运营资本的决定因素

**小结：** 公司的净运营资本由公司的资产投资需求和购买资产使用的相应融资方式决定。在确定使用何种融资方式时，应着重注意到公司以应付账款的形式从其供应商处可以自动获得一些融资。然而，公司通常需要更多融资，通常以短期（短于一年）或长期融资的形式。使用短期融资来源一般比长期融资来源更便宜，但是也增加了公司短期内贷款到期必须偿付的风险。对冲原则，或者说自身具有流动性的债务原则，为财务经理提供了一个解决上述问题的工具。这种方法一般要求公司将其债务的期限与其资产需求的期限相匹配。例如，如果有临时的季节性需求需要增加其存货和应收账款，那么采用短期融资是更为恰当的。然而，如果公司对其流动性资产有更为长期的需求，那么就应该使用长期融资。

关键术语

对冲原则（自身具有流动性的债务原则）：一种运营资本管理方法，要求公司投资的现金流产生特点应该与公司融资来源的期限相匹配。非常简单，短期资产应该采取短期融资来源融资，而长期资产应该使用长期融资来源融资。

永久性投资：公司计划持有一年以上的投资。公司在固定资产和流动性资产上进行永久性投资。

临时性投资：包括在一年或一年之内将会变现和替代的流动性资产。具体的例子包括存货和应收账款的季节性扩张。

贸易信贷：公司在取得原材料的同时，从公司供应商处得到的可使用的信贷资源。贸易信贷在资产负债表上以应付账款的科目出现。

## 3. 计算公司的现金周转周期

**小结：** 现金周转周期是衡量公司管理其运营资本是否有效率的关键指标。具体来说，现金周转周期等于公司应收账款周转天数，加上存货周转天数，减去应付账款周转天数。现金周转周期的重要性在于，该周转周期也为公司存货和应收账款占用公司资金的天数。在其他条件不变的情况下，该期限越长，公司就要投资越多的资金在其流动性资产上。

关键公式

$$现金周转周期（CCC）＝应收账款周转天数（DSO）＋存货周转天数（DSI）$$
$$－应付账款周转天数（DPO）$$

$$应收账款周转天数（DSO）＝\frac{应收账款}{销售收入÷365\ 天}$$

$$存货周转天数（DSI）＝\frac{存货}{销售成本÷365\ 天}$$

$$应付账款周转天数（DPO）= \frac{应付账款}{销售成本 \div 365 天}$$

### 4. 估计短期借款成本

**小结：** 在选择短期融资方式时，最关键的考虑因素就是借款的实际成本。既然短期借款从定义上来说，是融资期限短于一年的贷款，那么分析师必须将融资期限（短于一年）内支付的利息进行调整，从而计算出年化利率。该调整可假设用简单利率（即不考虑复利）来计算年化百分比利率（APR），或者进行调整以计算复利，在后一种情况下，我们计算的结果为年化百分比收益（APY）。

**关键公式**

$$利息 = 本金 \times 利率 \times 时间$$

$$年化百分比利率（APR）= \frac{利息}{本金 \times 时间}$$

$$年化百分比利率（APR）= \frac{利息}{本金} \times \frac{1}{时间}$$

$$年化百分比收益（APY）= \left(1 + \frac{i}{m}\right)^m - 1$$

### 5. 了解短期借款的主要来源

**小结：** 短期借款的不同融资方式可以被分为两大类：无担保的和有担保的。无担保的贷款不提供作为贷款协议担保的任何资产。主要的无担保贷款融资方式包括贸易信贷、最高信贷额度、从商业银行获得的无担保的交易贷款，以及商业票据。有担保的贷款通常由商业银行、财务公司和保理商提供给企业。最常用的担保资产包括应收账款和存货。由应收账款担保的贷款包括抵押协议和保理协议。在抵押协议中公司将其应收账款进行抵押作为贷款担保，在保理协议中公司将其应收账款转卖给保理商。在抵押协议中，如果违约，出借人将保留追索权；然而在保理协议中，出借人通常不具有追索权。由存货担保的贷款可以通过若干种担保安排实现。其中最为广泛使用的是浮动担保协议、动产抵押协议、现场仓单抵押协议以及终端仓单抵押协议。采用的协议的具体形式，取决于作为抵押品的存货种类和出借人希望对担保品拥有的控制程度。

**关键术语**

无担保的贷款：无担保的贷款是指贷款的担保仅为出借人对债务到期时借款人偿还能力的信任的借款。

有担保的贷款：有担保的贷款是有资产作为抵押，当借款人到期无法偿还本金或利息时，用该资产进行偿付的贷款。

最高信贷额度：最高信贷额度通常是借款人和银行之间达成的非正式协议或共识，其中规定了银行在任一时点给予借款人的最高信贷额度。在这一协议下，银行是否提供贷款并不受法律约束。

循环信贷协议：循环信贷协议是在借款人和银行之间对于银行法律责任上需要为借款人提供的信贷金额所达成的共识。

补偿余额：补偿余额是公司需要在特定存款账户中保持的某一最低金额。可由公司的贷款银行的正式或非正式协议确定。通常补偿余额的要求由银行提出，包括：(1) 基于贷款协议未使用的部分；(2) 基于公司未偿还贷款的比例；(3) 获得银行提供的特定服务，例如清算核对，或者是信用信息。补偿余额提高了所借资金的实际利率。

交易贷款：贷款所得资金被用于特定目的，如将银行贷款用于设备购买融资。

商业票据：大型企业为了融得资金而出售的短期无担保的承诺票据。与大多数其他的货币市场金融工具不同，商业票据并没有发达的二级市场。

应收账款抵押融资：公司从商业银行或财务公司获得的以其应收账款作为抵押的贷款。

应收账款保理融资：公司面向其他公司（保理商）不带追索权的应收账款出售。由保理商承担回收风险。

保理商：保理商购买其他公司的应收账款，从而承担了回收账款的风险，并因管理这些应收账款收取一定费用。

存货贷款：由存货担保的贷款。具体的例子包括浮动担保协议、动产抵押协议、现场仓单抵押协议以及终端仓单抵押协议。

浮动担保协议：通常为贷款协议，按协议借款人给予出借人其所有存货的留置权。

动产抵押协议：在该协议中，出借人为了提高其安全利益，给贷款协议中涉及的存货设定特殊条款。借款人仍保留对其存货的名义所有权，但是没有出借人的同意不可以出售这些存货。

现场仓单抵押协议：担保协议，其中规定作为担保抵押的存货与公司的其他存货分开存放，并放置在由第三方仓储机构控制的场地。

终端仓单抵押协议：担保协议，其中规定作为担保抵押的存货被运送到一个公共的仓库存放地点，并从借款人的建筑物所在地转移出去。这是最安全（尽管是成本最高的）的由存货担保的融资方式。

---

## 复习题

**15-1** 戴尔公司长期以其创新的运营资本管理办法而被广泛认可。描述戴尔公司是如何在净运营资本管理方面领先，从而为公司节约了资源的。

**15-2** 定义并比较运营资本和净运营资本的概念。

**15-3** 讨论公司资产投资决策中涉及的风险—收益关系，这一关系也在公司的运营资本管理中被涉及。

**15-4** 短期借款使用中的优点和缺点有哪些？

**15-5** 阐述下列说法的含义：与长期借款相比，流动性负债的使用将使公司暴露于更高的流动性风险之下。

**15-6** 定义对冲原则。该原则可以如何应用在运营资本管理中？

**15-7** 给出下列术语的概念：

a. 永久性投资；

b. 临时性投资；

c. 永久性融资来源；

d. 临时性融资来源；

e. 自发性融资来源。

**15-8** 应如何应用公式"利息＝本金×利率×时间"来估计短期借款成本？

**15-9** 应如何在计算短期借款的实际成本中包含福利的影响？

**15-10** 除了应付工资和应付税款，还有哪三种主要的无担保的短期借款来源？

**15-11** 以下贸易信贷条款的含义是什么：2/10，30；4/20，60；3/15，45？

**15-12** 给出以下术语的定义：

a. 最高信贷额度；

b. 商业票据；

c. 补偿余额；

d. 优惠利率。

---

**课后问题**

---

**15-1**（风险—收益权衡）纸盒包装公司（Carton Packing，CPC）位于正处于高速增长期的得克萨斯州奥斯汀市。为了满足自身资产扩张融资的需要，公司将收益再投资，并利用短期银行票据进行借款。过去5年公司的资产负债表如下所示：

**纸盒包装公司资产负债表** （单位：美元）

| | 2010 | 2011 | 2012 | 2013 | 2014 |
|---|---|---|---|---|---|
| 流动性资产 | 100 | 130 | 160 | 190 | 220 |
| 固定资产 | 250 | 270 | 290 | 310 | 330 |
| 总资产 | 350 | 400 | 450 | 500 | 550 |
| 流动性负债 | 50 | 90 | 130 | 170 | 210 |
| 长期债务 | 100 | 100 | 100 | 100 | 100 |
| 所有者权益 | 200 | 210 | 220 | 230 | 240 |
| 总负债和所有者权益 | 350 | 400 | 450 | 500 | 550 |

a. 计算上表中过去5年间，纸盒包装公司的流动比率（流动性资产除以流动性负债），以及公司的债务比率（流动性负债与长期债务之和除以总资产）。使用流动比率和债务比率描述公司的风险。

b. 对上面的财务报告进行一些变动，使得流动性负债保持在50美元不变，同时长期债务有所增长以满足公司的融资需求。使用你准备的更新后的2010—2014年5年期的财务报表数据，计算纸盒包装公司的流动比率以及公司的债务比率。使用流动比率和债务比率描述公司的风险。

c. 哪种财务计划风险更高？为什么？

**15-2**（对冲原则）在公司的运营资本管理中产生的管理公司风险的一个主流理论涉及自身具有流动性的债务原则。这一原则在如下每种情景中是如何运用的？阐述你对每种方式的回答。

a. 长叶家园（Longleaf Homes）公司在西雅图、华盛顿地区拥有一系列高级综合住宅建筑群。公司目前正在讨论其是否应该进行短期或长期借款来为所需要的1 000万美元资金融资。这部分资金将用于扩张公司的护理设施，预计寿命为20年。

b. 阿罗（Arrow）公司需要500万美元用于购买存货，以支持其日益增长的销售量。阿罗公司预计未来对于额外存货的需求并不会减少。

c. 布洛克尔（Blocker）建筑材料公司正在审阅公司明年的计划，并预计从今年11月到明年1月期间，公司将需要额外的500万美元来为季节性的存货和应收账款扩张而融资。

**15-3** （现金周转周期）西姆斯（Sims）公司在过去的5年中一直致力于改善其运营资本的管理水平。公司的销售收入、应收账款、应付账款和存货的历史数据如下：

**西姆斯公司财务数据** （单位：美元）

| | 2010年1月 | 2011年1月 | 2012年1月 | 2013年1月 | 2014年1月 |
|---|---|---|---|---|---|
| 销售收入 | 2 873 | 3 475 | 5 296 | 7 759 | 12 327 |
| 应收账款 | 411 | 538 | 726 | 903 | 1 486 |
| 应付账款 | 283 | 447 | 466 | 1 040 | 1 643 |
| 存货 | 220 | 293 | 429 | 251 | 233 |

a. 计算西姆斯公司5年间每年的应收账款周转天数和存货周转天数。西姆斯公司采取了哪些措施来更好地管理其在应收账款和存货上的投资？

b. 计算西姆斯公司5年间每年的现金周转周期。评价西姆斯公司整体的运营资本管理水平。

**15-4** （估计银行借款的成本）出纳员（Paymaster）公司为其季节性运营资本融资安排了短期银行贷款融资。该贷款的利率为每年12%，利息提前支付（提前扣除）。此外，出纳员公司在贷款持续期限内必须在银行账户中维持最低存款要求，金额为贷款金额的10%。如果出纳员公司计划借款100 000美元，期限为3个月，那么该银行贷款的成本是多少？

**15-5** （短期融资成本）R. 莫林（R. Morin）建筑公司需要借款100 000美元来为其购买价值150 000美元的液压起重机，以用于公司的商业建筑业务。该起重机将在1年后收回成本。公司正在考虑如下购买机器的融资方法：

**方法A：** 公司的业务银行同意以14%的利率借给公司100 000美元。该利息将被提前扣除，并且要求15%的补偿余额。然而，该补偿余额的要求并没有对R. 莫林公司产生额外的约束，因为公司在银行长期保持25 000美元的最低活期存款（支票账户）。

**方法B：** 设备提供商已经同意为该设备提供1年的贷款融资。100 000美元的贷款需要支付本金和利息总计116 300美元。

a. R. 莫林建筑公司应该选择哪种融资方式？

b. 如果银行补偿余额的要求将使得贷款中15%的资金闲置成为必然，那么这将会对银行贷款成本产生何种影响？

**15-6** （有担保的短期借款成本）肖恩·杰诺（Sean-Janeow，S-J）出口公司在2013年9月30日为止的3个月期间需要500 000美元。公司目前探讨出两种可能的信贷来源。

a. S-J公司以其应收账款为抵押向银行贷款500 000美元。银行同意以11%的利率并按所有抵押的应收账款的1%收取费用，提前支付S-J公司所抵押应收账款的80%。S-J公司的应收账款平均每年为100万美元。

b. 一家保险公司同意以每年9%的利率借给公司500 000美元，同时以S-J公司的色拉油存货作为抵押担保。采用现场仓单抵押协议，S-J公司每月需要支付2 000美元的费用。S-J公司应该选择哪种信贷来源？请阐述。

**15-7** （短期融资成本）你计划向银行借20 000美元用于支付你刚刚开张的礼品店购进的存货。银行以10%的年利率提供你需要的资金，期限为6个月。

a. 计算该贷款的实际利率。

b. 此外，银行要求你在银行账户中维持15%的补偿余额。因为你刚刚开始经营，你在银行并没有可以用来满足补偿余额要求的活期存款账户。这意味着你将不得不从你的个人支票账户中拿出贷款金额的15%（你本打算用这笔资金来帮助新业务融资）。那么现在该贷款的成本是多少？

c. 除了在问题b中的补偿余额要求，你被告知利息需要提前扣除。那么现在该贷款的实际成本是多少？

**15-8** （估计商业票据的成本）在2012年2月3日，伯灵顿西部公司计划发行金额为2 000万美元的商业票据。公司之前从未发行过商业票据，但是公司已经确定将顺利进行融资。该商业票据的到期期限为270天，要求的利率为每年11%。此外，公司还需要支付总计20万美元的费用用于市场发行和销售。伯灵顿西部公司商业票据的实际成本是多少？

**15-9** （贸易信贷成本）计算如下贸易信贷条款下的实际融资成本，假设在最终支付日付款。

a. 2/10，30；

b. 3/15，30；

c. 3/15，45；

d. 2/15，60。

**15-10** （年化百分比收益）利用复利计算公式，或实际年化利率公式，计算问题15-3中的贸易信贷成本。

**15-11** （短期银行借款的成本）在2013年7月1日，西南锻造公司同达拉斯第一国家银行进行了最高信贷额度的协议安排。该协议条款要求了100 000美元的最高信贷额度，利率为优惠利率加上1%。此外，公司必须在这一年中在其活期存款账户中保持20%的补偿余额。

a. 如果西南锻造公司在达拉斯第一国家银行的支票账户中维持20 000美元到30 000美元的余额，那么在最高信贷额度协议下，使用最高贷款一年的实际借款成本是多少？

b. 如果公司通过借款得到补偿余额，并且借到了贷款协议下的最高金额，重新计算实际借款成本。假设一整年间的债务余额为贷款的全额。

**15-12** （商业票据的成本）三态（Tri-State）公司计划在公司35年的历史中首次发行商业票据。公司计划发行180天到期的金额为500 000美元的商业票据。商业票据的利率为10.5%，并提前扣除利息，同时发行商业票据将花费三态公司12 000美元的发行费用（提前支付）。

a. 三态公司的实际借款成本是多少？

b. 公司在分析是否应该发行商业票据时还应考虑哪些其他因素？

**15-13** （应收账款的成本）约翰逊（Johnson）公司从事AM/FM收音机中使用的电子零部件的生产和销售业务。公司需要300 000美元来为其增加的销售收入所带来的应收账款规模的预期扩张而融资。约翰逊公司的贸易信贷期限是60天，其平均每月的信用销售额为200 000美元。通常来说，公司的客户会在信贷期限内完成付款。因此，公司的平均应收账款余额是 400 000 美元。约翰逊公司的审计长查克·艾豆（Chuck Idol），向银行提出了使用公司的应收账款作为抵押进行 300 000 美元贷款的请求。银行同意以高于优惠利率 2 个百分点的利率水平提供贷款，并按照抵押的所有应收账款金额（每月 200 000 美元）收取 1％的手续费用。而且，银行同意出借金额为抵押的应收账款面值的 75％的贷款。

 a. 当公司借款 300 000 美元时，计算公司应收账款抵押贷款的成本。当前的优惠利率是 11％。

 b. 查克·艾豆同样从银行那里请求了 300 000 美元的最高信贷额度。银行同意以高于优惠利率 3 个百分点的利率提供必要的贷款额度，并要求 15％的补偿余额。约翰逊公司当前的平均活期存款保持在 80 000 美元。估计约翰逊公司最高贷款额度的成本。

 c. 约翰逊公司应该选择哪种贷款来源？为什么？

**15-14**　（保理成本）MDM 公司正在考虑将其应收账款进行保理。公司每月有 400 000 的信用销售金额，平均账款余额为 800 000 美元，信贷期限为 60 天。

 保理商同意提供金额为保理的应收账款面值的 90％的额外信用，再减去每月利率为 1.5％的贷款利息。提前支取的金额与所有应收账款面值的差额包括 1％的保理费用和 9％的保管费用。此外，如果 MDM 公司决定将其应收账款进行保理，那么公司将会出售其所有的应收账款，从而公司可以每月节省 1 500 美元的部门贷款成本。

 a. 通过保理协议，MDM 公司可获得的最高贷款额的借款成本是多少？

 b. 在决定是否采取保理协议时，MDM 公司还需要考虑哪些其他成本？

**15-15**　（保理成本）一家保理商同意按照如下条款借给 JVC 公司运营资本所需资金：JVC 平均每月的应收账款为 100 000 美元，并且平均回收期为 90 天。（注意 JVC 公司的信贷条款要求 90 天内付款，同时由于平均回收期为 90 天，平均应收账款余额应为 300 000 美元。）对于提前支取，保理商将收取 12％的利息（提前支取每月收取 1％），并且对所有进行保理的应收账款收取 2％的保费费用和 20％的保管费用。如果 JVC 采用该项贷款，那么公司每月将节省 2 000 美元的部门贷款费用。JVC 公司采用保理安排的实际年化利率是多少？假设支取最高额度。

**15-16**　（短期银行贷款成本）吉米·黑尔（Jimmy Hale）是得克萨斯州布朗菲尔德地区谷物升降机的拥有者和经营者。他在那里已经居住了 62 年。今年春天的降水是近十年以来最高的，吉米·黑尔先生预计将获得粮食丰收。这使得他开始重新思考他当前的融资来源。吉米·黑尔先生现在认为他截至收获期结束为止的 3 个月期间内，需要额外的 240 000 美元。在与他的银行受理人商谈后，吉米·黑尔先生困惑于额外融资的实际成本是多少。银行向他收取的利率为优惠利率（当前为 7％）加上 1％，同时要求公司将其当前的银行账户余额从 4 000 美元提高到贷款金额的 20％。

 a. 如果利息和本金都在 3 个月贷款到期时的期末支付，那么吉米·黑尔先生的往来银行提供的贷款的年利率是多少？

 b. 如果在利息被提前扣除的情况下，银行可以将利率降低为优惠利率，吉米·黑尔先生是否应该接受这一提议？

**15-17**　（术语）从是否有担保（包括某些抵押方式）的角度给出如下短期借款来源的定义：

◆ 最高信贷额度；

◆ 应收账款抵押融资；

- ◆ 贸易信贷；
- ◆ 应收账款保理融资；
- ◆ 存货贷款；
- ◆ 商业票据。

# 第十六章

# 国际商业金融

学习目标

1. 讨论商业的国际化趋势；
2. 解释为什么两个不同国家间的汇率必须彼此保持一致；
3. 讨论利率平价的概念；
4. 解释购买力平价理论和一价定律；
5. 讨论直接国外投资资本预算分析中独特的风险。

通常情况下，对公司来说，扩张它们现有产品的市场要比开发新产品更为容易，而这也是大多数大公司在全球寻找新市场的原因。而这也显然是麦当劳最近几年采取的战略方向。如今，麦当劳在超过 123 个国家经营着超过 33 000 家餐厅。世界上最忙碌的麦当劳餐厅并不在美国，而是在距离美国几千里外的俄罗斯莫斯科普希金广场。这一餐厅每天服务 40 000 名顾客，甚至超过它在 1990 年 1 月 31 日开始营业的数目。除了俄罗斯传统食物生菜派之外，这个餐厅的菜单与在美国餐厅的菜单必须保持一致。

这是一个昂贵的投资吗？这显然是。实际上，麦当劳所修建的用来供应汉堡、薯条以及其他食品的食物工厂所花费的成本超过 6 000 万美元。除了这些成本之外，还有许多其他的因素使得在美国本土之外开设一个连锁店十分具有挑战性。首先，为了保证世界上任何一家麦当劳餐厅所提供的食物质量都一致，麦当劳花费了 6 年时间组建了一个可以提供满足麦当劳需要的必要原材料的供应链。其次，还存在着与俄罗斯经济形势以及它的货币相关的风险，这些风险超过了在美国本土设立餐厅的风险敞口范围。

这些风险在 1998 年十分明显。当时俄罗斯的经济连同它的货币——卢布崩溃了。在1998 年夏天，俄罗斯经济急转直下，失去了控制。1998 年 8 月，俄罗斯整个银行体系出现问题，导致卢布的价值出现了灾难性的下跌。由于麦当劳通过在俄罗斯出售汉堡来获得卢布，当公司需要将卢布换成美元时，麦当劳的俄罗斯餐厅就没有它以前那么值钱。尽管这样，莫斯科的麦当劳从它开业以来仍然被证明是一个巨大的成功。事实上，2012 年前，俄罗斯共有 314 家麦当劳餐厅，并且麦当劳计划每年新开设 40～45 家新餐厅。这些都显示并不是所有的新投资机会都要求有新产品，将现有产品引入到新的国际市场也可以取得同等的盈利性，甚至更赚钱。

本章高度关注国际商业在处理多种货币时所面临的复杂情形。我们将讨论降低外汇风险的有效策略。跨国部分的运营资本管理和资本结构决策也将被讨论。

## 产品市场和金融市场的全球化

至少可以这样说，大多数产品的市场都是跨越很多国界的。事实上，许多产业和州都高度依赖于国际贸易。举例来说，电子消费产品和汽车产业都被广泛地视作全球产业。俄亥俄州在美国所有州的制造业出口中排名第四，超过一半的俄亥俄州工人都是受雇于那些在一定程度上依赖出口的企业。

同时国际组合投资与直接投资中的全球水平也在上涨。投资于美国的直接和间接组合投资都远远快于美国在海外的投资。**直接国外投资**（direct foreign investment，DFI）是指**跨国公司**（multinational corporation，MNC）——一个在多个国家同时运营或持有股份的公司——通过投资获得控制权的投资，例如跨国公司修建一个离岸的制造工厂。间接组合投资涉及购买到期时间超过一年的金融资产，如购买外国股票或债券。

美国公司进行直接国外投资的一个主要原因是可以从中获得高额的收益率。而且，美国在国外的直接国外投资（DFI）数额十分庞大而且不断增长。美国跨国公司总资产、总销售收入和利润的重要部分主要归因于外国的投资和运营。直接国外投资对美国企业来说没有限制。许多欧洲和日本企业也拥有海外的事业部。在过去的十年中，这些公司在销售收入上取得了增长，并在海外建立了生产工厂，对美国企业来说尤其是这样。

国家之间的资金流动（组合投资）也持续增长。许多企业、投资公司和个人都在其他国家的资本市场上进行投资。它们的动机由两部分组成：获得比在国内资本市场上取得的收益率更高的回报；通过国际范围内的多样化降低组合投资的风险。全球贸易与投资行为的增长可以从金融市场最近的全球化中反映出来。**欧洲美元**（Eurodollars）市场现在要比任何的美国金融市场更为庞大，越来越多的美国公司倾向于在欧洲美元市场筹集资金。甚至在海外拥有业务的公司和公共团体都开始倾向于从这个市场中筹资。

除此之外，大多数全国性质的金融市场也由于利率与货币互换数量的迅速增加而变得越来越与国际市场一体化。（我们将要在本章的后面部分讨论货币互换。）因为这些互换的广泛存在，货币的面额和许多全球一体化筹资来源的国家都受到货币互换可获得性和相关成本的影响，而不受公司最终所需要的货币影响。即使是一个在自己所在国家购买所有原材料和销售所有产出商品的纯粹的国内公司也无法避免来自国外的竞争，同时它也不能够完全忽略国际金融市场的运作。

---

**概念回顾**

1. 为什么美国企业要在海外投资？

## 外汇市场和汇率

**外汇市场**（foreign exchange market，FX）到目前为止是世界上最大的金融市场，每日的交易量超过了 4 万亿美元。这个市场上的交易被小部分包括美元、英镑、日元和欧元在内的主要货币所主导。外汇市场是一个场外市场，参与者（买方和卖方）是世界上大多数的商业银行和投资银行。表 16-1 列举了外汇市场上交易的前 10 种货币。

外汇市场上一些主要的参与者包括：

◆ 商品或服务的出口商和进口商。举例来说，当一个美国进口商从日本制造商那里购买了一些商品，并使用日元进行支付时，该进口商需要在外汇市场将美元兑换成日元。与之相似，如果一个出口商收到一笔来自外国企业的外国货币，它也需要进入外汇市场将其兑换为本国货币。

◆ 购买外国债券和股票的投资者和投资组合经理。利用外汇来购买外国公司股份的投资者需要外国货币完成交易。

◆ 为一种或多种货币做市的货币做市商。货币做市商买进和卖出多种不同的货币，希望能够从这些交易中赚取收益。

**表 16-1**　　　　　　　　　　　　　　外汇市场：主要交易货币

| 货币 | 平均日交易量所占百分比（%） |
| --- | --- |
| 美元 | 84.9 |
| 欧元 | 39.1 |
| 日元 | 19.0 |
| 英镑 | 12.9 |
| 澳大利亚元 | 7.6 |
| 瑞士法郎 | 6.4 |
| 加拿大元 | 5.3 |
| 港币 | 2.4 |
| 瑞典克朗 | 2.2 |
| 新西兰元 | 1.6 |
| 其他 | 18.6 |
| 总计 | 200.0 |

说明：200%的贸易总额包含与贸易有关的每笔交易的买入和卖出，这是重复计算的结果。

### 汇率

**汇率**（exchange rate）是指一种货币用另一种货币形式所表示的价格。举例来说，如果英镑兑美元的汇率为 2 比 1，这意味着需要使用 2 美元才能购买 1 英镑。

**阅读汇率报价**　表 16-2 展示了 2012 年 6 月 14 日的汇率情况，这一信息可以从《华尔街日报》在线、路透社和《金融时报》在线获得。事实上,《金融时报》在线甚至提供了一个货币宏观地图,该地图用不同颜色标注了世界上不同货币相对于你所选择的货币的表现。①

表 16-2 的第(1)列给出了购买一单位外国货币所需要的美元数目。由于汇率是用美元表示的,这被称作**直接标价法**(又译为直接报价法,direct quote)。根据表 16-2 的数字,我们可以看到需要 1.556 2 美元购买 1 英镑,需要花费 1.051 8 美元才能购买 1 瑞士法郎,需要花费 1.263 3 美元才能兑换 1 欧元。与之相反,**间接标价法**(又译为间接报价法,indirect quote)中给出了购买 1 美元所需要的外国货币数量。第(2)列展示了间接标价法下的汇率。

我们可以利用一个简单的例子进一步解释直接标价法和间接标价法的使用。假设你想要根据表 16-2 的第(1)列所示的直接标价来计算英镑的间接标价。英镑的直接标价为 1.556 2 美元。与之相对的间接标价可以通过计算直接标价的倒数得到,过程如下:

$$直接标价=\frac{1}{间接标价} \tag{16-1}$$

因此,

$$\frac{1}{1.556\ 2}=0.642\ 6（英镑/美元）$$

注意,计算得出的间接标价与表 16-2 第(2)列中所示的数值一致。

表 16-2  汇率（2012 年 6 月 14 日）

| 货币 | 在纽约交易的美元汇率 | |
|---|---|---|
| | 等价的美元（1） | 每单位美元交易所需的外国货币（2） |
| **美洲** | | |
| 巴西雷亚尔 | 0.486 4 | 2.056 |
| 加拿大元 | 0.977 7 | 1.022 8 |
| 哥伦比亚比索 | 0.000 557 7 | 1 793.08 |
| 墨西哥比索 | 0.071 9 | 13.900 4 |
| 委内瑞拉玻利瓦尔 | 0.229 885 06 | 4.35 |
| **亚太地区** | | |
| 澳大利亚元 | 1.002 5 | 0.997 5 |
| 1 个月远期 | 0.999 657 78 | 1 |
| 3 个月远期 | 0.994 320 28 | 1.01 |
| 6 个月远期 | 0.987 598 62 | 1.01 |
| 人民币 | 0.156 9 | 6.372 |
| 港币 | 0.128 9 | 7.758 8 |
| 印度卢比 | 0.017 95 | 55.694 95 |
| 日元 | 0.012 601 99 | 79.35 |
| 1 个月远期 | 0.012 606 71 | 79.32 |

---

① 浏览货币宏观地图,请前往 http://market.ft.com/Markets/Currencies,并点击 Currencies Macromap。

| 货币 | 在纽约交易的美元汇率 | |
| --- | --- | --- |
| | 等价的美元（1） | 每单位美元交易所需的外国货币（2） |
| 3 个月远期 | 0.012 617 97 | 79.25 |
| 6 个月远期 | 0.012 637 9 | 79.13 |
| 新西兰元 | 0.782 6 | 1.277 8 |
| 巴基斯坦卢比 | 0.010 6 | 94.355 |
| 韩元 | 0.000 858 7 | 1 164.55 |
| **欧洲** | | |
| 欧元 | 1.263 3 | 0.791 6 |
| 挪威克朗 | 0.168 3 | 5.942 |
| 俄罗斯卢布 | 0.030 78 | 32.484 |
| 瑞典克朗 | 0.142 7 | 7.009 2 |
| 瑞士法郎 | 1.051 8 | 0.950 8 |
| 1 个月远期 | 1.052 4 | 0.950 2 |
| 3 个月远期 | 1.054 3 | 0.948 5 |
| 6 个月远期 | 1.057 4 | 0.945 7 |
| 土耳其里拉 | 0.550 9 | 1.815 2 |
| 英镑 | 1.556 2 | 0.642 6 |
| 1 个月远期 | 1.556 | 0.642 7 |
| 3 个月远期 | 1.555 6 | 0.642 9 |
| 6 个月远期 | 1.555 1 | 0.643 |
| **中东/非洲** | | |
| 埃及镑 | 0.165 3 | 6.048 8 |
| 以色列新谢克尔 | 0.258 7 | 3.865 5 |
| 沙特阿拉伯里亚尔 | 0.266 7 | 3.750 2 |
| 南非兰特 | 0.119 4 | 8.375 1 |
| 阿拉伯联合酋长国迪拉姆 | 0.272 3 | 3.672 4 |

说明：轻微的舍入误差解释了"等价的美元"一栏不总是等于"每单位美元交易所需的外国货币"的倒数。

资料来源：Reuters and *Wall Street Journal Online*，June 14，2012.

**例题 16.1**                          **使用直接标价法计算兑换数额**

一家美国公司必须在 2012 年 6 月 14 日向一家德国公司支付 1 000 欧元。使用表 16-2 的信息，这一交易需要多少美元？

**步骤 1：制定策略**

这一交易所需要的美元数额可以使用如下公式计算：

$$美元数额 = 1 欧元兑换的美元数量 \times 1 000 欧元$$

注意，在找到了直接标价之后，你必须将这一标价乘以该交易所需要的外国货币数量，以此来得到所需要的美元数额。

**步骤 2：计算数值**

将数值代入公式，我们计算得到所需要的美元数量如下：

美元数额＝1.263 3 美元/欧元×1 000 欧元＝1 263.30 美元

**步骤 3：分析结果**

对于美国公司支付给德国企业的 1 000 欧元，需要 1 263.30 美元来完成交易。

## 汇率和套利

两个不同国家的外汇报价必须与另一个国家保持一致。如果伦敦与纽约外汇现货市场的汇率报价不一致，那么大胆的交易商将会通过在较为便宜的市场上购进货币并在另一个市场上卖出的方式赚取利润。这一买进卖出的策略将不会涉及净资金投资，并且不承担任何风险，但是它可以带来纯收益。执行这一策略的人被称作**套利者**（arbitrageur），在超过一个市场进行买入卖出并赚取无风险收益的过程被称作套利。外汇的现货市场是有效的，因为套利机会在任何时间长度内都不存在。也就是说，两个不同市场上的汇率会由于套利行为的存在很快趋于一致。**套利**（arbitrage）减少了某一货币在不同市场间的汇率差异，正如之前纽约和伦敦报价的例子。

假设你可以在伦敦以 1.540 0 美元购买 1 英镑，而在纽约，根据表 16 - 2 的价格为 1.556 2 美元。如果你同时在伦敦以 1.540 0 美元的价格买进 1 英镑，并在纽约以 1.556 2 美元的价格卖出，你将：（1）投入金额为零的净投资头寸，因为你买入并卖出了 1 英镑；（2）无论英镑之后的走势如何变化，每买进卖出 1 英镑你都能锁定 0.016 2 美元的纯收益；（3）为减少伦敦和纽约市场上汇率差异提供了驱动力。随着市场上的其他人了解了你的交易，他们将会试图进行相同的交易。伦敦市场上英镑需求的上升将会导致一个更高的报价，而在纽约市场上，英镑供给的上升会导致英镑的报价降低。市场的运作将会产生一个居于 1.54 美元与 1.556 2 美元之间的新的当期报价，并且这一价格在纽约和伦敦都相同。

## 买入汇率和卖出汇率

当期外汇市场中存在两种汇率：买入汇率和卖出汇率。**卖出汇率**（asked rate）指的是当银行卖出外汇，客户买入外汇时，银行或者是外汇交易商要求客户支付用来兑换外币的本币数量。卖出汇率通常也被称作卖方汇率或是敲出汇率。**买入汇率**（bid rate）指的是银行从客户手上买进外国货币所支付的本币价格。买入汇率又被称作买方汇率。正如你所预期的，卖出价格要高于买入价格。注意到表 16 - 2 中只包含了卖出汇率，而不包括买入汇率。

当银行销售一单位的外币时，要比买进时的价格更高。因此，直接的卖出报价要高于直接的买入报价。买入报价与卖出报价之间的差额被称为**买卖价差**（bid-asked spread）。当市场中的交易量很大或者交易是连续的时候，对于主要货币来说这一价差就会较小，一般低于 1‰（0.01）。而对于不经常交易的货币来说，买卖价差就会较高。买卖价差的存在是为了补偿银行持有具有风险的外币和提供货币兑换的服务。

## 你可以做出来吗?

**使用即期汇率计算一笔外汇支出**

一个美国公司必须在 2012 年 6 月 14 日向一家位于迪拜的公司支付与 10 000 美元相等的阿拉伯联合酋长国迪拉姆。使用表 16 - 2 给出的信息，计算这家在迪拜的公司将会收到多少迪拉姆。

## 你做出来了吗?

**使用即期汇率计算一笔外汇支出**

在前文中，你被要求确定一家美国公司需要向一家位于迪拜的公司支付多少与 10 000 美元等值的迪拉姆。

3.672 4 迪拉姆/美元×10 000 美元＝36 724 迪拉姆

任何时候当货币需要在国际范围内兑换时，就存在外汇市场上的交易。有趣的是，美元是交易最频繁的货币，它占据了超过总交易量 42.5％ 的份额；欧元紧随其后，占 19.6％ 的份额。

## 交叉汇率

**交叉汇率**（cross rate）是指在两个外国货币之间的汇率，但这两个货币都不是本国所使用的货币。表 16 - 3 中给出了一些主要货币的交叉汇率。下面的例子很好地解释了两个交叉汇率是如何被用来计算第三个交叉汇率的。

表 16 - 3　　　　　　　　　2012 年 6 月 14 日星期四的主要货币交叉汇率

|  | 美元 | 欧元 | 英镑 | 瑞士法郎 | 比索 | 日元 | 加拿大元 |
|---|---|---|---|---|---|---|---|
| 加拿大 | 1.022 8 | 1.292 0 | 1.591 6 | 1.075 7 | 0.073 6 | 0.012 9 | ··· |
| 日本 | 79.352 6 | 100.242 6 | 123.489 6 | 83.461 3 | 5.708 6 | ··· | 77.586 0 |
| 墨西哥 | 13.900 4 | 17.559 8 | 21.632 0 | 14.620 2 | | 0.175 2 | 13.591 0 |
| 瑞士 | 0.950 8 | 1.201 1 | 1.479 6 | ··· | 0.068 4 | 0.012 0 | 0.929 6 |
| 英国 | 0.642 6 | 0.811 7 | ··· | 0.675 9 | 0.046 2 | 0.008 1 | 0.628 3 |
| 欧盟 | 0.791 6 | ··· | 1.231 9 | 0.832 6 | 0.056 9 | 0.010 0 | 0.774 0 |
| 美国 | ··· | 1.263 3 | 1.556 2 | 1.051 8 | 0.071 9 | 0.012 6 | 0.977 7 |

资料来源：Reuters and *Wall Street Journal Online*，June 14, 2012, wsj.com.

**例题 16.2**　　　　　　　　**计算加拿大元兑瑞士法郎的汇率**

使用表 16 - 3 中的第二列与第四列给出的交叉汇率计算加拿大元兑瑞士法郎，以及瑞士法郎兑加拿大元的汇率。

**步骤 1：制定策略**

表 16-3 中的第二列和第四列提供了加拿大元兑欧元和欧元兑瑞士法郎的汇率，它们可以用来确定加拿大元兑瑞士法郎，以及瑞士法郎兑加拿大元的汇率，方法如下：

$$\frac{加拿大元}{欧元} \times \frac{欧元}{瑞士法郎} = \frac{加拿大元}{瑞士法郎}$$

因为瑞士法郎兑加拿大元是上述汇率的倒数，它也可以按照直接标价法的倒数来计算。

**步骤 2：计算数值**

将数值代入公式，我们可以计算如下：

$$\frac{加拿大元}{欧元} \times \frac{欧元}{瑞士法郎} = 1.292\,0 \times 0.832\,6 = 1.075\,7 \ （加拿大元/瑞士法郎）$$

因此，瑞士法郎兑加拿大元的汇率为：

$$\frac{1}{1.075\,7} = 0.929\,6 \ （瑞士法郎/加拿大元）$$

**步骤 3：分析结果**

因此加拿大元兑瑞士法郎的汇率为每单位瑞士法郎兑换 1.075 7 加拿大元，瑞士法郎兑加拿大元的汇率为每加拿大元兑换 0.929 6 瑞士法郎。你将注意到这些汇率与表 16-3 中所示主要货币交叉汇率保持一致。

## 外汇交易的类型

到目前为止，我们已经讨论的汇率和交易都指的是立即交割的交易，这种汇率被称作**即期汇率**（spot exchange rate）。另一种在外汇市场上的交易类型被称作**远期汇率**（forward exchange rate），也就是今天达成协议但要在未来的某一时点才需要按照今天所商定的汇率进行交割的汇率。

一种货币在未来兑换为另一种货币实际发生的时间被称为**交割日**（delivery date）。包含了交割日和商定好的汇率的协议被称为期货合约或是**远期外汇合约**（forward exchange contract）。[①] 举例来说，一个在 3 月 1 日签订的远期合约会确定汇率，并且确定交割日为 3 月 31 日。注意，远期汇率并不一定要与未来交割日当天的即期汇率相等——事实上，没有人精确地知道汇率在未来将会是多少。这些合约可以被用来管理一家公司的汇率风险（明天的汇率与今天的汇率不同的风险），并且通常期限在 30 天到 1 年之间。中间任意一个到期时间的合约都可以被达成，但通常需要支付一个小的溢价。

像即期汇率一样，远期汇率也有直接报价与间接报价两种形式。直接报价是美元兑外国货币的汇率，而间接报价是外国货币兑换美元的汇率，这与即期汇率的报价一致。英镑、日元、澳大利亚元和瑞士法郎 30 天和 90 天的远期汇率直接报价在表 16-2 的第（1）列中已列出。正如即期汇率一样，远期合约的间接报价也是直接报价的倒数。间接报价在表 16-2 的第（2）列中

---

① 这些合约非常相似，最大的不同在于期货合约是在交易所交易的，而远期合约在场外市场进行交易。

列出。

在表 16 - 2 中，英镑的 1 个月远期报价为每英镑 1.556 美元。这意味着银行通过合约商定将按照这个价格支付 1 英镑，而购买这一合约的人有义务在 30 天后按照这一价格买进。因此，无论 30 天之后实际的当期利率是多少，这都是顾客必须要支付的价格。如果英镑的当期价格低于 1.556 美元，那么客户必须支付比当期价格更高的价格。如果当期价格高于 1.556 美元，那么客户将支付低于当期价格的价格。

远期汇率通常按照现有即期汇率的溢价或折价来进行报价，例如英镑 30 天的远期汇率可以有一个 0.000 2 美元的折价（＝1.556 美元远期汇率－1.556 2 美元即期汇率）。如果英镑的远期汇率高于即期汇率，这也就是说，英镑在远期相对美元来说有一个溢价，而美元在远期相对英镑来说有一个折价。这一溢价或折价也被称作**远期—即期外汇差**（forward-spot differential）。

用符号表示，这一关系可以被写为：

$$F - S = 溢价\ (F > S)\ 或\ 折价\ (F < S)$$

其中，$F$＝远期汇率，直接报价；

$S$＝即期汇率，直接报价。

溢价或折价也可以被表示为一个年度的百分比，计算方法如下：

$$\frac{F - S}{S} \times \frac{12}{n} \times 100 = 年化百分比$$

$$溢价\ (F > S)\ 或\ 折价\ (F < S) \tag{16 - 2}$$

其中，$n$＝远期合约上规定的到期时间。

| 例题 16.3 | 计算折价的年化百分比 |
|---|---|

利用表 16 - 1 中给出的信息，计算英镑 90 天（3 个月）的远期折价的年化百分比。

**步骤 1：制定策略**

首先，我们必须确定 $F$（3 个月的远期汇率）、$S$（即期汇率）和 $n$（远期合约上规定的到期时间）：

$$F = 1.555\ 6,\ S = 1.556\ 2,\ n = 3 个月$$

接下来，因为 $S$ 大于 $F$，我们使用式（16 - 2）计算折价的年化百分比：

$$\frac{F - S}{S} \times \frac{12}{n} \times 100 = 年化百分比$$

**步骤 2：计算数值**

将数值代入公式，我们可以得到：

$$年化百分比 = \frac{1.555\ 6 - 1.556\ 2}{1.556\ 2} \times \frac{12 个月}{3 个月} \times 100 = -0.154\ 2\%$$

**步骤 3：分析结果**

到期期限为 90 天的英镑汇率折价的年化百分比为 -0.154 2%。

汇率风险

汇率风险的概念在所有类型的国际商务中都能得到应用。该类风险的衡量和种类随着商务类型的改变而改变。接下来让我们看一下，汇率风险是怎样影响国际贸易合同、国际证券投资和直接国外投资的。

**国际贸易合同中的汇率风险**　这里针对国际贸易合同中的汇率风险，用以下几个案例进行情景说明。

**实例 1**　美国的一家汽车经销商承诺向底特律的某汽车制造商购买部分汽车，经销商同意在 30 天后预期交接时支付 25 000 美元。事实上，在 30 天后汽车确实送达，而经销商的 25 000 美元也如期支付。注意，从协议签订到汽车交接，买家确切地知道负债的数额。也就是说，合同的价值是确定的。

**实例 2**　一家美国汽车经销商与英国的供货商签订了一份总价 16 065 英镑的供货合同，承诺供货费用在距今 30 天后交接时进行支付。不幸的是，在接下来的 30 天里，英镑和美元之间的兑换汇率可能会发生变化。实际上，该美国公司并不确定未来的美元现金流会是多少。这也就是说，合同的美元价值是不确定的。

这两个案例有助于我们更好地理解国际贸易合同中的汇率风险。在国内贸易合同（实例 1）中，未来要支付的美元数额在今天是确切可知的；而在国际贸易合同（实例 2）中，若合同约定的金额是以国外货币表示的，那么合同中涉及的美元数额就是不确定的。汇率水平的波动会导致未来公司现金流的波动。

如果合同是按照外币形式书写的，或者说以外币计价，那么就会存在汇率风险。如果国际贸易合同是以本币结算，那么就没有直接汇率风险存在。换言之，在实例 2 中，如果合同是以美元计价，那么美国的进口商就不会面对直接汇率风险，而在这种情况下，英国的出口商则会承担所有汇率风险，因为出口商未来可能收到的英镑数额是不确定的。换言之，英国出口商会收到美元形式的支付，而这必须在未来不确定的汇率水平下转换为英镑。在这种类型的国际贸易合同中，合同的双方中总有一方要承担汇率风险。

某些国际贸易合同既不以进口商货币也不以出口商货币计价，而是以第三方货币计价。在实例 2 中，比如说，合同的计价金额为港币，那么出口方和进口方同时都要承担汇率风险。

汇率风险并不仅仅局限于双边贸易合同，它还在国际证券投资和直接国外投资中存在。

**国际证券投资中的汇率风险**　接下来让我们看一下在证券投资背景下的汇率风险案例。假定某美国投资人购买了香港证券，该证券的确切收益率是不可知的，因此对该证券的投资是一项存在风险的投资。在三个月持有期内，该投资的收益率可能是 $-2\%$ 至 $8\%$ 之间的任何数值。此外，在三个月持有期内，美元兑港币的汇率可能下降 $4\%$，也可能上升 $6\%$。于是，用美元来计量的话，美国投资人的收益将在 $-6\%$ 和 $+14\%$ 之间。综上可知，汇率变动会增加投资风险。

---

## 你可以做出来吗?

**计算溢价年化百分比**

使用表 16 - 2 中的信息，计算 90 天（3 个月）日元的溢价年化百分比。

---

**记住你的原则**

在国际贸易中，合同价值的关键同国内贸易一样，来自时间和收付的现金流。然而，不同国家间进行的经济贸易往来会附加一项风险，因为现金流往往是按照交易发生国所使用货币进行计价的。因此，现金流的美元价值要取决于现金交割时的汇率水平。实际上，其中现金收付起了很大的作用，这就是我们讲现金流至关重要的原因。

**直接国外投资中的汇率风险**  在直接国外投资中，涉及的汇率风险更加复杂。在一项国外投资中，母公司以外币为计价单位对国外资产进行投资。也就是说，子公司的资产负债表和利润表均以外币为计价单位进行编写。如果母公司设在美国，那么它会收到汇到国内（或者兑换）的美元利润流。因此，汇率风险的概念既适用于国外资产美元价值的波动，也适用于以本币计价的利润流价值的波动。此外，汇率风险不仅会影响即期利润，还可能影响远期利润流。

尽管汇率风险可能会成为国际贸易活动中严肃而复杂的问题，我们依然要记住风险和收益抉择的原则：交易商和国际贸易公司已经有无数理由证明，国际贸易的收益远大于承担的风险。

**概念回顾**

1. 什么是现货交易？什么是直接标价法？什么是间接标价法？
2. 什么样的人被称为套利者？套利者是如何赚取超额收益的？
3. 什么是远期汇率？
4. 描述直接国外投资中的汇率风险。

## 利率平价理论

不同国家的利率水平可能会存在很大的差别。比如说，在 2012 年年中，美国 1 年期利率水平约为 $0.87\%$，而土耳其 1 年期利率水平为 $7.98\%$。利率平价和购买力平价的概念为我们提供了理解不同国家商品价格和利率水平间联系的基础，稍后我们也会对购买力平价的概念进行简短的介绍。

**利率平价理论**（interest rate parity theory，IRP）可以将两国利率差和即期远期汇率联系起来。确切地说，利率平价可以用如下式子进行表述：

利率差＝远期利率与即期利率之差

$$\frac{1＋国内利率}{1＋国外利率}＝\frac{远期汇率}{即期汇率} \tag{16-3}$$

该公式可以被整理为如下形式：

$$1＋国内利率＝\frac{远期汇率}{即期汇率}×（1＋国外利率） \tag{16-3a}$$

为了阐述如何运用该公式，让我们考虑如下场景。假设美国 6 个月期无风险利率为 2%，而在此时美元和日元的即期汇率为 0.010 798，远期汇率（6 个月）为 0.010 803。按照利率平价理论，你认为日本的 6 个月期无风险利率水平应该是多少呢？将我们已知的数值代入公式中，可得计算过程如下：

$$1＋美国 6 个月期无风险利率＝\frac{远期汇率}{即期汇率}×（1＋日本 6 个月期无风险利率）$$

$$1＋0.02＝\frac{0.010\ 803}{0.010\ 798}×（1＋日本 6 个月期无风险利率）$$

$$1＋0.02＝1.000\ 463×（1＋日本 6 个月期无风险利率）$$

因此，可以求得日本 6 个月期无风险利率为 0.019 528，即 1.952 8%。

这意味着，不管你是将手中的美元直接投资于美国无风险利率金融产品，还是兑换成日元后投资日本无风险利率产品再将收益兑换为美元，得到的总收益是一样的。举个例子，如果你持有 100 美元并以 0.010 798 的汇率兑换为日元，你会得到 9 260.97 日元，将这些日元投资于收益率为 1.952 8% 的金融产品，那么 6 个月后你会得到 9 441.82 日元，进而兑换为美元的总额是 102.00 美元，这和你直接投资美国 6 个月期无风险利率 2% 的金融产品的收益是相等的。

---

**概念回顾**

1. 简单回答利率平价理论指的是什么。

---

## 购买力平价理论和一价定律

**根据购买力平价理论**（purchasing-power parity，PPP），汇率水平的变化恰好使得特定商品在世界上任何地方的购买价格都是相同的。举个例子，如果苹果公司的 iPad 产品在美国售价为 399 美元，在法国售价为 319.20 欧元，那么根据购买力平价理论，即期汇率应该是 1.25。因此，如果你想买一台新的 iPad，你既可以在美国花费 399 美元购买，又可以将 399 美元兑换为 319.20 欧元，然后在法国完成购买——花费都是相同的。正式描述如下：

美元兑欧元的即期汇率×iPad 在法国的价格＝iPad 在美国的价格

更一般地讲，外国的即期汇率（在本例中为欧元的即期汇率）应该等于本国商品价格（$P_h$）与相同商品在国外的售价（$P_f$）的比值，也就是说：

$$即期汇率 = \frac{P_h}{P_f}$$

因此，就像我们刚才展示的那样，美元兑欧元的即期汇率应该如下所示：

$$即期汇率 = \frac{P_h}{P_f} = \frac{399 \text{ 美元}}{319.20 \text{ 欧元}} = 1.25 \text{ 美元/欧元}$$

由上可知，购买力平价理论意味着，如果一套新的高尔夫套杆在法国标价为320欧元，那么当美元兑欧元汇率为1.25时，其在美国售价应该为320欧元×1.25美元/欧元＝400美元。

购买力平价理论的基础是一条基本的经济学原理，我们称其为**一价定律**（law of one piece）。在国际贸易方面，该定律认为，在对两国货币汇率做适当调整之后，相同的商品在不同的国家应该有相同的售价。该定律的思想是，商品的价值并不取决于其购买或出售的地点。因此，从长期来看，汇率水平会朝着不同货币购买力趋同的方向进行调整。结果是，汇率应该可以反映出不同国家的通胀水平差异，货币通胀程度高的国家会发生货币贬值。

乍一看，对于购买力平价理论，我们可以在生活中发现很多不相符的情况，这可能会让我们觉得该理论难以接受。为了阐述不同国家货币存在的购买力差别，《经济学人》（*Economist*）编制了巨无霸指数（Big Mac Index），对不同国家出售的巨无霸汉堡价格进行了比较。2012年，美国一个巨无霸汉堡售价4.20美元，按照当时的汇率水平，同样的巨无霸汉堡在乌克兰售价2.11美元，中国为2.44美元，挪威为6.79美元，瑞士为6.81美元。为什么这些价格不相同？首先，不同国家间的税负差异是原因之一；其次，劳动力成本和麦当劳零售店的租金成本可能也会导致不同国家间的汉堡价格差异。

那么，上述情形是否意味着购买力平价理论不成立呢？当然，很明显该理论对于经济学家所谓的不可贸易品（如饭店的食品和理发店的服务）来说是不成立的。众所周知，对于这类产品，即便是在美国本土，购买力平价理论也是不成立的——的确，一个巨无霸汉堡的价格在得梅因和洛杉矶是不一样的。然而，对于可以在不同国家间通过廉价航运进行贸易的商品，如昂贵的金银珠宝首饰，我们可以指望这时购买力平价理论能够相对更好地成立。

显而易见的是，1美元在瑞士和挪威这样的国家并不能买到很多东西，但在像中国、泰国、马来西亚这样的亚洲国家，1美元的购买力是相对较强的。这是为什么呢？就像近期发生的金融危机那样，当世界遭遇经济问题时，较高的汇率（这是指使得本币能够比外币购买相对更多商品的汇率）会使得该国难以在国外销售商品，而国外的商品对其来说相对便宜起来。此外，汇率较低（这是指使得本币能够比外币购买相对更少商品的汇率）国家在国外的销货渠道会更加畅通（因为其商品在国外相对便宜）。

国际费雪效应

根据国际费雪效应，名义利率可用预期通胀率、实际利率，以及实际利率与预期通胀率的乘积来表示，如下所示：

名义利率＝预期通胀率＋实际利率＋预期通胀率×实际利率　　　　　　　　　　（16-4）

尽管对于国际费雪效应存在复杂的实证支持，经济学界普遍认为，对于主要的工业国家而言，其长期实际利率水平约为3%。因此，如果英国预期通胀率为2%，日本预期通胀率为

4%，那么英国的名义利率应该是 0.02＋0.03＋0.000 6，即 5.06%，而日本的名义利率应为 0.04＋0.03＋0.001 2，即 7.12%。

实际上，国际费雪效应认为，全世界的实际利率水平应该是相同的，而名义利率的区别仅仅来自预期通胀率的区别。如果我们观察全世界不同国家的利率水平，我们会知道自己并不应该简单地将自己的资金存在名义利率最高的银行里，因为这所银行所在的国家可能是预期通胀率水平最高的国家。

---

**概念回顾**

> 1. 一价定律都讲了些什么？
> 2. 什么是国际费雪效应？

---

## 直接国外投资的资本预算编制

当前我们已经无法避免全球市场，并且美国公司在海外开展制造和销售业务也非常常见。实际上，在 2011 年，百胜餐饮集团（肯德基、必胜客和塔可钟的母公司）投资了超过 5 亿美元收购了中国火锅连锁公司小肥羊。直接国外投资发生于当来自一国的公司在其他公司进行实物投资时，如建设工厂。直接国外投资的例子包括像百胜餐饮集团在迪拜开设分店，以及戴尔公司在中国、印度和墨西哥建设离岸制造工厂。

许多欧洲和日本公司，与它们美国的同行一样，也在国外开展业务。在过去的 10 年间，这些公司一直在增加其海外销量并设立生产工厂，这对于美国的公司尤为常见。美国公司进行直接国外投资的主要原因是它们对于这些投资未来较高收益率的预期。正如你从**原则 3** 中学习到的，**风险要求收益补偿**，当国外投资可能获得更高的预期收益的同时，它们中的许多也伴随着更高的风险。

跨国公司用来评估国外投资的方法与在国内背景下评估资本预算决策的方法十分相似，但是需要更多的考量。当公司进行国外投资时，它们通常在所投资的国家设立子公司。然后资金以股利、特许权使用费和管理费用的形式转回到本国的母公司处，其中股利和特许权使用费都需要在国外和国内缴税。此外，许多国家限制流回母公司所在国的现金流。因此，通常某一项目产生的现金流并不等于可以被返送回其母公司所在国的现金流。为了评估这些投资项目，公司对预期可以返回给母公司的现金流进行折现。正如我们从**原则 1：现金流是最重要的**中所学习到的，我们只关心预计可以从子公司流回到母公司的现金流。在大多数情况下，现金流产生的时间点非常重要。如果你的项目在 2015 年产生的现金流直到 2018 年才可以被返送回母公司，那么该现金流必须从 2018 年，即该现金流实际被母公司收取的时间点进行折现。一旦估计出这些现金流产生情况，这些现金流必须以合适的折现率或必要收益率折现到现在，其中折现率和现金流必须用相同的货币度量。因此，如果该折现率是以美元利率计价的，那么用来折现的现金流也必须用美元计价。

### 直接国外投资的风险

国内投资资本预算的风险主要有两个来源：（1）与生产的产品或提供的服务的特点相联系

的业务经营风险，和产品服务市场相关的不确定性；（2）与项目融资方式相关的投资的财务风险。直接国外投资机会不仅涉及上述风险来源，还要加上政治风险和汇率风险。因为在前面的章节中，已经对经营和财务风险进行了相当篇幅的讨论，这里我们只考虑国际投资所独具的特点。

**政治风险**　如果海外子公司在政治不太稳定的国家开展，则会产生政治风险。一国的政治环境变化通常也会带来与经营业务相关的政策变化，尤其是与外商业务相关的政策。政策的巨大变化可能是全国性质的，或者导致对特定业务的彻底征收（政府扣押）。例如，在 2007 年，委内瑞拉国有化了该国最大的电信通信公司、若干电子公司，以及由埃克森美孚、雪佛龙和康菲公司拥有的四个利润丰厚的石油项目。这些都是开展海外业务的政治风险。一些政治风险的具体例子如下：

1. 没有补偿的工厂和设备征收。

2. 附带低于实际市场价值的最低补偿的征收。

3. 子公司海外利润无法转为母公司所在国货币——资金限制问题。

4. 税率的重大变动。

5. 国外政府对于特定产品的销售价格、薪金、人员补贴、人员雇用，以及对母公司的转移支付以及当地借款的控制。

6. 对于海外业务当地投资者所有权的要求。

所有这些控制和政府行为都为流向母公司的投资现金流带来风险。因此，必须在进行海外投资前考虑这些风险因素。例如，当面临上述风险 1 和风险 2 时，跨国公司可能会拒绝在相关国家投资，而对于其他风险却是可以承受的——只要国外收益有足够弥补这些风险的高收益。需要注意的是，虽然跨国公司自身不能够防御所有的国外政治风险，但公司可以从私人保险公司或从美国政府的海外私人投资公司购买针对政治风险的保险产品。

**汇率风险**　汇率风险是指公司的经营和投资价值会受到汇率改变的负面影响的风险。例如，如果在德国投资之前必须将美元兑换为欧元，那么当收益转换为美元时，美元相对欧元价值的不利变化就会影响投资的总体收益或损失。

---

**概念回顾**

1. 定义通常所提到的政治风险的具体类型，并举出相应的例子。

2. 什么是汇率风险？为什么跨国公司会关注汇率风险？

---

## 本章小结

### 1. 产品市场与金融市场的全球化

**小结**：全球经济的增长、跨国公司数量的增加以及外汇交易数量本身的增加，都强调了国际金融学习的重要性。此外，通过国际分散化的投资来获得更高的收益并降低组合风险，也增加了国家间的资本流动（组合投资）。

**关键术语**

直接国外投资（DFI）：来自一个国家的公司在另一个国家做出一项实物投资，例如修建一个工厂。

跨国公司（MNC）：一个在多个国家同时运营或持有股份的公司。

欧洲美元：美国本土之外的外国银行（通常是欧洲银行）和金融机构所持有的美元，通常产生于美国企业购买商品或服务时支付给国外公司的美元。

**2. 解释为什么两个不同国家间的汇率必须彼此保持一致**

### 关键术语

外汇市场（FX）：不同国家的货币交易的市场。

汇率：一种货币用另一种货币形式所表示的价格。

直接标价法：用购买一单位外国货币所需要的本国货币数量来表示的汇率。

间接标价法：用购买一单位本国货币所需要的外国货币数量来表示的汇率。

套利者：在多个市场进行买入卖出活动以期获得无风险收益的个人。

套利：减少某一货币在不同市场间的汇率差异的交易活动。

卖出汇率：当银行卖出外汇，客户买入外汇时，银行或者外汇交易商要求客户支付用来兑换外币的本币数量。卖出汇率通常也被称作卖方汇率或是敲出汇率。

买入汇率：银行从客户手上买进外国货币所支付的本币价格。买入汇率又被称作买方汇率。

买卖价差：卖出报价与买入报价之间的差额。

交叉汇率：两个外国货币之间的汇率，但这两个货币都不是本国所使用的货币。

即期汇率：要求立即交割的交易汇率。

远期汇率：交易需要在未来某一时点交割的汇率。

交割日：在一项外汇交易中，一种货币兑换成另一种货币实际发生支付的时间。

远期外汇合约：交易双方就在未来将一种货币兑换成另一种货币所达成的协议。

远期—即期外汇差：货币远期汇率与即期汇率之间的溢价或折价。

### 关键公式

$$直接标价 = \frac{1}{间接标价}$$

$$F - S = \begin{cases} 溢价 \ (F > S) \\ 折价 \ (F < S) \end{cases}$$

$$\frac{F-S}{S} \times \frac{12}{n} \times 100 = 年化百分比$$

其中，$n =$ 远期合约上规定的到期时间。

**3. 讨论利率平价的概念**

**小结**：远期汇率市场通过对远期外汇的交割价格进行设定，从而提供了有价值的服务。当远期汇率低于即期汇率时，我们说相对于即期汇率而言，外汇存在折价；当远期汇率高于即期汇率时，我们说相对于即期汇率而言，外汇存在溢价。根据利率平价理论，这些溢价和折价仅仅取决于不同国家的利率水平。

### 关键术语

利率平价理论：在不考虑小额交易成本影响的情况下，远期溢价或折价与国家间期限相同证券产品的利率水平差值相等，方向相反。

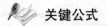 **关键公式**

$$1+国内利率=\frac{远期汇率}{即期汇率}\times(1+国外利率)$$

名义利率＝预期通胀率＋实际利率＋预期通胀率×实际利率

#### 4. 解释购买力平价理论和一价定律

**小结**：根据购买力平价理论，从长期来看，汇率水平按照每种货币购买率趋同的方向进行调节。因此，汇率变化能够反映不同国家间通胀水平的差异，通胀率较高的国家货币往往会贬值。购买力平价理论的基础思想是一价定律。该定律实际上是一项提议，认为在没有交易费用和贸易壁垒的竞争性市场中，如果商品价格都用同一种货币表示，那么相同的商品在不同的国家应该有着相同的售价。

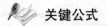 **关键术语**

购买力平价理论：汇率水平的调节使得无论在世界上什么地方特定商品的售价是相等的。

一价定律：某项商品或服务不能在同一个市场中以不同的价格出售。对于国际市场来说，该定律认为，在进行货币汇率换算之后，相同的商品在不同的国家应该以相同的价格进行出售。

#### 5. 讨论直接国外投资资本预算分析中独特的风险

**小结**：直接国外投资决策中会遇到的复杂问题包括通常的风险来源，如经营风险和财务风险；同国内投资类似，还有与政治考虑和汇率波动相关的额外风险。政治风险是由不同的政治环境、机构以及本国和国外的不同运作流程产生的。在这些情况下，未来现金流的估计和适当折现率的选择比进行国内投资的情况更为复杂。

## 复习题

**16-1**  与国内财务管理相比，国际经营会遇到哪些其他影响因素？简要讨论每项因素。

**16-2**  在国际环境下有哪些不同的业务经营形式？为什么这些公司可用的技巧和战略与国内公司不同？

**16-3**  什么是套利收益？

**16-4**  获取简单套利收益涉及哪些市场和相应机制？

**16-5**  购买力平价理论、利率平价理论和国际费雪效应如何解释即期利率、利率期货和远期利率之间的关系？

**16-6**  下列术语的含义是什么：（a）汇率风险；（b）政治风险。

**16-7**  在纽约外汇市场，印度货币卢比的远期汇率并没有报价。如果你面临卢比汇率风险，你将如何对冲你的风险敞口？

**16-8**  直接国外投资涉及哪些风险？这些风险与国内投资遇到的风险有什么不同？

**16-9**  直接国外投资的考虑因素要比国内投资问题的考虑因素更复杂吗？如果是，为什么？

课后问题 16-1 到 16-5 需要的数据在下表中进行了列示：

| 货币 | 合同 | 美元/外币 |
| --- | --- | --- |
| 加拿大元 | 即期 | 0.843 7 |
| | 30 天 | 0.841 7 |
| | 90 天 | 0.839 5 |
| 日元 | 即期 | 0.004 684 |
| | 30 天 | 0.004 717 |
| | 90 天 | 0.004 781 |
| 瑞士法郎 | 即期 | 0.513 9 |
| | 30 天 | 0.516 9 |
| | 90 天 | 0.531 5 |

**16-1** （即期汇率）一家美国企业需要支付：(a) 10 000 加拿大元；(b) 200 万日元；(c) 50 000 瑞士法郎到国外的企业。该公司分别需要为这些款项支付多少美元？

**16-2** （即期汇率）一家美国企业需要分别向其在日本、瑞士和加拿大的供货商支付 10 000 美元、15 000 美元和 20 000 美元。那么，这些供货商会分别收到以其本币计价的金额为多少呢？

**16-3** （间接标价法）计算出以间接标价法标记的即期和远期加拿大元、日元、瑞士法郎合同价格。

**16-4** （汇率套利）你拥有 10 000 美元，东京的美元兑日元汇率为 216.674 3，纽约的美元兑日元汇率在上表中已经给出。请问存在套利机会吗？如果存在，请建立一个充分利用手中资金的套利计划。套利收入（损失）为多少美元？

**16-5** （交叉汇率）利用前面表格中的数据，计算加拿大元兑日元和日元兑瑞士法郎的即期汇率。

**16-6** （即期汇率）如果 1 欧元能兑换 1.32 美元，那么你能用 3 美元兑换多少欧元？

**16-7** （即期汇率）假设美元与日元的汇率为 1 美元兑 79.1 日元，而美元和英镑的汇率为 1 美元兑 0.64 英镑，那么日元兑英镑的汇率是多少呢？（或者说，你需要多少日元来兑换 1 英镑？）

**16-8** （即期汇率）假设 1 年以前米勒公司在英国有价值 150 万瑞士法郎的存货，那时美元与瑞士法郎的汇率为 1 瑞士法郎兑 1.15 美元。现在，该汇率变为 1 瑞士法郎兑 1.06 美元，而公司在瑞士的资产价值依然是 150 万瑞士法郎。请问，随着汇率水平的变动，以美元计价的存货价值增加（或减少）了多少？

**16-9** （交叉汇率）今天早上，你注意到了订阅的金融类报纸上有以下消息：

1 英镑＝103.25 日元

1 美元＝81.23 日元

1 美元＝0.77 欧元

在给定以上信息的条件下，请问 1 英镑应该折合多少欧元？

**16-10** （利率平价理论）假设在欧洲的 90 天期限投资的年化收益率为 5%，季度收益率（即 90 天收益率）为 1.25%；在美国，具有类似风险水平的 90 天投资产品年化收益率为 7%，季度收益率为 1.75%。在现在的 90 天远期市场中，1 欧元可以兑换 1.32 美元。如果利率平价理论成立，那么即期汇率（美元/欧元）是多少？

**16-11** （购买力平价理论）麦当劳公司的巨无霸汉堡在中国的售价为 2.44 人民币，而在美国的售价为 4.20 美元。假设购买力平价理论成立，要兑换 1 美元需要多少人民币？

## 案例分析

假设你是一家当地报纸的商业报道记者，你被要求将一系列关于国际金融的文章整理出来供读者阅读。最近多家当地媒体报道了 JGAR 在外汇市场上发生的亏损，JGAR 为一家大型德国制造公司在当地的子公司。

你的编辑希望你回答关于国际金融的若干具体问题。准备如下来自你的编辑备忘录中的问题的回答。

收件人：商业报道记者

发件人：佩瑞·怀特（Perry White），《每日环球》编辑

回复：即将刊登的国际金融系列报道

在你即将刊登的国际金融系列报道中，我想要确认你的文章中涵盖如下若干具体问题。在你开始文章写作之前，我希望确定我们的阅读基础是相同的，因为准确性一直以来是《每日环球》的基石。我希望在我们继续工作之前得到如下问题的答复：

a. 与国内经营相比，跨国经营在财务管理上会遇到哪些新的问题和影响因素？

b. 套利收益这一术语的含义是什么？

c. 公司可以采取何种措施降低汇率风险？

d. 远期合约、期货合约和期权有哪些区别？

在你对其余问题的回答中请使用如下数据：

纽约的外币报价

| 货币 | 合同 | 美元/外币 |
|------|------|-----------|
| 加拿大元 | 即期 | 0.845 0 |
| | 30 天 | 0.841 5 |
| | 90 天 | 0.839 0 |
| 日元 | 即期 | 0.004 700 |
| | 30 天 | 0.004 750 |
| | 90 天 | 0.004 820 |
| 瑞士法郎 | 即期 | 0.515 0 |
| | 30 天 | 0.518 2 |
| | 90 天 | 0.532 8 |

e. 一家美国企业需要向其海外业务支付：（a）15 000 加拿大元；（b）150 万日元；（c）55 000 瑞士法郎。该企业应当向其海外业务分别支付多少美元？

f. 一家美国企业分别向其在日本、瑞士和加拿大的供应商支付 20 000 美元、5 000 美元和 15 000 美元。以当地货币计价，这些供应商将收到的金额是多少？

g. 计算加拿大元即期和远期的间接报价。

h. 你拥有 10 000 美元。日本的美元汇率是 216.675 2。纽约的日元汇率已在前面的表中给出。套利获益是否可能？使用你的资金建立套利计划。以美元计的收益（或损失）是多少？

i. 利用前面表格中的数据计算加拿大元兑日元的即期汇率。

| 序号 | 书名 | 作者 | Author | 单价 | 出版年份 | ISBN |
|---|---|---|---|---|---|---|
| 1 | 线性与非线性规划(第四版) | 戴维·G.卢恩伯格等 | David G. Luenberger | 79.80 | 2018 | 978 - 7 - 300 - 25391 - 6 |
| 2 | 产业组织理论 | 让·梯若尔 | Jean Tirole | 110.00 | 2018 | 978 - 7 - 300 - 25170 - 7 |
| 3 | 经济学精要(第六版) | 巴德,帕金 | Bade，Parkin | 89.00 | 2018 | 978 - 7 - 300 - 24749 - 6 |
| 4 | 空间计量经济学——空间数据的分位数回归 | 丹尼尔·P. 麦克米伦 | Daniel P. McMillen | 30.00 | 2018 | 978 - 7 - 300 - 23949 - 1 |
| 5 | 高级宏观经济学基础(第二版) | 本·J. 海德拉 | Ben J. Heijdra | 88.00 | 2018 | 978 - 7 - 300 - 25147 - 9 |
| 6 | 税收经济学(第二版) | 伯纳德·萨拉尼耶 | Bernard Salanié | 42.00 | 2018 | 978 - 7 - 300 - 23866 - 1 |
| 7 | 国际宏观经济学(第三版) | 罗伯特·C. 芬斯特拉 | Robert C. Feenstra | 79.00 | 2017 | 978 - 7 - 300 - 25326 - 8 |
| 8 | 公司治理(第五版) | 罗伯特·A.G. 蒙克斯 | Robert A. G. Monks | 69.80 | 2017 | 978 - 7 - 300 - 24972 - 8 |
| 9 | 国际经济学(第15版) | 罗伯特·J. 凯伯 | Robert J. Carbaugh | 78.00 | 2017 | 978 - 7 - 300 - 24844 - 8 |
| 10 | 经济理论和方法史(第五版) | 小罗伯特·B. 埃克伦德等 | Robert B. Ekelund. Jr. | 88.00 | 2017 | 978 - 7 - 300 - 22497 - 8 |
| 11 | 经济地理学 | 威廉·P. 安德森 | William P. Anderson | 59.80 | 2017 | 978 - 7 - 300 - 24544 - 7 |
| 12 | 博弈与信息:博弈论概论(第四版) | 艾里克·拉斯穆森 | Eric Rasmusen | 79.80 | 2017 | 978 - 7 - 300 - 24546 - 1 |
| 13 | MBA宏观经济学 | 莫里斯·A. 戴维斯 | Morris A. Davis | 38.00 | 2017 | 978 - 7 - 300 - 24268 - 2 |
| 14 | 经济学基础(第十六版) | 弗兰克·V. 马斯切纳 | Frank V. Mastrianna | 42.00 | 2017 | 978 - 7 - 300 - 22607 - 1 |
| 15 | 高级微观经济学:选择与竞争性市场 | 戴维·M. 克雷普斯 | David M. Kreps | 79.80 | 2017 | 978 - 7 - 300 - 23674 - 2 |
| 16 | 博弈论与机制设计 | Y. 内拉哈里 | Y. Narahari | 69.80 | 2017 | 978 - 7 - 300 - 24209 - 5 |
| 17 | 宏观经济学精要:理解新闻中的经济学(第三版) | 彼得·肯尼迪 | Peter Kennedy | 45.00 | 2017 | 978 - 7 - 300 - 21617 - 1 |
| 18 | 宏观经济学(第十二版) | 鲁迪格·多恩布什等 | Rudiger Dornbusch | 69.00 | 2017 | 978 - 7 - 300 - 23772 - 5 |
| 19 | 国际金融与开放宏观经济学:理论、历史与政策 | 亨德里克·范登伯格 | Hendrik Van den Berg | 68.00 | 2016 | 978 - 7 - 300 - 23380 - 2 |
| 20 | 经济学(微观部分) | 达龙·阿西莫格鲁等 | Daron Acemoglu | 59.00 | 2016 | 978 - 7 - 300 - 21786 - 4 |
| 21 | 经济学(宏观部分) | 达龙·阿西莫格鲁等 | Daron Acemoglu | 45.00 | 2016 | 978 - 7 - 300 - 21886 - 1 |
| 22 | 发展经济学 | 热若尔·罗兰 | Gérard Roland | 79.00 | 2016 | 978 - 7 - 300 - 23379 - 6 |
| 23 | 中级微观经济学——直觉思维与数理方法(上下册) | 托马斯·J. 内契巴 | Thomas J. Nechyba | 128.00 | 2016 | 978 - 7 - 300 - 22363 - 6 |
| 24 | 环境与自然资源经济学(第十版) | 汤姆·蒂坦伯格等 | Tom Tietenberg | 72.00 | 2016 | 978 - 7 - 300 - 22900 - 3 |
| 25 | 劳动经济学基础(第二版) | 托马斯·海克拉克等 | Thomas Hyclak | 65.00 | 2016 | 978 - 7 - 300 - 23146 - 4 |
| 26 | 货币金融学(第十一版) | 弗雷德里克·S. 米什金 | Frederic S. Mishkin | 85.00 | 2016 | 978 - 7 - 300 - 23001 - 6 |
| 27 | 动态优化——经济学和管理学中的变分法和最优控制(第二版) | 莫顿·I. 凯曼等 | Morton I. Kamien | 48.00 | 2016 | 978 - 7 - 300 - 23167 - 9 |
| 28 | 用Excel学习中级微观经济学 | 温贝托·巴雷托 | Humberto Barreto | 65.00 | 2016 | 978 - 7 - 300 - 21628 - 7 |
| 29 | 宏观经济学(第九版) | N·格里高利·曼昆 | N. Gregory Mankiw | 72.00 | 2016 | 978 - 7 - 300 - 23038 - 2 |
| 30 | 国际经济学:理论与政策(第十版) | 保罗·R·克鲁格曼等 | Paul R. Krugman | 89.00 | 2016 | 978 - 7 - 300 - 22710 - 8 |
| 31 | 国际金融(第十版) | 保罗·R·克鲁格曼等 | Paul R. Krugman | 55.00 | 2016 | 978 - 7 - 300 - 22089 - 5 |
| 32 | 国际贸易(第十版) | 保罗·R·克鲁格曼等 | Paul R. Krugman | 42.00 | 2016 | 978 - 7 - 300 - 22088 - 8 |
| 33 | 经济学精要(第3版) | 斯坦利·L·布鲁等 | Stanley L. Brue | 58.00 | 2016 | 978 - 7 - 300 - 22301 - 8 |
| 34 | 经济分析史(第七版) | 英格里德·H·里马 | Ingrid H. Rima | 72.00 | 2016 | 978 - 7 - 300 - 22294 - 3 |
| 35 | 投资学精要(第九版) | 兹维·博迪等 | Zvi Bodie | 108.00 | 2016 | 978 - 7 - 300 - 22236 - 3 |
| 36 | 环境经济学(第二版) | 查尔斯·D·科尔斯塔德 | Charles D. Kolstad | 68.00 | 2016 | 978 - 7 - 300 - 22255 - 4 |
| 37 | MWG《微观经济理论》习题解答 | 原千晶等 | Chiaki Hara | 75.00 | 2016 | 978 - 7 - 300 - 22306 - 3 |
| 38 | 现代战略分析(第七版) | 罗伯特·M·格兰特 | Robert M. Grant | 68.00 | 2016 | 978 - 7 - 300 - 17123 - 4 |
| 39 | 横截面与面板数据的计量经济分析(第二版) | 杰弗里·M·伍德里奇 | Jeffrey M. Wooldridge | 128.00 | 2016 | 978 - 7 - 300 - 21938 - 7 |
| 40 | 宏观经济学(第十二版) | 罗伯特·J·戈登 | Robert J. Gordon | 75.00 | 2016 | 978 - 7 - 300 - 21978 - 3 |
| 41 | 动态最优化基础 | 蒋中一 | Alpha C. Chiang | 42.00 | 2015 | 978 - 7 - 300 - 22068 - 0 |
| 42 | 城市经济学 | 布伦丹·奥弗莱厄蒂 | Brendan O'Flaherty | 69.80 | 2015 | 978 - 7 - 300 - 22067 - 3 |
| 43 | 管理经济学:理论、应用与案例(第八版) | 布鲁斯·艾伦等 | Bruce Allen | 79.80 | 2015 | 978 - 7 - 300 - 21991 - 2 |
| 44 | 经济政策:理论与实践 | 阿格尼丝·贝纳西-奎里等 | Agnès Bénassy-Quéré | 79.80 | 2015 | 978 - 7 - 300 - 21921 - 9 |
| 45 | 微观经济分析(第三版) | 哈尔·R·范里安 | Hal R. Varian | 68.00 | 2015 | 978 - 7 - 300 - 21536 - 5 |
| 46 | 财政学(第十版) | 哈维·S·罗森等 | Harvey S. Rosen | 68.00 | 2015 | 978 - 7 - 300 - 21754 - 3 |
| 47 | 经济数学(第三版) | 迈克尔·霍伊等 | Michael Hoy | 88.00 | 2015 | 978 - 7 - 300 - 21674 - 4 |
| 48 | 发展经济学(第九版) | A. P. 瑟尔沃 | A. P. Thirlwall | 69.80 | 2015 | 978 - 7 - 300 - 21193 - 0 |
| 49 | 宏观经济学(第五版) | 斯蒂芬·D·威廉森 | Stephen D. Williamson | 69.00 | 2015 | 978 - 7 - 300 - 21169 - 5 |
| 50 | 资源经济学(第三版) | 约翰·C·伯格斯特罗姆等 | John C. Bergstrom | 58.00 | 2015 | 978 - 7 - 300 - 20742 - 1 |
| 51 | 应用中级宏观经济学 | 凯文·D·胡佛 | Kevin D. Hoover | 78.00 | 2015 | 978 - 7 - 300 - 21000 - 1 |
| 52 | 计量经济学导论:现代观点(第五版) | 杰弗里·M·伍德里奇 | Jeffrey M. Wooldridge | 99.00 | 2015 | 978 - 7 - 300 - 20815 - 2 |
| 53 | 现代时间序列分析导论(第二版) | 约根·沃特斯等 | Jürgen Wolters | 39.80 | 2015 | 978 - 7 - 300 - 20625 - 7 |
| 54 | 空间计量经济学——从横截面数据到空间面板 | J·保罗·埃尔霍斯特 | J. Paul Elhorst | 32.00 | 2015 | 978 - 7 - 300 - 21024 - 7 |

| 序号 | 书名 | 作者 | Author | 单价 | 出版年份 | ISBN |
|---|---|---|---|---|---|---|
| 55 | 国际经济学原理 | 肯尼思·A·赖纳特 | Kenneth A. Reinert | 58.00 | 2015 | 978-7-300-20830-5 |
| 56 | 经济写作(第二版) | 迪尔德丽·N·麦克洛斯基 | Deirdre N. McCloskey | 39.80 | 2015 | 978-7-300-20914-2 |
| 57 | 计量经济学方法与应用(第五版) | 巴蒂·H·巴尔塔基 | Badi H. Baltagi | 58.00 | 2015 | 978-7-300-20584-7 |
| 58 | 战略经济学(第五版) | 戴维·贝赞可等 | David Besanko | 78.00 | 2015 | 978-7-300-20679-0 |
| 59 | 博弈论导论 | 史蒂文·泰迪里斯 | Steven Tadelis | 58.00 | 2015 | 978-7-300-19993-1 |
| 60 | 社会问题经济学(第二十版) | 安塞尔·M·夏普等 | Ansel M.Sharp | 49.00 | 2015 | 978-7-300-20279-2 |
| 61 | 博弈论:矛盾冲突分析 | 罗杰·B·迈尔森 | Roger B. Myerson | 58.00 | 2015 | 978-7-300-20212-9 |
| 62 | 时间序列分析 | 詹姆斯·D·汉密尔顿 | James D. Hamilton | 118.00 | 2015 | 978-7-300-20213-6 |
| 63 | 经济问题与政策(第五版) | 杰奎琳·默里·布鲁克斯 | Jacqueline Murray Brux | 58.00 | 2014 | 978-7-300-17799-1 |
| 64 | 微观经济理论 | 安德鲁·马斯-克莱尔等 | Andreu Mas-Collel | 148.00 | 2014 | 978-7-300-19986-3 |
| 65 | 产业组织:理论与实践(第四版) | 唐·E·瓦尔德曼等 | Don E. Waldman | 75.00 | 2014 | 978-7-300-19722-7 |
| 66 | 公司金融理论 | 让·梯若尔 | Jean Tirole | 128.00 | 2014 | 978-7-300-20178-8 |
| 67 | 经济学精要(第三版) | R·格伦·哈伯德等 | R. Glenn Hubbard | 85.00 | 2014 | 978-7-300-19362-5 |
| 68 | 公共部门经济学 | 理查德·W·特里西 | Richard W. Tresch | 49.00 | 2014 | 978-7-300-18442-1 |
| 69 | 计量经济学原理(第六版) | 彼得·肯尼迪 | Peter Kennedy | 69.80 | 2014 | 978-7-300-19342-7 |
| 70 | 统计学:在经济中的应用 | 玛格丽特·刘易斯 | Margaret Lewis | 45.00 | 2014 | 978-7-300-19082-2 |
| 71 | 产业组织:现代理论与实践(第四版) | 林恩·佩波次等 | Lynne Pepall | 88.00 | 2014 | 978-7-300-19166-9 |
| 72 | 计量经济学导论(第三版) | 詹姆斯·H·斯托克等 | James H. Stock | 69.00 | 2014 | 978-7-300-18467-8 |
| 73 | 发展经济学导论(第四版) | 秋山裕 | 秋山裕 | 39.80 | 2014 | 978-7-300-19127-0 |
| 74 | 中级微观经济学(第六版) | 杰弗里·M·佩罗夫 | Jeffrey M. Perloff | 89.00 | 2014 | 978-7-300-18441-8 |
| 75 | 平狄克《微观经济学》(第八版)学习指导 | 乔纳森·汉密尔顿等 | Jonathan Hamilton | 32.00 | 2014 | 978-7-300-18970-3 |
| 76 | 微观经济学(第八版) | 罗伯特·S·平狄克等 | Robert S.Pindyck | 79.00 | 2013 | 978-7-300-17133-3 |
| 77 | 微观银行经济学(第二版) | 哈维尔·弗雷克斯等 | Xavier Freixas | 48.00 | 2014 | 978-7-300-18940-6 |
| 78 | 施米托夫论出口贸易——国际贸易法律与实务(第11版) | 克利夫·M·施米托夫等 | Clive M. Schmitthoff | 168.00 | 2014 | 978-7-300-18425-8 |
| 79 | 微观经济学思维 | 玛莎·L·奥尔尼 | Martha L. Olney | 29.80 | 2013 | 978-7-300-17280-4 |
| 80 | 宏观经济学思维 | 玛莎·L·奥尔尼 | Martha L. Olney | 39.80 | 2013 | 978-7-300-17279-8 |
| 81 | 计量经济学原理与实践 | 达摩达尔·N·古扎拉蒂 | Damodar N.Gujarati | 49.80 | 2013 | 978-7-300-18169-1 |
| 82 | 现代战略分析案例集 | 罗伯特·M·格兰特 | Robert M. Grant | 48.00 | 2013 | 978-7-300-16038-2 |
| 83 | 高级国际贸易:理论与实证 | 罗伯特·C·芬斯特拉 | Robert C. Feenstra | 59.00 | 2013 | 978-7-300-17157-9 |
| 84 | 经济学简史——处理沉闷科学的巧妙方法(第二版) | E·雷·坎特伯里 | E. Ray Canterbery | 58.00 | 2013 | 978-7-300-17571-3 |
| 85 | 管理经济学(第四版) | 方博亮等 | Ivan Png | 80.00 | 2013 | 978-7-300-17000-8 |
| 86 | 微观经济学原理(第五版) | 巴德·帕金 | Bade,Parkin | 65.00 | 2013 | 978-7-300-16930-9 |
| 87 | 宏观经济学原理(第五版) | 巴德·帕金 | Bade,Parkin | 63.00 | 2013 | 978-7-300-16929-3 |
| 88 | 环境经济学 | 彼得·伯克等 | Peter Berck | 55.00 | 2013 | 978-7-300-16538-7 |
| 89 | 高级微观经济理论 | 杰弗里·杰里 | Geoffrey A. Jehle | 69.00 | 2012 | 978-7-300-16613-1 |
| 90 | 多恩布什《宏观经济学(第十版)》学习指导 | 鲁迪格·多恩布什等 | Rudiger Dornbusch | 29.00 | 2012 | 978-7-300-16030-6 |
| 91 | 高级宏观经济学导论:增长与经济周期(第二版) | 彼得·伯奇·索伦森等 | Peter Birch Sørensen | 95.00 | 2012 | 978-7-300-15871-6 |
| 92 | 宏观经济学:政策与实践 | 弗雷德里克·S·米什金 | Frederic S. Mishkin | 69.00 | 2012 | 978-7-300-16443-4 |
| 93 | 宏观经济学(第二版) | 保罗·克鲁格曼 | Paul Krugman | 45.00 | 2012 | 978-7-300-15029-1 |
| 94 | 微观经济学(第二版) | 保罗·克鲁格曼 | Paul Krugman | 69.80 | 2012 | 978-7-300-14835-9 |
| 95 | 克鲁格曼《微观经济学(第二版)》学习手册 | 伊丽莎白·索耶·凯利 | Elizabeth Sawyer Kelly | 58.00 | 2012 | 978-7-300-17002-2 |
| 96 | 克鲁格曼《宏观经济学(第二版)》学习手册 | 伊丽莎白·索耶·凯利 | Elizabeth Sawyer Kelly | 36.00 | 2012 | 978-7-300-17024-4 |
| 97 | 微观经济学(第十一版) | 埃德温·曼斯费尔德 | Edwin Mansfield | 88.00 | 2012 | 978-7-300-15050-5 |
| 98 | 国际宏观经济学 | 罗伯特·C·芬斯特拉等 | Feenstra,Taylor | 64.00 | 2011 | 978-7-300-14795-6 |
| 99 | 卫生经济学(第六版) | 舍曼·富兰德等 | Sherman Folland | 79.00 | 2011 | 978-7-300-14645-4 |
| 100 | 宏观经济学(第七版) | 安德鲁·B·亚伯等 | Andrew B. Abel | 78.00 | 2011 | 978-7-300-14223-4 |
| 101 | 现代劳动经济学:理论与公共政策(第十版) | 罗纳德·G·伊兰伯格等 | Ronald G. Ehrenberg | 69.00 | 2011 | 978-7-300-14482-5 |
| 102 | 宏观经济学(第七版) | N·格里高利·曼昆 | N. Gregory Mankiw | 65.00 | 2011 | 978-7-300-14018-6 |
| 103 | 宏观经济学:理论与政策(第九版) | 理查德·T·弗罗恩 | Richard T. Froyen | 55.00 | 2011 | 978-7-300-14108-4 |
| 104 | 经济学原理(第四版) | 威廉·博伊斯等 | William Boyes | 59.00 | 2011 | 978-7-300-13518-2 |
| 105 | 计量经济学基础(第五版)(上下册) | 达摩达尔·N·古扎拉蒂 | Damodar N.Gujarati | 99.00 | 2011 | 978-7-300-13693-6 |
| 106 | 《计量经济学基础》(第五版)学生习题解答手册 | 达摩达尔·N·古扎拉蒂等 | Damodar N. Gujarati | 23.00 | 2012 | 978-7-300-15080-8 |

**经济科学译丛**

| 序号 | 书名 | 作者 | Author | 单价 | 出版年份 | ISBN |
|---|---|---|---|---|---|---|
| 107 | 计量经济分析(第六版)(上下册) | 威廉·H·格林 | William H.Greene | 128.00 | 2011 | 978 - 7 - 300 - 12779 - 8 |
| 108 | 国际贸易 | 罗伯特·C·芬斯特拉等 | Robert C.Feenstra | 49.00 | 2011 | 978 - 7 - 300 - 13704 - 9 |
| 109 | 经济增长(第二版) | 戴维·N·韦尔 | David N.Weil | 63.00 | 2011 | 978 - 7 - 300 - 12778 - 1 |
| 110 | 投资科学 | 戴维·G·卢恩伯格 | David G. Luenberger | 58.00 | 2011 | 978 - 7 - 300 - 14747 - 5 |
| 111 | 宏观经济学(第十版) | 鲁迪格·多恩布什等 | Rudiger Dornbusch | 60.00 | 2010 | 978 - 7 - 300 - 11528 - 3 |
| 112 | 金融学(第二版) | 兹维·博迪等 | Zvi Bodie | 59.00 | 2010 | 978 - 7 - 300 - 11134 - 6 |
| 113 | 博弈论 | 朱·弗登博格等 | Drew Fudenberg | 68.00 | 2010 | 978 - 7 - 300 - 11785 - 0 |

**金融学译丛**

| 序号 | 书名 | 作者 | Author | 单价 | 出版年份 | ISBN |
|---|---|---|---|---|---|---|
| 1 | 金融学原理(第八版) | 阿瑟·J. 基翁等 | Arthur J. Keown | 79.00 | 2018 | 978 - 7 - 300 - 25638 - 2 |
| 2 | 财务管理基础(第七版) | 劳伦斯·J. 吉特曼等 | Lawrence J. Gitman | 89.00 | 2018 | 978 - 7 - 300 - 25339 - 8 |
| 3 | 利率互换及其他衍生品 | 霍华德·科伯 | Howard Corb | 69.00 | 2018 | 978 - 7 - 300 - 25294 - 0 |
| 4 | 固定收益证券手册(第八版) | 弗兰克·J. 法博齐 | Frank J. Fabozzi | 228.00 | 2017 | 978 - 7 - 300 - 24227 - 9 |
| 5 | 金融市场与金融机构(第8版) | 弗雷德里克·S. 米什金等 | Frederic S. Mishkin | 86.00 | 2017 | 978 - 7 - 300 - 24731 - 1 |
| 6 | 兼并、收购和公司重组(第六版) | 帕特里克·A. 高根 | Patrick A. Gaughan | 79.00 | 2017 | 978 - 7 - 300 - 24231 - 6 |
| 7 | 债券市场：分析与策略(第九版) | 弗兰克·J·法博齐 | Frank J. Fabozzi | 98.00 | 2017 | 978 - 7 - 300 - 23495 - 3 |
| 8 | 财务报表分析(第四版) | 马丁·弗里德森 | Martin Fridson | 46.00 | 2016 | 978 - 7 - 300 - 23037 - 5 |
| 9 | 国际金融学 | 约瑟夫·P·丹尼尔斯等 | Joseph P. Daniels | 65.00 | 2016 | 978 - 7 - 300 - 23037 - 1 |
| 10 | 国际金融 | 阿德里安·巴克利 | Adrian Buckley | 88.00 | 2016 | 978 - 7 - 300 - 22668 - 2 |
| 11 | 个人理财(第六版) | 阿瑟·J·基翁 | Arthur J. Keown | 85.00 | 2016 | 978 - 7 - 300 - 22711 - 5 |
| 12 | 投资学基础(第三版) | 戈登·J·亚历山大等 | Gordon J. Alexander | 79.00 | 2015 | 978 - 7 - 300 - 20274 - 7 |
| 13 | 金融风险管理(第二版) | 彼德·F·克里斯托弗森 | Peter F. Christoffersen | 46.00 | 2015 | 978 - 7 - 300 - 21210 - 4 |
| 14 | 风险管理与保险管理(第十二版) | 乔治·E·瑞达等 | George E. Rejda | 95.00 | 2015 | 978 - 7 - 300 - 21486 - 3 |
| 15 | 个人理财(第五版) | 杰夫·马杜拉 | Jeff Madura | 69.00 | 2015 | 978 - 7 - 300 - 20583 - 0 |
| 16 | 企业价值评估 | 罗伯特·A·G·蒙克斯等 | Robert A. G. Monks | 58.00 | 2015 | 978 - 7 - 300 - 20582 - 3 |
| 17 | 基于Excel的金融学原理(第二版) | 西蒙·本尼卡 | Simon Benninga | 79.00 | 2014 | 978 - 7 - 300 - 18899 - 7 |
| 18 | 金融工程学原理(第二版) | 萨利赫·N·内夫特奇 | Salih N. Neftci | 88.00 | 2014 | 978 - 7 - 300 - 19348 - 9 |
| 19 | 投资学导论(第十版) | 赫伯特·B·梅奥 | Herbert B. Mayo | 69.00 | 2014 | 978 - 7 - 300 - 18971 - 0 |
| 20 | 国际金融市场导论(第六版) | 斯蒂芬·瓦尔德斯等 | Stephen Valdez | 59.80 | 2014 | 978 - 7 - 300 - 18896 - 6 |
| 21 | 金融数学：金融工程引论(第二版) | 马雷克·凯宾斯基等 | Marek Capinski | 42.00 | 2014 | 978 - 7 - 300 - 17650 - 5 |
| 22 | 财务管理(第二版) | 雷蒙德·布鲁克斯 | Raymond Brooks | 69.00 | 2014 | 978 - 7 - 300 - 19085 - 3 |
| 23 | 期货与期权市场导论(第七版) | 约翰·C·赫尔 | John C. Hull | 69.00 | 2014 | 978 - 7 - 300 - 18994 - 2 |
| 24 | 固定收益证券手册(第七版) | 弗兰克·J·法博齐 | Frank J. Fabozzi | 188.00 | 2014 | 978 - 7 - 300 - 17001 - 5 |
| 25 | 国际金融：理论与实务 | 皮特·塞尔居 | Piet Sercu | 88.00 | 2014 | 978 - 7 - 300 - 18413 - 5 |
| 26 | 金融市场与金融机构(第7版) | 弗雷德里克·S·米什金 斯坦利·G·埃金斯 | Frederic S. Mishkin Stanley G. Eakins | 79.00 | 2013 | 978 - 7 - 300 - 18129 - 5 |
| 27 | 货币、银行和金融体系 | R·格伦·哈伯德等 | R.Glenn Hubbard | 75.00 | 2013 | 978 - 7 - 300 - 17856 - 1 |
| 28 | 并购创造价值(第二版) | 萨德·苏达斯纳 | Sudi Sudarsanam | 89.00 | 2013 | 978 - 7 - 300 - 17473 - 0 |
| 29 | 个人理财——理财技能培养方法(第三版) | 杰克·R·卡普尔等 | Jack R. Kapoor | 66.00 | 2013 | 978 - 7 - 300 - 16687 - 2 |
| 30 | 国际财务管理 | 吉尔特·贝克特 | Geert Bekaert | 95.00 | 2012 | 978 - 7 - 300 - 16031 - 3 |
| 31 | 金融理论与公司政策(第四版) | 托马斯·科普兰等 | Thomas Copeland | 69.00 | 2012 | 978 - 7 - 300 - 15822 - 8 |
| 32 | 应用公司财务(第三版) | 阿斯沃思·达摩达兰 | Aswath Damodaran | 88.00 | 2012 | 978 - 7 - 300 - 16034 - 4 |
| 33 | 资本市场：机构与工具(第四版) | 弗兰克·J·法博齐 | Frank J.Fabozzi | 85.00 | 2011 | 978 - 7 - 300 - 13828 - 2 |
| 34 | 衍生品市场(第二版) | 罗伯特·L·麦克唐纳 | Robert L. McDonald | 98.00 | 2011 | 978 - 7 - 300 - 13130 - 6 |
| 35 | 跨国金融原理(第三版) | 迈克尔·H·莫菲特等 | Michael H. Moffett | 78.00 | 2011 | 978 - 7 - 300 - 12781 - 1 |
| 36 | 统计与金融 | 戴维·鲁珀特 | David Ruppert | 48.00 | 2010 | 978 - 7 - 300 - 11547 - 4 |
| 37 | 国际投资(第六版) | 布鲁诺·索尔尼克等 | Bruno Solnik | 62.00 | 2010 | 978 - 7 - 300 - 11289 - 3 |

**图书在版编目(CIP)数据**

金融学原理：第八版/（ ）阿瑟·J. 基翁，（ ）
约翰·D. 马丁，（ ）J. 威廉·佩蒂著；刚健华译 .—
北京：中国人民大学出版社，2018.4
　（金融学译丛）
　ISBN 978-7-300-25638-2

　Ⅰ.①金… Ⅱ.①阿… ②约… ③J… ④刚… Ⅲ.①
金融学-教材 Ⅳ.①F830

中国版本图书馆 CIP 数据核字（2018）第 051515 号

金融学译丛

**金融学原理（第八版）**

阿瑟·J. 基翁

约翰·D. 马丁　著

J. 威廉·佩蒂

刚健华　译

Jinrongxue Yuanli

| | | | | | |
|---|---|---|---|---|---|
| **出版发行** | 中国人民大学出版社 | | | | |
| **社　　址** | 北京中关村大街 31 号 | | **邮政编码** | 100080 | |
| **电　　话** | 010 - 62511242（总编室） | | 010 - 62511770（质管部） | | |
| | 010 - 82501766（邮购部） | | 010 - 62514148（门市部） | | |
| | 010 - 62515195（发行公司） | | 010 - 62515275（盗版举报） | | |
| **网　　址** | http://www.crup.com.cn | | | | |
| | http://www.ttrnet.com（人大教研网） | | | | |
| **经　　销** | 新华书店 | | | | |
| **印　　刷** | 北京七色印务有限公司 | | | | |
| **规　　格** | 185 mm×260 mm　16 开本 | | **版　　次** | 2018 年 4 月第 1 版 | |
| **印　　张** | 36.25　插页 1 | | **印　　次** | 2018 年 4 月第 1 次印刷 | |
| **字　　数** | 941 000 | | **定　　价** | 79.00 元 | |

**Pearson**

尊敬的老师：

您好！

为了确保您及时有效地获得培生整体教学资源，请您务必完整填写如下表格，加盖学院的公章后以电子扫描件等形式发给我们，我们将会在 2～3 个工作日内为您处理。

**请填写所需教辅的信息：**

| 采用教材 | | | | □ 中文版　□ 英文版　□ 双语版 |
|---|---|---|---|---|
| 作　者 | | 出版社 | | |
| 版　次 | | ISBN | | |
| 课程时间 | 始于　　年　月　日 | 学生人数 | | |
| | 止于　　年　月　日 | 学生年级 | | □ 专科　　　□ 本科 1/2 年级<br>□ 研究生　　□ 本科 3/4 年级 |

**请填写您的个人信息：**

| 学　校 | |
|---|---|
| 院系/专业 | |
| 姓　名 | | 职　称 | □ 助教 □ 讲师 □ 副教授 □ 教授 |
| 通信地址/邮编 | |
| 手　机 | | 电　话 | |
| 传　真 | |
| official email（必填）<br>（eg：×××@ruc. edu. cn） | | email<br>（eg：×××@163. com） | |
| 是否愿意接受我们定期的新书讯息通知：　　□ 是　　□ 否 | | | |

系/院主任：＿＿＿＿＿＿＿＿＿＿（签字）

（系 / 院办公室章）

＿＿＿年＿＿月＿＿日

资源介绍：

——教材、常规教辅资源（PPT、教师手册、题库等）：请访问 www. pearson. com/us/higher-education。　（免费）

——MyLabs/Mastering 系列在线平台：适合老师和学生共同使用；访问需要 Access Code。　（付费）

地址：北京市东城区北三环东路 36 号环球贸易中心 D 座 1208 室（100013）

Please send this form to：copub. hed@pearson. com

Website：www. pearson. com